Nuovi Documenti Per La Storia Dell'arte Senese...

Scipione Borghesi Bichi (conte), Luciano Banchi

NUOVI DOCUMENTI

PER LA

STORIA DELL'ARTE SENESE

RACCOLTI DA

S. BORGHESI E L. BANCHI

APPENDICE

ALLA RACCOLTA DEI DOCUMENTI

pubblicata

DAL COMM. GAETANO MILANESI

SIENA

ENRICO TORRINI, EDITORE

1898

SIENA — *Libreria Torrini* — SIENA

STATUTI SENESI

SCRITTI IN VOLGARE

NEI SECOLI XIII E XIV

E PUBBLICATI

SECONDO

I TESTI DEL R. ARCHIVIO DI STATO

IN SIENA

PER CURA

di L. F. POLIDORI e L. BANCHI

Tre Volumi in 8. **L. 20.**

La cifra a destra in alto serve per la classifica-
zione secondo il sistema decimale di MELVIL DEWEY.

7. 09 (45. 56)

BORGHESI S. e L. BANCHI.

NUOVI DOCUMENTI PER LA STORIA DELL'ARTE SE-
NESE. Appendice alla raccolta dei documenti pubblicata dal Comm. GAETANO MILANESI.

1898. *Siena - Enrico Torrini - Editore.* - Un volume
in 8°, pag. IX-702, con due fototipie . . . L. 15. —

7. 09 (45. 56)

BORGHESI S. e L. BANCHI.

NUOVI DOCUMENTI PER LA STORIA DELL'ARTE SE-
NESE. Appendice alla raccolta dei documenti pubblicata dal Comm. GAETANO MILANESI.

1898. *Siena - Enrico Torrini - Editore.* - Un volume
in 8°, pag. IX-702, con due fototipie. . . L. 15. —

7. 09 (45. 56)

BORGHESI S. e L. BANCHI.

NUOVI DOCUMENTI PER LA STORIA DELL'ARTE SE-
NESE. Appendice alla raccolta dei documenti pubblicata dal Comm. GAETANO MILANESI.

1898. *Siena - Enrico Torrini - Editore.* - Un volume
in 8°, pag. IX-702, con due fototipie. . . L. 15. —

NUOVI DOCUMENTI

PER LA

STORIA DELL'ARTE SENESE

NUOVI DOCUMENTI

PER LA

STORIA DELL' ARTE SENESE

RACCOLTI DA

S. BORGHESI E L. BANCHI

———►◄———

APPENDICE

ALLA RACCOLTA DEI DOCUMENTI

pubblicata

DAL COMM. GAETANO MILANESI

———●———

SIENA

ENRICO TORRINI, EDITORE

——

1898

PROPRIETÀ LETTERARIA

AL DOTTO INVESTIGATORE

DEI VETUSTI MONUMENTI ROMANI

FRANCESCO MORGAN NICHOLS "M. A.„

DELLA SOCIETÀ DEGLI ANTIQUARI DI LONDRA

CORRISPONDENTE DELL'ISTITUTO ARCHEOLOGICO DI ROMA

QUESTI DOCUMENTI

DELL'ANTICA ARTE SENESE

ENRICO TORRINI

EDITORE

OFFRE OSSEQUENTE

(VEDI A PAGINA 371).

FAC SIMILE DEL CONTEGGIO FATTO DAI MONACI DI MONTEOLIVETO MAGGIORE PER LA CESSIONE AL *SODOMA* DELL'ABITO DA CAVALIERE.

RITRATTO DI GIOVANNI ANTONIO BAZZI DETTO IL *SODOMA*, VESTITO DA CAVALIERE, ESEGUITO DI SUA MANO, IN UNA STORIA DI S. BENEDETTO, NEI CHIOSTRI DELL'ARCHICENOBIO DI MONTEOLIVETO MAGGIORE PRESSO SIENA.

I documenti artistici che qui pubblichiamo furono per la massima parte raccolti dal compianto senatore Scipione Borghesi dei conti Bichi. Quest'ottimo gentiluomo, appassionato quanto valente cultore di studî storici e bibliografici, aveva con rara modestia efficacemente coadiuvato il comm. Gaetano Milanesi nella pregiata pubblicazione dei *Documenti per la storia dell'arte senese*, stampati in Siena tra il 1854 e il 1856 con i tipi del cav. Giuseppe Porri, esso pure erudito ed antiquario di non comune dottrina. Il Milanesi, in quel tempo Bibliotecario nella nostra comunale, chiamato per i suoi grandi meriti a coprire più elevato ufficio nell'archivio fiorentino, dovette poco tempo dopo abbandonar Siena, e fu allora che il Senatore Borghesi continuò per proprio conto la ricerca dei documenti che si riferivano all'arte senese.

Rovistando archivi pubblici e privati, spogliando periodici e pubblicazioni di erudizione artistica, nazionali ed esteri, egli potè mettere insieme altri centonovantaquattro documenti sfuggiti a quella prima raccolta, e potè altresì riunire in ben cinque volumi molte notizie di artisti cittadini e delle opere minori da essi eseguite.

Nel 1878 venuto a morte, ancora in piena virilità, lasciò per testamento tutti i suoi manoscritti, e con essi anche la presente collezione, al comm. Luciano Banchi, cui era legato da vincoli di fratellevole amicizia. Il quale trovatosi in possesso delle erudite e pazienti fatiche dell'amico carissimo, nei pochi anni che a lui sopravvisse, dettesi cura di accrescere il numero di quei documenti col fine speciale di farli noti con la stampa e render così un postumo tributo di affettuosa venerazione alla memoria di lui. Ma quel generoso intendimento non potè esser messo ad effetto. Le diuturne e gravi occupazioni procurate al Banchi dai molti uffici affidatigli dalla pubblica estimazione, che purtroppo finirono per logorargli innanzi tempo la vita, appena gli permisero di aggiungere qualche nuovo documento a questa raccolta. Il 4 dicembre 1887 anche quella vita nobilissima, che tanta prova di operosità aveva dato di sè, si spegneva in mezzo al rimpianto generale dei buoni, omai abituati ad apprezzarne la gentilezza d'animo, l'alto intelletto, la scrupolosa probità.

Dopo la morte del Banchi, l'editore Enrico Torrini, cui era nota la favorevole accoglienza fatta dagli eruditi alla pubblicazione del Milanesi, potè ottenere dalla famiglia Banchi il permesso di stampare per proprio conto questi nuovi documenti, i quali, per essere in gran parte inediti, maggiormente illustrano le opere e la vita di molti artisti della vecchia scuola senese e vengono altresì a completare le notizie fatte note dal comm. Milanesi.

Con questo intento dunque esce al pubblico la presente raccolta, ed è superfluo dichiarare che, sia nella disposizione dei documenti e degli indici, sia nel formato, essa non si discosta dai tre volumi già editi dal Milanesi, ai quali il presente deve servir d'appendice.

. La trascrizione dei documenti fatta dal Senatore Borghesi si è dimostrata quasi sempre diligentissima, pure quando l'opportunità ci ha favorito, è stata riscontrata con gli originali. Altri documenti, ignoti al Borghesi ed al Banchi, vi sono stati aggiunti e in forma di nota vi abbiamo riunite varie minute notizie intorno all'artista o all'opera ricordata nel contesto del documento pubblicato.

Confidiamo che questo nuovo volume torni utile e gradito a tutti quegli studiosi che con amore coltivano la storia delle arti belle in Italia, e possa in qualche parte giovare a chi volendo degnamente accingersi a parlare dei monumenti dell'età di mezzo, cerca di evitare gli errori e va in traccia soltanto del vero.

A. LISINI.

Pag.	lin.	ERRATA	CORRIGE
26	19	missalem	missale
»	»	fratri	fratris
28	27	Franno	Francio
44	23	duobis	duobus
47	28	resta	resto
48	8	futuri	future
61	19	ocaione	occasione
65	24	deputatum	deputatus
70	17	olmi	olim
81	29	quedem	quedam
99	5	hebeant	habeant
»	8	aliter	alter
»	24	laborerum	laborerium
92	31	videmdum	videndum
95	30	Lubxanne	Subxanne
100	29	Laurentis	Laurentio
»	88	Cartagne	Cartagine
109	26	quodliblet	quodlibet
112	8	Guisa	Giusa
»	30	maestr	maestro
116	30	dicte	dicto
123	13	Aristile	Aristotile
124	4	Amicie	Amicitie
133	23	fere	ferme
135	14	arbitrato	arbitrator
136	33	pizicauiolo	pizicaiuolo
137	10	Archivio detto	Archivio di Stato in Siena
141	50	venticinque	venticinque
150	4	capud	caput
151	12	Iohannium	Iohanninum
»	36	31 Settembre	21 Settembre
156	15	parte Camullia	porta Camullia
162	30	eurifex	aurifex
166	26	Sanetta	Sassetta
172	26	Kebelle	Kabelle
174	25	bligavit	obligavit
175	5	omnis	omnes
»	»	possit	possint
»	14	Maggio	Magio
178	13	*Mccccliij*	*Mcccliij*

Pag	lin.	ERRATA	CORRIGE
185	27	receptionem	receptione
186	22	se et obligent	se obligent
»	28	labores	labore
187	26	son	sic
»	27	causa	de causa
»	32	locationis et	locationis Madonne et
188	18	carcerorum	carcerum
189	29	At	Et
»	33		
»	35	carcerorum	carcerum
190	10	30 Agosto	31 Agosto
192	21	qua	que
198	9	debiant	debeant
206	29	Accusio	Accurzio
»	33	Agostino	Agnolino
207	49	Biccherno	Biccherna
208	13	*presto*	*presto*
»	33	*maetro*	*maestro*
211	7	detto	detta
212	26	*edificare di*	*edificarvi*
216	6	succederes	succedere
220	4	*supr*	*super*
»	7	*seservatis*	*osservatis*
255	21	1479 11, 12 Maggio	1479 12 Maggio
384	21	di eavere	diè avere
»	35	sardatura	saldatura
391	19	Birnigucci	Biringucci
400	24	(fra)	(frate)
401	5 e 7	Pastornio	Pastorino
413	24	Indictione	Indictione
438	34	faciunt	faciant
452	8	e	a
516	9	Almi, un	Almi, la tavola per un
528	28	di città	della città
534	19	si nominano	nominano
552	9	1559 (?)	1559
567	15	Claudio	Scipione
»	24	Beccafuni	Beccafumi
637	16	Giustammani	Giustammiani
672	34	Dartalino	Bartalino

DOCUMENTI DELL'ARTE SENESE

N.° 1.   1297 Maggio

*· Ordine che nelle nuove case da fabbricarsi nella Piazza
del Campo, tutte le finestre debbano esser costruite a colonnelli.* (R. ARCHIVIO DI STATO IN SIENA. Statuto volgare 1310. Vol. 2. c. 287.)

Che in ciascuna casa, la quale si facesse di nuovo d'intorno al Campo del Mercato, tutte le finestre si facciano a
colonnelli.

Anco statuimo e ordiniamo che se mai averrà che alcuna
casa o vero casamento d'intorno al Campo del Mercato
s'edificassero di nuovo, che tutte e ciascune finestre di co-
tale casamento e casa, le quali avessero aspetto nel Campo
del Mercato, si debbano fare a colonnelli e senza alcuni
ballatoi fare. Et questo la Podestà far fare sia tenuto. Et
qualunque, el quale cotali case o vero casamenta edificasse
e le predette cose tutte non servasse, sia condannato per
misser la Podestà di Siena in *xxv* lib. di denari. Et se misser
la Podestà, li contrafacenti non condannasse, perda del suo
salario in simile modo *xxv* lib. di denari: le quali, il Camarlingo e *iiij*, del suo salario debiano ritenere. Et fatta è questa
agionta cioè: Et qualunque el quali cotali case etc., in anno
Domini *M.°cclxxxxvij*, Indictione *x* del mese di Magio.

1

N.° 2.   Sec. XIII.

Proposta di aggiunte al Breve dell'Arte dei Maestri di Pietra. (ARCHIVIO DELL'OPERA DEL DUOMO.)

In nomine Domini, Amen. Ad honorem Dei et Beate virginis Marie, et potestatis et populi, et vigintiquattor sen:, et ad honorem et bonum statum magistrorum lapidum sen: et eorum dominorum et qui erunt in futurum. Hec est voluntas magistrorum lapidum infrascriptorum, scilicet: quod in publica convocatione magistrorum vel majoris partis, debeant eligi tres rectores et unum camarlengum, qui debeant durare et stare in eorum signoria per *vj* menses, et non plus: et quilibet ex dominis (*v* dictis) debeat habere pro suo feudo *x* sol: et camarlengus habeat *v* sol: et ante finem eorum terminum per unum mensem debeant eligi similiter alios tres rectores et unum camarlengum, et sic de singulis *vj* mensibus, et in *vj* mensibus, donec dicta societas duraverit; et hoc modo debeant eligi, scilicet: quod fiant brevia, et mictantur simul, de quibus tres sint scripta, et debeant ire ad capiendum eos *lxj* magistri, *xxj* de terzerio Civitatis, et *xx* de Valle sancti Martini, et *xx* de Camollia, et quicumque dicta brevia scripta caperit, ipsi debeant eligere rectores et camerarium et *xiij* consiliarios; *v* de Civitate, et *iiij* de Valle sancti Martini, et *iiij* de Camollia.

Item quod dicti consiliarii, nec aliquis eorum, possint sive possit cambiri, nec aliquis alius in loco ipsorum vel ipsius micti, nisi esset infirmus vel extra civitatem Senarum.

Item quod quicumque fuerit rector, vel camerarius, vel consiliarius, deinde ad *iij* annos, non possit habere in dicta urbe aliquam singnoriam.

Item quod rectores et camerarius, nec aliquis eorum, possit pro comune dicte artis, aliquas expensas facere sine consilio omnium magistrorum vel majoris partis.

Item si quis magister habuerit cum aliquo, ex magistris dicte artis, aliquam litem vel brigam, possit unusquisque coram eorum rectoribus ducere judicem, notarios et advocatos ad dicendum eorum iura, et ad adiuvandum eos.

Item quod si quis magister foretaneus intraverit in dicta arte, magistri dicte artis ipsum debeant sotiare.

Item quod Camerarius teneatur xv diebus, ante finem sui termini, reddere rationem de lucris acquistis et expensis, in publica convocatione, et superfluum distribuere inter magistros pro parte.

Hec petunt micti et statui in Brevi magistrorum Sen: cum emendabitur.

Hii sunt magistri qui volunt ut predicta fiant.

In primis Magister parisone
Mag.ʳ Uguccio (Bifolchi) de branca
Mag.ʳ Amicus
Mag.ʳ Ranerius provenzani
Mag.ʳ Gottifredus
Mag.ʳ Orlandus
Mag.ʳ Martinus de montechiaro
Mag.ʳ Iohannes Benencase (1)
Mag.ʳ Bencivenne de palazuolo
Mag.ʳ Gualterius de chisure
Mag.ʳ Gregorius subilie arezole
Mag.ʳ Iohannes de Monteaperto
Mag.ʳ Iacobus de chisure
Mag.ʳ Albertus de· pancole
Mag.ʳ palmierus de salicocto
Mag.ʳ Ildibrandinus de rigomagno
Mag.ʳ Compagnus de trequanda
Mag.ʳ Ildibrandinus de chisure
Mag.ʳ Franciscus de scarlactina
Mag.ʳ pepus Salvi
Mag.ʳ Amadote
Mag.ʳ Fiorenzecto
Mag.ʳ Rogeroctus

Mag.ʳ Iannellus
Mag.ʳ Iohannes de cucubilia, et
    Ardoctus eius filius
Mag.ʳ Dietaiuti de abatia de ysola
Mag.ʳ Ventura
Mag.ʳ Dietisalvi de pontignano
Mag.ʳ Nicola
Mag.ʳ Albertus
Mag.ʳ Bonomus
Mag.ʳ Iohannes benedote
Mag.ʳ Bonamicus
Mag.ʳ Iacobus de podiobonizi
Mag.ʳ Iacobus eius frater
    Ciampolus eius frater
Mag.ʳ pierus hoca
Mag.ʳ Guido de yso (?)
Mag.ʳ Accursus de petro baldinelli
Mag.ʳ Orlandus Ildibrandini
Mag.ʳ Maffeus de frontignano
Mag.ʳ Griffolus
Brunaccius de sancta Columba
Mag.ʳ Bonamicus de palazuolo
    Iohanectus Rainieri.

NOTA

(1) Di Maestro Giovanni Benincasa pubblichiamo la seguente notizia del tempo di Orlandino da Canossa Potestà:

1270.

Teodora uxor Vivenzi debet solvere Comuni xxv lib: den: pro accusa de ea facta a Johanne Benencase magistro lapidum, que moratur in domo pupilli dicti Johannis ut continetur in libro clavium. (Registro di condanne c. 7.)

N.° 3.   Sec. XIII.

Giuramento che era tenuto di fare il Potestà, per la costruzione e mantenimento del Duomo. (ARCHIVIO DI STATO IN SIENA. Perg. Opera del Duomo, Cas. 434.)

Et faciam iurare operarios opere sancte Marie quod quando habebunt x lib: et a x lib. supra, pro facto opere, ipsas expendent in amanimento et facto operis; et illud amanimentum non prestet alicui, sine parabola domini episcopi et mea: et ab inde supra, murabunt ad dictum domini episcopi et mei. Et si contigerit quod rectores et operarij maioris ecclesie Sen. rumpi marmora fecerint pro opera sante Marie, et illa voluerint facere reduci ad illud opus illa marmora et petrilia, faciam deferri expensis comunis vel per foretaneos nostre iurisdictionis usque ad dictum opus, ad inquisitionem operariorum eiusdem operis vel dominorum fraternitatis.

Et per unum mensem, a principio mei dominatus, faciam iurare operarios operis sancte Marie quod omnes redditus, qui ad manus eorum pervenerint pro ipsa opera vel eius occasione, reducent in manus duorum legalium hominum, quos dominus episcopus eliget de tribus in tribus mensibus, salvo quod possint inde facere consuetas expensas, et illos duos cogam recipere supra se omne debitum quod pro ipsa opera debetur; et si dominus episcopus noluerit opus sancte Marie et debitum sub sua protectione recipere.

Et faciam iurare illos qui acquirunt in civitate Sen. pro opera sancte Marie, quod quicquid ad manus eorum sive ad eos pro ipsa opera perveniet, sine diminutione, dabunt et reassignabunt in manibus dominorum opere vel in manibus illorum qui pro opere electi fuerint; et hoc facere teneatur singulis egdomadis semel, exceptis illis qui, diebus pascalibus, acquirunt in ecclesia maiori. Et non faciam nec fieri faciam vel permittam, de avere comuhis, ullum donamentum alicui ultra xij den. pro helimosina pauperibus singulis diebus de meo termino, et excepto quod dabo calcinam operi sancte Marie quanta necesse fuerit eidem operi, cum murabitur in ea, ad inquisitionem domini Episcopi vel operariorum, et excepitis ceris et luminariis ecclesie sante Marie, et cet.

NOTA

Queste provvisioni anteriori alla compilazione dello Statuto del 1263, nel quale trovansi trascritte, furono in seguito modificate, come può vedersi dalla rubrica che qui diamo per saggio, tolta dallo Statuto medesimo.

De iuramento operariorum Sancte Marie.

Et infra unum mensem, a principio mei dominatus, faciam iurare operarios opere Sancte Marie, quod omnes redditus, que ad manus eorum pervenerint pro ipso opere vel eius occasione, reducent in manus trium legalium hominum de penitentia, quos dominus episcopus eligat cum consulibus utriusque mercantie et prioribus xxiiij vel cum maiori parti eorum, qui teneantur esse cum domino episcopo ad ipsam electionem faciendam de tribus in tribus mensibus: salvo quod possint inde facere consuetas expensas: et illos tres cogam recipere super se omne debitum quod pro ipso opere debetur, si dominus episcopus voluerit opus Sante Marie et debitum sub sua protetione recipere: et dicti tres teneantur reddere rationem eorum in consilio campane et populi in tribus mensibus; et potestas teneatur facere reddi dictam rationem a dictis tribus: ut dictum est (ARCH. detto. Statuto n. 2, c. 1).

Intorno ai lavori della Chiesa Cattedrale di S. Maria crediamo opportuno pubblicare anche le seguenti notizie del secolo XIII:

1246 da Luglio

Item lxviij lib: viij sol, vj den, magistro Iohanni operario opere Sancte Marie recipienti pro magistris Rosso, Gratie, Luliolo, Bonamicho, Bonasera et Bonfilliolo qui laboraverunt in dicto opere pro Comuni Sen, centum decem et novem diebus, scilicet de mense julii, augusti, septembris, octubris et novembris (Biccherna. Registro d'entrata e uscita c. 15).

Item xj lib. minus. xviij den. magistro Iohanni operario opere Sancte Marie recipienti pro magistro Rosso, Gratie, Luliolo, Bonamico, Bonasera et Bonfiliolo, qui laboraverunt in dicto opere pro comuni, decem et novem diebus de mense decembris.

Item xl sol: dicto magistro Iohanni pro reactatione ferramentorum dictorum magistrorum qui laboraverunt in dicto opere a Kalendis iulij usque Kalendas ianuari pro comuni, (Ivi. c. 24).

1264 da Luglio.

Item v sol: solvit dictus Camerarius parabola et presentia Quattuor uni magistro pisano qui coprit campanilem majoris ecclesie (Ivi, c. 11 t.),

1267.

Item x lib: et vj den: Chastaldo, operario Sancte Marie, pro aportatura centum nonaginta sex salmarum de marmoribus albis et trium salmarum de marmoribus nigris, pro opere Sancte Marie, parabola omnium quattuor. (Ivi, c. 25).

1297 Giugno 9.

Item iij lib: vij sol: die nono junis, operario operis Sancte Marie pro una pila et uno colonello ad retinendam acquam benedictam in domo. (Ivi, c. 123 t.).

N.° 4.   1303 30 Maggio

Scrittura dotale di donna Palmiera moglie di Massarello *di* Gilio *pittore senese.* (ARCHIVIO detto. Perg. Contratti. Cas. n.° 461).

Anno Domini Millesimo *ccc* tertio, Indictione prima, die trigesima Maij. Ego Palmeria filia Micchelis, titulo solutionis et dationis in solutum et pro solutione centum quadraginta lib: den: senen: parvorum de dotibus meis, que debent esse centum quinquaginta lib: eiusdem monete, jure dominii plene proprietatis et possessionis, do et trado tibi *Massarello* quondam *Gilii* pictori (1) sponso meo, et futuro marito, pro extimatione dicte quantitatis centum quadraginta lib: quamdam domum positam Sen: in Pop. Sancti Donati, et Contrata Vallerozzi, cui ante via publica et ex uno Domine Imeldine relicte Ser Salimbenis medici, et ex uno Mini Johannis, et retro fossus quidam, et si qui alii sunt veriores confines, cum et singulis juribus et pertinentiis suis, et cum omnibus que super se, vel infra seu intra se in integrum, ad habendum tenendum et possidendum, et quicquid tibi et tuis heredibus deinceps perpetuo placuerit faciendum, sine mea meorumque heredum lite et controversia. Et promitto tibi dictam rem non tollere, non contendere et non molestare, sed eam tibi et tuis heredibus semper defendere et disbrigare meis propriis expensis judicum et advocatorum statim mota lite, sub pena dupli extimationis dicte rei, ut pro tempore plus valuerit; quam penam tibi dare et solvere promicto si commissa fuerit, et ea soluta vel non, predicta servare. Et ex dicta causa et titulo do, cedo, concedo et mando tibi dicto *Marsarello* (sic) et in te penitus transfero omnia et singula jura, actiones, petitiones et pignorum obligationes, reales et personales, utiles et directas, tacitas et expressas, et omnes alias que et quas habeo vel habere videor et mihi competunt, et competere possunt ex quacumque causa de jure vel de facto, in dicta re vel pro ea, seu eius occasione, ut idem agere, petere, exigere, replicare, et te tueri; et omnia et singula facere que ego facere poteram ante hanc solutionem, et ut in rem tuam facio successorem, et constituo procuratorem in locum meum, et jus universum. Asserens jus meum de predictis, in toto vel in parte, nulli alii esse datum cessum, concessum, seu modo alienatum cessum vel concessum: et si contra factum appareat, te et tuos heredes indempnes, vel indempni conservare promicto sub pena dupli alienati cessi vel concessi, quam penam tibi dare et solvere promicto si commissa fuerit, et ea soluta vel non, predicta servare; pro quibus omnibus et singulis firmiter observandis, obligo me et meos heredes, et bona mea presentia et futura, tibi et tuis heredibus pignori: renuntians exceptioni non facte traditionis insolute, et dationis, et non facte promissionis et obligationis, rei sic non geste, fori privilegio, et omni juri et legum auxilio. Et ego Notarius infrascriptus precepi dicte domine Palmerie, volenti et predicta confitenti, nomine sacramenti et guarentigie, ut dictum contractum et instrumentum eidem *Massarello* observet per singula ut superius continetur.

Post que in continenti coram testibus infrascriptis, dicta domina Palmeria dicto *Massarello* dedit corporalem possessionem et tenutam dicte domus, et eumdem in corporalem possessionem et tenutam induxit eiusdem etc.

Actum Senis, coram Liata Micchaelis, Becto Bartalini, et Guiduccio Mini pictoris, testibus presentibus et rogatis.

Ego Meus Accetta not: olim Venture, predictis interfui, et ea rogatus scripsi et pubblicavi.

Ego Meus olim Riccii notarius, quod supra continetur, inveni vidi et legi in quodam auctentico instrumento supradicti Ser Mei Accette manu not: pub: et pro ut in dicto articulo continebatur exinde sumpsi, hic fideliter scripsi et asemplavi, et una cum Ser Salvano Pregiani not: diligenter ascultavi, et concordare inveni: et de mandato D. Francisci Iudicis Curie Placiti Comunis Sen: mihi facto a dicto Judice sedenti pro tribunali ad dictum Banchum, in anno Domini Millesimo *cccviiij*. Ind: *vij* die *xxvj* mensis Aprelis, coram Ser Meo Accette, Ser Babbo, Ser Farolfi, Ser Antellino Ranieri not: et Domino Lando Domini Bartalomei Judice, et Nuccio Gaddi testibus presentibus et rogatis, et predicta in publicam formam redegi.

NOTA

Di Massarello pittore abbiamo le seguenti notizie:

1290.

Item sol. viij a Massaruccio depignitore perchè dipense e libro de' signori de la ghabella a loro arme. (Lib: della Gabella a c. 261 t.).

1298 Ottobre 26.

Item iiij sol. et vj den: Massarello pictori quos habuit pro pictura quam fecit in xxxvij lib. Comunis ad arma capitanei populi. (Lib: di Biccherna *ad annum*).

1306 Aprile 6.

Item lib. vj Massarello pictori pro una cruce picta pro altare Dominorum Novem. (Lib: di Biccherna *ad annum*).

1320 Maggio 30.

Item sol. x Massarello pictori pro salario cuiusdam Consilii commissi domino Manenti collaterali domini Capitanei. (Lib: di Biccherna *ad annum*).

1337 Marzo 19.

Massarello pittore (?) del popolo di S. Egidio si dichiara debitore a Bindoccio. (Perg. dell'Arch. Generale, Cas. 813).

Ebbe un figlio, egualmente pittore, di nome *Sandro*, ricordato in una donazione fatta *propter nuptias* a donna Neruccia di Neri sartore il 19 luglio 1304. (Perg. Archivio Generale c. 478).

1339 (stile senese) Febbraio 10.

Massarellus pictor sepultus est die x februarii anno supradicto. (Bibliot. Comunale. Obituario di S. Domenico).

N.º 5.   1310 4 Dicembre

Sozzo *di messer* Boramo *Sindaco della Casa di Misericordia in Siena richiama dinanzi al Giudice del Terzo di Camollia,* Sabatino *di* Ramo, Mino Prete *e* Mino *di* Graziano *pittori, per essere pagato della pigione di una casa che essi tenevano dalla Misericordia.* (ARCHIVIO detto. Perg. R. Università. Cas. 555).

Anno Domini *Millesimo ccc° x°* Indictione Nona, die quarto mensis decembris. Soczus olim domini Borami, Syndicus Do-

mus Misericordie de Senis, ut constat de ipsius sindicatu in
instrumento publico manu Ranerii Ghezzi notarii, syndicario
nomine pro ipsa domo; coram domino Niccholao judice et
assessore Comunis Sen. in terzerio Camollie pro tribunali
sedente, ut moris est, ad jus reddendum, conquiritur de *Sabbatino
Rami* et de *Mino Pretis* pictoribus de populo Sancti
Egidii, a quibus et quolibet eorum in solidum petit sibi pro
dicta domo dari et solvi *xl* sol: den: sen:, salvo plurimi quos
ex maiori summa dicte domui dare tenentur ex causa pensionis
ex instrumento guarantisie.

Item conquiritur, dicto nomine, de *Mino Gratiani* de populo
Sancti Donati, a quo petit sibi pro dicta domo dari et solvi sex
lib: et octo sol: et novem den: denariorum senensium, quos
dicte domui dare debet ex causa pensionis, ex instrumento
guarantisie.

Die *viij* mensis decembris, *Minus Pretis* et alter *Minus
Gratiani* comparuerunt coram domino Iudice, ut dictum est
pro tribunali sedente, et presente dicto Soczo Sindico, dixerunt
qui erant parati et se paratos obtulerunt recipere preceptum
quarantisie de solvendo quilibet eorum quantitatem
pecunie a se sibi petita, secundum formam statutorum.

Qui Judex, ut dictum et moris est, pro tribunali sedens,
visis dictis querimonis et comparitionibus suprascriptis exequendo
formam capituli constituti Sen. de guarantisia, precepit
et mandavit dicto *Mino Pretis* presenti et volenti, et
preceptum volenti et sponte recipienti, quod dictos *xl* sol:
den: sen: petitos per dictum Soczum Syndicum, et dicto altero
Mino Pretis presenti volenti et preceptum sponte recipienti,
quod dictas sex lib: et octo sol: et novem den:, denariorum
senensium, contentos et petitos per dictum Soczum in dicta
querimonia, dent et solvant dicto Soczo Syndico, syndicatorio
nomine predicto, recipienti hinc ad *xv* dies proximos venturos
salvis et reservatis eisdem *Mino* et alteri *Mino* et cuilibet
eorum omnibus ipsorum extra promissionum ex forma statuti
Sen. infra dictum terminum offerendum et probandum.

Ego Niccolaus olim Paltonerii notarius, scriba Comunis Sen. ab bancum juris terzerii Camollie, predictis actis coram dicto iudice actitatis, dum actitarentur, interfui et ea rogatus scribere alteri notario scribenda mandavi et manu propria publicavi.

N.° 6. 1320 17 Aprile

Allogagione a Pietro Lorenzetti *della pittura di una ancona per l'altare maggiore della Pieve di Arezzo.* (ARCHIVIO DI STATO IN FIRENZE. Rogiti di Ser Astuldo di Baldinuccio di Arezzo. Prot: 1320).

In nomine Domini, amen. Anno Xpi a nativitate millesimo *ccc. xx.* Ind: tertia, tempore Domini Johannis pape, die *xvij* mensis aprilis. Actum apud ecclesiam Sancti Angeli in Arcaltis extra et iusta cimiterium ipsius ecclesie, coram Domino Gerio canonico aretino, et Domino Mignano mansonario ecclesie aretine, Domino Seiano de Cerchiis et Domino Ranerio priore ecclesie Sancti Angeli in Arcaltis testibus.

Mag.^r *Petrus* pictor quondam *Lorenzetti*, qui fuit de Senis, sollempniter et sponte promisit et convenit venerabili patri Domino Guidoni Dei gratia episcopo aretino, stipulanti et recipienti pro vice et nomine plebis Sancte Marie de Aritio, pingere tabulam Beate Virginis Marie, deputandam in ipsa plebe de pulcherrimis figuris: in cuius tabule medio debeat esse ymago Virginis Marie cum filio et cum quatuor figuris collateralibus ad voluntatem ipsius Domini Episcopi; laborando in campis et spatiis ipsarum figurarum de optimo auro de *c* folis pro floreno, et regulos et campos ipsarum figurarum de auro predicto, et alia ornamenta de optimo argento, et de optimis et electis coloribus, et mictendo in ipsis quinque figuris azurum ultra marinum electum, et in aliis circumstantiis, circumferentiis et spatiis ipsius tabule pingendo, ymagines profetarum et Sanctorum ad voluntatem ipsius Domini Episcopi de bonis et electis coloribus. Debeat esse longa *vj* brachia et alta in medio *v* bracchiis (sic) absque duabus columpnis, quarum quelibet debeat esse ampla medio bracchio, et in qualibet esse debeant esse *vj* figure laborate de auro predicto, et debeat ipsum laborerium approbari per ipsum Dominum Episcopum et alios quos voluerit: et debeat incipere ipsum laborerium incipere ad voluntatem ipsius Domini Episcopi statim, postquam facta fuerit ipsa tabula de lignamine, et in ipso laborerio supersedere continue usque ad perfectionem ipsius tabule, non adsumendo aliud laborerium etc. — Et hoc ideo promisit, quod dictus Dominus Guido promisit eidem facere dari et assignari ipsam tabulam constructam de lignamine; et eidem solvere pro salario ipsius picture et pro coloribus, argento et auro centum sexaginta libras pisan: scilicet tertiam partem in principio operis, tertiam partem in medio operis, et reliquam tertiam partem opere completo et perfecto etc.

NOTA

Nel 24 Settembre 1342 il suddetto Maestro compra da Pietro di Stefano di Benintendi, per Cola e Martino del fu Maestro Tino di Camaino, due pezzi di terra a Bibbiano. (Perg. di S. Agostino di Siena).

Nel libro di Denunzie 1342-45, c. 252 t: si legge:

1344 Settembre 18.

Magister Petrus Laurentii pictor et D: Iohanna ejus uxor vendiderunt fratri Simoni Orlandi, recipienti pro Cola et Martino olim Magistri Tini Camaini, sex staria terre in cura Bibbiani pro pretio cl. lib.

N.° 7.   1332 27 Settembre

Provvisione del Comune di Firenze a favore di Maestro Lando *di* Pietro *da Siena, per rimunerarlo del lavoro fatto alla Campana grossa di detto Comune.* (ARCHIVIO DI STATO IN FIRENZE. Provvisioni del Comune c. 391: e 75).

Item, experto viro magistro *Lando Pieri* de Senis pro ipsius remuneratione et satisfactione operis laborerii ac magisteri facti per eum in ordinando et componendo campanam magnam Comunis Flor: existentem super turrim palatii populi: ita quod de facili pulsatur et pulsari potest, et pro omnibus expensis per eum factis occasione ipsius campane componende et ordinande, ut dictum est; ac etiam pro remuneratione et satisfactione reparationis, magisterii et operis, omnibus suis expensis, tam lignaminis et ferramentorum, quam quarumcumque aliarum rerum et operum necessariorum et opportunorum, in ordinando et componendo aliam campanam dicti Comunis et populi, positam super Palatium populi ita quod bene pulsatur et pulsari possit, in summa flor: auri trecentorum.

In altra provvisione del dì 28 dello stesso mese ed anno (Ivi, a. 75) *trovasi* — flor: auri centum magistro *Lando* de Senis pro aptamine Campanarum palatii populi Florentie.

N.° 8.   1328 3 Marzo

Guido *del fu* Ghezzo *pittore protesta a donna Petra vedova di* Cosone *pittore, la bottega che aveva condotto dalla medesima per esercitarvi l'Arte.* (ARCHIVIO DI STATO IN SIENA. Perg. di S. Onofrio. Cas. 725).

Anno Domini *Millesimo cccxxviij*, Indictione *xj*, Die *iij* mensis Martii. Pateat omnibus evidenter quod in presentia mei notari et testium subscritorum:

Guido olim *Ghezzi* pintor populi sancti Donati civis Senensis, existens et constitutus apud domum domine Petre, site in populo sancti Egidii, cui domui ex uno latere est via, ex alio domine Petre uxoris *Cosone*, et ex alio Gori Monaldetti, vel si qui sunt veriores confines. Et ante apotecham in qua morabatur dictus *Guido*, positam in populo sancti Cristofani sub finibus supradictis, dixit, notificavit et denunptiavit, et eidem domine renumptiavit rationibus infrascriptis, eo quod non potest pacifice possidere sine periculo, apotecham predictam, et publice et palam protestatus fuit, pro dicta domina Petra relicta *Cosone* pictoris. Et eidem *Guido* et ab ea conducta, non potuit, nec potest, nec poterat artem suam exercere, eo maxime quod propter aque pluviane et alia incidentia in dicta apotecha, morari non poterat nec artem suam exercere et pro causa· personaliter requisivit, cum maxime ipse iuxta causa impeditus. Et quod ipsa non observaverit quedam pacta et conventiones prout et sicut promisit in pactis in contracto obligationis inter eos habitis, et non reactavit dictam domum et apotecam prout promisit cum scriptura publica vel privata. Cuius cause occasione dictus *Guido* stare non poterat nec artem suam exercere. Et ex nunc dixit et protestatus fuit a promissa non teneri, et quod in dicta apotecha amplius morare non intendit, rationibus supradictis.

Actum Senis apud dictam domum et apotecham coram Ser Vanne Turcij et Mino Vaglie testibus presentibus et rogatis.

Ego Martinus notarius filius olim Ser Ubertini notari, predictis interfui et ea subscripsi et publicavi, rogatus.

N.° 9.   1330 15 Luglio

Deliberazione del Consiglio Generale del Comune di Orvieto che approva l'elezione dei Maestri Vitale (Maitani) *e di* Niccolò (di Muto), *a capo-maestri della fabbrica del Duomo.* (ARCHIVIO COMUNALE DI ORVIETO. Riformanze *ad annum* c. 53.)

In nomine Domini, Amen. — Anno 1330. Ind: XIII. tempore D. Iohannis pape *xxij,* die *xv* Mensis Iulii. — Convocato et congregato Consilio Consulorum Artium et *xl* virorum popularium civitatis Urbevetane, de mandato sapientis viri D. Matthei judicis et vicarii Nob. Militis D. Balionis Novelli de Balionibus de Perusio honorandi Capitanei etc. — In quo. quidem consilio, Fatiottus Philippi, unus de numero DD. Septem, proposuit, quid videtur dicto Consilio providere et ordinare super provisione et ordinatione facta die 10 presentis mensis Iulii, super utilitate et commodo Operis et fabrice Ecclesie Beate Marie de Urbevetere.

Magnificus Iannus Nichole, unus de consiliariis, surgens arrengando consuluit, super proposita provisionis et reformationis, super utilitate et commodo Operis et Fabrice S. Marie de Urbevetere, quod ex nunc omnia plenam habeant firmitatem cum hac additione: quod DD. Septem eligant quator bonos Viros, unum videlicet de quo libet quarterio dicte Civiitatis, qui sint et esse debeant Superstites Operis fabrice d. Ecclesie ad videndum et ad examinandum rationem ipsius, et qualiter dictum opus procedit: quod *Magistri Nicola et Vitalis* in ipsis supradictis provisione et reformatione contenti, sint et debeant esse Caputmagistri dicte Operis et fabrice, ad beneplacitum Comunis Urbisveteris, et duret et durare debeat officium Superstitum predictorum sex mensibus tantum, et quod nullum salarium fieri vel concedi possit alicui laboranti in Opera et Fabrica predictis sine consensu Superstitum predictorum.

Ceccus Iacobi Bonivannis, alter consiliarius, surgens in ipso consilio arrengando addidit — quod Superstites eligendi super dicto Opere possint et valeant omnes et singulas possessiones relictas, et que relinquerentur in posterum Operi et fabrice dicte Ecclesie, vendere: — et pretium ipsarum convertere, et converti facere in Opere et fabrica supradictis.

N.° 10.   1330 25 Settembre

Matteo Rosselli, Chiaro di Michele e Bartolo Gioggi pittori fiorentini, Pasquino *di* Cenne *pittore senese, Landuccio e Duccio pittori lucchesi, e Vanni di Mino detto Pilozio fanno società fra di loro per lavorare* « COVERTE DA VANTAGGIO RELEVATE CON GESSO E DIPINTE. » (ARCHIVIO DI STATO IN FIRENZE. Rogiti di Ser Bencivenni. Prot. 1325-33. c. 107 t.)

1330 die vigesimo quinto mensis Septembris.

Actum Florentie, praesentibus testibus ad hec vocatis et rogatis Ugolino Pieri et Agevole Corsi pop. S. Michaelis Visdominorum de Florentie et aliis.

Mactheus Rosselli pictor pop. Sancti Laurentii, Chiarus q. Michaelis pop. Sancti Michaelis Vicedominorum et Bartholus

Gioggi pop. Sancti Pietri ex una parte, et *Pasquinus Cennis* pictor de Senis, qui moratur Florentie in dicto populo Sancti Michaelis Vicedominorum pro se ipso et suo nomine proprio, ac etiam suo proprio et privato nomine pro se obligans pro Landuccio et Duccio fratribus et filiis q. Falconis de Lucha qui hodie morantur in pop. Sancti Laurentii et pro Vanne Mini vocato *pilorcio* dicti pop. Sancti Michaelis Vicedominorum, sotiis ipsius *Pasquini,* pro quibus de rato promisit etc. ex parte altera, contraxerunt et fecerunt inter se et sibi ad invicem et vicissim sotietatem specialiter et nominatim de infrascriptis rebus, infrascripto modo in arte et de arte pingendi, cum infrascriptis modis et pactis, tenore, conditione, videlicet:

In primis, quod dictus *Pasquinus*, pro se ipso et predictis suis sotiis, teneatur et debeat ponere et mictere ad presens in dicta sotietate et corpore dicte sotietatis, tria paria covertarum de corio relevato cum testeriis actis ad fulciendum equum, que vulgariter vocantur et appellantur inter eos « coverte da vantaggio relevate chon gesso » et quod predicti Mactheus, Chiarus et Bartholus teneantur et debeant ad presens mictere et ponere in dicta sotietate et corpore dicte sotietatis, duo paria similium covertarum consimilis valute et pretii. Et hanc sotietatem de dictis covertis, durare et valere voluerunt predicte partes hinc ad unum annum proximum venturum ad minus, et etiam tantu tempore ultra plus, si dicta quinque paria dictarum covertarum, ut dictum est, per dictas partes ponenda ad presens in dicto corpore sotietatis non venderentur vel vendi non possint. Et quod etiam quelibet pars possit et sibi liceat, intra dictum tempus unius anni, mictere et ponere in dicta sotietate et corpore dicte sotietatis, quot pario voluerint de dictis covertis ad rationem predictam et modo predicto, prout quamlibet partem tangit modo predicto videlicet, quando dictus Mactheus et sotii micterent et ponerent duo paria, predicti *Pasquinus* et sotii teneantur et debeant mictere et ponere tria paria, et e converso. Et quod predicte partes possint et debeant ipsas covertas, quam citius commode potuerunt vendere, seu vendi facere, et pecuniam et pretium ex ipsis percipiendum possit et debeat per ipsas partes dividi et sortiri, et de ipso pretio et pecunia possint et debeant, predicti *Pasquinus* et sotii, percipere et habere tres partes de quinque partibus: et predicti Mactheus et sotii, reliquas duas pàrtes de ipsis quinque partibus. Item quod predicte partes teneantur et debeant ponere et mictere de pretio et pecunia percipienda de huiusmodi covertis, ut dictum est, per eos vendendis, duos florenos auri de quolibet et pro quolibet paria ipsarum covertarum, que sic venderentur, ut dictum est, in quadam capsa duas claves habente: quarum clavum, unam teneat dictus *Pasquinus,* et aliam dictus Mactheus; et postea quando voluerint, saltem duobus vicibus in anno, dictam capsam debeant et possint aperire et pecuniam que tunc ibi erit invenientes dividere et sortiri, et de ipsa facere septem partes, quorum quattor habeant et habere et percipere possint dictus *Pasquinus* et sotii, et velo quas tres partes predicti Mactheus et sotii. Item quod dicte partes, et quilibet dictarum partium, possit et eis liceat ire, et mictere ad vendendum et vendere, extra civitatem et comictatum Florentie, quecumque laboreria eorum artis voluerint, et inde facere quicquid voluerint, non obstantibus supradictis: dum tamen primo et ante omnia, faciant et observent inter se omnia suprascripta per eos premissa etc.

N.° 11.   1331 15 Novembre

Niccoluccio pittore figlio di *Segna* pittore prende a pigione dai frati della Casa di Misericordia una bottega per esercitarvi l'arte. (ARCHIVIO DI STATO IN SIENA. Registri della Casa di Misericordia, n° 12 a c. 49 t.)

In nomine Domini, Amen. Anno Domini Millesimo *cccxxxj* Indictione *xv,* die *iiij* mensis Novembris. Actum Senis coram Meo Bonaiuti et Guiduccio Ranerii de Senis testibus presentibus et rogatis.

Niccolaus pictor olim *Segne* pictoris de Senis de populo...
asserens se exercere et facere artem pictorum supra se, pro
se ipso fecit, constituit se principalem debitorem et pagatorem
fratri Compagno Adote sindico et procuratori Domus sancte
Marie de Misericordia pauperum civitatis Sen:, recipienti pro
dicta domo, de octo flor: auri boni et recti ponderis etc.
Quos eidem debet recipere, ut dictum est, pro pensione unius
apothece unius domus dicte Domus Misericordie, posite Senis
in populo Sancti Donati et contrata de Camporegio, que est
subtus palcone in quo habitat frater Nutus Rigoli: cui ante
et retro est via, et ex alio latere est dominarum Margarite et
Cionelle, et ex alio tenet a dicta domo. Petrus sive Tura Benencase, et si qui etc. Quam apothecam conduxit a dicto fratre
Compagno ad pensionem, locante pro dicta domo, de consensu domini fratris Bolgarini Rectoris dicte Domus, presentis et consentientis in duobus annis, videlicet a festo proximo preterito Sancti Angeli mensis septembris, deinde ad
duos annos: quam apothecam promisit eidem pro dicta Domo,
per totum dictum tempus, tenere et possidere etc. Et eam
in fine relassare pena *xxv* lib: Et dictos florenos dare promisit in singulis sex mensibus duos florenos etc. Et dampna
et expensas etc. eidem recipienti, ut dictum est, restituere promisit. Obligans etc. renuntians etc. et cum guarantigia etc.
Et ipse sindicus locavit eidem, etc.

N.° 12.   1331 1 Marzo

*Pagamento a Maestro Agostino di Giovanni da Siena ed a
Giovanni suo figlio, di parte del prezzo per il lavoro
della Cappella della Pieve di Arezzo.* (ARCHIVIO DI STATO
IN FIRENZE. Rogiti di Ser Astuldo di Baldinucci di
Arezzo. 1331-32).

1331, die prima mensis Martii.

Magister *Augustinus Iohannis* de Senis et *Iohannes* eius
filius fuerunt confessi se habuisse a presbitero Goro cappel-

lano plebis, decem libras et *xj* solidos pisan: denariorum, (de) summa *xxvij* librar: quas debent ab eo recipere de laborerio Capelle ipsius presbiteri Gori; de quo laborerio fuerunt in concordia cum eo et Iacopo Ghini et Finuccio Ubertini: quod laborerium promisit perducere ad effectum hinc ad pasca resurrectionis.

Nota

Maestro Agostino di Maestro Giovanni forse morì nella memorabile pestilenza del 1348, perchè le notizie di lui non oltrepassano quell'anno.

1310 die xj septembris,

Augustinus olim magistri Iohannis magister lapidum, de populo sancti Martini recepit in dotem a domina Lucia dante pro domina Lagina cxij lib. — Blasius dictus Toffus olim Venture et domina Lagia relicta Venture de populo Sancti Steffani, in dotem pro domina Lagina olim Nesis de dicto populo, extimatam in lxxx lib., dederunt magistro Augustino olim Iohannis de populo Sancti Martini, medietatem hedifficii unius domus posite Senis in populo Abatie Sancti Donati et duas petias terre in curia Castelli. (Archivio di Stato in Siena. Denunzie dei contratti ad annum c. 251 e c. 257.)

1339.

Magistro Agostino magistri Iohannis operario nove turris pro lignamine; lib. xviij sol. j. den. (Biccherna, Lib. d'entrata e uscita da luglio a c. 139.)

1343 maggio 24 (?)

Ianninus Guccii sindicus et procurator domus sancte Marie Misericordie de Senis sindicatus nomine vendidit magistro Augustino Iohannis de populo Sancti Quirici quandam possessionem in contrata de Certano pro pretio iiij l lib. (Denunzie c. 29.)

1343 die xij Iulii.

Magister Augustinus Iohannis de la pietra *populi Sancti Quirici Castri veteris, titulo permutationis, recepit a fratre Iacobo sindico hospitalis Sancte Marie quoddam casamentum cum platea, citerna, orto, logia dicti hospitalis, positum Senis in dicto populo. Et hoc quod dictus frater Iacobus, nomine dicti hospitalis, recepit a dicto magistro Augustino, unam domum positam Senis populo Sancti Iohannis.* (Ivi, c. 50.)

1343 die xxvj novembris.

Magister Augustinus Iohannis et magistri Iohannes et Dominicus eius filii, populi Sancti Quirici, vendiderunt Danimoforte(?) fabro de Percena quandam petiam terre in curia Percene pro pretio iiij lib. (Ivi, c. 87 t.)

1343 die xvij decembris.

Angelus quondam domini Contis de Russis vendidit magistro Augustino Iohannis quandam petiam terre laborative et vineate cum domo et capanna et quandam viam in contrata de Cerrecchio comitatus Sen. que dicitur el poderuccio *pro pretio viiij lib.* (Ivi, c. 103.)

1343 febbraio 21 (stile senese).

Magister Augustinus Iohannis et magister Iohannes et magister Dominicus filii dicti magistri Augustini populi Sancti Quirici vendiderunt domine Lande uxori Contis domini Nicolai de Bonsignoribus unam petiam terre laborative et vineate cum domo in contrata Cerrechi pro pretio cc. flor. (Ivi, c. 138 t.)

1343 Die x Martii (stile sen.).

Magister Augustinus olim Iohannis de la pietra populi Sancti Quirici vendidit Paolo Cecchi Buonamichi civi Sen. quandam petiam terre laborative et vineate cum domo in Contrata de Certano, pro pretio vij l. lib. (Ivi, c. 142.)

L'ultima memoria di questo insigne Maestro trovasi nel libro dei conti correnti del 1347-48 segnato A, nell'ARCHIVIO DELLO SPEDALE DI S. MARIA DELLA SCALA a c. 46 t.

N.° 13. 1333 8 Giugno

Guido *del fu* Ghezzo *pittore da Siena cede a Matteo Rosselli pittore di Firenze un credito contro* Paolo di Andrea *pittore senese.* (ARCHIVIO detto. Rogiti di Ser Parente di Bencivenni 1325-33, c. 234 t.)

MCCCXXXIII die octavo mensis Iunii.

Actum Florentie in pop. Sancti Michaelis Vicedominorum, in apotheca domus habitationis Mei Parentis, presentibus testibus ad hec vocatis, Sandro Iohannis et Pasquino Cennis pop. Sancti Michaelis Vicedominorum, et Cambio Angnoli de Fulgineo pop. Sancti Michelis in Palchetto.

Guido olim *Ghezzi* de pop. Sancti Donati de Senis, ut verus creditor antea solutionem pretii infrascripti, vendidit, dedit, concessit, cessit, transtulit et mandavit Mactheo Rosselli pictori pop. Sancti Laurentii de Florentia, debitum et jus, et nomen debiti, sex florenorum auri ex majori summa *xij* flor: auri, quos *Paulus* olim *Andree* pictor de pop. Sancti Antonii et dictus *Guido,* ut principalis, et Ser Iacobus olim Ser Bondi eorum fideiussor ex causa mutui reddere promiserunt Francischo olim Domini Schotti de Schottis civi senen: prout de dicto principali debito constat (per) scripturam publicam factam manu Ser Ioannis Chole de Senis notari; de quibus sex flor: auri dictus *Guido* habuit iura cessa a dicto Francisco contra dictum *Paulum,* ut constat manu dicti Ser Iohannis notari. Item quidem aliud debitum et jus, et nomen debiti quattor flor: auri, ex summa octo florenorum auri, quos octo flor:

auri predicti *Guido* et *Paulus* et uterque eorum in solidum ex causa mutui, reddere promiserunt Petro olim Blasii domini Cini de Bernarducciis de Sen: prout constat manu Ser Iacobi Ser Bondi not. Et de quibus quattor florenis auri, dictus *Guido* habuit jura cessa a dicto Petro, ut constat manu Ser Iohannis Naddi notari. Que instrumenta predicta dedit eidem, et tradidit inlessa. Et pro dicta cessione fuit confessus se habuisse a dicto Mactheo decem flor: auri.

. N o t a

Nelle pergamene di provenienza dell'antico Spedale di S. Onofrio di Siena, si trovano le seguenti notizie di Guido di Ghezzo:

1327.

Niccolò di Guelfo di Baldera e Feo di Ranuccio da Siena fanno quietanza a Guido di Ghezzo pittore e a donna Giovanna di lui moglie di certe somme di denaro che avevano a loro imprestato. (Perg. n° 87).

1328.

Benuccio di messer Sozzo Salimbeni rinunzia a Guido di Ghezzo del popolo di S. Donato le ragioni che aveva sopra i di lui beni per un credito di Lire 100. (Perg. n° 89.)

1330.

Niccolò di Vanni di Bartolomeo da Monteroni del popolo di S. Donato di Siena fa saldo d'ogni suo avere a Guido di Ghezzo pittore. (Perg. n° 91.)

1332.

Guido di Ghezzo pittore e donna Luzia (?) sua moglie del popolo di S. Donato prendono a pigione la terza parte di una casa posta nel suddetto popolo in contrada della Misericordia. (Perg. n° 97.)

1334.

Donna Necca di Naddo per se e per i suoi figli prende in prestito da Guido di Ghezzo pittore e da donna Giovanna sua moglie la somma di quattro fiorini.(Perg. n°98).

1334.

Ser Niccolò di Bonino notaro, per conto di sua figlia Mita, alluoga a Guido di Ghezzo pittore e a donna Giovanna, figlia di messer Lazzo sua moglie, la terza parte di una casa in Siena nel popolo di S. Donato. (Perg. n° 99.)

1340.

Guido del fu Ghezzo pittore e donna Giovanna sua moglie del popolo di S. Pietro alla Magione si dichiarano debitori a Vanni della somma di fiorini due d'oro, prezzo di staia 10 di vino rosso. (Perg. di S. Domenico di Siena.)

———————

Paolo d'Andrea pittore è nominato nel libro dei Giuramenti della Mercanzia all'anno 1320. Non sappiamo se sia quel medesimo *Paulus Andree de Senis* descritto nella matricola degli speziali di Firenze all'anno 1343. (Archivio di Stato in Firenze Matricola n° 8.)

N.° 14. 1334 28 Gennaio

Allogagione a Maestro Giovanni *di* Agostino *da Siena del lavoro per la cappella di Messer Roberto da Pietramala nella Chiesa del Vescovado di Arezzo.* (ARCHIVIO detto. Rogiti di Ser Astuldo di Baldinuccio di Arezzo. Prot. 1134).

Die *xxviii* mensis Ianuarii. Actum in domo mei notarii, praesentibus Petro quondam Maynotti Anicci, Simone Ghini, Puccio Grassi, Ciardo Riccii, Cecho Petri, Francisco notario filio mei notarii testibus. Magister *Iohannes* filius magistri *Augustini* de Senis promisit Ceccho quondam Rinuccio de Hostiena, domicello et familiari nobilis militis Domini Ruberti de Petramala, stipulanti et recipienti vice et nomine ipsius Domini Roberti, facere et construere pro ipso domino Roberto, in Ecclesia Episcopatus Aretini hinc ad Kal: Iulii prox: venturi, unam capellam de bono et electo marmore, largam et altam et pulcram, sicut est Capella filiorum Ghini Puccii Grossi (sic) que est in plebe Sancte Marie de Aritio, et ad ipsius Capelle similitudinem, et cum omnibus ornamentis, figuris et sculturis designatis et factis in ipsa Capella; salvo quod non teneatur facere altare ipsius Capelle: pro pretio et nomine pretii quinquaginta quinque florenorum de auro: de quo pretio, prefatus magister Iohannes, fuit confessus se accepisse dicto Ceccho, dante pro ipso Domino Roberto et de ipsius domini Roberti pecunia, decem octo florenos auri; totum autem residuum dicti pretii, prefatus Cecchus promisit solvere dicto magistro Iohanni in terminis declarandis per Simonem olim Ghini Pucci Grassi.

N.° 15.   1346 10 Aprile

Cedola colla quale i Maestri Vestro *di* Cinzio *e* Paolo *di* Ambrogio Maitani *prendono a rifare gli archi di un acquidotto per il Comune di Perugia.* (ARCHIVIO COMUNALE DI PERUGIA. Liber Superst: Acqueductus.)

Magister *Vester* quondam *Cintij Silvestri* de porta Sancti Petri et parochia Sancti Stefani, et *Paulus* magistri *Ambrosii* magistri *Mathani* de porta Sancti Angeli et parochia Sancti Christofori, asserens et adfirmans se maiorem legitime etatis, qui juravit ad sancta Dei evangelia corporaliter tactis scripturis omnia et singula in presenti instrumento contenta, perpetuo rata et firma habere, et nunquam contra facere vel venire occasione minoris etatis vel aliqua alia causa seu occasione, et presente et eidem consentiente, dicto Magistro *Ambrosio* eius patre per se et eorum heredes, se et eorum bona omnia et singula principaliter obligando; et quilibet eorum in solidum promiserunt et convenerunt discretis viris Francischo Martini de porta Heburnea et par: Sancte Marie de mercato, et Lapo Nichole de porta Sancti Petri et par: Sancti Savini, offitialibus et superstitibus Comunis Perusii super canellatu et acqueductu fontis de platea Comunis Perusii, stipulantibus et recipientibus pro dicto Comuni Perusii, et eorum successoribus in dicto offitio, facere et redificare archus destructus acqueductus predicti, pro ut et sicud in cedola inde facta latius continetur, et secundum formam pactorum in ipsa cedula infrascripta contentorum, cuius quidem cedule vulgari sermone scripte, tenor talis est:

Al nome de Dio, amen. Quista è la cedola del lavorio degl'archora del conducto del Comuno de Peroscia ei quagle sono cadute et voglonse refare; ei quagle sonnu poste ella villa de Monte Parciano allo luogho dicto Vaiano, ei quagle sonno de spatio de *ccxxiiij* pieie, fra'l quale spatio se........

quatro pilastre, cioè: lo doie pilastre............... uno verso *x* pieie et l'altro verso *xv*............... d'acanto sieno de grossezza *xii*........... pieie, al pieie del comuno de Peroscia.

Ancho, che le dicte pilastre sieno poste en buone fondamenta e sufficiente, e sieno cavate, ei dicte fondamenta, socto la pianezza de la terra, che mo ene *xxv* pieie, e più se besongno fosse, e pàghese del più secondo che mecte pro rata, e se meno cavasse ch'ei dicte *xxv* pieie, dèggase scontane pro rata secondo che mecte, sempre s'entenda che sieno poste em buone e sufficiente fondamenta. .

Ancho, che sopra le dicte quatro pilastre se dèggano fare cinque archora, cioè ei tre archora de mezzo ciaschuno de *iij* pieie, cioè el voitamento da l'una pilastra a l'altra: gl'altre doie archora pieciogle sieno de quella grandezza che c' entreronno per adimpire el numaro dei dicte *ccxxiiij* pieie e dèggase congiongnere da onne parte cho'l gl' archora vecchie.

Ancho, ch'ei dicte tre archora magiure aggiano quello sesto che avere possono, ponendo le poste longo la terra che mo ene, e vadano d'altezza enfine a la pianezza socto el canellato che passa per gl'arcora vecchie, siche respondano al filo ch'el gl'arcora vecchie: ei dicte cinque archora sieno de larghezza *vj* pieie, al pieie del comuno.

Ancho, ch'ei dicte cinque archora aggiano archo e soparcho, e le cordalle dei dicte cinque archora sieno d'altezza uno pieie e mezzo, e per l'altro verso tanto che biene leghe, e de quista medesema mesura sieno le tavolecte de tucte le volte degl'archora; e sieno ei dicte soprarchora grosse mezzo pieie.

Ancho, che le pietre dei dicte................... soprarchora e tavolecte sieno concie............... de larcho grande sopre el fossato............. archo.

Ancho, ch'el muro che viene sopra le pilastre, fra archo e archo, sia de buone pietre, e biene acapezzato, e sieno murate e realzate gl'archora enfine a la pianezza del canellato e conducto predicto.

Ancho, ch'el coptomatore che torrà questo lavorìo sia tenuto de biene murare, e biene legare a uso de buono Magisterio, e mecta tanta calcina, quanta rena, e sia buona
rena lavata e miscolata insieme, e biene intrisa.

Ancho, ch'el dicto coptomatore che torrà al dicto lavorìo
deggha fare esso lavorìo a tucte suoie expese, de cavatura
dei fondamenta, pietre, calcina, rena, legname e ferramenta,
e generalmente d'onne chosa che bisognerà al dicto lavorìo.

Ancho, ch'el dicto coptomatore, deggha ello dicto lavorio
murare quello legname de cerqua che piacerà al soprestante,
el quale legname gle darà el dicto soprestante posto alla
dicta uopera.

Ancho, ch'el dicto coptomatore degga avere tucte le pietre
escarcate e cadute dei dicte archora, salvo che non degga
nè possa toccare, nè scarcare ei fondamenta de le pile vec-
· chie e cadute dei dicte archora.

Ancho, ch'el dicto coptomatore degga reponere el canellato
el quale sta sullo ponte del legname en su gl'archora nuove
predicte a tucte suoi espese, e deggalo murare e recalzare
e recoprire.............. l'altro canellato murato.

Ancho,.......... lavorìo el dicto coptomatore degga...........
mantenere tucto el legniame e ferramenta del dicto ponte del
legname duo mo sta el dicto canellato a ciò ch'el dicto ponte
nè legname non possa nè degga tocchare, nè liziare, nè levare enfine che non si sonno fornite e spacciate ei dicte
archora e lavorìo: e se'l piombo del canellato che sta ello
dicto ponte soperchiasse e avanzasse, remangha al comuno:
e se manchasse, ch'el comuno el degga mectere de suo.

Ancho, ch'el dicto coptomatore, quando caverà ei dicte fondamenta, faccia sì en tale modo che non preste danpno al
dicto ponte del legname e canellato che sta sopra esso: et
che per suo defecto el dicto ponte o canellato che'nnesso sta,
cadesse, de refarlo a tucte suoie spese secondo mo sta, salvo
de piombo o stangno che manchasse.

Ancho, ch'el dicto coptomatore degga avere el prezzo del

dicto lavorìo en quisto modo, cioè: a *xv* dì del mese de maggio
proxemo che verrà, la quarta parte del dicto prezzo, e l'altra
quarta parte de lì a quatro mese proxeme che verronno, e
l'altra quarta parte de lì a quatro mese altre mese proxeme
che verronno, sicchè sia fornito tucto el pagamento enfra
uno anno, comenzando dal dì del primo pagamento. E che
da uno anno ellà el dicto coptomatore degga avere fornito
tucto el dicto lavorìo enfra octo mese proxeme che verronno.

Ancho, che al dicto coptomatore sia licito di cavare pietre
e rena ello terreno del comuno, o de spitiale.......... a luie
piacerà, satesfacendo el danpno a le.......... secondo la stima
che se facesse per doie buone.......... se deggano alaggere
l'uno per lo dicto.......... luie de chuie fosse el danpno e
la possessione.

Ancho, ch'ei soprestante del dicto conducto deggano prestare al dicto coptomatore le forme e tucte ei ferramenta
che besongnano per saldare e reponere el dicto canellato
che sta ello ponte sugl'archora nuove predicte.

Ancho, che fornito tucto el dicto lavorìo per lo dicto
coptomatore secondo la forma de la cedola e pacta predicte,
ei soprastante del dicto conducto che sironno per lo tempo,
facciano la rifidanza al dicto coptomatore de la dicta uopera.

Et hec omnia et singula supra et infrascripta, predicti
coptumatores eisdem superstitibus fecerunt, et facere promiserunt pro quadringentis septuaginta quator florenis de auro,
quos predicti superstites per se et eorum successores, obligando res et bona dicti Comunis Perusii, promiserunt dare
et solvere de propria pecunia dicti Comunis ad eorum et
eorum successorum, manus provencta seu provenienda magistro *Ambrosio* quondam magistri *Mathani Laurentii* de
porta sancti Angeli et parochie Sancti Cristophori, stipulanti
et recipienti pro se et suis heredibus aut cui jus suum concesserit, in terminis supradictis in dicta cedula contentis, et
pro omnibus et singulis pactis et conditionibus in supradicta
cedula contentis penitus observandis. Et hoc presentibus, vo-

lentibus, consentientibus ac etiam delegantibus supradictis coptumatoribus et quolibet ipsorum, et de eorum et cuiuslibet ipsorum licentia et voluntate. Renuntiante etc. etc.

N.° 16. 1346 24 Gennaio

Frate Borghese Priore dei frati Predicatori di Siena fa quietanza a donna Giovanna di Memmo *vedova di* Simone *pittore di un messale e di un calice lasciato da suo marito al Convento.* (ARCHIVIO DI STATO IN SIENA. Pergamene di S. Domenico Cas: 879.)

Appareat omnibus evidenter, quod, ego frater Borghese indignius Prior Conventus Fratrum Predicatorum de Senis, recepi a Domina Johanna quondam *Memmi* et relicta quondam magistri *Simonis* pictoris, tam pro se, quam pro anima dicti viri sui et aliorum suorum defuntorum, pro uno calice et uno missali, prout dictus *Simon* vir eius in suo testamento reliquid pro dicto Conventu florenos *xviiij* auri. Et ego de voluntate et assensu totius dicti conventus fratrum, scilicet nostrorum, eidem domine, assigno ex nunc calicem et missalem fratri Venture de Corzano, hoc pacto et condictione; quod dictus liber missalis aut dictus calix, non possit deinceps vendi aut impignorari, aut aliquo modo alienari, tradi vel reddi aut dari, sed semper sint et esse debeant in nostra sacristia pro missis dicendis pro animabus mortuorum et virorum, ut dictum est supra. Et hec omnia, vobis domine Iohanne, ego Prior supradicti Conventus auctoritate et parabola dicti conventus, observare promicto. In cuius rei testimonium, sigillo dicti conventus hanc licteram, sigillari mandavi. Datum et scriptum Senis, sub anno Domini Millesimo Trecentesimo Quadragesimo sexto, in die conversionis sancti Pauli, idest vigesima quarta die mensis Ianuarii.

N.° 17.   1353 13 Decembre

Bartolo *di* Fredi *e* Andrea *di* Vanni *pittori·prendono a pigione dalla Casa della Misericordia, una bottega per
esercitarvi l'Arte.* (ARCHIVIO detto. Casa della Misericordia, Protocollo di Ser Mino di Feo a c. 48 t.)

Anno Domini Millesimo *cccliij*, Indictione *vij*, die *xiij* mensis decembris. Senis, coram Augustino Mini et Piero Arrighi
testibus presentibus.

Bartolus Fredi et *Andreas Vannis* populi Sancti Martini
conduxerunt a fratre Nuccino apotecham cum domo posita
prope ecclesiam Misericordie, cui ex uno via, ex alio Domus
Misericordie, a festo Sancti Angeli mensis septembris proxime venturo ad duos annos, pro annua pensione *viij* flor:
solvenda et quam solvere promiserunt, medietas in medio
anni et alia in fine. Obligaverunt, cum guarantisia ecc.

NOTA

Alle notizie di già conosciute di Bartolo di Fredi pittore, possiamo aggiungere le
seguenti:

1356 (stile sen.) Febbraio 5.

*Bartalus Fredi pictor de Senis recepit a domina Bartolomea filia olmi Cecchi
sponsa et futura uxore sua, pro dotibus suis, flor. c. auri.* (Denunzie dei contratti
ad annum.)

1363 Aprile.

Filia Bartali pictoris sepulta est die xviij Aprilis. (Obituario di S. Domenico
nella Bibliot. Comunale di Siena.)

1363 Augusti XXXI.

Unus filius Barthali pictoris sepultus est die dicta. (Ivi.)

1367 die XXV Iunij.

*Bartalus magistri Fredis pictor recepit obligationem a Francisco Vannuccio,
pro pictura unius tabule, xxx flor. Item recepit obligationem ab Antonio Aniti
et Iohanne forneriis, dicta causa, flor. xxxviij.* (Denunzie *ad annum* c. 79 t.)

1372 Novembre e Dicembre, e nel 1383. Bartolo di Fredi risiede tra i Governatori della Repubblica.

1374 Luglio.

Filius Barthali Fredi pictoris mortuus est die xxvij Iulij. (Obituario sopra
detto.)

1376.

Domina Giera filia olim Luce de Monasterio Sancti Eugenii, vendidit domum sitam Senis in populo Sancti Egidii, pretio ducentarum sex lib: Bartolo magistri Fredi pictori populi Sancti Donati. (Denunzie *ad annum* c. 122.)

1380.

Giovanni di Ser Biagio e Giovanni di Giusto di Guido da Volterra, operai dell'Opera di S. Maria di detta Città, con il consenso del Ven. Messer Simone Vescovo di Volterra, ad effetto di pagare Bartolo di Maestro Fredi pittore senese del prezzo delle Pitture fatte nella cappella maggiore della loro chiesa e per altre spese, vendono per fiorini 53 una casa in Volterra.

Rog. Ser Agostino di Ser Martino. (ARCHIVIO DI STATO IN FIRENZE. Perg. del Convento di S. Andrea di Montoliveto di Volterra.)

1381 (stile sen.) Marzo.

Si pagano fior. 12 d'oro a Bartolo di maestro Fredi dipintore per una targa e un pennone con l'arme del popolo donati a Messer Giov: Piero de'Preti da Vicenza già senatore di Siena. (Biccherna *ad annum* 133.)

1389 Dicembre 8.

A maestro Lucha di Tommè et maestro Bartolo del maestro Fredi e Andrea suo figliuolo dipentori che fanno la tavola dell'università de calzolari fior. venticinque. (ARCHIVIO DELL'OPERA. Libro del Camarlingo, *ad annum*.)

1400 (stile sen.) Febbraio 10.

Bartolo di maestro Fredi testimone al testamento di Tommaso del fu Opizo de'Visconti da Fucecchio. In Siena. Pergamena delle riformagioni.

Ebbe una figlia di nome Antonia, alla quale si riferiscono i due seguenti ricordi del medesimo anno, che, se sembrano all'antitesi sono pur troppo frequenti nella vita.

1396 Aprile 20.

D. Antonia di maestro Bartolo di Fredi sposa Franno di Francesco maestro di legname. (Denunzie *ad annum*.)

1396.

Antonia filia Bartholi magistri Fredi pictoris sepulta est die xiiij septembris in platea (Obituario di S. Domenico *ad annum*.)

La di lui moglie donna Bartolomea morì il 31 ottobre 1420. Così si legge nel più volte citato obituario del Convento di S. Domenico di Siena ove fu sepolta.

Domina Bartholomea relicta Bartholi Fredi pictoris, die 31 Octubris transivit de vita presenti ad patriam, et cum habitu vestitarum ordinis, sepulta fuit in sepulcro viri sui, in claustro versus refectorium.

N.º 18. 1365 11 Giugno

Supplica dei frati del Carmine per ottenere un sussidio dal Comune di Siena, per il lavoro del Tabernacolo della loro Chiesa. (ARCHIVIO DI STATO IN SIENA. Cons. Gen. Vol. 176, c. 591.)

A voi Magnifici Signori, Signori Dodici e Capitano di popolo de la città di Siena, exponsi per parte del convento e frati

di santa Maria del Carmine de la città vostra: Certissima
cosa è che'l corpo di Yhesu Cristo, el quale fu passionato nel
legno della croce, ricuperò l'umana generatione dall'onferno.
Questo veramente noi fedeli cristiani aviamo per grandissimo
misterio in terra nel venerabilissimo sacramento dell'ostia,
et quanto questo sia d'avere in divotione et reverenza sommamente ogni cristiano die pensare, et la mente sua in esso
ponere et honorarlo oltra ogni altra cosa. Quali sono maggiori reliquie o più degne di riverenza che questo santis-
simo corpo, el quale è capo et signore di tucte l'autre reliquie
e dell'universo mondo? Et concludendo, per verità sopra
ogn'altra cosa si die tenere carissimo questo pane benedetto, nel quale el celestiale filluiolo del Padre Eterno si dà,
e si mostra a noi colla Trinità, tutto vivo et vero alli occhi
delli umani, el quale per più altro abile modo non cono-
sciamo in terra. Unde questo ymaginando i frati predetti,
et volendo questo beatissimo corpo honorevolmente magnificare a maggior divotione de'cristiani, però che fanno i frati
predetti festa singulare d'esso, proposono di fare uno bellissimo tabernacolo, nel quale stesse et si mostrasse esso
corpo nella sua festa: nel quale voleano spendere pochi denari, però chè so' poveri, come sapete: poi dato il principio
in esso, parve a tucti maestri et buoni huomini, che si facesse
di maggior costo per reverenza di tanto sacramento et per
nome et honore de la città di Siena, però che n'è fatto un
altro a Orvieto che costa più di $x\overset{c}{iij}$ di fiorini. Ora questo
tabernacolo è facto et viene da $i\overset{c}{iij}$ fiorini, el quale è bellissimo oltra quello d'Orvieto, per quelli che ànno veduto
l'uno et l'autro. Et però, per parte d'essi frati si prega la
Signoria vostra, che per reverenza del corpo di Yhesu Cristo
et per amore et grazia, degnate d'ordinare et provedere co'
bisognevoli modi che'l Camarlingo di Biccherna dia et paghi
de la pecunia del Comune di Siena, nel costo et costructione
d'esso tabernacolo, quella quantità che a Voi piace, acciò che
si possa pagare, però che non nè so'pagati anco più che lx fio-

rini per essi frati. Idio vi conservi èl vostro stato, dievi nell'autra vita el perpetuo et vero tabernacolo suo.

(Fu deliberato assegnarsi per quest'oggetto la somma di fior: 50 d'oro.)

N.° 19. 1366 30 Ottobre

Supplica al Comune di Siena di Domenico *e* Jacoma *di Maestro* Giovanni dell'Acqua. (ARCHIVIO DETTO. Cons. Gen. Vol. 179, c. 43.)

Dinanzi da voi signori Dodici et Capitano de la giustitia, Governatori et defensori del comune et popolo de la città di Siena, exponsi, et con ogni reverenza si prega, per parte di *Domenico* et di *Iacopa* filliuoli che fuoro del maestro *Giovanni* del maestro *Iacomo dell'Acqua*, e quali orfani et pupilli, et ànno poco dell'avere del mondo, et anco per parte de la madre loro, che conciosiacosa che 'l decto maestro *Iacomo* fu cagione di sì grande dignità et utilità come è la fonte del Campo de la decta città, et l'autre fonti de la decta città, le quali procedono et procederanno da quella; perchè il decto comune di Siena, per esser grato et conoscente del decto benefizio, stanziò et riformò che 'l decto maestro *Iacopo* loro avolo avesse de la moneta del decto Comune ogni anno *cl* lib: di denari; e quali denari poi fuoro conceduti al maestro Giovanni loro padre. Ed è vero che 'l decto maestro Giovanni loro padre visse sì poco tempo dopo la decta pensione, che poco o quasi neuno utile a' filliuoli n'è seguito. Che vi debbia piacere per l'amore di Dio, et per limosina, et per memoria del decto *Iacopo* et del decto beneficio, d'operare per Voi et per li consigli che n'ànno balìa, che alloro sia conceduta quella quantità della moneta del decto Comune che sia di vostro piacere, et a quello modo et tempo che piace alla Signoria Vostra. L'onipotente Idio e la sua gloriosa Madre vi conceda gratia di fare quello che sia sua laude et sua reverenza, honore et buono stato pacifico della nostra città, et honore de le vostre persone in bene dell'anima et del corpo.

Item cum audiveritis simili modo legi deliberationes factas super dicta petitione, secundum formam statutorum Sen:, quarum tenor talis est, videlicet: — Die *xx* mensis optubris, lecta fuit dicta petitio in presentia Dominorum Duodecim Capitanei populi et Domini Potestatis Sen: et optentum quod vadat ad ordines, et ponatur quantitas. Die *xxv* optubris lecta iterum fuit dicta petitio in presentia Dominorum Duodecim Capitanei pop: ordinum civitatis et quactor Provisorum Biccherne dicti Comunis, et optentum quod habeant dicti petentes a Comuni Sen: de pecunia dicti Comunis pro quinque annis proxime venturis, pro quolibet anno florenos viginti auri, ex causa in petitione narrata et petita: quos Camerarius Biccherne, qui est et pro tempore fuerit, solvere teneatur de sex mensibus in sex menses, ut pro rata tanget eisdem filiis magistri Iohannis. Et quod omnis alia provisio eis facta per Comune Sen: sit nulla ab hodie in antea. Et cum hac limitatione, ponatur dicta petitio ad Consilium generale.

Eisdem modo et forma, facto partito super suprascripta proposita filiorum magistri Iohannis fuit victum, optentum et iuridice reformatum, quod plene sit fiat et exequatur in omnibus, et per omnia prout et sicut indicta proposita continetur, per *cxxxvj* consiliarios dicti Consilii dantes eorum lupinos albos *del si*, non obstantibus *xx* eiusdem Consilii consiliariis, qui eorum lupinos nigros *del no* in contrarium reddiderunt.

N.° 20.   1370 Luglio-Agosto

Deliberazione del Consiglio della Campana riguardante la fabbrica del fondaco buio degli Ugurgieri. (ARCHIVIO DETTO. Perg. Borghesi M. 66.)

In nomine Domini, amen. Anno ab eiusdem incarnatione MCCCLXX. Indict: *viii* die vero *xviiij* mensis Julii.

Convocato et congregato generali Consilio Campane Co-

munis Senarum in consueto Palatio dicti Comunis, ad sonum
campane vocemque preconis, ut moris est, in numero sufficienti secundum formam Statuti Senar: de mandato nobilis
atque potentis Militis Domini Nicholai Domini Iohannis de
Canemortuo honorabilis presentis Potestatis Civitatis Senar:
dixit, et proposuit idem Dominus Potestas: Cum audiveritis
legi palam et alta voce petitionem infrascriptam infrascripti
tenoris.

« Al nome di Dio, amen. Come si contiene nello Statuto,
« il quale parla ch'e' Signori Difensori che per li tempi ri-
« sederanno del mese di Luglio o d'Agosto debbano chiamare
« uno savio e discreto huomo per ciascheduno Terzo a bo-
« nificare e a vedere vie, e ogni altra cosa la quale sia
« maggiore bellezza de la Città; per la quale cosa e' Signori
« che ora al presente secghono (sic) nel Palazzo, del mese
« di Luglio e d'Agosto 1370, ànno chiamati questi tre savi
« uomini per le dette cose seguire: del Terzo di Città, Gio-
« vanni Nelli: del Terzo di Sancto Martino, Pavolo d'Am-
« brogio schagiolaio: del Terzo di Camollia, Pietro di Gio-
« vanni. E questi tre savi uomini, come parla lo Statuto
« che debbiano chiamare per loro consiglio quelli maestri
« che a loro piacerà, ànno chiamati gl'infrascripti maestri.

« Maestro Neri Ranuccioli	Maestro Piero di Gionta
« Maestro Gratia Maffei	Maestro Iacomo di Giovanni
« Maestro Agnolo Bizochi	Maestro Pauolo di Salvi
« Maestro Gherardo di Bindo	Maestro Agustino Martini
« Maestro Iacopo del maestro Pietro	Maestro Iacomo di Mino
« Maestro Stefano di Meio Borsa	Maestro Francesco del M.° Vannuccio

« I quali tre Savi huomini ànno imposto a noi Maestri
« sopradetti che noi dobbiamo secondo lo Statuto, come
« debbia seguire il lavoro del Fondaco Buio, il quale ene
« degli Ugurgieri ecc.

« Questa ene la deliberagione che Noi Maestri sopradetti
« aviamo deliberata che per onore e maggiore bellezza della
« Città di Siena, che la detta muraglia torni al dritto, cioè

« a corda del canto del palazzo de' Sansedoni al canto del
« Palazzo de' Maconi, conciosiacosa che le mura de la bu-
« tigha di Nicholo di Tone, e di Giovanni di Mico istanno
« male, e però mettiamo la corda dai detti due Palattii, per-
« chè non s'abbia a drizzare più volte. E sì veramente per-
« chè non si possi ragionevolmente lagniare neuna de le
« parti de chui fosse el decto chasamento, vero butighe,
« questi tre savi huomini, chiamati per li nostri Signori,
« debbiano eleggiare due buoni e savi Mercatanti per Terzo
« con tre Maestri di legniame e tre di pietra, a vedere e
« istimare ongni e ciascheuno dapno il quale, per questo
« drizzo, tornasse a le dette parti di chui sono le decte but-
« tighe o vero casamenta, e ciò che serà istimato, quello
« sia restituito per lo Comune di Siena. »

« Di tutte queste cose iscripte, le quali sono inscripte in
« su questo foglio siamo in concordia tutti i detti Maestri:
« senza niuno intervallo fatta questa iscripta di mano di me
« maestro Francescho del Maestro Vannuccio presente, e di
« concordia de dutti (sic) i detti Maestri. Domenicha *xiiij* di
« Luglio 1370. »

Item cum audiveritis simili modo legi deliberationem infrascriptam infrascripti tenoris, etc:

« Al nome di Dio, amen. Noi Giovanni Nellini e Pauolo
« d'Ambrogio e Pietro di Giovanni siamo in chesta concor-
« dia: che avendo rispetto che lo Statuto, il quale parla de
« le bellezze de la Città, non s'aoperò già fa trenta anni o
« più, e anche avendo rispetto ch'el Comune è male agiato
« a fare questa menda, secondo che i Maestri ànno delibe-
« rato, e anche avemo rispetto che gli Ugorgieri, o di chui
« sieno, l'ànno tenuto o posseduto gran tempo a chel modo
« che sono cominciate a murare, deliberano a ongni cosa
« rispecto, che nel Consiglio de la Campana deliberi (sic)
« si dìa andare innanzi al modo cominciato o no, e in
« quanto si prendesse che la detta muraglia tornasse a ricto
« al modo che ànno deliberato i Maestri, lo sia fatto ai detti,

3

« di chui sono le botighe e casamenti, quella menda dal
« Comune, che deliberaranno quelli huomini che saranno
« electi sopra a ciò. »

Item cum audiveritis simili modo legi deliberationes factas
super petitione, et omnibus suprascriptis, quarum tenor talis
est videlicet. — Die *xviii* Iulii lecta in presentia Dominorum
Defensorum, quator Bicherne, et Ordinum Civitatis et trium
Officialium super aconcime Civitatis deliberatio quod ponatur
ad Consilium generale, et super omnibus supradictis fiat
proposita generalis: igitur quod dicto Consilio et Consiliariis dicti Consilii videtur et placet providere et juridice reformare, super dicta petitione et dicta deliberationes (sic) et
omnia suprascripta pertinentia ad dictum laborerium, et ad
dictas apotechas, de quibus supra fit mentio: in Dei nomine
generaliter et specialiter consulatur. — Super quibus omnibus et singulis idem Dominus Potestas in dicto surgens
Consilio, more solito, petiit sibi pro dicto Comune Senarum
utile sanumque consilium exhiberi.

Unus, ex Consiliariis dicti Consilii, in dicto surgens Consilio ad dicitorium consuetum, consuluit super dicta proposita
generali edifitii et apotecharum Campi Fori, quod muramentum sive edifitium de novo inceptum super dicto Campo, de
quo supra dictum est et declaratum in dicta proposita, reducatur retro, et fiat sicut est declaratum per Magistros, de
qua declaratione supra patet in proposita. Ita tamen, quod
fiat satisfactio per Comune Senar: de dicto dapno sicut et
pro ut per dictos Magistros extitit declaratum: sed si illis,
quibus est fienda dicta emendatio, debent aliquid solvere
Comuni Senar: solvatur dicto Comuni id quod debetur, ante
quam recipiant mendam, vel eis in dicta emendatione ex-
compensetur id quod dare debent Comuni Senarum.

In cuius summa reformatione Consilii, dato, facto et misso
partito ad lupinos albos et nigros, secundum formam Statuti Sen: — Super consilio suprascripto reddito super proposita edifitii, quod reducatur retro, fuit victum et optentum,

et jure juridice reformatum quod plene sit fiat, et exequatur in omnibus et per omnia, prout et sicut in dicto consilio continetur per *cccviii* Consiliarios dicti Consilii, dantes eorum lupinos albos *del sic,* non obstantibus *cxxiii* eiusdem Consilii Consiliariis, qui eorum lupinos nigros *del non* reddiderunt.

In nomine Dei, amen. Anno Domini ab eiusdem Incarnatione millesimo *ccclxx* Indict: *viiii* secundum consuetudinem Civitatis Senar: die *xiii* mensis Septembris, que fuit dies Veneris.

Convocato et congregato generale Consilio Campane Comunis Sen: in consueto Palatio dicti Comunis ad sonum Campane vocemque preconis, ut moris est, in numero sufficienti, secundum formam Statuti Senar: de mandato nobilis atque potentis Militis domini Nicholai domini Iohannis' de Canemortuo honorabilis presentis Potestatis Civitatis Sen:, dixit et exposuit dictus Potestas :

Cum die decimonono Iulii, proxime preteriti, fuerit reformatum, quod muramentum inceptum iuxta Campum domorum quorumdam de Ugorgieriis et aliorum, retrocederet et fieret de novo, ut trahetur ad cordam ab angulo Palatii Sansedonium ad angulum Palatii Maconum satisfatto per Comune de predictis diebis (sic) qui dictum muramentum facere fieri inceperant, secundum extimationem fiendam per certos Magistros, et alioscumque si dictum muramentum fieret ad cordam ad angulum Palatii Maconum, sequeretur inconveniens, videlicet: quod ubi fuit deliberatum dictum muramentum retrocedere, pro maiori pulcritudine Campi, sequeretur major turpitudo Campi quare remaneret domus quedam, in qua est apotheca Nichole Tonis versus Campum, ultradictum muramentum bene per tres quartos unius brachii, et sic non procederet ad cordam Campi per rotunditatem, sicut est intentio civium: igitur si dicto Consilio videtur et placet providere et juridicee reformare, quod dictum novum muramentum fiat sicut trait ad cordam ab angulo palatii Sansedonium ad alium angulum proximiorem, videlicet, apoteche Nichole

Tonis, que apotecha est iuxta et contigua dicto novo muramento fiendo : et eodem modo fiat extimatio dapni et satisfationis, sicut fuit per aliam reformationem provisum, quod donec habuerit emendam ad dictum opus perficiendum non possit cogi vel molestari. Super quibus omnibus et singulis idem Dominus Potestas petiit sibi predicto Comuni Sen: utile sanumque consilium exhiberi.

Unus, ex Consiliariis dicti Consilii, indicto surgens consilio ad dicitorium consuetum, consuluit super suprascripta proposita, quod plene sit, fiat, et exequatur in omnibus et per omnia, prout et sicut in dicta proposita continebatur.

In cuius summa reformatione Consilii, dato, facto et misso partito ad lupinos albos et nigros, secundum formam Statuti, super suprascripta proposita de Ugorgeriis, fuit victum, ottentum, et jure reformatum quod plene sit, fiat, et exequatur in omnibus et per omnia, pro ut et sicut indicta proposita continebatur, per *ccxxii* Consiliarios dicti Consilii, dantes eorum lupinos albos *del sic:* non obstantibus *lxxvij* Consiliariis dicti Consilii, qui eorum lupinos nigros *del non* in contrarium reddiderunt.

Ego Iohannes olim Ture Ser Iacobi de Prato Imperiali auctoritate notarius et judex ordinarius et nunc not: et officialis Reformationum Comunis predictis, interfui eisque per alium fidelem not: sumptis de mei (sic) commissione, me subscripsi et publicavi.

N.° 21. 1371

Allogagione a maestro Piero *di* Lando *da Siena, maestro di legname, del coro della chiesa maggiore di Fiesole.* (Mem. Episcopi Fesulani di mano Ser Andrea Corsini, c. 81, 82.)

Anno 1371.

Piero di *Lando* da Siena ho tolto a fare il coro nella Chiesa maggiore di Fiesole, e questi sono i patti i quali ho

fatti io noi col proposto di Firenze e Ser Taddeo di San
Pier Maggiore, iscritti per mano di Ser Taddeo predetto in
presenzia del detto proposto.

In prima che il detto *Piero* de' fare il detto coro a ogni
suo legname, ferramento e ogni altra spesa.

It: de' fare il detto coro come quello delle Donne di San
Piero Maggiore, cioè di bracciali in giuso con una panca
dinanzi da inginocchiarsi, e da'bracciali in suso vuole essere
uno braccio e mezzo intorno, alto.

It: vogliono essere i bracciali di noce colla piana di dietro
ove si commettino: la piana ove si commetteranno i sedi,
di noce; e i ballatoi, e i peducci e un regolo dinanzi a
manganella, ogni cosa di noce: e sia regolato da'bracciali
in giù come quello di San Piero Maggiore, di noce; e da'
bracciali in su regolato di noce riquadrato con una cornice
di noce di sopra, e di sotto alla detta cornice un fregio di
tarsia come in quello di San Miniato dalle Torri, e la panca
dinanzi da inginocchiarsi regolata di noce, come quello di
San Miniato dalle Torri, tutto l'altro legname vuol essere
d'albero, asse di mezzo.

It: debba avere il detto *Piero* per pagamento del detto
coro fior: cinque e mezzo di ciascheduna sedia, a tutte sue
spese di mangiare, di bere ed ogni altra cosa, di gabelle,
e di vetture, e di ciascheduna altra spesa; salvo che della
Sedia del Vescovo si debba vedere per messer lo Proposto
di Firenze, e per Taddeo di San Pier Maggiore; e quello
che a loro paresse, debba essere ristorato; e questi sono
i patti.

A dì 29 di Maggio 1371.

Maestro *Piero* di *Lando* da Siena ebbe, questo dì di sopra,
per comprare il legname del coro di Fiesole, fior: trenta d'oro
in presenza del Proposto di Fiesole e di quello di Firenze.

It: ebbe in presenza del Proposto di Fiesole e di Ser
Giovanni, a dì 15 di Gennaro dell'anno di sopra, fior: 25 d'oro
per comprare legniame.

It: ebbe egli in presenza del Proposto di Fiesole e di Frate Bartolomeo, a dì 20 di Luglio, lire cinquanta.

It: ebbe egli a dì 24 d'Agosto, in presenza del fabbro Vanni, fior: 15 d'oro.

It: ebbe egli, a dì 27 di Settembre, lire cinquanta in grano che io gli vendei per soldi diciannove lo staio.

It: diegli questo dì medesimo: ricevette egli fior: 20 d'oro.

It: diegli a dì 20 di novembre: ebbe egli lire venti.

It: ebbe *Piero* maestro, a dì 2 di marzo, in presenza del Proposto di Fiesole, fior: otto d'oro.

It: ebbe *Piero* maestro, a dì 18 Aprile, fior: sei d'oro in presenza di Vannone.

It: ebbe 24 metadelle di vino: montano lire una, sol: sedici.

It: ebbe a dì 24 d'Aprile 1373, secondo che sentenziò messer Taddeo canonico di Fiesole, fior: tre d'oro.

Sicche ha avuto il maestro del Coro in tutto, fior: 144 lire una, sol: uno.

N. 22. 1367-1385

Pagamenti fatti a maestro Giovanni di Bartolo orafo senese dei lavori d'oreficeria eseguiti per la Corte pontificia in Avignone ed in Roma. (ARCHIVIO VATICANO. Registri della Camera).

Die *xviij* dicti mensis februarii computavit *Johannes Bartholi* argentarius, Curiam Romanam sequens, de rebus infrascriptis, prout sequitur: Et primo pro *xij* calicibus argenti emptis ab ipso pro domino nostro papa, deauratis, ponderantibus *xviiij* marchas, *vj* uncias et *iiij* denar., ad rationem pro marcha *viij* floren. Camere: valent *clviij* flor. Cam. et *iiij* solid. Item pro argento per ipsum posito in dictis calicibus ultra argentum sibi traditum, videlicet pro *ij* marchis, *iiij* uncis, *xvj* denaris, ad rationem *v* floren. cum dimidio pro marcha: ascendunt *xiiij* flor. *v* solid. Item pro factura unius

ydrie ponderantis *xxxv* marchas et *ij* uncias, ad rationem
pro marcha *i* flor: valet *xxxv* flor. Item pro argento quod
de suo posuit in dicta ydria, videlicet *v* marchas, *iij* uncias,
xxi denar. ad rationem pro marcha *v* floren., *viiij* gross:
ascendunt *xx* floren., *xij* solid. *viiij* denar. Item pro meliora-
tione argenti dicte ydrie, quia reddidit argentum grossum
et recepit argentum sterlingorum: *vij* flor. cum dimidio.
Item pro reparatione unius pontificalis; *ii* floren. Item pro
reparando unum thurribulum, et cathenas ipsius; *ii* floren.
Item pro *iij* unciis et *vij* denar. auri. *xx* çateratorum *(cara-
torum),* ad rationem pro uncia *vj* floren. Camere cum dimidio
pro positis in proba domini nostri pape; *xxi* flor., *viiij* solid.,
vi denar. Item pro factura et callo *(calo)* auri *v.* flor. Item
pro factura auri positi in cuppa quadam Mazari, et auro ipso
ibidem posito; *j* flor. Item pro solidatura pedum quorumdam
candelabrorum et argento posito ibidem; *j* floren. Item pro
solidando et aptando *ij* calices, et quibusdam operibus factis
in ipsis; *ii* floren. *xxviij* solid. Summa universalis omnium
premissorum soluta dicto Argentario pro expensis et aliis; *ii*
liiij flor. Cam., *xx* sol., *viiij* denar. monete Avinion. (Reg. 325,
fol. 63 t).

1367. 5 giugno. — Die *v* mensis junii facto computo cum
Johanne Bartoli, argentario Avinione commorante, de duabus Rosis auri, lapidibus, et aliis in eis positis per eum
factis, videlicet, unam de anno domini *m° ccc° lxvi* et aliam
de anno domini *m° ccc lxvii* datis per dominum nostrum
papam ipsis annis die dominica qua cantatur *Letare Jherusalem,* et de factura *vi* pitalphorum auri, tam magnorum
quam parvorum, ponderis *lx* marcharum, et dulcificatione
ipsius auri et resta factionis *vi* duodenarum et medie tacearum argenti. Repertum est sibi deberi, prout in compoto per
eum reddito in magno libro descripto particulariter continetur, ipso *Johanne* manualiter recipiente *iiii lxviii* Flor. Camere, *xiiii* s., *ij* den. (Reg. 321. fol. 139.t).

1367. 30 giugno. — Die ultima dicti mensis computavit *Johannes Bartholi* argentarius, Curiam Romanam sequens, de certis operibus per ipsum factis, et aliis expensis solutis per eum in mense Junii predicto, prout inferius continetur. Et primo dixit se expendisse pro media uncia auri posita in quadam proba domini nostri pape, *iij* floren. *iij* gross. Item pro reparatione dicte probe: *ij* floren. Item pro reparatione unius thurribuli in quo fuerunt positi duo denarii et *x* grana auri, et pro reparatione baculi unius crucis, et argento ibidem posito; *ij* floren. *vj* gross. Item pro duobus garnimentis ad facendum Agnos Dei, et aliis expensis factis propter hujusmodi opus; *v* floren. Item pro clarificando *xij*, taceas pro buticularia et factura unius supersorii aque; *xviiij* gross. Item pro una marcha, *v* unciis et *xii* denariis argenti per ipsum positis de suo proprio in uno pelvi *(bacino)* argenti, ponderis *xxviiij* marcharum, *v* unciarum, *iij* quart. cum uno picherio argenti, ponderis *x* marcharum, *v* unciarum cum media ad rationem pro marcha, quam de suo, ut prefertur, posuit; *v* floren. et *vij* gross. Et pro factura dicti operis ascendit in universo pecunie summa suprascripta, que fuit dicto *Johanni* soluta in *l.* floren. Cam., *v* solid. monete Avinionis. (Reg. 325, fol. 64 t).

1368. 8 aprile. — Die *viii* dicti mensis soluti fuerunt *Johanni Bartholi* de Senis argentario, Curiam Romanam sequenti, pro Rosa auri data per dominum papam dominica de *Letare* proxime preterita, domine Iohanne regine Sicilie: que quidem rosa ponderavit *xiiii* uncias, *xii* denar. auri de *xx* caractis; qualibet marcha pro *vj* florenis Camere computata; ascendunt *lxxxxv* solid., *vj* denar. Et pro tribus saphiris in dicta rosa positis; *xxxviii* floren... Et pro aptando crucem domini pape; *j* floren. Summa permissorum dicto argentario soluta, manualiter recipienti, est *cxxxxviiij* flor. comun. *xii* sol. monete Avin. (Reg. 325, fol. 81).

1368. 24 luglio. — Die *xxiiii* mensis julii predicti soluti fuerunt, de mandato domini nostri pape, Johanni Baroncelli servienti armorum et campsori Camere Apostolice domini nostri pape, pro faciendo fieri capita de argento, in quibus debent reponi capita beatorum apostolorum Petri et Pauli, quos dominus papa pro premissis gratiose donavit; de quibus debet Camera Apostolica computare, ipso manualiter per manus predictas recipienti *iiij* flor. Cam. (Reg. 325, fol. 87).

1369. — Sequuntur solutiones facte per me Petrum de Frigola supradictum de mandato domini Gancelmi de Pradallo pecuniarum Camere Apostolice receptoris, solvendo Johanni Marci argentario pro certis expensis quas fecit pro capitibus sanctorum Petri et Pauli portandis de palatio apostolico Rome juxta sanctum Petrum apud sanctum Johannem Lateranensem. Primo pro tabulis de nuce pro pedestalibus faciendis ad portandum predicta capita de dicto palatio apud Sanctum Iohannem; *iij* fl. *xij* bolon.

Item pro portu duarum tabularum, *xij* bolon.

Item pro clavellis, *x* bolon.

Item solvi tribus fusteriis qui steterunt per *xxi* dies ad faciendum pedestales et unum bancum, dando cuilibet terciam partem floreni: ascendit *vij* flor.

Item pro pictore qui pinxit dictos pedestales de azuro et auro fino ac aliis coloribus; *v* flor.

Item pro *iiij* petiis fuste ad faciendum bardos et *iiij* tabulas pro faciendo planum et duas tusteras (?) ad faciendum pedes et traversos; *ij* flor. et med.

Item pro *xij* hastis pro portando pallium; *j* flor.

Item solvi magistris qui fecerunt bardum; *ij* flor.

Item pro portitura dictarum lancearum et fuste antedicte; *xiij* bolon.

Item solvi pro faciendo pingere lanceas et bardum; *ii* flor.

Item pro *viij* serraturis de ferro ponderis *xxxvij* librarum, precio *iij* sol. pro qualibet libra: ascendit *ij* flor. *xvi* s.

Item solvi pro *viij* staphis ad rationem *iiij* gross. pro qualibet; *ij* flor. *viij* gross.

Item pro *viij* cathenis ad tenendum ymagines, ad rationem *iiii* gross. pro qualibet asciendit *ij* flor. *viij* gross.

Item pro faciendo portare ad palacium supradictos *viii* staphas et *vij* cathenas et *viii* serraturas; *viij* bolon.

1372. 3 aprile. — Die eadem facto computo cum *Johanne Bartholi* argentario domini pape, pro resto *M iij^c xxxvj* floren., *j* sol., *x* d. qui sibi debebantur pro expensis et operamentis per ipsum factis et solutis pro ferramentis tabernaculi Capitum beatorum Petri et Pauli, que posita sunt in ecclesia sancti Johannis Laterani de et pro quibus habuit a Camera diversis diebus *M.* flor. qui dictis positi et scripti fuerunt in libris expensarum dicte Camere, et a domino nostro papa dum erat cardinalis, *iij^c* florenos, et sic habuit *M iij^c* floren., quibus deductis de predictis expensis, restabant sibi deberi, prout in magno libro est descriptum, computatis *xxxvj* flor. de cambio qui fuerunt sibi soluti in Franchis in floren. com. quolibet *xxviij* sol., et de cambio pro *xxvij* solid. et *iiij* denar. computato, ipso *Iohanne* manualiter recipienti; *xxxv* floren. Cam. *iiij* solid. (Reg. 336, fol. 93 t).

1372. 23 marzo. — Die eadem facto computo cum magistro *Johanne Bartholi* argentario domini pape, pro reparatione *x* platellorum et *xii* scutellarum argenti magnarum et brunitura earum ac pro deauratura ipsorum vasorum intus et extra; *clxxvij* flor. de Camera, *viij* sol. Item eidem pro Rosa aurea nuper data per dominum papam dominica de Letare, ponderis *j* marche *v* unc. *iiij* den.: valent ad racionem pro marcha lib. *ij* floren. Camere; ascendunt *lxxxv* floren. et medium. Item pro uno saphiro posito in dicta Rosa; *xij* floren. Item pro *ij* perlis ibidem positis; *ij* floren. Item pro factura dicte Rose; *xv* floren. Summa totalis soluta pro premissis est *ccxlj* florenorum Cam. *viij* sol., quibus *cl* florenis deductis, restabant sibi deberi, et fuerunt eidem soluti, videlicet dicto argentario manualiter recipienti: est deductum *cl* florenorum quos habuit a Camera, die *xx* decembris proxime preteriti, qui tunc computati sunt *clj* floren. Cam. *viij* sol. (Reg. 336, fol. 88).

1374. 25 febbraio. — Die eodem soluti fuerunt magistro *Johanni Bartholi* argentario de Senis, Curiam Romanam sequenti, in deductionem summe quam dixit sibi deberi per Cameram pro quodam jocali per ipsum facto pro domino papa, super quo habebit pleniorem reddere rationem, ipso argentario recipienti manualiter, ij^c flor. Cam. (Reg. 339, fol. 56 t. Cf. R. 340, fol. 81 t).

1374. 12 marzo. — Die *xij* dicti mensis fuerunt soluti magistro *Johanni Bartholi* de Senis argentario pro una marcha auri, cum dimidia per ipsum emenda pro Rosa auri danda per dominum papam dominica de Letare Hierusalem, de quibus computabit, *lxxx* flor. Cam. (Reg. 337, fol. 51, t).

1374. 15 marzo. — Die *xv* dicti mensis soluti fuerunt magistro *Iohanni Bartholi* argentario de Senis, Curiam Romanam sequenti, pro factura Rose auri date per dominum papam in dominica qua cantatur Letare, ut est consuetum, et pro auro posito in dicta Rosa pon(deris) unius marche, *iiij* unc. et *j* den. auri de *xx* carattis: ascendunt ad *lxxviij* flor., *xij* s.: et pro uno zaphiro et duabus granatis positis in dicta Rosa, *xii* flor.: et pro labore suo *xv* floren. Camere, in summa, supradicto argentario recipienti manualiter, *cv* flor. Camere *xij* s. (Reg. 340, fol. 88, t. Cf. Reg. 339, fol. 63).

1374. 22 marzo. — Die *xxii* dicti mensis computavit magister *Johannes Bartholi* argentarius de Rosa auri per ipsum facta, data per dominum papam Dominica de Letare proxime preterita, ut sequitur. Et primo pro una marcha *ij* untiis et *xj* den. auri de *xx* caractis, ad rationem *liij* flor. Cam. pro marcha; *'lxviij* flor. Cam. *viij* sol. Item pro opere et factura dicte Rose; *xv* flor. Cam. Item pro uno zaphiro posito in dicta Rosa; *viij* franch. Item pro duobus granatis; *x* gross., de quibus habuit a Camera die *xviij* hujus mensis, *xxx* floren. Camere; et sic restabant sibi deberi: qui ista die fuerunt sibi soluti, *iiij* flor. Cam. *viiij* franch. et *xiij* gross. cum dimidio: valent. *xiij* flor. Cam. *xvij* sol. (Reg. 337, fol. 55, t).

1374. 23 dicembre. — Die *xxiij* dicti mensis decembris,

facto computo cum magistro *Johanne Bartholi* de Senis argentario domini nostri pape de et pro certis jocalibus auri et argenti deauratis et esmaltatis, per ipsum tam novis factis, quam etiam reparatis pro Cameris domini nostre pape, de precepto dominorum Johannis de Baro, Petro de Chassarchis ac Robineto cubiculariorum domini nostri pape, prout eidem cubicularii scripto retulerunt, propter quod fuit repertum eidem argentario deberi, et fuerunt sibi soluti, ipso manualiter recipiente, *xvj* flor. Camere, *xviij* s. *vj* d. (Reg. 340, fol. 172, t).

1375. 9 marzo. — Die *viiij* mensis martii soluti et traditi fuerunt magistro *Johanni Bartholi* de Senis argentario domini pape pro Rosa auri per eum facienda, danda per dominum papam dominica de Letáre prox. venien., de quibus computabit, ipso manualiter recipiente *lxxx* flor. de Camera. (Reg. 342, fol. 113. Cf. R. 343, fol. 163, t).

1375. 4 aprile. — Die *iiij* mensis aprilis fuerunt soluti magistro *Johanni Bartholi* de Senis argentario domini pape de Rosa auri per ipsum facta data per dominum papam dominica de Letare prox. preterita Disposito filio ducis Andrie, que ponderabat *xj* uncias, *xxj* d. de liga *xx* caratt.: ascendunt in summa *lxxvij* flor. de Camera, *xviij* s. *viij* d. Item pro uno saphiro posito in eadem Rosa, *vij* flor. Ca. et pro duobis granatis ibidem positis, *vj* g. Item pro factura dicte Rose, *xv* flor. Reperti sunt sibi deberi in universo — *c* flor. Camere *ij* s. *viij* d. de et pro quibus habuit a Camera *viiij* die marcii proxime preterita, qua dicta dicta (sic) die positi fuerunt in expensis *lxxx* flor. de Camera, quibus deductis, restabant eidem deberi et fuerunt sibi soluti, ipso recipiente manualiter videlicet *xx* flor. Camere, *ij* s. *viij* d. (Reg. 342, fol. 122, t. Cf. R. 343, fol. 165, t).

1375. 31 maggio. — Die eadem facto computo cum magistro *Johanne Bartoli* argentario de Senis de et pro uno brachio argenti pro imagine Sancti Andree, tam pro argento et auro, quam omnibus aliis per ipsum emptis et positis in dicto brachio et de suis expensis, compertum fuit ipsum expendisse et sibi deberi, prout in magno libro particulariter continetur, ij $\overset{m}{v}$ $\overset{e}{lxvj}$ flor. s. *iiij* d. *vj* Camere, de et pro quibus dixit se dictus argentarius recepisse a quondam Christophoro de Geri (?) custode vaccelle domini pape in vaccella argenti et a Camera Apostolica diversis vicibus — ij $\overset{m}{xliiij}$ flor. s. *iij* de Camera. Quibus deductis de summa maiore sibi debita, restabant sibi deberi $\overset{c}{v}$ *xxij* flor. *j* s. *vj* d. Camera, de quibus habuit in deductionem dicte reste; ipso manualiter recipiente *C.* flor. Camere. (Reg. 342, fol. 140, t. Cf. R. 343, fol. 169 t).

1375. 17 agosto. — Die eadem soluti fuerunt magistro *Johanni Bartoli* argentario de Senis in deductionem eorum que sibi debentur pro factione brachii argenti Sancti Andree, ipso manualiter recipiente, *lv* flor. Camere. (R. 342, fol. 151, t Cf. Reg. 343, fol. 175, t).

1375. 17 agosto. — Die eadem soluti fuerunt magistro *Johanni Bartholi* de Senis argentario pro complemento $\overset{c}{vxxii}$ flor. de Camera, *j* s. *vj* d. sibi debit. pro factura brachii argenti Sancti Andree, inclusis omnibus, ipso manualiter recipiente, *cxlii* flor. Camere, *j* s. *vj* d. (Reg. 342, fol. 178, t. 174, t. secondo la numerazione del codice).

1375. 3 dicembre. — Die eadem soluti fuerunt magistro *Iohanni Bartoli* argentario domini pape pro una balansa ab ipso recepta ad ponderandum quodlibet centenar. florenorum pro Camera, ipso manualiter recipiente, *xxxij* solidi. (Reg. 342, fol. 201, t. 197, t. secondo la numerazione del codice. Cf. Reg. 343, ff. 163, t, 165, t, 169, t, 175, t, 180).

1376. 20 febbraio. — Computavit *Johannes Bartholi* argentarius domini pape de duabus zonis et certis aliis per ipsum factis pro domino papa, ut sequitur. Et primo pro una zona argenti deaurata ponderis *iiij* unc. cum dimidia; *iiij* flor. Cam. cum dimidio. — Item pro alia zona et una parva cruce auri, ponderis totum *ij* unt. et *xj* den. cum dimidio auri; *xvj* flor. Cam. et pro factura predictorum, *iij* flor. Cam. — Item pro serico dictarum zonarum, *ij* flor. Cam., *vj* den.

Item pro furnimento bragarum domini pape de argento deaurato, *ij* flo. Cam. cum dimidio. Item pro brunitura *vij* tacearum et unius pitalfi. — *vj* gross. — Item pro uno fermallio de auro reparato, pro *vj* perlis et *ij* den. cum dimidio auri positi in eodem; *iij* flor. et *ij* gross. Cam. Summa totalis... *xxxj* flor. Cam., *viii* gros. (Reg. 344, fol. 138).

1376. 3 aprile. — Mag.° *Iohanni Bartoli* de Senis argentario domini pape, pro Rosa auri per ipsum facta, quam dominus noster papa dedit die dominica de Letare proxime preterita d. vicecomiti de Villamuro, ponderis unius marche, *iij* unc. de *xx* caractis: valent *lxxj* flor. de Cam. Item pro uno zaphiro et duobus granatis ibidem positis, *vij* flor. Cam. *xij* s. curr. Item pro factura, *xv* flor. Cam. — *lxxxxxiij* fl. Cam. *xij* s. (Reg. 344, 346).

1376. 23 dicembre. — Die *xxiij* mensis decembris soluti fuerunt magistro *Johanni Bartoli* argenterio domini pape pro diversis operibus factis per ipsum in diversis reliquiariis saldatis, brunitis et argento et auro de suo proprio positis in eisdem: que tradidit et assignavit magistro Capelle domini pape; prout in quodam computo per dictum argenterium tradito continetur; *xxviij* flor. communes, *iij* gross. Item eidem argenterio pro diversis operibus et argento per eum factis et expensis pro vasis argenti sibi traditis per Robinetum cubicularium domini pape, prout in computo ipsius argenterii singulariter exprimuntur; *vij* flor. curr., *viiij* gross. et med. Item eidem argenterio pro certis operibus factis in reliquariis magne capelle domini pape, sibi traditis per dominum Thomam Tauri, nunc magistrum Capelle domini pape, prout singulariter in computo dicti argenterii continetur, in quo idem dominus Thomas se approbando subscripsit; inclusis *xviij* flor. Camere et *v* grossis pro *iij* march. *ij* unc. et *xix* d. argenti. de suo positis: in universo, *xxx* flor. Camere et *xv* flor. currentes. Item eidem argenterio pro una ydria brunienda, et una cupa de auro reparanda et brunienda, et factura unius anuli in Massilia; *ij* flor. *ij* gross.

que omnia ascendunt et fuerunt soluti dicto Magistro *Johanni* *xxx* flor. Camere et *liij* flor. curren. *xvi* s. cum dimidio. Valent reduct. ad flor. Camere in universo, *lxxvi* flor. *vj* d. (Reg. 347, fol. 53 t. 54).

1380. 30 maggio. — Supradicto Antonio de Ponte, quos solverat *Johanni Bartolo* argentario pro deaurando duas tabulas unius libri de Capella Domini nostri, *x* flor. Cam. *xii*. (Reg. 352, fol. 65).

1383. 2 giugno. — Die eadem fuerunt scripti in expensis, qui fuerunt soluti die *xxvj* mensis februarii proxime preteriti, magistro *Johanni Bartoli* de Senis argenterio, pro *j* marcha, *iij* uncis et *xviij* den. auri de *xx* caractis, pro Rosa auri que fuit data per dominum papam, dominica qua cantatur *Letare Jherusalem*, domino Regi Armenie, ad rationem *lxiii* floren. Cam. et *iij* quart. pro marcha: ascendunt *lxxviij* floren. Cam. Item eidem pro factura et opere dicte Rose; *xv* floren. Cam.: in summa — *xciij* floren. Camere. (Reg. 356, fol. 151).

1385. 2 marzo. — *Johanni Bartoli* de Senis argenterio pro Rosa auri fienda per ipsum, danda per dominum nostrum papam dominica qua cantatur Letare Jerusalem: *cvij* fl. Ca., *iiij* s. (Reg. 359, fol. 136, t.).

1385. 30 marzo. — *Johanni Bartoli* argenterio de Senis, Avin. commoranti pro resta majoris summe sibi debite pro Rosa auri nuper data per d. papam Johanni de Serre consanguineo prefecti urbis, que ponderabat *viij* unc. et *viij* d. auri fini, que valebat ad rationem *lxij* flor. Cam. et *xvj* s. pro marcha, *lxv* fl. Ca. *viii* s. Item pro duobus balaciis, *xxx* fl. Ca. *xxiiij* s. Item pro uno zaphiro, *xrj* fl. Ca. Item pro factura dicte Rose *xv* fl. Ca: in summa *cxxvij* fl. Ca. *iiij* s., de quibus habuit nuper a Camera *cxxv* fl. clem. valentes *cvij* fl. Cam. *iiij* s.: et sic restabant qui fuerunt 'eidem soluti — *xx* flor. Ca. (Reg. 359, fol. 144).

Nota

Siamo grati al ch. Prof. Eugenio Müntz, che per il primo ha fatto conoscere le notizie di questo insigne artista senese (Archivio Storico Italiano, Ser. v, t. II. disp. 4.), di averci permesso di ripubblicarle in questa raccolta; noi poi ne aggiungiamo altre ricavate dagli Archivi senesi:

1373 die sexto mensis aprelis.

Nannes Salvi Renalduccii lanifex de Sen. populi Sancti Andree, pro pretio triginta duorum flor. vendidit unam domum positam Sen. in populo Sancti Salvatoris incontrata chiassi del Sambuco, Nanni Bartoli Guidi aurifici populi Sancti Salvatoris (ARCH. DI STATO, Den. Contr. 1372-73, c. 42).

1376 die xxviij octobris.

Johannes Bartaly aurifex populi Sancti Salvatoris recepit pro dotibus domine Johanne Bonini Johannis Fornerii, eius futuri uxoris, ducentos viginti flor. auri (Ivi. Den. 1375-76, c. 32 t.).

Forse ebbe una seconda moglie di nome Agostina, come lo farebbe credere la seguente partita dei predetti libri di denunzia:

1379-80 gennaio 17.

Nannes olim Bartoli aurifex de Sen. populi Sancti Salvatoris fuit confessus Johanni Fei lanifici de Sen. se habuisse pro dotibus domine Agustine filie olim Johannis Fei, centum sexaginta flor. auri (Ivi. c. 13 t.).

1380.

Pagamento a Giovanni di Bartalo Orafo (ARCH. DELL'OPERA, Libro nero c. 67).
1404-1418.

Giovanni di Bartolo orafo deve dare due doppieri all'Opera (ARCH. d °, Libro rosso).

N.° 23.   1374 26 Settembre

Lettera di Fede *di* Nalduccio *pittore Senese ad* Agostino d'Ambrogio di Giovanni *chiavaio in Siena* (ARCHIVIO DI STATO IN SIENA, Lettere de' particolari).

Pregoti Agustino che faci uno paio di tope chon due chiavi che sieno molto bene lavorate e abino asai lavorìo, e le tope abino pocho lavorìo, pure che le chiavi sieno molto bele, e fa' che le chiavi non sieno istagnate; e fami le chiavi di buona forma, che sieno formate a bel modo. E qui ser Sano mio nipote ti darà quello che schietamente vorai. Ancho se ài tope belle, chiavi di buono pregio, bene lavorate, si ne torrà, date. Altro non ti dicho per ora, se no che subito faci queste due chiavi cho le tope, fa' che tu ci meti el tuo istudio quanto puoi. Idio t'alegri sempre.

El tuo Fede di Nalduccio dipentore. In Pisa *di xxvj* di settembre.

(A tergo) Aghustino d'Anbrogio di Giovanni chiavaio in Siena.   f.

NOTA

Il comm. Milanesi scrive che in prime nozze questo pittore conducesse in moglie donna Caterina di Giacomuccio di Guido, ma evidentemente fu tratto in errore dalla denunzia della Gabella dei contratti, che dice: *1348, die xxvij mensis Iulij. — Fede filius olim Nalducci Fidis, populi Sancti Petri de Orile, recepit in dotem a domina Caterina filia olim Iacomucci, dante pro domina Toma filia olim dicti Iacomucci Guidi., c. flor.* (Denunzie ad annum c. 48). Perciò deve intendersi che donna Caterina di Iacomuccio pagò 100 fiorini a Fede di Nalduccio pittore per dote di donna Tommasa sua sorella e futura moglie di esso Fede, e ciò resta confermato anche dal documento di cui diamo il sunto qui appresso.

1373 marzo 2.

Fede pictor quondam Nalduccij de Senis, populi sancti Petri inferioris, Terserij Camellie (sic) habitator Pisana Civitate in Cap. S. Cristine fecit suam procuratricem dominam Tomam uxorem suam, filiam Iacobi Guidi de Senis, ad rendendum, tradendum, pignorandum, locandum, cedendum etc. omnes et singulas terras, domos, possessiones et bona dicti Fedis, tam in civitate Senarum quam eius territorio.

Actum Pisis, in solario ballatorii turris Cionis. Conradi Casapieri eiusque consortuum: presentibus Iohanne quondam Pucci Pancaldi de Spina et Iohanne Guidonis de comuni Ceuli Vallis Castine, testibus.

Petrus quondam Iohannis de Ceuli ciris pisanus notarius rogavit (ARCH. DI STATO IN SIENA. Perg. dei Contratti Cas. n. 1039).

Alle notizie date nel Vol. I, p. 309 dal comm. Milanesi, aggiungiamo le seguenti:

1361.

Bindotto di Cecho e Fede di Nalduccio dipentore andarono a dì xxviij di magio per ricerchare e chaseri, con uno cavallo per uno (ARCH. detto, Concistoro, Libro degli Ufficiali a c. 30).

1371· Novembre 23.

Fede Nalducci Fedis civis Sen. de populo sancti Petri de Ovile de suptus, emit a Bartalo Peri de Cerreto prope Silvam, comitatus Sen., unam domum cum platea ante, positam in curia de Cerreto predicto, loco dicto el boscarello *pro pretio xx flor. auri* (ARCH. detto. Denunzie a c. 19 t.).

Nel 1385 Fede di Nalduccio era creditore del Comune di Siena della somma di fior. 8 per preste. (ARCH. detto, Monte del Sale, Lib: delle restituzioni di preste a c. 129 t.).

Fino dal 1369 erasi offerto oblato dello Spedale di S. Maria della Scala insieme alla sua prima moglie donna Tommasa, la quale, venuta a morte nel 1383, lasciò erede di ogni suo avere lo spedale predetto (ARCH. DELLO SPEDALE DI S. MARIA DELLA SCALA, Donazioni I, c. 80).

N.º 24. 1379

Pagamenti fatti dal Camarlingo della Compagnia della Santissima Trinità, a Maestro Barna *di Turino intagliatore* (BIBLIOTECA PUBBLICA DI SIENA, Cod. seg. C. XI. 11).

Ancho diei, a dì 14 di Feraio, a maiestro *Barna di Turino,* per parte di pagamento d'una tavola, due fior: d'oro.

Ancho diei, a dì 18 di Feraio, a maiestro *Barna Turini* per parte di pagamento d'una tavola, uno fior: e diece soldi contanti in sua mano.

Ancho diei a maiestro *Barna*, a dì 1° di Marzo, per parte di pagamento de la tavola, quaranta Soldi — L. 2. — (Ivi c. 87. t).

1380. A Maestro *Barna*, a dì 16 di Gienaio, fior: due d'oro per parte di pachamento de la tavola, apare a libro vecchio a devito a fo 27 — L. 7. 8. — (Ivi, c. 90. t).

A Maestro *Barna*, a dì 18 di Gienaio, fior: uno d'oro, Soldi quattro, per chonpimento di paghamento de la tavola ch'esso ci fecie: ed è interamente paghato: diegli muneta Soldi 73. — L. *iij* Soldi *xvij*.

A Guadagnuolo portatore quattro Soldi per arechare la tavola da quella di maestro *Barna*, et quei ch'aitòlo a rizare — Soldi 4. — (Ivi, c. 91. t).

NOTA

Si può supporre che questa tavola fosse anche pitturata e la seguente partita registrata nel medesimo volume forse ne porge la conferma.

1377.

Prima ispesi, che de' Lucha di Palmero co' sua mano a maiestro Meo per la tavola achoncio, vintisette sol......... L. 1. 7. (Ivi, c. 42).

— *Ancho a dì x d'Aprile a Meo che dipense i chiostro, per cesso e per essa dipentura diecie sol*......... sol. 10, den. 8 (Ivi, c. 78).

Maestro Meo pittore è figlio di Pietro e il suo nome si trova ricordato a c. 21 nel pagamento che fa di un soldo al Capitolo della Compagnia.

Barna di Turino fu capomaestro dell'opera del Duomo dal 1388 al 1391 (ARCH. DELL'OPERA DEL DUOMO, Memoriale del Cam. Domenico Venturini D. 10 e Lib. nero c. 107 e c. 122 t).

Nel 1398 fu creato operaio per condurre l'acqua di Mazzafonda nei bottini di Fontebranda, come rilevasi dalla seguente deliberazione di Concistoro.

1398. *Die trigesima prima Maii.*

Checho Manni priore.

Magnifici Domini Priores Capitaneus populi et Officiales Balie predicti solempniter decreverunt, quod Camerarius et Quattor Biccherne et magister Barna Turini operarius aque possint expendere, pro conducendo aquam Masefonde in fontem brandum, noningentos flor. auri, de quibus primo ars et universitas lane teneatur solvere trecentos flor. auri, et domini molendinorum qui pro predicta bonificabuntur, alios trecentos flor. auri: etsi predicti sexcenti flor. non sufficient, quod Camerarius et Quattuor predicti possint et teneantur solvere usque dumtaxat alios trecentos flor. auri; primo tamen expensis et solutis dictis sexcentis flor. auri. Non obstantibus etc. (ARCH. DI STATO IN SIENA, Delib. di Concistoro ad annum c. 13).

1408.

A maestro Barna di Turino flor. cinque senesi per uno Goffano per tenere i chaleffi e altre scritture in Concistoro, per deliberazione de' Signori lib. 20, sol. 10, den. O (Libro del Camarlingo di Concistoro, a c. 40).

N.° 25.   1382 9 Aprile

Maestro Giovanni Braque *si obbliga ai Governatori della Repubblica di Siena di condurre una maggiore quantità d'acqua nella Fonte della Piazza del Campo* (ARCHIVIO DI STATO IN SIENA. Perg. delle Riformagioni. Cas. n. 1080).

In nomine Domini, Amen. Anno eiusdem Domini ab eiusdem incarnatione Millesimo Trecentesimo Octuagesimo secundo, Indictione quinta, die nona mensis Aprelis. Certum est quod vir. prudens Magister *Johannes Braque* de Senis, pro se et sotio suo, sive sotiis suis, dedit quamdam petitionem presentatam Magnificis Dominis Dominis Defensoribus Civitatis Senarum: que petitio ivit denique ad consilium generale Comunis Sen: que continebat infrascripta, ut dicitur in effectu, videlicet: quod magister *Johannes* predictus et sotius volebant conducere sive conduci facere, in fontem Campi fori Civitatis Senarum, aquam vivam et bonam in illa quantitate, que nunc venit ad ipsam fontem vel maiori quantitati, quam conducere volunt et petunt eorum expensis et etiam conductos facere eorum expensis, per quos ad dictam fontem veniat dicta acqua. Boctinos vero facere nolunt nec promictunt, nec ipsos manutere sive murare vel murari facere vel aliud laborerium facere, nisi solummodo aquam vivam conducere ad dictam fontem. Et ea conducta amplius non teneri; ymo volunt esse omnino postea liberi et exempti. Et pro predicta et conductionem et inventionem dicte aque, et expensas et remunerationes predictorum, petebant et petunt a Comuni Senarum Mille flor. auri in hunc modum, videlicet: trecentos flor. auri in prestantia, et de ipsis ydoneos fydeiussores prestare, prout et sicut in dicta petitione sic vel altera plus vel minus dicitur contineri. In quo quidem Consilio generali fuit iuridice reformatum, quod libere de tota materia suprascripta esset remissum in dominos Defensores Capitaneum populi et Prio-

rem Reformationum Civitatis Senarum; nec non in viros prudentes Officiales Balye civitatis eiusdem, qui super predictis
providerent ut putarent sapienter convenire. Nunc vero Magnifici Domini Domini Defensores et Capitaneus populi civi-
vitatis Senarum, Prior Reformationum et Offitiales Balye dicte
civitatis, vigori auctoritate et balye eisdem date a generali
Consilio Campane Comunis Senarum, de qua patet manu Ser
Johannis Ture notarii Reformationum Comunis Senarum, et
omni via, iure, modo et forma quibus magis et melius potuerunt: considerantes quod si dicta aqua, ut dicitur, conduce-
retur in fontem Campi fori, ut predicent, quantum esset utile,
quantum bonum et honor universe civitati et civibus Sen:,
cohadunati et exihistentes in solito Consistorio palatii comunis Sen: residentie dictorum dominorum, facta prius de
infrascripti et suprascripti solempni proposita per virum prudentem Nicolaum Tofani honorabilem Priorem dictorum Dominorum Defensorum et etiam Capitanei populi. Et exinde
facto, misso et solempni celebrato secreto scruptineo et partito inter eos ad lupinos albos et nigros, et obtento per duas
partes et ultra ex eisdem, secundum formam statuti et ordinum
Sen:, fuerunt in plena et sufficienti concordia predictis ad-
dendo et diminuendo, stantiando, componendo, paciscendo et
deliberando cum dicto Magistro *Johanne,* ibidem presente,
consentiente, volente et petente, et stantiaverunt, composue-
runt et cum eo pacti sunt, et deliberaverunt quod comune
Sen: prestet et mutuet dicto magistro *Johanne* pro dicto
laborerio et expensis facendis et aqua, ut dictum est, superius
conducenda, trecentos flor. auri, quos camerarius Biccherne
comunis Sen. de pecunia dicti comunis mutuare et prestare
sibi dicto magistro *Johanni* teneatur et debehat, et de ipsis
eidem camerario syndicos ydoneos prestare et dare teneatur
et debehat de restituendo ipsos, si et in quantum aquam non
condusserit, ut supra et infra dicitur. Et quod ei liceat impune
cavare et buttinos facere subtus quamcumque et cuiuscumque
domum et possessiones alterius, et vias et stratas comunis.

Salvo quod dapnum nulli faciat nec aquam alicui auferat et in
quantum fecerit, teneatur ad extimationem dapno passo. Et
teneatur dictus magister *Johannes* prestare idoneos fydeiussores de restituendo et satisfaciendo dapnum alicui fecerit, cum
hac tamen conditione; quod ubi aquam invenerit, ille seu illi,
sub cuius domu, possessione vel alia re, talis aqua reperiretur,
non possit sibi aliquid petere nec aliquam in predictis sibi facere
novitatem, ymmo libere possit ipsa aqua et debeat pertransire
per quemcumque locum et ire ad dictam fontem sine aliquo
impedimento et sine satisfactione alicuius dapni, quo ad predicta. Et omnia et singula possit facere et habere, que supra
in principio presentis contractus, que hic intelligantur etiam
repetita, nisi solum ad quantitatem mille florenorum auri in
qua minimum consentiunt in eo modo et forma, et prout et
sicut inferius continetur. Qui magister *Johannes* promisit, dictis dominis Capitaneo, Priori et Offitialibus Balye recipientibus
pro Comuni Sen. dictam aquam in dicta quantitate vel maiori
conducere ad dictum fontem in tres menses initos, sumentes
die X mensis Aprelis presentis. Et predicta aqua ducenda et
expensis facendis circa predicta, petebat mille flor. auri, de
quibus dicti trecenti mutuandi flor. debebant computari, et
si maiorem quantitatem illa que nunc venit ad dictam fontem conduceret, petebat sibi solvi a dictis mille flor. superius
pro rata aque quam plus conduxerit. Et in omnibus sopra-
scripti remanserunt contempti et predicta facere et observare
promiserunt, ut superius latius continetur. Et cum prefati Domini et alii suprascripti non remaneant contempti predicte
quantitates mille flor., dictus magister *Johannes* libere se remisit in discreptionem Magnificorum Dominorum Dominorum,
Defensorum, Capitanei populi, Prioris Reformationum et Officialium Balye civitatis Sen. qui tunc in ofitio residebunt, spe-
rans quod divina gratia inventa et conducta dicta aqua, ipse
maiorem quam nunc petat quantitatem florenorum habebit
et gratia maxima obtinebit. Qui domini Defensores Capitaneus
populi, Prior Reformationum et Offitiales Balye vice et nomine

Comunis Sen. predicta fecerunt et promiserunt dicto magistro *Johanni* ibidem presenti, volenti et consentienti sub obligatione bonorum dicti Comunis. Et exadverso dictus magister *Johannes*, ut supra recipiens, promisit suprascripta facere et osservare sub obligatione sui bonorumque suorum omnium et heredum.

Actum Senis, in dicto Consistorio, coram Ser Nicolao Georgi et Pauloczo Nerii familiari Dominorum de Senis, textibus presentibus et rogatis.

Ego Cristoforus quondam Gani Guidini de Senis, imperiali auctoritate notarius et judex ordinarius, et nunc notarius et offitialis Comunis Sen. et predictorum dominorum Defensorum predicta interfui et ea, de dictorum Dominorum mandato, subscripsi et publicavi.

N.° 26.   1383 18 Novembre

Lettera di Andrea di Vanni *pittore alla Signoria di Siena.*
(ARCHIVIO DI STATO IN SIENA. Lettere al Concistoro *ad annum.*)

Le novelle che sono a Napoli non ve le posso scrivere al presente: ma per lo primo messo che ci ritornarà, io rescrivarò al menuto. El Papa entrò in Napoli a dì diece di Novembre, et el Re gle fa grande honore.

El vostro servitore Andrea di Vanni
vi si raccomanda. Data in Napoli
a dì xviij del mese di novembre.

(*A tergo*) Magnifici e potenti signor signori el Capitano di Popolo, Signor de la ciptà di Siena, signor suoi.

NOTA

Andrea di Vanni non solamente pitturò in Napoli, ma sappiamo da una lettera di Francesco Bruni, scritta gli 11 di febbraio 1384, ai Governatori della Repubblica di Siena, che questo maestro esercitò altresi la sua arte in Sicilia. La lettera spedita da Roma dice: *Voi mi comandate ch'io faccia l'ambasciata al papa co la compagnia del Maestro Andrea di Vanni dipentore, et io la sua compagnia et*

*d'ogni cittadino accepto come di padre e di signore, e voglio essere sempre a' piei
di ciascuno; ma el detto maestro Andrea, secondo la fama di chi viene da Napoli
e fra gl'altri di Pisanello portatore di questa lettera, è ito in Cicilia a dipegnere, sì
ch'io non potrei fare l'ambasciata; e però m' arete per scusato s' io non vo a spendare a dilecto florini ij o più.* (ARCHIVIO DI STATO IN SIENA. Concistoro lettere.)

Tenne anche i seguenti uffici non ricordati dal Com. Milanesi, nei Doc. dell'Arte
Sen. Nel 1363 fu spedito con Francesco Matarazzi e con quattro cavalli incontro al
nuovo Potestà; nel 1368 era castellano del Cassero di Montalcino; nel 1369 lo troviamo insieme a Duccino di Cino orafo a eleggere il nuovo Senatore. Fu gonfaloniere
per il terzo di S. Martino nel 1371, e priore de'Riformatori nel 1373. Nel dicembre di
detto anno furono pagate lire *xlvi* e soldi *iv* a M° *Andrea di Vanni pittore perchè
andò a Firenze per informarsi del camino che era per fare la gente d'arme che
era a Santa Gonda.* (Biccherna ad annum.) Ebbe una figlia di nome Antonia e di lei
rimane il seguente ricordo nell'obituario di S. Domenico, oggi conservato nella Bibl.
Com. di Siena: 1420 luglio — *Antonia filia Andree pictoris obiit, et sepulta est die
18 iulii in claustro ex latere refectorii, in sepulcro suorum: requiescat in pace,
amen.*

N° 27.   1387 6 Febbraio

Turino *di* Bernardo *emancipa suo figlio* Barna *intagliatore*
(ARCHIVIO detto. Perg. Contratti Cas. n° 1112).

In nomine Domini, Amen. Anno eiusdem Domini ab incarnatione, Millesimo trecentesimo octuagesimo septimo, Indictione undecima, tempore sanctissimi in X̄p̄o patris et
domini domini Urbani divina providentia pape sexti, die sexta
mensis februarii. Turinus filius olim Bernardi de Senis populi sancti Iacobi Abbatie nove de suptus, et *Barna* magister lignaminis et filius dicti Turini, cum consensu, auctoritate et decreto viri prudentis Ser Angeli filii olim Guidonis
Orlandi civis Senarum Iudicis ordinarii et notarii publici, ut
infra patebit pro tribunali sedentis, commiserit, imposuerit
et mandaverit Balduccio filio olim Angeli publico preconi
Comunis Senarum, presenti et intelligenti, quatinus vadat per
civitatem Senarum in locis publicis et consuetis et in quibus
solitum est bapniri, et ibidem sono tube premisso, publice
et palam, secundum formam statutorum Senarum, dicat, ba-
pniat et preconixet, quod dictus Turinus intendit et vult
emancipare et a sua patria potestate dimictere dictum *Bar-*

nam filium suum. Et quod dictus *Barna* intendit et vult emancipari et a patria potestate relaxari per dictum Turinum patrem suum et esse homo sui iuris et posse de persona sua, se et bonis suis disponere et ordinare pro sui libito voluntatis; et omnia et singula preconixet, dicat et faciat que pro predictis et pro predicta emancipatione preconixanda et fienda facere tenetur, secundum formam statutorum Senarum.

Qui quidem Balduccius predicto anno Domini millesimo, indictione, mense, die et pontificatu prescriptis, post predicta, iens et rediens, retulit Turino Bernardi et *Barne* eius filio prescriptis in presentia dicti Ser Angeli Iudicis Ordinari et notari mei Iohannis notari et testium subscriptorum, se incontinenti, post commissionem sibi factam, ivisse per civitatem Senarum et in locis publicis et consuetis et in quibus solitum est bapniri publice et palam, sono tube premisso, preconixasse et dixisse quomodo et qualiter dictus Turinus volebat et vult dictum *Barnam* filium suum emancipare et a sua patria potestate dimictere et relaxare, et quomodo et qualiter dictus *Barna* intendebat et volebat et vult emancipari et relaxari a patria potestate dicti Turini patris sui et esse homo sui iuris et de se et persona sua posse disponere et ordinare, prout possunt et valent homines sui iuris et omnia et singula fecisse et dixisse, que sibi superius fuerunt imposita et commissa, et que pro presenti emancipationis bapnimento faciendo facere tenebatur secundum formam statutorum et ordinamentorum Comunis et Civitatis Senarum. Postquam anno Domini millesimo, indictione, mense, die et pontificatu predictis, loco et coram infrascriptis testibus presentibus et rogatis, Turinus filius olim Bernardi et *Barna* eius filius prescripti constituti et personaliter existentes Senis in domo dicti Turini, sita Senis in populo sancti Iacobi Abbatie nove de suptus, cui domui ante est via, ex alio domine Anthonie filie Turini virate Bastardo filio olim Minuccii, ex alio domus hospitalis Sancte Agnetis

de Senis, videlicet quedam domus ipsius hospitalis, in qua
habitat Francischinus calzolarius, et si qui sunt dicte domui plures vel veriores confines, in presentia viri prudentis
Ser Angeli filii olim Guidonis Orlandi civis Senarum Iudicis
ordinarii et notarii prescripti, in quadam camera superiori
dicte domus superius confinate pro tribunali sedentis, et de,
seu dicti Ser Angeli auctoritate, licentia et decreto, volentes
ad prescripta et infrascripta procedere, dictus Turinus eman-
cipavit dictum *Barnam* filium suum, presentem, volentem et
petentem ipsumque *Barnam* a manu sua et patria potestate
dimisit, exemit et relaxavit et ab omni iure et patria potestate quod et qua in dictum *Barnam* filium suum, dictus
Turinus habet vel habere videbatur et habet seu parentes
et filios habere iura concedunt, dictum *Barnam* presentem
volentem et petentem prorsus liberavit et absolvit omni
modo, via, iure et nomine, quibus melius et efficacius potuit
et dedit et concessit eidem *Barne* presenti, volenti et petenti,
plenam licentiam et liberam potestatem, auctoritatem, facul-
tatem et balyam agendi et se defendendi, emendi et obligationes quascumque recipiendi, et se et bona sua alii et
aliis obligandi et quocumque modo alio voluerit contrahendi,
et de bonis suis per testamentum et codicillum disponendi
et testandi, et quamlibet aliam ultimam voluntatem et dispositionem faciendi, et in iudicio existendi sua propria auctoritate, et omnia et singula alia faciendi et exerciendi que
qui sui iuris homines et veri cives romani facere et exercere
possunt. Et remisit et refutavit dictus Turinus pater dicti
Barne, eidem *Barne* presenti, usumfructum in omni et quolibet peculio quesito et querendo per dictum *Barnam* in
rebus et bonis suis ratione et occasione patrie potestatis,
et ususfructus predicti et alio quocumque iure, causa seu
occasione quacumque ut dictus *Barna* dictum usumfructum
perpetuo habeat, teneat et possideat et faciat in, de et ex
causa et eis quicquid sibi facere placuerit, iure dominii et
plene proprietatis et possessionis. Insuper dictus Turinus

pater dicti *Barne*, eidem *Barne* presenti, in premium dicte emancipationis et pro legiptima debita iure nature que contingit et contingere et tangere potest, seu posset, dictum *Barnam* de bonis suis dicti Turini, dicto *Barne* dedit et consignavit decem lib. bonorum den. sen., quas decem lib. bonorum den. sen., dictus *Barna* a dicto Turino patre suo presente se habuisse et recepisse confessus fuit in pecunia numerata, non spe future numerationis vel receptionis future alterius, in presentia mei Iohannis notarii et testium subscriptorum. Et promiserunt et convenerunt dictus Turinus pater dicti *Barne* et dictus *Barna* eius filius unus alteri et alter alteri presenti legiptima et solepni stipulatione premissa presentem emancipationem et contractum et omnia et singula suprascripta et infrascripta, perpetuo firma et rata habere et tenere, et contra non facere vel venire, de iure vel de facto, sub pena et ad penam centum flor. de auro; quam penam si commissa fuerit sibi ad invicem dare et solvere promiserunt unus alteri et alter alteri, et ea pena commissa soluta vel non, presentia omnia nichilominus sibi ad invicem observare promiserunt, cum integra refectione dapnorum, interesse et expensarum litis et extra, que et quas qui fuerit predictorum Turini et *Barne* eius filii dixerit se fecisse vel substinuisse, tam in iudicio quam extra iudicium, suo simplici' verbo, tantum probatione alia non exacta. Obligantes ad invicem inter se vicissim Turinus et *Barna,* eius filius prescripti se et eorum et alterius eorum heredes, successores et bona omnia presentia et futura, iure pignoris et ypothece. Renumptiantes in prescriptis omnibus Turinus et *Barna* eius filius presenti, exceptioni non factarum emancipationis, remissionis, liberationis et refutationis predictarum et non habitarum et non receptarum dictarum decem lib. bonorum den. senensium dictus *Barna* rei et contractus dicto modo non geste, privilegio fori et omni et cuique iuris statutorum et legum auxilio et favori. Preterea Iohannes notarius infrascriptus, nomine iuramenti et guarentigie, secundum formam capituli constituti Senarum, precepit et mandavit Turino et *Barne* eius filio et cuilibet eorum presentibus, volentibus et presentia omnia et singula sibi ad invicem vera esse confitentibus, quatinus hoc instrumentum et emancipationem prescriptam et presentem et omnia et singula suprascripta sibi ad invicem, ut supra constat pacta promissa et conventa sibi ad invicem inter se vicissim actendant, cautant et observent per singula capitula huius contractus ut superius continetur promiserunt, et scriptum est. Et in quibus omnibus et singulis suprascriptis, vir prudens Ser Angelus filius olim Guidonis Orlandi civis Senarum iudex ordinarius et notarius publicus suprascriptus, sedens pro tribunali Senis, in camera domus prescripte et superius confinate, suam et comunis Senarum in prescriptis omnibus auctoritatem, solempniter interposuit et decretum dicens dicto *Barne* presenti et flexis genibus humiliter postulanti: esto tui iuris. Rogantes omnes me Iohannem notarium subscriptum de predictis omnibus publicum conficere instrumentum.

Acta fuerunt omnia suprascripta Senis, in domo Turini prescripti et superius confinata, in camera superiori ipsius domus, coram et presentibus Ser Bartholo presbitero filio olim Vannis rectore ecclesie Sancti Eugenii prope Senas, Bartholomeo filio olim Iacobi chalzolario populi Sancti Georgij et Bartholo filio olim Blasii de Grama lanifice cive Senarum, testibus presentibus et rogatis.

Et ego Iohannes filius olim Ser Iacobi notarii filii quondam Magistri Nardi de Senis, imperii dignitate iudex ordinarius et notarius publicus constitutus, prescriptis omnibus interfui eaque rogatus, manu propria scripsi et publicavi.

N.º 28.   1393 15 Marzo

Taddeo *di* Bartolo *promette a Cattaneo Spinola di far costruire e di dipingere due altari per la chiesa di S. Luca in Genova* (ARCHIVIO DI GENOVA. Notulario d'Andrea Caito).

In nomine Domini, Amen. Cataneus Spinula. civis Ianue quondam Domini Catanei ex una parte, et *Thadeus Bartholi* de Senis pictor Ianue ad sanctum Laurentium ex parte altera, pervenerunt, et pervenisse sibi invicem et vicissim, confitentur et confessi sunt et fuerunt ad infrascripta pacta, conventiones, promissiones et obligationes, solemni stipulatione vallata et firmata, et vallatas et firmatas. Renunciantes etc. Videlicet quia dictus *Thadeus* promisit et convenit, dicto Cataneo, manu propria et laborerio dicti *Thadei,* et de propriis ligneminibus, autis, clavibus, picturis et coloribus, dicti *Thadei* facere et fabricare duo altaria pro ipsa ponenda in Ecclesia Sancti Luce civitatis Ianue: unum videlicet altum palmis sex, et latum palmis sex in quolibet quadro, et ultra debet facere castella secundum consuetudinem altarium; in quo altare debeant pingi figura Domine Nostre Virginis Marie et figura Sancti Luce cum quodam castro in forma alterius altaris veteris Nostre Domine, quod est in dicta Ecclesia Sancti Luce; que picture esse debeant deaurate auro fino cum illis aliis figuris in castellis dicti altaris: et in dicto altari que imponet dominus presbiter Symon, presbiter in dicta Ecclesia Sancti Luce, et cum illis coloribus ymaginibus et picturis de quibus vellet, dicet et mandabit et ordinabit dictus presbiter Symon.

Item aliud altare altum et latum in quolibet quadro, parmis quinque cum dimidio et ultra, castella ipsius ultra mensuras predictas, depictum cum Nostra Domina in medio dicti Altaris, et a latere destero et sinistro, illas figuras quas mandabit et dicet dictus presbiter Symon, deauratum auro fino, et cum omnibus illis picturis et figuris et coloribus, de quibus dicet dictus presbiter Simon. Et dicta Altaria habere completa et expleta et posita in dicta Ecclesia Sancti Luce, intra diem vicesimam Madii proxime venturam, tota ipsa die vicesima Madii computata.

Et predicta facere debet et tenetur dictus *Thadeus,* pro omnibus predictis ad scarsum (sic) librar: quinquaginta Ianuinorum ex quibus libris quinquaginta Ianuinorum, iam dictus *Thadeus* habuit et recepit a dicto Cataneo lib: quindecim Ianuinorum infra solucionem dicti pretii, residuum vero dicti pretii, dictus Cataneus, dicto *Thadeo,* solvere debeat et teneatur traditis et consignatis sibi dictis altaribus.

Versa vice dictus Cataneus aceptando predicta ut supra etc. promisit capere et solvere etc.

Acto inter dictos Cataneum et *Thadeum* in presenti instrumento et contractu et qualibet eius parte non obstantibus aliquibus suprascriptis, quod si contingerit dictum Cataneum dicere dictum *Thadeum* sibi non facere et non observare quod promisit, quod tunc et eo casu dicti Cataneus et *Thadeus* de omnibus vertentibus, et que verti possent inter eos, ocaione dictorum altarium, stare debeant dicto et declarationi dicti presbiteri Symonis, et sibi invicem et vicissim dare et solvere debeant, teneantur et promiserunt facere omne id et quidquid dictum et declaratum fuerit per dictum Symonem, occasione predictorum. In quem fratrem (sic) Symonem ex nunc prout ex tunc dicti Cataneus et *Thadeus* se committunt et commiserunt.

Que omnia etc. — sub pena librar: triginta Ianuinorum pro interesse etc.

Actum Ianue in Baucis, ad Bancum Notarii infrascripti, anno Domini Nativitatis millesimo tricentesimo nonagesimo tertio, indictione decimaquinta, secundum cursum Ianue, die decimaquinta Marcii, circa signum (sic). Testes Nicolaus Borghi de Florencia, et Andreas Calvus filius Domini Francisci.

N.° 29. 1397 30 Aprile

Ricordo di alcuni lavori fatti da Barna *di* Turino *intaglia-*
tore per l'Opera del Duomo (ARCHIVIO DELL'OPERA DEL
DUOMO DI SIENA, Libro nero c. 163').

M° *Barna* di Turino maestro di legname, a di xxx d'aprile
fior. tredici lire undici, sol. sete, den. oto; e quali den. gli
ho prestati io Benedetto di Giovanni camarlengo già più dì
in più volte chome pare al mio memoriale e a mia uscita,
e quagli gli prestai perchè fa la fonte la ve si benedisce
in Duomo l'aqua el di del sabato sancto; perchè non s'è
trata a fine, io non ò potuto fare la ragione cho'lui: ave-
vogli prestato essi denari per essa cagione.

Faciemo stimare la soprascritta fonte a M° Domenico di
Niccolò maestro dell'Uopera e a due maestri, e stimaro se
li desse fior. xx d'oro, di quello era fatto a essa fonte al
tempo di Paolo di Ser Fuccio operaio nell'1398. Il resto si
scontiò ne la tavola di legname fecie, che è alla chapela di
San Piero, la quale dipense Paolo di Giovanni dipintore.

N.° 30. 1399 (?) 6 Maggio

Deliberazione del Consiglio generale con la quale M° Gasparre *degli* Ubaldini *è condotto per temperatore del-*
l'Orologio del Comune di Siena (ARCH. DI STATO IN SIENA,
Deliberazioni del Consiglio generale, vol. n. 204, c. 2 t).

Similiter etiam proposuit — Cum adhuc non fuerit provisum de salario magistri horilogii comunis Senarum, propter
quod dictum horilogium non pulsatur ad rationem, nec men-
surate: et noviter venerit ad civitatem Sen: per literas Dominorum Priorum precessorum quidam valentissimus magister
horilogiorum a Civitate Castelli, cuius nomen est magister
Guaspar Gasparris de Ubaldinis, et magnas oblationes fecit
prefatis Dominis Operariis circa dictam materiam, sicut pro

parte Dominorum audivistis exprimi, quod esset valde honorabile Comuni Senarum. Et magister *Andreas Sani* nolit amplius temperare vel gubernare dictum horilogium Comunis Senarum nisi sibi de debito salario stantietur. Et verecundum sit quod super predictis non provideatur; quid igitur dicto Consilio et Consiliariis dicti Consilii videtur et placet providere, ordinare, et solemniter reformare, super dictam materiam: similiter in Dei nomine generaliter et specialiter consulatur.

Dominus Minus Nicholai Vincentii legum doctor..... surgens in dicto Consilio ad arengheriam ordinatam, dixit atque consuluit, super proposita horilogiorum, quod Domini Priores et Capitaneus popoli, vel illi quibus committere voluerint super dicta materia, habeant plenam auctoritatem, potestatem et commissionem conveniendi et paciscendi cum dicto magistro horilogiorum, videlicet magistro *Guasparre de Ubaldinis*, qui nuper venit ad Civitatem, per illum modum et capitula de quibus eis videbitur pro Comuni Sen.; tam de faciendo novum opus horilogiorum, quod offert; quam etiam pro temperando et faciendo pulsari ipsum horilogium, et etiam illud quod nunc est super turri, sicut melius fieri poterit. Et quod possint providere magistro *Andree Sani* pro tempore preterito quo servivit, sicut eis visum fuerit, de salario condecenti. Et quod quicquid fecerint in predictis, habeat firmitatem ac si factum fuerit in presenti consilio. Et Camerarius Bicherne possit solvere, pro predictis, omnem pecuniam opportunam sicut pro eis fuerit provisum de pecuniis dicti Comunis, sine aliquo damno vel preiudicio ipsius.

Consilium vero dicti domini Mini, redditum super proposita horilogiorum, victum et obtentum fuit per *cxlvij* lupinos albos redditos pro sic, non obstantibus *xj* nigris redditis pro non, in contrarium predictorum.

Nota.

Nel libro di Biccherna a c. 63 t. del 1404 il 30 d'aprile si legge: « *A M.° Andrea di Sano chiavaio flor. xxj d'oro per una bombarda comprata da lui per mandarla a Montalcino per riavere il cassero.* » Il suddetto maestro, in quel medesimo anno, era uno degli ufficiali sopra i frodi (Ivi c. 68).

N.° 31. 1399 18 Agosto

*Il Consiglio generale del Comune di Siena delibera di con-
durre* M° Bartolomeo Fortuna *per temperatore dell' Orologio pubblico* (ARCHIVIO detto, Deliberazioni d.ª a c. 126).

Cum magister *Guaspar de Ubaldinis* magister horilogiorum, qui nuper perfecit horilogium Comunis Senarum sit mortuus: nec remanserit aliquis, qui dictum horilogium sciat
temperare et conservare, preter quemdam *Bartholomeum
Johannis* qui vocatur el Fortuna de Corneto, qui cum dicto
magistro *Guasparre* semper fuit ad fabricandum dictum novum horilogium, et ab eo fuit doctus et informatus de modis
tenendis ad conservandum et manutenendum illud et tem-
perandum: igitur si videtur et placet presenti consilio et consiliariis dicti consilii providere, ordinare et reformare quod
presentes Domini Priores et Capitaneus pop: possint dictum
Fortunam conducere pro Comuni Senarum pro servitio dicti
horilogii pro illo tempore, et sub illis modis et forma, ac cum
illo salario de quibus eis placuerit, prout melius fieri poterit
ad honorem et utilitatem communis, in Dei nomine consulatur. Ser Iacobus Manni notarius, unus ex consiliariis consilii predicti, in dicto consilio surgens ad dicitorium consuetum,
dixit atque consuluit super proposita horilogiorum, quod sit
et fiat prout in dicta proposita continetur.

In reformatione et summa cuius consilii, dato, facto et misso
partito et scrutinio inter consiliarios dicti consilii ad lupinos
albos et nigros, secundum formam statutorum Senarum, super
primo consilio dicti Ser Iacobi, reddito super proposita horilogiorum, fuit victum obtentum et reformatum quod sit fiat
et exequatur prout et sicut in dicto consilio dictaque proposita continetur per *cx* consiliarios dicti consilii reddentes
suos lupinos albos pro sic, non obstantibus *viiij* aliis consiliariis, prefati consilii, reddentibus eorum lupinos nigros pro
non, in contrarium predictorum.

N.° 32. 1407 20 Settembre

I priori e i camarlinghi del Comune di Perugia confermano Iacopo *di* Filippo *da Siena nell'officio di citarista di palazzo, per un anno* (ARCHIVIO COMUNALE DI PERUGIA. Annali Decemviri ad annum a c. 99 t).

Cum Officium Magnificorum Dominorum Priorum et Camerariorum Artium civitatis Perusii sit honerosum, multis melanconicis cogitationibus, et videatur indigens aliquibus recreationibus, unde possint de tempore in tempus alacriter eorum vitam resolvere. Ea propter Domini Priores et Camerarii volentes in predictis et circa predicta salubriter providere, considerantes predicta fore utilia et necessaria pro honore, comodo, benignitate et magnificentia dicti Comunis, et magnifici et laudabilis Officii prioratus, respectantes, prudentem circumspectum ac virtuosum juvenem magistrum *Iacobum* quondam *Filippi* de Senis, multis virtutibus decoratum citarizzatorem, nec non peritum magistrum in arte musice esse ydoneum et sufficientem ad predicta etc. Existentes in audientia supradicta ad consilium collegialiter congregati, matura deliberatione prehabita etc:, ex omnibus arbitriis, etc., reformaverunt quod virtute presentis legis et ordinamenti, supradictus magister *Iacobus* citarizzator in palatio Dominorum Priorum ad servitia ipsorum Dominorum Priorum, deputatum sit et esse intelligatur conductus, refirmatus et reconductus cum pactis, modis, salario, conditionibus et vestimentis in sua prima conducta, anni preteriti, declaratis etc., pro uno anno proxime venturo, incepto die qua sua conducta anni preteriti finivit, et ut sequitur finiendo in palatio dictorum Dominorum ad servitia ipsorum. Mandantes etc.

N.° 33. 1408 20 Ottobre

Barna *di* Turino *maestro di legname prende a fare le residenze nella sala detta di Balia, nel palazzo del Comune di Siena.* (ARCHIVIO DI STATO IN SIENA. Libro del Camarlingo di Concistoro. c. 53).

Maestro *Barna* di *Turino* de legname a di *xx* d'ottobre lire quaranta; e quagli den. li aviamo dato in prestanza per uno lavoro che a questi dì esso à preso a fare da noi, cioè: e' sedi de la saleta detta de la Balìa nuovamente la quale è a lato a la chappella di palazo, a ragione di uno fior. senese el bracio del sedio, come più distintamente apare inanzi f.° 54, la due esso *Barna* n'è fato debitore d'essa quantità.

A maestro *Barna* di *Turino* de legname a di *xxx* d'ottobre sol. setantacinque e quagli den. dèi per lui e per suo detto a Giovanni di Nerone pianelaio, e quagli den. demo a esso maestro Barna per parte del lavorìo à tolto a fare da noi chom'apare a suo ragione inanzi f.° 54.

A maestro *Barna* di *Turino* de legname a di *xxxi* d'ottobre lib. sete, sol. nove den. oto, e quagli den. gli dèi per parte del lavorìo à tolto a fare, chom'apare innanzi a suo ragione f.° 54. Contati in sua mano.

Maestro *Barna* di *Turino* de legname die dare a di *xx* d'ottobre lire quaranta sol. 0: e quagli den. gli ò prestato per lo lavorìo che lui da me Benedetto di Giovanni al presente chamarlengo di Conciestoro à preso, del quale ò piena remissione per lo Concistoro sichome n'è rogato Ser Mariano nostro notaio, al quale lavorìo è questo: che lui tolle a fare sedie ne la saleta deta de la Balìa posta a lato a la chapella, e debale fare in propria forma chome quele de la sala due si mangia, salvo che l'apogio de le spale, cioè: dal sedere del sedio in su, deba essare uno braccio e mezo e deba fare da l'uscio de l'entrata in sino a la prima mora, duo go-

fani, e le serature metare el Comune, et deba fare el lavorìo
belo e buono di tavole dimezate co le testiere, e tuto e'deba
fasciare la prima mora chonferente al deto lavorìo, e più deba
levare el sedio è da mano manca e ponarlo ne la sala a piei
[del] Mapamondo e farvi la gionta d'essi sedi vechi, del quale
levare, ponare e aregiongnare e del fasciare de la mora non
deba avere nulla : ma de le sedie che nuove farà deba aver
fior. uno den. sanese del bracio a chana, e di ciò n'apare
una scrita di pati, la quale deba estare in nel gofano di
Concestorio. Contati in sua mano fior. 0 lib. *xl* sol. 0 a
esso maestro indietro a f.° 53.

Nota

Questo lavoro fu terminato nel 1410, e il Concistoro ordinò che fosse cancellata
dai libri pubblici la posta con la quale maestro *Barna* era stato portato debitore per
l'anticipazione ricevuta.

*A di iij d'aprile 1410 e Magnifici Signori deliberaro che la sopra detta
posta, e sopra detti den. sieno cassi e cancellati. Rogato Ser Nicolò di Lorenzo
notaio di Conciestoro in esso tempo, e così io Iacomo di Ser Bartolomeo camarlingo di Conciestoro l'ò casso per deliberazione come di sopra è detto. (Libro detto
a c. 54.)*

N.° 34.   1408

Maestro Turino *di* Sano *orafo fa alcuni lavori per il Palazzo della Signoria* (ARCHIVIO detto, Libro del Camarlingo di Concistoro dal 1407 al 1413 d. 107ᵗ e seg.).

A Stefano di Vico di Riccio orafo a di 29 di giugno Lib.
dodici sol. quatro, per quatro once d'ariento fino ebe *Turino
di Sano* orafo per cagione di due smalti fecie a due bacini
d'ariento colla lupa e più armi di nostro Comune e di Popolo, contati fior. 0. Lib. *xij* sol. *iiij*.

A *Turino* di *Sano* orafo a dì *xxx* d'aprile lib. trenta sol.
sedici, e quali sonno per resto di due smalti fecie a due
bacini d'ariento colla lupa et altri smalti, pesaro once nove,
quari due, den. otto a ragione di lire tre et sol. uno l'oncia

dello ariento, che monta vintinove lib., sol. diecie per la fattura d'essi smalti lib. tredici sol. dieci, sconti dodici lib., sol. quatro auti di sopra, resta ad avere lib. trenta sol. sedici, e così ane avuto da me et d'ène pagato — fior. 0 lib. *xxx* sol. 16.

A *Turino* di *Sano* orafo a dì *xxx* di giugno lib. sei sol. tre e quali sonno per parte di pagamento d'uno sugello deba fare per la chanciellaria.

Turino di *Sano* orafo die dare a dì *xxx* di giugno lib. sei e sol. tre e quali sonno per parte di pagamento per uno sugello per la chancellaria, deballo fare e però si vuole sollecitare lo facci fior. 0. lib. *vj* sol. *iij*.

Turino di *Sano* orafo die dare per infino a di x d'agosto per uno sugello d'ariento de la chanciellaria cho la 'npronta di Nostra Donna, pesò once nove, ebelo per parte di pagamento d'uno ne facieva nuovo cho la detta inpronta per la detta chanciellaria: e questo fecie per deliberatione de' Signori perchè quello era guasto; e disfecesi per 50 once del nostro, monta in tutto lib. vintidue sol. diecie — fior. 0. lib. *xxij* sol. *x* den.

E die dare lib. sei soldi tre come apare indietro a fᵒ 11 per mano di Tonio di Dino allora camarlengo di Concestorio.

E die dare a dì 12 d'agosto lib. quatro sol. due den. sei contanti ebe Nanni suo.

E die dare a dì 30 d'agosto lib. cinque sol. dieci contanti in mano di Nanni suo.

Anne dato a dì 12 d'agosto per uno sugiello d'ariento nuovo el quale à fatto, pesò once otto, deba avere de la fattura fior. sei sanesi, per diliberatione de' Signori, e de l'ariento de' avere sol. 50 per oncia, che monta l'ariento lib. vinti fior. *vj* lib. *xx* sol. 0 den. 0.

N.° 35. 1411 2 Luglio

Deliberazione dei Priori e de' Collegi del Comune di Firenze per la osservanza dei patti e convenzioni passati tra M° Taddeo di Bartolo pittore da Siena, e la Società di S. Francesco di Volterra (ARCHIVIO DI STATO IN FIRENZE. Deliberazioni dei Signori e Collegi dal 1411-1414 a c. 19).

Magistri *Taddei* pictoris commissio.

In Dei nomine, Amen. Anno Incarnationis Domini Nostri, millesimo quadringentesimo undecimo, indictione quarta; secundum cursum et morem florentin:, die secundo mensis Iulii.

Magnifici et potentes Domini Domini Priores Artium, et Vexillifer justitie populi et Comunis floren:, una cum Officiis Gonfalonieriis Societatum populi, et Duodecim bonorum Virorum dicti Comunis; audita narratione coram ipsis facta pro parte magistri *Taddei Bartoli* pictoris de Senis, continente inter alia in effectu, qualiter ipse quasdam conventiones et pacta contraxit et fecit cum Iohanne Iusti et Iohanne Taviani, sindicis, ut asseritur, et sindicario nomine sotietatis Sancti Francisci de Vulterris, pro quadam opere picture faciendo in dicta Societate, et seu loco ipsius Societatis; et quod per prefatos Iohannem Iusti et Iohannem Taviani ad presens taliter operatur quod nedum per eos stet promissa, et pacta servari, sed impediunt adimpleri. Et quod dicto magistro *Taddeo* multa incomoda simul et damna veniunt ex predictis; et audita supplicatione, et consideratis litteris pro recommendatione negotii ipsius magistri *Taddei* eorum Dominationi transmissis per Regimen Senensium: et volentes ipsi Regimini, et dicto magistro *Taddeo* complacere, etiam justitiam faciendo, premisso solemni et secreto scrutinio, et obtento partito ad fabas nigras et albas, deliberaverunt atque commiserunt; quod vir nobilis Cinus quondam egregii militis Domini Guccii Cini de Nobilibus, ad presens pro Comuni Florent: Capitaneus Civitatis Vulterre, possit, teneatur et debeat, visis dictis conventionibus et pactis, de quibus supra fit mentio, et alia que videnda forent, cogere, compellere dictos Iohannem Iusti et Iohannem Taviani sindicos antedictos, et dictam Societatem, et eius capitaneos, seu gubernatores, ac homines ad observantiam ipsarum conventionum et pactorum, et super et de qualibet querela et causa civili pro predictis audire, cognoscere et terminare etc.

NOTA

Aggiungiamo alle notizie intorno alla persona di Taddeo di Bartolo, anche le seguenti:

1404.

La dipentura fa maestro Taddeo di Bartolo ne le pareti a capo el coro di Duomo (ARCHIVIO DELL'OPERA del Duomo Lib. entrata e uscita ad annum. c. 4 t).

1411 luglio 11.

Ser Antonius Johannis Gennarii notarius fuit confessus domine Petre filie olmi Bartali magistri Mini de Senis populi sancti Salvatoris, habuisse a dicta domina Petra uxore sua in dotem flor. ccccxl. (ARCHIVIO DI STATO IN SIENA. Denunzie ad annum. c. 11 t).

Maestro Taddeo di Bartolo prende a dipingere la facciata sopra la porta di Concistoro (ARCH. DI STATO IN SIENA. Lib. del Camarlingo di Concistoro. c. 23 t).

1414 giugno 20.

Maestro Tadeo di Bartalo dipentore diè avere a di 29 di giugnio flor. cento sanesi doro in oro, per lodo dato de misser Pietro Pecci dottore et Ser Cristofano d'Andrea cancelliere per la dipentura della saletta fra la cappella e 'l Concestoro. Rog. Ser Gio. di Francesco d'Asciano. Della quale commissione fatta in ne predetti da tutto el Concestoro n'è rogata il predetto ser Giovanni et apare nel libro quando fu notaio di Concestoro di settembre e ottobre proximamente passati.

Taddeo di Bartolo fu capitano della Compagnia di S. Salvadore nel bimestre gennaio e febbraio 1418. (Delib. di Concistoro ad annum).

N.° 36.   1412 18 Giugno

I Governatori del Comune di Siena assegnano alcune rendite speciali a Caterino di Corsino operaio della Chiesa Cattedrale, per supplire ai pagamenti per il lavoro della fonte del Campo (ARCHIVIO DELL'OPERA DEL DUOMO).

Anno Dominice Incarnationis *Mccccxij.* Indictione *v.* die *xviij* mensis Iunii.

Magnifici et potentes Domini Domini Priores Gubernatores Comunis, et procuramgerens Capitanei civitatis Sen: qui Capitaneus populi absens propter eius infirmitatem, voçem suam commisit secundum formam statutorum Senensium, prout latjus constat manu mei Notarij infrascripti: simul omnes in Consistorio palatii eorum solite residentie, in sufficienti numero more solito congregati, servatis inter ipsos cunctis ritibus et solennitatibus consuetis et opportunis, secundum formam Statutorum Senarum.

Cum fuerit solemniter deliberatum quod Fons Campi fieret prout alias extitit ordinatum et deliberatum, et prout facta fuit locatio magistro *Iacobo* magistri *Pieri,* et quod Dominus Catherinus Corsini operarius majoris et cathedralis Ecclesie Senensis teneretur solvere denarios oportunos pro predictis, de quibus tamen deberet conservari sine damno a Comuni Senarum, prout visum fuerit dictis Dominis Prioribus, in quibus fuit plena remissio pro predictis, et incepit dictus Dominus Catherinus jam solvere pro dicta materia quadam quantitatem denariorum, et residuum solvere debeat de tempore in tempus prout tetigerit pro rata: volentes dicti Domini Priores ipsum conservare sine damno, vigore in eos facte remissionis, concorditer et solemniter deliberaverunt et decreverunt, quod dicto Domino Catherino sint, et esse intelligantur obligate cabelle habituriorum pensionum et affictuum civitatis · Senarum et cabella buccarum et farina Massarum, et cabella porcorum qui occiduntur in Massis tam pro tempore pro quo nunc vendite sunt videlicet quantum ad residua que debebunt solvi per illos, qui nunc habent dictas cabellas, quam etiam pro tempore futuro, quando de novo vendentur dicte cabelle. Et similiter sint obligati sibi redditus Sancti Quirici, usque ad quantitatem octingentarum libr: ita quod quicquid percipietur ex dictis cabellis et redditibus, debeat de tempore in tempus solvi dicto Domino Çatherino, donec sibi fuerit integre solutum et satisfactum de omnibus et singulis denariis, quod dictus Dominus Catherinus jam solvit et solvet in futurum pro dicto Fonte Campi; cum hac conditione, quod pro predictis non prejudicetur aliis obligationibus jam factis sed prime

solvatur cui prime dictus redditus, vel cabelle obligate sunt.
Cum tamen hac declaratione, quod dictus Dominus Catherinus
debeat solvere pagas opportunas pro dicto Fonte de tempore
in tempus, prout tangit pro rata, sub pena *xxv* florenor: auri
pro qualibet vice qua contrafecerit. Que pena debeat sibi reti-
neri per Camerarium Opere de salario dicti Operarii, sub pena
centum flor: auri auferenda, dicto Camerario, pro qualibet
vice qua non retinuerit dicto Operario dictam penam, pro ut
supra. Et si dictus Operarius non solverit dictas pagas de
tempore in tempus prout tangit pro rata, tunc et eo casu,
intelligatur ex nunc, quod dicte cabelle et redditus, non sint
sibi obbligati, sed reddantur Comuni Sen: et tamen teneatur
predicta observare sub dicta pena. Et quod omnes rectores et
officiales Comunis Sen: teneantur ad petitionem Operariorum
dicti Fontis, et dicti Magistri *Iacobi* et cuiuslibet eorum,
cogere realiter et personaliter summarie et de facto, dictum
Dominum Catherinum ad observandum, et executioni man-
dandum omnia et singula suprascripta, prout de predictis
latius constat manus mei Nicholai Notari infrascripti.

Nicholaus Dardi notarius Consistorii subscripsi.

Nota

Non abbiamo potuto ritrovare nell'Archivio dell'Opera Metropolitana l'originale
di questo documento già pubblicato da C. F. Carpellini in un opuscolo *Di Giacomo
della Guercia e della sua Fonte* (Siena, Bargellini 1869). Ma ci è stato possibile di
correggere in qualche punto la lezione del Carpellini, ricorrendo al Vol. di n° 267
delle Deliberazioni di Concistoro, dove a c. 25 t. è trascritta quasi a parola questa
medesima provvisione.

N.° 37.   1412 Ottobre

Iacomo d'Andreuccio *del* Mosca *orafo prende a fare due
trombe d'argento per la Signoria.* (ARCHIVIO DI STATO IN
SIENA, Concistoro, libro del Camarlingo dal 1407 al 1413
c. 198 t.)

Iacomo d'*Andreuccio* del *Mosca* orafo die dare lib. no-
vantasei, sicome apare idietro a uscita di me Agnolo di Tomè

in f° 196, e qua' denari gli deti per parte di pagamento 15 salsieri d'ariento gli demo a fare per vigore d'una comisione de' Signori a Pracido di Francesco e a me, si come più largamente apare ne la sopra detta mia uscita... lib. 96, sol.

E di poi per deliberatione de' Signori agionto ne la nostra conpagnia Nanni di Cecho: la ve' dicie di dovere fare 15 salsieri, faciemo pato di nuovo che sie tenuto, el deto *Iacomo d'Andreuccio* e suoi conpagni, a fare due trombeti d'ariento a lega popolino ben fàzonati e bene sonanti e isquelanti e con buona perfezione a giudicio di buoni trobeti, e dorarle in que' luogi due fuse bisognievogli e farvi l'arme del Comune e del popolo ismaltate in que' luoghi duve saranno di bisogno, ismaltati. E die avere fornito el deto lavorìo a perfezione, lib. 4 sol. 10 per ciaschuna uncia.

Anne dati, a di 24 di marzo 1412, per due tronbette d'ariento popolino co' le guiere dorate e co' gli smalti, pesarono lib. cinque once dieci e quarri *j*, per lib. *iiij* sol. *x* oncia, monta in tuto lib. trecento sedici, sol. due, den. sei. L. *cccxvj* sol. *ij* den. *vj*.

Nota

Iacomo d'Andreuccio Del Mosca risiedè più volte tra i Governatori della republica dal 1410 al 1453, ora per il Terzo di Città, ora per quello di Camollia. Nel 1432 era Priore degli Ufficiali di Mercanzia (Perg. Bichi n.° 56 — 1432. Genn. 31) nel 1438 Consigliere dell'opera del Duomo (ARCHIVIO detto E. V. 32 t.) nel 1445 da Luglio, Provveditore di Biccherna, nel 1454, risiedè tra gli Ufficiali di Dogana e dei Paschi (Perg. Bichi O-236 — 1454. Marzo 22). Nel libro segnato E V. dell'Archivio dell'opera a carte 110 t. trovasi il seguente ricordo:

1451. *die vi Augusti.*

Et rimessero pienamente ne' decti operai et Misser (Antonio Benassai) Consigliere poter accordare, saldare et terminare certa differentia tra l'Uopera et Jacomo d'Andreuccio Del Mosca di certo doppiero die dare ogni anno al Duomo; il che acconcino come lo' parrà convenirsi per lo passato, con questo, che per l'avvenire debba dare detto doppiero di lib. sei di cera di ciascun anno la mattina di S. Maria d'Agosto, et assegnarlo nominatamente al Sagrestano per lo lascito del padre, oltre a quella offerta che la sera della vigilia gli piacerà fare con gli altri cittadini.

N.º 38.　　　　　　　　　　　1412 12 Febbraio

Deliberazione dei Soprastanti alla Fabbrica del Duomo di Orvieto per la condotta di Mº Agostino di Niccolò da Siena ai servigi di detta Fabbrica. (ARCHIVIO DELLA FABBRICA DEL DUOMO D'ORVIETO, Riformanze *ad annum.*)

Congregatis et convocatis etc. — Item Camerarius proposuit: quod cum Magister *Augustinus Nicolai* de Senis accesserit ad civitatem Urbisveteris, et locutus fuerit cum Camerario dicte fabrice, dicens se velle conduci ad laborandum in dicta Fabrica, cum alias laboraverit et steterit, et Fabrica indigeat de eo cum ipse scit, et predictus est bonus magister foliarum, prout asseruit Caput magister, et adiscerit plus quam sciebat tempore quo iam istic stetit, et tunc temporis habebat quolibet mense pro suo salario quinque flor. auri: quod videtur et placet an conducatur vel non, et pro quanto pretio. Et serviverit uno mense in dicta Fabrica quod videtur sibi dari, et solvi. — Superstites unanimiter et concorditer audita primo dicta proposita et intellecta de conductione dicti Magistri Augustini, a Camerario, deliberaverunt pro utilitate dicte Fabrice, quod conducatur pro uno anno proximo venturo ad rationem sex. flor. auri pro quolibet mense, cum illis pactis et conventionibus, prout in aliis conductionibus jam factum apparet, et prout et sicut dicto Camerario melius et utilius predicta facere videbitur et placebit. Et pro mense preterito solvatur sibi pro suo salario et mercede, ad rationem quinque flor. auri.

N.º 39.   1413 27 Novembre

Deliberazione dei soprastanti alla fabbrica del Duomo d'Or-
vieto per il restauro degli organi da commettersi a
frate Gabriello *da Siena.* (ARCHIVIO detto. Riformanze *ad*
annum.)

Indictione sexta die XXVII, mensis novembris. Convocatis etc., supradictus camerarius (Iacobus Colai Ceccharelli
civis Urbevetanus) proposuit:

Item cum istis diebus fuerit ratiocinatus super edifitio organorum et mantichis actandis; et Frater *Gabriel* de Senis
qui est peritus in arte dicat velle actare organum predictum pro competente mercede: deliberaverunt quod dictus
Camerarius faciat actari dictum edificium organorum et man-
ticorum expensis dicte fabricie, et quod possit conduci magistrum pro illo competenti salario quo sibi videbitur ex-
pedire.

N.º 40.   1413 31 Marzo

Provvedimenti perchè fossero concessi gli appoggi a chi
voleva fabbricare palazzi in Siena. (ARCHIVIO DI STATO
IN SIENA, Concistoro. Scritture *ad annum.*)

Die xxxj martii, vj Indictione Mccccxiij.

In nomine Domini, Amen. In consilio populi retento
die xxviiij mensis martii Mccccxiij, fuerunt victe et obtente
infrascripte provvisiones, videlicet:

Certi savi cittadini, eletti a fare provvisioni ne' due mesi
passati, providdero come qui di sotto si contiene.

Item, conciosiacosa che molte volte acade nella città di
Siena che sono alcuni cittadini che vogliano fare nella detta
Città bellissimi casamenti, et per non potere avere gli apoggi,
o veramente le case dove tali casamenti vogliono fare, per
le letrosìe et gare di chi sonno le dette case, et di questo

n'accade che tali casamenti non si fanno, la quale cosa
viene in vergogna et danno della Città. Providdero e' detti
savi che e' Magnifici Signori et misser lo Capitano di popolo
co' Gonfalonieri Maestri ciascuno anno debbino eleggiare tre
cittadini popolari, e quali abbino piena autorità quanto à el
presente consiglio generale, potere constregnare tali persone
overo luoghi che non volessero dare tali appoggi o vendere
tali case, dove alcuno cittadino volesse fare alcuno bello
casamento, a fare vendite overo dare e' detti poggi, si veramente che tali persone o vero luoghi sieno molto bene
conservati del denaio, acciò che non si possino lamentare.
Et per questa cagione si faranno de' begli casamenti, che
non si fanno per le gare sonno tra' vicini.

Nota

La proposta presentata due volte in Consiglio, come volevano gli statuti, fu vinta,
la prima volta con centodiciassette voti favorevoli, contrari diciannove; la seconda
volta con voti duegento favorevoli e i soliti diciannove contrari. I tre cittadini eletti
per adornare la città presero il nome di *Officiali sopra l'ornato*, e quell'ufficio
durò oltre a mezzo secolo. Quanto stesse a cuore dei Senesi l'abbellire la città, si
desume anche dalla seguente proposta fatta pochi anni innanzi, il 9 aprile 1398, da
una delle tante Commissioni elette dal Consiglio del Popolo.

Item providero, che in ogni buona città si provede a l'adorno et aconcio de
la città, e voi avete questa vostra piaza del Campo che è la più bela che si truovi,
ed aveva questa adorneza de la strada da' Banchi che cominciava da la piaza
de' Tolomei e veniva giù in fino a porta Solaia, che, nè in Vinegia, nè in Firenze
nè in nessuna altra tera in questo paese avene una più bela via. Ora è guasta,
chè vi so' tornati calzolari, sartori: ed è guasta. Providero che per li nostri Si-
gnori s'alega 4 citadini, ed abino adornarla si che e' banchieri stieno in sieme
dal ta' lato al tale, e drapieri e orafi dal ta' lato al tale, e peliciari et armaiuoli
dal ta' lato al tale, che infra que' confini non vi posano stare d'altri mestieri che
di que' che sarano ordenati per chesti 4, e così partito la strada come a questi
4 aleti sarà, si torni aprovare al detto consiglio (Scritture Concistoriali ad annum).

.

N.° 41.   1414 17 Aprile

Deliberazione del Concistoro per restaurare la pittura sopra
la porta di Camollia. (Archivio detto, Deliberazioni di
Concistoro *ad annum* c. 59 t.)

Magnifici Domini et Capitaneus populi una cum Vexilliferis
Magistris et aliis Officialibus Balie, solepniter et concorditer

deliberaverunt: quod, Vexilliferi Magistri Sen. Civitatis, habeant plenam remissionem faciendi fieri et pingendi de novo vel rehactari, prout melius sibi placuerit, Virginem seu figuram Virginis Marie de porta Kamollie, expensis Comunis. Et quicquid in praedictis fecerint et expenderint valeat et teneat ac si factum esset in Consilio generali. Et ex nunc obligaverunt et concesserunt, pro predicto laborerio, omnes den. existentes penes Camerarium Consistori et quos percipiet ipse et successores sui; et in defectu dictarum entratarum deliberaverunt, quod Camerarius Bicherne suppleat et adimpleat de pecunia Comunis. Quod laborerium teneantur fecisse fieri infra sex menses prossimos secuturos.

N.° 42.   1414 27 Aprile

Mariano d'Ambrogio e Goro di Ser Neroccio orafi prendono a fare due trombe d'argento per la Signoria. (ARCHIVIO detto. Concistoro, Libro del Camarlingo dal 1413 al 1419 c. 14 e c. 21 t.)

Mariano d'Ambrogio e Goro di Ser Neroccio orafi dieno dare a dì 27 d'aprile lib. dugiento, e quali den. li facemo dare a Nicolò di Galgano Bichi lib. 100, et lib. cento à messo Giovanni Credi per comandamento de' Signori. E detti denari ebero in prestanze per due trombette d'ariento ch'essi tolsero a fare del peso de' due che al presente sonno in Concistoro, e con quelli smalti e civori che sonno in esse, o vero meglio, d'ariento popolino; tutte per lib. quatro sol. dieci oncia, et fare buono e perfetto lavorìo a sentenzia di buoni maestri: et se più montassero, devano avere quando saranno fatte. E così e detti patti appaiano a libro di Ser Albertino di Pietro al presente notaio di Concistoro.

Mariano d'Ambrogio e Goro di Ser Neroccio orafi dieno avere a di vj di giugno lib. trecento una, sol. dieci, e quagli denari sono per due trombe d'ariento per la factura e per

l'ariento le quali pesaro lib. cinque once sette, fatte a ragione di lib. *iiij* e sol. *x* l'oncia, come apare per lo patto
fatto a dì 27 d'aprile proximamente passato, in dietro a
f° 14, — lib. *ccc*, sol. *x* den. 0.

NOTA

Mancano i patti citati in questo documento e che dovrebbero trovarsi nel libro
di Concistoro del bimestre marzo e aprile tenuto da Ser Albertino di Pietro notaro.
A queste trombe d'argento si riferisce anche il seguente pagamento registrato nel
medesimo volume del Camarlingo di Concistoro a c. 21 t.

Guisa di... dipentore di avere, a di vj di giugno, lib. quattro sol. dieci per la
dipentura di quattro leoni de' pennoni de le trombe dell'ariento, a sol. xlv el pen-
none. Lib. iiij sol. x. den.

N.º 43.   1414 Giugno 28

Ricordo dei pagamenti fatti dal Camarlingo di Concistoro
a Benedetto *di* Bindo *per la pittura della porta Camollia.*
(ARCHIVIO detto, Libro del Camarlingo di Concistoro
dal 1413 al 1419 c. 23.)

Benedetto di *Bindo* dipentore da Siena, die dare, a dì
28 di giugno lib. sessantuna, sol. dodici, den. otto, gli de' per
noi Lorenzo di Donato scriptore di Bicherna a sua ragione,
abi dato in dietro a f° 22; e quagli se gli prestaro di volontà di Tomè di Vannino e compagni al presente Gonfalonieri maestri, per commessione a loro fatta, per fare rifare
la Maestà de la porta a Camollia, della quale commissione
apare nel libro di Ser Albertino notaio proximamente passato di Concestoro, et della detta allogagione al detto *Be-*
nedetto apare nel libro di Ser Castellano nostro notaio.
Lib. *lxj* sol. *xij* den. *viij*.

Ane dato a di 25 d'otobre 1414, lib. 61, sol. 12, den. 8,
i quagli in questo li schontiamo ne la soma e quantità di
fior. 40 den. che per pato e per diliberazione di Francesco
di Domenico di Pracido e Tomè di Vannino, de' tre e due
chonfalonieri maestri istati ne' sei mesi passati, diliberaro
che deto *Benedecto* dipentore avesse per sua fadiga e per

suoi compagni a rifare la maestà de la Nostra Donna Vergine e di tute l'atre figure apartenenti al deto lavorìo, porta a gola, palazi da Chamolia a tuti loro colori salvo ed eceto e l'oro ch'entrò ne la decta faciata.

Et decto oro li fu consegnato per sopradeti chonfalonieri per lo Comuno, e salvo e' ponti che gli furo fati per lo Comuno, de le quali sopra dete cose ne fu faìo diliberazione per lo Concestoro per mano di Ser Angnolo di Guido da Cotono notaio, ed ebero e deti chonfalonieri la pulizia in Brichena (sic) de' resto de' lavorìo, e de l'oro, di fior. 32 lib. 2 sol. 12. Abatuta chuesta posta per me Nanni di Tomè di Vannino camarlengo di Concistoro, a di 30 di novembre anno deto di sopra.

N.° 44. 1414 10 Ottobre

Proposta fatta da alcuni cittadini al Consiglio del Popolo per la costruzione di un Fonte battesimale nella Chiesa Cattedrale. (ARCHIVIO detto, Concistoro, scritture *ad annum.*)

Certi savi de la città di Siena, electi et assunti da' Magnifici et potenti signori Signori Priori Governatori del Comune et Capitano di Popolo de la Città di Siena, per vigore d'una rimissione in loro facta per lo Consiglio del popolo de la detta Città, providero et ordinaro in questa forma, cioè:

Item, concio sia cosa è considerato che la città di Siena abi la chiesa sua Cathedrale bella e molto bene impunto, come si confà a la Città per onorare la religione et magnificare el nome dello eterno Idio e de la sua gloriosissima madre Madonna Santa Maria advocata et difenditrice d'essa città di Siena. Et che in essa vostra chiesa si può dire non essare battesimo altro che sozo e vituperoso, si come è noto ad ogni cittadino: volendo la chiesa d'uno bello battesimo onorare, providero e ordinaro che misser Catherino magiore operaio de la detta chiesa Cathedrale, o altro se altro fusse, sia tenuto e deba, finita l'uopera de la fonte del Campo de la detta Città, provedere insieme con suoi consiglieri et far fare una fonte di battesmo onorata, di marmo, in quello luogo che parrà a lui e suoi consiglieri e altri cittadini come a lui parrà, considerato che al presente ci sonno i maestri acti a fare el decto lavorìo. E questo sia tenuto fare sotto la pena di fiorini cento d'oro, da tòrsili per lo camarlingo dell'uopera, del suo salario et convertigli in bene dell'uopara predetta.

· N o t a

Questa provvisione fu viuta nel Consiglio del popolo per 158 lupini bianchi, contro otto neri, come resulta dalla postilla del Cancelliere fatta in margine al documento medesimo.

N.° 45.   1414 (st. sen.) 18 Gennaio

Proposta di alcune modificazioni da farsi al lavoro della fonte della piazza del Campo. (ARCHIVIO detto. Concistoro, scritture *ad annum.*)

Die veneris xviij januarii, viij indictione, Mccccxiiij per proposita :

✝ X͞pisti nomine, Amen. ✝

Dinanzi a Voi magnifici et potenti Signiori Signiori Priori et Capitano di popolo de la città di Siena, exponsi con ogni debita reverenzia per li vostri Operai de la fonte del Campo, che, conciosiacosache quando la detta fonte fu data a fare, chi la diè àffare per gran volontà ch'ebbero che la detta fonte si facesse, non ebbero tutta quella avertenza, che bisognava al detto lavorìo; il perchè il detto lavorìo pate più difetti, e quali se non si corregiesero el detto lavorìo verrebbe male, et a poco contento de'cittadini. E prima nel (sic) detta alloghagione de la fonte non si fecie menzione come la parte di fuore d'essa fonte dovesse essere fatta, che è quella parte che più s'à vedere, et non mutando altrimenti, e' maestri la farano piana et bianca, la qual cosa sarebbe difforme al detto lavorìo dalla parte dentro. E per questa cagione noi Operari siamo stati con tutti quelli Maestri ci so' intendenti et divisato di farvi certo lavorìo et adorno, per modo che la detta fonte vène bene et arà il suo dovere. Et anco abiamo divisato di fare la detta fonte più larga da la parte dinanzi che di sopra, il perchè dando il pendente a l'ale, da' lato come sta ora, viene a cresciare alcuna cosa el detto lavorìo. E facendo stima del costo che s'accrescie a la detta fonte, stimiamo sarà fior. *cccc* o circa, la quale spesa non si può fare senza altra deliberatione. E pertanto supricano la Magnifica Signoria Vostra che vi degnate per li vostri consegli opportuni fare provedere che la detta spesa si possa fare, acciò che 'l lavorìo de la detta fonte abbia sua perfetione et sua ragione, e sia al contento de' cittadini: altrimenti el detto lavorìo seguirà secondo l'alogazione, et sarà rozzo, per modo dubitaranno non sia fatto difforme a furia, et sarà la spesa perduta. — Obtenta per modum proposite.

NOTA

Per completare le notizie sulla fonte della piazza del Campo pubblichiamo la seguente deliberazione, tratta dalle Scritture Concistoriali.

Die veneris, xviiij Aug., Ind. xj, Mccccxviij.

In Dei nomine. Amen. In Consilio populi, retento die viij mensis augusti fuerunt solemniter victe, obtente et deliberate infrascripte provisiones facte et composite per novem egregios et venerabiles cives electos et deputatos, auctoritate consilii populi, per Magnificos Dominos et Capitaneum populi et Vexilliferos Magistros civitatis Senarum. Que quedem provisiones sunt hee videlicet. Item, acciò che la fonte del Campo si dia la debita expeditione, providero et ordinaro che gli ufficiali d'essa fonte sieno confermati, colla autorità usata, per tempo di tre mesi; infra qual tempo debbano il lavorìo d'essa fonte avere fatto trare a spedizione e a perfectione, sotto la pena di fiorini vinticinque d'oro per ciascuno di loro.

N.º 46.   1414

*Petizione alla Signoria di Siena di Lazaro e Daniello di
Leonardo pittori, con la quale chiedono d'esser pagati
della pittura d'una coperta di cuoio da cavallo fatta per
la brigata di Bernardino della Carda.* (ARCHIVIO detro,
Scritture concistoriali *ad annum.*)

Dinanzi a Voi Magnifici Signori, dicesi per lo vostro minimo servidore Maestro *Lazaro*, e *Danielo* di *Leonardo*
dipentore, che dobiamo avere da Bolognino e Domenico del
Chanpano, de la brigata di Berhardino de la Charda, lire
quindici sol. diciesete, i quali so' per dipintura che lo feci
d'una choverta di chavallo lavorata d'ariento, la quale mi
fu fata rendare per chomandamento del Choncestoro.

Il chomandamento mi fece Guasparre di Vetorio, e Nicholò di Giovanni di Nerone, dei quali n'ò avuti sol. nove
per...e resto avere, e'resto.

N.º 47.   1420

*Ricordo lasciato dai Regolatori Statutari intorno agli ob-
blighi assunti da Giacomo della Quercia per i lavori della
fonte nella piazza del Campo.* (ARCHIVIO detto, *Statuto
dei Regolatori a* c. 99).

Notent successores in officio dominorum Regulatorum
« Come Maestro *Iacomo* di *Piero della Guercia* intagliatore,
el quale si allogò dal Comune di Siena la fabrica della
nuova fonte per lui fatta et edificata sul campo del Mercato
della città di Siena, è tenuto così per vigore della sententia
data (infra el detto maestro *Iacomo* dall'una parte, e lo
egregio cavaliere misser Caterino di Corsino Operaio del-
l'Opera sante Marie della maggiore chiesa della città di

Siena, al quale operaio et opera fu commesso la cura, sollecitudine et spendìo d'essa fonte, si come appare per mano dello spectabile huomo ser Iohanni Cristofani notaio delle Riformagioni del Comune di Siena, per l'altra parte) per li egregi e honorevoli cittadini Signori Regolatori et Statutari et maggiori riveditori delle ragioni del Comune di Siena et per li egregi et honorabili cittadini Nicholaccio di Teroccio banchieri, Baptista di Ser Lorenzo lanaiolo et Iacomo d'Andreuccio orafo operarij per lo comune di Siena deputati sopra el facimento d'essa fonte per vigore di commissione in loro fatta per lo consiglio generale, della quale appare in dietro nel presente libro in f.° 97. La quale sententia fu data per essi Signori Regolatori et operarij in absentia del nobile huomo Andrea di Salimbene Scotti, uno d'essi Signori Regolatori allora absente della città di Siena, la quale fu data a dì primo dì settembre 1419: per la quale sententia esso maestro *Iacomo* è tenuto ad obligarsi in forma valida che, in caso che la detta fonte et figure d'essa per difetto di peli d'esso lavorìo ex qualunque altra cagione infra el tempo di cinque anni allora prossimi a venire mancasse di non avere sua perfectione, come è al presente, esso maestro *Iacomo* è tenuto a rifare tale mancamento a tutte sue spese, si come d'essa sententia più largamente appare per mano di Ser Antonio di Iohanni Gennarii notaio d'essi Signori Regolatori. Doppo la quale sententia esso maestro *Iacomo* spontaneamente si obbligò al detto messer Caterino, ricevendo per lo Comune di Siena, a così observare, si come d'essa obligatione più diffusamente appare per mano d'esso Ser Antonio notaro sapra e di sotto scritto.

Antonius Iohannis Gennarii, tunc notarius dictorum dominorum Regulatorum, scripsi.

N.° 48. 1421 2 Giugno

Gli Officiali sopra le riparazioni della Chiesa di S. Francesco di Perugia presentano ai Priori tre cedole, tra le quali, una dei Maestri Sano *di* Matteo *da Siena ed* Andrea *di* Giusto *di Arezzo* (ARCHIVIO COMUNALE DI PERUGIA, Annali decemvirali 1421 a c. 156 t.)

Venientes et existentes, coram prefatis Magnificis Dominis Prioribus artium civitatis Perusie etc., spectabiles et egregii cives Perusini Officiales electi et deputati per magnificum et excellentem dominum nostrum Braccium de Fortibracciis etc., super acconcimine et reparatione Ecclesie sancti Francisci de Perusia, ordinis Minorum, dixerunt et exposuerunt, qualiter dicta Ecclesia sancti Francisci, ut omnibus est manifestum, maximam minatur ruinam, et nisi celeriter et comode provideatur, dietim crescit, et ad irreparabilem stragem et ruinam noscitur devenire, in grave damnum et dedecus civitatis Perusij; et qualiter ipsi, pluries et pluries habuerunt colloquium super praedictis cum quampluribus magistris in huiusmodi praticis et expertis, tam civibus quam forensibus, et cum omni eis possibili diligentia fieri fecerunt infrascriptas tres cedulas, quas coram prefatis dominis Prioribus presentaverunt infrascripti tenoris, videlicet:

Al nome di dio amen. Quista è una cedola de certe lavorìe e i quali se deggono fare nella chiesa di Sancto Francesco de Peroscia. Inprima se degga fare per reparo de le volte, che fè fare Bosone, una armadura che tenga la dicta volta, bisognando, che se possa levare et ponere ad uso de buon maestro.

Anco per reparo de la pilastra de la capella Michelotti, se degga apportare le doie facce de la dicta pilastra; la faccia verso l'altare, e l'altra verso la capella de Agnolo de Andrea, cioè le doie faccie contigue a la chiesa, et mettere ei pontone per modo che se possa cavare socto quanto bisogna per trouare buono fondamento per remettere e reforzare la dicta pilastra, cum muro che venga a confesso dal dicto fondamento, per fine a vinte pieie sopra la pianezza de la chiesia; e nel dicto confesso se deggano murare dentro doie pontone per faccia de merollo de cerqua buone et sufficiente, e che'l dicto confesso se degga principiare per socto.

Anco, che se deggano armurare ei doie archevolte de la dicta capella dei Michelotte, principiando da buone et ferme fondamente per sopraforte dei dicte arche, et lassare doie uscia, da omne arco uno, de cinque pieie el voito.

Anco per reparo de la parete verso el dormentorio, dove sta la capella d'Agnolo d'Andrea, e l'altra capella che da la pilastra del coro al cantone de la parete de la sacristia co tronno ei piglie (sic: ma forse ce sonno ei peglie) da l'una parte, e l'altra se degga scarcare da capo a pieie e trouare buone et sofficiente fondamenta et remectere su el dicto muro cum le dicte doie capelle per fine a la cima.

Et quiste sopradicte lavorìe se deggano fare buone et sufficiente, ad uso de buone et laudabeli maestri.

Et io Paolo de Francia ho facto quisto mio advisio, et pensiere.

L'aviso de Mastro Sano de Mastro Matheo da Siena, et di Mastro Andrea de Giusto da Arezzo, è quisto.

Prima quactro pontelli de ce cerqua de lunghezza de pieie x l'uno, et grossi pieie quactro de tondo, per apontellare el pilastro maestro de la sacrestia. Et più bisogna refondare el dicto pilastro a scarpa.

E più bisognano pontelli xij de pioppo de lunghezza piede $xiiij$ o circa l'uno, grossi de giro piei tre, per apontellare el palco al muro de la sacrestia sopra el pozzo. E più seie pontelli de cerqua per apontellare el dicto muro del dormentorio.

Vuolse guastare el quarto de la volticiuola de la sacrestia, et vuolse refare.

Et più vuolse gectare in terra el muro del canto del dormentorio verso la sacrestia, et vuolse refare.

Et più vuolse refondare la capella d'Agnolo d'Andrea, voglionse quactro pontelli de cerqua lunghe peie *xv* o circa e grosse piei doie e mezzo de giro, et *vij* pontelli de pioppo lunghe piei *xiij* o circa e grosse piei tre de giro.

Et più se vuole quactro pontelli de cerqua lunghi piei *xv*, et grossi piei tre di giro, per apontellare el pilastro a lato el celaiolo.

E più bisogna refondare el dicto pilastro a scarpa collegato col pozzo de la sacrestia longo piei *xxv* e alta piei *xxvj* o circa grosso in fondo piei *v*, eseguendo come se richiede. E vuolse remurare l'uscio de la sacrestia che sciende al pozzo, e vuolse refare al dicto uscio nel canto de la sacrestia la dove è pelato più forte, per scendere al dicto pozzo.

E più se vuole una scala voltata a pieio de luscio de la sacrestia che scende al pozzo, e la dicta scala serva a la volta socto a la sacrestia.

E più bisogna *xvj* pontelli de cerqua per apontellare el pilastro de la capella dei Michelocte, et vuolse refondare.

E più se vuole murare tucte doie gli arche de la dicta capella, et farvi doie uscia piccolini. Et più se vuole doie pontelli de cerqua de lunghezza piei *x* ocirca e grossi piei quactro de giro per apontellare il pilastro de la capella d'Agnolo d'Andrea, e refondare el dicto pilastro. E più bisogna de fare uno muro fondato a la dicta capella, collegato cum lo dicto pilastro cum uno uscio nel dicto muro che va nel dormentorio. E più bisogna de levare tucte l'acque dei tecto de la dicta chiesa.

E più bisogna tavole assaie, et vergoli per mectere nei fondamente per rifondare. E più bisogna matoni e calcina, in quantità.

Al nome de Dio. Amen.

Questa è una cedola da uno lavorìo el quale se vuole fare

nella Ecclesia de S. Francesco facta per Bartolomeio de mastro Pace in questo modo:

Emprima apontare una pilastra che sta ne la capella dei Michelocti li dal pergolo.

Anco se degga cavare el fondamento da le doie parte, l'una verso l'altare grande, e l'altra verso el coro in questo modo cioè, de larghezza de x pieie per ciascuna faccia, per omne verso; e degga gire socto xxv pieie, et se li nonce, fosse buono fondamento ce deggano mectere paglie, et pianelle di cerqua, et li fondare uno confesso de la dicta grossezza de x pieie per ciascuna faccia, et per omne verso: e degga gire alto octo pieie sopra al mactonato, et nella fine desso confesso se deggano scarcare doie fila de pietra de la sopradecta pilastra che ce venga legato el confesso.

Anco nel dicto confesso se deggano murare piancole et pontone da cerque chiavate insieme, et cavilgliate, secondo che piacerà al soprastante overo maestre.

Anco ch'el sopradicto confesso degga essere tucto el concio de fuore de bevertino sbrozzato, e tracto a tagliuolo, per fine al pare del terreno, e da li in su degga essere concio a una gravina et le dicte pietre deggano essere uno pieie et mezzo large o più et non meno.

Anco che detto fondamento, o buono o reio che se truove, se degga arempire tre pieie alto de mactone per tucto el fondemento cum calcina grossa fatta per mità rena: et de li in su, cum pietra piana.

Et nel dicto luoco de Sancto Francesco non se faccia niuno altro movimento prima di questo.

(I Priori, sentito il parere di cinque maestri di pietra e legname, deliberano che si eseguisca la cedola di Bartolomeo di Pace.)

N.° 49.   1421 21 Novembre

Deliberazioni di Concistoro per togliere le controversie sulla costruzione della chiesa e loggia di S. Paolo. (ARCHIVIO DI STATO IN SIENA, Concistoro Deliberazioni *ad annum*).

Convocato et congregato quodam consilio requisitorum in Consistorio ecc.

Similiter in dicto consilio facta proposita: cum fuerint electi dominus *Turinus* Operarius, Placidus Francisci et Antonius Matthei ad faciendum et fieri faciendum logiam et capellam sancti Pauli cum maxima et larga auctoritate, in dicto consilio lecta, manu Ser Niccholai Dardi, et sint in discordia et differentia in componendo et edificando dictum opus et edificium predictum, et unus eorum vellet predicta ordinare et edificare uno modo et forma et alter altera; et sic in maximum damnum opere Sancte Marie et expensas: una die muratur in dicto edifitio uno modo, et alia die destruitur et devastatur et datur alia forma, in maxima discordia dictorum operariorum; victum, obtentum et deliberatum fuit, quod fiat supra predictis proposita generalis in consilio populi.

Die *xxvij* novembris.

Convocato et congregato Consilio populi ecc:

Et similiter in dicto Consilio populi, facta generali proposita: Cum prout omnibus civibus est notum, iam pluribus annis, proxime preteritis, provisum fuerit et deliberatum, tempore egregii militis domini Caterini Corsini olim operarii ecclesie maioris, de novo fieri debere logiam et Kapellam Sancti Pauli ornatissimam: et super dicto edificio electi fuerunt operarii et confirmati cum plena auctoritate, Turinus Matthei, hodie dominus Turinus, Placidus Francisci Dominici et Antonius Matthei Guidi; et si, dictus Dominus Caterinus eis nollet consentire ipsi facere possent commissiones prescriptas, et nullam concordiam hebeant de forma faciendi dictum opus initatum. Quod quidquid una die initiatur et fit, alia die destruitur et datur alia forma et nova opera; et hoc in maximum damnum et expensis dicte Opere, et tamen non perficetur dictum laborerium prout debet; quod, aliquis eorum vellet sequi uno modo et una forma, et aliter altera, et sic non habent concordiam in simul, et etiam cives variis modiis in predictis locuntur, quod aliqui dicunt dictam Kappellam velle esse apertam versus stratam usque ad domum Mercantie et tollantur illi duo banchi incoati, et aliqui dicunt quod melius est et magis utile quod remaneant privi, videlicet usque ad dictam Kappellam, et sic super dicto edificio loquitur variate: dictum, obtentum et deliberatum fuit:

Quod sit remissum in magnificos Dominos, Capitaneum Populi et Vexilliferos Magistros, qui eligant *xv* cives de intelligentioribus Civitatis, super materia edificandi, qui in simul cum dictis operariis debeant conficere provisiones in ponendo logiam et Kappellam predictam et de loco et forma eorum, que provisiones ponantur ad simile consilium populi, et quicquid ibi obtinebitur mictatur executioni, reservata tamen auctoritate et commissione, antedictos operarios, factis in prosequendo et fieri faciendo dictum laborerum et edificium.

Die *iiij* decembris.

Magnifici Domini et Capitaneus Populi prefati in simul cum quattuor Provisoribus Biccherne et Regulatoribus in sufficienti numero congregati in Consistorio ecc.

Suprascripti M. D. et Cap. Populi in simul cum Vexilliferis Magistris, auctoritate Consilii Generalis, eligerunt infrascriptos quindecim cives sen:, qui in simul cum domino Turino, Antonio Macthei et Placido Francisci operariis super faciendo fieri Kappellam et logiam Sancti Pauli debeant componere provisiones de modo et forma faciendi fieri dictam logiam et cappellam et de loco, qui poni debent ad Consilium populi.

Quorum hec sunt nomina, videlicet:

Dominus Angelus Iohannis Angeli miles
Iohannes Galgani Bichi
Nicholaccius Thorocii
Nannes Iohannis de Pecciis
Petrinus Mariani de Belantibus
Antonius Bartholomei Saragiuola
Ser Cristoforus Andree notarius
Petrus Lentini pizicaiuolus
Guidoccius Giunte ritaglierius
Andreoccius Marchi Bindi
Massus Iohannis Credi
Thommeus Vannini aurifex
Iohannes Thommassi Luti
Gualduccius Ser Bartholomei Gualduccii
Magister Ghregorius Checchi Luce pictor.

N.° 50.   1421 29 Gennaio

Provvisioni sulla Loggia di Mercanzia e Cappella di san Paolo (ARCHIVIO detto, Concistoro, deliberazioni *ad annum* c. 14 t.)

In Consilio Populi solemniter convocato et congregato in numero sufficienti, secundum formam Statuti, fuit victa et obtenta provisio infrascripti tenoris, videlicet:

Quindici cittadini electi per li magnifici Signori, Signori Priori et Capitano di popolo a provedere insieme collo spectabile cavaliere et honorevoli cittadini, misser Turino operaio della Chiesa Cathedrale, Placido di Francesco et Antonio di Matteo di Guido operari della cappella di sancto Paolo et della loggia ordinata da farsi per li mercatanti contigua alla detta cappella, in che modo et forma la detta cappella et logia di sancto Pavolo si debbi ordinare; avuti insieme più et varii ragionamenti; et intesi e' pareri di più et più cittadini et maestri, et avuti et veduti più disegni sopra la detta materia per maestri intendentissimi ordinati; finalmente di buona et unita concordia ànno proveduto e ordinato, piacendo ai Consigli, in questo modo et forma, cioè:

Che per la loggia et cappella predette, et simile per conservamento della audientia et casa della Mercantia, la qual non viene a tocharsi, ma in parte a ridursi in modo più honorato che non è al presente per gli andamenti e uscimenti che se lo vengono a dare; che la loggia predetta principalmente si faccia, et tengasi per li predetti tre operari la forma et modo ordinato per lo disegno del rilievo, et appresso per lo disegno facto col pennello, che tutti vengono a uno medesimo effecto, pigliando le parti più perfecte di ciaschuno. E' quali disegni sono stati più et più dì dinanzi alla casa della Mercantia, et hora sono nella sala del Consiglio a più informatione di ciaschuno. Intendendosi che i decti operari debbano fare edificare tante more, che sieno sufficienti, a decto di buoni maestri, a mettere il lavorìo in volte, secondo che per lo disegno è ordinato. La chapella si faccia alle due finestre della chasa di sancto Paulo, che guardano in sul Campo, honoratissima et magnifica, come altra volta era stato ordinato, et sicondo che parà et piaciarà agli operari sopradecti, et in forma che si mostri el reggimento nostro nel glorioso misser sancto Pavolo avere grande et debita reverentia, come in singulare padrone et prosperatore di molti succedimenti felici della nostra città. Et simile sia rimesso ne' detti operari el collocare el banco della audientia de nuovi offitiali della Mercantia, el banco del peso, l'andamento del palazzetto e il luogo della sacrestia, come per lo tempo, avuto ancora colloquio et parere con chi lo parrà, vedranno essere expediente et più honore del lavorìo predecto, perchè è cosa che meglio si discernarà facto et messo in ordine el primo lavoro della loggia, che non si può fare al presente, benchè sia veduto tutto hono-

revolmente, e da chapo et nel mezo et da piei potere situare.
Et perchè la spesa lassandola tutta alle spalle dell'Opera
sarebbe pur grande et impeditiva degli altri lavori, che la
detta opera necessariamente conviene che facci, et maxime
di presente per lo riparamento della tribuna et per la fonte
del baptesimo; providero et ordinaro che di tutta la spesa
da farsi nel detto lavorìo, che così al digrosso si giudica·
di fior. ij̈mila o circa, la detta Opèra paghi la metà et l'altra
metà paghi el Comune di Siena. La qual parte che tocharà
al Comune, si debba cavare dell'entrata de'paschi; el camarlengo de'quagli, la possa, sia tenuto et debba paghare senza
altra deliberatione, pulitia overo decreto; e'l camarlengo di
Bicherna aconciarli a sua ragione et mettarli a·entrata e
uscita, come si richiede; ogni contraditione tolta via. Et che
l'operaio della chiesa chatedrale presente, et che per·li tempi
sarà, sia tenuto et debba provedere con effecto, che, finita
la detta cappella, ogni dì vi si celebrino almeno due messe,
a ciò che 'l nostro signore Iddio per li meriti et del glorioso
principe degli appostoli misser sancto Pavolo, illuminatore
della sua sancta chiesa, guardi questa città da ogni pericolo
et da ogni male, et conservi el presente reggimento in pace,
unità et concordia per infinita secula seculorum, amen.

N.° 51.   1427 30 Giugno

Sano *di* Matteo *maestro di pietra, riferisce ai Governatori
di Perugia sui lavori fatti da* Domenico *di* Vanni *alla
fonte di Colomata* (ARCHIVIO COMUNALE DI PERUGIA, Annali decemvirali 1427 a c. 111.)

Constitutus personaliter coram Dominis Prioribus Artium
civitatis Perusie, etc. Magister *Sanus* magistri *Mathei* de
Senis magister lapidum, ex commissione sibi facta per supradictos Dominos Priores, ut accederet ad videmdum laborerium acconciminis fontis Columate de Perusio, Porte Sancte

Subxanne factum et coptumatum per magistrum Dominicum Vannis de dicta Porta, magistrum lapidum, cum capitulis infrascriptis, quorum tenor talis est, videlicet:

In prima, che el dicto maiestro Domenico toglie a conciare la fonte de Colomata, sì che tenga biene l'aqua, et aconciare el conducto della dicta aqua, el quale viene da l'orto dey maiestri di pietra, e de legname.

Anco fare uno muro de pietra a rena et calcina, d'alteza ed ugualtà de quello d'Andrea de Guidarello che sta al rempecto de la fonte.

Anco fare un altro muro a rena et calcina de pietra a piè de lo Spedale, che aggia essuo.....· per sostenimento della strada.

Anco ponere et aconciare, una trave de cerqua cum pia (palo) de cerqua, a piè de l'orto del monisterio de Colomatà.

Anco per lo scontro de mezo del dicto orto una lega de pietra a rena et calcina, per difesa della strada.

Anco fare a lo scontro della porta d'esso munisterio una lega, ciò ponere uno léno de cerqua cum pia, per sostenimento della strada.

Anco fare sopra la casa delli figliuoli d'Amedio doy leghe de cerqua, cioè mectere uno léno de cerqua cum pia de cerqua per ciascuna delle dicte leghe a sostenimento della strada predicta.

Et promecte el decto maiestro Domenico fare el sopradecto lavorìo a uso de buono et liale maiestro, a tucte suoy spese, et darlo fornito el mese de giugno che verrà, et sia stanziale per lo tempo debito et ragionevole.

Et li sopradicti conservatori promectono al sopradecto maiestro Domenico dare et paghare, per prezzo et pagamento del dicto lavorìo, fiorini septanta, a novanta soldi el fiorino: e promectono dare, et alluy sia lecito toglere, tucte le pietre che trovarà sopra la dicta strada, cioè sopra la terra che non sieno in lavorìo, o in aconcime del lavorìo.

E promecte de fare el decto lavorìo per tucto el decto

mese di giugno proximo, dandoli fior: vintadoy, a di *xxiii* de maggio; et fior: *xxii* al mezo del lavorìo, el resto finito al lavorìo.

Qui quidem magister *Sanus* supradictus retulit supradictis Dominis Prioribus dictum laborerium et magisterium fore factum, et perfectum per supradictum magistrum Dominicum bene et diligenter, prout continetur in supradictis capitulis, ad usum boni et legalis magistri. Et per ipsum magistrum Dominicum in predictis nihil fore obmissum, sed per ipsum magistrum Dominicum dictum laborerium bene et diligenter fore expletum et perfectum; et prout tenebatur ex forma supradictorum capitulorum.

N.° 52.   1430 3 Luglio

La Signoria di Siena delibera che Giovanni *di* Turino *orafo
. debba dorare la Lupa di bronzo da porsi presso il palazzo.*
(ARCHIVIO DI STATO IN SIENA, Concistoro deliberazioni *ad annum* c. 5.)

Magnifici Domini, una cum Vexilliferis magistris Civitatis, deliberaverunt et decreverunt, quod lupa enea que poni debet super Colupnam, que est iuxta palatium Magnificorum Dominorum deauretur, et deaurari debet, per *Iohannem Turini*, secundum formam conducte, quam dictus *Iohannes* habet cum Comune Senarum; ita quod tempore festivitatis Sancte Marie de mense augusti, proxime futuri, dicta lupa sit aurata et posita super dicta Colupna.

Nec non prefati Magnifici Domini una cum dictis Vexilliferis eligerunt et nominaverunt infrascriptos duos aurifices, qui interesse debeant et adsistere una cum Operario Camere et Iacobo Andreuccii ad videndum dictam lupam deaurari, et quum dicta lupa deaurabitur; ita quod de auro quod exponere debet (?) dictum Comune Senarum pro de-

auratione predicta, dictum Comune Senarum non defrau-
detur in aliquo. Quorum hec sunt nomina, videlicet: Nicholaus Treghuanuccij et Tomassus Pauli, aurifices.

N.° 53.   1430 17 Agosto

Maestro Sano *di* Matteo *e* Pietro *di* Bartolomeo *ricevono incarico dai Priori delle Arti di Perugia, di riferire su i
lavori da farsi al Molino di Ragulano* (ARCHIVIO COMU-
NALE DI PERUGIA, Annali decemvirali, 1430 c. 32).

Constitus coram Dominis Prioribus etc. venerabilis et re-
ligiosus vir Frater Simon Benedicti de Perusio, prior monasterii Montis Morcini de prope Perusiis, et coram eis dixit
et asseruit, quod sanctissimus Dominus noster papa Martinus ad supplicationem prioris, capituli et conventus dicti
Monasterii, commisit et delegavit, sub presenti millesimo,
reverendissimo in Christo Patri, et Domino Domino p. Donato episcopo Paduano, tum gubernatori civitatis Perusie,
quod non obstantibus statutis Comunis Perusii in contrarium
disponentibus, si videret aut inveniret molendinum actum ad
molendum granum et alia blada construi posse in flumen
Cayne, in contrata Ragulani in possessionibus et terreno
spectante ad fratres et conventum predictum, quod vicinis
damnum non inferret, prefatus sanctissimus Dominus noster
Papa concedet, dicto casu, licentiam dictum molendinum he-
dificandi. Cumque vigore bulle concessionis suprascripte pro
parte dictorum fratrum fuerit inchoatus processus coram
auditore prefati reverendissimi Gubernatoris de mandato et
commissione eiusdem, ut videri possit an dapnum vicinis
afferret hedificatio dicti molendini, propter inundationem aquarum. Et fuerit per aliquos cives perusinos, videlicet per Tottum
domini Nicolay de porta sancte Lubxanne et per Fumagiolum
Baccioli de porta Heburnea comparitos coram eo contra-
dicentes constructioni et fabricationi dicti molendini: et pen-

dente processu predicto per magnificos dominos Priores artium civitatis Perusii precessores in officiis, ex nonnullis
causis ad rempublicam Perusinam spectantibus, destinati
fuerunt in oratores ad sanctissimum dominum nostrum Papam
famosissimus utriusque juris doctor dominus Franciscus Man-
sueti, et spectabilis vir Perus Filippi cives perusini, eisque
fuerit injunctum ad instantiam dictorum civium comparen-
tium coram dicto auditore contra dictos fratres, ut procura-
rent et quererent ut concessio facta dictis Fratribus tamquam
civibus, damnosa revocaretur. Qui ambaxiatores dum in Urbe
Romana fuissent et non valentes concessionem predictam
revocare, ad tollendas et dirimendas omnes lites et contro-
versias fuerunt cum ipso Priore dicti Monasterii in hac
conventione, ut non obstantibus quibuscumque bullis aut
concessionibus dicto Priori, capitulo et conventui per sanctissimum Dominum Nostrum factis, remictant se arbitrio et
voluntati dominorum Priorum, ut ipsi domini Priores possint
audire iura adversantium constructioni dicti molendini, et
possint facere prescruptari, et inquirere per magistros peritos
an dictum molendinum in loco predicto construi possit sine
damno vicinorum. Et ideo dictus Prior petiit per ipsos dominos Priores eligi et assumi duos vel plures magistros idoneos et intelligentes, qui videre debeant locum in quo dicti
Fratres edificare volunt dictum molendinum, an inundatio
aquarum per constructionem dicti molendini damnum vicinis
afferre possit, et quod ipsos cotentatur stare dictis et sen-
tentie ipsorum magistrorum eligendorum per ipsos dominos
Priores. Qui domini Priores auditis predictis ne aliquis juste
conqueri possit, et ut omnibus clare et manifeste appareat
an constructis dicti molendini damnum vicinis afferre possit
propter inundationem et alluvionem aquarum ex omnibus arbitriis etc. eligerunt, vocaverunt et deputaverunt ad videndum
oculata fide an constructio dicti molendini vicinis damnum
afferre possit, et ad referendum dictis dominis Prioribus,
prudentes viros magistrum *Sanum* de Senis morantem Perusii

et magistrum Petrum Bartolomei de Perusio; quibus magistris statim post predicta constitutis coram dictis dominis Prioribus, delato corporali juramento per Franciscum Honofrii de porta Eburnea, Priorem Priorum, juraverunt ad Sancta Dei evangelia corporaliter manu tactis scripturis, bene, diligenter et legaliter, remotis prece, amore, precio, et omni alia umana gratia, iuxta commissionem eis factam, inquirere et referri.

N.° 54. 1430 27 Agosto

Maestro Sano *di* Matteo *e Maestro* Pietro *di* Bartolomeo *riferiscono a' Priori delle Arti di Perugia intorno ai lavori da farsi al Mulino di Ragulano.* (ARCHIVIO detto, Annali detti, a c. 37).

Constitutis personaliter coram magnificis dominis Prioribus Artium civitatis Perusii etc. prudentes viri, magister *Sanus* de Senis habitator Perusii et magister Petrus Bartolomei de Perusio, commissarii electi et assumpti per ipsos dominos Priores ad videndum, oculata fide, locum ubi Fratres monasterii Montis Morcini hedificare intendunt molendinum, et si per hedificationem molendini predicti inundatio aque damnum afferre posset vicinis: retulerunt prefatis dominis Prioribus, ut supra existentibus, iuxta formam eorum commissionis et juramenti, se ivisse ad locum prefatum, et diligenter scruptasse, et finaliter eorum juditio invenisse, quod si aqua pro dicto molendino edificando capitur seu apprehenditur ad pontem Solomei, et fratres predicti sint in concordia cum filiis Simonis Nardutii et possessoribus bonorum olim domine Iouannine domini Honofrii ad constructionem dicti molendini, quod omnino constructio et hedificatio molendini in dicto loco in commissione eorum declarata potest per dictos fratres sine damno alicuius fieri et aqua ipsius in introitu et exitu alicui nocere non potest. Et hoc dixerunt secundum eorum et cuiuslibet eorum puram et veram conscientiam et rectum juditium.

N.º 55.   1430 4 Febbraio

Gli Operai della Chiesa e Loggia di S. Paolo, limitano la somma da spendersi nella costruzione dell'edifizio. (ARCHIVIO DI STATO IN SIENA, Carte dell'Opera Metropolitana).

In nomine domini, Anno salutifere incarnationis 1430, die 4 mensis februarii in Consilio generali.

Item veduto essi cittadini la remissione in loro fatta per lo Consiglio di popolo, circa a la materia della spesa del difizio di Sancto Pavolo et de la loggia, per la quale cagione l'operaio de la magior chiesa et suoi consiglieri vedendo la detta spesa a la detta Opera impossibile et non potere provedere a le cose necessarie a la detta Opera del Duomo n'avevano auto ricorso a nostri Magnifici Signori e da poi ad esso consiglio; per la quale cosa essendo essi cittadini pienamente informati delle entrate e rendite d'essa Opera Sancte Marie, et anco veduto le spese necessarie che richiede la detta Opera del Duomo, et maxime della tribuna d'essa chiesa, la quale presentemente viene manco se tosto non si prevede; et anco di più altre cose a le quali prestamente è necessario provedere, et non parendo lo'convenevole nè bene che lo spendare tutte l'entrate dell'Opera ne la loggia et difizio di Sancto Pavolo, la chiesa Maggiore de la nostra Città, la quale è et debba essere lo specchio di tutti e' cittadini, abbia mancamento ne le cose sue, così nello offizio divino da farsi in essa chiesa come ne'l'altre cose; providdero et ordinaro essi savi che da ora innanzi la detta Opera sancte Marie, nè l'operaio, nè kamarlengo d'essa, possano essere costretti veramente debano contribuire al detto difizio et loggia di sancto Pavolo più che a fiorini cinquecento l'anno di L. 4 il fiorino; pagandosi però per lo detto Operaio e kamarlingo per lo detto difizio di Sancto Pavolo fior: 41 et ij terzi per ciascuno mese, acciò ch'esso edifizio si seguiti come

è intenzione de'cittadini; et a più quantità essa Opera non
sia tenuta acciò che fatte le spese del divino offizio et delle
distribuzioni de kanonici. Et pagati e'detti fior: 500, d'ogni
residuo dell'entrate d'essa chiesa si possa provedere come
è convenevole a le cose necessarie d'essa Opera Sancte Marie.

Ego Petrus de Gualfredinis de Verona notarius Reformationum.

N O T A

Per la storia di questo artistico edifizio crediamo opportuno di pubblicare anche
le seguenti deliberazioni:

Yhs.

MCCCCXXVIJ adi 30 di genaio. A libro di Ser Barnabe a fo· 110.

*Victum, obtentum et deliberatum fuit. Quod et esse intelligatur remissum, et
comissum in magnificos et potentes dominos dominos Priores, Gubernatores comunis, et Capitaneum populi, et vexilliferum iustitie civitatis Senarum, qui eligant et eligere debeant tres cives, vel confient electos, si eis videbitur qui sint et
esse debeant ad sotietatem ecclesie cathedralis Senarum, qui teneantur et debeant
fieri facere logiam et capellam sancti Pauli, et baptismum, prout deliberatum
est. Et illud quod per maiorem partem ipsorum deliberatum fuerit, circa dicta
Edifitia, in solutionibus faciendis Camerarius Opere sancte Marie teneatur et debeat solvere omnem quantitatem denariorum pro dictis laboreriis que fuerit de-
clarate per dictam maiorem partem ipsorum et que fuerit necesse. Et non possit
quoquo modo, dictus Camerarius, solvere vel expendere aliquam quantitatem denariorum in aliquo alio laborerio vel aliis rebus, nisi solum et dum taxat in
plebendis ordinatis dicte Ecclesie cathedralis quousque dicta edifizia fuerint
completa.*

Nel libro di Ser Giovanni di Bindo a p. 27.

Adi 4 di ferraio 1427.

*Similiter videntes ad construtionem et expeditionem logie et capelle sancti
Pauli soleniter et concorditer revocaverunt et cassaverunt illos cives qui alias fuerunt eletti et per eos confirmatos in operarios dicte Ecclesie, logie et capelle, et
ex nunc de novo elegerunt infrascriptos et Egregios Cives in operarios et pro
operariis dicte logia et capella sancti Pauli cum autoritate eis concessa in consilio
generali. Quorum hec sunt nomina videlicet:*

Iohannes Mini Cicerchia.

Ser Cristofanus Andree.

Ser Iohannes Nicolai guidi nine.

Pro logia Sancti Pauli.

*Magnifici et potentes domini domini Priores gubernatores Comunis, Capita-
neus populi Civitatis Sen. intendentes ad costrutionem et expeditionem logie et
capelle Sancti Pauli. et habentes notitias quod duo infrascripti qui erant electi in
operarios sancti Pauli, prout patet manus Ser Iohannis Bindi, sub die iiij mensis
februari 1427 mortui sunt: elegerunt infrascriptos cives in Operarios et pro operariis, secundum formam Statutorum Sen. Quorum officialium et Operariorum
mortuorum et qui in eorum loco nominati et electi sunt nomina hic inferius
scribuntur, videlicet:*

Loco Iohannis Mini de Cicerchis, Ghinus Petri de Bellantibus.
Loco Ser Cristofori Andree, Iohannis Ser Neri.
Al liro di Ser Giovanni di Masso notaio di Conscitorio a f.° 39 a dì di ferraio 1439. (ARCHIVIO detto. Carte dell'Opera predetta).

N.° 56.   1431 15 Giugno

I Priori delle Arti di Perugia ordinano che si paghi a Maestro Sano *di Matteo ciò che gli è dovuto per la sua condotta.* (ARCHIVIO COMUNALE DI PERUGIA, Annali detti, a c. 108ᵗ).

Priores Artium civitatis Perusii, mandamus vobis Conservatoribus monete Camere Perusine quatenus detis et solvatis magistro *Sano* de *Senis* omnem quantitatem denariorum, quam dictus magister *Sanus* recipere debet a dicta Camera Conservatorum, vigore sue conducte e t provisionis sibi promisse. Obtenta partita inter prefatos dominos Priores per octo fabas albas, non obstantibus duabus fabis nigris incontrarium repertis. Datum in Palatio nostro solite residentie, die *xv* Iunij 1431.

N O T A

Aggiungiamo alle notizie già edite di questo valente maestro di pietra, le seguenti ricavate da documenti dell'Archivio Senese. 1391 (st. sen.) Marzo 20.

Turinus olim Muccini et Iohannes Nerii, alias dictus Gellus de Rofeno, comitatus Sen. vendiderunt magistro Sano Mattei civi Sen. (Denunzie dei contratti *ad annum 38*).

1401.

Sanus magistri Mathei, magister lapidum, recepit obligationem a magistro Lando Stefani pictore de xl flor. auri, causa depositi (Denunzie *ad annum 60t*).

1417 Giugno.

Detis et solvatis magistro Laurentis Filippi et magistro Sano Mathei salarium pro sex diebus quibus iverunt et steterunt in servitium nostri Comunis ad partes Montis Giuovi nostri Comitatus, cum duobus equis. (Concistoro, Deliberazioni, *ad annum* Vol. 297).

1426 Novembre 14.

Camerarius Biccherne solvat magistro Sano magistri Mathei lib. novem pro quadam andata quam fecit ad providendum reparationi Ponti Clusi. (Concistoro, Deliberazioni *ad annum*).

Nel bimestre maggio e giugno del 1414, fu Gonfaloniere della Compagnia di Rialto e Cartagne. Ebbe due figlie: Caterina nata il 30 luglio 1405 (Battezzati *ad annum*), Mattia che sposó Gherardo di Niccolò, ricordata nei rogiti di Ser Giovanni di Daniello a' 27 maggio 1463.

N.º 57.   1431 12 Febbraio — 1434

Pagamenti fatti a Ser Giustiniano *di Ser* Francesco *da Todi
prete per i lavori di vetro da esso fatti alle finestre del
Duomo di Siena.* (ARCHIVIO DELL'OPERA DEL DUOMO DI
SIENA, Libro giallo debitori e creditori a 257, 274 t).

Don *Giustiano* (sic) di Ser *Francesco* da Todi, cantore in
Duomo, diè auere addì 5 ferraio, fior. cinquantasei dì L. 4 per
fior.; i quali sono per diciassette finestre di vetro à raconcie
a ogni sua spesa, salvo di feramenti, le quali gli de'a racon-
ciare misser Bartolomeo di Giovanni Cecchi cavaliere e operaio del Duomo. Le quali diciasette finestre si comincia a la
chapella di Sa'Bastiano e come segue intorno intorno per
infino a la capella di miss. Franceschò Tolomei.

1434

Don *Giustiniano* di Ser *Francesco* da Todi, cantore in
Duomo, prete e cappellano nostro di Duomo, de'avere lire
centosette, soldi quindici, e qua'sono per due finestre di
vetro pose in Duomo, l'una a chapo la chapella de'Calzolari,
figurata di Sa'Giorgio; e l'altra figurata di Sancto Sano, che
furo braccia *viiij*, quar. *iij*, per lire *xj* il braccio, d'acordo,
come per una iscritta di rimissione apare di mano di maestro
Domenico de'*Cori* e di frate Antonio di Maestro Francesco
prete, testimoni.

N.° 58.   1432 30 Dicembre

Ragione delle spese fatte da Maestro Nanni *di* Pietro *e da Maestro* Pietro *del* Minella *per la costruzione del Fonte battesimale.* (ARCHIVIO DI STATO IN SIENA, Carte dell'Opera Metropolitana).

.   Mccccxxxij.

A presso sarà scritto e denari che Maestro *Nanni* et maestro *Pietro* del *Minella* àno avere da l'Uopara per denari spesi et loro andata et conpre fatte per lo battesimo et vedute et rischontrate per noi sopra a batesimo, cioè lo spetabile Chavaliere Misser Batolomeo di Giovanni Cecchi, Giovanni di Francino et Nanni di Piero et Giovanni d'Angiolo abiamo limitate et vedute come apresso diremo in fino a dì 24 di Settebre 1427.

Imprima andamo Maestro *Nanni* et maestro *Pietro* detti a Pisa, a dì 18 di Settembre 1427, andamo a Charara et tornamo a Pisa et aloghamo a charatori; in tutto stemo dì 13 et chosì ne siamo chiari, a soldi 40 el dì per chavallo, che viene Lire 4 il dì, soma in tutto.   L. 52, S. —

Andamo, cioè Maestro *Pietro,* a dì 24 di novembre 1427 a Pogio Bosi a portare denari a charatori, nò potevano venire senza denari, ste dì due.   »   4 » —

Ancho demo fiorini dieci a Maestro Franciescho detto Fiaschetta da Settigniano, di quello di Firenze, per una pila del batesimo, cioè per quella di sopra.   »   40 » —

Ancho abiamo avere per 20 migliaia di marmo, cioè 20 migliaia et libbre 366 di marmo chararese in più pèsi per fare detto batesimo, a L. 8

il migliaio posto in Pisa, monta fiorini 40 soldi 56, a soldi 80 fiorino, monta.   L. 162 S. 16

Ancho uno pèso di marmo vene co'marmi di Francesco di Maestro Macho faciemone la porticulla (sic) de la pila del battesimo, pesò L. 700, a Lire 8 migliaia.   » 5 » 12

Ancho abiamo avere fiorini 16 per la pila di sotto, cioè il fondo del batesimo, d'accordo co' l'oparai.   » 64 » —

Ancho abiamo avere per braccia 24 di schaloni, cioè per cavatura per trare a fine el primo schalone del batesimo, a soldi 33 il braccio, d'acordo cho l'opara.   » 39 » 12

Ancho per acconciature el chondotto del batesimo, et una channa di rame avemo da Giovanni di Tofano.   » 7 » 10

Ancho per 2 pèsi di schaloni si ghuastarono quando s'aconciò el detto chondotto, e quali si rifeciono.   » 3 » —

Ancho per fare lo stecato in torno a'batesimo, stero dì due.   » 2 » —

Ancho dobiamo avere per metare la pila del fondo del batesimo aitòci Maestro *Piero* et due sue ghazoni et noi cho'due nostri ghazoni, in tutto stemo uno dì.   » 6 » —

Ancho àmo avere libbre 3 soldi 13 e quali denari sono per chambio di fiorini vinticinque sono posti a loro ragione, rimisi i denari a Pisa al bancho di Luca di Piero Ranucci.   » 3 » 13

Somma L. 390 S. 3

Io Nanni di Piero, uno de li operai d'esso batesmo, aprovo della sopradetta somma L. 382.

Et io Giovanni di Francisco Patrici, uno de'detti hoperai,

aprovo e sò contento come di sopra si contiene, cioè di
L. 382, et affede di ciò scrivo qui di mia propria mano ogi
dì 30 di dicembre 1432.

Io Giovanni d'Agniolo son contento come di sopra si contiene, dì et ano deto.

N.° 59.   1434 2 Maggio

Testamento di M.° Martino *di* Bartolomeo *pittore.* (ARCHIVIO
DELL'ARCHICENOBIO DI MONTEOLIVETO MAGGIORE).

In nomine eterni et omnipotentis Dei Patris et Filii et
Spiritus Sancti, nostrique Domini Hiesu Christi, eiusque beatissime Matris, et semper Virginis gloriose Marie, totiusque
celestis Curie triumphantis. Amen.

Anno ipsius Domini nostri Hiesu Christi ab incarnatione
salutifera millesimo quadrigentesimo trigesimo quarto; Indictione duodecima, secundum ritum, stilum et consuetudinem
notariorum senensium: die vero dominico, secundo mensis
Maii, tempore Pontificatus Sanctissimi in Christo Patris et
Domini nostri divina providentia Domini Pape Eugenii quarti,
regnante Sigismundo Dei gratia Romanorum Rege et semper
Cesare et Augusto.

Pictor egregius, homo quidem optimorum morum et optime
vite, magister *Martinus Bartholomei* de Senis, sanus per gratiam Domini nostri Hiesu Christi mente et intellectu, licet
corpore languens, sciens nihil esse incertius hora mortis, etsi
ipsa morte nihil sit certius, et propter hoc ne subito mortis
adventu contigat ipsum intestatum decedere, sed repentine
mortis casui preveniens, tam de animo et corpore quam
de bonis suis desiderans salubrem dispositionem facere in
hunc modum, per hunc suum nuncupativum testamentum
sine scriptis, idest sine solemnitate scripture, facere procuravit. Primum enim animam suam Omnipotenti Deo recomendavit, Dominum nostrum Hiesum Christum devotissime

rogans, quod eam in pace eterna collocare dignetur, et suis manibus amplecti cum de hac vita ad aliam que perpetua et eterna est, ipse anime transive contigerit: corpus vero suum jussit, voluit atque mandavit seppelliri in ecclesia S. Martini de Senis, contra campanile, seu ex opposito campanilis dicte ecclesie, ubi sui corporis sepulturam elegit. De bonis autem suis, Domino senensi Episcopo pro omni sua canonica portione, ac plus de ipsis petere vel habere possit, reliquit atque legavit, amore Dei, solidos quinque denar: sen. Ecclesie vero majori et cathedrali, vocate *el Duomo* dicte civitatis Senarum et eius fabrice et opere, reliquit atque legavit, amore Dei et pro salute anime sue, alios solidos quinque denar: sen: Item reliquit atque legavit, amore Dei, et pro salute anime sue Hospitali S. Marie de Schala de Senis pannum linum valentem secundum comunem extimationem flor: quator auri de solidis octuaginta pro flor: pro lintiaminibus lectorum dicti Hospitalis, in quibus hospitantur pauperes peregrini, volens, jubens atque mandans dictum pannum de bonis suis quantitate denar: predicta emi per suos infrascriptos heredes, et per infrascriptos suos fideicommissarios et ordinavi ad lintiamina et pro lintiaminibus dari ac mitti ad hospitale predictum, hoc est ad peregrinarium dicti hospitalis, ubi sunt lecti in quibus hospitantur et dormiunt pauperes peregrini, volens et mandans quod dicta lintiamina nullo modo possint alienari, vel in aliam causam converti, sed ad dictum pium opus et usum misericordem quamdiu subsistunt conservari. Item voluit, jussit atque mandavit, suis infrascriptis heredibus et fideicommissariis, ipsos et eorum et cuiuscumque eorum conscientias de et pro infrascriptis onerans et gravans, quod post mortem ipsius testatoris fieri faciant et celebrari, de bonis dicti Testatoris, in Societate S. Marie de Senis unum solemne et devotum officium mortuorum pro anima sua et suorum, in quo celebretur missa per duodecim sacerdotes, ultra illum sacerdotem qui cantabit missam ad maius altare ecclesie dicte Societatis; ad quod officium voluit semper stare accensa duo doppieria ponderis libr: sex in totum cum staggiuolis pictis dicte Societatis, ut moris est, emenda per heredes et fideicommissarios suos infrascriptos, de bonis et rebus dicti testatoris, et lib: quator candelarum, volens et mandans dicta doppiera in dicte Societatis ecclesia stare ad illuminandum corpus Domini nostri Hiesu Christi, donec durabunt. Item, reliquit atque legavit Domine Francisce sorori carnali dicti testatoris, et uxori Nannis Buccii calzolarii sol: quadraginta den: sen: Item reliquit atque legavit Blaxio suo, ipsius testatoris fratri carnali sol: quadraginta den: sen: Et predicta duo legata facta sorori et fratri suis predictis, eisdem fecit jure et institutione. Item reliquit atque legavit ecclesie et pauperibus Inhiesuatis de Senis, amore Dei et pro salute anime sue, lib: quator den: sen: convertendas in fabrica ecclesie dictorum pauperum Inhiesuatorum, rogans eos quod pro anima sua ad Dominum humiliter orare dignentur. Item reliquit atque legavit Magnifico Comuni Senarum, omnes quantitates denar: quos solvit ipse testator dicto Magnifico Comuni in prestantiis a die decima octava Aprilis MCCCCXXXI: hoc est millesimo quatringentesimo trigesimo primo usque ad diem decimam tertiam Iunii de anno millesimo quadringentesimo trigesimo tertio, et omnem provisionem exinde sumendam; liberans et absolvens dictum Comunem ab omni provisione quam ex nunc petere et habere possit dictis ex causis et occasione dictarum prestantiarum per eum, dictis temporibus, solutarum. Item reliquit atque legavit Domine Caterine uxori sue, nobili filie Benedicti Dominici pizicaiuoli de Senis, dotes suas quas dixit fuisses florenos ducentos prout dicitur de eis fuisse rogatum Ser Cennem Manni not: sen: ad presens defunctum: et hoc in quantum vitam viduilem, atque honestam non servaret, vel ad secunda vota transiret. In quantum vero vitam viduilem et honestam servaret et ad secunda vota non transiret, ipsam dominam et dominatricem ac usufructuariam universalem omnium bonorum suorum mobilium et immobilium jurumque

et actionum reliquit et esse voluit, etiam pro ut nunc ipse
dominus et dominator est ipsorum omnium suorum bonorum:
eidemque uxori sue filios suos infrascriptos in casu quo predicto servaret, recomendavit; volens et mandans, quod stent
cum uxore sua predicta, et quod ab ea teneantur, enutriantur
et gubernentur, et quod a nullo rapi possint, et quod ab
ipsa uxore sua nullo modo tolli possint, ipsam ex nunc tutricem constituens, et esse volens dictam dominam Caterinam
uxorem suam tutricem dictorum infrascriptorum filiorum uni-
versalium heredum; absolvens et liberans eam ab inventarii
confectione, ac etiam ab administrationis sue ratione red-
denda, quin immo prohibens eam inventarium facere, et administrationis reddere rationem: omnem quantitatem denar:
eidem Domine Caterine tutrici prefate, jure legati, relinquens,
in quam condemnaretur per judicem, et offitiales pupillorum
propter nolle conficere inventarium, seu sumere tutelam coram eorum officio, et propter non reddere rationem predictorum seu gestorum per eam. Si vitam vero vidualem et honestam non servaret, dicta uxor sua, seu ad secunda vota
transiret, dictos infrascriptos eius filios voluit, jussit atque
mandavit stare, habitare, nutriri atque gubernari cum Donato
Dei coiario, et in domo sua de bonis ipsius testatoris et
dictorum suorum filiorum, a quo Donato dicta causa mandavit non tolli, et non removeri dictos infrascriptos suos
filios; declarans, volens atque mandans, quod Blaxius frater
eius et domina Francia soror eius, et Saladinus ejus cognatus
non possint aliquo modo se impedire, de dictorum suorum
filiorum et de bonis suis, sed eis omni modo curam dictorum
suorum filiorum et administrationem eiusdem bonorum prohibens atque vetans. In omnibus autem bonis suis, mobilibus
et immobilibus, juribus et actionibus, ubicumque sint et in-
veniri possint et poterunt, sibi heredes universales instituit
et esse voluit Bartholomeum Bastianum suum filium legiti-
mum et naturalem, et omnes et singulos alios filios suos
legitimos et naturales, tam masculos quam feminas, unum,

vel plures post presens testamentum nascituros, et seu post
eius vitam ex se, et dicta sua uxore ipsos sibi invicem sub-
stituens equis portionibus vulgariter, pupillariter et per fidei-
commissum. Ultimo vero ex eis morienti in etate pupillari,
vel non condito testamento sine liberis quandocumque substituit dominam Caterinam predictam uxorem suam, et hoc
quoad usum, et usum fructum tantum omnium bonorum
suorum toto tempore vite sue ipsius domine Caterine, volens,
et mandans quod post mortem dictorum suorum filiorum
super vivente dicta domina Caterina bona ipsius testatoris
omnia convertantur in bonis immobilibus, preter dotes ipsius,
de quibus bonis immobilibus voluit dictam dominam Caterinam habere usum et usum fructum toto tempore vite sue;
et hoc in quantum vitam castam et honestam et viduilem
duxerit et servaverit; et alio modo, non. Ipsi vero domine
Caterine morienti et ultimo ex dictis suis filiis morienti in
pupillari etate, vel non condito testamento sine liberis quandocumque non superstite dicta domina Caterina, vel si superest
ipsa domina Caterina non ducente, vel non servante vitam
honestam, castam et viduilem, substituit quoad usum, usum
fructum, et quo etiam ad proprietatem Hospitale S. Marie
de Schala pro tertia parte bonorum suorum, Fratres Observantie S. Francisci della Capriola de Senis, hoc est eorum
conventum, in aliam tertiam partem dictorum omnium bonorum suorum, et Ingesuatos, hoc est eorum conventum, in
altera parte omnium bonorum suorum; convertendorum, quoad
Hospitale predictum in operibus misericordie ipsius hospitalis,
et quoad conventos Observantie et Ingesuatorum convertendorum in fabricis et ornamento dictarum ecclesiarum, seu
dictorum conventuum. Et hoc pro salute anime sue et suorum,
et pro remedio peccatorum eorumdem, volens et mandans,
ac etiam prohibens dicto filio suo, et nascituris ex eo et
dicta domina Caterina, quod non possint facere, et volens
quod non faciant, et sic prohibens quod faciant testamentum
si unusquisque eorum primo non compleverit vigesimum an-

num etatis uniuscuiusque eorum, et si fecerint testamentum voluit illud ipso jure nullum esse, et nullius efficacie vel valoris, et quod nón teneat ipso jure. At si dicta domina Caterina moreretur antequam dictus ejus filius, et antequam nascituri ex ea et dicto testatore, et vel si dicta dòmina Caterina vitam viduilem, castam et honestam non servaret, tutorem constituit suum, dicti sui filii et nasciturorum ex eis, Donatum Dei coiarium suprascriptum: suos autem fideicommissarios, et huius testamenti exequtores; et ad predicta omnia faciendum et exequendum constituit, et esse voluit Gorum Ser Neroccii aurificem, Ioannem Bartoli Ristori, dominam Caterinam uxorem suam prefatam, Donatum Dei coiarium, et Vexium (?) ingesuatum, et illum qui pro tempore erit maior Ingesuatorum: quibus viventibus et majori parti ex viventibus, dictus testator dedit, attribuit plenam et omnimodam potestatem et mandatum, predicta omnia integraliter exequi usque ad integram satisfactionem omnium predictorum de bonis ipsius testatoris qui voluit per eos vendi et alienari posse, si expendiens erit, usque quo fuerit predictis omnibus satisfactum. Et hoc voluit esse jussit atque mandavit suum ultimum testamentum et suam ultimam voluntatem, quod et quam valere voluit, jure testamenti, sine scriptis et nuncupativi, et si jure testamenti sine scriptis non valeret, valere voluit jure codicillorum et seu donationis causa mortis, et aliicuiusvis ultime voluntatis, rumpens et cassans omne et quodliblet aliud testamentum per eum conditum usque in presentem diem manu not: infrascripti, et alterius cuiusvis persone publice et private, non obstante quod in eo vel in eis aliqua forent verba derogatoria, de . quibus dixit non recordari, et quorum dixit se penitere, volens et jubens atque mandans hoc ceteris prevalere. Et rogans me notarium infrascriptum quod de predictis publicum conficerem documentum, et rogans testes infrascriptos quod predictis intersint et velint semper eorumdem testimonium fidum perhibere, et rumpens similiter omnem aliam ultimam voluntatem hinc retro per eum factum.

Actum Senis in camera domi (sic) dicti testatoris, posita Senis in contrata Salicotti superioris, presentibus fratre Petro Ioannis Cecchi de Senis, fratre Bartholo Stephani de Montelatrone, fratre Ludovico Ioannis de Bononia et fratre Michaele Ioannis de Bononia, omnibus quator servis Iesu Christi et Ingesuatis, et Donato Dei coiario, testibus vocatis adhibitis et a dicto testatore rogatis.

Ego Antonius Michaelis Antonii de Senis publicus imperiali auctoritate notarius et judex ordinarius predictis omnibus et singulis interfui eaque rogatus scripsi, et manu propria publicavi; me publice subscribens in testimonium omnium premissorum ad preces et rogationes testatoris prefati, et insuper manu propria cum titulis, seu punctis cancellavi verba « legans eidem domine Caterine uxori sue » in verso et in verbum « ex nunc » Quoniam errore superfluus fuerat.

Die *xxvj* mensis Aprilis 1435. Indictione *xiii* solvit Donatus Dei predictus prodictis heredibus Ser Angelo Camerario D. Episcopi sol: quinque.

In nomine Domini amen. Anno eiusdem Domini ab incarnatione millesimo quadringentesimo trigesimo septimo Ind. prima, die sexta mensis Februarii. Quoniam quotidie propter avaritie cupiditatem malitia viventium hominum crescere dinoscitur: ad quam presens proprium (?) potuis quam ad veritatis luminis dulcetudinem attenditur potissime, et taliter induritiem cordis affatigatur, et sic veraciter annectimur quod etiam quandoque volentes nullatenus nequit evelli: ideo ne confessione (?) et occultatione veritatis pereat veritas ipsa Frater Ioannes de Fiandra ex fratribus Hospitalis S. Marie de Schala cum peregrinus erat hospitalis predicti, et a Rectore et Fratribus eiusdem solemniter et specialiter constitutus, et ibidem deputatus peregrinorum, asseruit expresse, et confessus fuit ut testimonium, et fidem indubitatam perhiberet veritati, recepisse et habuisse a domina Caterina uxore dicti Magistri *Martini* q. *Bartolomei* pictoris de Sen: dante tunc, et tradente pro heredibus et executione testamenti dicti Martini, et satisfactione legati, et relicti per illum hospitali predicto in eius condito testamento et ultima eius voluntate facta, duo paria lintiaminum more predicti hospitalis, que ad ossequia, et receptionem peregrinorum ad illum venientibus et accedentibus posuissent (?) hospitali predicto, iuxta dispositionem predicti olim magistri Martini testatoris et relictoris predicti hospitalis volentis, quod de predictis in testimonium et fidem veritatis ad perpetuam memoriam predictorum per me (Gualterium) not: et tamquam not: et scribam hospitalis predicti presentem confici scripturam.

Al nome di Dio: nel *mccccxxxviii* noi poveri Giesuati aviamo ricevuto, ogi adì *viii* di luglio, lire quattro da Monna Caterina donna che fu di Maestro *Martino* di *Bartolomeo* da Siena, e qua' denari il detto maestro *Martino* ci lasò per l'amore di Dio e per salute dell'anima sua, sichome si chontiene nel presente testamento: e così noi sopraddetti povari Giesuati confessiamo aver ricevuti i decti denari; e più per questo non potiamo adimandare, nè altri per noi.

Adì 25 d'agosto 1440. Ricevetti io Frate Iachomo di Nicholo guadia de la Compagnia de la Vergine Maria sol: quarantotto, per fare l'oficio che lasò: e più un paio di dopieri di peso di lib: sei, e quattro lib: di canele di ciera.

(*A tergo*) Questo è il testamento del padre di Frate Sebastiano, qual fu figlio di maestro *Martino*, e frate di Monteoliveto.

Nota

Di maestro Martino abbiamo le seguenti notizie:
1405 Aprile 20.
Maestro Martino di Bartolomeo dipentore de' dare, a dì 30 d' aprile, per conto fior: 10 sen. li quali li prestamo per detto dell'Operaio. (ARCHIVIO DELL'OPERA DEL DUOMO, Libro rosso c. 206).
1408 Aprile 11.
Operarius Camere solvat magistro Martino Bartolomei pictori omne residuum

quod debet habere pro pictura per eum facta in palatio. (ARCHIVIO DI STATO IN SIENA. Concistoro, Deliberazioni *ad annum*).

1419 Agosto 30.

Remiserunt prefati Domini (Priores) et Capitaneus populi in Iacobum Domini Marci ipsorum, Bartholomeum Angeli ipsorum collegas, dominum Caterinum Corsini et magistrum Andream Bartoli qui debeant stimare laborerium quod fecerunt et faciunt Taddeus Francisci, Victorius Dominici, magister Martinus et Guisa pictores in Consistorio, et secundum eorum deliberationem operarius Camere teneatur solvere dictis pictoribus sine eius preiudicio. (Concistoro, Deliberazioni *ad annum 26*).

1428 Ottobre 7.

Deliberaverunt quod Iacobus Bartoli operarius Camere emat aurum et argentum necessarium pro spere que nunc magister Martinus reficit in turre. (Concistoro, Deliberazioni *ad annum*).

— Ottobre 23.

Decreverunt quod magistro Martino pictori, qui pinsit Dominum Lodovicum de Roma, dentur per operarium Camere de pecunia Comunis lib: duodecim den. (Ivi).

1428 (st. sen...) Febbraio 26.

Operarius Camere solvat magistro Martino Bartolomei pictori xxvj grossos pro suo labore certarum figurarum sale Consilii Generalis per ipsum renfrescatarum (Concistoro, Deliberazioni *ad annum*).

Nel 1412 fu condannato per aver pronunziato parole ingiuriose contro maestro Taddeo di Bartolo che in quel tempo risiedeva tra i Governatori:

Da maestro Martino di Bartolomeo dipintore libre dieci e di xxxj d'Agosto e quegli gli facciamo per una chondonagione de le dette lire diece per cierte parole che il detto maestro Martino dissa ingiuriose a maestro Taddeio di Bartolo. (Concistoro, Libro del Camarlingo 1407-13 c. 185).

Ebbe un figlio di nome Mattia nato nel 1417.

Mattia di maestro Martino dipentore si battezzò a dì ultimo di marzo fu compare maestro Iacomo di maestr Piero de la Guercia intagliatore. (Libri dei battezzati *ad annum*).

N.º 60.   1434 27 Giugno

I Priori dell' Arti di Perugia ordinano che sian pagati fiorini venti a Maestro Sano di Matteo da Siena. (ARCHIVIO COMUNALE DI PERUGIA, Annali detti, a c. 96 t).

Priores Artium civitatis Perusie.

Mandamus tibi Laurentio Iacob depositario pecunie prestantie *viii*ᵐ flor: comitatus, quatenus de dicta pecunia ad vestri manus perventa et pervenienda, viso presenti bollectino, des et solvas, et dare et solvere debeas magistro *Sano* de Senis, magistro lapidum, pro parte sui salarii et mercedis muraglie, videlicet, pro refectione et constructione arcus et volte per ipsum facte in supramuro ante domum Andree Mascii, flor: viginti ad rationem *xl* bol: pro quolibet floreno. Et hoc vigore legis edite per Priores et Camerarios prout patet manu mei notarii infrascripti, et vigore testificationis facte per Alfanum Francisci et Marinum Tomasii testificantium, coram dictis Magnificis Dominis Prioribus, dictum magistrum *Sanum* debere habere et recipere a Comune Perusii flor: quinquaginta et ultra, occasione dicti laboritii et aliarum operum per ipsum prestitarum in operibus Comunis.

Datum in Palatio nostre Residentie, die *xxvij* Iunii.

N.° 61. 1434 23 Luglio

I Priori delle Arti di Perugia deliberano, che, verificati i crediti di maestro Sano *di* Matteo *contro il Comune, sia pagata la somma da esso richiesta* (ARCHIVIO detto, Annali detti. 1432 c. 93 t).

Cum pro parte magistri *Sani* de Senis, magistri lapidum et muratii coram Magnificis Dominis Prioribus et Camerariis Artium extitit suppliciter narratum quod pro refectione et constructione arcus et volte super murum domus Andree Mascii, per ipsum refectarum et reconstructarum, tenetur a Comune recipere et habere quinquaginta flor: vel circha: et ob id dignarentur dicti Priores et Camerarii, considerata sua indigentia, egritudine et paupertate, quibus presentialiter versatur, et laborat providere, quod sibi dentur et solvantur viginti flor: auri, seu illa quantitas que videbitur et placebit eisdem pro substentatione sue calamitatis infirmitatis, et miserie: quibus omnibus inter dictos Dominos Priores propositis et narratis exhibitisque consiliis etc. Domini Priores et Camerarii in concilio existentes, collegialiter congregati, volentes super dicta supplicatione, tum respectu justitie, tum

8

misericordie providere, ex omnibus ipsorum arbitriis etc., reformaverunt quod Domini Priores Artium informent se numquid eidem magistro *Sano* debèatur, occaxione supradicta, quantitas pro eius parte exposita a Comuni predicto : quod tunc habita informatione per ipsos Dominos Priores veridica de predictis, ipsi Domini Priores faciant et mandent per ipsorum, bollectinum dari et solvi dicto magistro *Sano* de pecunia prestantie Comitativorum viginti flor : auri ad rationem *xi* bol : pro quolibet flor.

N.° 62.   1434 6 Settembre

Deliberazione di Concistoro per fare a vetri istoriati alcune finestre del Palazzo pubblico (ARCHIVIO DI STATO IN SIENA. Concistoro Deliberazioni ad *annum* a c. 121).

             Priore Bartholomeo Andree.

Excelsi et potentes domini, Domini Priores etc. Capitaneus populi prefati, in Consistorio palatii eorum residentie congregati una cum Vexilliferis Magistris: Advertentes quantum fenestra Consistorii vitrea de medio male se habet in tam eminenti loco, et viso quod similiter fenestre de sala pape, cum fenestris versus Campum magis honorate essent si reficerentur de vitreo, deliberaverunt et decreverunt quod dicte fenestre reficiantur de vitreo, tam illa de Consistorio quam etiam ille de sala pape; et quod in dicta fenestra Consistorii de medio infigatur et pingatur una figura nostre Domine. Et ad locandum et faciendum reficendas fenestras sit remissum in infrascriptos de circulo, qui possint ipsas locare ad maiorem utilitatem Comunis qua poterunt. Quorum commissionum nomina hec sunt videlicet:

Magister Laurentius Filippi de numero M. D. Vexillifer Terzerii Camollie.

NOTA

Che le finestre fossero eseguite come venne deliberato, resulta dal seguente ricordo preso nel Consiglio del Popolo il 27 novembre 1438.

In consilio populi et popularium Magnifice Civitatis Senarum, solemniter convochato.

Similiter cum dictis Vexilliferis. Audito qualiter operarius Camere Comunis Senarum perficere fecit certas fenestras vitreas in palatio etc. Solemniter decreverunt quod Francischus Iohannis de Senis magister ipsarum habeat et habere debeat pro suo labore et vitreis de illis finestris sale pape ad rationem librarum septem pro quolibet brachio dicti laborerij, mensurandum per magistrum Pietrum de albacho vel alium inteligentem in similibus mensuris et quod habeat de finestra ponenda penes notarium reformationum in palatio Comunis etc. (Libro detto a c. 23).

1438.

Francesco di Giovanni maestro di finestre di vetro die dare Lib. otto, sol. sedici per Lib. Centodieci di piombo in lama per lavorio di una finestra presso a le Riformagioni. (ARCHIVIO detto, Conciatoro Lib. debitori e creditori del Comune a c. 462 t).

1439.

Francesco di Giovanni maestro di finestre di vetro, el quale ha fatto due finestre di vetro una a lato alle Riformagioni et una altra ne la sala del Papa. (Ivi).

Diamo notizie anche di altri lavori eseguiti in Siena dal suddetto maestro.

1437 Decembre 4.

Francesco di Giovanni maestro di finestre di vetro, die dare adì 4 di dicembre lire 20, gli prestai contanti per detto di Miss. Iacomo, e lui die fare una finestra sopra latare di San Tomasso in Duomo. (ARCHIVIO DELL'OPERA DEL DUOMO, Memoriali a c. 22).

1443 Agosto 11.

A Francesco di Giovanni che fà le finestre del vetro, àno dati per infino adì xj d'aghosto per tre meze finestre di vetro per la sala di Missere e per la sua camera di soto, furono braccia vintitre per Lib: sette sol. 10 monta Lib: clxxij sol. x. (ARCHIVIO DELLO SPEDALE, conti correnti O c. 73).

1445 Dicembre 5.

Francesco di Giovanni maestro di vetri dè avere per infino adì 5 di diciembre quarantaquatro lib. per uno oghio di vetro cho la figura di Santo Nicholò il quale ene posto sopra il capitolo. (ARCHIVIO DI STATO, Comp. di Santa Lucia reg. C. 1 a c. 137 t).

1448.

Maestro Franciescho di Giovanni delle finestre del vetro die dare Lib: 47 e sono per parte delle finestre messe a l'ofitio dei Quattro e Kamarlencho e dello specchio. Ane dati Lib: 47 infino adì 30 d'aprile 1452 e quali aviamo posto a le sue rede. (ARCHIVIO detto, libro della Camera del Comune).

1449 Agosto 16.

Maestro Francesco di Giovanni, maestro di finestre di vetro, die avere adì xvi d'aghosto Lib: 59 soldi 8 sono per una finestra quadra si misse nela nostra speziaria e per quatro hochi sono posti nel pelegrinaio nuovo. (ARCHIVIO DELLO SPEDALE, conti correnti O c. 312).

1449 Novembre 17.

Madonna Andreoccia donna fù di Maestro Francesco, facea le finestre del vetro, de'avere adì xriij di norembre per fattura d'una finestra per la sacrestia nuova, a ochi e per l'armi dipinte sotto la finestra. (ARCHIVIO detto, conti correnti P. c. 317).

N.° 63. 1436-1438

Condotta di M°. Cristoforo *di* Francesco *da Siena ai servigi della Fabbrica del Duomo di Orvieto.* (ARCHIVIO DELLA FABBRICA DEL DUOMO DI ORVIETO. Riformanze *ad annum*).

In nomine Domini, amen. Anno Domini *Mccccxxxvj*, die vero *xv* Aprilis, tempore Eugeni pape IV. Omnibus pateat videntibus hoc instrumentum publicum et inspicientibus, qualiter circumspectus vir *Christoforus Francisci* de Senis, habitans in Urbevetere et in regione S. Constantii, se conduxit et locavit in Caput magistrum Operis et Fabrice S. Marie Majoris de Urbevetere pro uno anno proxime venturo, in Opere dicto, die primo mensis Maii, ad laborandum in dicta Fabrica et murandum et omnia alia per suam peritiam et diligentiam facienda etc.

Die *ix* mensis Februarii *Mccccxxxviij*.

Congregatis et coadunatis simul et in unum, prudentibus viris Petro Iacobutii, Angelo Iacobo Tulli etc. — deliberaverunt et statuerunt:

Et primo, quod cum per malas temporum dispositiones et perturbationes in civitate Urbisveteris vigentes, dicta Fabrica, seu Camerarii dicte Fabrice, qui per tempora in ipsa Fabrica perstiterunt, non conduxerunt nec reportaverunt in conductionem Caput magistrum qui esse consuevit in dicte opere et fabrica tempore camerieriatus et officii Bernardutii Ser Thei (ita ut) semper absque conductione steterat; se presentavit *Christoforus Francisci* de Senis et ut Caput magister laboravit cum salario septem florenorum in mense quolibet, et absque aliqua deliberatione supradictorum Conservatorum et Superstitum dicte fabrice, et sic eidem magistro *Christoforo* fuit de dicte salario sancitum. Et cum ipsa Fabrica et opus prefatum non possit esse sine capite, et non sit aliquis qui ordinet que sint facienda et operanda in dicta Fabrica, quid videatur et placeat dictis Dominis Conservatoribus et Superstitibus de conductione ipsius magistri *Christofori*, seu de altero Caput magistro et de eius salario et solutione salarii sui seu alterius: fore et esse deliberatum in ipsa forma statutorum et ordinamentorum dicte Fabrice.

Qui dicti Conservatores etc. in unum congregati de ipsorum eorum concordia, habito pluries inter eos sano colloquio, iuxta temporis opportunitatem, super prima proposita unanimiter de eorum omnium concordia providerunt et deliberaverunt, quod Camerarius possit et valeat, dicto **Magistro** *Christofano*, persolvere de suo 'salario, pro tempore duorum mensium, videlicet Februarii et Martii, p. v., prout hactenus extitit consuetum, et isto medio interim, quod Camerarius una cum uno de dictis superstitibus debeat esse cum dicto Magistro *Christofano* et tractare quod velit, considerato tempore et modico labore, se conducere et operas suas locare pro minore pretio quam ipse recepit temporibus retroactis.

NOTA

Cristoforo di Francesco di Galgano fu posto in bando per omicidio commesso nella persona di Lorenzo di Pietro di Toro linaiuolo, come rilevasi dal documento che segue.

1414 Febbraio 1.

Coram vobis Magnificis et potentibus Dominis, dominis Prioribus et Capitaneo populi Civitatis Senarum. Vester servitor Cristofanus Francisci Galgani *magister lapidum, civis vester, reverenter exponit; quod de mense Iulii* Mccccvij *ipse fuit positus in banno personali per dominum Podestatem civitatis Senen: ex eo quia cum uno pugno percussit Laurentium Petri Tori linarolum in capite eius, ex quo cecidit in terram et rupit caput; unde mortuus est. Sed veritas est, quod dictus Laurentius tenebat quandam amicam suam, que vocabatur la Trombetta: et quadam die ipse magister* Cristoforus, *cum discessisset de domo Opere Sancte Marie, ubi laborabat, et veniret domum suam, que erat iuxta domum dicti Laurentii, invenit uxorem suam stantem ad fenestram, cum qua garriebat dicta Trombetta amica ipsius Laurentii, cum multis verbis turpibus et contumeliosis: et cum reprehenderet dictum Laurentium, qui sedebat apud hostium suum, quod malefaciebat pati dictam amicam suam tam inhoneste vivere et male gerere cum vicinis suis, qui erant bone persone; dictus Laurentius sibi respondit superbe, dicens quod amica sua erat honestior et melior sua uxore. Unde de verbis in verba venerunt in simul ad rissam, et in veritate dictus Laurentius incipit percutere cum pugnis dictum* Cristoforum, *et ipse* Cristoforus *percutiebat eum similiter cum pugnis, et sic plures pugnos sibi invicem dederunt. Sed accidit quod una vice, dum rissam facerent, dictus Laurentius trahens se in retro inciampavit, et cecidit retrorsum, percussitque caput super quodam sasso taliter, quod in sedecim horis obiit, et ista est pura veritas huius facti. Et sciat D. V. quod dictus Laurentius erat de Montepolitiano, et cognoscens casum suum, statim pacem reddidit ipsi Cristoforo. Et postea, die iij Aprilis Mccccviiij, obtinuit unum salvumconductum pro sex annis qui finiverunt die iij Aprilis prossime futuri. Et est rerum quod ipse stetit iam pluribus annis ad laborandum in Urbevetere: nunc autem rediviit Senas, et est hic animo habitandi et exercendi magisterium suum in civitate vestra, et aliis locis sicut expediret; et nollet ire per terras extraneas, sed in sua patria proficisci; et sicut videt M. D. V. ex levi causa, propter garrulationem feminarum, huiusmodi casus inoppinatus infeliciter accidit. Quapropter humiliter supplicat M. V. quatenus dignemini per vestra opportuna consilia facere solemniter provideri et reformari, quod dictus salvusconductus sibi detur, et concessus auctoritate vestri Consilii generalis, de quo per manum vestri notarii Reformationum, prorogetur eidem pro tempore decem annorum in eadem forma et modo quibus est, ita quod de jure valeat, et ipse possit securus esse, non obstante dicto eius banno, et non obstantibus aliquibus statuto, ordine, provisione, reformatione vestri Comunis. Altissimus vos conservet.*

Anno Domini Mccccxiiij Ind. viij. die xj mensis Ianuari. Lecta et approbata inter dominos, et capitaneum popoli quod ponatur ad ordines, et solvat nomine cabelle sol. xxij, et sic eum taxaverunt.

Anno et indictione, die predictis: victa inter Dominos et Capitaneum populi, Quator Biccherne et Executores cabelle, Regulatores et Ordines, quod ponatur ad Consilium generale ut stat. (ARCH. DI STATO IN SIENA, Scritture concistoriali *ad annum*).

Il Consiglio Generale, adunatosi il 22 di febbraio dell'anno predetto, concesse a maestro Cristoforo un salvacondotto per dieci anni.

Al predetto maestro si riferiscono pure le seguenti notizie:

1424 Gennaio 5.

A maestro Cristofano di Francesco maestro di pietra ista a Orvieto, L. cietto trentadve sol. diciotto e quali sono per uno canape ci mano da Orvieto.

A maestro Cristofano, a dì 7 ferraio, L. 117 sol. 8 e quali sono per uno chanape da tagliuole. (ARCHIVIO DELL'OPERA DEL DUOMO. Lib: d'entrata e uscita c. 65).

1445 Ottobre 4.

M.° Cristofano maestro di pietra die avere L. diciotto per valuta di braccia 10 1|2 di fregio chon porporelle fecie alla sepoltura di M. Giovanni di Francesco nostro rettore passato. (ARCHIVIO DELLO SPEDALE DI S. MARIA DELLA SCALA, Conti correnti a c. 361 t).

1447 Marzo 18.

Audito quod magister Cristophorus de Senis, qui fuit caput magister fabrice, habet quemdam ortum in contrata Migliorini et quod Canonici Sancte Marie volunt sibi movere litem in certa parte orti, et ipse vult dictum ortum donare dicte fabrice, reservato tamen usufructu dicti orti sibi et uxori sue in vita ipsorum, deliberaverunt quod dictus Camerarius recipiat dictam donationem absque suo preiudicio et dapno. (ARCHIVIO DELLA FABBRICA DEL DUOMO ORVIETANO, Riformanze *ad annum*).

Avendo donato fino dal 1431 alla predetta Opera anche le case da lui possedute in Orvieto, ridottosi di poi impotente e povero, quel Comune lo sovvenne con un'elemosina annuale.

1449 Novembre 28.

Magistro Christophoro de Senis pro sua provisione presentis mensis pro elemosina consueta lib: decem (ARCHIVIO detto, Libro del Camarlengo, escita *ad annum*).

1450 *die penultimo may.*

Uxori magistri Christophori pro elemosina consueta... lib: quinque (Ivi).

N.° 64.   1437 5 Settembre

Allogagione a Stefano *di* Giovanni *pittore senese, di una tavola per l'altar maggiore della Chiesa di S. Francesco di Borgo S. Sepolcro.* (ARCHIVIO DI STATO IN FIRENZE. Rogiti di Ser Francesco Sisti del Borgo S. Sepolcro, Protocollo del 1437).

1437, die quinta Septembris.

Actum in Burgo Sancti Sepulcri in apoteca domus mee etc. Magister *Stefanus Iohannis* pictor de civitate Senarum promisit et convenit sollempniter Christoforo Francisci Ser Fei et Andree Iohannis Tani de Burgo supradicto, operariis et superstitibus operum ecclesie Sancti Francisci de dicto Burgo, presentibus et stipulantibus et recipientibus pro dictis operibus facere et construere, unam tabulam ligneam ad altare maius 'dicte ecclesie Sancti Francisci cum suis debitis proportionibus, et bonis ornamentis et partibus ad latitudinem, altitudinem et similitudinem tabule lignee jam constructe et ingesate pro dicto altari. Et ipsam tabulam sic construendam ut supra, ornate pingere ab utroque latere eiusdem tabule, et per totum ad illas ystorias et figuras, prout declaratum extiterit sibi per Guardianum et Fratres dicti loci Sancti Francisci de Burgo, ad aurum finum et azurum et colores alios finos, cum ornamentis et aliis secundum subtile ingenium sue artis pictorie, et quanto plus venustius sciret et poterit et omni suo conatu, omnibus et singulis ipsius magistri *Stefani* sumptibus et expensis et eandem ad perfectum de predictis omnibus ductam ornatissime; et ad finem usque completam, consignare et tradere promisit dictus magister *Stefanus* in dicte civitate Senarum hinc ad quator annos continuos proxime secuturos, operariis prodictis et seu eorum numptio. Et hoc facere promisit dictus magister pictor pro eo, et ex eo, quod dicti operarii promiserunt et iuraverunt sol-

lempniter dicto magistro dare, tradere et solvere et numerare, pro pretio, salario et mercede, omnium predictorum
flor. quingentos decem, ad rationem lib: quinque denar: cor-
toniensium pro quolibet flor:, in dicte civitate his terminis,
videlicet: tertiam partem dicte quantitatis, a principio ad voluntatem ipsius magistri *Stefani,* et aliam tertiam partem,
quandocumque dictum laborerium fuerit ad medium seu per-
fectioni reductum; et residuam tertiam partem, facto toto dicto
laborerio.

N.° 65. 1438 12 Agosto

Petizione al Consiglio Generale del Comune per ottenere
che fosser fatti capitoli con certi maestri che chiedevano
di mettere in Siena telai da seta. (Archivio di Stato in
Siena. Consiglio Generale, Delib: Vol. 219, c. 282 t).

Certi ciptadini etc., veduto cum quanta diligentia si debba
actèndare ad honorare la ciptà e bonificarla, et maxime nel-
l'uso delle mercantie e trafichi, et considerato che al presente
se truova chi vuole dirizzare e fare el mestiero della seta,
cioè drappi, velluti, taffettà et altre cose pertinenti al detto
mestiero; et per ora sia chi pròfari volere fare telagia quatro
almeno; la qual cosa se judica èssare gran principio nella
ciptà nostra ad dirizzare e fare el detto mestiero; et di questo
se trova chi mette el capitale, et è già venuto nella ciptà nostra
chi è acto ad fare e eseguire el mestiero, cum tucte le massaritie e cose appartinenti ad esso; et così si truova in verità,
mediante certe pratiche tenute intorno a la detta materia, le
quali cose per buoni respetti non se specificano al presente;
per la qual cosa vedendo la grande utilità che ne segue a la
ciptà, et honore così in comune come in particolari, perchè
come si vede, poco o niente se trafica nella ciptà nostra,
e quantità grandissima di denari ogni dì esce dalla ciptà
nostra per drappi, velluti, taffettà et altre cose appertenenti

al mestiero della seta, e'quali denari verranno ad remanere
nella ciptà cum guadagno grande de quelli che s'adopera-
ranno in tal mestiero, et cum utile di Comune nelle gabelle,
et ad conservatione universale di tucti e'ciptadini che com-
praràno continuamente cose di seta; et pertanto, perchè egli
è necessario per dare perfectione et executione a la decta
materia, che sia chi abbi autorità di potere capitulare et ordinare tucte cose spedienti a'detti effetti cum quelli tali che
vogliono fare el decto mestiero nella ciptà nostra, et ricé-
vare le securtà che bisognaranno per rispetto di quello che
si dimanda al nostro Comune, et per observantia delle cose
le quali se voglono obrigare e'mahestri del decto traffico
et mestieri de la seta; però providero et ordinaro, che sia
rimesso ne'nostri magnifici Signori et Capitano di Popolo
et Gonfalonieri Magistri, i quali sieno tenuti et debbino,
immediatamente obtenuta la presente provisione, elegere tre
o sei ciptadini, cioè uno o due per Monte come toccha,
e'quali così eletti abbino per vigore della presente provisione pienissima autorità di potere capitolare cum quilli
mahestri che se manifestaranno volere fare el detto mestiero
come se dice de sopra, de la seta nella ciptà nostra, tucte
le cose lo'parranno èssare de bisogno per lo detto effetto,
sì veramente che 'l nostro Comuno non possino obligare ad
dare alcuna provisione de'denari a'detti mahestri, nè ad
altre persone per lo detto mestiero, si non infino alla somma
di fiorini cento l'anno, de libre quatro el fiorino; cum questo,
che dando o obligando il nostro Comune a la detta provisione, come sarà necessario, a detti fiorini cento l'anno, non
possino distèndarsi per maiur tempo che d'otto anni, che
verrà ad èssare la spesa del Comuno solamente fiorini octo-
cento; et ad niuna altra cosa possino obligare el nostro
Comuno, salvo che ad dare le franchigie, come se dànno
agli altri forestieri che vengono ad habitare a la ciptà, per
forma de'vostri Statuti per tempo de X anni, chè altro non
ademandano.

N.° 66.   1438 27 Agosto

Ricordo presentato al Consiglio del Popolo, e nuovi prov-
vedimenti circa l'arte della seta. (ARCHIVIO detto, Concistoro Deliberazioni *ad annum* c. 41).

Con ciò sia cosa che ne' dì passati sia ottenuta una provisione in Consiglio di Popolo et Generale, che in Siena si
faccia l'arte de la seta di tèssare drappi, velluti et taffettà,
et fusse commesso ne' Magnifici Signori et Capitano di Popolo et Gonfalonieri maestri che dovessero elègiare uno o
due cittadini per Monte, e' quagli avessero piena autorità di
potere capitolare con quegli maestri che vorranno fare la
detta arte de la seta in Siena, potendo lo' dare provisione
per tempo d'otto anni infino a la somma di fior. cento per
anno, et non più, chome meglio fare potranno; volendo
e' decti sei cittadini electi méttare in asseghutione la detta
provisione, sono stati con quegli maestri che vogliano fare
la detta arte de la seta, insieme con quegli che lo' fanno la
sicurtà, che loro observaranno al Comuno quello prometta-
ranno; et intesa la provisione ottenuta, dichono non lo' pare
che sia sufficiente all'effecto de le cose lo' promecte el Comune di Siena, con ciò sia cosa che se per caso venisse che
alcuno de' maestri che s'ubbrigassero, morisse o s'assentasse
o per altro modo non satisfacesse, et gli altri suoi compagni
volessero méttare un altro in suo luogo, non s'intendàrebbe
che potessero addimandare al Comuno la provisione che
tochava a quello tale morto o assentato o scambiato, et non
dismancho loro rimarrebbero ubbrighati a observare interamente quanto avessero promesso; et però pare sia di bisognio agiugniare a la detta provisione, che quegli maestri,
uno o più, che observassero le cose promesse al Comuno
interamente, possino avere la provisione a loro conceduta
interamente, si che facendo loro che almancho quattro te-

laia lavorino chontinuamente, abbino la decta provisione lo'sarà promessa senza alcuna diminutione; et facendo questo, trovaranno chi gli farà forti a denari, et altrimenti non trovarebono. E questo è bastevole al Comuno, avendo quattro telaia almancho continuamente lavoranti, et non spendendo più di fiorini cento l'anno, nè per più d'otto anni, chome per la provisione; con questo inteso, che in caso che non lavorassero almancho quattro telaia, non debbino avere alcuna provisione dal Comuno.

N.° 67.   1438 27 Novembre

La Signoria di Siena delibera di regalare due ducati d'oro, al Cavallaro che porto un esemplare delle Politiche d'Aristile donate al Comune da Leonardo *Aretino.* (ARCHIVIO detto, Concistoro Deliberazioni *ad annum* c. 24).

Prelibati Domini, una eum Vexilliferis Magistris, viso dono solemni facto per spectatissimum Dominum Leonardum de Aritio comuni Sen. de uno libro Politicorum Aristotilis per eum traslatum de grecho in latinum scripto in licteris antiquis et miniato, et in cartis pecudinis novis atque ligatum ad modum grechum, cuverto de corio rubeo et solemniter *stampato in numero centum quadraginta duarum dicarum:* solemniter decreverunt quod Operarius Camere det et solvat cavallario, qui eum aportavit ad civitatem Venetiarum, solummodo pro ista re, ducatos duos aureos de denariis comunis Sen.

NOTA

Riferiamo la lettera di ringraziamento scritta dalla Signoria a Leonardo Aretino. 1438 Novembre 29.

Spectabilis ac clarissime vir. Accepimus summo cum gaudio vestrum hoc munus politicorum, quod Bertus noster, vester ut clare fatetur a diu filius ac discipulus, nobis vestro nomine obtulit, vestrasque ad nos litteras legens adhibuit verba sua, quibus muneris gratiam auxit. Nec solum id nobis acceptissimum est videre apud nos divinos hos libros in quibus per secula possint cives nostri quibus Civitatem populumque nostrum regendi, dabitur cura, tanquam speculam ante oculos habentes contemplari quod sequantur, quod caveant, quemnam in modum habenas

reipublice moderentur verum particularem per magnamque hanc vestram beni-
volentiam erga nostram comunitatem extimamus atque amplectimur cui posteri
etiam nostri multum debebunt. Et quamquam videamini vicem rependere voluisse
de iis que Amicie vestre dum apud balneas nostras essetis transmissa sunt, non
est tamen illarum vilium rerum ad hoc inmortale donum aliquo proportio. Nec
solum illas momentaneas et statim perituras res superat, sed longe maioribus
preferendum esset. Agimus itaque pro hoc opulentissimo et tam preclaro benivo-
lentie vestre signo eidem vestre amicitie gratias ingentissimas. Nec maius premium
referre videmur, quantum id quod apud poetam est, apud nostros semper honos
nomenque tuum laudesque manebunt. Ceterum persuadente vobis nos et universos
nostros cives semper ad omnia vobis placita promptissimos habiturum. Datum etc.
(Concistoro, *Copialettere ad annum*).

N.° 68.   1439 25 Settembre

Privilegi concessi a chiunque esercitasse in Siena l'arte
della seta. (ARCHIVIO detto, Concistoro Deliberazioni *ad*
annum c. 17).

In prima, avuto rispecto quanto l'arte della seta sia cosa
honorata, et facci grande comodo et utilità nelle città dov'è
moltiplicata (et questo per experientia si vede per quello
piccolo principio che infin da ora è fatto nella nostra città),
et paia cosa honorevole et utilissima a provedere, che la
detta arte della seta quanto si può crescha et augumenti;
per indueiare et allectare egli uomini al decto effecto, providdero et ordinaro, che a ciaschuna persona di qualunche
grado o conditione si sia, sia lecito et permesso fare et
exercitare nella città di Siena liberamente, senza alcuna contradictione, la decta arte della seta, godendo tutti e' benefitii
et privilegii che sònno conceduti a quegli che fanno el mestiero della detta seta; dichiarato, che mettendo altrettanto
capitale in su la detta arte, quanto al presente hanno quegli
che fanno essa arte, et habbino et avere debbino dal Comune di Siena quella provisione in quello modo et in quella
forma che al presente è conceduta a chi esercita el detto
mestiero della seta; la qual cosa benchè alcuna spesa sia
di Comune, è nientedimeno tanta l'utilità che ne seguita,
che ciascheduno cittadino ci debba porre ogni pensiero a
dare opera che così si mandi ad effecto.

N.° 69.   1439 (st. sen.) 14 Marzo

Supplica alla Signoria di Siena di Rinaldo *di* Gualtieri *dell'Alemagna bassa, maestro di arazzi.* (ARCHIVIO detto, Deliberazioni del Consiglio Generale. Vol. 225 a c. 126 t).

Dinanzi ad Voi Magnifici et potenti Signori Governatori del Comuno e Capitano di Populo de la Magnifica città di Siena.

El povero meschino et miserabile e devoto servidore de la M. S. V. *Renaldo* di *Gualtieri* de la Magnia Bassa, maestro di banchali e di panni di raza, humilmente si raccomanda alla M. S. V. chè lui è stato nella vostra città circa anni due, et acci fatto debito per cagione che in questa vostra magnifica Città non ci è stato persona che ci abbi fatto simili esercizj, se none io, che ci ò fatti già parecchie bancali e parecchie panni di raza, et fonne ora al presente uno bellissimo, et anco n'ò da più cittadini più richiesta. E quali panni sempre dove andaranno si vegano sono fatti in Siena per lo breve n'è posto suso, acciò che si vegga che la vostra magnifica Città sia dotata di sì bello et honorato mistero (sic). Al quale misterio io mi voglio ubrigare a qualunche persona volesse imparare, o picolo o grande, d'insegnarli, che già ne sono stato da più persone richiesto che io ensegni. E perchè io vega che per insegniare sei mesi, o uno anno ne viene a dire nulla, che non si può imparare questo misterio in sì breve tempo, e a ciò che io possi seguitare l'arte e ensegniare a ongni persona che volesse imparare a perfezione, io suprico alle M. S. V. che per honore della vostra magnifica Città vi degniate per li vostri oportuni consegli provedere et ordinare per Dio, e per grandissima limosima Voi mi provediate per dieci anni, come paresse a le M. V. S.: la quale provisione mi farete accietto sia per grandissima limosina, ricevendo e riconoscendo in grazia sempre quanto per la V. M. S. e vostri consigli sarà deliberato, pregando Idio che vi conservi in stato felice, secondo che Voi desiderate.

Lecta et approbata fuit dicta petitio, et deliberatum quod ponatur ad Consilium Generale cum ista limitatione, quod ipse *Renaldus* habere debeat a Comuni Sen: quolibet anno flor: viginti auri pro tempore sex annorum: quod ipse *Renaldus* teneatur retinere continue per dictum tempus ad minus duos cives, quos doceat dictam artem, et teneatur docere etiam omnes alios cives qui vellent adiscere dictam artem, sine aliquo salario.

N.° 70.   1440 5 Maggio

Provvisioni contra chi recasse danno o impedimento all'arte
della seta in Siena. (Archivio detto, Concistoro Deliberazioni *ad annum* c. 8).

Certi cittadini electi per li magnifici Signori et Capitano di Popolo de la Città di Siena a fare provvisioni a bonificare et accrésciare in Siena l'arte et mestiero de la seta, et a oviare che a tale mestiero non sia impedito nè maculato per nissuno che volesse obviare che tale arte non seguisse in Siena; providdero et ordinaro in questa forma et modo cioè:

In prima, che qualunche persona del dì de la octenuta provisione inanti, contrafacesse o tentasse di fare per alcuno modo di levare o di sviare de la città di Siena alcuno mae-stro, lavorante o garzone, che servisse manualmente a la decta arte de la seta, in qualunche exercitio si fusse, trovata la verità di tale delicto, sia punito et condennato per li rectori et officiali del Comune di Siena in lire cinquecento di denari, da pagarsi al Camarlengo del Monte, come si pagano l'altre condennagioni, et sia scopato per la città pub-blicamente in luoghi consueti, et sia marchato con ferro caldo da la gola in suso, in luogo che palesemente si possa vedere, acciò che agli altri sia exemplo di non contrafare in alcuna cosa a bonificamento et mantenimento de la detta arte, et debbi stare ne la pregione del Comuno, che paghi la detta condennagione.

Item, a ciò ch'e' maestri, garzoni lavoranti che s'exercitassero in Siena a la detta arte possino stare più sicuramente e sieno riguardati; provvidero, che qualunque persona volendo dannificare la detta arte de la seta faciesse alcuna ingiuria o molestia ne le loro persone, sia condennato nel doppio di pena che per forma di Statuti del Comuno di Siena è ordinato.

N.° 71.   1440 12 Ottobre

La Signoria di Siena delibera di far fare due statue d'argento rappresentanti S. Pietro e S. Paolo per la cappella di Palazzo (ARCHIVIO detto, Concistoro Deliberazioni ad annum c. 30 t).

Magnifici et gloriosi Domini antedicti, et Capitaneus populi deliberaverunt eligere et eligerunt infrascriptos de ipsorum collegiis qui debeant locare ad facendam duas figuras argenteas scultas; videlicet, Sancti Petri et Sancti Pauli pro laude et honore Dei et ornatu sacristie et capelle palatii et prout ipsis infrascriptis videbitur ad maius vantagium Comunis Senarum, et quod camerarius Consistorii possit solvere ad petitionem ipsorum electorum et prestantias facere pro dicto laborerio fiendo, secundum deliberationem ipsorum, sine suo preiudicio aut dampno. Quorum hee sunt nomina.

Franciscus Tuccii Tadei
Petrus Bartholomei et
Simon Francij.

NOTA

Le due statue d'argento vennero allogate a maestro Giovanni di Turino e a Lorenzo suo fratello. Nel libro del camarlingo di Concistoro a c. 221 sono registrate le anticipazioni di denaro fatte ai sopradetti orafi per questo lavoro. Trascriveremo quelle partite che ci sembrano di maggiore interesse.

1440.

Giovanni e Lorenzo di Turino horafi de dare a dì 31 d'ottobre Lib. cento-
vintiquatro soldi dièci per noi Simone di Francio Kamarlingo di Concestoro e
per lui Bartolomeo di Paolo e chompagni banchieri e so'a escita di me Simone
detto a f.° 223, e quagli den. se gli diè per comprare ariento per due fighure
overo per parte di due fighure dèno fare al Chomune, chome apare per dilibe-
ratione del Conciestoro di mano di sere Cristofono di Domenico de la Badia notaio
del Conciestoro a fo. — de quagli den. de' chonprare ariento per le dette fighure e
il detto ariento dèno dare lavorato fatto nelle mani del camarlengho del Conciestoro
che sarà in termine di xx dì sotto pena di Lib. 25, chome più chiaramente apare
in detta deliberatione.

1441.

E più per dorare una chiave e uno fregio al detto santo Pietro el qua ora
doveva paghare el comuno come fa fede Ser Cristofano di Domenico, no rogato
di detta alogagione per tutto un ducato, apare a mia uscita a f.° 276. Ane dato
a dì xviiij d'agosto Lib. dodici once cinque d'ariento lavorato in uno santo Pietro
el quale doveva fare al Comuno a £ iiij sol. v. den. 6. oncia di detto ariento la-
vorato in nel detto Santo Pietro e di detta alogagione è rogato ser Cristofano di
Domenico da l'Abadia, el quale e' Kamarlinghi di Concistoro avevano messo in
inventario Lib. 8 on. 8 d'ariento, sì ch' el detto Giovanni e Lorenzo erano de-
bitori del denaro e de l'ariento e pero io Ghalgano K.° ho chiarito e messo in
inventario Lib. xij on. v. d'ariento in uno santo Pietro d'ariento dove e dicie
Lib. viij on. 8 deba dire Lib. xij on. v. (Ivi c. 270). La sola statua di S. Pietro fu
pagata £. *451, 18, 6.*

1444.

Giovanni e Lorenzo di Turino horafi... Annone dati a dì 31 di dicembre la
fighura d'uno santo Pavolo d'ariento che pesa Lib. 12 on. 7 quarri 2 a sol. 85
den. 6 per ciaschuna oncia, monta la detta fighura recata a denari £. 647 sol. 13
den. 3 la quale consegnò a me Loduvicho di maestro Pietro K.° di Concistoro et
è nel mio inventario indietro a f.° 411 si che e' detti Giovanni e Lorenzo restano
ad avere da nostri successori £. 72 sol. 2 den. 11. (Ivi c. 418).

N.° 72.　　　　　　　　　　　1440 27 Ottobre

Ricordo presentato ai Priori del Comune contro i Fioren-
tini che cercavano di sviare da Siena l'arte della seta.
(ARCHIVIO detto, Consiglio Generale, Deliberazioni c. 193).

Dinanzi ad voi magnifici e potenti signori, signori Priori
Governatori del Comuno e Capitano di Popolo de la ciptà
di Siena.

Exponsi per parte de'vostri fedelissimi servitori Giovanni
di Savino e Nello di Francescho e compagni della seta che,
cum ciò sia cosa che da poi che in Siena si cominciò ad
tèssare e lavorare drappi over velluti de seta, per li Fio-

rentini continuamente sònno tenute pratiche de tòllare e
guastare detta arte nella vostra ciptà, sicome dar bando ad
lavoranti e mahestri che qua fussero ad lavorare; et questo
non bastando, ànno mandato qua da due volte e più lor
mandati a corrómpare nostri tessitori et altri lavoranti; et
di ciò da fedelissimo nostro amico insino da Fiorenza siamo
advisati de tali mandati, et simile de'nomi e sopranomi et
di loro affare. Et così e'detti venuti, ricorremmo al Concestoro vostro, et per commissione del Concistoro detto fuoro
messi nelle mani del Capitano de la Iustitia, e'quali senza
alcuno martoro o tormento confessarono, che due dì avevano praticato co'nostri tessitori et altri lavoranti, che gli
avevano radotti sotto proferte di denari ad dovere una
notte guastare et ardere tucti nostri telari et altri edifitii,
et dipoi fugirsi via, come chiaramente si può vedere per
examinatione fatta di loro per lo decto Capitano; et per lo
detto Capitano fuoro condepnati in pecunia e incarcerati, et
di poi per più lettere scripte per li Fiorentini al vostro Concistoro, per gratie de'vostri Consigli fuoro relapsati e li-
berati; et poi non contenti ad questo, per l'Arte de Porta
Sancte Marie da Fiorenza è stato provveduto infra loro et
infra l'Arte detta, di méttare in Siena ogni sei mesi velluti
per fiorini millecinquecento o più, et dargli per lo capitale
a perdita loro, per dare ad terra nostri lavori, perchè noi
sbagottissimo, et abbandonassimo detto mestiero; et ad questo effecto ce ne rechò el Grassellino, che si fe'da Siena
ad un tracto, per fiorini seicento o più; et adoltoci cum lui,
già non ce'l negò, e dicendo che ce ne dòleremo in Concestoro, et così faremo; et come questo sentì, subito montò
ad cavallo et andosene via. Et di poi non venendo lo'fatto,
et non rimanendo contenti a le predette cose, ci andò facto
cum piacevole modo noi principali richiedare, che ànno inteso che noi in detto mestiero non ce consalviamo; che se
noi vogliamo actèndare ad vendar lo'tutte le nostre sete,
in qualunche manifactura fussero, e'nostri defitij e telari,

che comparebbero cum grande nostro vantaggio. Et anco non contenti ad quanto è detto, ora di nuovo ànno praticato, cioè che ci ànno corrotto el principale apparecchiatore nostro de butiga, et anco el nostro tentore de clemisi, et insieme se ne sònno andati via; et puose dire el detto mestiero aver perduto el capo suo, per modo che ad questo tracto tucti siamo sbagottiti, et abbiamo grande pensiero che detto mestiero non rimanga cum nostro dapno et cum grande vergogna di vostro Comuno, la qual cosa Dio cessi. Et tutte le dette cose ad chi volesse si possono certificare, in fino ad mostrarli più salvacondotti facti per detti Fiorentini, et capitoli fatti ad nostri lavoranti, e'quali fra due volte so'trovati per l'examinationi per esso Capitano facte, e decti salvacondotti suggellati cum sigillo de decta Arte de Porta de S. Maria de la seta di Fiorenza.

Adunche, magnifici Signori nostri, vedute continuare cotante pratiche a la disfazione de nostro mestiero, noi non ce sentiamo actuiti ad tali potentie per loro subtigliezze resistare; si non che humilmente recorriamo a la vostra humanità et prudentia vostra, che vi piaccia per vostri opportuni Consigli provedere, che tale dapno et vergogna ad vostro Comuno et ad noi non abbi ad sequitare; recordando cum reverentia a la magnifica Signoria vostra, che per inanimare qualunche persona avesse volontà di fare tale mestiero, che in quanto vi paresse che ogn'otta che in Siena fossero tre pontiche de seta, che allora s'intenda èssare posto de gabella ad ogni ragione di velluto o drappo di quello se lavorasse in Siena; cioè, velluto e drappo forestiero entrassero, de'grossi quatro per braccio; certificando che questo faciendosi, sarà cagione fra poche semane che in Siena saranno più di quatro butighe di decto mestiero, et de tòllare via le molte pratiche che del continuo tengono e'decti Fiorentini; et così provedendosi, sarà cagione de farce cerchare degli altri mahestri, et non ci abandonaremo, pregando Dio che ora e sempre ve dia bene ad deliberare.

N.° 73.   1441 Agosto

Ricordo degli Arazzi comprati da Maestro Niccolò *del Maestro* Antonio *da Firenze* (?) *per la sagrestia del Duomo di Siena* (ARCHIVIO DELL'OPERA METROPOLITANA. Libro dei creditori e debitori 1441-1457 c. 7).

Maestro *Nicholò* di maestro *Antonio* (da Firenze?) richamatore die avere fiorini cento quindici di lire 4: cioè lire 460. per due fregi forniti et raccamati a oro e seta fine: uno è da pianeta et l'altro da piviale, e'quali abbiamo comprati da lui con volontà et con sentimento di maestro Antonio suo padre con questi patti: che al presente li dobbiamo dare fior. ottanta, cioè lire 320: e resto, infino a lire 460, li dobbiamo dare dal dì facemo la detta compra, che fu adì 13 del presente mese d'aghosto, a due mesi, che saremo adì 13 d'ottobre, anno presente: et infra questo tempo di due mesi, esso maestro *Nicholò*, debba fornire o fare fornire questi ornamenti, i quali mancano: in prima un cappuccio da piviale et una crociera da pianeta. Le quali cose debba fare o far fare raccamare richamente et bene, a oro fine et sete fine, per modo che sieno corrispondenti et meglio a'fregi abbiamo comprati da lui, et con quelli disegni a Noi piaceranno.

N.° 74.   1441.

Supplica di Benedetto da Mantica *orafo genovese, alla Signoria di Siena, nella quale chiede che la pena di morte gli sia commutata in pena pecuniaria, o in carcere perpetuo.* (ARCHIVIO DI STATO IN SIENA. Scritture concistoriali *ad annum*).

Dinanzi a Voi Magnifici et potenti Signori Priori, Governatori del Comune e Capitano di popolo della città di Siena.

El vostro minimo et sventurato servitore *Benedetto di Mantica* da Teglia orafo del contado di Genova, con somma reverentia expone: che lo spectabile cavaliere Miss. Lorenzo de' Terentii, honorevole potestà della vostra magnifica Città, à contra a lui formata inquisitione, presa cagione di esso exponente insieme con altri nella vostra Città à scolpiti stozii colli quali si sono stozate monete false contro la forma della ragione et delli Statuti del vostro Comune; lo quale delicto è personale. Et vuole esso exponente certificare le mansuetudini della V. M. S. chè lui trovandosi a lavorare di suo mestiere nello stanzone di quelli orafi Romani, et lavorando di stozi, come sa la V. M. S., fu richiesto da loro lo dovesse aitare, et che sarebbe bene pagato: et lui, come gli altri poveri huomini, desideroso del guadagno, non pensando el fine, tali stozi fabricò et lavorò ad decto et prechiera et comandamento d'essi Romani suoi maestri. Et quantunche el delicto in se sia grande, ma auto respecto alla simplicità et modo d'esso sponente, è piccholo, chè non so quale garzone et lavorante si trovasse in buttigia di qual suo maestro, che non lavorasse di quello lavorìo dicesse el suo maestro. Et a lui non mancò mai speranza che saputo el tutto gli sarà auta pietà et misericordia della V. M. S. a la quale, non solo lui exponente predicto, ma anche tutti scolari genovesi che sono nello Studio della Vostra Mag.ca Città, supplicano che vi piaccia per li vostri opportuni Consegli provedere et riformare, che per lo delicto, colpe et excessi, le quali si contengono ne la decta inquisitione, al detto *Benedetto* gli sia rimessa ogni pena personale o di sangue; et solo per lo detto Potestà si possa condennare in pecunia o perpetua carciere come allui parrà, et essendoli a questo miseretto facto tal gratia et dono essi scolari genovesi riputaranno sia facto alloro, dove sempre come sono stati, sono et saranno obbligatissimi alla V. M. S. ch'essi altro che gratia et dono non sperano d'avere dalle mansuetudini della V. M. S. le quali Idio feliciti in eterno.

N.° 75.   1441 17 Ottobre

*Lettera del Cardinal Giorgio del Fiesco alla Signoria della
Repubblica di Siena in favore di* Benedetto da Mantica
orafo. (ARCHIVIO detto, Concistoro, lettere *ad annum*).

Magnifici et potentes Domini. Nuperime Nobis relatum est
Benedictum de Manteghis aurificem, concivemque nostrum
Ianuensem, qui nobis intimus est servitor una cum certis
aliis eius complicibus, crimen false monete perpetrasse. Cui,
ut ex relatu fidedigno concepimus, nullum aliud crimen quo
morti veniat dapnandus impingi potest. Cumque senserimus
prelibatas Dominationes Vestras dicti criminis eiusdem *Benedicti* consociis veniam impartiri, ipsumque dumtaxat morti
tradendum deliberatum fore: que res, cum ita sit, illustris
et excelsi principis et Domini Domini Ducis Ianue ac nostri,
totiusque patrie nostre in dedecus, iniuriamque non modicam
redundabit. Quamobrem ea qua possumus instantia, Dominationes Vestras tam obnixe (sic) quam suppliciter duximus
exorandas, quatenus earum solita clementia, atque etiam nostri contemplatione qua nihil graciosius ab eisdem habere
possemus, eidem *Benedicto*, dicti criminis, liberam et gratio-
sam veniam impartiantur, prout in Dominationibus Vestris
summe speramus, et ipse plurimum confidit. Nostis enim quo
animo, qua mente, quave dilectione non modo domus nostra,
verum etiam tota nostra patria hactenus in dominationes
vestras, vestrosque concives se gesserint. Ad memoriamque
nostram reducimus prelibatum illustrem et excelsum Dominum Ducem in re fere simili in civitate Ianue contra non-
nullos sacerdotes qui B. Virginem inclite civitatis vestre
Senarum derobaverant non secus quam Dominationes Vestre voluerunt processisse. Parati ad quecumque grata Dominationibus Vestris, quas Deus protegat, jugi atque felici

statu conservet. Ex Florentia ex domibus nostre solite residentie, die Martis XVII Octobris 1441.

G. tituli sancte Anastasie Cardinalis
de Flisco

(Direzione) Magnificis et potentibus DD. Prioribus et Cap.° inclite civitatis Senarum Gubernatoribus, amicis nostris singularissimis.

N.° 76.   1441 18 Ottobre

Deliberazione del Consiglio generale di Siena, colla quale è assoluto dalla pena di morte Benedetto *da Genova inquisito per falsificazione di moneta.* (ARCHIVIO detto, Deliberazioni del Consiglio Generale, *ad annum*).

Anno Domini *Mccccxli.* Ind. *v.,* die *xviii* Octobris.

In Consilio populi et popularium Mag.° civitatis Senarum sollepniter convocato et congregato in sala magna palatii inferioris, secundum formam Statutorum et ordinamentorum Comunis Senarum, more solito. — Et facta proposita super quibusdam licteris Reverendissimorum Cardinalium, videlicet Sancti Angeli, Moranensis, Sancte Anastasie, Colupne, et Sancte Crucis, ac etiam Romanorum et domine Paule domine Plombini, et redditis consiliis super predictis, et partitis subscriptis, fuit tandem victum, obtentum et deliberatum sollepniter: quod *Benedictus...* de Ianua et Antonius de lo Scrofolaro de Roma et Laurentius eius filius aurifices, detenti in carceribus Comunis Senarum et inquisiti per dominum Potestatem et per dominum Capitaneum Iustitie Civitatis Senarum, eo quod fabricaverunt falzam monetam in Civitatem Senensem et ipsam coniaverunt contra formam Statutorum Senensium, sint et esse intelligantur liberi et absoluti ab omni pena personali, et quod in locum dicte pene sit subrogata pena perpetui carceris, et in ipsa pena per ipsos rettores debeant condepnari. Quod fuit obtentum per *cxxxx* con-

siliarios reddentes eorum lupinos albos del si : *xlvii* consiliariis
reddentibus eorum lupinos nigros pro non in contrarium, non
obstantibus : obtenta primo derogatio statutorum per *cxxx*
consiliarios reddentes eorum lupinos albos pro si : *xlvii* consiliariis reddentibus eorum lupinos nigros pro non, in contrario
predictorum, non obstantibus.

N.° 77.   1441 21 Dicembre

Lodo pronunziato da Giovanni di Guccio in una vertenza
  tra l'Università de' Pittori e Maestro Adamo di Colino
  pittore (ARCHIVIO DEI CONTRATTI IN SIENA, Filza dei rogiti
  di Ser Galgano di Cenne. N. 23).

Anno domini 1441 Ind. V, die vero xxii decembris de sero.
Nos *Iohannes Guccÿ de Senis* arbiter arbitrato et tertius
electus et nominatus ab *Pietro Nannis Puccÿ* et *Iohanne
Pauli de Podio*, pictoribus de Senis, eorum nomine et vice et
nomine artis pictorum et eius artis Rectoribus vel Sindicis
pro qua de rato promiserunt ex una parte, et Magistro *Adamo*
pictore ex alia parte, ad decidendum et terminandum certas
eorum lites et diferentias quas habunt ad invicem, ratione et
occasione expensarum factarum per dictum Magistrum *Adamum* in quodam litigio facto per dictum magistrum *Adamum*
contra dictam Artem et ratione et occasione certarum condepnationum factarum per dictam Artem contra dictum Magistrum *Adamum*. Unde auditis dictis partibus pluries et pluries et eorum juribus inscriptis et oretenus et omnibus visis
et consideratis que videnda et consideranda fuerint : Christi
nomine invocato tale inter dictas partes laudum et arbitrum
damus et proferimus : Quia condepnamus dictum Magistrum
Adamum ad non petendum in proprium aliquid a dicta arte,
vigore expensarum predictarum; et similiter condepnamus
dictam Artem ad non petendum nec exigendum aliquid a dicto
Magistro *Adamo*, vigore et occasione dictarum condepnatio-

num vel alia quacumque occasione jure vel causa, in compensationem dictarum expensarum et dictarum condepnationum hinc inde. Ita quod dicte partes sint et intelligantur esse libere quietate et absolute ab omnibus et singulis que dicte partes dictis nominibus sibi ad invicem et inter se petere vel exigere possent et omnibus et occasionibus supradictis. Ex nunc capsantes dictas condepnationes et omnes alias scripturas ubi dictus Magister *Adamus* esset vel appareret quolibet obligatus dicte Artis et omnes alias ubi etiam dicta Ars esset vel appareret quolibet obligata dicto Magistro *Adamo* vigore dictarum expensarum factarum in dicto litigio. Cum hoc tunc reservata quod dicta Ars restituat dicto Magistro *Adamo* quandam tenutam quam sibi tolli fecit dicta Ars. Et predicta omnimodo etc.

Presentibus dictis partibus videlicet dictis Magistris *Pietro* et *Iohanne* Rectoribus et Sindicis dicte Artis pro qua Arte ad cautelam de rato promiserunt etc. Et se facturos etc. Et dicto magistro *Adamo,* et audito dicto laudo et contentis in eo et sibi lectis vulgari sermone consensientibus et eorum consensum dantibus et prestantibus. Et sibi ad invicem et inter se solepnibus stipulationibus intervenientibus hinc inde dictum laudum et contenta in eo ratificantibus et promictentibus sibi ad invicem et inter se solepnibus stipulationibus hinc inde intervenientibus predictam ratificationem et dictum laudum et contenta in eo, actendere et observare et contra non dicere, facere, vel venire quoquomodo. Et sic pro observantia predictorum juraverunt non facere contra quoquomodo.

Latum et actum Senis in curia Mercantie per supradictum Iohannem Arbitrum et testium predictum sedentem pro tribunali in dicta Curia, Anno, indictione et die suprascriptis, coram Sano Cristofori pizicauiolo, Ser Petro Guccii Notario, Angelo Pieri de Ptolomeis testibus, presentibus vocatis et rogatis de Senis.

Ego Galganus Cennis etc.

NOTA

Adamo di maestro Colino dipinse le volte del Duomo nel 1419 il palco dell'infermeria dello Spedale come rilevasi dal registro dei conti correnti del 1436-44.

1440 giugno 6.

Maestro Adamo di maestro Cholino dipentore diè avere a di vj di Giugno 1440 flor. trentasei a lib. iiij el florino sonno per la depentura el palcho de la infermeria.

N.° 78.   1442 8 Agosto

Il Cardinale Del Fiesco scrive alla Signoria di Siena pregando di liberare dal Carcere Benedetto di Mantica *orafo genovese* (ARCHIVIO detto, Concistoro, Lettere *ad annum*).

Magnifici et potentes Domini. Anno proxime preterito, Dominationes Vestre, nostris precibus sua persolita clementia ac etiam in Nos non parva benivolentia inclinate, *Benedicto Mantengho* aurifici Ianuensi veniam vite impartite sunt. Quo fit ut cum ob gratiam eidem impartitam quoddam (sic) indissolubili obligationis vinculo Dominationibus Vestris perpetuo adstringamur. Cumque quod maius est, eidem vitam si licet indulxeritis, in Vestris Dominationibus plurimum confidentes illas nostris iteratis precibus omni... qua possumus instantia duximus exorare, quatenus tum beatissime et gloriosissime Virginis totius misericordie matris, tum nostra contemplatione eundem *Benedictum*, qui ut concepimus in sui delicti penam per annum in deplorandis carceribus vitam duxit miserabilem, ab ipsis carceribus libere relaxare dignemini. Pro cuius gratia tam eidem concessa, quam concedenda, Vestris Dominationibus perpetuo reddemus obnoxii: offerentes Nos pro eisdem ad queque grata paratis. Ex Florentia die *viii* Augusti.

G. Tituli Sancte Anastasie
Cardinal de Flisco.

(Direzione) Magnificis et potentibus Dominis Prioribus Gubernatoris et Capitaneo inclite civitatis Senarum, amicis nostris honorandis.

N.° 79. 1443 31 Ottobre

Ordine di pagamento a favore di Lodovico *di* Luca *per le pitture fatte sulla porta del Palazzo pubblico* (ARCHI-VIO detto, Concistoro Deliberazioni *ad annum* c. 62, 64).

Magnifici et potentes domini domini Priores Gubernatores Comunis et Capitaneus populi Civitatis Senarum.

Et una cum Vexilliferis Magistris decreverunt declarare et declaraverunt, de pictura facta super portam palatii Magnificorum Dominorum per *Ludovicum Luce* pictorem et socios, pretium esse et esse debere flor: triginta duorum de lib; quattuor den: sen: pro quolibet floreno. Et eisdem decreverunt solvi suprascriptas quantitates den: per camerarium Biccherne cui decreverunt fieri apodixam solutionis.

Et datis et solvatis *Ludovico Luce* pictori et sociis flor: triginta duos de L. 4 flor: pro pictura porte palatii M. D. per nos declaratos pro pictura predicta. Et quod si detis etc. Die xxxj ottubris 1443.

NOTA

Di questo pittore diamo le seguenti notizie.
1416.
Vico di Luca dipentore die avere Lib. quarantacinque e quali sonno per tre volte le quali à dipente in chalonica. (ARCHIVIO DELL'OPERA METROPOLITANA. Lib. Creditori e debitori ad annum c. 16).
1427.
A Lodovico dipentore sol. 4 per dipentura uno lampanaio a la chappella di Ihy in chiesa. (ARCH. DI STATO IN SIENA. Comp. di S. Bernardino Lib. d'entrata e uscita B. XXVI c. 196).
1449 Febbraio 6.
Lodovicho di Lucha dipentore die avere per insino a dì 6 di ferraio lib. vintitre, sol. sei per una targia per uno bau, (sic) per uno lione e per dipentura tutte queste cose e dipentura de le bande d'uno pennone, si tolsero per onorare l'esequie di M. Pietro Michegli il quale morì a Roma ch'era imbasciatore de la Comunità. (ARCHIVIO detto, Lib. della Camera del Comune a c. 141).

N.° 80.   1443 10 Febbraio

Allogagione a Giovanni *e* Lorenzo Turini *orafi di una sta-*
tua d'argento rappresentante la Madonna, per la cap-
pella di Palazzo. (ARCHIVIO detto, Concistoro Deliberazioni
ad annum c. 36).

In Nomine Domini Amen.

Gloriosi Magnificique Domini cum Vexilliferis Magistris,
nomine comunis Sen: locaverunt *Iohanni* aurifici presenti
et conducenti pro se et *Laurentio* fratre suo ad facendum
unam figuram argenti cum eius filio in collo ad similitudinem
unius similis figure terre chotte quam portavit, et que stare
debet penes sacristiam palatii altitudinis ad similitudinem
sanctorum Petri et Pauli, quorum figure sunt penes Camerarium Consistorii cum duabus basis sub ea altitudinis in
totum digitorum trium per modum quod ipsa figura Virginis
Marie sit altior illis figuris sanctorum Petri et Pauli trium
digitorum; et in prima basa esse debet scultum et exmalta-
tum nomen Virginis Marie et laborata debet esse de bono
et fino argento grossorum ad sensum et ad iuditium cuiuscumque boni et legalis ac experti aurificis et magistri: qua
figura debet habere post se a parte posteriori unam fene-
strellam bene adatam, adeo quod bene stet in modum quod
iuxta videatur et hoc quod videri possit. Antedicta figura sit
bene laborata an non etc.

Cum predictis et capitulis prout constat manu mei notari
infrascripti et suprascripta ecc. ex ea rogatus ecc.

N O T A

In Concistoro era stata proposta l'esecuzione di questa statua fino dall'8 di gennaio, come rilevasi dalla seguente deliberazione registrata a c. 10.

Et deliberaverunt quod fiat una figura argenti Virginis gloriose cum nostro
Domino Yhu in collo ad honorem et laudem omnipotentis Dei et Gloriosissime
Virginis Marie advocate et protettricis huius alme Civitatis cum modis et forma
et valore ordinandis pro ornatu altaris cappelle M. palatii prefatorum Magni-
ficorum Dominorum Priorum.

N.° 81.   1444 (stile sen.) 28 Marzo

Il Consiglio del Popolo delibera che sia restaurato il pa-
lazzo de' Marsili che minacciava rovina (ARCHIVIO detto,
Deliberazioni dette a c. 20 t).

In Consilio Populi et Popularium Magnifici comunis Senarum solemniter convocato et congregato in sala inferioris
palatii, residentie prefatorum Magnificorum Dominorum, ubi
similia consilia congregari consueverunt, et facta in eo super
quodam recordo dato per Quatuor Bicherne, de palatio de
Marsiliis qui minatur ruinam et aliis solemnitatibus observatis, que ex forma statutorum observari debent, fuit provisum, obtentum et solemniter deliberatum: quod sit et intelligatur plene remissum et commissum in Quatuor Bicherne
prefatos qui habeant plenam auctoritatem quantam habet
comune Senarum in providendo, quod dictum palatium re-
pareretur de proximo cum omni diligentia et sollicitudine
per illos ad quos spectat sine aliqua expensa nostri Comunis,
sub pena lib: centum denariorum pro quolibet eorum quatuor si essent negligentes in predictis, solvendorum camerario montis comunis Sen. Cum hoc, quod possint accipere
de denariis Nannis Nannis Domini Marsilii pro dicta reparatione fienda, cum hoc, quod idem Nannes conservetur supra
dicta domo de quantitate denariorum expendendorum in reparatione predicta.

NOTA

Due altre deliberazioni si leggono ne' libri del Concistoro, intorno a restauri di
questo palazzo.

1443 3 Luglio.

Dinanzi a Voi Magnifici et Potenti Signori, Signori Priori Governatori del
Comune et Capitano di Popolo de la città di Siena.

Exponsi con ongni debita reverentia per parte de' vostri servidori Camarlengo
et quattro Provveditori de la Bicherna del vostro Comuno, che essendo loro nuo-
vamente intrati in offitio le paruto per loro debito et come cosa più importante
dovere intendere la materia del palaso de' Marsilii nuovamente ruinato. Et ve-

duto ne' termini è ridotto, conoscendo che dove non si provedesse altrimenti et di proximo con prestezza, oltra al danno à facto potrebbe ancora farlo maggiore a' vicini et circumstanti a esso: et maxime dove sopravenisse piova alcuna, senza che essendo si può dire in sù la festa principale della ciptà vostra, et dovendosi per quello luogo passare coll'offerte, come si costuma, non potendosi ciò fare, passarebbe con grande vergogna de la vostra Comunità et dispiacere di tucti i ciptadini. Et perché cognoscano che a più vantaggio di comuno et molto meglio et com più expeditione si provedarebbe a quanto fà di bisogno alla decta materia, per la via del vendarlo, che in altro modo. Et maxime perché ànno avuto alcuno accenno da più vostri ciptadini, che per avventura si trovarebbe chi a la compra d'esso palazzo attendarebbe per rifarvi'l casamento bello et honorato, benché chi sia chi tenta di volerlo comprare non per rifare il casamento, ma solo per alzare tanto quanto vi potesse porre il tecto et farvi la buttiga, la qual cosa credono non passarebbe ad intentione de la V: M: S. né a ornamento né bellezza de la contrada come si confà in simile luogo. Et pertanto con riverentia ricordano a la V: M: S: che dove vi paresse, per più expeditione dello sgomberare d'esso luogo, fare proposta nei vostri consegli ch'el sito, piaza et tucto lavorìo al decto palazo apartenente si potesse vendere a chi più ne desse: Con questo che chi comprasse, fusse tenuto per tucto il presente mese di luglio aver tolto via tucto il lavorìo et ingombrime d'esso palazo che tiene occupata la strada. Et etiandio fusse tenuto esso compratore avere edificato e murato in esso luogo quanto tiene il sito d'esso palazo et piazze d'esso una casa d'altezza almeno di braccia trenta, et postovi sia il tecto infra tempo di due anni proximi da seguire, o veramente in altro modo per vedere come a essi consigli piacesse. Il vogliano aver ricordato per fare il debito loro. (Deliberazioni dette, a c. 5 t).

1444 6 Luglio.

Prefati magnifici Domini et Capitaneus populi una cum Vexilliferis Magistris e Quatuor Provisoribus Generalis Bicherne dicti Comunis, vigore et auctoritate consiliorum, prout constat manu mei et Ser Bernabe de Tuderto notarii Reformationum dicti Comunis, servatis servandis locarerunt concorditer ad exgombrandum stratam palatii de Marsiliis ruinati, infrascriptis magistris prout infra: Quorum hec sunt nomina. Magister Iacobus Nodi de Como, Magister Iacobo Iohannis de Como, Magister Beltramo Iohannis de Como.

Imprima che i detti maestri sieno tenuti et debino per tutto il presente mese di luglio avere sgombrata la detta strada dinanzi al palazo di Marsilii sicché rimanga netta et pulita senza alcuno impedimento, cioè come tiene la detta strada dall'uno muro all'altro. Et sieno tenuti dal canto del palazo fare un muro di pietre o di mattoni a secco che sia pulito più che si può, di quell'altezza che sarà necessario acciò che ruinare non possa il lavorìo d'esso palazo ne la strada, cominciando a sgomberare a dì vij del presente mese.

Anco che detti maestri possino tucto il lavorìo che è in la detta strada mettare in detto palazo, come pietre, mattoni, legname, rocchioni et eziandio in su la piazza Manetti, lassando l'andare intorno a la decta piaza in modo si possi passare habilmente. Et la terra et calcinaccio debbino portare i nel mercato di Valdimonte. Et tutto e il ferramento cavasseno debbino assegnare in Bicherna, et essendovi alcuno lengno o trave che non si potesse avere lo sia lecito tagliarlo. Item che debbino avere dal Comune di Siena e suo Camarlingo di Biccherna per loro salario et merce d'esso sgombrime fiorini sexanta, di lib: quattro il fiorino, netti di Cabella, cioè al presente fiorini venticiuque et il resto a dì come servon, sicché ne la fine del servito sieno intieramente pagati.

Item che detti maestri sieno tenuti et debbino, così per la prestanza del denaio come per lavorìo da farsi, dare buone et sufficienti ricolte, le quali solennemente si abbino obligare al decto afferto.

Et statim predicti magistri et quolibet ipsorum eorum propriis nominibus, ac vice et nomine dicti magistri Antonii, pro quo derato promiserunt ecc: Promiserunt dictis M: D: Capitaneo populi Vixilliferis magistris et quatuor Provisoribus Biccherne et mihi Iohanni notario infrascripto, tamquam publicae persone presenti et recipienti et stipulanti, vice et nomine dicti Comunis attendere et obserrare et adimplere, prout supra scriptum est et in dicta locatione continetur. Que omnia et singula attendere et observare promiserunt, sub pena dupli dicte locationis ecc:, quam penam ecc: pro quibus omnis et singulis ecc:, renuptians ecc: et iuraverunt ecc: cum guarantisia ecc: Actum fuit in Consistorio palatii, presentibus Ser Francisco Angeli Tome Tubetta et Antonio Iacobi ecc. (Deliberazioni dette, c. 7).

N.º 82.   1444 5 Giugno

Maestro Stefano di Giovanni (Sassetta) da Siena riceve il prezzo della tavola dipinta per la Chiesa di S. Francesco di Borgo S. Sepolcro. (ARCHIVIO detto, Perg. S. Francesco di Siena, Cas. n.º 1274).

In nomine Domini amen. Anno a nativitate eiusdem millesimo quadrigentesimo quadragesimo quarto, indictione septima, residente Domino Eugenio Papa quarto, mensis Iunii die quinta.

Egregii viri Christoforus Francisci Ser Fei et Paltonus Iohannis Tani de Terra Burgi Sancti Sepulcri, etiam vice et nomine Andree Iohannis Tani predicti et pro quo de rato et rati habitione pro his omnibus solemniter promiserunt infrascripto magistro *Stefano*, ut infra stipulanti et recipienti, Operarii, et Superstites Operum Ecclesie S. Francisci de dicto Burgo dicto nomine pro se et eorum successoribus, et vice et nomine dictorum Operum fuerunt sponte confessi et contenti, presente et istante magistro *Stefano Ioannis* de Senis pictore se habuisse et recepisse, a dicto magistro *Stefano*, tabulam ligneam pictam et ornatam, et per eum appositam ad Altare majus dicte Ecclesie, cum omnibus et singulis figuris, picturis, auro, coloribus et ornamentis ad ipsam tabulam spectantibus et pertinentibus, et cum omnibus et singulis, ad que dictus magister *Stefanus* tenebatur et obligatus erat, vigore contractus, pactorum et promissionum inter se initorum super dicta tabula manu mei notarii infrascripti.

Et ex adverso, dictus magister *Stefanus* per se et suos heredes et successores, fuit sponte confessus et contentus se habuisse et recepisse a dictis Operariis et Superstitibus Operum predictorum, flor: quingentos decem, ad rationem libr: quator Floren: pro quolibet Flor:, pro solutione pretio et pagamento dicte tabule sic tradite et assignate: quia dicte partes dictis nominibus se ab invicem, et una alteri et e contra absolverunt et liberaverunt, finierunt et quietaverunt a consignatione dicte tabule, et a soluctione dicti salarii et pretii, in quibus hinc inde obligati tenebantur vigore instrumenti predicti, facientes sibi invicem et vicissim, solennibus stipulationibus intervenientibus inter eos, finem remissionem, refutationem et pactum perpetuum de alterius aliquod sibi invicem non petendo, neque ab aliquibus uno vel pluribus fideiussoribus, per dictum magistrum *Stefanum* prestantibus in Civitate Senarum, super quibuscumque solutionibus sibi factis dicta causa de restituendo pecunias per eum habitas, et receptas, si opus dicte tabule usque non complevisset ad finem, vel alio modo fidejussores predicti obligatis fuissent vel fuisse. Asserentes et affirmantes, sibi invicem, solutos et satisfactos occasione predicta, et dictum magistrum *Stefanum,* tam per manus Angeli Filippi de Senis pro duabus primis paghis, quam per manus Augustini Francisci Luce Berti mercatorum de Senis; quas quietationes hinc inde, et omnia et singula suprascripta et infrascripta promiserunt et convenerunt solemniter singula singulis referendo dicte partes dictis nominibus pro se et suis heredibus et successoribus, sibi invicem et vicissim, solemnibus stipulationibus intervenientibus inter eos perpetuo firma et rata habere, tenere, facere, attendere et observare, et contra non facere vel venire per se vel alios, aliqua ratione vel causa, de jure vel de facto: sub pena dupli dicte quantitatis his semper ratis manentibus, promissa et solemniter stipulatione, cum damnis et expensis, ac interesse litis et extra reficiendis in totum pro ut pars faciens, et seu substinens sine aliis probationibus suo tantum dixerit juramento. Pro quibus omnibus et singulis firmiter observandis et adimplendis, obligaverunt dicti Operari dicto magistro *Stefano,* ut supra stipulanti, bona dictorum Operum, et dictus magister *Stefanus* se et eius heredes, et bona presentia et futura. Renuntiantes in hiis beneficio exceptioni et auxilio dicte tabule non recepte secundum promissa, dicti pretii et salarii non habiti, sibi dicto magistro non soluti et non recepti, omniumque supra scriptorum et infrascriptorum non sic se habentium, et gestorum, presentis instrumenti non rite celebrati, doli, mali, conditionis indebiti sine causa, et ex iniusta causa, quod metus causa, inscriptis verbis, privilegio fori, et omnibus aliis legum, juris, et statutorum auxiliis, beneficiis, exceptionibus, defensionibus, iuribus, et renunptiationibus quibuscumque. Quibus contrahentibus presentibus, volentibus, et sponte confitentibus ego Franciscus notarius infrascriptus precise precepi quatenus predicta omnia sibi invicem faciant et obsérvent per guarentigiam, et nomine guarentigie, ut superius continetur, et promissum est inter eos. Actum in Burgo Sancti Sepulcri in apotheca domus mee, presentibus Ser Anthonio Baptiste Martini Bigi, Piero Nardi Fonis et aliis de dicto Burgo, testibus ad hec vocatis adhibitis et rogatis.

Ego Franciscus Christophori Cisti de Burgo Sancti Sepulcri Imperiali auctoritate Index ordinarius et notarius publicus, predictis omnibus, et singulis presens interfui, et ea omnia rogatus scripsi et publicavi, et signum meum apposui consuetum.

Nota

Prima della soppressione Napoleonica nel convento di S. Francesco di Siena conservavansi diversi documenti riguardanti altri lavori di maestro Stefano di Giovanni. Trascriviamo i ricordi che ne lasciò l'erudito senese Giovanni Antonio Pecci negli spogli di quell'Archivio, compilati nel secolo passato.

1430 Marzo 25.

Domina Ludovica filia olim Francisci Vannis Bertini de Senis et uxor spectabilis militis domini Turini Mathei, olim operarij Maioris Ecclesie, et clamidata ordinis Sancti Francisci dà a dipingere *Magistro Stefano Iohannis Consilii de Senis* pittore una tavola da altare per la cappella di S. Bonifazio nella chiesa maggiore, appresso la porta detta del Perdono, con obbligo di terminarla in un anno. *Actum Senis, coram Agapito Ambrosii Antonii bancherio et Petro Angeli Petri bancherio. Ser Luca Nannis Petri Sannini rogavit.*

1432 Dicembre 30.

Lodo dato dagli infrascritti arbitri, cioè da Maestro Martino di Bartolomeo dipintore, eletto da madonna Lodovica donna che fu di Messer Turino operaio del Duomo, da maestro Sano di Pietro dipintore per la parte di maestro Stefano di Giovanni, e da Iacomo di Meio di Nanni, terzo arbitro, per cagione di una tavola dipinta da esso maestro Stefano. I sopradetti arbitri lodano che la predetta donna Lodovica debba pagare al pittore fiorini 180 di lire quattro e soldi due a florino. *Actum Senis coram Ser Nicolao Cecchij, Bartolomeo Georgii Spinelli et Lodovico Luce pictore. Ser Iohannes olim Nicole Guidonis rogavit.*

Sigismondo Tizio nelle sue storie di Siena (Vol. IV) scrive che maestro Stefano pitturò nel 1433 un crocifisso per la chiesa di S. Martino di Siena. Il Sassetta nacque ai 31 di dicembre del 1392, come resulta dai libri dei battezzati in Siena.

N.° 83.   1444 28 Luglio

Proroga conceduta dal Consiglio del Popolo a maestro Giacomo di Giovanni chiavaio e a Giovanni suo figlio per condurre a termine la cancellata di ferro pel pubblico Palazzo. (ARCHIVIO detto, Concistoro, Deliberazioni *ad annum* c. 25, 29).

Convocato et congregato Consilio populi etc.

Simili modo et forma in dicto consilio, fuit solepniter victum, obtentum et reformatum, quod sit plene remissum et commissum in Magnificos Dominos Capitaneum populi et Vexilliferos Magistros, qui possint prorogare terminum magistro *Iacobo* magistri *Iohannis* Clavario et magistro *Iohanni* filio suo, quibus locata fuit graticola ferri cappelle palatii, usque ad festum Sancte Marie proxime ad unum annum futurum, quod erit in anno 1445, ad facendam et complendam graticulam ferri predictam, prout constat manu Ser Francisci Stephani, non obstante aliqua pena in dicta locatione contenta in qua, usque ad dictum tempus prorogatum, nullatenus incurrere valeat. Quod quidem consilium victum fuit per lupinos centum quadraginta albos, non obstantibus quindecim nigris, obtenpta prius solepni derogatione omnium statutorum in contrarium disponentium.

Die quinta mensis [Augusti].

Magnifici ac Potentes Domini et Capitaneus Populi una cum Vexilliferis magistris vigore remissionis eis facte a consilio populi et generali, prout constat manu Ser Bernabei notari Reformationum, concorditer, servatis servandis, prorogaverunt terminum magistro *Iacobo* magistri *Iohannis* et *Iohanni* filio suo ad facendum graticolam cappelle Palatii per totum mensem Iulii futurum 1445, et ipsam debeant complevisse predictum tempus sub pena in suis capitulis contenta, ita quod infra otto dies sequentes dicta graticula sit posita dicte capelle.

N o t a

Questa medesima cancellata fino dal 1437 era stata commessa a maestro Niccolò d'Andrea fabbro.

Die lune xxij mensis Martii.

Magnifici et potentes Domini Domini etc.

Et una cum Vexilliferis Magistris deliberarerunt quod Camerarius Biccherne prestet Comiti Iohanni Francisci Buonacose operario Camere lib. c. den., videlicet lib. l. in contanti et alias c. libras in dettis non obligatis in Speculo, intelligendo se camerario Speculi que lib. c. debeant erogari in costruenda graticula ante cappellam Consistori, locata magistro Nicholao Andree fabro, prestito primo idoneo fideiussore. (Archivio detto, Concistoro Delib. a c. 11).

N.° 84. 1444 12 Agosto

Nuove provvisioni per l' incremento in Siena dell' arte della seta. (Archivio detto, Concistoro, Deliberazioni *ad annum* c. 35).

Con ciò sia cosa che fosse proveduto et ordinato per dirizare l'arte de la seta ne la città di Siena, che qualunche facesse la detta arte et mestiero, tessendo con quattro telai almeno, si dovesse dare de la pecunia del Comune di provisione fior. cento ciascuno anno; et pubblicamente per tucti cittadini si dica, che la detta provisione di fior. cento l'anno si paga per lo nostro Comune indebitamente, e non si observa come fu ordinato, però che si paga la provisione a chi non lavora, et a chi lavora pocho o niente, et a chi non fa quello che è obligato, et seguitane più inconvenienti, et infra gli altri che, oltre al pagare indebitamente e'denari del Comune, ci si conducano e'velluti forestieri, et non ci si lavora per modo la città sia fornita: et però volendo a le cose predette riparare, providdero et ordinaro, che dove era ordinato che chi facesse tèssare con quattro telai avesse fiorini cento l'anno, quella provisione e deliberatione sia et essere s'intenda sospesa e tolta via; e sia et essere s'intenda proveduto et ordinato, che qualunche farà arte di seta ne la città di Siena, abbi et avere debbi dal Comune nostro per ciascuna peza che tèssare farà delle infrascritte ragioni, la quale sia di braccia quaranta almeno, la quantità de'denari infrascripti, nepti d'ogni gabella; e'quali denari et provvisione el Camarlengo di Biccherna sia tenuto pagare per pulitia de'Quattro di Biccherna, senza suo preiudicio o danno; e'quali Camarlengo e Quattro sieno tenuti fare tenere buon conto de le peze che si tesseranno. E questa provisione abbi luogo e vaglia per tempo di cinque anni dal dì che sarà obtenuta.

Le quantità de'denari e le ragioni de'velluti, de'quali di sopra si dice, sònno queste, cioè:

Per ciascuna peza di drappo a oro,	lire 32.
Per ciascuna peza di zetani vellutati,	lire 20.
Per ciascuna peza di velluto piano et apiccellato, di qualunche ragione,	lire 12.
Per ciascuna peza di baldachino et di taffettà et damaschini piani,	lire 4.

N.° 85.　　　　　　　　　　1444 21 Agosto

Ricordo presentato dagli Officiali della Monizione del Grano
al Consiglio del Popolo per restaurare il palazzo de' Sa-
limbeni che minacciava rovina. (ARCHIVIO detto, Concistoro, Deliberazioni *ad annum* c. 42).

Simili modo et forma in dicto Consilio populi et popularium Magnifici Comunis Sen. solemniter convocato et retento, de presenti die XXI Augusti, et in eo facta generali
proposita super recordio infrascripto, et super eo redditis
pluribus consiliis, et dato partito ad lupinos albos et nigros,
fuit finaliter victum, obtentum et deliberatum. Quod sit plene
remissum et commissum in Magnificos Dominos Capitaneum
populi et Vexilliferos magistros et sex cives monitionis, sint
officiales qui faciant bannire quod quicumque vult actare dictum palatium de Salimbenibus porrigat eius petitionem, et
deinde concedant illis qui faciunt melius Comuni Sen: Et
quod pro solutione expense dicti palatii ex nunc sint obligati omnes introitus invenctionum officii vini et terraticorum
comunis Sen: Et si dicti introiti non essent sufficientes,
Camerarius Pascuorum teneatur et debeat solvere, pro dictis
expensis, flor: duecentos usque trecentos pro dicto palatio.
Quod quidem consilium victum fuit per lupinos CXXXIX
albos non obstantibus triginta duobus nigris: cuiusquidem
recordi talis est tenor, videlicet:

Dinanzi a voi Magnifici et Potenti Signori, Signori Priori
Governatori del Comune et capitano di popolo della città di
Siena.

E' fedelissimi Servidori de la V. M. S. officiali de la munitione del grano de la vostra Città, con debita reverentia
expongano che essendo per lo consiglio d'essa vostra città
deliberato che per essi officiali si elegiesse tre cittadini e
quali fossero e s'intendessero operai a provedere di fare

acconciare il palazzo de' Salimbeni che cade; et essendo per essi officiali tale electione facta, fu per essi cittadini così electi veduto, una con più et più maestri intelligentissimi, tutto quello era di necessità intorno all'aconcime et riparamento 'd'esso palazo. Et finaliter loro ci hanno referito esservi di spesa fiorini 800, et a meno non vedono potersi fare tale aconcime. Et non ritrovandosi al presente essa vostra amonitione alcuno denaro unde possa fare il detto aconcime neanco comprare uno granello di grano, è stato di necessità a' decti officiali di ricorrere a' piei de la V. S. et a quella supplicare che si degni provedere per li vostri opportuni consegli far provedere, sì per riparare el decto palazo che sta in grandissimo dubio di ruinare, et sì anco per tornare la monitione nel modo che vogliono le vostre legi al debito numero del grano, et unde si possa havere el denaro per fare il decto effecto. Et questo provedendo, Magnifici Signori, v'avisiamo che sarà utilissimo per lo vostro Comune, perchè il palazo stà in dubio che non provedendosi potrebbe venire in grandissima spesa del Comune, a la quale potendo si vorrebbe obviare. Che l'Altissimo conservi esse vostre Magnifiche Signorie in felice stato.

N.° 86.   1444 10 Febbraio

Il Consiglio del Popolo delibera che Maestro Pietro *del* Minella *sia trattenuto in Siena a dirigere i lavori della Loggia di S. Paolo, e sia assoluto dalla condanna nella quale potrebbe incorrere per non presentarsi castellano della città di Massa.* (ARCHIVIO detto, Concistoro, Scritture *ad annum*).

Anno Domini 1444, Indictione X, februarii.

In consilio populi et popularium Magnifici Comunis Senarum solepniter congregato: et facta super infrascriptis proposita, redditis consiliis et posito partito ad lupinos albos et

nigros, fuit in dicto consilio optentum et solepniter deliberatum: Quod Magister *Pietrus Minelle,* qui de proximo debet
ire Castellanus Cassari Civitatis Masse, cum sit capud magister operis ecclesie et logie Sancti Pauli, remictatur in pisside maioris cerne castellanorum unde exivit, et quod per
duos annos proximos futuros non debeat extrahi de dicta
pisside, et quod sit liber et absolutus ab omni pena in quam
incurrisset sive incurreret propter acceptasse et non iret ad
dictum officium. Et quod in fine dicti temporis et ab inde
in antea pro ut evenerit, extrahatur ad quemcumque cas-
sarum Comunis prout pertinuerit ad eius montem et prout
casu evenerit. Et illud offitium castellanatus cuiusque cassari
ad quem extrahetur possit exercere secundum formam statutorum et ordinum Comunis. Etiam super predictis optenta
diligenter derogatione omnium et singulorum statutorum,
ordinum et reformationum Comunis Sen: quodlibet in contrarium disponentium.

N.° 87.   1445 23 Luglio

*I soprastanti alla fabbrica del Duomo d'Orvieto deliberano
che il Capomaestro Giovannino di Meuccio da Siena
prima d'ogni altro lavoro, restauri gli acquidotti nel
tetto della Chiesa.* (ARCHIVIO DELLA FABBRICA DEL DUOMO
D'ORVIETO. Riformanze *ad annum.*).

Convenientibus in simul et collegialiter cohadunatis in
camera nova Operis et fabrice, Magnificis Dominis Conservatoribus Comunis Urbisveteris, prudentibus viris Petro Paulo
Ebronj, Tomaso Domini Petri superstitibus, magnifico viro
Camerario Petro Iacobutio etc.; Camerarius proposuit infrascripta, super quibus petiit Conservatoribus et Superstitibus
salubriter et prudenter. Et primo cum fuit conductus Magister *Iohanninus* in caput magistrum supradictorum Operis et
fabrice, quid vobis videtur deberet principiari, et quod labo-

'rerium deberet per ipsum inchoari, cum non possit aliquid
noviter meliorari etc. — Qui Magnifici Domini Conservatores
et Superstites deliberaverunt et ordinaverunt quod magister
Iohanninus caput magister teneatur et debeat primo actendere ad reficiendum et aptandum aqueductum principale Ecclesie, et ad costruendum et reponendum quod edificatum est.

Nota

Nell'Archivio della Fabbrica del Duomo d'Orvieto, ai libri d'entrata e d'uscita,
si leggono i seguenti ricordi:

1445 Luglio 3.

Ieronimo Martinelli trasmisso Senas ad firmandum magistrum Iohannium *qui
debet venire per Caputmagistrum Operis et fabrice; pro ipso et cavalcatura sua,
in totum, lib: sex et sol. decem et octo.*

1445 die ultima Iulii.

Magistro Iohannino Meutii *de Senis caputmagistro, pro uno tertio mensis quo
servivit in Opere, incepta die xxii mensis, videlicet pro rata ejus quod ibi tangit,
ad rationem septuagintas ducat: in anno, lib. tredecim sol: duodecim, den. tres.*

1448 Agosto 3.

*Al Vetturale el quale portò i ferri ed altre cose che furono di Maestro Gio-
vannino, da Orvieto a Siena, quando esso se n'andò per timore de la morta. —
Item pagato a detto M°. Giovannino per le spese del vivare per la via e per lo
ronzino, monta sol: cinquantaquattro.*

1449 Gennaio 25.

*Brizio di Francesco vetturale per vettura d'una soma che recò da Siena, di
panni e fornimenti et altre masseritie mandate per M°.* Giovannino di Meuccio *el
quale deve venir qua per capomaestro.*

1451 Settembre 11.

*A Piero da Siena per le spese fece per la via a M°. Giovannino per lui e per la
famiglia sua, e per li cavalli Lire 9., 8.*

*Al Compagno del Tortuglia per vettura del cavallo suo che prestò a M°. Gio-
vannino quando fu rimandato a casa sua, costò per septe dì, L. 3., 1.*

1451 Settembre —

Magistro Iohannino *pro vettura equi quem tenuit Sen: quando ivit ad videndum
petrariam marmoris, lib: duas.*

N.° 88. 1445 31 Settembre - 1446 28 Ottobre

*I Soprastanti della Fabbrica del Duomo di Orvieto fanno
alcune concessioni a M.° Giovannino da Siena Capomaestro di detta Opera.* (Archivio detto, Riformanze dette).

Die *xxi* Septembris *Mccccxlv.* Congregatis etc. — Camerarius proposuit: cum magister *Iohanninus* caput magister

velit et inteñdat ire Senas, et petierit sibi fieri prestantiam *c* ducatorum — si videtur et placet quod eidem detur licentia, et fiat sibi prestantia. — Deliberaverunt quod supradicto Magistro concedatur licentia eundi Senas, et quod Camerarius possit facere quandam prestantiam, et pro ipso magistro *Iohannino* possit conducere aliquem in laborerio petraie.

Die Veneris *xxviii* Octubris *Mccccxlvi.* — Cum magister *Iohanninus Meutii* de Senis caput magister petiet sibi provideri de uno lecto, videlicet cultrice et plumatio pro necessitatibus suis, quia accedit sibi aliquis forensis consanguineus aut amicus, cum non sit in pactis, et tantum de benignitate Superstitum et Camererarii. Qui Superstites etc. habito super hoc colloquio: — quod cum possent dictum lectum denegare, cum non sit in conducta ipsius, de benignitate et ad hoc ut dictus caput magister libentius attendat ad opus dicte Fabrice, deliberaverunt quod Camerarius pro uno anno tantum, solvat pensionem unius lecti, videlicet cultricis et plumatii.

N.° 89.   1445 25 Febbraio

Supplica di alcuni maestri dell'arte della seta per trasportare i loro telari fuori della Città di Siena. (ARCHIVIO DI STATO IN SIENA, Concistoro, Scritture *ad annum*).

Dinanzi a voi Magnifici e potenti Signori, Signori Priori e Ghovernatori del Comuno et Capitano di popolo de la Magnifica Città di Siena, Signori nostri singhularissimi etc.

E vostri fedelissimi e poveretti servidori Maestro Martino d'Antonio da Siena, el quale habitava a Lucha con la donna e due figluoli grandi tessitori de l'arte de' velluti e cinque altri poveretti figluolini, e Maestro Simone di Nanni da Siena e la sua donna e quagli habitavano a Vinegia, e Maestro Lupo di Nanni da Fiorenza con la donna e tre figluole da marito, humilmente exponghano che come la Vostra Magnifica Signoria hordinò si facesse l'arte de la seta in Siena, furono da' vostri cittadini levati da loro inviamenti per venire a fermare ne la Vostra Magnifica Città questa honorevole arte, et fu lo' data speranza et fatte promesse che la S. V. lo farebbe subsidio. Il perchè loro afetionati a la patria già sono anni otto passati, sono stati a tessare con 15 telaia et siamo tanto impovariti per lo poco lavorarsi et maxime ora che la S. V. à levata la provixione di fior: 100 l'anno a chi fa buttighe, che si la S. V. non ci à per rachomandati, in tutto siamo disfatti del mondo, et facciamo stentare le nostre povare famiglie. Il perchè humilmente ci rachomandiamo a la Vostra usata misericordia che si degni per pietà et compassione di noi che per ripatriare siamo tanto divenuti povari che con la penna non si potrebbe narrare: et trovianci in bando de l'avere e de la persona de le città dove lavoravamo. Unde piaccia a la S. V. provedere per li vostri opportuni consigli perchè e' gli è pena grandissima, che secondo e' vostri nuovi statuti facti in favore de l'arte de la seta, che chi porta fuore di Siena telai o simili cose al detto exercitio deputati, o vero tratta d'andare a lavorare in altro luogho. Piacciavi che noi potiamo portare via e' nostri telari et altri dificii et masseritie nostre, et achonciarci a lavorare dove ci piace; senza alcuna pena e con gratia de la V. M.ᵃ S. o vero che la Signoria vostra ci dia o facci dare la valuta overo denari quanto montane e telai e gli hedificii e quali aviamo quà per quella discreta soma che paresse a le V. S., a le quali con le lagrime a gli ochi cordialissimamente ci rachomandiamo, et preghiamo che vi piaccia fare provedere et ordinare a vostri chonsigli in quello modo et in quella forma che a la S. V. pare più utile et honorevole modo et sostentatione de le nostre povare famiglie: pregando l'altissimo Dio che vi feliciti et conservi etc.

N.° 90.   1446 30 Marzo

*I Soprastanti della fabbrica del Duomo di Orvieto approvano
la richiesta fatta da maestro Giovannino da Siena, di due
operai per aiutarlo ne' lavori della Loggia.* (Archivio
della Fabbrica del Duomo d'Orvieto. Riformanze *ad
annum*.).

Die penultima mensis Martii *Mccccxlvi* Convenientibus in
unum, in camera nova, Camerarius Petrus Mei et Addus
Domini Romani Superstites. Camerarius proposuit quod magister *Iohanninus* de Senis, caput magister Operis, dixit,
quod ipse non velit morari solus in logia ad laborandum
presentibus de causis, et maxime cum aliquando oportet mutare et exportare lapides maximi ponderis; et non est aliquis
qui eum jubat. Et quod in multis laboreriis tantum sufficiat
et faciat unus opérarius, quantum ipse; et quod ipse possit,
pro utilitate dicte fabrice et Operis, habere duos operarios
qui una cum eo optime sint in exercitio, et quod credit possit
habere unum Francigenam qui est Senis et promisit venire
ad laborandum, atque sunt aliqui de nostris Urbevetanis,
maxime quidam nomine Ramaiolus qui etiam est aptus in
dicta logia: quid faciendum. Deliberaverunt quod mictatur
pro ipso Francigena quod veniat huc ad standum et condu-
cendum in dicta fabrica etc.

Nota

Intorno ai lavori eseguiti da questo Maestro in Siena, si riportano le notizie che
appresso:

1442. 29 Decembre.

Maestro Giovanni di Meucco *di Contadino, maestro di pietra, diè avere Lire Nove.
sol: Dodici sono per una pietra di marmo avemo da Lui cho' l'armi de lo Spedale
e cho' l'arme di Missere si mandò a lo Spedaletto di Valdorcia a la muraglia si
fè nuova.* (Archivio dello Spedale della Scala, conti-correnti O c. 323).

1448 — *Die xv Aprelis.*

*Deliberaverut conducere infrascriptos magistros lapicidas, quorum nomina
sunt:* Iohanninus Contadini *nunc habitator Urbisveteris pro duobus annis venturis incohendis elapsis sex mensibus proximis, et cum salario quinquaginta
quinque flor: de lib: quatuor pro quolibet anno.* — Castorius Nannis *pro uno anno*

*incohendo die qua venit ad laborandum, cum salario quadraginta quinque flor:
de lib: quatuor den: pro dicto anno* (ARCHIVIO DELL'OPERA DI SIENA. Deliberazioni, E. V. c. 93).

1451 Agosto 23.

*Et che M. lo Operaio possa condurre et conduca al magistero della detta opera.
Maestro* Giovanni di Meucco di Contadino *da Siena, maestro di pietra, il quale al
presente sta a Orvieto, per quello tempo, modo et forma saranno d'acordo, e con
salario da farli da esso oparajo e per lo Camarlengho de l'uopara* (Ivi a c. 111).

1473 Aprile 30.

Maestro Giovanni di Minucco (sic) *detto di Contadino diè avere Lire Cento-
cinquanta, sol: Otto, sonno per suo servitio di mesi nove, del 1 Maggio 1472.
A ragione di fiorini 48 di Lire quattro l'uno* (ARCHIVIO detto, Libro delle due
Rose a c. 229).

N.º 91.   1447 2 Agosto

*La Signoria di Siena ordina all' Operaio della Camera del
Comune di far gettare in bronzo, a maestro* Agostino di
Niccolò, *una cerbottana.* (ARCHIVIO DI STATO IN SIENA.
Concistoro, Deliberazioni *ad annum* c. 22).

Magnifici et Excelsi Domini et Capitaneus populi predicti etc.

Viso quod ille magister, qui se conduxerat cum operario
Camere ad facendam cerbottanam, abuntavit eo quod cerbottana non bene venit, nec potuit habere suam perfectionem, et quod operarius dicit reperire magistrum qui vult
ipsam tragittare cum forma que remansit de dicto magistro
et nominatim *Augustinum Nicolai* padellarium, pro ut habet
scriptam sua manu propria, que est subscripta manu mei
notarii, deliberaverunt quod operarius Camere possit facere
locationem dicte cerbottane eo modo quo in dicta scripta
continetur, et si melius poterit ad maius vantagium comunis
quod facere poterit.

NOTA

Maestro Agostino di Niccolò da Piacenza, ingegnere e fonditore di metalli, eseguì
altri lavori di sua arte per la Repubblica oltre a quelli già ricordati dal Comm. Milanesi. Trascriviamo le notizie che abbiamo raccolte di Lui.

1453.

M.º Aghustino da Piagenza, *maestro de le bombarde grosse del bronzo del com-
passo die' dare Lire 9. sol. 10* (Libri della Camera del Comune ad annum c. 266).

1454 febbraio 4.

Et detis et solvatis M.°Augustino bonbarderio de Piacentia ducatos vigenti quinque per Baliam deliberatos pro parte residui solutionis omnium et singulorum den. et aliarum rerum quos et quas habere deberet usque ad et per totam diem ultimam mensis decembris proxime preteriti, occasione plurium laboreriorum per eum factorum Camere Comunis, et similiter pro ejus labore et seu parte ipsius tempore quo se exercuit pro Comuni Sen. in campo contra Soranum cum ejus persona XXV scoppetteriis duobus bombarderiis et tribus famulis et pro aliis quibuscumque factis per ipsum M.° Augustinum in servitium nostri Comunis usque ad dictam diem ultimam Decembris, prout de predictis et aliis latius patet manu mei notari Consistori.

1468.

Maestro Agostino componeva fuochi lavorati come ci attesta l'Allegretti nel suo Diario: 1450 Per la sopradetta arsione (della parte Camullia fatta da' fiorentini) la Balia di Siena de' provisione a un Fiorentino che si chiamava il Cieco, e Mario Stiavo e altri compagni, e M.° Austino bombardiere de la Signoria lo' dè una lampolla d'acqua lavorata, e una notte se ne andorno alla porta di S. Giorgio di Firenze, e arsela tutta che non rimase nulla, e per questo si fe' una canzona che diceva

« O Mencio ti conforta, et abbi pazienza
« Da poi ch'è arsa la porta di S. Giorgio a Fiorenza ».

Sposò nel 1454 donna Guglielma di M.° Maffeo di Pietro, sarto da Elema, a cui assegnò in dote fiorini duemila. Dal loro matrimonio nacquero Niccolò e Faustina. Morì nel 1462 forse mentre si trovava al servizio di papa Pio II°, che nei suoi Commentarii, (lib. II, c. 245) lasciò di questo artefice onorevole ricordo: *Oppidani (Sabini) magno belli apparatu perterriti, se, ac sua omnia in manu Pontificis (Pii II) posuerunt: cum presertim magnas illas bombardas in castris intelligerent adductas, quas paulo ante Augustinus Placentinus eiuscae artis egregius opifex, jubente Pontifice fuderat, quarum primam ex nomine patris Pii pontificis, Silviam appellavit; alteram ex nomine matris Victoriam, de qua Campanus poeta clarissimus hos versus edidit:*

Rumpure quae videor sonitu Victoria caelum,
Cumque, suis muros turribus eijcere.
Arma juvo tueorque Pii, quantum erigit ille
Voce bonos, ictu tantum ego sterno malos.

Tertiam, quae nondum ad praelium ducta est, Aeneam quod id fuerit ante praesulatum Pontificis nomen: et haec reliquis major quae trecentorum pondo emisit; ille ducentorum: in quis tanta vis reperta est, ut nulla murorum moles resistere valeret.

Nell'Archivio Vaticano, Liber diversorum Pii II 8. si legge all'anno 1462:

Fior. XXXIII ad Agostino da Piacenza *pro valore lignorum emptorum pro fabrica unius bombarde nuper exercitu facte.*

N.° 92.   1447 25 Settembre

*Locazione fatta dalla Signoria di Siena a M.° Giachetto di
tre panni di arazzo pel Comune.* (ARCHIVIO detto, Concistoro, Deliberazioni *ad annum* c. 18 t).

Excellentes Domini et Capitaneus Populi... una cum spectabilibus Vexilliferis Magistris in Consistorio convocati, servatis servandis... conduxerunt magistrum *Giachettum* de Arazo
et locaverunt eidem, presenti et conducenti pro se et suis
heredibus et successoribus, ad faciendum et fabricandum ac
laborandum, pro Comuni nostro, tres pannos de Arazo, illius
qualitatis et conditionis ac perfectionis et cum pactis et modis infrascriptis, videlicet:

In prima ch'è detti panni si faccino per lo detto maestro
Giachetto belli et honorati et bene ornati, secondo che richiede l'onore del palazo a fare una cosa excellente, et come
merita quella nobile fantasìa.

Item, che li detti tre cittadini infrascripti et nominati sieno
et essere s'intendino operarii et sollecitatori di detti panni
et lavoro, et abbino a ordinare el modo e la forma e 'l disegno d'essi panni a più ornato et bello modo che lo'parrà;
facendosi prima quello del disegno di mezo, cioè *del buono
governo del principe,* e 'l prencipe venga nel mezo del panno;
poi si faccia quello *della pace;* da poi quello *della guerra.*

Item, che per lo pagamento et spese da farsi s'intenda
deputato a esso lavoro ciascuno mese libre cinquanta di quelli
della cabella del vino a minuto, cominciando in calende novembre proximo che viene; et che 'l camarlengo del vino
sia tenuto et debba in fine di ciascuno mese dare a esso
maestro Giachetto le decte libre cinquanta.

Item, che oltra li sopradetti denari dell'offitio del vino
sieno et essere s'intendino deputati a esso lavoro tucti e
denari delle punctature de'Consigli; pena libre cinquanta al
Camarlengo dello Spechio et libre cinquanta al camarlengo

del vino, se non daranno e' detti denari a dì a dì, o a mese a mese, come è detto di sopra, al detto maestro Giachetto, facendosene la scriptura in Bicherna, come è consueto; rimanendo e'denari della cassetta di Concestoro per fornirsi quella Madonna d'ariento che è cominciata per la sacrestia, come è ordinato.

Item, che finiti e'detti lavorii se lo' debbi ponare il pregio, così delle spese come del lavorio et factura, per li detti et infrascripti tre cittadini insieme colli Mag. Signori, Capitano di Popolo et Gonfalonieri maestri, che per li tempi saranno; al quale pregio il detto maestro Giachetto debba rimanere contento. •

Item, che s'intenda che 'l detto maestro Giachetto sia tenuto a fare e' fregi da capo et da piei a esse storie et figure, come gli altri lavori.

Item, che tucti e visi delle figure d'essi panni si debbino fare per le mani d'esso maestro Giachetto, et non d'altri.

Item, che 'l disegno primo da farsi in tela lina si debbi far fare per li detti tre cittadini; el quale disegno dipoi rimanga in palazo.

Nota

Gli arazzi tessuti da M.° *Giachetto* che costarono alla Repubblica L. 3509, ricoprirono le residenze della sala del Consiglio nel palazzo pubblico fino al 1809. Ridotta poi quella sala, al tempo della dominazione francese, per le pubbliche discussioni, gli Arazzi furono inviati a Parigi.

N.° 93.   1447 28 Dicembre

La Signoria di Siena delibera di spendere fino alla somma
di 250 fiorini d'oro per ornare la cappella della Ma-
donna delle Grazie in Duomo. (ARCHIVIO detto, Concistoro,
Deliberazioni *ad annum* c. 45).

Potentes Domini et Capitaneus populi et Officiales Balie antedicti convocati ad Consistorium solepniter, ut supra; facta inter eos de et supra infrascripta proposita, et servatis servandis, deliberaverunt et decreverunt solepniter et concorditer: Quod Magnificum Comune Sen. expendat de sua propria pecunia ad laudem, reverentiam omnipotentis Dei et eius gloriosissime Matris et semper Virginis Marie, ad ornatum et devotionem cappelle et altaris ipsius gloriosissime Matris et Virginis, cui donata fuit civitas hec Senarum, existentium in ecclesia Katedrali, flor: ducentos quinquaginta, de lib: *iiij* pro floreno, in rebus utilibus, sodis, perpetuis et evidentibus prout muraliis et picturis. Et quod eligantur tres cives qui insimul cum Operario Katedralis ecclesie predicte et eius consiliariis habeant expendi facere dictos flor: ducentos quinquaginta ad dictum effectum, prout eis videbitur esse utilius.

N O T A

Un breve ricordo che trovasi all'Archivio di Stato tra le carte de' particolari, fa supporre che gli ornamenti nella cappella predetta fossero eseguiti da Sano di Petro e da Guidoccio Cozzarelli. Il ricordo dice:

1450.

Azurro dato a' dipentori.

A M.º Sano di Pietro *el compagno dipentori ebero, a dì 21 di Maggio, Lib. tre, on. una, quarri due d'azurro de la Mangna per la chappella de la Madonna de le Grazie. E più ebe a dì detto in due volte Lib. due d'azuro più grossetto, portò Lonardo.*

E più dei a Chozzarello a dì 6 di giugno, on. 2 d'azurro per lo tabernacolo del Corpo di Xpo.

La memoria poi della Madonna delle Grazie ci fa riportare un'altra deliberazione di Concistoro che la riguarda.

1448 Ottobre 20.

Predicti Magnifici Domini etc. informati quod illi tres cives supra per eos electi ad facendum fieri preces et orationes altissimo et omnipotenti Deo et eius gloriosissime virgini Matri Marie, ut misereantur nostri et ut pestis cesset, intendunt facere quamdam processionem per ciritatem, et portari facere ad dictam processionem, tabulam cum figura gloriosissime Virginis Marie ad quem civitas nostra fuit data et donata, et claves ipsius presentate. Et cum dicta tabula sit magne latitudinis et magni ponderis et difficile esset ipsam, eo modo, portare prout ad presens est, decreverunt remictere et remiserunt in dictos tres cives ac etiam in spectabilem militem dominum Iohannem Petri de Burgensibus operarium ecclesie Catedralis et in Venerabiles dominum Iohannem Compagni et dominum Angelum canonicos dicte Ecclesie, qui possint, si eis videbitur, secari facere dictam tabulam et figuram Virginis Marie portare ad dictam processionem sine aliquo eorum preiudicio aut damno. (Delib. dette a c. 32).

N° 94.   1447 (stile sen.) 25 Gennaio

Provvisiòni per ricostruire la cappella di S. Paolo presso la Croce del travaglio (ARCHIVIO detto, Concistoro, Scritture *ad annum.*).

In Dei nomine, amen.

Certi cittadini electi a fare provisioni per vigore della proposta generale, ànno facta la infra[scricta] provisione.

In prima volendo, come è nostro debito, cominciare da l'onore divino, et di quelli sancti e quali sono stati più volte propitii a la Città nostra, come è il glorioso apostolo Misser sancto Pavolo universale doctore de la Fede cristiana, del quale per lo guastamento si fece de la chiesa sua da la crocie al travaglio, si può dire che quasi nulla e pochissima memoria ne sia rimasa in Siena: et veduto che l'ornamento è facto ne la loggia di sancto Pavolo nel decto luogo, non è quello che basti ad honorantia et reverentia di Dio et del decto sancto Pavolo, perchè de la cappella fu deliberata per lo nostro Comune che ine si facesse, peranco niente si vegga facto. Pertanto volendo satisfare a quello ci è debito di fare, et a quanto per lo Comune nostro fu deliberato in compensatione de la chiesa che si guastò, come è decto; providdero et ordinaro e savi predecti che l'operaio del Duomo, insieme cho' li altri operari deputati sopra la Fabrica d'essa cappella et loggia, sieno tenuti et debbino per tempo d'uno anno proximo, con effecto, fare assettare e 'l luogo de la decta cappella chon uno altare dentrovi che abilemente vi si possa dire et continuamente vi si dica la messa: et per tempo di iiij. anni proximi al più, avere tracta a fine essa cappella con quelli ornamenti che debba avere, si chè sia bella et honorevole et conferente a lavoro già facto: la quale si debba fare et finire a le spese de la decta huopara a la quale fu unita la decta chiesa di sancto Pavolo con tucte le sue rendite et intrate, per lo sommo Pontefice, et così sono.

Et acciò che per negligentia il decto lavoro non si tralassi, sia tenuto et debba il camarlingo d'essa huopera, che per li témpi sarà, per deliberatione o comandamento de' decti operari o di tre di loro d'accordo, spendare et pagare quelle somme et quantità di denari che a la perfectione de la decta cappella li sarà decto et in quelli provedimenti et cose che bisognaranno per infino a la somma di fiorini 600 per anno, sì che venga a dire che per niente manchi che il decto lavoro non si finisca. Et in quanto e' decti operari così non facessero, e decti chamarlenghi, o alcuno di loro così non pagasse, ipso facto caggino in pena di lire cento di denari per ciascuno di loro, da doversi pagare al Monte del Comune di Siena, et siene facti debitori sul libro de lo specchio; ne la quale pena caggino e' decti camarlenghi per ogni volta che contrafacessero, et così facendo ne seghuirà honore principalmente et reverentia a Dio et al glorioso apostolo sancto Pavolo, et magnificentia et honore de la città nostra.

N.° 95. 1448 24 Novembre

Deliberazione della Compagnia di S. Onofrio, per far pitturare la figura di S. Bernardino nel luogo dove aveva fatta la sua prima predica. (ARCHIVIO detto, Carte della Compagnia di S. Onofrio O, IV, c. 5 t).

Xpo Mccccxlviij.

Al nome di Dio, amen. Domenicha mattina a dì 24 di novembre nel chapitolo de lo spedale e chompagnia del beato Misser Santo Nofrio fu fatto proposta per Checho di Bernardo priore; Leonardo di Nicholò di Guido propose e consigliò si facesse dipegnare el beato Bernardino fuore de l'uscio de la chiesa in quello luogo là dove lui fecie la prima predicha che lui facesse mai, e così andò a partito fra' fratelli e fu otenuto e vento per 30 lupini bianchi e non ve

11

ne fu veruno nero, tutti d'achordo. E così fu ratifichato ch'el beato Santo Bernardino si facesse dipegnare, ogi questo dì 30 d'Aprile 1452 e tenuto e rimesso a Spinello di Giovanni priore, Antonio di Giacoppo e Checho di Bernardo sindachi e *Antonio di Giusa* priore.

N.° 96. 1448 16 Dicembre

Deliberazione del Concistoro con la quale si ordina di commettere a Sano di Pietro *pittore un gradino per l'altare della cappella di Palazzo* (ARCHIVIO detto, Concistoro, Deliberazioni *ad annum* c. 27 e 33 t).

Magnifici et potentes Domini et Capitaneus populi etc.

Et viso quod tabula altaris cappelle palatii adeo stat in subspenso, quod nisi provideatur, posset de facili ruere, obquam ruinam dubium est, ne picture dicte tabule destruantur, quod cederet ad verecundiam palatii, eo maxime quia tales fugure sunt adeo pulcre et reputationem dant dicte cappelle, et ut dicta cappella sit magis formosa; una cum Vexilliferis Magistris deliberaverunt quod fiant gradus ante altare et quod fiat una predella picta manu magistri *Sani Petri* pictoris, et fiat una volta de lignamine super altare secundum quoddam designum quod est in manibus operarii Camere. Et quod dictus operarius possit dictam locationem facere pro ut melius poterit. Et quod liceat mihi notario Consistorii talem locationem scribere in plena forma ac si factum esset coram ipsis M. Dominis et Capitaneo populi et Vexiliferis Magistris.

Die martis xxiiij decembris.

Petrus magistri Martini, unus ex Magnificis Dominis, Iacobus Andreuccij eurifex Vexillifer Magister terzerii Civitatis et Salimbene Petri Angeli operarius Camere, electi per Consistorium ad locandum altare cappelle palatii et gradus et voltarellam, prout patet manu mei notarii infrascripti vice et nomine Comunis Sen, locaverunt magistro *Sano Petri* pictori de Senis presenti et conducenti, pro se et vice et nomine magistri *Iohannis del Magno* magistri lignaminum de Senis, pro quo ad cautelam de rato et rati habitione promisit et ad faciendum infrascriptum laborerium et infrascriptas res, in infrascriptis modis et cum infrascriptis pactis et condictionibus, de quibus latius patet manu mei notari infrascripti.

NOTA

Completiamo le notizie intorno a questo lavoro in parte pubblicate ne' documenti per la storia dell'Arte senese (vol. II, pag. 256 e seg.) dal comm. G. Milanesi.

1449 24 Settembre.

Magnifici Domini — visa locatione facta magistro Sano Petri pictori de pre della tabule altaris Cappelle palatii, nec non voltarelle, ac etiam locatione magistro Ihoanni... carpentario pro lignamine dicte predelle et cuiusdam impeschiate, de quibus locationibus constat in libro trium Balistarum... Et viso quod est elapsus tempus quod dictas res dictarum locationum debebant perfici: et quod usque nunc nihil factum neque ceptum sit, serratis inter eos solepnitatibus oportunis, deliberaverunt et solepniter decreverunt dictas locationes suspendere et suspenderunt. Et mandaverunt quod Operarius non possit aliquo de dictis locationibus aliquid executioni mandare, nisi primo aliud per Consistorium deliberabitur. (Concistoro, Deliberazioni ad annum c. 16 t).

1452 4 Maggio.

Magnifici Domini — deliberaverunt insuper quod percipiatur magistro Iohanni Mangni et magistro Sano pictori quod debeant spedivisse eorum labores capelle eorum Palatii secundum formam eorum locationis, sub pena eorum disgratie. Et sic eisdem et cuilibet ipsorum preceptum fuit. Et statim promiserunt ea spedivisse, videlicet magister Iohannes hinc ad per totum medium mensem, et magister Sanus per octavam diem Iunii, et sic unus pro alio se obligavit et promisit M. Priori Mag. Dominorum etc. (Concistoro, Deliberazioni ad annum c. 6. t).

N.° 97. 1448 (st. sen.) 18 Gennaio

Deliberazione de' Savi dello Spedale di S. Maria della Scala perchè sia intimato a maestro Giovanni e a maestro Antonio Del Minella di condurre a fine il lavoro del Coro per la Chiesa del detto Spedale, già a loro allogato. (ARCHIVIO DELLO SPEDALE DI S. MARIA DELLA SCALA. Deliberazioni vol. IV, c. 156 t.).

Convocati et congregati ad Capitolo et nel Capitolo i Savi, absente Nicholò di Marcho Vieri, uno del numero de' decti

Savj, fu deliberato: Veduto, udito et inteso Miss. Urbano, rectore dello Hospitale, querelante, come per infino 1440 fu facta allogagione a M° *Giovanni* (et) M° *Antonio del Minella* a fare et fabricare uno coro nella chiesa del decto Hospitale con certi pacti et condictioni, et che'l dovessero havere posto per tucto l'anno del 1443 a dì primo di dicembre, come più largamente appare per una privata di mano di frate Savino, et soscripta di mano de' predecti M°. *Giovanni* et M°. *Antonio*. Disse anchora come per fare il decto coro i decti maestri ricevettero dal decto Hospitale lire mille o circha di denari, e benchè più volte sieno stati richiesti et admoniti per più comandamenti facti, che loro debino ponere il decto choro come sònno tenuti et obligati, sempre ànno recusato et hora recusano quello fare contro ogni debito di ragione, et contro la forma de la decta allogagione: et però dimandiente (detto mess. Urbano) che si proceda contro li decti Maestri, come vole ragione etc. Et veduto essi Savi la decta scripta dell'allogazione, ed hauto fede et informatione de'denari riceuti et de li comandamenti altre volte facti, volendo giustificarsi et humanamente procedere, deliberano che di nuovo si facci una significatione e protesta a li decti Maestri, et a ciascuno di loro, che ne la festa di Sancta Maria di marzo proxima advenire debino havere posto il decto choro in quello modo et forma che si contiene ne la loro allogagione: altrimenti che passato il decto termine si procederà contro di loro a la pena che ne la decta allogagione si contiene et a rifare dampni, spese et interesse a la Casa che per decta ragione havesse riceuto, et ad far lo'restituire ogni denaio che havessero riceuti per la decta allogagione, et che la decta allogagione si farà in altri.

N.° 98. 1448

Agostino Ubertini *e* Michelagnolo d'Antonio *detto lo* Scalabrino *si appellano contro una sentenza data a favore di* Guido orafo. (ARCHIVIO DI STATO IN SIENA, Scritture Concistoriali *ad annum*).

Illmi Signori,

Messer Austino Ubertini et *Michelagnolo* di *Antonio* pictore, principali et principalmente per loro interesse, in la causa vertente in fra essi convenuti da una et *Guido Orafo* actore da l'altra, per virtù dell'appellatione per loro interposta in fra il debito tempo alle SS. VV. domandorno torsi, cassarsi et anullarsi una certa sententia, si sententia dir si può, contro di essi data in favore di detto *Guido*, come iniqua, ingiusta et data contro la forma di ragione et delli statuti del Comune di Siena, et non servate le debite solennità, nè cognosciuto come conveniva le lor difese; overo quelle comettarsi et delegarsi dalle medesime con tutti suoi anexi, conexi, emergenti e dependentie in tre. iudici in defetto della Ruota, come piacerà alle medesime, dandole piena autorità di cognoscere, decidere et terminare quella, et aitare et ihnibire et in ciò fare ogni cosa necessaria et opportuna, sicondo la forma di ragione et delli statuti.

NOTA

Intorno a questa causa vedasi il III Vol. dei Documenti per la Storia dell'Arte Senese, a p. 153.

N.° 99. 1449

Ricordo dei lavori fatti da Lodovico di Luca *pittore per la sepoltura di messer Pietro Micheli* (ARCHIVIO detto. Camera del Comune, Libro delle tre balestre a c. 141).

Lodovicho di Lucha dipentore die avere per infino a dì 26 di feraio lib: vintitre e sol: sei, per una targia, per uno bau, per uno lione e per dipentura tutte queste cose e per dipentura delle bande d'uno pennone, in tutto fatto patto d'accordo, lib: vintitre sol: sei — le qua' cose si tolsero per onorare l'esequie di misser Pietro Michegli il quale morì a Roma ch'era ambasciatore de la Comunità.

Ànne auti a dì 26 di giugno lib: vintitre, sol: sei, contati in mano di *Lodovicho* predetto e sono a uscita di me Pietro di Nofrio operaio a f.° 59.

N O T A

Trascriviamo qualche altra notizia di questo artista.
1416.

Vico di Luca *dipetore diè avere Lib: quarantacinque e quagli sonno per tre volte le quali dipense* in chalonica (ARCHIVIO DELL'OPERA METROPOLITANA. Creditori e debitori a c. 16).
1427.

A Lodovicho *dipentore sol. 4 per dipentura d'uno lampanaio a la chappella di Ihus, in Chiesa.* (ARCH. DI STATO. Comp: di S. Bernardino Reg: B. XXV, c. 196).
1444.

Et una cum Vexilliferis Magistris decrererunt declarare et declaraverunt de pictura facta supera portam Palatii Magnificorum Dominorum per Ludovicum Luce *pictorem et socios... pretium flor. 32.*
(ARCH: detto. Deliberazioni di Concistoro Vol. 450, c. 64).

N.° 100.   1451 12 Aprile

Supplica di Donna Giovanna vedova di Stefano (di Gio. Sanetta) *pittore alla Signoria di Siena, per ottenere che sia stimata la pittura fatta da detto suo marito a Porta Nuova.*
(ARCHIVIO detto, Concistoro, Scritture *ad annum*).

XHS

Dinanzi da Voi magnifici et potenti S. Signori Priori Governatori del Comuni e Capitano di popolo dela città di Siena.

Exponsi cor ogni debita reverentia per la sventurata vostra ancilla et serva Gabriella di Buccio di Bianchardo, et donna che fu del divotissimo cittadino et fidelissimo servidore vostro maestro *Stefano* dipentore, come già sono anni circha 4 esso maestro *Stefano* s'allogò da lo spectabile cit-

tadino vostro Landuccio di Marco operaio de la Madonna
daffarsi a la Porta nuova, a fare la decta opera per quel
prezo che fusse dichiarato, finita che l'avesse per lo decto
Landuccio, et per friere Francesco di Misser Christofano
d'Andrea, Giovanni di messer Agnolo et Lonardo di Meo di
Niccholò: ne la quale opera consumò tutto il decto tempo
et havendo finita tutta la volta et manimesso il piano, et
già fatto et finito a perfectione quasi tutto il disegno in
carta, come può havere chiaramente veduto la maggior parte
del popolo vostro, esso maestro *Stefano* suo marito percosso
dal vento marino in esso lavorìo amalò di gravissima malattia, ne la quale giachque circha mesi 2: unde essendo longa
et lui persona miserabile, chè solo de le braccia sue viveva,
non solamente consumò la povera sustantia sua, ma etiamdio fece debito oltre agli altri suoi debiti e quali haveva
prima, che non erano piccholi allui, intra lo spetiale et medici, che continuamente n'ebbe tre et quatro, di fiorini circha trenta; et finalmente come piacque al sommo Creatore
esso maestro *Stefano* la mezedima sancta si morì, et lassò
me sventurata vedova con tre povari pupilli che il maggiore è
d'anni sette, et Idio sa in che stato; che se non fusse l'aiuto
di chi amava esso maestro *Stefano* ne la vita era necessario
ne la morte impegnare per la sepoltura una povarissima sua
casetta la quale pagò di due terzi de le dote mie; nè sapevo parte de' miei guai, perchè lassavo ogni cosa come era
convenevole, fare a esso mio marito. Hora veduto il misero
stato de' poverissimi miei figliuolini, trovo hanno debito con
più persone fior. 187 e quali tutti ragionevolmente diman-
dano: m'è necessario di fare stimare tutti e' lavorii rimasti
d'esso maestro *Stefano* mio marito, intra quali è questo di
decta Madonna, la quale per rispecto del Giubileo per comandamento del Consistorio già circha uno anno o presso fu scoperta, che Idio sa con quanto mancamento di questi pupilli,
chè ogniuno sa come le cose nuove piacciano più nel principio che non fanno per passare di tempo, nè mai quando

per uno rispecto quando per altro ho potuto far fare stimare esso lavoro, nè so che altro modo per me si possa tenere a fare tale stima.

Però ricorro a' piè de la clementissima S. V. chè per gratia le piaccia per opportuno modo provvedere, o per via di maestri e per essi valentissimi cittadini constregnarli a giudicare, o come pare a le S. V. che ognuno habbi il debito suo; et che questi poveri pupilli che per esso lavoro hanno perduto il buono loro padre, almeno sappino quello lo' resta di decto lavoro, chè in verità non sanno che farsi, nè quello di loro si debbi essere: la qual cosa se vi degnerete fare, quantunque giusta e ragionevole sia, se la reputerà a gratia singularissima da la magnifica et excelsa S. V., la qual l'Altissimo si degni conservare come desiderate.

Anno domini *Mccccdj*, indictione *xiv*, die *xii* Aprilis.

Lecta et approbata fuit dicta petitio inter Magnificos Dominos et Capitaneum populi et deliberatum fuit, quod ponatur ad Consilium populi cum hac limitatione videlicet: quod dicti Landuccius, frier Franciscus, Iohannes et Leonardus teneantur et debeant, obtenta dicta petitione, infra unum mensem declarasse et laudasse illud quod heredes dicti magistri *Stefani* habere debent pro laborerio facto dicte porte per dictum magistrum *Stefanum*, sub pena *xxv* librar. den. pro quolibet eorum de facto solvendorum Camerario Montis. Et quod solvat grossos iiij Camerario Consistorii. Quos solvit Iohanni Baptiste Marci Camerario Consistoris ad sui introitus in f.° 58.

Anno, indictione, die et mense predictis, taxata fuit dicta petitio per magnificos D. Capitaneum Populi et Vexilliferos magistros cum iuramento, sol. viginti solvendos Camerario Montis.

In Consilio populi et popularium M. Civitatis Senarum solemniter, et in numero sufficienti convocato ceterisque solemnitatibus observatis que observari debent secundum formam staturum Sen. Et facta in dicto consilio proposita super dicta petitione, et datis consiliis, et misso et facto partito, ut moris est, victa et obtenta fuit dicta petitio, quod fiat et executioni mandetur in omnibus et per omnia prout in dicta petictione, cum eius limitatione, continetur. Que obtenta fuit per *clx* lupinos albos datos pro sic, *vj* nigris datis pro non, non obstantibus; obtenta primo derogatione statutorum per *clvii* lupinos albos datos pro sic, *viiii* lupinos nigros datos pro non in contrarium, non obstantibus.

N.º 101.   1452 7 Aprile

La Signoria di Siena scrive ai Governatori del Comune d'Orvieto d'aver raccomandato Antonio Federighi *scultore al Duca di Calabria* (ARCHIVIO DEL COMUNE D'ORVIETO, Carteggio *ad annum*).

Magnifici Viri Amici nostri Carissimi. Reddite nobis sunt, hesterna die, litterae vestrae, quibus amicitia vestra postulabat, ut *Antonio Federici* sculptori ac civi nostro cum aliquot sociis ab ill.ᵐᵒ Calabriae Duce fidem publicam faciendam curaremus. Quippe qui operariis ecclesiae vestrae sancte Mariae opus esset, ut idem *Antonius* Carrarium quoddam marmor effoderet inque vestram urbem adduceret quo ea eclesia ornaretur. Respondemus igitur nostrum magistratum libenter vestrae morem semper gerere voluntati. Iccirco iam scripsimus ab Franciscum Lutium, oratorem ac commissarium nostrum penes prefatum Ill.ᵐᵘᵐ Ducem, ut omni diligentia operam impendat, ut Amicitia V. dicti salviconductus compos fiat. Speramusque pro maxima sua erga nostram rempublicam humanitate atque benevolentia nobis D.ᵐ suam in eiusmodi negocio facile obsequuturam. Parati semper ad cuncta vobis grata. Ex Senis, die *vij* Aprilis *Mcccclij*.

Priores Gubernatores Comunis et ⎫
                                                    ⎬ Senarum
Capitaneus populi Civitatis   ⎭

(A tergo) Magnificis viris dominis Conservatoribus Urbevetano populo presidentibus, amicis nostris.

N.° 102. 1452 5 Maggio

Gli esecutori della Gabella del Comune di Siena delibe-
rano che sia pagata a Maestro Niccolò d'Ulisse *la pit-*
tura fatta nella loro residenza (ARCHIVIO DI STATO IN
SIENA, Esecutori di Gabella, Deliberazioni *ad annum*, c. 28).

Antedicti domini Executores, una cum camerario predicto
convocati etc. Viso qualiter Magister *Nicolaus Ulixis* pictor
eorum residentie perfecit et complevit locationem picturarum Assumptionis Beate Virginis Marie et plurium Angelorum et Sanctorum, quam habuit et accepit a dominis Executoribus precessoribus; Et auditis pluribus impensis factis
per eum in coloribus et auro pro pingendis dictis figuris ac
etiam intellectis sumptibus per eum factis in victu at aliis
necessariis pro vita, iam sunt *viij* menses vel circa; Et omnibus auditis a dicto Magistro *Nicolao,* que audienda dicen-
daque sunt. Et demum viso designo existente penes egregium
virum Iohannem Uguccii de Bichis in quo sunt depicte omnes figure pingende per dictum Magistrum *Nicolaum* quibus
bene et diligenter prospectis una cum figuris pictis: et viso
bono magisterio dictarum picturarum, et consideratis omnibus
que considerari debent. Et visa et lecta remissione in eos
facta de dictis picturis et locatione ipsarum: animadvertentes
ad utile comunis et ad laborem perfectum per dictum magistrum *Nicolaum*, de qua locatione patet in libro ser Iohannis Franceschini f.° 5 et de pretio ipsius: Servatis servandis, volentes facere salarium dicto Magistro *Nicolao* et
ipsum declarare: ex nunc dictum salarium declaraverunt esse
flor. nonaginta de L. 4. flor. den. sen. Et de predictis fieri
apotissam solutionis ad camerarium kabelle precipiendo ei
quod de pecunia ipsius Comunis solvat dictos denarios sine
suo preiudicio, retentis den. habitis in prestantiam, et hec
omni modo.

Nota

Di questo pittore, che forse ben poco lavorò in patria, non si trovano notizie oltre a queste che riferiamo più sotto, e che riguardano la medesima pittura. Il non conoscere alcun altro pittore senese con questo nome, vissuto nella metà del sec. XV, ci fa supporre che egli fosse lo stesso Niccolò da Siena, che frescò circa il 1461, nella chiesa di S. Antonio Abate di Cascia, la storia della Passione di N. S. (V. Guardabassi — Indice Guida de'Monumenti dell'Umbria).

1451 (st. sen.) gennaio 7.

Et similiter audito Magistro Nicolao *pictore et pingente ad presens residentiam nostram, petente sibi solvi aliquos denarios pro picturis per eum factis, cum ipse summopere egeat pro expensis faciendis pro victu suo, et viso quod dictus Magister* Nicolaus *sollicite pingit, solemniter deliberaverunt quod eidem magistro* Nicolao *fiat una apotissa directa Camerario cabelle qua contineatur quod mutuet imprestantia eidem Magistro* Nicolao *L. quinquaginta den. sen., et de eis teneat bonum computum pro parte picturarum per eum factarum; et hec omni modo etc.* (Deliberazioni citate a c. 2).

1451 (st. sen.) marzo 14.

Et omnes convocati cum Camerario decreverunt fieri apotissa camerario cabelle quod de pecunia ipsius Comunis solvat et prestet magistro Nicolao *pictori eorum residentie L. xxiiij cum ipsos den. velit pro suis necessitatibus et cum iam finierit dictas picturas.* (Ivi c. 15).

N.º 103.   1452 20 Maggio

Petizione de' Quattro Provveditori di Biccherna per costruire una fonte nella via di Pantaneto (ARCHIVIO detto, Concistoro, Scritture *ad annum*).

Dinanzi da Voi Magnifici et potenti S. si ricorda e si fa lo infrascritto ricordo per li Vostri servidori, quattro officiali di Biccherna, cioè:

Che avendo Noi reguardato più volte ad alcuni mancamenti de la città et considerato quanto sia opportuno et honorevole de la città a quelli provvedere; uno fra gli altri n'abbiamo trovato et del quale per molti e molti cittadini anco a noi è stato parlato. Cioè, de provvedere d'una fonte in ne la via di Pantaneto di sopra fra l'abergho di S. Antonio et la piaza di Santo Martino, là dove è grande mancamento d'acqua. Et l'abilità v'è da provedervi per uno bottino de la fonte del Campo, che risponde in una boctiga de

la chasa di Santo Martino dove sta Pasquino di Cecco maestro di legname; et però auto rispecto al mancamento de la
contrata et allo incomodo si riceve et àssi ricevuto in dicta
contrada per mancamento d'acqua per focho, cioè de la casa
di Salimbene Petroni et ne la casa di Lonardo d'Andrea
di Tholomeo, et anco pochi mesi innanzi ne le boctighe
di quelli frabbri, ne' quali luoghi si ricevè assai maggior dano,
che non si sarebbe ricevuto, solo per carestia d'acqua. Laonde
volendo a questo provedere lo ricordiamo a le V. M. S. che
proveghino per loro opportuni consegli al far fare la dicta
fonte; la quali habilmente si può fare. Per la qual cosa si
provederà al mancamento della contrata et provvederassi a
la comodità de l'acqua per tutti e casi di focho e quali Idio
cessi, et anco sarà grande honore de la città una fonte in
quello luogho, cioè in quella strada romana. Et anco che le
S. V. sieno pienamente informate, vi notifichiamo che la spesa
de la buctigha et fonte sarà fior. 200 o circa, et sarà la fonte
con una piaza dinanzi.

L'Altissimo vi felici come desiderate.

N.° 104.   1452 7 Giugno

Gli Esecutori di Gabella allogano una graticola di ferro a
Giovanni *di maestro* Iacomo *di* Vita *fabbro.* (ARCHIVIO
detto, Esecutori di Gabella, Deliberazioni *ad annum,* c. 37).

Die *vij* iunis, de mane.

Antedicti domini, Camerarius et Executores Kebelle convocati omnes in eorum solita residentia pro factis comunis
senensis utiliter exercendis, ut decens est; animadvertentes
qualiter eorum residentia est de proximo depicta et deal-
bata et honorifice permanet in omni et qualibet parte sua,
salvo quod deficit in ea una craticula ferrea, que summe necessaria est propter libros dicte Cabelle securius conservandos,
qui dum permanet tam in pro patulo possunt de facile perdi

et amicti, atque furto subtrahi, ut aliter accidit in grave damnum, preiudicium et dedecus Comunis senensis et dicte Cabelle.

Volentesque hinc rei salubriter providere ad hoc ut omnis materia scandali e medio tollatur, quod de facili posset pro predictis evenire, et dictam eorum residentiam honorifice, ut decens est, decorare ad utile comunis senensis; et habito maturo colloquio et tuta deliberatione supra infrascriptis, solemniter et concorditer deliberaverunt locare et locaverunt, ut infra, magistro *Iohanni* magistri *Iacobi Vile* fabro dictam et infrascriptam graticulam pro infrascriptis denariis, solvendis per camerarium Kabelle de pecunia ipsius comunis, qui pro tempore erit et cum infrascriptis modis et pactis. Et statim: antedicti domini Camerarius et Executores prelibati sedentes ut supra, per se et successores suos, vice et nomine magnifici Comunis Senensis, vigore et auctoritate eorum offitii, locaverunt *Iohanni* magistri *Iacobi* predicto, presenti et recipienti et conducenti pro se et suis heredibus, ad faciendum et fabricandum unam craticulam ferream vernicatam (sic) altam et laboratam cum eisdem compassis, modis et formis pro ut et sicut est laborata et permanet craticula residentie dominorum Regulatorum, que craticula sit propterea minoris ponderis quam illa dictorum dominorum Regulatorum, sitque etiam longitudinis ut decet eorum residentie, videlicet: ab angolo hostii putei eorum residentie incipiat et extendatur ad murum et retro hostium eorum residentie, cum sera sive serratura et clavibus et aliis opportunis et necessariis ad dictam craticulam, pro pretio et nomine pretii et mercedis, quelibet libra ferri laborati ut supra, dicte graticule, solidorum octo cum dimidio denariorum senensium, solvendorum dicto magistro *Iohanni* per camerarios Kabelle qui pro tempora erunt de pecunia ipsius comunis senensis, cum infrascriptis pactis et modis et condictionibus. In primis quod dictus magister *Iohannes* teneatur et debeat dictam craticulam fecisse, laborasse et fabricasse in termino et tempore decem et octo mensium incipiendorum supra dicta die et finiendorum ut sequitur.

Item, teneatur et debeat dictus *Iohannes* ponere et seu poni facere in dicta eorum residentia dictam craticulam in dicto tempore, omnibus ipsius *Iohannis* sumptibus et expensis. Salvo semper intellecto et declarato in principio medio et fine presentis contractus, quod si pro erigenda ponendaque ut supra, dicta craticula, essent necessarii lapides, calx et plumbum pro muro et muraglia fienda quando ponetur dicta graticula, quod tunc et eo casu teneatur comune senense sive camerarius et executores Kabelle existentes pro tempora, emere de pecunia comunis senensis ad sufficientiam et dare dicto magistro *Iohanni* in dicta residentia ad omnem eius voluntatem de dictis lapidibus, calce et plumbo. Quam quidem locationem et conductionem promiserunt dicti camerarius et executores, dicto nomine, dicto magistro *Iohanni* presenti et recipienti attendere et observare, et similiter dictus magister *Iohannes* promisit dictis dominis Camerario et Executoribus recipientibus et stipulantibus pro comuni senense attendere et observare. Et invicem inter se non dicere, facere vel venire per se vel alium quovis modo vel aliquo quesito colore, sub pena et ad penam dupli eius, unde, seu de quo lis et questio fieret et moveretur, et totiens quotiens fuerit contra factum solemni et legitima stipulatione promissa, et dicta pena soluta commissa vel non, et pro quibus etc., bligavit ec. iuravit etc... Actum in cabella, presentibus Meo Marci et Nicolao Laurentii del Frate de Senis testibus rogatis etc.

Ego Galganus Petroccii not. rogatus scripsi.

Postquam, antedicti domini Camerarius et Executores volentes quod dictus magister *Iohannes* sit magne sollicitus ad laborandum et faciendum dictam craticulam, et ad hoc ut possit laborare, solemniter decreverunt dicto *Iohanni* concedere libras quinquagintas denariorum in dectis non obligatis in prestantiam, et sic significare dicto camerario per apotissam, secundum quod consuetum est.

Anno Domini *Mcccclii.* ind. *xv.* die vero ultima Iunij. Antedicti domini Camerarius et Executores, absente Laurentio, convocati etc. declaraverunt melius hanc locationem ad hoc ut tollatur omnis dubietas que oriri possit, quod ubi dicit dicta craticula sit minoris ponderis pro rata laboreri. Et addiderunt dicte locationi quod dictus *Iohannes* teneatur et debeat facere et fabricare dictam graticulam ut supra dictum est, et cum uncinis in capite, presente dicto *Iohanne* et acceptante etc. Actum in executorio, presentibus Meo Nannis Marci et Ferrarino scardazerio.

Ego Galganus subscripsi.

N.º 105.   1452 14 Novembre

Supplica di Giovanni *di* Cristofano *di* Maggio *alla Signoria di Siena per l'assoluzione da una condanna* (ARCHIVIO detto, Concistoro, Scritture *ad annum*).

Dinanzi a Voi Magnifici et potenti Signori, Signori priori Governatori del Comune, et Capitano di popolo de la città di Siena, exponsi per parte de' vostri minimi figliuoli e servidori M.º *Giovanni* di *Cristoforo*, maestro di pietra, vostro minimo cittadino, et Monna Giovanna sua donna: come del mese di Luglio proximo passato essi furono condennati per lo spectatissimo chavaliere M. Cristofano de' Valori da Parma allora capitano di Iustitia de la vostra Città, cioè esso M.º *Giovanni* in libre cento, et essa Monna Giovanna in lib. quattro di den. sanesi, et si non pagasero infra dieci dì fussero obligati a pagare il terzo più: presa cagione che essa Monna Giovanna disse certe parole contro Marchiesedeche di Nofrio bichieraio alora habitatore in Siena, ingiuriose, cioè « *ghagloffo, ribaldo che tu se': che tu non puoi stare a chasa tua per ghattivo* ». Et el detto M.º *Giovanni* disse a la detta sua donna « *tragli un saxa e dagli et rompali el capo* » et più esso M.º *Giovanni* assalì esso Melchisedec con una ascia di ferro con animo di perchuoterlo: ma esso non percosse, dicendoli queste parole ingiuriose « *traditore io bene pagherò* » et di nuovo alzò essa ascia contro el detto Melchisedec, niente di meno non lo percosse, come de le predette condannegioni più largamente appare ne' libro de la vostra Bicherna segnato di cinque Grifoni, in fo. 77, e la quale si degni qui avere per specificata come se di parola in parola fusse scripta. Magnifici Signori, la verità è che tornando esso M.° *Giovanni* da lavorare et trovando che esso Melchisedec aveva questione con essa sua donna, lui s'ingegnò di spartirli; et perchè avesse una ascia a lato, con la quale aveva lavorato, mai alcuno amenamento fece; ma sempre s'ingegnò rapacificare. Maestro Melchisedec huomo schandoloso et forestiere, da Gambassi, più volte si trovò a dire villana a essa sua donna dicendo: *io amazarò te et el tuo marito, e andaròvi contro perchè qui non ò nulla,* per la quale cagione essi M.° *Giovanni* e M^a. Giovanna ricevendo da esso Melchisedec più villanie non poterono fare che qualche parola ingiuriosa non dicessero: et se fussero stati diligenti se ne sarebbero difesi, ma per contumacia et per negligentia furono condennati. Et però l'è di bisogno ad ricorrare ai piei de la Vostra usata clementia, che vi degniate per pietà et misericordia operare che per li vostri opportuni consegli esse condennagioni lo' sieno tolte via, et che sia lecito al notaro de la vostra Biccherna et chaschuno di loro in tutto, che sieno tenuti et debbano esse condennagioni cassare et cancellare senza alchuno pagamento da farsi per loro, la quale cosa essi poveri et mendichi vostri servitori se lo reputeranno ad gratia singulare de la V. M. S., la quale l'altissimo Dio si degni felicitare come desiderate.

N.° 106.   1452 23 Novembre

L'Operaio e i savi dell'Opera Metropolitana fissano il prezzo della cancellata fatta alla porta di S. Paolo, presso la Croce del Travaglio, da Giovanni di Paolo fabbro. (ARCHIVIO DELL'OPERA METROPOLITANA, Deliberazioni E. V. c. 121).

Congregati ecc. — Avuta informatione, come riferiro due di loro, da più e più maestri e persone di quanto si vegga della graticola del ferro stagnata, che è a la porta di Sancto Paolo da la Croce al Travaglio, fatta da *Giovanni* di maestro *Paolo* chiavaio; avendo più volte la decta graticola veduta e factane comparatione a più altre graticole sono a Siena e avutone più pareri, et udita et intesa la dimanda ne fa il decto *Giovanni,* solennemente dichiararo et deliberaro che il detto *Giovanni* abbi di tutta quella graticola et suo lavoro facto, e da farsi a compimento d'essa, a ragione di sol. dodici per ciascuna lib: di peso, tutta a le sue spese.

NOTA

Questo documento ci dà occasione di riferire altre notizie sulla cancellata di ferro fatta da *Niccolo di Paolo* fabbro per la cappella del Palazzo pubblico.

1434 (st. sen.) febbraio 25.

Et simul cum dictis Vexilliferis, locaverunt magistro Niccolao Pauli fabro graticulam quamdam ferream ponendam et figendam in introytu cappelle huius palatii, in illa forma et cum illis pactis, modis, condictionibus et qualitatibus que continentur in quadam scripta, facta de dicta concessione et laborerio per magistrum Jacobum magistri Petri de la Fonte, que est penes me notarium in filza huius officii, et subscripta manu mei.

Et sic idem magister Niccolaus illam conduxit et ad eam se obligavit cum modis in illa expressis, sub pena etc.: renuntians etc.: et cum iuramento et guarantisia (Concistoro, Deliberazioni, Vol. 214 a c. 35 t.).

26 Febbraio.

Operario Camere prestet dictus Camerarius (Consistorii) lib. centum den., de quibus ipse Operarius solvat Ser Gasparri de Vulterris lib. xvi pro certa fenestra reaptata in sala consilii, et lib. lxxx prestet Nicolao Pauli fabro conductori graticule ferre ponende in cappella palatii. (Ivi c. 36).

Completiamo la notizia del lavoro di maestro Guasparre da Volterra.

Et quod in quantum Ser Gaspar de Vulterris, qui aptavit unam ex fenestris

vitreis sale consiliorum, aptet sex alias ex dictis fenestris, ad bonam sufficien-
tiam et perfectionem. Operarius Camere solvat eidem, pro dictis sex fenestris,
flor. xviij auri de lib. iiij pro flor., videlicet flor. tres, pro qualibet ipsarum
sex fenestrarum. Intelligendo hoc de illis fenestris, ex supradictis, que habent
maiorem necessitatem. (lvi c. 36 t.).

N.° 107.　　　　　　　　　1453 2 Aprile

I Conservatori di Pace del Comune d'Orvieto concedono
un salvacondotto a M.° Antonio Federighi per andare a
Carrara a scegliere i marmi per la fabbrica del Duomo.
(Archivio dell'Opera del Duomo d'Orvieto, Riformanze
ad annum).

Die *ij* mensis Aprilis *Mcccclij*. Congregatis et cohadunatis ad invicem magnificis dominis Conservatoribus pacis etc.
in qua congregatione fuerunt infrascripti cives etc. petitionem Camerarii et Superstitum, fuit propositum per dictum
Camerarium et narratum, quod tempus est Magistrum et
operarios ad petendum Carrarie pro lapidibus marmorum
laborandis et conducendis pro edificatione frontonis dicte Ecclesie Sanctae Marie, et quod dominus Magister *Antonius*,
caput magister, non vult ire quin primo habeat cautelam et
securitatem ab offitio dicte fabrice, ut secure vadat, stet et
redeat propter guerras vigentes in partibus lustrandis, et
precipue petit sibi dare et fieri facere salvos conductos maiestatis Regis Ragonorum et civitatis Florentie: alios non
intendit accedere cum ipse dubitet tam in eundo, quam in
stando et redeundo, ob dictas guerras: Quid videtur, et
placet sit fiendum:

Qui dicti domini Conservatores etc. deliberaverunt quod per
Camerarium et Superstites queratur et procuretur, ad instantiam supra dicti magistri, quod habeatur supradictum salvum
conductum, videlicet a maiestate Regis Ragonorum, et a Civitate
florentinorum pro dicto magistro et aliis sotiis laborantibus
in decta fabrica, sumptibus dicte fabrice, pro eo tempore quod
sit necesse, et pro meliori modo ut ipse magister *Antonius*

et alii euntes cum eodem sint securi, et cum securitate incedant: et quod per predictam civitatem Urbisveteris scribatur civitati Senes (sic) et civitati Florentie pro dictis salvis conductis habendis, quibus habitis, dictus Magister teneatur ire ut promisit.

N.° 108.   1453 24 Novembre

Denunzia de' beni di Ser Guasparre da Volterra *prete e maestro di vetri, abitante in Siena.* (Archivio di Stato in Siena, Denunzie *ad annum*).

Al nome di Dio, amen. *Mccccliij*, a dì *xxiv di Novembre*. Dinanzi da Voi savi et discreti et honorevoli cittadini, posti et deputati sopra la lira nuova per lo chomuno di Siena, narrasi et exponsi per me *Guasparre di Giovanni* prete da Volterra, e cittadino della vostra magnifica città di Siena, come, a dì *xiij* di novembre, io comperai una chasetta da Nello di Giglio fornieri da Siena, sita et posta nel terzo di Chamollia et popolo di Santo Christofano nella contrada di Provenzano. Confini: da due lati la via del comune, dall'altro Monna Antonia donna di Simone di Christofano forniere; della qual chasa n'apparisce strumento et charta per mano di Ser Deio di Salvestro notaio pubblico di Siena. La qual chasa comperai per prezo e nome di prezo di fiorini trentasette, di lire quattro per ciaschun fiorino: et così n'apparisce scrittura e chabella come se ne paghi la vera gabella, cioè, Nello pagò la metià e io l'altra metià. Ora sono rimasto povero et ghottoso: raccomandovi alla Signoria Vostra.

Nota

Dei lavori fatti da questo maestro in Orvieto, diamo le seguenti notizie.
1445. 24 Luglio.

Ieronimo Martinelli pro adcessu facto ad civitatem Senarum, causa conducendi caputmagistrum et Ser Guasparrem *magistrum vitri; videlicet, pro ipso et tribus bestiis, inter ipsum et Corsum, in totum lib. sexaginta.* (Archivio dell'Opera del Duomo d'Orvieto, libro d'entrata e uscita *ad annum*).

1448 3 Agosto.

Ser Guasparre di Gualterra (sic) *magistro fenestrarum pro certo restu quod remansit habere a dicta fabrica, tempore Francischi Bartholi Martij camerari tunc; et pro ipso Ser Guasparri domine Francisce uxoris olim Ser Bonaventure, sol. quadraginta, quos ipsa restavit habere a dicto Ser* Guasparri *pro pensione eius orti.* (Ivi *ad annum*).

1448 a di 2 di Novembre.

Item, pagato a Piero di Giovanni per piscione di certo letto esso prestò a Ser Guasparre da Volterra *nel tempo ch'el detto Ser* Guasparre *stette a fare le finestre di vetro; el quale letto Ser* Guasparre *el tenne anni duo e mesi sei, a rascione di sol. otto el mese; monta in somma, alla detta rascione, lib. dodici di den.* (Ivi, *ad annum*).

1450, a dì ultimo di Decembre.

Pagato a Ser Guasparre da Volterra *per resto e complemento di tucto el tempo che avesse servito pella fabricha d'onne lavoro chesso (sic) facto per servitio d'essa fabricha infinente al presente dì d'ogie, computato onne suo salario che allui fosse stato promesso et onne vettura, gabella e pasaggio el quale la decta fabricha fosse tenuta di pagare per lui, per qualunche rascione si fuxe, secondo el lodo dato per lo nobile et egregio dottor et nostro governatore misser Buonamicho vescovo dell'Aquila, ducati d'oro a rascione lib. sette e sol. sei el ducato, L. 87 sol. 12.* (Ivi *ad annum*).

Lavorò anche per la pieve di Radicondoli:

1445.

A Ser Guasparre di Giovanni *prete da Volterra maestro di vetro paghamo lib. venti, le quali sono per quattro pesi d'ochi per la Pieve vechia.* (ARCHIVIO COMUNALE DI RADICONDOLI, libro dell'amministrazione dell'Opera dal 1437 al 1455 c. 118).

N.º 109.   1453

Denunzia di Francesco d'Antonio *orafo.* (ARCHIVIO detto, Lira, Denunzie *ad annum*).

Dinanzi da Voi spettabili cittadini sopra a fare nuova lira, diciesi per me *Francescho d'Antonio* horafo d'avere una chasa nel terzo di san Martino, e popolo santo Giorgio che io abito.

E più il luogo a Bulciano, che mi costò fior. 180 — E più la terza parte del trafficho degli orafi: v'ò lire 200 e chavo per terzo e denari del Monte. Altro per me non si dicie: rachomandomi a le vostre charità.

NOTA

Riferiamo altre notizie di questo valente artefice:

1440.

Francesco d'Antonio *orafo ha sol. 17 per avere intagliato una lupa nell'anello del Capitano di Popolo* (ARCHIVIO detto, Concistoro, Bilanci *ad annum*).

1450.

Aiuta Giovanni Turini *a lavorare due orciuoli d'Argento* (Ivi).

1450 (st. sen.) Gennaio 8.

Francesco d'Antonio *horafo e die dare, a dì viii di gennaio 1450, Lib: novantaquattro, sol. cinque, e quali furo per più ragioni ariento gli demo per lo tabernacholo* (del SS. Chiodo) *fa per la chasa.* (ARCHIVIO DELLO SPEDALE DELLA SCALA. Conti correnti P. dal 1448-1454 c. 63).

1453 Agosto 6.

Francesco d'Antonio *horafo diè avere, a dì vj d'Agosto, per Lib: trentatre, on. nove d'ariento lavorato e smaltato, el quale avemo questo dì detto, da Lui in un tabernacolo del Chiodo di Nostro Signore, el quale à fatto a la casa per Lib: 4. 9. 6. monta lib: Mcviij xij sol. vij den. vj.* (Ivi c. 461).

1450 Luglio 23.

Ricordo come questo dì xxiij di Lulglio pesamo l'ariento del chandeliere ci rachonciò Francesco d'Antonio *horafo* (ARCHIVIO DELL'OPERA DEL DUOMO, Memoriale e ricordi di mano di Pietro di Minella dal 1451-1455, n.° 4).

1456 (st. sen.) Febbraio 25.

Francescho d'Antonio *orafo diè avere, a dì 25 di feraio, Lib: ciento quarantuno, sol. quattro, sono per uno tagliere d'Argento che con una balzana e uno lione in mezo ismaltato, di peso lib: tre, on. otto, den. sei. a Lib: tre sol. quatro l'oncia.* (ARCHIVIO DI STATO, Concistoro, Lib: del Camarlingo 1454-1459 c. 186).

1459 *die v Septembris.*

Camerarius solvat Francisco Antonii *aurista, flor. xxx de lib: quatuor pro flor: schompulandos in figura Soncti Bernardini per eum facta.* (OPERA DEL DUOMO, Delib: Lib. E. c. 60).

1459. Fece due diademi per le statue d'argento di S. Pietro e S. Paolo lavorate dai Turini per l'Opera del Duomo, e nel 1466 eseguì la cassetta del Braccio di S. Giovanbattista e gettò in argento la statua di S. Bernardino. (ARCHIVIO detto, Memoriale rosso nuovo a c. 253).

1468 Giugno 30.

Riceve con *Pietro di Domenico* orafo lire 8 per un orologio d'argento smaltato di peso once 26 ⁴/₂ ed è pagato della fattura di un trombone d'argento (ARCHIVIO DI STATO, Concistoro, Bilancio T. XVIII a c. 98).

1477 Novembre 20.

Franciesco d'Antonio *e comp. orafi dieno avere, a dì xx di Novembre 1480, lib: sei, sonno per racconciadura di sei tabernacogli parte d'argento e parte di rame* (OPERA DEL DUOMO, Libro giallo *delle tre rose* a c. 140).

N.° 110.   1453

Denunzia di Giovanni *di* Meuccio maestro *di pietra.* (ARCHIVIO detto, Lira, Denunzie *ad annum*).

†. IHUS.

Dinanzi da voi espectabili e honoratissimi citadini electi e dipuitati a fare la lira della cità e chontado di Siena etc.

Esponsi e diciesi per me *Giovanni* di *Meuccio* di Contadino m.º di pietra, citadino vostro, cor ogni debita riverenzia diciesi per lo deto *Giovanni* volere essere allirato nel terzo di città e chompangnia di sa' Marcho: apresso el debito e mobile del deto *Giovani*, e prima:

I' ò una chasa posta in Siena e chompangnia di Sa' Marco, terzo di Çità, cor uno orto drieto alla detta casa, di valuta di fior: ottanta o circha, in tuto.

E più uno lasso fato a mia madre del quale non aviamo fato conto sicondo a me pare. Resto avere lire ottanta o circha.

Appresso e 'l debito: e prima con cierti speziali per la malatia di mia madre e de' miei nipoti, fior: cinque o circha.

E più ò la mia persona per la vita mia e della mia famiglia, mi conviene règiare e conduciare delle mie braccia e non ò altra entrata.

E più i' ò tre figluogli, due femine e uno mascho e la dona che ne fa; e so' pichogli, e di loro non ò niuno aiuto nè sossidio ecc.

Avisovi che per lo sospecto e ghuerra dubito non avere ghuadangnio nè alquno utile, ed ò debito co l' Uopara fiorini quindici o circha per grano e altre chose auto dalla deta Huopara.

Altro per me a dire a le riverenzie vostre, preghandovi io vi sia racomandato, preghando Idio che filiciti e acrescha e mantengha lo stato vostro etc.

N.° 111.   1453

Denunzia di maestro Giovanni *di* Paolo *pittore*. (ARCHIVIO detto, Lira, Denunzie *ad annum*).

IHUS.

Dinanzi da voi prestantissimi e honoratissimi cittadini eletti et deputati per lo magnificho Comune di Siena ad ordinare et fare la nuova lira.

Giovanni di Pavolo dipentore da Siena assegna gli infra-scripti suoi beni.

In prima, una chasa posta nel terzo di Chamolia nel populo di Sancto Gilio nella contrada del pogio Malevolti, ne la quale io abito a casa et a butiga.

Item, una casa posta nel detto terzo et contrada del pogio Malavolti et populo di Sancto Gilio, allato alle case della compagnia di Sancto Michelagnolo, la quale casa à bisogno di ricuperatione et aconcime et non si abita se non s'aconcia, et per lo meno v'è di spesa vinti fiorini e pocho più vale.

Racomandasi sempre alle vostre magnificentie et benignità.

N.° 112. 1453

Denunzia di Nanni *di* Pietro *pittore.* (Archivio detto, Lira, Denunzie *ad annum*).

Dinanzi da Voi savi e discreti cittadini eletti a fare la nuova lira, dicesi per me *Nanni* di *Pietro* dipentore d'avere la mia persona e non altro.

E più sì ò la donna con tre figliuoli, e sì ò una fanciulla grande di diciotto anni, e no la posso maritare. Raccomandomi alle Vostre Reverentie.

NOTA

Nanni di Pietro, fratello di m.° Lorenzo detto il *Vecchietta*, eseguì alcuni lavori in Duomo e nella Compagnia di S. Ansano, come ne fanno fede i seguenti ricordi:
1458 Luglio.
Richordo chome a dì 3 di Luglio si diè una libra d'azzurro a m.° Giovanni di Pietro che dipegne gli sportelli delle tavole degli organi (Archivio dell'Opera, Memorie del Camarlingo dal 1452-1460, c. 150).
1462 Maggio.
Antonio e Iacomo di Sano Humidi dieno avere, a dì xxiij di Maggio, sol. quarantaquattro, sono per più cose date a m.° Giovanni di Pietro dipentore, disse tolleva per la cappella di S. Bernardino in Duomo, le quali cose tolse da dì 11 Ottobre, a dì 17 Novembre 1457 (Archivio detto, Libro nuovo rosso c. 128).

1464 (st. sen.) Gennaio 20.

A m.° Nanni di Pietro dipentore Lib: 3. 10 per dipentura del tabernacolo e de la predella dell'altare di Chapella.

A m.° Nanni dipentore a dì 27 di Gennaio per resto de la dipentura del tabernacolo sol. 10 (Lib. della Comp. di S. Ansano c. 83).

Nel 1468 (st. sen.) Gennaio 5. il detto Maestro *Giovanni* riceve, per la valuta di fior. 51, alcuni mobili come dote di donna Iacoma del fu Francio sua moglie. Ebbe due figli maschi: Galgano Michelangelo, nato il dì 8 Maggio 1441, e Pietro Paolo che sposò donna Mariana di Pietro di Matteo linaiolo, con dote di 40 fior. (ARCHIVIO DI STATO, Denunzie *ad annum* c. 13).

N.° 113.   1454 14 Agosto

Francesco *di* Antonio *orafo prende a fare una Madonna in argento per il Convento di S. Francesco di Siena.* (ARCHIVIO detto, Carte del *Convento di S. Francesco* di Siena).

X p̄ o

Apaia manifesto a chi vedrà questa scritta come ogi questo di 14 d'agosto 1454 io *Francesco d'Antonio* horafo ò riceuto once settantanove, quarri tre, denari quattro d'arienti di più ragioni da Francescho di Gerardo Cinuzi el qual m'à dato per maestro Bartolomeo di Simone da l'Isola frate minore e maestro in sacra teologia, el quale ariento è montato lire dugiento quaranta e sette d'achordo, e debone fare una Madonna chol suo Figliuolo in chollo, a lire quatro e soldi dieci oncia, e deeci dare a la sagrestia del chonvento di sancto Franciescho di Siena, e Franciescho di Gerardo detto ne die essare l'operatore: e io Francesco d'Antonio sopradetto ò fatta questa scritta di mia mano la quale ò fatta per chiarezza di Franciescho di Gherardo sopradetto, ed enne memoria al mio libro longho segniato *C,* a fo. 60.

N.° 114.   1455 25 Luglio–26 Ottobre

I Governatori della Repubblica di Siena deliberano di far carcerare Lorenzo di Turino *orafo, per non avere eseguito alcuni lavori d'oreficeria commessigli.* (ARCHIVIO detto, Concistoro, Deliberazioni *ad annum*).

Die veneris, *xxv* Iulij.
Priore Dominico de Placidis.

Magnifici et potentes Domini etc. decreverunt etiam cum Vexilliferis Magistris, quod *Laurentius Turini* aurifex, tam diu detineatur quam diu distulerit restituere argentum, quod habuit a Camerario Consistorij, pro faciendo quibusdam figuris, quas non fecit debitis temporibus.

Die dominico, *xxvij* Iulij.

Magnifici et potentes Domini et Capitaneus populi convocati etc., decreverunt quod *Laurentius Turini* aurifex, isto sero de nocte, carceretur et recomendetur Superstitibus carcerum comunis, pro L. 657 denariorum, quas tenetur dare Camerario Consistorij, seu pro argento habito et pro aliis adque tenetur dicto Consistorio, quacumque de causa.

Die *xxviij* Iulij.

Magnifici et potentes Domini Capitaneus populi in Consistorio convocati etc., decreverunt quod Superstites carcerum comunis Senarum, possint retinere *Laurentium Turini* aurificem carceratum et detemptum in carceribus Comunis Senarum, ad istantiam Consistorii in andito dictorum carcerum, cum receptionem idoneorum fideiussorum, dummodo in sero non demictant eum esire ad eius domum.

Die *xii* Augusti, martis.

Magnifici et Potentes Domini et Capitaneus populi etc. Et decreverunt quod Camerarius et Scriptor Biccherne vel alter eorum, significent Camerario Consistorii, quicquid *Laurentius*

Turini tenetur dare in dicta Biccherna, et qua de causa, et deinde ipsum casset et dicat per totidem significationis dicto Camerario Consistorii, qui Camerarius Consistorij ipsum *Laurentium* faceat debitorem apud postam dicti *Laurentii,* et reducat omnes'postas ad unam.

Et decreverunt quod locetur ad facendum figuram Virginis Marie de argento, prout locata fuerat suprascripto *Laurentio.*

Et quod eligant tres ad videndum et extimandum cassettam quam incepit facere pro cappa Sancti Bernardini, et similiter dicta extimatio ponatur ad eius rationem ubi est debitor, ut videatur quod restat dare dictus *Laurentius,* dicto Camerario Consistorii.

Et remiserunt in M. Capitaneum Populi et Dominum Gabrielem una cum Camerario Consistorii, qui possint locare suprascriptam figuram Virginis Marie cuicumque eius placuerit et videbitur, ad maius vantaggium Comunis.

Et similiter decreverunt, quod facta estimatione suprascripti argenti consigniati per *Laurentium Turini,* Camerario Consistori, et similiter de laborerio cassettine raminis, et posita extimatione ad eius *Laurentii* computum et postam, et datis infrascriptis fideiussoribus, qui se et obligent insolidum solvere residuum debiti infra sex menses proxime futuros principaliter et insolidum (missa primo posta debiti quod dare debet in Biccherna ad postam eius in libro Camerarii Consistorii) extrahi debeat et extrahatur de carceribus, cum hoc tamen; quod de figura argenti iam incepta fieri per *Iohannem* eius fratrem et deinde devastata et eius labores nihil possit petere, sed quietare teneatur comune Sen. Quorum hec sunt nomina videlicet: Iacobus Laurentii de Menghinis, Thommassus Pauli Aurifex, Neroccius Ghori Ser Neroccii et Cinottus Coiarius.

Die iovis, *xxi* Augusti.

Magnifici et Potentes Domini etc. Cum Vexilliferis magistris etiam decreverunt, quod Camerarius Consistorii ponat ad rationem *Laurentii Turini,* ubi est debitor extimatio argenti funditi, quod dictus *Laurentius,* tradidit eidem Camerario in summa lib. 8 et unciarum duarum in una piastra et una verghetta argenti facta per Bartholum de Mignanellis et Iohannem Nicholaccii Theroccii Camerarios Zecche, prout patet apodixa eorum manu propria, que extimatio est lib. tercentarum decem et octo, sol. ij, den. sex, videlicet: L. 318 sol. 2, den. 6.

Et similiter ponat ad dictam rationem eius, quod dedit lib. 62 sol. 15, pro extimatione cassette ramis incepte per dictum *Laurentium* seu *Iohannem* eius fratrem, facta per quatuor aurifices, videlicet; per *Franciscum Antonii* aurificem, *Franciscum Iacobi Pepi, Federigum Venture* et *Andream Pauli,* qui diverse et separatim dederunt et extimaverunt; et reductis omnibus summis dictarum extimationum et postea tracta quarta pars, que fuit suprascriptarum L. 62, sol. 15.

Die veneris, *xxviiij* mensis Augusti.

Magnifici et potentes Domini et Capitaneus populi, una cum Vexilliferis Magistris, in Consistorio convocati etc. Actempto quod *Laurentius Turini* qui sibi conduxit, seu *Iohannes* eius frater, quamdam figuram argenteam Virginis Marie et ipsam incepit facere et partem quamdam fecit: et quod non bene composita erat, defectu ipsius *Laurentii,* prout plenam notitiam asseruerunt habere: Ideo decreverunt de dicta figura seu incepta et postea devastata, dicta de causa, nullum salarium sibi esse fiendum nec habere debere dicta causa; sed ipsum *Laurentium* restare debitorem comuni Senarum et Camerario Consistorii in libris quadringentis triginta una, sol. duos, den. sex pro Madonna et capsettina et computatis laboribus suis et aliis usque in praesentem diem factis occasione dicte locationis et capsettine.

Die dominico, *xxxj* mensis Augusti.

Magnifici et Potentes Domini et Capitaneus populi in Consistorio convocati etc. Actenta deliberatione facta sub die *xxviiij* presentis pro *Laurentio Turini* aurifice de Senis, et de resto sui debiti cum Camerario Consistori, occasione figure Virginis Marie et capsette sancti Bernardini per eum incepte, omnibus computatis circa dictam materiam, restat debitor in lib. quadringentis trigintauna, sol. duobus, den. sex, pro quibus decreverunt, quod in quantum per totam hodiernam diem dictus *Laurentius* prestet infrascriptos fideiussores, videlicet: Tomassum Pauli aurificem, Iacobum Laurentii de Menghinis et Cinotum... coiarium de Senis, qui sese principaliter et in solidum obligent et promictant solvere supradictam summam denariorum in terminum unius anni proxime futuri et ante, si ante vendatur domus dicti *Laurentii*. Quod liberetur a carceribus comunis Senarum et quod fiat apodixa relassationis in forma, alias non fiat dicta apodixa.

Die *iiij* Septembris, priore Iohanne Francisci.

Magnifici domini etc. Et deliberaverunt concedere licentiam Superstitibus carcerorum comunis Senarum, posse licentiare *Laurentium Turini,* detentum in carceribus ad instantiam comunis Senarum, pro denaris menestratis de argento, qui per eum fieri debebant, pro otto diebus tantum, recipiendo tamen in fideiuxores et promissores *Tomassum Pauli* aurificem et Cinottum de representando in carceres, aut solvendo id ad quod tenetur Comuni Senarum.

Die *viiij* Septembris.

Magnifici et potentes Domini et Capitaneus populi, solemniter congregati; et attenta deliberatione magnificorum Dominorum in offitio precessorum, manu ser Galgani Cennis, sub die *xxxj* augusti et in eorum libro 7°, 58 etc., decreverunt quod *Laurentius Turini* aurifex, detentus in carceribus comunis Senarum pro L. 431, sol. 2, den. 6, denariorum, quos restat solvere comuni Senarum de figura Virginis Marie argentee per eum fiende, Camerario Consistorii, admissis sibi omnibus suis laboreriis prestitis tam in dicta figura Virginis Marie, quam etiam cassette de cappa Sancti Bernardini et omnibus suis aliis laboribus quibuscumque, prestet in fideiuxores *To-massum Pauli* aurificem et Cinottum Checchi Cinotti coia-rium de Senis, qui se principaliter et in solidum obligando de solvendo dictam quantitatem denariorum in terminum unius anni, hinc proxime venturi, dicto Camerario Consistorii; ac etiam ante, si primo dictus *Laurentius* vendet eius domum, se principaliter et in solidum promittent et obligent de fa-ciendo predicta, quibus fideiuxoribus in solidum obligatis ut supra, tunc decreverunt dictum *Laurentium* relaxari debere a carceribus comunis Senarum: et de predictis apodixam re-laxationis fieri in forma et modo.

Et statim, post predicta, immediate in dicto Consistorio *Thomassus Pauli* aurifex et Cinottus Chechi Cinotti predicti, principaliter et in solidum se obligando eorum libera etc., promiserunt Magnificis Dominis et Capitaneo populi, praesen-tibus et recipientibus pro comuni Senarum, etiam dictas li-bras quatringentas triginta unam, solidos duos et denarios sex denariorum, videlicet: L. 431, sol. 2. den. 6, denariorum, in infrascriptum tempus unius anni (et primo si primo ven-deretur domus dicti *Laurentii*) hinc proxime venturi etc. quo-rum denariorum solutionem facere promiserunt, elapso dicto tempore, etc. pro quibus in solidum se obligaverunt etc. quo-rum bonorum etc. et interim dicta bona etc.; renuntiantes etc. iurantes etc. cum guarentigia etc.

Actum in Consistorio predicto, coram Nicolao Battiste ser Laurentii, Niccolao Niccolai de Buoninsegnis et Ruge-rotto de Ugurgeriis, tribus ex quatuor Biccherne, testibus.

At ad petitionem dictorum fideiussorum, statim facta fuit apotissa relaxationis in forma, de dicto *Laurentio Turini*.

Die *xxiij* Ottobris.

Magnifici Domini et Capitaneus populi, etiam decreverunt, quod Superstites carcerorum relaxent *Laurentium Turini* carceratum, sine aliqua solutione fiende prestantie dictorum carcerorum, et sine eorum preiuditio.

Nota

Nel libro del Camarlingo di Concistoro, a c. 167 t., si riscontra questa partita. 1455.

Lorenzo di Turino *orafo de'dare L. quatrocento trentuna, sol. due, den. sei ; e quali denari sonno per resto d'una ragione scritta in drieto Giovanni e Lorenzo di Turino orafi. E quali denari sonno per resto d'una Madonna et Bambino d'ariento, ebe a fare e non si finì, perchè aveano piena informazione, non era stata fatta a perfezione; et simile per resto di una cassetta di rame non fornita.*

N.° 115.   1455 30 Agosto

Il Concistoro alloga a Francesco di Pietro di Bartolomeo orafo *una statua d'argento per la sagrestia del palazzo pubblico di Siena.* (ARCHIVIO detto, Concistoro, Delibera-zioni *ad annum* c. 58 t).

Anno Domini *Mcccclv.* Indictione *iiij,* die vero *xxxj* mensis Augusti. Iohannes domini Angeli de Martinoziis, magnificus capitaneus populi, et dominus Gabriel de Palmeriis, ex Magni-ficis dominis Prioribus, absente Mariano ser Bindocti came-rario Consistorii, tamen promictentes pro eo de rato etc. ha-bentes ad infrascripta plenam conmissionem a toto collegio M. dominorum Priorum et Capitanei populi, de qua patet manu mei notarij infrascripti: vice et nomine Comunis Sen., conces-serunt et locaverunt *Francisco Pietri* magistri Bartholomei aurifici de Senis ad faciendum et fabricandum unam figuram argenteam pro sacristia palatii, ad mensuram figurarum San-ctorum Pietri et Pauli existentium apud dictam sacrestiam, et duabus unciis maiorem ad bonam perfectionem et ad dictum et iudicium cuiuslibet boni magistri. Quam ipse *Franciscus* debet perfecisse infra terminum otto mensium proxime fu-turorum, pro pretio et nomine pretii librarum quattuor et so-lidorum quinque den. sen., pro qualibet uncia, solvendo eidem per Camerarium Consistorij vel alterum de pecunia Comunis de tempore in tempus, prout videbitur Operario infrascripto, et cum eisdem pactis, modis et condictionibus de quibus fit mentio in locatione facta *Laurentio Turini* aurifici de Senis de dicta figura, que'hic habeatur pro repetitis et expressis ac si hic foret de verbo ad verbum, et mihi liceat exprimere et ponere in presenti contractu, mutatis mutandis. Et promisit dictus *Franciscus*, eisdem locatoribus, quod dictus Pietrus pater eius in dicta locatione et presenti contractu eius consensum eidem prestabit in forma valida. Item, quod pro predictis figura et argentis et aliis sibi dandis, pro dicta figura facienda, ipse *Franciscus* debeat dare ydoneos fideiussores qui promictant, quod ipse *Franciscus* ipsam figuram faciet infra dictum tempus et restituet argentum et omnia alia sibi danda pro dicta figura et denarios sibi dandos et mutuandos serviet ut moris est, aliter de suis propriis denariis et pecunia restituere et penam infrascriptam solvere et alia facere atque tenetur. Ipse *Franciscus*, vigore presentis locationis, concessionis et conductionis, casu quo non fecerit ipse *Franciscus*, qui fideiussores debeant approbari per operarium infrascriptum. Et dicti locatores promiserunt eidem *Francisco* solvere vel mutuare de dicto pretio de tempore in tempus, ut dictum est. Et ad invicem promiserunt dicte partes omnia et singula infrascripta actendere et observare et contra non facere vel venire, quoquo modo, sub pena librarum centum den. sen. etc. Quam penam presens, non servans etc. Et dicta pena etc. Item reficere etc. Obligantes ad invicem etc. Renumptiantes etc. Iuraverunt etc. Cum guarantigia etc. Rogantes etc.

Actum Senis in palatio Magnificorum Dominorum et camera Magnifici Capitanei populi, coram Laurentio Dominici de Rocchiis, Iacobo Credi de Credis et Iohanne Guelfi ex dictis magnificis Dominis, testibus presentibus, vocatis et rogatis.

Et statim pro dicta figura constituerunt prefati locatores in operarium dicte figure Niccolaum domini Angeli de Martinoziis de Senis, presentem et acceptantem.

Postquam, paulo post predicta, Marianus Bindocti camerario Consistorij intellecta locatione facta per dictos Magnificos

Capitaneum populi et dominum Gabrielem, etiam nomine ipsius Mariani camerarij, ipsam locationem ratificavit etc.

Anno Domini *Mcccclv,* Indictione *iiij,* die vero *xij* Septembris. Pietrus magistri Bartholomei cimator de Senis, intellecta conductione facta de facienda infrascripta figura per *Franciscum* eius filium a suprascriptis locatoribus, modo et forma suprascriptis, pro executione promissionis facte per dictum *Franciscum* in dicta locatione et conductione ex nunc prout ex tunc et econverso in premissis dicto *Francisco* filio suo presenti, consensit et eius consensum dedit et prestitit et haberi voluit ac si in locationem fuisset presens et eius consensum prestitisset eidem, omni modo etc. Insuper dictus Pietrus, Stefanus Dominici Bigliotti et *Iohannes Mei Vici* aurifex de Senis, intellecta suprascripta locatione facta de dicta figura argentea per suprascriptos locatores suprascripto *Francisco,* cum modis et forma suprascripta, precibus dicti *Francisci,* ex certa scentia et non per errorem fideiubendo pro eo promiserunt se facturos, curaturos ita et taliter et cum effectu, quod dictus *Franciscus* faciet, restituet et observabit omnia ea ad qua tenetur secundum formam suprascripte locationis. Aliter promiserunt, mihi notario infrascripto, tamquam publice persone etc. presenti et stipulanti vice et nomine Comunis Sen. facere, restituere et observare de eorum propriis bonis et pecunia. Que omnia etc., sub pena dupli eius etc. Qua pena etc. et dicta pena etc. Item reficere etc. Obligantes in solidum etc. Renumptiantes etc., et iuraverunt etc. cum guarantigia etc. Rogantes etc.

Quos fideiussores, Niccolaus Domini Angeli de Martinoziis operarius dicte figure approbavit pro bonis et ydoneis etc.

Actum Senis in logia Sancti Pauli, coram ser Alberto Danielis Petri notario de Senis et Mathei Andree alias Matano famulo Curie Mercantie de Senis testibus presentibus vocatis et rogatis.

Ego Galganus Cennis Manni notarius Consistori rogatus scripsi.

N.° 116. 1456 (?)

Maestro Agostino *da Piacenza bombardiere fa istanza alla
Signorìa di Siena per ottenere un orto posto in vendita
dagli Officiali di Biccherna* (ARCHIVIO detto, Concistoro,
Scritture *ad annum*).

Dinanzi da voi Magnifici et potenti Signori, Signori Governatori del Comune et Capitano di popolo de la città di Siena,
et spectatissimi Officiali di Balìa ec.

Il vostro minimo figliuolo et servidore fedelissimo, maestro
Augustino, maestro di far bombarde, al presente abitante nella
Vostra magnifica città di Siena, con reverentia dice et expone,
che, come sanno le S. V., il magisterìo suo è di gran fatica,
pericolo et travaglio sì del corpo etiandio della mente. Et alcuna volta à di bisogno d'alcuna poca d'aria per spassare
l'occhio, il quale ancora non sia di troppo perdimento di tempo,
et avendo per uno deliberato, se d'anima non si muta, stare
et commorare nella vostra città, et forse sempre, in caso che
piaccia a questa Magnifica Comunità, per servire le M. S. V.
Egli venuto ne la mente che dopo alcuna sua faticatione di
poter pigliare un poco di piacere et di rifrigerio per ristoro
delle faticationi sue, mediante la gratia delle S. V. Et per
tanto a sua notitia è venuto come per lo offitio del Camarlingo e Quatro di Bicherna s'è bandito a vendita uno certo
orto posto ne la città di Siena nel terzo di Città e popolo,
e contrada di Santo Salvadore, et in luogo decto il Mercato
Vecchio. Al quale per confini, il muro castellano, dall'altra
il detto mercato, da lato uno certo orto de lo spedale, dal-
l'altro uno certo orto il quale tiene maestro Maffeo sarto;
et se più veri confini mettesse. Et del quale orto ebbe notitia
quando provò la bombarda per le S. V. perchè poco di sopra
è l'antenna del segno due dette la pietra d'essa bombarda:
il quale s'è bandito a L. 35 il più, et sonno iti già, più di
6 mesi, più di nove bandi, et essendosi bandito quello con

altri beni del Comune per satisfare il far delle bombarde,
supplica alle S. V. che vi piaccia solennemente deliberare che
esso orto gli sia venduto per lo decto prezzo di L. 35, o per
quello più o meno che piacesse alle S. V. Et dicomi mettare
nel decto Offitio Biccherna, che il decto orto sien tenuti et
debbino vendere a esso maestro *Agostino* per lo decto prezzo,
o per quel più o meno che alle S. V. parrà convenirsi da
excomputarsi in quello che esso maestro *Agostino* à avere
da Comune vostro. Et fargliene carta a senno del suo savio
senza notitia et secondo la forma della ragione e degli Statuti del Comune di Siena, la qual cosa, benchè sia giusta, se
la 'mputarà a gratia et dono singolare dalle S. V., le quali
l'altissimo feliciti come desiderate.

N.° 117.   1457 Agosto 18

Il Concistoro concede a maestro Francesco di Pietro di Bar-
*tolomeo orafo un altro mese di tempo per condurre a ter-
mine la figura della Madonna, che aveva preso a fare
in argento.* (ARCHIVIO detto, Concistoro, Deliberazioni, c. 24t)

Die iovis, *xviij* Augusti.
Illustres et Magnifici Domini etc.

Viso etiam quod *Franciscus Pietri* Magistri *Bartholi,* aurifex de Senis, tenebatur fecisse quamdam figuram Virginis
Marie argenteam, in medio mensis augusti presentis, que de
ramine fecit, quare deliberaverunt quod dictus *Franciscus*
eam facere teneatur per totum mensem settembris proxime
venturum, sub pena centum lib. den., solvenda de salario suo,
quod recipere debet pro dicta figura. Cum hoc tamen, quod
Camerarius Consistorij debeat eidem solvisse et dare aurum
et alia necessaria pro dicta figura.

Presente dicto *Francisco* et audiente inteligente et consentiente.

Nota

A questo lavoro si riferiscono le seguenti partite:

1455.

Francescho di Pietro di m.° Bartolomeo *horafo, de'dare, a dì xxv d'ottobre, per una piastra et una verghetta d'ariento di peso di lib. otto, once una, den. diciotto d'ariento, di lega undici e den. uno a lega, che detto dì gli demo per detto di Nicholao di messer Angnolo operaio de l'aloghagione della nostra Donna da farsi d'ariento per detto Francescho secondo la sua aloghagione,... L. cccxviij, sol. ij, den. 6.* (Concistoro, Libro del Camarlingo).

1456.

Francescho di Pietro di M.° Bartalomeio *orafo die dare indrieto a f.° 171 Lire cinquecento cinquanta otto, sol. due, den. sei, per ariento e denari contanti per fare la Vergine Maria d'ariento de la Sagrestia di Palazzo. L. Dlviij, sol. ij, den. 6.*

E die dare, a dì 30 di genaio, L. ciento vinti per noi da Lorenzo di Turino *orafo, a lui imprestò a f.° 167 e per lui da Nofrio Borghesi e compagni banchieri, L. cxx, sol. 0. den.*

A dì xx di maggio. Pietro suo padre *achonsejnò la fighura de la Nostra Donna e il Bambino non rifinito.* (Ivi c. 185ᵗ).

Francesco di Pietro orafo eseguì anche altri lavori per la Cattedrale, come ne rimane ricordo nei libri di quell'Archivio.

1454 7 giugno.

Operarius liberavit Franciscum Pieri *aurista ab obligatione figure sancti Pauli* (Delib. E. 6, c. 8).

1463.

Francesco di Pietro *orafo ha a fare l'impronta delle figure di S. Pietro e di S. Paolo.* (Memoriale rosso c. 142).

1466.

Rede di Francesco di Pietro *orafo che gittò la figura d'argento di S. Pietro.* (Ivi c. 142, 252).

N.° 118.   1458 2 Novembre

Madonna Diamante de Ursa *fa pagare a maestro* Giovanni di Vittorio *pittore da Siena, abitante in Pistoia, fior. 5 d'oro, parte del prezzo di due tavole commessegli.* (Archivio di Stato in Firenze, Rogiti di Ser Iacopo Giribelli da Pistoia, Protocollo dal 1453 al 1459).

1458, die secunda mensis Novembris.

Domina Diamante, filia olim domini Baronti de Ursa, et uxor olim Lei ser Iohannis ser Chelli de Pistorio de, et cum presentia, consensu et auctoritate Iuliani Antonii Nelli de

Pistorio eius legiptimi mondualdi; sibi petenti per me infrascriptum notarium dati etc. per se et suos heredes, dedit,
vendidit et tradidit ser Iohanni Antonii Cioci notario pisto-
riensi, ibidem presenti, ementi, stipulanti et recipienti, vice et
nomine nominandi et declarandi per eum, et non declarandi
per se et suos heredes, unum petium terre laborative vineate et fructate per prodas unius cultre, quod est situm in
Com. Piubice comitatus Pistori a Comugnana, confinatum a j°
via, a ij° Michaelis, a iij° et a iiij° Daniellis Bartholomei fabri
de Pistorio, a v° bona canonicorum majoris Kathedralis pi-
storiensis ecclesie: et hoc pro pretio in lib. centum quadraginta den. De quo pretio, de presentia et consensu et voluntate
dicte domine Diamantis, dedit et solvit pro ea magistro *Iohanni*
Vectorii pictori de Sen. habitatori Pistorii, pro parte mercedis
unius picture duarum tabularum quas et seu quam, idem magister *Iohannes* facere debet ad petitionem dicte domine Diamanti, eo modo et forma et cum pactis, de quibus continetur,
ut dixit in quadam scripta conventionis facte inter dictam
dominam, et dictum magistrum *Iohannem,* manu dicti magistri
Iohannis, existente penes dictam dominam Diamantem, florenor: quinque auri novos, quos idem magister *Iohannes* fuit
confessus et contentus se habuisse et recepisse pro dicta domina a dicto Ser Iohanne. Residuum vero dicti pretii idem
Ser Iohannes, dicto nomine, promisit dare et solvere hoc modo
videlicet: dicto magistro *Iohanni* usque in lib. centum denariorum, computatis dictis florenis quinque pro residuo dicte
picture pro dicta domina Diamante, tunc cum dicta pictura
fuerit expleta, secundum conventionem dicte scripte, tunc de
voluntate dicte domine Diamantis vel alterius cui dicta domina Diamante committeret; et residuum, quod est libras quadraginta denar., solvere promisit dicte domine Diamanti ad
omnem eius domine voluntatem: dum tempore ultime solutionis fiende, dicta domina Diamante teneatur eidem Ser Iohanni
ydoneum fidejussorem pro defensione et evitione terre dare.

N.° 119.   1457 (st. sen.) 3 Febbraio

*I savi dell' Opera del Duomo di Siena aumentano il salario
a* Pietro Ungaro *maestro d'organi per la costruzione degli
organi nuovi* (ARCHIVIO DELL'OPERA. Delib. E. VI, c. 44 t.).

Visis organis factis ad perfectionem per magistrum *Pietrum
Ungarum*, et viso tenore locationis de dictis organis, et etiam
considerato designo et figura dictorum organorum, et viso,
quod dictus *Petrus* ultra dictum designum, noviter construisse
duas turriculas penes dicta organa, que stant bene et pulcre
cum organis fabricate et organorum sunt ornamentum; et
etiam viso, quod ipse laboravit et fecit cannas dictorum organorum de stagno ultra locationem; quum canne organorum
veterum erant plumbee, et non erant acte talibus organis
novis. Volentes dicto Magistro *Petro* se liberales facere, decreverunt dare dicto magistro *Petro*, ultra salarium eius sibi
debitum, flor. *xx* de lib. *iiij* pro floreno.

NOTA

Nel medesimo libro, alli 8 luglio 1458, c. 84t, si legge:
*Liceat facere conductam et locationem organorum parvorum existentium circa
nova organa, magistro Petro.*

Pietro Ungaro fu forse il medesimo *Pietro Scotto* al quale si riferisce la deliberazione che segue (Ivi c. 31).

1456. Novembre 16.

*Magistro Pietro Schotto organorum magistro, scriptum est, quod se non con-
tulit Senas ad facendum organa, et notifiat eius intentio.*

N.° 120.   1459 22 Settembre

*La Signoria di Siena delibera di far restaurare una sala
del palazzo pubblico* (ARCHIVIO DI STATO IN SIENA, Concistoro, Deliberazioni *ad annum* c. 19ᵗ).

Magnifici et Potentes Domini et Capitaneus Populi antedicti simul cum Vexilliferis Magistris, Viso quatenus palatium
eorum residentie indiget reparationis, maxime in Montagna

nera, ac etiam pro ipsius ornatu et utili edificatione de novo unius sale ubi est camera Reformationum etc. Deliberaverunt et decreverunt: quod dicte reparationes et dicta sala, de novo fiant. Et pro dictis reparationibus et de novo edificio fiendo, obligaverunt et deputaverunt introytus signorum barilium hujus anni et aliorum annorum futurorum. Et similiter introytus gabelle donzellinarum. Qui introyti veniant et venire debiant in manibus Operarii Camere Comunis et ipse Operarius solvat pro dictis acconciminibus in den. contantibus, et teneat computum donec faciunt ad perfectionem facta laboreria antedicta, ut profertur.

Insuper, pro predictis reparandis et de novo fiendis et edificandis, eligerunt in Operarios infrascriptos cum plena autoritate et comissione, que comissio et autoritas duret donec dicta acconcimina et edificia fiuntur cum effectu perfecta. Quorum sunt nomina, videlicet:

Cristoforus de Gabrielis.

Franciscus Pietri Francisci Gori.

Antonius Iacobi del Golia.

N o t a

Fino dall'antecedente anno, nel Palazzo pubblico, erasi dato principio a qualche restauro e abbellimento.

1458 4 Luglio.

Antedicti Magnifici Domini ec. Deliberaverunt etiam cum Vexilliferis Magistris, quod Donatellus *sculptor et magister* Urbanus *vel alius magister mictantur ad partes Vallis Urcie ad perquirendum lapides alabastri, que dicuntur esse in illis partibus, pro palatio et eius ornatu.* (Concistoro. Deliberazioni *ad annum c.* 3t).

1458 25 Luglio.

Magnifici Domini et Capitaneus populi antedicti, deliberaverunt, quod accipiantur pannelle auree que sunt apud sacristanum, que necessarie sunt pro picturis que fiunt in sala palatii, ubi commeditur. (Ivi c. 10t).

N.º 121.   1459 9 Ottobre

Maestro Giovanni di Vittorio *pittore rinunzia al prezzo pro-
messogli da madonna* Diamante da Pistoia, *per la pittura
di due tavole che non avea dipinte.* (ARCHIVIO DI STATO
IN FIRENZE, Rogiti di Ser Iacopo Giribelli da Pistoia. Protocollo dal 1453 al 1459).

1459, die *viiij* mensis octobris.

Giulianus Antonii Nelli de Pistorio procurator, et procuratorio nomine, domine Diamantis olim uxoris Lei Ser Iohannis
de Pistorio, liberavit et absolvit etc. magistrum *Iohannem
Vettorii* de Senis pictorem, habitatorem Pistorii, presentem,
stipulantem et recipientem, a flor. quinque auri novis et largis,
pro eo habitis a Ser Iohanne Antonii Cioci notario Pisto-
riensi, manu mei notarii etc. Et hoc fecit dictus procurator,
dicto nomine, quare pro eo fuit confessus et contentus se
habuisse et recepisse ab Antonio Pauli Coltellaccio fidejus-
sore dicti magistri *Iohannis*, et ipse magister *Iohannes* li-
centiavit omnem quantitatem den. sibi promissam pro dicta
domina Diamante per Ser Iohannem Antonii suprascriptum,
manu mei notarii, etc., quia non fecit picturam quam facere
sibi tenebatur, vigore conventionis in dicto istrumento, et sibi
domine Diamante restitui voluit dictam quantitatem, presente
dicto procuratore et me notario, ut publica persona, pro ea
stipulanti et recipienti.

N.º 122.   1459 (st. sen.) 2 Marzo

*La Signoria di Siena ordina all'Operaio della Cattedrale
di far fare due statue di marmo per la Chiesa di S. Paolo.*
(ARCHIVIO DI STATO IN SIENA. Concistoro Deliberazioni *ad
annum* a c. 4).

Magnifici Domini et Capitaneus populi ad Consistorium
congregati in simul, in numero completo, remiserunt et con-

miserunt in dominum Cristoforum Filiscii, Operarium Catedralis ecclesie, qui locationem faciat de duobus figuris fiendis in scultura pro ecclesia sancti Pauli, sive de una : locando eas al *Vecchietta* pictori et magistro sculturarum.

N.° 123.   1460 10 Febbraio

Conto della spesa occorsa per l'urna d'argento allogata
   dalla Signoria di Siena a Francesco d'Antonio *orafo,*
   per conservarvi la Cappa di S. Bernardino. (Archivio
   detto, Libro del camarlingo di Concistoro a c. 181).

† Xp̄o Mcccclx.

Francesco d'Antonio horafo de' avere, a dì x di febraio, L. Milleottantatre, sol. 0, i quali sonno per lib. 19, on. 8 d'ariento lavorato in una chassetta fatta per la chappa di Santo Bernardino; cioè, fra ariento fino e a lega in tutto decte lib. *xviij*, on. *viij*. a ragione di L. 4, sol. 10 l'on., che con questo dì ne fu d'acordo con me Pavolo d'Arcolano Venturini camarlengo del Consistorio e co gli spectabili cittadini eletti e deputati per li M. S. a essere hoperatori d'essa cassetta, cioè: Misser Cristofano di Filigi, Tancredo di Meio Benvoglienti e Lorenzo di Ghino di Bartolomeo, tutti e tre d'acordo insieme giudicorno decto *Francesco* dovesse avere dette L. Milleottantatre sol. 0, cioè L. 1062 per lo sopradecto ariento e L. 21 per cierta basa di rame pose sotto a decta cassetta, inorata, e per saldatura e per tutto ogni cosa reduta insieme furono la monta di dette L. Milleottantatre. Con questo inteso che detto *Francesco* s'obriga a fare in su e canti di detta cassetta due mezzi santi Bernardini col Giesu; e questi deba avere fatti per tutto el presente mese, e fatti si debbano pesare e fargli il debito per l'amonte d'esso a la sopradecta ragione di L. 4, sol. 10 l'oncia. E così questo dì decto, n'è rimasto d'acordo. *Franceso d'Antonio* orafo de' avere, a dì *xviij* di giugno L. quindici, sol. tre, den. nove,

i quali sonno per due mezi santi Bernardini d'ariento, fecie
per mettare sopra la cassetta della capa di Santo Bernardino, e quali lo furo comessi per messer Cristofano Filigi
e Lonardo Benvoglienti e Lorenzo di Ghino.

N.° 124.   1460 Ottobre

Petizione di Caterina de' Piccolomini, sorella di Pio II, di-
retta ai Governatori di Siena per ottenere la esenzione della
gabella sui marmi ed altri macigni, e la occupazione di
un chiassolo per la casa nuova che edificava. (ARCHIVIO
detto, Consiglio Generale, Deliberazioni c. 300 t).

—

Dinanzi da Voi magnifici et potenti Signori, Signori Priori
Governatori del Comune et Capitano di Popolo de la magnifica Città di Siena.

Supplica humilmente madonna Caterina de' Piccolomini,
sorella de la S.ta di papa Pio, a la S. V. che vi degniate per
li vostri oportuni Consegli fare solennemente provedere che
essa o altri per lei possa mettare in Siena marmi tibertini,
macigni et qualunque altra generatione di pietre che a lei
fussero necessarie per la casa da doversi per lei nuovamente
edificare così per la faccia dinanzi, come per qualunque altra
parte d'essa casa senza alcuno pagamento di cabella da pagarsi al Comune di Siena, non ostante alcuna leggie, statuto
di vostro Comune che per alcuno modo disponesse in contrario, a li quali si degnino le V. M. S. fare solennemente
derogare, considerato che la detta madonna Caterina intende
et vuole fare fare la detta casa honoratissima et con grande
spesa ad honore di questa magnifica città et de le V. M. et
Excelse Signorie.

Item, perchè la detta madonna Caterina à fatta designare
la detta casa da uno valentissimo maestro, dal quale Lei ha
avuto per consiglio et parere per bellezza de la faccia dinanzi

che allei sarebbe necessario d'avere quello chiasso di sotto verso el Campo acanto a la detta casa nuova;

Item, perchè la via dal canto di sopra de la detta casa, volendola lassare tutta libera come era prima, sarebbe alquanto mancamento al detto edifitio; et pertanto supplica la detta Madonna Caterina che vi degniate di far provedere per li detti Consegli che essa possa pigliare del detto chiasso di sotto quello che le fusse bisognevole, cioè, o tutto o parte, secondo el Conseglio del detto maestro: et che Essa possa pigliare similmente de la detta via di sopra verso Piazza Manetti, secondo el parere del detto maestro; offerendosi però essa madonna Caterina in termine di due anni, dal dì della obtenuta provisione, rimettare la detta via in quella larghezza che è al presente, non obstante qualunque leggie o statuto che in contrario parlasse; le quali cose se farà la V. M. S. come spera, se lo reputarà ad singularissima gratia da quella.

N.º 125.   1460 Novembre

Petizione dei frati di Lecceto per edificare un oratorio sotto il nome di San Pio. (ARCHIVIO detto, Consiglio Generale, Deliberazioni a c. 324).

Dinanzi a voi mag. Signori Signori Priori Governatori del Comune di Siena et Capitano di popolo de la magnifica Città di Siena.

Exponsi con debita reverentia per li vostri oratori frati, Capitolo et Convento di Sancto Salvadore, altrimenti *Leccieto*, come loro vorrebbero fare edificare et murare una chiesa o vero oratorio sotto el nome di san Pio, et ànno cercato per uno sito conveniente per volere edificare la detta chiesa, et non truovano più acto luogo et più commodo di poterla fare, se no pel poggio riscontra al luogo di Leccieto, il quale poggio è della magnifica città di Siena, et è lugo (sic) salvatico et saxoso, del quale non si chava alcuno fructo. Et pertanto i detti frati per intuito di pietà et di misericordia supplicano a la V. M. S. che vi piaccia concedar lo' tanto terreno sul detto poggio, che sia di spatio di braccia quattordici o sedici per ogni verso, solo per potere la detta chiesa edificare. La qual cosa sarà accepta al nostro Signore Idio, et anco piacerà molto a la Sta di N. S. papa Pio secondo, il quale più volte è ito al detto luogo. Et loro s'obbligano sempre a pregare Idio per la V. M. S. che essa feliciti et acresca in buono et pacifico stato.

Nota

Fu approvato dal Concistoro il 26 novembre 1460, il 17 dicembre dal Consiglio del Popolo, il 21 detto dal Consiglio Generale.

N.° 126.   1461 21 Novembre

Provvisioni fatte per l'Arte della Seta, da diciotto cittadini eletti sopra il bonificamento delle arti in Siena. (Archivio detto, Appendice II alle carte delle arti c. 21).

In prima, che l'Università dell'Arte della Seta della città di Siena, facendo o facendo fare ogn'anno almeno trenta peze di velluti dell'infrascripte ragioni di braccia quaranta la peza, le quali peze saranno bastevoli e sufficienti al bisogno e comodo della città e distrecto di Siena, sieno date a' maestri o a chi farà drappi e velluti in Siena delle infrascripte ragioni, per tempo di tre anni proximi a venire, l'infrascripte quantità di denari della pecunia del Comuno di Siena, nette di cabella, sopra le casse et de' denari delle casse comuni delle porti della città di Siena, servate le fedi; de' quali denari si tenga buon conto in Bicherna, sì che alcuno errore resultare non possa. Le quali somme de' denari per li infrascripti velluti sono queste, cioè:

Di ciascuna peza di velluto col pelo o damaschino di qualunque colore, lavorato in Siena, di seta di crudo e non tinta fuori della città, lire vj.

Di ciascuna peza di zetani rasi senza pelo, di qualunque colore, o baldacchini lavorati come di sopra, lire 3.

Item, ch' e' quattro Provveditori della Bicherna del Comuno di Siena sieno tenuti et debbino fare tenere buono conto de' lavorii si faranno et levaranno d'in su le telaia in sur uno libro marcato; sì che ogni setaiuolo possi saldare ogn' anno le sue ragioni di quello avesse facto, recate le braccia a peza di braccia quaranta la peza; et essi Quatro, avuta fede per lo detto libro et per chi terrà esso conto, sieno tenuti e debbino fare pulitia di pagamento al Camarlengo di Bicherna, secondo la tassa sopradetta. El quale Camarlengo sia tenuto et debbi pagare essi denari a chi gli àrà serviti de' denari d'esse casse comuni, servate le fedi, senza altra pulitia di Concestoro, e senza alcuna exceptione o contrarietà.

Item, che la detta Arte della Seta e setaiuoli sieno tenuti e debbino vendere essi velluti e lavorii di seta per pregi giusti, ragionevoli e discreti.

Item, che la detta arte della seta possi et a loro sia lecito condurre uno maestro di tinta di seta, et a tignere la seta nella città di Siena, per tempo di tre anni, da cominciare il dì che verrà ad habitare nella città di Siena, con salario da darseli per lo Comuno di Siena a ragione di libre octo il mese, netti di cabella. El quale salario el Camarlengo di Bicherna sia tenuto e debba pagare al detto maestro da conducersi, di mese in mese, come servirà, de' denari delle casse comuni delle porti del Comuno di Siena, senza altra pulitia di Concestoro, ma solo per pulitia de' Quatro di Bicherna; la quale pulitia e' detti Quatro sieno tenuti e debino farli senza alcuna contrarietà o exceptione.

Item, che nissuno sartore o sartrice, nè alcuna altra persona, possino per alcuno modo tagliare drappi nuovi nè vechi, se non sono marcati, a la pena di fior. cinquanta d'oro, e di stare mesi sei in pregione; da pagarsi la metà della sopradetta pena al Camarlengo et Offitio de' Terratichi, el quarto a l'acusatore, e 'l quarto a quegli che lavoraràno e obliga-

rànosi a lavorare e' detti drappi. Et questo s' intenda dove per
lo rectore e Camarlengo dell'Arte delli setaiuoli non si vegha
manifestamente essere drappo fatto in Siena, o veramente di
quegli ci sieno marcati. Et che si facci uno marco di nuovo,
el quale debbi stare apresso a l'Uffitio de' Quatro, per mar-
care li velluti.

Item, che se accadesse che la Corte ci venisse, e fusse
concessa licentia a li cortigiani potere mettere drappi in
Siena, che a nissuno altro che a essi cortigiani sia lecito
comprare nè usare detta licentia per decti drappi, a la pena
di fiorini cento da pagarti come di sopra per qualunque comprasse o tagliasse detti drappi, come è detto, e per ciascuna
volta; ma solo resti tale licentia per li cortigiani e forestieri.

Item, che nissuna persona di qualunque grado o conditione
si sia, possi nè debbi mettere nella città di Siena pelo o
orsaio o trama di nissuna ragione, cioè tinta di nissuno colore, a la medesima pena come è detto di sopra.

Item, che nissuna persona possi tessere di nissuna ragione
seta detta di sopra, nella medesima pena da pagarsi come
di sopra è detto.

Item, che non si possi tessere nè fare tessere di nissuna
ragione seta fuore delle porti della città di Siena, sotto pena
di fior. 25 d'oro per ciaschuno e ciascuna volta, da pagarsi
come di sopra, e di pèrdare la seta.

Item, che se la detta Università de' setaiuoli non farà
ogn'anno le dette 30 peze di velluti come di sopra, non abbino provisione alcuna.

Item, che le dette provisioni si debbino publicamente ban-
dire per la città.

N.º 127.   1461 1 Dicembre

Maestro Stefano di Luigi *da Milano prende a scrivere e miniare i Trionfi del Petrarca* (ARCHIVIO detto, Carte di particolari, famiglia *Bellarmati*).

In nomine Domini, Amen. Anno Domini *Mcccclxj.*

Sia noto et manifesto a ciaschuna persona che vedrà et legerà la presente scripta, come questo dì dicto de sopra, io Maestro *Stefano di Luisio* da Milano, per certa scientia et non per alcuno errore et sponte, prometto et obligomo al nobile homo Francesco di Facio Belliarmati da Siena, presente et recevente, di scrivere *li triumphi del Petrarcha* in carta pecora di lectera bastarda di mia propria mano, de la più bella ch'io sapia fare, miniati come parrà a me *Stephano,* in termine e tempo di mesi sei prosimi da ogi da venire; et per questo observare obligo mio bene presente et advenire; et per questo observare so'contento d'essere obligato a Foligno, a Siena, a Roma. Et rinuntio et ogni benefitio che per me si facesse di ragione, et giuro el dicto contracto observare. Et per chiarezza di ciò ò fatto questa scritta di mia propria mano, in presentia di Sere Alberto Danielo da Siena et di Francesco sopradecto. Anno et mese et dì sopradecto, ne la città di Foligno.

Et io Alberto di Daniello da Siena sopradetto fui presente alla sopradetta scritta, anno, mese et dì detto di sopra.

NOTA

Prendiamo occasione da questo documento per riportare molte altre notizie di Miniatori e di lavori di quest'arte eseguiti in Siena, non ricordati dal comm. Milanesi.

ACCUSIO notaro.

1248. — *Item sol. v.* Accursio *notario pro miniis ab eo factis in quadam cedula, pro ipsis ponendis in fontibus comunis.* (ARCHIVIO DI STATO IN SIENA, Libri di Biccherna *ad annum,* c. 15).

AGOSTINO DI GIOVANNI prete.

1454. — *A ser Angelo prette a santo Pietro a Vi (Ovile) Lib. quatro sol. cinque per miniatura uno nostro messaletto* (BIBLIOTECA COMUNALE DI SIENA, Lib. della Compagnia di S. Ansano D. X. 1, c. 26).

1483. 24 Dicembre. — *A ser Angnolino di Giovanni prete abitante in Provenzano; Lib. nove, le quali demo per la sua manifatura di mile novecento cinquanta e sei mini e fra picholi e grandi, cioè: sei a sol. 1 den. 4 l'uno, et per mileseicentovinti picholi a sol. 3 el cento, più per trecentocinquanta minii a sol. 10 el cento e per due mini grandi a prencipio del liro con tre fighure il uno e uno banbino cholorite e messe a oro per tutto Lib. nove* (ARCHIVIO detto Comp. di S. Bernardino Reg. B. 39).

ALESSANDRO DA MILANO frate.

1459. 30 Maggio. — *Passati a frate Alessandro da Milano per certe miniature. lib. 3 sol. 6.* (ARCH. DI STATO detto, Lib. di Monte Oliveto Maggiore DX. c. 149t).

1469. 10 Marzo — *A dì detto sol. 17. a fra Rafaelo per lo cinabro per frate Alisandro che scrive.* (Ivi c. 239t).

1469. 18 Aprile. — *A dì 18 d'aprile m'assegnò fra Matia essere stato due anni passati in questo monistero avere spesso a comprare carte per i libri di coro scrive fra Lisandro e per fare miniare a scritto al detto frate Alesandro da penna e da pennello, e per salario di due maestri sono stati a ligare più libri in più mesi e per tavole da libri e per pelli di più ragioni per coprire e detti libri e per fornimenti d'atone per li detti libri ec.* (Ivi c. 240).

BARTOLOMEO DA FERRARA frate.

1471. 20 Dicembre. — *A dì detto, sol. 8 per una squadra di ferro per frate Bartolomeo miniatore.* (Ivi c. 268t).

1472. 11 Gennaio. — *A dì detto, sol. 26 per facitura de'calzari di frate Bartolomeo miniatore et acconciatura de le sue pianelle.* (Ivi c. 169).

1472 Luglio. — *Item per un paio di seste di rame per frate Bartolomeo nostro miniatore.*

Item per once due d'azurro d'Alemagna e altri più colori e pezzi 60 d'oro in panelle per frate Bartolomeo da Ferrara nostro miniatore, e per tutto. (Ivi c. 277t).

1472. 21 Ottobre. — *Item, per colori per frate Bartolomeo nostro, li quali li compro frate Giovanni già più tempo fa, montano in tutto lib: 1, 3, 0.* (Ivi 281).

1472. 30 Ottobre. — *Item a dì detto, sol. 6 per colori e panno per frate Bartolomeo da Ferrara miniatore.* (Ivi c. 271t).

1472. 11 Novembre. — *Item per frate Bartolomeo da Ferrara nostro miniatore L. 0. 2.* (Ivi c. 282).

1473. 8 Maggio. — *A' frati nostri di Sant'Elena, a dì otto di maggio, L. 33. sol. 12, li mandamo per frate Bartolomeo da Ferrara loro miniatore in sei ducati, come apare ragione per noi, e sono debitori al nostro Convento.*

A frate Bartolomeo da Ferrara, a dì detto, soldi dieci per un paio di speroni per se. (Ivi c. 287).

BERNARDINO DI DOMENICO frate.

1471. — *Frate Bernardino di Domenico e diè avere sol. vinti per miniatura del Petrarcha.* (ARCH. detto, S. Domenico Reg. C. VIII. c. 89t).

BINDO DI VIVA.

1311. 26 Giugno. — *Ancho lib. x, sol. xviij, den. x a sere Bindo Viva miniatore per miniatura et leghatura et altre chose de lo statuto nuovo volghare sichome si contiene in essa pulizia in mano di Mino Bindi suo legatore* (ARCHIVIO detto, Lib. di Biccherno ad annum, c. 256).

1340. — *In primis ser Bindo miniatori trecentos quinquaginta quattuor lib. pro tribus statutis xxxviiij quaternorum, pro quolibet: videlicet, pro scriptura,*

*corretione, emendatione, miniatura ad pennellum et ad pennam, ligatura et co-
vertis. Quorum, unum tenet Capitaneus guerre, aliud Capitaneus populi et aliud
Maior Sindicus. (Libri d. ad annum)*

CARLO DA VENEZIA prete.

1473. 17 Giugno. — *La librarìa facciamo di nuovo per la sagrestia de'dare
Lib: cientodiciassette, sol. dodici sonno per tanti fatti buoni a ser prete* Carlo da
Venezia, *più mini grandi non forniti e per lettere piccole* (ARCHIVIO DELLO SPEDALE
DI S. MARIA DELLA SCALA, Conti correnti U. 1474-84, c. 72).

COLA DI FUCCIO.

1323. 1 Settembre. — *Al nome di Dio. Ame. A dì primo di setembre 1323.
Sozzino Iachomi lanaiuolo del popolo di San Prieto a Vile die 'avere fior. due
d'oro, i quali prestò a la Fraternità per pagare la miniatura del libro magiore
delle laudi, el quale fiorino si diè a* Chola di Fuccio *miniatore per essa miniatura
d'esso libro.* (ARCHIVIO detto. Comp. di S. Bernardino Reg. XXX).

Ancho fior. iiij d'oro e xx... e quagli chei a Chola Fucci *per miniatura del libro
nuovo de la fraternità.* (ARCH. detto, Comp. detta Lib. uscita *ad annum*).

1340. — *Item* Chole Fucci *miniatori, Mannuccio Mazzo centum novem lib. pro
uno statuto xxxviiij quaternorum pro Biccherna; videlicet, pro tempore, scriptura
rusura, emendatione, corretione, miniatura ad pennellum et ad pennam et aliis
rebus.* (ARCH. DI STATO detto. Biccherna Lib. *ad annum*).

DOMENICO DI MATANO.

1462. 16 Maggio. — *Al 16 del detto, dei lib. tre sol. quattro a don Giovanni
di Bartolomeo nostro vicario, e quali disse aveva a paghare ad Agnolo di Meio
cartaio e a Ser* Domenico di Matano *per leghatura e parte di miniatura del nostro
libro chiamato l'Ordinario.* (BIBLIOT. COM. detta. Lib. della Comp. di S. Ansano c. 67).

GIOVACCHINO DI GIOVANNI SEMBOLI.

1466. 4 Giugno. — *Maestro* Giovacchino di Giovanni *miniatore die' dare lib:
cinque, sol. 12 li dèmo in uno ducato largo per detto di misser Cipriano Operaio, per comprare oro per scrivare lo strumento del dono fe' l'Ispoto* (sic) *della
Morea a l'Opara del Braccio di S. Giovan Baptista.* (ARCH. DELL'OPERA METROPO-
LITANA DI SIENA, Bastardello di Perinetto fattore, c. 5t).

1466. 6 Agosto. — *Richordo chome a dì 6 d'Agosto maetro* Giovacchino *miniatore rende un volume di quaderni 14 d'Antifonari, nel quale sono 139 lettere contiate per messer Cipriano et lui.* (Ivi c. 11t).

1466. 3 Settembre. — *Maestro* Giovacchino di Giovanni *miniatore è die dare lib.
sedici, sol. sedici contanti, se li diero per la bolla del Braccio di San Giovan
Battista scrisse a lettare d'oro con uno minio grande all'antica, alla detta Bolla.*
(ARCH. detto, Libro rosso 1461-87, c. 248).

GIOVANNI DI GUIDO DA CATIGNANO.

1291. — *Item iij lib. et xiij sol.* Iohanni *miniatori pro miniis et ligatura Constituti.* (ARCH. DI STATO detto, Lib. di Biccherna *ad annum*, c. 86).

1296. 9 Ottobre. — *Item xvj sol.* Iohanni *miniatori de Ovile quos habuit pro
ligatura constituti Capitanei Sen. et pro scriptura et ligatura lobricarum constituti palatii potestatis.* (Ivi c. 400t).

GIOVANNI DI PANTALEONE DA UDINE.

1469. (st. sen.) 5 Febbraio. — *Richordo chome ogi, questo dì 5 di ferraio, messer Sarino Operaio chava dall'Opera 9 quaderni e carte 3 degli Antifonari di
quello volume era in su pagli; dèlli a Girolamo da Cremona e a Vanni da Udine
miniatori degli Antifonari, stanno nell'abitazione di detto messer Savino, per
fare mini picholi.* (ARCH. DELL'OPERA detta, Bastardello di Perinetto a c. 62).

1472. (st. sen.) 6 Marzo. — Giovanni di Pantaleone da Udine *diè avere Lib. ciento-trentacinque, sonno per fattura dugientosettanta lettere fatte a soldi X l'una. E diè avere, a dì V di Aprile 1473, lib. cinquantaquattro e sol. dieci, sonno per miniatura di cientonove lettare a pennello e penna, a sol. x l'una.*

E addì xxvij detto, lib. venti sol. dieci, sonno per quarantanove lettare de fatte a sol. x l'una. (ARCH. detto, Lib: delle due rose, c. 247).

GIROLAMO DA CREMONA.

1472. (st. sen.) 4 Gennaio. — *A maestro* Ieronimo da Cremona *miniatore, a dì 4 di Gennaio, Lib. diecianove. sol. 14 in sua mano in Siena in tre ducati e metzo larghi, sonno per una lettara ci fece storiata de la incoronatione di Nostra Donna.* (ARCH. DI STATO detto, Lib. di Monte Oliveto Maggiore DX. c. 283t).

IACOMO priore di S. Spirito.

1389. 3 Novembre. — *A frate* Iachomino (de' Silvestrini) *priore di Santo Spirito, sol. quindici ebe per miniatura cinque quaderni schrisse per lo messale de la chasa.*

1389. 8 Dicembre. — *A frate* Iachomino, *sol. cinquanta per schrittura cinque quaderni di charta del messale fecie in schritura composta.* (BIBLIOT. COM. detta, Lib. della Comp. di S. Antonio B. XI. 5. c. 36).

LIBERALE DI IACOMO DA VERONA.

1467. — Liberale da Verona *meniatore de' dare L. vintidus et sol. 8, ebbe contanti per mano di frate Alexandro priore di Venda, a dì 24 ferraio, in ducati quattro larghi, cioè: L. 22. sol. 8 per parte de miniatura.*

Et de' dare, a dì decto, ducati quattro larghi, ebbe presente el priore di Venda L. 22. sol. 8.

Et de' dare ducati 3 larghi, ebbe ad Siena al nostro monastero.

E deba dare lib. quatro e mezo che ebe in pezi cento d'oro da miniare.

Memoria come a dì 28 de decembre lo sopradecto Liberale *soldó raxone cum mi frate Leonardo da Bologna indegno abbate generale, tutto quello che restava ad avere per onne lavoro che lui avesse fatto de miniare a lo monastero o per lo monastero de Monte Oliveto in fine a lo dì sopradecto 1469, e fo lì presente frate Alexandro priore di Bressà; e computati tutti li mini che lui aveva fatti con figure e senza figure, trovamo che aveva francato e meritato lib. cento sei, sol. diecie segondo lo conto e costume di Siena, e computati li sopradecti danari e oro che lui confesava avere avuto, lui restava avere lib. quaranta sol. diecie, e così io glie feci una litra di nostra mano del decto saldo che nui faciemo d'acordo in presentia del decto priore e di frate Iacomo Ceruto de Bernardino garzone del decto* Liberale, *portada a c. 46.* (ARCH. DI STATO detto, Lib. di Monte Oliveto CA. c. 42t).

Memoria come a dì 28 de decembre 1469 saldai raxone cu' Maestro Liberale *come apare in questo a c. 42 et resto ad avere da nui lib. quaranta sol. diece.*

Ane avuti, a dì 13 de zenaro 1471, ducati septe, li quali posi ni lo suo deposito che valseno lib. 39. sol. 4. (Ivi c. 46t).

1472. 10 Dicembre. — *Maestro* Liberale di Iacomo da Verona *die avere, a dì x di dicembre, lib. dugientovintitre, sonno per gl'infrascritti mini ci à fatti: uno minio grande con estorie L. xxxj sol. x. Due mini mezzani storiati con figure per L. xv sol. x l'uno, L. xxxj. Sedici mini mezani con fogliami L. x, L. clx. E una lettara piccola per sol. x per tutto L. 223, com'è detto* (ARCH. DELL'OPERA detta, Lib. delle tre rose c. 226).

1475. 7 Giugno. — *Maestro* Liberale *miniatore de' dare una carta del Noturno del Corpus Domini a fare una lettara grande e l'altre son fatte di nostro, reco* Giovanni *suo.* (ARCH. detto, Lib. di Perinetto fattore c. 133).

1475. 5 Settembre. — *Maestro* Liberale *ebe, questo dì 5 di setembre, 6 quaderni*

14

de la catreda di Sancto Pietro, portò Giovanni suo a miniare: tutto ritornò addì 2 Ottobre con lettare due con storie e lettare 67 piccole. (Ivi c. 138t).

LORENZO ROSSELLI DA FIRENZE.

1458. 15 Dicembre. — *A dì detto, a Maestro* Lorenzo da Fiorenze *miniatore per lettare 44 per sol. 8 l'una, e per xviij lettare piccole con figure per sol. xiij l'una e una lettara grande con figura, in tutto L. trenta.* (ARCH. DI STATO detto, Lib. di Monte Oliveto d. DX. c. 144t).

1461. Giugno. — *A dì detto maestro* Lorenzo *meniatore L. ventotto, le quali ho consegnato al Priore, che tiene questo conto esso lui.* (Ivi c. 168t).

1461. 24 Giugno. — *A* Lorenzo da Firenze *meniatore, a dì 24, L. trentauna per resto di tutto el lavoro à fatto fin a dì detto, e a cio che avesse dato suo saldo io frate Bartolomeo da Cremona e tutto d'accordo presente frate Giovanni portinaio* (Ivi c. 169).

MARIANO D'ANTONIO.

1472. Agosto. — Mariano d'Antonio *da Siena miniatore die avere, L. quatro, sol. quatro, sonno per dodici lettare fatte in su gli Antifonari a sol. viij l'una.*

E a dì xxij di febraio (st. sen.) *L. undici sonno per miniatura di trenta lettare a sol. vij l'una.* (ARCH. DELL'OPERA detta, Lib. delle due Rose, c. 222).

MONACHE DI S. MARIA MADDALENA.

1446. (st. sen.) 21 Gennaio. — *Le* Monache di Santa Maria Maddalena *dieno avere L. undici, e quali sono per iscrittura e miniatura a penna d'uno libro s'è facto in carta pecora di foglio reale per la sagrestìa, nel quale v'è scritto su i quattro Pasii si chantano la semana santa a la beneditione de le candele e degli ulivi, el quale è sei quinterni et quatro charte* (ARCH. detto, Libro verde, c. 86).

1452. Agosto. — *Le done e* Monache di Santa Maria Madalena *dieno avere, persino a dì 18 Agosto 1442, L. 12, sol. 12, sono perchè àno miniato uno libro grosso de la sagrestia del nostro Spedale* (ARCH. DELLO SPEDALE detto, Conti correnti O. c. 313t).

1461. 19 Settembre. — *L. trentasei i quali si dero a le* Monache di Sancta Maria Maddalena *per scrittura de la Messa de la Pacie e de'Morti, pro fratri essequientie e altre orationi.* (BIBLIOT. COM. detta, Lib. di S. Ansano D. XI. c. 63).

1475. Settembre. — *La librarìa faciamo di nuovo per la sagrestìa diè dare L. trenta femo buoni a messer Niccolo Ricoveri nostro, per tanti asegnó avere ispesi in questo modo, cioè: L. 10 per 8 1/2 quinterni di charta e L. 20 paghati alle* Monache di S. Maria Maddalena *per fornire di charta e di scrivare uno messale chominciato et non fornito che lassò a la chasa Ser Francesco degli organi. Et de'dare, a dì xiij di setenbre L. trentasei sol. 16 femo buoni a messer Niccolò Ricovari per tanti n'aea achordati a le* Monache di Santa Maria Maddalena *per dugiento dodici lettare miniate a penna ànno fatto nell'antifonario overo graduale* (ARCH. DELLO SPEDALE detto, Conti correnti V. c. 92).

PIETRO DA SIENA frate.

1374. 22 Settembre. — *Pro fratre* Petro de Senis, *ordinis Carmelitanorum, qui miniavit Statuta Comunis pro vij° miniis ad rationem xxv sol. parvorum pro centonario, flor. unum, lib. tres, sol tredicim parvorum sine retentione, et hoc vigore provisionis scripte manus s. P. de Bonis, die xxij septembris.* (ARCH. DI STATO IN LUCCA, Camera mandator. Lib. II. n° 100, c. 224).

SANO DI PIETRO.

1459. 25 Marzo. — *A dì passati, a frate Francesco per pagare maestro* Sano *della miniatura del salterio per decreto dello Abbate, ducati 4, de'quali l'Abbate poi mi rendè ducati 4, resta 15 sol.* (ARCHIVIO DI STATO IN SIENA, Lib. di Monte Oliveto d. DX. c. 147t).

Sozzo di Stefano.

1293. 17 Novembre. — *Item xxviij sol. Sozzo Stefani miniatori pro miniatura quinque quaternorum de constitutionibus papali et imperiali, pro suo salario de dictis minis fiendis.* (Arch. di Stato detto, Lib. di Biccherna *ad annum*, c. 157ᵗ).

1317. — *A maestro Sozzo per 40 dì, a sol. 6 L. 18. A Bindo suo disciepolo per 30 dì, L...* (Bibliot. com. detto Lib. delle spese di Lecceto, A. VI. 27).

1321. — *Lib. j, sol. x Ser Sozzo Stefani miniatori pro labore quem substinuit, mandato dominorum Novem, ad extimandum libros Scolariorum.* (Arch. di Stato detto, Lib. di Biccherna *ad annum*).

Stefano di Luigi da Milano.

1452. — *Maestro Stefano di Luigi da Milano die' avere flor. quatro larghi e quali so' per l'aluminatura d'uno messale de la sagrestia nuova.* (Arch. dello Spedale detto, Conti correnti P. c. 444ᵗ).

1452. (st. sen.) 25 Febbraio. — *Maestro Stefano di Luigi da Milano che rallumina i libri di casa, de' avere a dì 25 di ferraio, anno detto, lib. tredici, sol. quatro sono per raluminatura di 99 colonelli de' messali et altri libri ci à ralluminati per la casa, per sol. 11, den. 8 per colonnello* (Ivi c. 476).

Venturino d'Andrea Mercati da Milano.

1466. (st. sen.) 24 Gennaio. — *Richorda come oggi, questo dì 24 di gennaio, démo per detto di messer Cipriano Operaio a uno Giovanetto lombardo due carte degli Antifonari grande perché facesse uno minio mezzano della lettera C.* (Arch. dell'Opera detta, Bastardello di Prinetto fattore a c. 25).

1472. 11 Gennaio. — *A dì 11 per sol. quattordici per uno paio di scarpe per Venturino miniatore e sono a sua ragione.* (Arch. di Stato detto, Lib. di Monte Oliveto DX, c. 269).

1472. 15 Aprile. — *A dì decto, dèi ducati undici larghi di più cose a maestro Venturino miniatore, come appare a sua ragione.* (Ivi c. 272).

1472. 18 Aprile. — *A maestro Venturino miniatore ducati tre già più tempo le quali ebe per sua commissione lo suo garzone quando lo rimandò a Milano, cioè, uno ebbe per le spese e due ne de Giuliano nostro commesso a lo padre in Milano, e sono a ragione di maestro Venturino.* (Ivi c. 272ᵗ).

1472. Luglio. — *Item per oncie due d'azurro oltramarino per maestro Venturino da Milano miniatore, ducati due larghi, come a suo conto.* (Ivi c. 277ᵗ).

1472. 6 Agosto. — *Maestro Venturino da Milano miniatore, a dì detto, sol. 15 sono a sua ragione.* (Ivi c. 277ᵗ).

1472. 28 Settembre. — *A maestro Venturino nostro miniatore, a dì 28 di settembre, lib. 5, sol. 12, in uno ducato largo in sua mano e sono a sua ragione.* (Ivi c. 280ᵗ).

1472. 9 Ottobre. — *A maestro Venturino, a dì detto, Lib. 11, sol. 4 per parte di miniature che ci à fatte sono a sua ragione.* (Ivi c. 280ᵗ).

1472. 7 Dicembre. — *A maestro Venturino nostro miniatore, a dì 7 di dicembre, sol. dieci contati a lui, sono a sua ragione.* (Ivi c. 282ᵗ).

1472. 17 Dicembre. — *A maestro Venturino da Milano nostro miniatore, a dì 17 detto, ducati quattro in sua mano per parte di pagamento de li lavori che lui à fatti, e sono a sua ragione.* (Ivi c. 282ᵗ).

1472. (st. sen.) 19 Gennaio. — *A maestro Venturino miniatore, a dì 19 gennaio, lib. 16, sol. 16, den. 0, per parte di pagamento de le miniature che lui ci fa, sono a sua ragione.* (Ivi c. 284ᵗ).

1473. 28 Aprile. — *A maestro Venturino nostro miniatore, a dì 28 d'Aprile, lib. 5, sol. 12 sono a sua ragione.* (Ivi c. 286ᵗ).

1473. 6 Maggio. — *A maestro* Venturino *nostro miniatore a dì 6 di Maggio, Lib. 123. sol. 4. contati a lui, come apare a sua ragione. Sono per parte delle miniature che ci à fatto su li nostri libri di chiesa.*

A maestro Venturino *detto di sopra, a dì detto, lib. 3 per pagamento di ogni e ciascuna cosa che per infino a detto dì à avuto a fare.* (Ivi c. 287).

1474. (st. sen.) 15 Marzo. — Venturino di Andrea da Milano *miniatore rende, questo dì 15 di Marzo, carte 31 dopie con lettare miniate piccole 88 e una grande comincia* Viri galilei *del vilume de l'Ascensione al resparo del* Corpus. (ARCH. DELL'OPERA detta, Bastardello di Perinetto fattore, c. 228).

1475. 26 Aprile. — *E a dì 26 d'aprile 1475 che* [Venturino] *uno quaderno di carte 8 ugnole a miniare.* (Ivi).

1475. 2 Giugno. — Venturino da Milano *miniatore ebe, questo dì 2 di Giugno, carte xxxvj d'uno vilume de la prima domenica de l'Avento, cioè carte ugnole, a miniare lettare piccole: portò* Giovanni di Ser Francesco *sta co'lui.* (Ivi c. 132).

1475. 26 Settembre. — Venturino da Milano *die dare, a dì xxvj di settembre, sette quinterni d'uno vilume de la cathedra* sancti Petri, *portò* Giovanni *sta co' lui. Tornóli a dì 20 di Novembre 7 quinterni. Rendemoli una carta a fare una lettara grande, furo e resto lettare piccole sessantuna.* (Ivi c. 139t).

N.° 128.   1462 12 Luglio

Il Capitolo dello Spedale di S. Maria della Scala delibera di concedere al Cardinale Atrabatense *una casa dello Spedale in Pienza per edificare di un palazzo.* (ARCHIVIO DELLO SPEDALE DI S. MARIA DELLA SCALA DI SIENA. Deliberazioni V. c. 132).

In prima inteso et avuta piena informatione come el rev.[mo] Cardinale Atrabatensis avendo ne la città Pia, *olim Corsignano*, nel contado di Siena principiato uno bello et nobile casamento, el quale volendo fornire gli bisogna la casa et sito de lo Spedale d'esso luogo, subdito ad lo Spedale di Siena, posto ne la detta città Pia, del quale vuole dare *florenos* cento sanesi d'oro larghi, et lassare ad lo Spedale nostro tutto el cuprime et legname che è in esso spedale et casa; et così per parte de la sua Reverendissima Signoria frate Giovanni di Martino à riferito al detto messer lo Rettore: unde per onore de la detta città, et fare cosa che piaccia ad la Santità di Nostro Signore papa Pio, el quale à carissimo che la detta città si nobiliti di belli et honorevogli casamenti,

et anco per compiacere al detto Reverend. Cardinale, el quale
è uno nobile et da bene signore et affetionato ad la nostra
città di Siena et al detto Spedale; et anco avuto buona informatione come el detto spedale et casa di Corsignano è
molto occupato per gli hedificii nuovamente fatti in esso
luogo da l'una parte et l'altra, in modo che malagevolmente
si può riparare: unde per le cagioni predette deliberarono
di concordia che esso spedale si conceda et venda al detto
Reverendissimo Cardinale per *florenos* cento d'oro sanesi et
quello più che si potrà; con questo che tutto el coprime et
legname d'esso spedale rimanghi ad esso Spedale di Siena
per adoperarlo per un nuovo spedale da farsi in essa città
Pia: et con questo ancora ch'esso Reverendissimo Cardinale
sia tenuto et debbi ad tutte sue spese, et senza nissuno costo
d'esso Spedale di Siena, dare et concedare uno luogo, o vero
piaza, che piaccia ad esso Rectore in essa città Pia per fare
uno nuovo Spedale conveniente ad la detta città et ad la
casa nostra. Item, che el prezo predetto d'essi fiorini cento
larghi non si possi spendare nè convertire in altra cosa, se
non in hedificio del detto nuovo Spedale. Item, se ad lo Spedale di Siena ne venisse alcuno preiudicio, o vero alcuna
prohibitione avesse esso Spedale per vendarsi, esso Reverendissimo Cardinale ce ne debbi fare absolvare et liberare so-
lemnemente ad la Santità di Nostro Signore lo Papa, dando
el privilegio de l'absolutione al detto messer lo Rectore senza
alcuna spesa d'esso Spedale. Et se esso Spedale da vendarsi
avesse alcuna graveza, rimanga al detto Spedale da farsi
di nuovo.

N.° 129.   1463 7 Marzo

Gli operai della Torre del Palazzo pubblico domandano licenza di far venire da Roma qualche ingegnere per consigliare sulle riparazioni da farsi alla torre predetta. (ARCHIVIO DI STATO IN SIENA, Concistoro, Scritture *ad annum*).

Dinanzi da voi Magnifici et potenti Signori et Capitano di popolo de la cictà di Siena.

Li vostri servitori operai e camarlingo de la torre et altri cictadini provisionari, electi per autorità del Consiglio del popolo sopra al fare provisioni sopra riparare la torre vecchia, con debita reverentia expongano, che volendo loro diligentemente intendere li mancamenti di decta torre et del modo che quella si potesse riparare, non trovano alcuno maestro o ingegnere che sia sufficiente a tal materia, si che cognoschano essere necessario di mandare a Roma o in qualche altro luogho per uno o due valenti ingegnieri da' quali maturamente si possa havere parere. Et però ricordano a la V. M. S. che per li oportuni consigli facci provedere e deliberare che per fare venire uno o due maestri ingegneri, come è detto, si possa spendere quello che bisognasse de la pecunia del vostro Comune da pagarsi per lo camarlingo de la torre, con questo: che ogni quantità di denari che si pagasse per detta cagione si debbi pagare per deliberatione de' M. S., Capitano di popolo, Gonfalonieri Maestri, operai, camarlingo e provisionari sopra decti et non passando in tucto la somma di fior. cento, de' quali per lo detto camarlingo si debba tenere buon conto. E quando si potesse fare senza spendere, s'usarà per loro ogni diligentia e sollicitudine possibile.

N.° 130. 1463 19 Luglio

Bolla di papa Pio II con la quale dona a' suoi nipoti il palazzo che aveva fatto costruire in Pienza. (ARCHIVIO PICCOLOMINEO, Pergamene *ad annum*).

Pius episcopus, servus servorum Dei, ad futuram rei memoriam. Precellens Romani Pontificis prudentia, futuris eventibus prospicere, equa ratione affectans personas generis nobilitate conspicuas, virtutum quoque dignitatum et morum ingenuitate pollentes, que secundum humanam propagationem naturali sibi federe coniunguntur, munificentie sue liberalitate attollit, earumque statui ordinata caritate sic studet providere utiliter, sicque dissidiis obviare quod earum splendori et meritis oportunum adiiciat sublevamen. Horum igitur consideratione inducti, palatium nostrum, quod nuper in civitate Pientina, agri senensis, in fundo paterno destructa domo, que ibi prius erat iuxta illius Ecclesiam Cathedralem, a solo ereximus cum orto seu viridario, nec non stabulis et domo mole olearie, atque aliis pertinentiis suis, atque jurisdictionibus quibuscumque, dilectis Filiis et secundum carnem Nepotibus nostris, nobilibus viris Antonio Duci Amalfitano, Iacobo et Andree de Piccolominibus motuproprió, liberalitate spontanea, tenore presentium et certa scientia, perpetuo concedimus et donamus irrevocabiliter ea donatione, que dicitur inter vivos; quam donationem ex certa scientia facimus, et vim perpetue firmitatis habere volumus, cuiuscumque etiam maximi valoris dictum palatium existeret, juribus in contrarium facientibus non obstantibus quibuscumque, quibus expresse et certa scientia derogamus. Volentes ac etiam statuentes et decernentes, quod primogeniti Antonii, Iacobi et Andree predictorum dictum palatium possideant, illiusque directum utileque ac plenum et omnimodum dominium habeant, et post eos secundigeniti descendendo, videlicet masculi legitimi et naturales iura primogeniture habentes: deficientibus vero masculis, ut prefertur qualificatis, eorum filie legitime similiter et naturales, si in domo Piccolomineae et Piccolominibus viris nupte fuerint, possint ad instar masculorum in palatio predicto succederes: quod si Antonius, Iacobus et Andreas, aut duo tantum vel unus eorum, filios masculos legitimos et naturales habuerint vel habuerit, illi vel ille qui filiis caruerint, vel caruerit usum dicti palatii, ac etiam jus in eo competens aliis fratribus vel altero fratri, eorumque vel eius filiis dare possit pro sue libito voluntatis. Et si, quod absit, tam masculi quam femine ex ipsis Antonio, Iacobo et Andrea descendentes defecerint, ut in domo proximior de Piccolomineo domo in eodem palatio succedat, et successive de uno in alium vel alios proximiores dominium transferatur et successio fiat, ita quod magis propinqui dicte domus in successione huiusmodi preferantur: districtius inhibentes tum Antonio, Iacobo et Andree predictis, quam aliis quibuscumque eorum heredibus et successoribus in futurum, ut dictum palatium, mutando formam edificii dividere, eiusve edificia mutare sive illud in toto vel in parte vendere, ypothecare aut in dotem tradere, seu alio quovis quesito colore distruhere et alienare presumant: sed perpetuo futuris temporibus ipsorum Antonii, Iacobi et Andree natorumque et posterorum eorumdem per rectam lineam descendentium, ac postremo in eventum defectionis domus predicte propinquiorum de predicta domo de Piccolominibus usibus reservetur. Decernentes ex nunc omnes et singulas divisiones, mutationes, venditiones, ypothecas seu pignorationes, traditiones, distractiones et alienationes de dicto palatio, aut quicquid in contrarium fieri vel attemptari contigerit, irritas atque inanes atque irrita et inania nulliusque roboris vel momenti. Nulli ergo omnino hominum liceat hanc paginam nostre concessionis, donationis voluntatis derogationis statuti, constitutionis, inhibitionis et decreti infringere, vel ei ausu temerario contraire. Siquis autem hoc attemptare presumpserit indignationem omnipotentis Dei ac Beatorum

Petri et Pauli Apostolorum eius se noverit incursurum. Datum Tibure, Anno incarnationis Dominice millesimo quadringentesimo sexagesimo tertio. Quartodecimo Kal. Augusti, Pontificatus nostri anno quinto.

G. de Piccolomin.

NOTA

Il magnifico palazzo fatto costruire da papa Pio II in Pienza, par che non fosse incominciato prima del maggio 1459: così ci fa supporre la deliberazione del Consiglio generale del Comune di Siena, che qui riportiamo:

In nomine Domini, amen. Anno millesimo quadringentesimo quingentesimo nono, inditione VII, die vero decima octava maii.

Consilio populi et popularium magnifice civitatis Senarum solemniter et in numero sufficienti, consueto loco convocato, servatis opportunis solemnitatibus, secundum formam statutorum. Facta proposita super petitione summi Pontificis, pro edificatione templi et Domus apud oppidum Corsiniani, fuit obtentum quod auctoritate presentis Consilii, intelligatur esse et sit remissum in Magnificos D. Capitaneum Populi et Vexilliferos Magistros, qui possint dare licentiam Architecto et Ordinatori, misso per suam Sanctitatem, capiendi lapides, faciendi fornaces, incidendi abietes et ligna et alias res, ad dicta edifitia necessarias, et cedendi eas gratis pro ut eis videbitur et placebitur, et ut in Brevi sue santitatis continetur.

Eodem Consilio fuit solemniter deliberatum, quod sit remissum in Magnificos D. Capitaneum Populi et Vexilliferos Magistros, qui possint concedere Alexandro Miraballi de Piccolominibus, nobili civi nostro, situm pro una cappella quam vult edificare iuxta portam Camullie civitatis Senarum ubi eis videbitur. Fuit obtenta per lupinos albos 217 datos pro sic, et 21 aliis nigris lupinis datis pro non in contrarium, non obstantibus.

[Altera provisio] fuit obtenta per lupinos 218 datos pro sic, 20 aliis lupinis nigris datis pro non in contrarium praedictorum, non obstantibus.

N.° 131.   1463 30 Settembre

Provvisioni per edificare una nuova torre nel palazzo pubblico di Siena. (ARCHIVIO DI STATO IN SIENA, Concistoro Scritture *ad annum*).

Certi ciptadini electi et deputati per autorità del Consiglio del popolo a fare provisioni a provedere a la torre del palazo della M.ᶜᵃ S. V., per la ruina che si demostra di detta torre, ànno fatto le infrascritte provisioni, cioè: Et perchè è stato necessario provedere a mettare in terra le campane che erano in su essa torre per salvezza d'essa, come per la provisione già fatta è noto alla S. V., et perchè è necessario di nuovo provedere dove si mettano le dette campane per honore et comodo della S. V., et non sarebbe bene che in altro luogo che nel palazo della M. S. V. stessero dette campane per molte evidentissime cagioni : Examinato ogni cosa per loro medesimi e con parere di più e più ciptadini intendenti della vostra Città, ànno fatte le infrascricte provisioni, videlicet :

In prima che sia et essere s'intenda solennemente deliberato di fare una adgionta al palazzo della M. S. V., da lato verso il Concistoro, una torre da lato in modo che in tutto s'acrescha due finestre, si che siano finestre cinque per lato oltre il palazo di mezzo, come sta diverso Porrione. Et come appare per uno disegnio già fatto e presentato alla M. S. V.; salvo che la detta torre da farsi sia per ogni faccia braccia *xiiij,* facendola di quella grossezza e perfezzione e modo sarà ordinato per li M.^{cl} S. et Capitano di popolo et Gonfalonieri Maestri che per li tempi saranno e per li operai acciò deputati: et simile l'adgiunta si farà al detto palazo, come è detto, si faccia con quelle habitationi sarà ordinato per li sopradecti M. S. Gonfalonieri et Operaij, la quale cosa sarà utile et honorevole alla Ciptà et Signoria V. La quale torre et adgionta si faccia in questo modo et in questa forma, cioè :

Ch'è Magnifici Signori, Capitano di popolo et Gonfalonieri Maestri che sono al presente, obtente saranno le dette provisioni, sieno tenuti e debbino immediate eleggiare quattro ciptadini intendenti, non avendo riguardo, a vacationi, e quali sieno et essere s'intendano operai a fare il sopradetto lavoro et a fare mettere in terra le campane, come per l'altre provisioni fatte si contiene e fare rimettarle sopra la torre nuova. E quali operari non dieno nè ricevano alcuna vacatione, et debbino e sieno tenuti a cominciare il detto lavorìo per tempo di mesi otto proximi da venire dal dì della obtenuta provisione; et esso lavoro avere finito in tempo d'anni sei proximi da venire o al più d'anni otto, come giudicaranno es-

sere utile. Et circa le predecte cose abbino concessione libera
di potere exequire le presenti provisioni come lo' parrà convenirsi. Et simile sieno tenuti detti M.^{ci} S. e Capitano di popolo
e Gonfalonieri Maestri eleggere uno buono e perfecto Camarlengo, come parrà alla S. loro, il quale sia tenuto tenere
conto del detto lavoro et entrata et uscita de' denari ricevarà
et pagarà et dell' opere si mettaranno e de' lavori che si
compraranno, dovendo ogni *vj* mesi rendare ragione a' Regolatori da rivedersi per li riveditori che saranno tratti per
bossolo, et da aprovarsi per li Regolatori e riveditori e detti,
operari. Et perchè il detto lavoro, per più utilità del comuno
e perfectione del detto lavoro, è necessario farlo a opere et
giornate; che il detto Camarlengo sia tenuto et debbi pagare
chi lavorarà in detto lavoro d' ogni *xv* dì, tenendo conto
dell' opere et del denaio partitamente e sempre pagando per
pulitia e deliberatione de' detti operai; et così sarà tolta via
ogni fraude. Et al detto Camarlengo e Operari si faccia quello
salario sarà ordinato per li M.^d S. Capitano di popolo et Ordini della Ciptà, essendo ubligati e detti Operari quando si
lavorarà, ogni dì starvi almeno uno de' detti operari o Camarlengo a vedere che si faccia buono e perfetto lavoro.

E detti vostri servitori e provisionarij ànno soptilmente
examinato quello possa costare il sopradetto lavorìo col sito
dove si debba fare, e trovano che costarà delle *xviij*^m alle *xx*^m
fiorini, che bisognarà fior. 3300 in circa l' anno, alla quale
spesa supplire et fare ànno fatte le provisioni.

(Seguono alcune proposte per trovare le somme di denaro
occorrenti).

NOTA

La torre detta del *Mangia* aveva subìto molti danni per effetto del fulmine, ma
più gravi guasti dovette risentire per la folgore cadutavi nella notte del 6 aprile 1460.
In un diario ms. di Lodovico Petroni, conservato nell'Archivio Senese, sotto questa
data si legge: *Questa notte passata dètte la folgore nella torre del palazzo e fe'
grandissimo danno e guastò quello Mangia che sonava l'ore. Fu a ore v di nocte.*

Ma non prima del gennaio 1462 (st. sen.) si cominciò a riparare i danni. A questo proposito pubblichiamo la deliberazione di Concistoro del 20 gennaio:

Eodem modo facta proposita in eodem consilio supr denariis inveniendis pro actari faciendo palatium habitationis domini Potestatis Sen. ubi tonus sive sagitta percussit, ad hoc ut dictum palatium et turris Campi non recipiant debilitatem, seseruatis cunctis solemnitatibus opportunis fuit victum, remissum et conmissum in M. D. Capitaneum populi et Vexilliferos Magistros qui habeant plenam auctoritatem accipiendi mutuo super quibuscumque introitibus et redditibus comunis Sen. Excepto Monte admonitionis et cassettina doctorum, usque ad summam denariorum qua erit necessaria pro expedictione predictorum cum illo passamento prout melius potuerunt servatis fide et obligationibus supradictis introitibus, illis quibus obligati essent, et quod occasione predictorum non possint dari officia, quoquo modo. Quod consilium fuit obtentum per 130 lupinos albos pro sic, non obstantibus 56 lupinis nigris datis pro non, in contrarium predictorum.

N.º 132.   1465 30 Gennaio

Gli Ufficiali dell'ornato della città di Siena propongono che sia data a Tofo Sansedoni la potesterìa di Buonconvento, per terminare il suo palazzo. (ARCHIVIO detto, Concistoro, Scritture *ad annum*).

Dinanzi a Voi Magnifici e Potenti Signori, Signori Priori e Capitano di Popolo et Chonfalonieri di Giustizia etc.
Exponsi per li vostri figliuoli e servidori cittadini, electi sopra l'ornato della Città vostra, chome avendo considerato el palazo Sansedoni in quanto ornato sarebe, essendo finito, et maxime essendo situato in sulla strada publica; et perchè el decto palazo nella facciata dinanzi ha quindici finestre dinanzi e due d'achanto, le quali quindici furono disigniate da farsi a due colonnelli ell'una, perchè come si vede paiono porti di palazo: et perchè a volere fare decto lavorìo sicondo el decto disignio non si può fare senza grande spesa, la quale sicondo el giuditio di chi intende è di fiorini 250 o più: Et però e decti cittadini, servidori vostri, ànno giudicato per honore della città vostra, di dovere ricorrere alla M.ᶜᵃ S. V. et ricordare a quella che le piaccia per li Vostri opportuni

consegli provedere et deliberare che Tofo di Checho Sansedonii, al quale apartiene decto palazo, sia tenuto et obligato, fra quello tempo parrà alle M. S. V., far fare et fornire decte finestre, cioè le quindici a due colonnelli per ciaschuna e le due, le quali vengano in sul canto, a uno colonnello per una. Et acciò che el decto Tofo possi fare comodamente el decto lavoro giudicano essere necessario che sia proveduto dell'ofitio della potestarìa di Buonconvento per tempo di mesi sei quando tocharà al Monte di Gentiluomini. Et così deliberando e'decti vostri servidori se lo reputaranno a singulare gratia della Signorìa Vostra, la quale l'Altissimo feliciti quanto desiderate.

N.° 133. 1465 (st. sen.) 14 Febbraio

Gli Operai sopra la pittura della porta Nuova richiedono alla Signoria altri denari per condurre a termine detta pittura. (ARCHIVIO detto, Concistoro, Scritture *ad annum*).

Dinanzi da Voi Magnifici e potenti Signori et Capitano del popolo de la cictà di Siena.

Vostri Servitori, Operari sopra le dipenture de la porta nuova de la vostra cictà, expongono che a voler fornire decto lavoro lo' mancha lire quatrocento di denari, computato el salario del dipentore et altre spese sicondo che hanno calculato, perchè ci resta a fare el quarto di decto lavoro circha; si chè, desiderando loro di trarlo a fine, ricordarebbero che le Vostre Magnifiche Signorìe si degnassero per li suoi oportuni consegli fare solennemente provedere et deliberare che de'primi denari se cavaranno de le Kabelle di Paganico, nuovamente vendute, se ne dieno a' decti operari le decte lire 400 di denari, perchè le decte cabelle per lo passato sono state concesse al decto lavoro. Et che el Camarlingo di Kabella et altri a cui apartiene sono tenuti fare le scripture oportune al decto effecto. La qual cosa facendosi e

decti operari potranno fare finire decto lavoro et sollicita-
ranno per modo che esso lavoro sarà facto a tempo che si
potrà scuprire per la festa di sancta Maria d'agosto proxima, che sarà opera dignissima et rendarà grande honore
a la vostra cictà. Raccomandandosi sempre a la V. M. S.
la quale Dio conservi in felicissimo etc.

N.° 134.   1465 25 Febbraio

*Gli Ufficiali dell'ornato della città di Siena propongono che
sia fatta una fonte nel poggio de'Malavolti.* (ARCHIVIO
detto, Concistoro, Scritture *ad annum*).

Dinanzi a Voi Magnifici et Potenti Signori, Signori Priori
Governatori del Comune et Capitano di Populo della Città
di Siena.

E vostri minimi figliuoli et servidori, uffitiali dell'ornato
della vostra Città, con debita reverentia expongono come loro
continuamente pensano fare cosa che sia ornato della città,
maxime in sulla strada romana dove passano e forestieri che
danno loda a tutta la città. Et vedendo che in su la strada dove
fu la loggia Malavolti sta sempre ortica, spazatura et ongni
ragione di brottura. Et che qualunche vi passa ne pilgla ami-
ratione essendo allato alla più bella porta di Toschana. Et
conoscendo anchora che l'acqua della vostra fonte del Campo
ogni volta che piove diventa una broda, in mancamento del-
l'onore publico; ànno immaginato di fare uno aconcio che
farà due bonissime operationi, et così honorevoli et utili quanto
abbino ancora ricordato: cioè, che farà venire l'acqua chiara
alla fonte del Campo et di quel brutto luogho, detto di sopra,
si farà bellissimo; cioè, che per li opportuni Consigli si deliberi
che allato alla spalla della detta porta et allato alla strada
si cavi giù, verso il buttino che passa dreto sotto la via del
poggio Malavolti, et faccivisi una fonte a guisa di Fontegiusta,

ma volti il dinanzi verso la strada, la quale vada al piano
del buttino che v'è presso; la qual fonte sia tramezzata per
lo longho et tanto alto che sia bastevole perchè non vi si
possi gittare nulla: la quale non abbi traboccho et in essa
fonte, così tramezzata, vi si metta l'acqua del buttino con
tante volte, et così se ne cavi et reducasi al buttino che
l'acqua venga chiara alla fonte del Campo, et lassù rimanga
ongni grosseza facendovi la chioca che vada verso Vallerozi
acciò che si possi spesso votiare, che n'arà bisogno, per l'operaio della fonte del Campo. Et che a fare il detto effecto e
Magnifici Signori, Capitano di popolo, Spectabili Gonfalonieri
Maestri insieme con gl'Ordini elegghino tre operari et uno
camarlingo senza alcuno salario, e quali sieno tenuti ordinare la detta fonte et componere et fare finire a perfectione,
avendone consiglio da cittadini intelligenti. E che tale camarlengo debbi tenere il conto di tutti li denari li verrano
a le mani e delle spese che farà e renderne buon conto
apresso de'Regolatori; et che el comune di Siena in tal lavoro,
che sarà utilissimo et bello et costarà assai, metta solamente
il doppio di quello misse nella fonte di Pantaneto che costò
poco a rispetto di questa. Et lo resto mettino quelli del Terzo,
che ne melglorano, sicondo che sarà distribuito per sei cittadini da eleggiarsi per li predetti M.ᶜⁱ S.ʳⁱ, Gonfalonieri et
Ordini, non potendosi eleggiare nissuno del Terzo di Ka-
mollia, avendo autorità essi M.ᶜⁱ Signori, Capitano di Popolo,
Gonfalonieri Maestri di trovare il denaio predetto sopra l'entrate del Comune, servate le fedi et cassettina de'doctori et
munitione et monte, et farne pulitia come si richiede ad
expeditione di tale utile materia, nè possino dare offitii, nè
mettare scambij.

Item, veduto che dentro intorno alla decta porta notevole
v'è tanta bruttura che è una vergogna, ànno richiesto Ser Ar-
duino, che ène vicino contiguo, che la debbi far levare et
tenervi netto, usandoli qualche discretione; lui ci à risposto
che non ve la misse lui e che è cosa anticha et che se non

vi si facesse altro che nettare sarìa peggio assai che non
è ora, perchè rimanendovi il biscanto cuperto dal lato dricto
ongnuno vi si porrà affare ongni bruttura, e che a voler fare
che vi stesse netto et ornato che lo richiede la detta porta
bisognarìa cuprirvi da capo et fare una Madonna con certe
figure dal lato nella torre dentro et ine contigua, et che a
voler far questo costarìa assai, et che non essendo mai stato
rimunerato in alcuna cosa del ballatoio levò et uno archo
et della faccia fecie alla sua casa per comandamento et per
proferte degl'offitiali dell'ornato, come gl'altri vostri cittadini
che non ànno murato il quarto de'mattoni che lui, che esso
non intende spendarvi uno denaio. Et per questo essi vostri
servidori avevano immaginato che per li opportuni consigli si
deliberasse che lui facesse in quel luogho mondare che v'è
alto el terreno assai, et poi vi facesse fare una Madonna
nel modo detto di sopra, et da capo facesse una volta a mattoni di quadro quanto è largha la detta torre, co'murelli da
piej potendo fare una mora in sul muro di riscontro alla sua
casa per apoggiarvi la detta volta, potendo sopra a essa vòlta
fare ongni aconcio che lui vorrà pure che non tocchi e merli
nè cuopra la porta, nè vadi più alto che sieno essi merli
sotto pena di fiorini cento; et·che in compensatione di questo
e di tutti e' decti lavori per comandamento et com proferte
di quelli dell'ornato, abbi l'uffitio del notaio della Mercantia
per uno anno incominciando a luglio proximo che verrà 1466;
con questo, che lui in fra uno anno, finito detto offitio, debbi
avere fatto il detto lavoro sotto pena di C fiorini da pagarsi
al Monte del Sale del vostro Comune.

Nota

In questo stesso luogo, dove gli Ufficiali dell'Ornato volevano costruire una fonte,
fu inalzato, nel 1470, dal Vescovo Giovanni Cinughi l'oratorio della Madonna delle Nevi.

N.° 135.   1465

Denunzia di Pasquino *di* Pippo *maestro di pietra.* (Archivio detto, Lira, Denunzie *ad annum*).

Della Compagnia di Stalereggi di fuore. Dinanzi a voi savi
e discreti aliratori, dicesi per me *Pasquino di Pippo* scharpellatore che io òne una chasa nel borgo a Laterino, la quale
chonparai da Marchaccio fior. 80, ed ònne a paghare a l'erede
sue fior. 40.

Ancho, òne una chasetta presso a porta a Laterino la chuale
chostò fior. 20, e stavi dentro Monna Ghabriella mia madre,
e bisogna reggerlla.

Ancho dicho che òne avere da circa fior. 20 per resto di
dote e non vegho modo avegli a questi tempi, perchè mi pare
ch' abbi male el modo.

Ancho dicho che io òne a dare circha a lire 40 che m'apre-
stò in *dette,* uno lanaiuolo de' Salviati di preste ch' aveva a
paghare mio padre al chomune di Siena.

Ancho feci una promessa per Falabulire a Ghoro Massaini
e chopagni d'uno letto e altre massarizie, e per chosto di
soldi 36 el mese, credo montarà fior. 20 e più, e Falabulire
s' è ito via, e rimangho debitore.

Ancho òne a dare a Matteo di... scharpellatore Lire 39
sol. 4, chè me gli prestò.

Ancho òne devito in più persone fior. 15. o più.

Ancho òne pegni al giudeio per lire 12.

Aviso le Riverenzie Vostre, chome io so' di fuore stato già
mesi 5 per non essere messo in prigione per devito.

Prego le Riverenzie Vostre che per l'amore di Dio vi sia
rachomandato.

N.º 136.   1466 (st. sen.) 7 Marzo

Sano *di* Pietro *e* Benvenuto *di* Giovanni *pittori lodano il lavoro di due cofani fatto da* M.º Francesco *di* Andrea *pittore ad Ambrogio Spannocchi.* (ARCHIVIO detto. Tribunale di Mercanzia, Lodi *ad annum*).

Al nome di Dio, Amen. A dì 7 di Marzo 1466.

Sia noto e manifesto, a chi vedrà questo presente lodo, chome io *M. Sano di Pietro* dipentore, e *Benvenuto di M.º Giovanni* dipentore, albitri chiamati dai Signiori Ufiziali de la merchantia sopra a la diferenzia d'Ambruogio Spagnochi, e di *Francesco di M.º Andrea* dipentore a giudichare un paio di chofani dipenti, cioè non forniti, cioè e'qua ghofani avea tolti a fare il detto *Francescho* dal detto Ambrogio, e'qua'ghofani il detto *Francescho* no'gli à forniti, nè ancho il suo fratello del detto *Francescho*.

Si che lodiamo e giudichiamo ch'al detto Ambruogio Spagnochi dia, de'detti ghofani non forniti, fiorini tredici di lire quatro per fior., intendendosi ch'el detto *Francescho* sia a sue spese (sic) di cholori e d'oro e ch'el detto Ambruogio non paghi più che tredici fiorini chome è detto di sopra, e così lodiamo e giudichiamo.

E io *M.º Sano di Pietro*, dipentore, albitro sopradetto, ò scrito questo lodo di mia propria mano a chiareza del detto lodo e delle dette parti.

E io *Benvenuto di M.º Giovanni* dipentore so'chontento e chosì chonfesso aver lodato d'achordo col sopradeto *M.º Sano* albitri insieme i ciò che in questa si chontiene.

Actum coram Cipriano de Viteccio, et Ser Filippo.

NOTA

Francesco pittore eseguì insieme a *Giovanni* di *Cristofano* l'affresco della battaglia di Poggio Imperiale nella sala, una volta detta delle *Balestre*, oggi del *Mappamondo*, erroneamente attribuito a *Paolo* di *Neri*.

1480 27 Giugno.

Giovanni *di* Cristofano *e* Francesco d'Andrea *dipentori L. cinquanta uno sol. nove, contati in mano di Giovanni e Francesco detti, e sono a loro in questo a f.° 124 per parte di ducati dodici per dipentura de la sala de le balestre, dipento el Pogio Imperiale* (ARCHIVIO detto, Concistoro, Lib. del Camarlingo *ad annum* c. 92t).

Giovanni *di* Cristofano *e* Francesco d'Andrea *dipentori, a dì 30 di Giugno, L. sedici sol. dicienove, contiati in mano di Giovanni detto per resto di dodici ducati che avevano avere per la dipentura del Poggio Imperiale, per deliberatione de' Signori e Gonfalonieri, rogato Ser Benedetto notaio, L. xvj sol. xviij* (Ivi c. 93).

Giovanni *di* Cristofano *e* Francesco d'Andrea *dipentori dieno avere per infino a dì di giugno L. sexanta otto sol. otto, sono per dipentura dnno fato ne la sala del palazo, dipento el Pogio Imperiale per deliberazione de' M.ci S. e Ghonfalonieri, rogato Ser Benedetto Bigliotti notaio di Concistoro* (Ivi c. 124).

Perchè non ci sfugga, qui faremo un'altra correzione circa a un affresco dello stesso palazzo. Intendiamo parlare della pittura di S. Caterina da Siena esistente nella sala così detta delle Commissioni, erroneamente attribuita a maestro *Sano di Pietro.* Quell'affresco fu invece eseguito da *Francesco di Lorenzo Milliori* nel 1461, come si legge nel libro delle deliberazioni di Concistoro all'anno predetto.

1461 27 Giugno.

Magnifici Domini etc. decreverunt quod Operarius Camere faciat in camera dicti Capitanei, palatii residentie Magnificorum Dominorum, figuram Beate Catherine senensis, quam figuram pingendam locaverunt Francisco Laurenti Bartolomei Millioris *pro duodecim lib. den.*

N.° 137.   1466 10 Aprile

Francesco Alfei *pittore chiede alla Signoria di Siena il vicariato di Monte Orgiali, offrendosi di dipingere le insegne del Comune sulle porte delle Terre di contado.* (ARCHIVIO detto, Concistoro, Scritture *ad annum*).

Dinanzi da Voi Magnifici et potenti Signori et Capitano di popolo della città di Siena.

Francesco di Bartolomeo Alfei dipentore vostro cittadino, et della Magnifica Vostra Signoria devotissimo servidore, con reverentia expone a la Vostra M. come lui si ritruova con una grande et disutile famiglia di otto figliuoli quasi tutti piccoli, et la maggiore è una fanciulla grande da marito: et essendo poveretto desidererebbe conducere la decta sua famiglia mediante l'arte et lo exercitio suo. Unde lui à posto mente che la maggiore parte de le terre del vostro contado et maxime in Maremma, a capo a le porti, non hanno l'armi

et l'insegne depente de la M. S. V., et però in quanto piacesse a essa V. M. S. lui si obligarebbe a dipegnarle a quatro
o a sei, o a quelle vostre terre che piacesse a essa V. S.
in quel modo et in quella forma che dalla V. M. ne li fusse
dato il disegno. Et in compensatione di questo domanderebbe
che per li vostri opportuni consegli in forma valida facesse
solennemente deliberare et reformare che lui havesse el vicariato di Monte Orgiali per tempo d'uno anno da cominciarsi
in calende di luglio proximo che viene, et come seghuita
da finire: col salario et altri emolumenti, come fusse uscita
dal bossolo ordinario, nel quale tempo dipignerà le decte
armi: con questo però che le comunità de le terre, dove dipignerà le decte armi, sieno obligate a fargli e' ponti et pro-
vedergli de la calcina et altre cose bisognevoli, per modo
che lui non v'abbi a mettere se non el magisterio et colori
di suo: et che quando lui fusse a dipegnere tali armi non
possi essere puntato al decto offitio.

Et deleberandosi questo per la V. M. S. sarà ad quella
cosa honorevole per rispecto de' forestieri che praticano et
usano nel vostro contado, et sarete cagione che lui potrà
maritare la decta sua figliuola, et darete grande aiuto a la
decta sua famiglia, in forma che da la M. S. V. se lo repu-
taria a gratia non piccola, la quale Iddio feliciti et accresca
secondo li suoi desiderii.

NOTA

L'istanza di questo pittore fu approvata nel Consiglio generale il 21 aprile 1466:
e il Concistoro, in data 29 maggio concedette all'Alfei la lettera patente del seguente
tenore: *Havendo deliberato che per le terre de la nostra Iurisdictione si faccino
alcune insegne de la nostra Comunità, cioè in quelli luoghi dove convenientemente
non fussero Leone bianco nel campo rosso e la Balzana, habiamo deputato
Francesco di Bartolomeo Alfei dipentore, nostro dilecto cittadino, a fare decte insegne
honorate belle et perpetue; et però voliamo et comandiamo a tutti officiali, co
munità et subditi nostri che al detto maestro dipentore, ad fare el detto lavorto,
prestino ogni appropriato favore come da lui saranno richiesti; cioè, provveden-
doli di calcina et rena et altre cose bisognevoli et facendoli li ponti che saranno
necessarij al detto lavoro in buona forma come sarà di bisogno, per modo che
lo detto maestro non ci metta altro ch'el magisterio et colori di suo, et possi
exequire comodamente questa nostra deliberatione. Et noi voliamo che di quelle*

insegne harà facte ne facci fare fede da quelle comunità dove l'havesse facte. (Concistoro, Copialettere *ad annum*, c. 144ᵗ). L'Alfei andò pitturando nei castelli sottoposti alla Repubblica le insegne del Comune di Siena, specialmente in quelli della Maremma. Tra le lettere dirette al Concistoro si conservano alcune che riguardano questi lavori. Qui ne pubblichiamo una della comunità di Montepescali. *Magnifici et Potentes Domini, Domini singularissimi, humili recomendatione premissa. Per questa notifichiamo a la M. S. V. chome Francesco Alfei dipentore è stato qui et à dipento chome nelle lettare d'essa M. V. S. si contiene el leone a la balzana a capo la porta della terra, honoratamente, et di più una lupa in mezo di decte insegne degna et bella, et un altra a chapo la casa del Comune, come vediamo sia intentione e volontà d'essa V. M. S., a la quale ora e sempre devotamente ci racomandiamo, che l'Altissimo quelle perpetue feliciti. — Priores et Comune Terre vestre Montispescali.*

N.° 138. 1467 28 Aprile

Lodo pronunziato da maestro Sano *di* Pietro *pittore e da* Giovanni *di* Bartolomeo Gallacini *nelle controversie tra* Antonio *di* Giusa *e* Battista *di* Fruosino *pittori.* (ARCHIVIO detto, Tribunale di Mercanzia, Processi *ad annum*).

Al nome di Dio, Amen. A dì 28 aprile 1467.

Sia manifesto a ciaschuna persona che vedrà questo lodo iscritto per me *M.° Sano di Pietro* dipentore, terzo chiamato per *Antonio* di *Giusa* dipentore e per *Batista* di *Fruosino* depentore e per Lorenzo albrito d'*Antonio* di *Giusa*, e Giovanni Ghalacini albitro di *Batista* di *Fruosino*, per chagione de l'arte de' dipentori, cioè, quando *Antonio* fu conpagno con *Fruosino* di *Nofrio* ed ancho con *Batista*, a ricidare e terminare ogni loro diferenzia, cioè, de l'arte de' dipentori; e così della butigha, come de l'altre cose.

Item, lodo che se *Batista* vuole la butiga che ànno insieme tuta per se, che dia ad *Antonio* di *Giusa* lire diciotto di benuscita per sua parte, ed abi tempo otto dì a chiarire se la vuole: e se *Batista* la vuole abbi tempo diciotto mesi a pagare i detti denari, cioè lire diciotto: e se *Batista* no'la vuole, che *Antonio* dia a *Batista* lire diecie di benuscita et abbi il medesimo tempo che *Batista*: et a chi tocherà la detta butigha, l'altra parte abbi tempo otto dì a ghombrare.

Item, lodo che tutti i debiti che fecero *Fruosino* e *Antonio* mentre che funo conpagni per la detta butiga, che ongniuno n'abi la sua metà, e così de' guadagni. Et se 'l detto *Antonio* avesse pagato i detti debiti della detta conpagnia s'intendino essere bene pagati mostrandone a *Batista* buonconto, a ciò ch'ogniuno abbi la metà de' debiti come de' mobili et così d'ongni altra cosa apartenenti a l'arte de' dipentori e di masaritie, che ongniuno abi la sua metà.

Ite: lodo d'un paio di gofani di quelo da Viterbo, che *Antonio* sia tenuto di mostrare a *Batista* quelo che s'ebeno de' detti cofani, et abbi tempo un mese, quelo si vendeno i detti ghofani; ed in caso nol mostrasse ch'io abbi a chiarire quelo che *Antonio* ne debi dare.

Ite: lodo d'un paio di gofani forniti a drappi, vagliano lire quaranta e sono d'ariento dorato . . . . . . L. 40

Ite: lodo d'un paio di gofani d'ariento dorati a vertù, vagliano lire trentasei, cioè lire trentasei . . . . » 36

Ite: lodo d'un paio di gofani d'ariento dorato non graniti nè sopanati, vagliano lire trentaquatro senza e'cuperchi . . . . » 34

Ite: lodo di tre paia di gofani a la fiorentina ingessati di gesso grosso e sotile e rilevati, vagliano lire setanta . » 70

Ite: lodo di due paia di gofani a l'usanza nostra, vagliano lire trentoto, ingessati di gesso grosso e sotile e rilevati. . . . . » 38

Ite: lodo di due paia di gofani ingessati di gesso grosso, vagliano lire trenta. . . . . » 30

Ite: lodo di un paio di gofani grandi ingessati di gesso, vagliano lire dicotto . . . . » 18

Ite: lodo d'uno gofano comunale che ànno, che *Antonio* lo ponga e *Batista* pigli.

Ite: lodo ch'el detto *Antonio* sia tenuto a mostrare a *Batista* la sua parte d'un paio di gofani messi d'oro fino, e qua' goffani n'era un terzo di Vico e un terzo di *Fruosino* e uno terzo d'*Antonio*, a ciò che ongniuno abi la sua parte.

Ite: lodo che tute le dette che vi sono comunagli, che si partino per mezo, e chosì de' debiti.

Ite: lòdo che ongni denaio che *Antonio* avesse riscosi mentre che funo conpagni *Fruosino* e *Antonio,* ne debi asengnare la sua parte a *Batista*, cioè, doppo la morte di *Fruosino,* che avesse riscosi.

Ite: che *Antonio* sia tenuto asengnare la metà de' pavesi che rimaseno dopo la morte di *Fruosino* o 'l denaio che avesse venduti e' detti pavesi. Et che *Antonio* sia tenuto asegniare a *Batista* la metà de le masaritie rimasero dopo la morte di *Fruosino* a ciò che *Batista* abbi la sua parte cioè, pigniati, gesso, pennelli et altre masarizie apartenenti al depengnare.

Ite: che *Antonio* sia tenuto asengnare la sua metà de la letiera fecero ad Agustino di Val di Pogna, cioè la metà del guadagnio.

Ite: che *Antonio* sia tenuto asengnare a *Batista* la metà di diciotto armi, Agustino padellaio.

Ite: che *Antonio* sia tenuto asengnare la metà del guadagnio feceno due tavolele da riscapate, a *Batista*.

Ite: che *Antonio* di *Giusa* sia tenuto asengnare a *Batista* la sua parte del guadagnio feceno du' regolo a Meio di Nanni.

Ite: ch'el detto *Antonio* di *Giusa* sia tenuto asengnare a *Batista* la metà d'una letiera feceno a lo spedale.

Ite: ch'el detto *Antonio* sia tenuto asengnare la metà d'una croce feceno ad Antonio di Berto.

Ite: ch'el detto *Antonio* sia tenuto asengnare a *Batista* la metà d'un paio 'di gofani fecero a Iacomo di Checho di Marco.

Ite: ch'el detto *Antonio* sia tenuto di dare le metà di tre oncie di lacha, a *Batista*.

Ite: ch'el detto *Antonio* sia tenuto di dare a *Batista* la metà di tre oncie di verde azuro.

Ite: ch'el deto *Antonio* sia tenuto a far buon la metà d'un oncia e tre quarri di lacha.

Ite: ch'el deto *Antonio* sia tenuto asengnare a *Batista*

ongni denaio che avesse soprapreso mentre che *Batista* e *Antonio* funno compagni.

Ite: lodo che *Antò* dia a *Batista* detto la metà del guadanio fecero al Podestà il lavoro, cioè; targoni e bandiere.

Ite: mi riserbo un mese di tempo del compromesso a chiarire e terminare se altra diferenzia acorisse tra loro.

E io *M.° Sano* sopradetto ò scritto e dichiarato il prente (sic) lodo a chiareza delle dette parti e chòl (sic) afermo.

E io Giovanni di Bartolomeo Ghalaccini e'firmo lo presente lodo come di sopra è detto e dichiarato è, d'intorno e' maestri detti sopra.

Anno Domini *Mcccclxvij*, Ind. *xv*, Die *xxviij* Aprelis.

Latum, datum ec. per magistrum *Sanum Petri* et Iohannem Bartholomei Gallaccini arbitros et arbitratores prefatos, absente Ser Laurentio Juse tertio arbitro, in curia Officialium Mercantie, coram Pietro Paulo Verij et Guaspare Mei calzolario de Senis, testibus.

Egó Iacobus Pietri Mochi notarius rogatus scripsi.

Nota

Della famiglia dei Giusi, a cui appartennero *Antonio* di *Giusa* e *Battista* di *Frosino*, daremo qualche altra notizia:

1414 6 Giugno.

Giusa di..... dipentore diè avere a dì vj di giugno L. quatro, sol. dieci per la dipentura di quatro leoni de' pennoni de le trombe de l'ariento, a sol. xlv el pennone, L. iiij sol. x den. (Archivio detto, Concistoro Lib. del Camarlingo *ad annum* c. 21[4]).

1418.

Sol. trentacinque a Giusa *dipentore per resto di una tavola di San Francesco.* (Archivio detto, Carte della Compagnia di S. Bernardino B. XXVI c. 183).

1421.

A Giusa *di Pietro (?) dipentore Lib. 4 per dipegnitura d'una colomba e un bambino.* (Archivio dell'Opera Metropolitana, Lib. d'entrata e uscita c. 55).

1432.

Giusa di Frosino de'dare sol. 22 a lui in presta per comprare cholori per far dipegnare il conte Giordano e Aldobrandino: dipoi si deliberò di non dipegnarli. (Archivio di Stato detto, Libro della Camera del Comune 1430–46 c. 31:3).

1442.

Fruosino di Nofrio e compagni dipintori lavorano in Duomo. (Archivio dell'Opera detta, Lib: creditori e debitori a c. 31).

1446 20 Agosto.

Fruosino *di* Nofrio *e* m.° Giovanni *di* Paolo *dipentori dieno avere Lib: quaran-totto, e quali sono per dipentura de l'archo de la porta di mezzo del Duomo e doratura la Madonna rilevata a loro cholori et mordente, salvo che oro e azuro mise l' Operaio; et per loro fatiche d'achordo con missere Gioanni Borghesi operaio.* (Archivio dell'Opera detta, Delib: 1441-57 c. 79^t).

1457 1 Settembre — 5 Gennaio.

Battista *di* Fruosino *dipentore ebe, a dì 1 di setembre, gl' infrascritti quinterni del messale nuovo e vechio 3 quinterni del misale nuovo a miniare, 3 quinterni del misale vechio per esempro.*

E de'dare, a dì 5 gennaio, quattro quinterni del misale nuovo per miniare.

Anne dati, a dì 5 di gennaio, due quinterni del misale vecchio e quali ebe per esempro. (Archivio detto, Ricordi del Camarlingo 1457-60 c. 115).

1460.

Maestro Antonio di Giusa *dipentore de' dare uno ducato d'oro senese largo, li prestai, a dì 7 d'Agosto 1465, per parte del pagamento l'drò a fare per la dipentura de la lettiera e cappucciaio... L. 5., sol. 5., den. 0.*

E de'dare, a dì 30 d'Agòsto, Lib. quindici, li dèi contanti in due ducati stretti fiorentini, el resto in bolognini ne la sua bottiga, L. 15., sol. 15., den. 0.

Anne dati a dì detto Lib. diciotto ne la dipentura d'una lettiera di b.ª 3 1|2 larga, e b.ª 4 1|2 longa, co la volta dipenta a drappo d'oro e lacca fina d'accordo, Lib. 18.

Anne dati per la dipentura del cappucciaio L. 3. (Archivio dei Contratti, Lib. di Mino di Niccolò d'Anastasio not. sen.).

1465.

Battista *dipentore dipinge il panno del Leggio per Lib. 3., sol. 10.* (Biblioteca Comunale, Libro della Compagnia di S. Ansano in S. Virgilio).

1471 6 Agosto.

Battista *di* Fruosino *diè avere Lib. ciento vinti sonno per minii quarantanove mezani e grandi per sol. 22 l'uno e per uno minio grande storiato nel principio del mesale per Lib. 5, à fatti a uno messale nuovo per la sagrestia, d'acordo col detto* Battista *lo dette Lib. 120: sonno a le spese di so' la sagrestia.* (Archivio dell'Opera detta, Memoriale rosso 1441-82 c. 86).

1477 6 Agosto.

E dienò dare, a dì 6 d'Aghosto, lib. cientovinti sonno per tanti buoni a Battista *di* Fruosino *dipentore per più mini fatti a uno messale con storie e senza storie per la sagrestia.* (Archivio detto, Lib. delle *due* rose c. 156^t).

1471 31 Ottobre.

A dì detto, detti a Antonio di Giusa *dipentore lib. una, sol. dieci in sua mano per dipentura della balzanella nuova che abbiamo fatta fare, L. 1, sol. 10.* (Archivio di Stato detto, Concistoro Lib. del Camarlingo a c. 77^t).

1483 6 Luglio.

Spesi Lib. tre. sol. dieci furo per dipegnitura del panno del legio, a Batista *dipentore.* (Biblioteca Comunale, Libro della Compagnia di S. Ansano 1450-89 c. 168^t).

N.° 139.   1467-1472

Deliberazioni del Capitolo dello Spedale della Scala relative all'allogagione del Tabernacolo di bronzo per la Chiesa del detto Spedale, fatta a Lorenzo di Pietro *detto* il Vecchietta. (ARCHIVIO DELLO SPEDALE DI S. MARIA DELLA SCALA DI SIENA. Deliberazioni vol. V, c. 182, 229t).

I. A dì 26 Aprile 1467.

Convocati in Capitulo el decto rectore, savi et frati del Capitulo, in numero sufficiente, di concordia deliberorno di fare uno honorevole tabernacolo di bronzo ne la nuova chiesa da farsi ne lo Spedale, secondo uno disegno in Capitolo presentato, et infra loro più volte veduto et examinato: la quale allogagione si facci a maestro *Lorenzo di Pietro* detto *el Vecchietta:* la quale allogagione si facci secondo che infra loro è stato concluso per prezo di fiorini mille, et in quello più; per infino a mille dugento fiorini, che parrà al rectore dello spedale et ad li spectabili savj, e'quali in quello tempo saranno vivi etc.

Similmente, veduta l'alogagione questo dì facta per lo sindicho dello Spedale a maestro *Lorenzo di Pietro Vechieta* di uno tabernacolo di bronzo etc. essa approvarono et confermarono in tutte le sue parti, come in essa si contiene.

A dì 29 Novembre 1472.

In prima veduta certa allogagione facta più tempo passato a maestro *Lorenzo Vechietta* di un tabernacolo di bronzo da porsi in su l'altare de la chiesa nuova, nel quale si debba tenere el sacramento *Corporis Domini nostri Iesu Christi,* la quale allogagione bene examinata, et veduto el detto tabernacolo fornito, el quale è uno lavoro molto no-

tabile et più bello, hornato et maggiore che non promesse
in essa allogagione; et avuto più pareri da più maestri, et
intendenti persone, fu finalmente in fra loro dichiarito (sic)
determinato et trattato che esso maestro *Lorenzo* abbi, et
aver debbi dal detto Spedale per esso lavoro, per esso fornito ed aconcio come debba per vigore d'essa locatione,
fiorini mille cento da soldi 80 fiorino, et più una casa ad
sua vita, ne la quale al presente è esso tabernacolo, la quale
sia tenuto, et debbi mantenere et aconciare, et reparare in
tutto duve fussi di bisogno ad tutte sue spese : la quale casa
torni ad lo Spedale immediate doppo la morte d'esso maestro
Lorenzo per piena ragione così aconcia et reparata, senza
alcuna spesa da farsi per esso Spedale.

Et più veduto esso lavoro et tabernacholo essare molto
bello et notabile più che nella allogagione non si contiene,
avendo discretione et compassione a esso maestro *Lorenzo,*
deliberorono che esso maestro *Lorenzo* habbia et aver debba
da esso Spedale fior. cinquanta da soldi 80 fiorino oltre la
detta quantità di sopra dichiarata : con questo ch'esso Spedale habbi tempo mesi sei ad pagare ogni resto dovesse
avere, cioè in tre paghe, ogni due mesi el terzo. Et questo
in caso ch'esso maestro *Lorenzo* ratifichi la sopradetta di-
chiaragione, et non altrimenti nè in altro modo.

N.° 140. 1468 10 Decembre

Supplica dei frati di S. Francesco di Siena per ottenere
il denaro promesso dalla Repubblica per ampliare la loro
chiesa. (ARCHIVIO DI STATO IN SIENA, Concistoro, Scritture
ad annum).

Dinanzi da Voi Magnifici et potenti Signori etc.

Li continui oratori di V. M. S. frati, capitolo et convento
di Sancto Franceschо di Siena, con reverentia expongono,
che essendosi deliberato per li vostri consigli che, pagando

il Capitolo loro per tempo di quatro anni fiorini duomila, cioè ogni anno fiorini cinquecento, da convertirsi nel hedifitio et fabrica nuova da farsi per dilargare et fornire la chiesa di Santo Francescho detto, come è principiata: Che la Comunità vostra, ciaschuno anno de'detti quatro anni, sia tenuta dare et pagare ad essa fabrica et esso nuovo edifitio, fiorini mille, come di questo apaiono publiche deliberationi obtenute ne'vostri consigli. Et avendo loro adempito ciaschuno de'detti quatro anni dette deliberationi, d'avere speso di loro in detta fabricha quanto detto è, chome apertamente si vede, et ora richiedendo che la vostra Comunità li paghi quello a che essa si è obligata, trovano che per li detti quatromilia fiorini furo obligate l'entrate del vino, le quali non lo rispondono, perchè sono obligate al Monte. Et avendone già hauto dal vostro Consistorio pulitia per fiorini duomila, non veghono da quel menbro poterne avere denaio. Unde, non per essere presumptuosi, ma per far satisfare prima al divino culto, da poi al publico honore del Vostro Reggimento, chè in verità, non biasimando li altri grandi et infiniti ornati che sono di hedifitii nella città vostra, che tutta si può dire innovata da pochi tempi in qua, ma quella delli templi i quali in brevissimo tempo saranno compiuti, dà tanta reputatione alla Vostra Republica, che maggiore non potrebbe essere. Et però acciò che tanto bene prencipiato d'essa chiesa si conduca alfine, adomandano che li detti due milia fiorini delli quatromila, lo siano passati a'Paschi, servate le fedi a ciaschuno, infino al presente dì: la qual cosa facendosi, come indubitatamente sperano, sarà da Dio e dal San Francescho remeritata al vostro Reggimento et da qualunque vedrà fornita essa chiesa, che facendosi così sarà presto, n'avarà laude et commendatione grandissima.

N.° 141.   1472 16 Settembre

Istanza di m.° Pietro di Giovanni Turini pittore, alla Signoria per essere assoluto da una condanna. (ARCHIVIO detto, Concistoro, Scritture *ad annum*).

Dinanzi da voi M. S. ecc.

Pietro di *Giovanni Turini,* vostro cittadino et minimo servo, con reverentia expone come a dì *xx* del mese di giugno proximo passato 1472 fu condennato per lo Sp.¹ᵉ cavaliere messer Scipione da Ferrara, allora potestà de la Città vostra, in L. trecento col terzo più, preso cagione che esso *Pietro* havesse ruffianata M.ª Tora sua donna a più cittadini di Siena: come d'essa condennatione apare ne la vostra Bicherna al Liro di 3 orsi f.° 67, la quale piaccia a le S. V. havere qui per expressa, come se di parola a parola ci fusse scripta.

Magnifici S., et vero è che decto vostro servo fu condennato per contumacia, chè era a dipegnare a bagni a Sancto Filippo, nè mai hebe informatione nissuna, se non facta la condemnatione, chè se ne sarìa difeso perchè mai commise tale errore: e se la detta Tora ba commisso alcuno mancamento, la cagione è assai nota perchè è nata di tale raza che volendo degenerare non può. Hora el decto vostro servo trovandosi fuore di casa sua desidera di ripátriare per non andare stentando per le terre altrui. Unde ricorre a' piei de le V. Ex.ˢᵃ S. a quelle supplicando si degnino per loro oportuni consegli provedere, ordinare et reformare, che lo detto *Pietro* sia libero et absoluto da la detta condennatione e che lo notaro di Bicherna sia obligato senza suo preiudicio o danno et senza alcuno pagamento da farsi al vostro Comuno, capsare et cancellare decta condennatione. La qual cosa obtenendo, come si confida, se la reputarà a gratia singularissima de la S. V. et sarà cagione che detto vostro servo potrà exercitarsi ne la patria sua et non habi ad andare tapinando per lo mondo. Raccomandandosi sempre a le S. V. che Dio le feliciti.

NOTA

Il Comm. Milanesi (DOCUMENTI DELL'ARTE SENESE. Vol. II, pag. 372), corregge una opinione falsissima; cioè, che *Matteo* di *Giovanni* de' *Bartoli* pittore, fosse fratello di *Pietro* di *Giovanni* pittore della famiglia de' *Pucci*. Oltre a quel *Pietro di Giovanni*, che morì nel febbraio 1455, (Vedi Obituario di S. Domenico nella Biblioteca Comunale di Siena), v'è stato questo della famiglia de' *Turini* orafo: e di lui abbiamo le notizie che appresso:

1481.

Maestro Pietro di Nanni *dipentore che macina i cholori per la tribuna*. (ARCH. DELL'OPERA METROPOLITANA, Lib. d'entrata e uscita *ad annum* c. 164).

1501.

Maestro Lorenzo di Giuseppe e Pietro di Giovanni *dipinsero le testate de' papi in Duomo: il primo ne fece quarantotto, il secondo quarantaquattro*. (ARCH. detto, Libro d'un Leone c. 597).

1506.

Pietro *di* Giovanni *dipentore è pagato per la monta di più lavori fatti nella coppella di S. Giovanni e per la dipentura e mettare oro quatro cerchi fatti in Duomo dove sonno poste le teste dell'imperadori*. (Ivi, c. 692).

1516.

Pietro *di* Giovanni *dipentore de' avere Lib. 36 per la dipentura del Carro degli Angioli, per quattro pilastre sopra esso carro, per la dipingitura de le colonne*. (ARCH. detto, Libro dei due Angioli c. 322

N.° 142.   1472 (st. sen.) 7 Marzo

Lettera della Repubblica di Siena al Cardinale di Ravenna in raccomandazione di Francesco Alfei *pittore*. (ARCHIVIO detto, Concistoro, copialettere, *ad annum*).

Ravennati Cardinali, ita scriptum est. *Franciscus Alfeus* pictor civis noster est qui filiis abundat, in quibus et femelle sunt jam mature viro. Is autem est homo tenuis fortune, sed plenus fidei, et numquam a labore vacuus, ut familiam suam nutriat. Venit istuc quedam sua negotia confecturus. Petiit de Nobis litteras commendatitias, quibus multum fidebat. Nos autem credimus caussas eius honestissimas esse: quas verbis explicabit planius V. R. D. quam hortamur rogamusque pro sua consuetudine tantum faveat civi nostro, quantum sperat qui has litteras defert, nostra commendatione fretus. Ceterum hanc patriam V. R. D. commendamus, quam optamus perpetuo bene valere.

N.° 143.   1472 (st. sen.) 16 Marzo

Il Cardinale di Ravenna risponde ai governatori della Repubblica di Siena, circa alle raccomandazioni fatte per Francesco Alfei. (ARCHIVIO detto, Concistoro, lettere *ad annum*).

Magnifici et potentes Domini tamquam fratres amatissimi. salutem. Venit tunc ad Nos *Franciscus Alfeus* cum litteris Magnificarum Dominationum Vestrarum sui commendatitiis, Non indigent cives vestri ulla apud Nos commendatione, cum senenses omnes, et magnificam vestram Civitatem ut fratres et propriam patriam peculiari amore prosequemur. Propterea libenter ipsi *Francisco*, et eius rebus in hac provincia favebimus, et eo ardentius quo accedunt commendatione vestrarum Magnificarum Dominationum, que felicius valeant. Macerate, die *xvi* Martii *Mccccclxxiii*

B. tit. S.^{cti} Clementis
Presbiter Card. Ravenn: } Ap. Se. Legatus.

N.° 144.   1473 14 Aprile

Domanda degli Esecutori della Gabella della Repubblica di Siena per abbellire l'Oratorio di S. Caterina in Fontebranda. (ARCHIVIO detto, Consiglio Generale, Deliberazioni *ad annum* c. 187).

Dinanzi da Voi Magnifici Signori ecc. — Li vostri servitori Executori de la vostra generale Gabella, con reverentia expongano, che essendosi facta ne la costa di Fontebranda quella chiesa o vero oratorio ad honore di Santa Caterina senese, mediante l'aiuto de la V. M. S. che è stata cosa molto devota et honorevole, maxime per lo concorso grande de' cittadini et forestieri che vi vanno el dì de la sua festa, restano più cose, le quali per la detta cagione sarebbe honore et devotiene et farle, et per mancamento di denari non si fanno: cioè una tavola a l'altare et due candelieri: item una sacristia: item una immagine di S. Caterina di rilievo grande: item le porti a l'uscio di fuore: item la scala a l'entrata: et havendo examinato che spesa bisognasse fare in dette cose trovano che costaranno più fior. 300, pertanto ricordarebbero con reverentia, che - fosse - deliberato che a la decta fabricha sieno concessi fior. treciento di *decte* che sonno in kabelle al libro de la stella da spendarsi et convertirsi in decti lavori et etiam pagare quello che alcuni maestri restano havere di opere date a la decta Fabrica.

NOTA

Mentre in Roma si procedeva al processo di canonizzazione di Caterina Benincasa, nei senesi nacque il desiderio di convertire in oratorio la casa dove ella nacque. Così troviamo nel libro dei decreti di Concistoro:

In prima veduto et considerato che molti Oltramontani, Franciosi, Vinitiani, Romani et d'altre Nationi, che sono venuti nella vostra Città, ánno con gran diligentia domandato de la casa dove habitò nella vostra città la beata Caterina da Siena: et in quella sono andati con una gran reverentia et devotione inginocchiandosi in molti luoghi et baciando le mura et l'uscio, dicendo con lagrime assai « *qui stè et tochò* « *quel pretioso vaso et dono di Dio, beata Caterina da Siena, che nella vita sua* « *fe'cotanti miracoli.* » Et molto si sonno maravigliati che il Comune di Siena in quel luogo non abbi fatto qualche tempio a laude di Dio, e onore d'essa Sposa di Christo: Et ora sentendo che la detta casa minaccia ruina et saria gran mancamento della Repubblica sanese che elli si lasciasse cadere, et volendo all'onor di Dio et della vostra Comunità voltare la mente come far si dee, et che la Santa predetta interceda sempre per noi: provvidero, et ordinaro che li Nostri M. S. Capitano di popolo, e Gonfalonieri Maestri sieno tenuti et debbino, ottenere che sarà questa provisione, elegiere quattro citadini, i quali abbino a comprare la casa predetta per la vostra Comunità, per miglior pregio che potaranno, non potendo spendarvi più che costasse l'ultima volta che si vendè, et essendo i padroni obbligati a vendarla.

Ma tale acquisto non fu deliberato prima del 17 aprile 1464, come vien confermato dalla seguente deliberazione del Consiglio del Popolo:

In Consilio populi, facta proposita supra petitione civium Coste Fontisbrande, fuit victum, obtentum et solemniter reformatum, per centumsexagintaquinque consiliarios reddentes eorvm lupinos albos pro sic, duobus consiliariis reddentibus

eorum lupinos nigros pro non in contrarium predictorum non obstantibus; ob-
tenta tamen prius solemni statutorum derogatione per centumsexagintaduos con-
siliarios reddentes eorum lupinos albos pro sic, quinque consiliariis reddentibus
eorum lupinos nigros in contrarium predictorum non obstantibus: quod comune
Senarum donet Sancte Katerine de Senis florenos centum de lib. quatuor pro
flor., de quibus ematur domus, quam iam habitavit dicta sancta Caterina, sita in
Costa Fontisbrande: et residuum ab illo quod emetur dicta domus superius, ex-
pendatur in faciendo de dictá domo unam cappellam seu oratorium ad honorem
Dei et dicte Sancte Caterine. Qui denari vel floreni centum, dentur ad pasqua,
servatis fidibus. Et intercedatur ad summum Pontificem quod Comune Senarum
habeat patronatum dicte capelle et oratorij. (Concistoro, Deliberazioni ad annum
c. 41).

Per altro la Beuincasa, negli ultimi anni di sua vita, abitò con la madre Lapa
in una casa su la via di Romana, ma quell'abitazione fu fatta abbattere per ampliare
la via di Romana, come si legge in un ricordo lasciato dalla Signoria del bimestre
maggio e giugno 1483, ai suoi successori.

Fu per lo Consiglio di Popolo deliberato che la casa di Sancta Caterina, in
su la strada de la Porta Nuova per hornato d'essa, si levasse via et ponessesi in
terra; serà necessario provedere a'denari per lo detto acconcio. (Concistoro, Scrit-
ture ad annum).

N.º 145.   1473 25 Giugno

Francesco d'Antonio *orafo prende a fare due vasi d'argento*
per la Signoria di Siena (ARCHIVIO detto, Concistoro.
Libro del Camarlingo *ad annum c. 110ᵗ*).

Al nome di Dio, a dì xxv di Giugno sia noto e manifesto
a qualunche persona, come io Matteo di Giovanni di Matteo
Salvi, al presente camarlingo di Concistoro, aluocho a fare
a *Francescho d'Antonio* e compagni horafi, ij boccali, cioè
due vasi d'argento grandi di peso di lib: xx in circha,
cioè di lib. venti in circha; e debba farli nel modo ci è un
dixegno ne le mie mani. E debba fare e' corpi d'argento
fino, e' resto d'argento meglio che lega, come sonno e due
mandamo questo dì a prexentare a la Duchessa di Ferrara:
de' quali deba avere lib. cinque sol. due de l'oncia a suo
argento; e volendoli dorare li debba dorare a sua hopera
e a horo del palazo, dorandoli nel modo che si mostra nel
dixegno. Per la quale monta ne de' havere al presente
Lire Millecinquanta di denari o circha: e debano averli fatti

16

et forniti per tempo di mesi otto in x, et forniti saranno
debano avere ogni resto dal Concistorio di quello montaranno
più de' denari ricevuti da me. E debano e' detti bocchali avere
le lettere che sono nel collo niellate. E de' denari che detto
Francesco e compagni ànno ricevuti, sonno debitori in questo
a f.º 110. La qualle aloghagione ho fatta per altorità con-
ciessami da miey magiori compagni M. S. al presente che
risèchano, de le quali deliberationi n' è roghato Sere Angnolo
di Meo d'Angnolo di Ghano, al prexente notaro di Consistorio, come apare al suo libro a f.º 25.

N O T A

Questi vasi furono di poi donati al Re di Napoli, come si rileva dal ricordo preso
nel medesimo libro a c. 126t.
  1479.
  *Anne datti, a dì xxviij di febraio, lib. millequatrocentotrentacinque sol. tredici
sonno per due vassi hanno fatti (Francesco d'Antonio e compagni orafi) e' quali
si donorno a la M.tà del Re di Napoli, già più tempo fa, e quali vasi pesonno
L. vintitre, once cinque, quarri due, come n'aveva polizia di mano di Ser Giovanni di Ser Stefano camarlingo stato di Concistoro. E questo òne fatto per deliberazione de' M. S. e spetabili Confalonieri, rocatto Ser Giovanni d'Agnolo
notaro di Concistoro. L. 1435, vol. 13, den. O.*

N.º 146.   1473 21 Ottobre

*Istanza di Messer Ambrogio Spannocchi intorno ai lavori
per la costruzione del palazzo* (ARCHIVIO detto, Concistoro, Scritture *ad annum*).

Dinanzi da voi M. et potenti Signori.

Esponsi per lo vostro figliuolo et servidore Ambruogio di
Nanni Spannocchi, chome essendo lui stato grande tempo
fuore de la V. città essendo ritornato, e per gratia di Dio
[con] qualche guadagno, deliberò per honore de la città et
suo, intanto, benchè si' vechio, farè una chasa bella: e chosì
ha dato principio. È achaduto che per gli offitiali de' Terratichi li è fatto processo che lui à hedificato in su quello del
vostro Magnifico Comune, cioè prèso d'una piaza tenevano

e' figliuoli di Misser Batista Belanti, la quale è per uno
verso braccia sedici et per l'altra braccia dodici in circha:
li quali offitiali ànno pronuntiato lo hedifitio fatto essare in
su quello del vostro comune et consequente sarebbe in tutto
a guastare lo detto hedifitio. Dice anchora che esso Am-
broxio per fare esso hedifitio e col suo muro come si vede,
tocò il palazo de' Salimbeni che è del vostro magnifico Comune. Anche non vorrebbe essare molestato. Et pertanto
pregha V.ᵉ M.ᵗᵉ che faccino per gli opportuni consegli provedere et reformare che sia pienamente rimesso negli Spectabili offitiali de' Terratichi, e quali possino esse piaze et esso
hedifitio achostatosi a esso muro, vendere, alienare, disporre
et deliberare chome a loro piacerà. Nelle quali cose se
reputerà a gratia singolare del vostro Magnifico Regimento.

Pregando l'Altissimo quelle mantenghi quanto desiderano.

N.° 147.   1473 9 Dicembre

*Ricordo dell'allogagione degli organi, pel convento di S. Do-
menico di Siena, fatta a Lorenzo di Iacomo e a Francesco
d'Andrea da Cortona* (ARCHIVIO detto, Carte di S. Domenico, Reg. C. VIII, c. 98ᵗ).

Maestro *Lorenzo* di *Iacomo* e maestro *Francescò* d'*Andrea*
da Cortona s'allogono da noi; e maestro *Francesco* detto per
lo tutto a dì 9 di dicembre 1473 di fare gli organi, noi per lo
convento per termine d'anni due comiciando il tempo a dì
primo di gennaio anno detto, dandoli a lui l'organo vecchio
con suoi mantaci e suoi fornimenti nel modo che sta; e
sopra questo diè avere ducati d'oro dugento larghi, de'quali
ne paga messire Niccolò Benzi ducati cento, che sono L. 560,
e l'altri paga el convento, cioè L. 560, con patti si come
apare per una scripta fatta nel bancho Benedetto da To-
scanella soscritti quattro frati di convento, cioè maestro Si-

mone priore, maestro Marianno Francischi, frate Pietro Nicolay e frate Buonagionta. Fatti di consentimento di tutto
el convento e soscritto: Biagio di Guido Antonio Picoluomini
in nome di Missere Nicholò Benzi e noi Frati in nome di
tutto el convento; la scritta è epresso di Biagio detto, e in
essa si soscrisse maestro *Francesco* da Cortona detto, e per
tanto per l'eracta *(rata)* di convento l'abiamo qui fatto creditore in questo di L. 560.

N.° 148.   1473 (st. sen.) 23 Marzo

Assegnamenti fatti dalla Banca dei Medici a Pietro d'Antonio *da Siena e a* Girolamo *da* Sutri *orafi, su i lavori
eseguiti per conto della Camera Apostolica* (ARCHIVIO VA-
TICANO, Diversorum de camera Sixti IV. 38. pag. 149. 150).

Magistro *Petro Antonij* de Senis et *Hieronymo de Sutrio*
auri fabris sociis, qui fecerunt fieri pileum pontificalem ad
benedicendum in nocte nativitatis Domini, proxime preterita,
infrascriptas summas pecuniarum, ex causis infrascriptis, videlicet: primo pro unciis quatuor et tribus quartis perlarum
de diversis sortibus pro dicto pileo flor. 34; item, quos solverunt Bonifacio recamatori pro eiusdem pilei rechamatura
flor. 5: Pro ermellinis 24 et eorum laboratura, pro dicto
pileo flor. 6: pro uno frisio aurei pro eodem pileo flor. 5:
Item, quos solverunt Antonio del Saxo pro dicto pileo de
bruna (?) et eius factura flor. 4. consistente in toto florenos
papales 54: qui valent de Camera...

Pro ense pontificali: primo pro lib. 8 argenti de Carlino
positis super vagina predicti gladi ad rationem duc. papa-
lium auri (?) dimidio, pro qualibet lib. ducat. 68.

Item, pro diminutione dicti argenti, videlicet pro unciis
quatuor, que valent ducat. 2. b. 65; item, pro aureo posito
deaurando ipsam vaginam ducat. 20; item, pro argento vivo
ad deaurandum ducat. 1; item, pro ense nudo duc. 3; item,

pro uno palmo cum dimidio cremisini ad coperiendum dictam vaginam ducat. l. b. 64; item, pro lignis vagine predicte ducat. — b. 38; item, pro unciis decem argenti pro ornamentis cinguli dicte vagine ad ractionem ducat. unius cum dimidio pro uncia, ducat. 15; item, pro cingulo predicto, ducat. 14; item, pro factura omnium predictorum ipsis magistris, ducat. 32; costituendum in toto ducatos papales centumquinquaginta octo, baioccos tredecim, qui sunt de camera...

Nota

Il sig. Alberto de Zabra che pubblicò per la prima volta questi documenti (Archivio Storico italiano, Serie III, Tomo VI. p. 168) riporta altre notizie de'lavori fatti da questo artista senese per la curia romana.

1471. 5 Novembre.
Magistro Petro Senensi *et* Hieronimo de Sutrio *pro factura anuli piscatoris et stampe bullarum plumbi, fl. 70.* (Archivio Vaticano, *Lib. introitus et exitus, 1607).*

1472. 2 Maggio.
Magistro Petro senensi *aurifici pro factura rose etc. fl. 285 bon. 12.* (Ivi).

1472. 2 Maggio.
Magistro Petro de Senis *aurifici pro argentu et factura ensis et paris (?) unius ampullarum pro usu cappelle, fl. 179.* (Ivi).

1474. 25 Maggio.
Magistro Petro de Senis *et* Hieronimo de Sutrio *pro rosa pontificali, fl. 254.* (Ivi 1608).

1475. 30 Aprile.
Petro Antonio *Senensi et* Hieronimo Sutrio, *pro rosa, fl. 191.* (Ivi 1610).

1476. 2 Novembre.
Magistro Petro de Senis *pro ense fl. 70. bon. 60* (Ivi 1613).

N.º 149.   1474 31 Maggio

I monaci dell'Abadia di S. Galgano domandano alla Repubblica di essere esonerati dal pagamento della gabella, per i materiali occorrenti nell'edificazione del loro palazzo in Siena (Archivio di Stato in Siena, Concistoro, Scritture *ad annum).*

Dinanzi da voi Magnifici et Potenti Signori S. Priori, Chapitano di popolo della città di Siena, S. nostri singularissimi.

Dicesi e'sponsi per li vostri fedelissimi figliuoli, Misser Giovanni habate e monaci de la vostra habadia di Sancto Galgano, che avendo desiderio le loro picchole entrate convertire

in honore e hornato della vostra Città, e'n qualche parte
hutile perpetuo di quella vostra habadìa, ànno cominzato
uno palazzo apresso a la Maddalena e adatarlo per habitatione a due cittadini, e loro sperando essare assai mancho
spesa: e ora la spesa è molto più che duplicata. Perchè
quatro chase che si guastaro sono tutte a scuole che non
ànno tanto ripieno che sfacessero e fondamenti: e per questo
ci manca più che 500 migliaia di mattoni. E la faccia di
pietra costa fior. 650. Apresso ànno intentione, e in capitolo
deliberato, di fare dalle mura in fuore tutta la chiesa della
Maddalena; farvi la sagrestia dalla parte di fuore che non
l'à. E rifare le scale dinanzi la porta di detta chiesa, per
la qual cosa non può essere senza grande spesa, e le loro
entrate non sono tante che suprissero per bene, ch'è grande
massaritia, ristringendo le spese loro della propria vita per
potere questi lavori e acconcimi fare, non vegono modo
senza aiuto e sussidio delle M. S. V. potere fare. E massime
in questo anno non ricolgono vino che basti all'abadia propria
per la grandine che à guaste le loro vigne intorno a Siena.

E però supricano alle V. M. S. si degnino solennemente
fare deliberare per li vostri oportuni consegli che l'abate e
monaci della vostra habadia di sancto Galgano, per lo edificare e finire el palazzo inchomenzato e per lo racconciare
della chiesa della Maddalena, non paghino kabella alcuna,
di nissuna cosa necessaria al detto palazzo e chiesa. E più
adimandano lo'sia dato in Grosseto staia otto di sale per
ciascuno anno sopra a quello che ànno al presente, perchè
sonno all'abadìa continuo dodici preti che dicano messa e
conversi e fanti, sonno più che trenta bocche, e sempre
tengano maestri a murare. E quando dalle V. M. S. rice-
varanno questo sussidio lo'darete chagione, che se la vita
del presente abate basta che questi lavori sieno finiti, saranno cosa che a le M. S. V. non saranno mancho grate
che sieno questi acconcimi sopra decti, perchè tutto el loro
desiderio e amore è a fare chosa che a le M. S. V. sia
grato: Le quali Idio feliciti in sempiterno.

N.° 150. 1474 2 Agosto

Lettera di Giovanni Iacopo de'Bindi, *ingegnere e conduttore di acque, con la quale offre i proprj servigi al Comune di Siena* (ARCHIVIO detto, Concistoro, Lettere *ad annum*).

Magnifici ac excelsi Domini Domini mei observandissimi. La bona ciera e cortesìa ricevuta da V. M. Signoria, quando io passai per quella V. M. città di Siena, me invita e dà materia ad sempre desiderare e dare opera d'essere a li servitii de le predecte V. M. S. de fare condure le aque al ponte di Bonconvento, o d'Alba (*sic* Arbia?) o di simili edifitii et opere de aque et aqueducti. Notifico ad Esse M. V. S. che al presente io me trovo in tal termine libero e non obbligato ad altri; che io posso et potria servire le prefate V. M. S. a le quali spero fare et potere fare cossa et opera laudevole e che vì piacerano intanto che spero de acquistar bona amicicia, et in modo et forma che sarò reputato bono e fedel servitore di epse V. M. S. Et se le antedicte V. M. S. havessero bixogno, et adesso li paresse il tempo, me scrivano qua a Modena e sia adrita la lettera in caxa del spectabile dotore M.° Aurelio Belincino, et io me trasferirò al cumspecto de le prefate V. M. S. A le quali de continuo me recomando.

Mutine, *ij* Augusti *mccccccxxiiij*.
Magnifice et Excellentissime D. V.

Servitor *Joannes Jacobus de Bindis*
ingegnierus et ductor aquarum.

N.° 151.   1476 16 Gennaio

Privilegi concessi ai fabbricanti di stoviglie e terre cotte
nella città e dominio di Siena, (ARCHIVIO detto, Deliberazioni del Consiglio generale, vol. 237. c. 250).

Certi cittadini etc. provviddero come appresso:

Item, veduto quanto sia publica utilità curare che de la
Città vostra, suo contado, jurisditione et districto non eschino
denari, maxime in quelle cose che la città et contado vostro è
habundante, sichome è intra l'altre cose el mestiero de li
orciuoli et coppi et simili lavori che si trovano intra la città,
contado et jurisditione vostra più che sedici buttighe bene
adviate et di buoni maestri che fornirebbero molto più che
non bisogna a la città e contado vostro.

Però provviddero et ordinaro che per lo advenire nessuna
persona, di quale conditione sia, possa mettere o fare mettere
ne la città, contado, districto o jurisditione di V. M. S. alcuno
lavoro di terra cotta vetriata o non, che sia lavorato fuore di
vostra jurisditione se prima non harà pagata, in nome di cabella al vostro Comune a'passaggieri o offitio di vostro Comune, lire 4 di denari a moneta senese per ciascuna soma di
detti lavori, paghando al primo luogho trovarrà di vostro
Contado; et altrimenti facendo si intende et sia in fraude et
come di cosa fraudata paghi al doppio di quello doveva paghare et oltre a quella perda la mercantia, cioè lire octo et
la robba tucta: et per più diligente inquisitione contra tali che
mettessero in fraude s'intenda et sia permesso a'Rectori di
decta arte cercare et fare cercare contra qualunque in fraude
mettesse tale mercantia, con quella autorità che hanno e passaggieri et officiali di vostro comune. De la quale pena la
metà sia del monte di vostro Comune e la quarta parte de
l'arte predecta de li orciolari et coppari, et l'altra quarta

parte sia de lo inventor et exequitore di decta pena, et contra tali contraffacenti a la presente provisione: non intendendosi però per li lavori di maiorica e'quali si possino mettere si come per lo passato, stando etiam ferma la cabella de'pignatti forestieri, nè per questa si intenda a quella derogato. Et così osservandosi sarà cosa utilissima a la vostra città et contado senza alcuno mancamento e incomodo d'essa città e contado vostro.

N.° 152. 1477 7 Dicembre

Francesco Cardinale di S. Eustachio (Piccolomini) *scrive ai Savi dell' Opera del Duomo di Siena per raccomandare* Frate Giovanni *suonatore di organi* (ARCHIVIO DELL'OPERA METROPOLITANA, Lettere originali).

Spectabiles Viri amici nostri carissimi: salute. Siamo costretti per le virtù et summa modestia di frate *Giovanni,* sonatore de li orghani ne la nostra Chiesa amarlo singularmente, come anchora noy crediamo lo amiate, mediante quelle, sarìa nostro desiderio perseverasse ne lo exercitio suo in ecclesia nostra, et che ad ciò da voi fusse aiutato. Imperò vi preghamo et summamente exortamo che ultra le sue virtù, et ad nostra contemplatione vogliate rifermarlo, et per lo medesimo prezo et salario non cambiare luy, le virtù del quale vi sonno note. Et ogni altre humanità che verso luy usarete ci sarà gratissima et haveremola acceptissima. *Bene valete. Rome, die vij Decembris, Mcccclxxvij.*

F. Sancti Eustachii } Senensis
Cardinalis }

(A tergo) Spectabilibus viris amicis nostris et filiis in X° dilect.ᵐⁱˢ sapientibus Opere Ecclesie nostre Senen.

N.º 153.   1478 25 Luglio

Federico Duca d' Urbino raccomanda maestro Francesco *di*
Giorgio *alla Signoria di Siena* (Archivio di Stato in Siena,
Concistoro, Lettere *ad annum).*

Magnifici et potentes Domini fratres carissimi. Serà exhibitore de la presente *Francesco* di *Giorgio* vostro citadino,
e mio architecto: qual vi dirà alcune chose per mia parte:
prego le S. V. li prestino fede a quanto vi dirà in mio nome.
Ex felicibus Castris pontificalibus et regiis, apud Rincinum,
xxv Iulii 1478.

Federicus Dux Urbini Montisferetrique comes et regius
Capitaneus generalis ac sancte romane Ecclesie Confalonerius.

(A tergo) [Magnificis] et Potentibus Dominis nostris carissimis, Dominis Prioribus et gubernatoribus Comunis et capitaneo populi civitatis [Senarum].

N.º 154.   1478 28 Luglio

*Lettera credenziale di Federico Duca di Urbino alla Si-
gnoria de Siena, rilasciata a maestro* Francesco di Giorgio
Martini (Archivio detto, Concistoro, Lettere *ad annum).*

Magnifici et potentes Domini fratres carissimi. El presente
latore serà lo egregio maestro *Francesco* vostro citadino, al
quale ho comesso alcune cose debba referire a le V. S. per
mia parte, et però prego quelle che li piaccia dare piena fè,
commo a mi proprio, de quanto lui exporrà a le prefate V. S.

Datum ex felicissimis Castris Sanctissimi Domini Nostri
et Regiis, contra Castellinam, die xxviii Iulii 1478.

Federicus Dux Urbini Montisferetri ac Durantis Comes, et
regius Capitaneus generalis sancteque Romane Ecclesie Confalonerius.

(A tergo) [Mag]nificis et Potentibus Dominis Prioribus
Gubernatoribus et Capitaneo populi civitatis Senarum.

N.° 155. 1478 9 Agosto

Giacomo Todeschini Piccolomini invia alla Signoria di Siena, maestro Francesco degli Organi e Pietro Paolo Porrina *perchè si accordino a prestare come bombardieri i loro servigi alla Repubblica* (ARCHIVIO detto, Concistoro, Lettere *ad annum).*

Magnifici et excelsi Domini Domini mei singularissimi, humili commendatione premissa. Sonno stati qua Maestro *Francesco degli organi,* e'l *Porrina,* i quali si volevano achonciare a queste altre bonbarde, et essendo loro boni maestri per quanto da più persone mi si[a stato] referito, et de la patria, li ò ritenuti; e' quali mando a V. S. chè parendo lo' li acordino, et che piglino quattro garzoni suffitienti ad ciò habbiamo honore e a ciò proveghino ad tutte altre cose, sichome per lista data a Tomaso Luti quelle sono pienamente informate, a le quale mi rachomando. Ex felicibus castris apud Castellinam, die 9 Augusti 1478.

E. V. E. V. Servulus Iacobus de Picolominibus.

(A tergo) Magnificis Dominis Dominis Prioribus et Capitaneo populi Civitatis Sen. [dominis] meis singularissimis.

NOTA

Pietro Paolo Porrini detto *il Porrina* dovette essere ingegnere e architetto. Nella cronaca senese di Allegretto Allegretti, edita dal Muratori (*Script. rerum italicarum* T. XXIII, col. 773) così è ricordato: *A dì 12 di settembre si cominciò a murare il palazzo di messer Nanni Tedeschini, cognato di papa Pio II e padre del Cardinale di Siena, del Duca di Malfi, di messer Iacomo Signore di Montemarciano in quel di Roma e di messer Andrea Signore di Castiglione de la Pescara e dell'Isola del Giglio. E quando si cominciò a murare la prima pietra vi era presente il sopradetto Cardinale con molti Vescovi, e benedissero la prima pietra e messervi sotto certi denari co le loro armi, et era guida e sollecitatore del detto Palazzo* Pietro Paolo *detto il Porrina de' Porrini da Casole gentiluomo di Siena: el capo maestro de' muratori era maestro Martino lombardo, e a dì 2 di Giugno 1470 fu messa la cornice o vero basa al pari della strada.*

N.° 156. 1478

Denunzia de' beni di Sano *di* Pietro *pittore* (ARCHIVIO detto,
  Denunzie *ad annum*).

Dinanzi da Voi spectabili Cittadini eletti dal Magnifico Comuno di Siena a fare la nuova lira.

Maestro *Sano di Pietro* dipentore d'à una casa posta nel
Terzo di Camullia et populo di Santo Donato allato a' Montanini, la quale è la casa della mia habitatione.

Et più d'à un altra casa nel detto Terzo et detto
populo allato a quella della mia habitatione, della
quale ho di pigione ogni anno lire venti, di valuta
et comune extimatione di fiorini cento . . . . fior: 100

Et più d'à una meza possessione per non divisa col
conte Ranieri da Elci la quale è in sul poggio di
Pogna, la quale possessione tuta intera è circa settanta staia, nella quale possessione sonno tre cas-
selle, et la metà è di valuta et comune extimatione
di fiorini cento, et quella metà ch'è del conte me lo
affitata a pigione ogni anno fiorini vinti di fitto. . . » 400

Et più è con detta possessione el debito del
mezaiuolo che la lavora, circa dieci fiorini, et da Fabiano di Vani mio mezaiuolo passato circa quindici
fiorini. . . . . » 15

Et più d'ò vinticinque fiorini e quali ho havere da
Lazaro di Meo di Mone fornaciaro e quali sonno per
legna compre da me vuolsi acontare a due soldi
per lira. . . . . » 25

Et più ho a riscuotare da più persone cinquanta
fiorini. . . . . » 50

DEBITO

Et più d'ò quaranta fiorini e quali ho a dare a
Antonio Cinotti merciaio per ferro, e quali sonno per
promesse fatte per due persone più che fallite. . . . » 40

Et perchè siamo sei boche e so' solo a guadagnare et ò settanta anni, et el mio figliuolo ha una fanciulla d'età circa tre anni: ci racomandiamo a le vostre spettabilità

M.º Sano di Pietro dipentore

Nota

In una denunzia precedente (1465) è detto « <i>Ite so' io, et la donna et uno figliuolo che va a la schuola, et dòne il padre vecchio d'anni novanta o circha</i> » (Ivi vol: 73 — Ed in altra posteriore, del 1481 « <i>Item so' d'età d'anni settantacinque et so' quasi infermo, et ho uno figliuolo el quale ha tre figliuoli, cioè due figliuole femme, una d'età d'anni sei, e latra d'età d'anni due, et ha la donna gravida, per la qual cosa mi raccomando a le votre spetabilità, le quali voglino usare in me la loro solita clementia et humanità.</i> » (Ivi vol. 73).

Delle pitture fatte da questo valentissimo artista, per Matteo da Campriano, nella chiesa di S. Domenico abbiamo questi ricordi.

1470.

Maestro Sano di Pietro dipintore dee avere addì, per insino 26 aprile 1467, Lib. centovinti per una tavola da dipignere già da altri inorata pell'altare di Matheo da Campriano posto drieto a la porta de la nostra chiesa, intendesi questo pregio sbattuto di mano di maestro Niccolo..... L. 120 (ARCHIVIO detto, Carte di S. Domenico, Reg. C. VIII, c. 80).

1475.

Maestro Sano di Pietro dipentore dee avere, a dì primo di ferraio, Lire trentasey cioè L. 36 per forinto pagamento di dipentura e resto d'ogni cosa avessimo auto a fare in sieme della tavola à fatto di Mattheo di Giovanni da Campriano in Camporeggi a la cappella fatta sì come lasso el detto Matteo di Campriano (Ivi, c. 112ª).

N.º 157. 1478

Denunzia di Giovanni di Pietro pittore (ARCHIVIO detto, Denunzie ad annum).

Espectabili cittadini sopra a fare la nuova Lira, per me <i>Nanni</i> di <i>Pietro</i> dipintore vi si dice di mia povertà.

Ò una mezza chasella da li Orbachi nella Chompagnia di San Pietro a Ville di sopra, la chuale meza chasa è per mio abitare, e òlla per non divisa da una mia figliuola; la chuale ci fu data per amore di Dio an me e a lei, la chualle sta male in ordine e stoci mal sicuro dentro, povaro vechio e no' mi posso più aitare.

Ò debito tra le <i>preste</i> e in più persone fior. dieci e chualli non posso pagare. Rachomandomi alle vostre reverentie pello amore di Dio.

N.° 158. \　　　　　　　　1478

Denunzia di Matteo *di* Giovanni *pittore* (ARCHIVIO detto,
　　Denunzie *ad annum.)*

Dinanzi a voi spectabili cittadini electi a fare la nuova lira
della Città di Siena et vostra audientia.

Ser Francesco di Bartolo notaio et *Matheo* di *Giovanni*
suo nipote, dipentore, ànno e' beni e cose infrascritte, cioè:

In prima una casa di loro habitatione posta in Siena, Terzo
di Camollia popolo e contrada e compagnia di Santo Salvadore, con sue masseritie.

Ancho una vigna et terra con casa posta nel Comune di
Terrenzano nella Massa di Siena. Costò in più volte fior:
centotrentasette: terreni debili e tufegni. . . . fior: CXXXVII

Ancho in decto Comune la metà per non diviso
di una vigna et terra quasi soda: costò fior. vinti,
et l'altra metà è di M.ª Vangelista donna di Iachomo di Santino delle Volte . . . . » 　　XX

Ancho nella corte di Rugamagno (sic), contado
di Siena, un terzo per non diviso d'uno mulino.
Costò il decto terzo fior: centotrenta, et gli altri
due terzi sonno di due contadini di Rugomagno. » 　　CXXX

Ancho un pezzo di terra lavorativa ne la corte
di Farnetella, contado decto: costò fior. quarantacinque . . . . » 　　XLV

Ancho in decta corte di Farnetella, uno bu con due vac-
chuccie raccomandate a Berto d'Urbano da Farnetella: el bu
non arò mai per loro, nè ararà, perchè lo vogliono vendare,
chè non ànno terreno da uno bu, e non trovano da vendarlo.

Ancho una ragione di fior. cento doppo la vita di Giovanni
di Bartolomeo Ristori ne' beni e cose di Francesco di Bartolomeo Ristori, della quale non esperano d'avere alcuna
cosa, o pocho. Ponganla qui per fare el debito, et per non

per dar la ragione, la quale l'ò piuttosto in debito che a prò, perchè Giovanni decto che è mendico ogni settimana à da Ser Franciescho più di otto soldi, ma cinque non mancano, et àgli avuti già più di due anni.

NOTA

Di Matteo di Giovanni Bartoli pittore si trovano i ricordi che appresso:
1457, 13 ottobre.

Matteo *di Giovanni* e Giovanni *di Pietro dipintori ebero, a dì 13 di ottobre, quatrocento panelle d'oro per metarlo ne la chapella di Santo Bernardino* (ARCHIVIO DELL'OPERA METROPOLITANA. Memoriale del Camarlingo 1452-60, c. 124).

1479, 8 giugno.

Mattheo Johannis *pictori, die viij Junij, ex deliberatione dominorum Consulum, solvi lib: xxxvij, sol. sexdecim, quos sibi dedi pro parte pretii tabule Sancti Jeronimi eidem locata* (ARCHIVIO DEI CONTRATTI, Lib: d'entrata e uscita dell'Università dei Notari, 1468-81, c. 39).

1479, 30 giugno.

Mattheo Johannis *pictori, die ultima Junij, lib: xxx den. quos accepit a Laurentio Xpofori Mei pro totidem quos solvere tenebatur, pro sua adprobatione, quos denarios eidem Mattheo dedi pro parte pretii picture figure Sancti Jeronimi, ex deliberatione Consulum* (Ivi).

N.º 159.   1479 11. 12 Maggio

Codicillo aggiunto al testamento da Lorenzo *di* Pietro *detto il* Vecchietta (ARCHIVIO detto, Perg. Spedale di Santa Maria della Scala, Cas. nº 1353).

Anno, mense, indictione, pontificatu et tempore ut supra annotatis, die vero duodecimo Maij: scilicet die sequenti, post dictum conditum testamentum, Magister *Laurentius Pietri* predictus, vero intendens quoquo modo discedere a predicto suo ut supra condito testamento, quin vero ipsum convalidando et confirmando et impresentiarum intendens codicillare, per viam codicilli disposuit et declaravit in hunc modum et formam videlicet: quod ubi in dicto testamento reliquit dominam Francischam uxorem suam dominam usufructuariam etc. apponit condictionem, si vitam vidualem et honestam servaverit et non nupserit; quod si nuberet tunc et eo casu reliquit eidem domine Francisce omnia pannamenta lanea et linea et lecta fulcita prout habet. Et omnia eius domine Francisce ornamenta et dotes suas et ultra dotes flor : centum den : de lib. 4.ᵒʳ pro floreno. Et predictum codicillum fecit omni meliori modo, quibus melius de iure fieri potest.

Actum et conditum fuit in dicto eodem loco, ubi conditum fuit pridie dictum testamentum, coram Ser Iohanne Bernabei, Nannis Barne, magistro Laurentio magistri Cipriani, Iohannis studente in civitate Sen. Iberonimo magistri Mattie carpentario et Dominicho Blaxi pictore, omnibus de Senis testibus presentibus et vocatis et rogatis.

Ego Bartholomeus olim ser Iacobi Nuccini notarij, imperii auctoritate notarius et iudex ordinarius de Senis, de... codicillo rogatus fui, et propterea scripsi et publicavi; et in premissorum fidem atque testimonium, hic me subscripsi signum nomenque meum, more solitum apposui, consuetum.

N.º 160.   1480 26 Luglio

Lettera di Federigo duca di Urbino alla Signoria di Siena con la quale raccomanda Francesco di Giorgio, *perchè sia messo nel Reggimento di quella città* (ARCHIVIO detto, Balìa, Lettere *ad annum*).

Magnifici et potentes Domini fratres carissimi. Io ho qui alli servizii miei *Francesco de Giorgio* vostró citadino et mio dilettissimo archietecto qual desideria fosse messo in quello magnifico Regimento, perchè così recerca l'ingegno, bontà, prudentia et virtù sue. Pertanto prego Vostre Mag.ᵗⁱᵉ che li piaccia de eleggerlo a ciò, et a numerarlo cum li altri dello Stato, che da quelle lo riceverò in singular piaxere come più largamente referirà el vostro M.º Ambaxiatore per mia parte. Et rèndanose certe le S. V. che se io non fosse certo che de lui non se pò mai sperare altro che bene fedelità et utile de quello stato, Io non lo meteria inanzi ne pregarìa per lui. Et ultra ciò recomando a le V. S. Berardino di Lando et li fratelli, che se non possono obtener el stato, al meno non sieno confinati, che l'uno et l'altro receverà in gratia di V. S. et mi serà grato quanto cosa che per uno tracto lo podesse ricever da Quelle, a le quali mi offero et raccomando. Ex Durante, xxvi Iulii 1480.

Federicus Dux Urbini Montisferetri ac Durantis comes, et Regius Capitaneus generalis, ac Sancte Romane Ecclesie Gonfalonerius.

(A tergo) Magnificis et potentibus dominis fratribus carissimis, Dominis Officialibus Baglie Civitatis Senarum.

Nota

Di Francesco di Giorgio Martini pubblichiamo altre notizie, incominciando dalla registrazione del Battesimo.

1439.

Franciescho Maurizio di Giorgio di Martino *pollaiuolo si battezzò a di xxiij di Settenbre, fu chonmare Monna Genma di Bindo Tosini da Brolio* (Archivio di Stato in Siena. Registro dei Battezzati *ad annum*).

1464.

A Francesco di Giorgio di Martino dipintore che ci fa Santo Giovanni di rilievo Lib. dodici (Arch. detto. Compagnia di S. Giovanni Battista della Morte, Reg. E, II, c. 2ᵗ).

1468 (st. sen.) Die xxvj Ianuarij.

Georgius Martini, Franciscus eius filius fuerunt confessi habuisse et recepisse a filiis Antonii Benedicti Nerocci de Senis flor. tercentos de Lib. 4 pro flor., dote domine Agnetis filie dicti Antonii et future uxoris dicti Francisci (Arch. detto. Denunzie dei contratti *ad annum* c. 20ᵗ).

1474 Febbraio 15.

A Francesco di Giorgio dipintore, a dì detto, sol. 27 per lui contò a frate Marcho da Siena celleraio di Sant'Anna per detto del padre abbate, sono per dipentura di una pacie fecie in nella tenda de la tabola di Santa Katerina (Arch. detto. Carte di Monte Oliveto Maggiore DX, c. 312).

1480 Luglio 30.

Franciscum Georgii aggregaverunt Consilio populi et decreverunt quod gaudeat cunctis privilegiis et immunitatibus quibus gaudent reliqui, qui resederunt ad officium Magnificorum Dominorum Priorum civitatis Sen. (Arch. detto. Balia Delib. *ad annum*).

1481. Giugno 2.

Magnifici Domini, Fratres carissimi. Io ho commesso a Francesco da Siena mio architectore, presente portatore, che per mia parte dica alcune cose a le S. V. Piaccia a quelle crederli e darli piena fede quanto a mi. Apparecchiato a li piaceri delle S. V. Eugubii, xxj Iunii 1481.

Federicus Dux Urbini

17

1482.

A dì 2 Settembre si finì di tirar su la quinta trave a capo l'Altar Maggiore di S. Francesco, e furon messe più alte di quelle di prima, perchè pareva basso, e tutto l'altro tetto fu alzato..... braccia al pari del nuovo, fatto senza sconficcare alcuna cosa, e fu ingegno di Francesco di Giorgio di Martino *nostro Cittadino el quale sta col Duca d'Urbino, ma mandocci due suoi garzoni e nostri cittadini. Quelle che furono alzate furono quelle della sagrestia in su a capo l'Altar Maggiore, e fu l'anno 1482* (Allegretti, Diario di Siena. Questa notizia è registrata all'anno 1475. V. Rerum ital. scriptores XXIII. c. 776).

1485 12 Giugno.

Francisco Georgii *Architettori sive Ingegnerio Urbini ineffectu scriptum est quod conferat se huc, cum opus eius opera sit pro nonnullis hedificiis publicis agendis et componendis* (ARCH. detto. Concistoro copialettere ad *annum*).

1487 (st. sen.) 23 Gennaio.

Franciscus Georgii *pro flor. 1000 sibi dono promissis per comune Sen. super bonis rebellium, decreverunt quod habeat dictos 1000 flor. de Lib. 4 pro flor. in libro restitutionum comunis Sen. et de denariis in quibus est creditor comune Sen. in dicto libro, et in eis accendatur dictus* Franciscus Georgii, *qui participiet in distributionibus ut alii creditores, et teneatur ipse* Franciscus *revertere ad habitandum cum familia sua in civitate Sen. per tempus sex mensium proxime futurorum* (ARCH. detto. Balia Delib. ad annum c. 87t).

1488 Novembre 18.

Audita etiam infrascripta petitione Francisci Georgii *ingegnerii et ea esaminata, concorditer decreverunt adprobare et adprobaverunt infrascriptam petitionem et quod fiat exequatur in omnibus et per omnia pro ut in ea continetur, cum ista conditione, quod teneatur facere dicta hedifitia contenta in dicta petitione infra terminum quinque annorum proxime futurorum.* — Nel registro originale appena è incominciata l'intestazione della dimanda presentata dal Martini e vedesi in bianco uno spazio rilasciato per contenerla (ARCH. detto. Balia Deliberazioni ad *annum* c. 51).

1490 *Die Joris, xx Maii.*

Preterea lectis licteris per Ioannem Antonium de Glassate emanatis a civitate Sen., ordinatum est quod loquatur (?) *Franciscum de Glasiati fratrem dicti Ioannis Antonii exortando eum quod velit hospitari magistrum* Franciscum de Georgiis *(sic) venturum Mediolani una dicto Ioanni Antonio sumtis predicte Fabrice; et quando noluerit ipsum hospitare, querat hospitare ad aliquod hospitium honorabile* (ACH. DELLA FABBRICA DEL DUOMO DI MILANO. Liber rubeus c. 205).

1490 Giugno 1.

L'Arcivescovo e Consiglieri della Fabbrica del Duomo di Milano fatto chiamare M.º Francesco de Georgiis, *ingegnere senese, « interrogatus fuit si hospitium Domini Ioannis de Glassate est ei gratum vel ne. Qui magister* Franciscus *responsum « dedit non solum ei esse gratum sed gratissimum. Qua responsione sic habita « exhortarunt magistrum* Franciscum *ad bene considerandum eumque ad per- « fectionem operes tiburii* (cupola) *rogarunt. Predicti Domini Deputati habito co- « loquio cum dicto magistro* Francisco, *qui letanter retulit de societate ipsius « domini Ioannis Antonii contentari. »* Dopo ciò determinarono la mercede delle spese che detto Giovanni Antonio doveva fare per detto maestro Francesco di Giorgio, e per il suo servo, a Lire due al giorno (ARCH. detto).

1495 Decembre.

A xxij de Dicembre in Napoli. A mastro Francisco de Siena *architettore trenta sey ducate: lo Signore se li comanda dare in cunto de sua annua provisione et de li primi denari li correranno xxxvj ducate* (ARCH. DI NAPOLI. Cedole di Tesoreria vol. 153 a 139t).

Intorno alla morte di Francesco di Giorgio, che si crede avvenuta nel Gennaio 1502 trovasi qualche particolare in una testimonianza fatta nel 1513 in una lite tra donna Agnese, vedova di esso Francesco, e Giovan Francesco de'Balloni da Urbino, cognato di essa Agnese. Il testimone Barili *dice che Francesco di Giorgio otto o dieci anni fa morì nella sua possessione nel comune di S. Giorgio a Pappaiano luogo detto Volta a Fighille* (ARCH. DI STATO IN SIENA. Atti pupillari).

N.° 161. 1481 27 Novembre

Marino Tomacelli *di Napoli scrive alla Signoria di Lucca intorno ai lavori commessi dal Duca di Calabria a* Ne-roccio *di* Bartolomeo *pittore*. (ARCHIVIO DI STATO DI LUCCA, Copiario n. 553 c. 14.t).

Magnifici Domini, tamquam patres, recommendatione etc. Magnifici Signori. Mostra Maestro *Nerozo* di Siena habbia pigliato a dipingnere una tavola dello Abate de'Bernardi dell'ordine di San Benedetto, quale era obligato a darla in un certo tempo: et perchè questo maestro ha a fare certe opere dello Ill.mo Sig. Duca di Calabria, prego V. S. li voglia piacere, per servitio dello Ill.mo Sig. Duca, adoperare con lo Abate li habbia a prolungare il tempo du'o tre mesi. Et di questo quelle ne compiaceranno molto allo Ill.mo Signor Duca. Prego la S. V. li voglia piacere donarmi adviso della voluntà di quelle, alle quali mi offero. *Senis, xxvij novemb. 1481.*

Marinus Tomacello de Napoli.

N.° 162. 1481 11 Decembre

Risposta degli Anziani di Lucca alla Lettera antecedente (ARCHIVIO detto, Copiario n. 553, c. 25).

Magnifice et clarissime orator, amice precipue. Non s'è prima risposto alla lettera di V. M. per non haver opportunità del mandare. Havemmo messer lo abate et facemmo nostro debito in exortarlo et gravarlo quanto possibile fu al compiacere di quanto V. M. ci richiede. *Tandem et post*

multa si riduce, e con faticha, allo esser contento di du' mesi
solamente. Et secondo il suo dire pare che cotesto maestro
per compiacere ad altri sia parato a deluderlo della ymagine; il che se fusse, sare' mal fatto. Messer lo Abate ne
scrive a V. M. e la lettera sarà con questa. E satisfacendo
lui a epsa V. M. del tempo detto, preghiamo che sia di piacer
per honor di Iddio et nostro amore, operare con cotesto
maestro, che li servi la fede in far che lo abbate habbia
l'opera sua instantia princepiata, et non sia data ad altri.
Bene valeat V. M. alla quale ci offeriamo, in ogni cosa possibile, paratissimi. *Luce, die xi dic. 1481.*

N.º 163.   1481 (?)

Francesco Alfei *pittore chiede ai Governatori della Repubblica di Siena l'ufficio di scrittore delle Gabelle di Montalcino e promette di dipingere alcune armi su le porte
del Castello di S. Quirico d'Orcia* (ARCHIVIO DI STATO
IN SIENA, Concistoro, Scritture *ad annum*).

Dinanzi da voi M. et E.ˣᶦ S.ʳᶦ ecc.

Francesco di *Bartholomeo Alfei* dipinctore da Siena, minimo figliuolo et devotissimo servidore di V. M. S., con reverentia umilmente dice et expone che lui per la infermità
la quale ha hauto già molti mesi passati, non si è potuto
nè l'arte sua, nè in alcuno altro exercitio exercitare, ma
ha speso assai, et ancho per altre sue fadighe, è assai ne
le piccole sue substantie indebilito, et hora desidererebbe in
qualche offitio exercitarsi, per potere ad sè subvenire, et però
cognosciuto et confidandosi ne le Clementie di V. M. S., quelle
umilmente supplicando, pregha che per via ordenaria si degnino farlo scriptore delle Gabelle di Montalcino per tempo
d'uno anno presente, cominciato a dì primo di luglio, con
salario et modi consueti, il che li sarà assai subsidio et re-
putarasselo ad dono et gratia singolare da le V. M. S. A

le quali devotamente si raccomanda, et quelle Iddio feliciti ecc.

Et anco quando fusse di piacere di V. M. S. mi sarà grato fare le arme suffitienti et belle di V. M. S. a le due porti di S. Quirico senza alcuno premio, solo che per essa communità di S. Quirico mi sia proveduto del vitto quel tempo starò là a esso effetto, et di ponti èt calcina.

N.° 164.   1482

Inventario degli arredi artistici dell'Opera Metropolitana di Siena (ARCHIVIO detto, Inventari dell'Opera suddetta *ad annum*).

Im prima comincia la Sagrestia: et prima gli argenti.

Una figura d'argento ad imagine di nostro Signore resucitato con una bandiera d'argento in mano, in sur una basa di legno misso a stagno bianco, pesa necto l'argento libre *xviiij* on. *iiij* . . . . L. 19 on. 4.

Una figura di nostra Donna in assumptione in uno trono con sei angioletti d'intorno, in su uno pitistallo d'argento smaltato ad istoria di nostra Donna con chiavicelle di ferro et stile et cavicchiuoli a l'ale degli angioli, pesa l'argento libre *lxviiij* on. *vj* . . . . L. 69 on. 6.

Una figura d'argento ad imagine di Sancto Pietro con chiavi in mano et uno libricciuolo d'argento con diadema in capo, in sur una basa d'argento, pesa libre *xx* on. *v*. L. 20 on. 5.

Una figura ad imagine di San Pavolo d'argento con basa d'argento smaltata, con una spada in mano et a l'altra uno libricciuolo, pesa libre *xviiij* on. *vij* . . . L. 19 on. 7.

Una figura ad imagine di Sancto Sano con pitistallo d'argento smaltato, con una cassettina d'argento et una bandiera in mano, con uno smalto in su la spalla, pesa libre *xxvij* on. *o* . . . . L. 27 on. 0.

Una figura ad imagine di Sancto Victorio con basa smaltata, con chiavicelle di ferro di sotto, pesa in tutto, con ogni cosa, libre *xxj* on. *viiij*. . . . . . . L. 21 on. 9.

Una figura d'argento ad imagine di Sancto Crescentio, con basa d'argento smaltata, con viti di ferro di sotto, pesa con ogni cosa libre *xxj* on. *iij* . . . . . . L. 21 on. 3.

Una figura d'argento ad imagine di Sancto Savino, con basa d'argento smaltato, con la mitara e'l pasturale in mano, con le viti et una piastra di ferro di sotto, mancavi del manto dal lato ritto, pesa in tutto libre *xxiij* on. *ij*. L. 23 on. 2.

Una figura ad imagine di Sancto Bastiano, con basa d'argento smaltata, con diadema in capo, legato con le mani dirieto a uno bastone d'argento, con frize 7 d'argento, pesa libre *xxv* on. *j* . . . . L. 25 on. 1.

Una figura ad imagine di Sancta Caterina da Siena, con basa d'argento smaltata, con gigli et uno liricciuolo in mano, pesa libre *xx* on. *iij* . . . . L. 20 on. 3.

Una figura d'argento ad imagine di Sancto Bernardino, rozzo, con la basa et col Gesù et uno paro d'ochiali, senza la diadema, pesa in tutto libre *xxij* on. *o* . L. 22 on. 0.

Una cassetta d'argento dove sta el braccio di Sancto Giovanni Baptista, con più gioie, cioè, nel cuperchio ne la faccia dinanzi, una figura di nostra Donna con uno smeraldo nella spalla, intorno al cerchio di nostra Donna, tre perle, tre balasci, uno rubino, uno zaffiro piccolo; in su lo ispicolo del cuperchio undici zaffiri, quattro rubini, cinque balasci, una amatista, uno granato, diece perle grosse, in fra le quali n'è una mezza: la palla in sul cuperchio, cinque perle, tre rubini, due balasci: ne la faccia dell'arme dell'Opera, due cedrini, cinque zaffiri, cinque balasci, uno smeraldo, uno calcidonio: in uno *agnusdeo*, sei perle grosse, uno cedrino in mano a l'agnolo. La faccia de l'arme di libertà, due perle, uno balascio, uno zaffiro: la faccia del leone, due perle, uno balascio ed uno zaffiro. La faccia della vesta di Sancto Giovanni Baptista di matiperle: in su la basa, due zaffiri bucarati, otto perle grosse, quattro zaffiri, quattro balasce, uno Dio Padre, intagliato di zaffiro. In mano d'uno agnolo, uno amatista: in mano all'altro agnolo, uno cedrino et uno smeraldo; pesa la detta cassetta con le sopra dette gioie et vetri, et una tavoletta nel fondo, et uno guanciale brochato d'oro di raso cremusi, in tutto pesa, con ogni cosa, libre cinquantuna oncie o . . . . L. 51 on. 0.

Item più gioie fuore di detta cassetta, quattro zaffiri, legati in castri d'oro, due rubini, legati in castri d'oro. Uno balascio, legato in uno pendente senza perle, uno zaffiro, intagliato in uno Dio Padre et da l'altro lato la nostra Donna, uno zaffino quadro sciolto, quatordici perle legate in fistuchi d'oro, fra grosse e piccole.

Uno calice rotto, coppa d'argento, il resto di rame dorato.

Uno anello d'oro piccolo, con un balascetto piccolo.

Uno gioiello piccolo con tre perle, uno balascio, uno smiraldo una crocettina d'argento con un *pater nostero* rosso.

Una pace, con figura di nostra Donna.

Uno bossolo d'attone dorato smaltato a fiorini et rosette, con una rosetta in sur una tribuna di rame, per tenere el corpo di Christo.

Item due matriperle legate in castri d'oro, uno rubino legato in oro, uno topatio bianco, uno cuore di zaffino, una pietra legata a mandorla, uno anelluzzo d'argento.

Una corona d'argento per la nostra Donna, pesa once tre et uno ottavo. . . . . L. 0 on. 3 ¹/₈.

Uno tabernacolo tutto d'argento smaltato et dorato, con una lunetta d'oro in mezzo, in mano a due angioletti, con uno vetro cristallino, da portare il corpo di Christo per la sua festa, pesa in tutto libre diciotto . . . L. 18 on. 0.

Uno tabernacolo d'argento, tondo, con certi fogliami dintorno dorato, con basa d'argento, con gioie nove, coll'arme del cardinale di Sancto Marcello (1), per portare il corpo di Christo stavavi dentro le reliquie di Sancto Tommè di

---

(1) Cioè del Cardinale Antonio Casini, che fu vescovo di Siena dal 1408 al 1427.

Conturbia, pesa libre cinque on. diece, colla lunetta dei troni . . . . : . . . . . . L. 5 on. 10.

Uno tabernacolo di rame, nel quale stava dentro el corpo di Christo innanti si facesse il nuovo, con uno vetro coll'arme dell'Opara et de' Borghesi, stavavi dentro le reliquie di Sancto Giovanni Baptista.

Uno braccio d'argento con basa d'argento smaltato dentrovi il braccio di Santo Sano, pesa libre tre once tre. L. 3 on. 3.

Uno tabernacolo d'ariento et in parte dorato et smaltato da capo, dentrovi il coltello di Sancto Pietro, pesa col detto coltello, libre cinque on. o . . . . L. 5 on. 0.

Una pace d'oro, la quale donò papa Pio senese, con figura de la pietà di nostro Signore, con uno agnoletto, et dal lato la nostra Donna et Sancto Giovanni vangiolista, con perle dintorno centoventotto, con pietre fine di più ragioni, di numero *xxxij,* con una catena et due ramponi d'oro divisi in due parti, pesa in tutto libre due on. cinque. L. 2 on. 5.

Una corona di nostra Donna, la quale donò papa Pio, con gioie *xxxj,* cioè: balasci, smiraldi, zaffiri et perle *cxliij,* manca una perla del mezo, in cima detta corona è una gioia, pesa libre due on. tre. . . . . L. 2 on. 3.

Una mitara con tre corone, la quale, si chiama e' regno di papa Pio, con due bande nere, con crocette d'argento da piei, et ogni cosa pesa libre due on. sette. L. 2 on. 7.

Una croce di diaspro, con uno crocifixo d'attone dorato, con uno pitistallo di legno.

Una croce d'argento, di fuore et dentro di legno, con Crocifixo et altre figure, con palle di rame, con uno stile di ferro; l'argento, rame et ferro, pesa ogni cosa libre dodici once diece. . . . . L. 12 on. 10.

Una croce d'argento con pietistallo et Crocifixo, smaltata, tutta d'argento con due figure da lato, sode, d'argento con quindici perle, due grosse et l'altre piccole, pesa libre sedici on. undici . . . . L. 16 on. 11.

Una croce di legno foderata d'argento, con figure et con

stile di ferro, senza pitistallo, portasi a' morti, pesa libre
diece once diece. . . . . L. 10 on. 10.

Una croce di rame dorata, col Crocifixo, con una palla,
portasi in sul gonfalone.

Una croce di rame dorata, portavasi in sul gonfalone.

Una croce di legno, fodorata d'argento con Crocifixo et
certe palle dorate, mancane una testa et la figura di Sancto
Pietro da piei, pesa libre cinque once una . L. 5 on. 1.

Una croce di legno, fodorata d'argento, con uno Crocifixo
et quattro palle dorate, pesa libre sei, once quattro, con lo
stile del ferro . . . . L. 6 on. 4.

Una croce d'attone, con uno Crocifixo di rilievo, con due
figure da lato, dorate et ismaltate, con pitistallo di rame e
d'intorno civori.

Una croce d'attone, con pitistallo di rame, con palla
grande dorata et ismaltata, con una palla grossa nel mezo,
con più reliquie in decta croce, chiamasi la croce de la palla,
coll'arme del Comuno et dell'Opara.

Item, sette candelieri d'argento, tra grandi, mezzani et
piccoli, dorati in parte et ismaltati cor stili di ferro, per
l'altare maggiore, pesano tutti et sette, libre ottantuna on.
otto . . . . L. 81 on. 8.

Due terribili d'argento con catena d'argento, forniti, pesano libre nove, oncie undici . . . . . . L. 9 on. 11

Uno terribile d'argento tondo all'antica, fu del cardinale
di San Marcello, con la navicella, coll'arme del detto Cardinale, pesa in tutto libre due, oncie nove . L. 2 on. 9.

Due navicelle d'ariento smaltate con uno isscudiere
d'ariento, rotto, pesano in tutto libre *iij* on. *vj*. L. 3 on. 6.

Una sechia d'argento con una pina d'argento per l'aqua
benedecta, pesa in tutto libre cinque on. *viiij*. L. 5 on. 9.

Uno bosso d'argento dorato, per lo onguento di Sancta
Maria Maddalena, pesa libre due, on. tre . . L. 2 on. 3.

Uno tabernacolo d'argento, rotto da capo uno bottone di
cristallo, stavavi dentro reliquie di Sancto Pietro et di
Sancto Pavolo, pesa libre tre, oncie cinque . L. 3 on. 5.

Uno tabernacolo d'argento dorato, con una figura di nostra Donna dentrovi di rilievo, con uno christallo da capo, dentrovi de li capelli de la nostra Donna, pesa libre due, oncie otto . . . . L. 2 on. 8.

Uno tabernacolo con pidistallo d'argento dorato et fogliato di rilievo, con uno Crocifixo da capo, con due figure dal lato, et con la tribuna d'attone con cristallo in mezo, con reliquie di Sancto Biagio, pesa ogni cosa, libre due oncie sette . . . . L. 2 on. 7.

Una pace d'argento smaltata, con figura di nostra Donna, con vetri d'intorno dorata, con una catenella d'argento dorata, pesa libre una, oncie sei. . . . . . . L. 1 on. 6.

Uno tabernacoletto d'argento, con pitistallo con uno bottone con più smalti nel mezo, con un bossolo di cristallo di sopra, con uno cerchio in mezo, pesa libre una, oncie cinque . . . . L. 1 on. 5.

Una croce d'argento dentrovi del legno della croce, col pitistallo di legno dorato, con più reliquie, pesa la croce, oncie cinque . . . . L. 0 on. 5.

Una tavoletta tutta intarsiata, con uno pezzo di rete d'oro, con una crocetta d'argento, dentrovi del legno della croce.

Uno bossolo da hostie, d'argento, tondo, coll'arme del cardinale di Sancto Marcello.

Uno tabernacolo d'attone, grande, dorato, con certe foglie et strafori, con uno vetro et bassa tutto rotto et fracassato, stavavi dentro, del velo de la Vergine Maria, manca da capo el cuperchio.

Uno tabernacolo piccolo con due agnoletti d'attone, con una cassettina di rame et di vetro, quadra rifacta a tribuna, stava dentro le reliquie di Sancto Sebastiano.

Uno tabernacolecto d'attone con due agnoletti d'attone et l'ale d'argento smaltate, rotti, tenevano in mano uno cuore dentrovi le reliquie di Sancto Fabiano.

Uno tabernacolecto d'attone dorato, smaltato, rotto, stavavi dentro le reliquie di Sancto Lorenzo.

Uno tabernacolecto a sei faccie, istraforato, a finestrecte d'attone dorato con pitistallo tondo, con una tribuna tonda, e'stavavi dentro le reliquie di Sancta Gostantia.

Una tavola fodorata d'argento, con molte reliquie dentrovi, chiamasi, *quatraginta martirum.*

Due calici grandi tutti d'argento, con due patene d'argento, tutti dorati et smaltati, per lo altare maggiore, pesano in tutto, libre undici, oncie due . . . . L. 11 on. 2.

Quattordici calici con quattordici patene, tutti d'argento di più ragioni et sorte, fra'quali ve n'è uno piccolo bianco, et le patene ve n'è otto smaltate el resto no, pesano in tutto libre vintitre oncie o. . . . . L. 23 on. 0.

Una patena piccina d'argento, bianca, pesa oncie due . . . . L. 0 on. 2.

Uno calice grande, coppa d'ariento et piè di rame, dorato et smaltato, con patena di rame dorata, smaltata.

Item otto calici con coppe d'argento dorato, fra'quali, ve n'è uno che ha la coppa di rame, tutti hanno il piè di rame dorati, con undici patene di rame dorate, e ve n'è quattro smaltate et l'altre no.

Due pezzi di tavolette foderate d'argento, l'una col Crocifixo, et l'altra coll'*agnusdeo.*

Uno paro di tavolette di vetro con smalti d'argento, con più reliquie di Sancta Agnesa e di Sancta Gostanza e di più altri Sancti.

Item, sei candelieri d'octone pontuti, de'quali ve n'è uno rotto.

Due baccini d'argento coll'arme del Vescovo Carlo (1), pesano in tutto, libre cinque, oncie cinque. . L. 5 on. 5.

Due lambichi d'argento grandi, col collo longho, mancha a uno la ghianda da capo, pesano libre due, oncie sette iscarso . . . . L. 2 on. 7.

Quattro lambicchi d'argento mezani, uno paro smaltati,

---

(1) Carlo d'Agnolino Bartoli vescovo di Siena dal 1427 al 1444.

coll'arme dell'Opara et gli altri no, pesano in tutto libre due, oncie quattro . . . . L. 2 on. 4.

(Qui leggevasi ma è stato cancellato: *Uno paro di lambichi d'argento piccoli et rotti co l'arme del Cardinale di Sancto Marcello, con uno bossolo da hostie con la medesima arme, pesano libre una, once sette . . L. 1 on. 7*).

Due mescirobbe d'argento coll'arme del Vescovo Carlo, pesano libre due, oncie diece. . . . . . L. 2 on. 10.

Uno baccino d'argento coll'arme dell'Opara pesa libre due, oncie sei . . . . L. 2. on. 6.

Una mescirobba d'argento dorata, smaltata in sul cuperchio, pesa libre una, on. tre. . . . . . . L. 1 on. 3.

Una corona di nostra Donna d'argento dorata, con perle et vetri d'intorno, con un torchio di pannolino, dentrovi con più pezzi di gigli et vetri ischaccati, la quale è rotta, pesa libre tre, on. otto . . . . L. 3 on. 8.

Una colombella d'argento et una palla, la quale s'uopre in quattro spicchi, la decta colombella s'attaccha dinanti al petto a la nostra Donna, pesano tutte due, oncie sei. L. 0 on. 6.

Una mitara bella, da Vescovo, campo cremusi, rachamata tutta di perle, con smalti et vetri legativi su, frogiata d'argento, con le bande, la quale fu del Vescovo Carlo, pesa, libre quattro, oncie sei . . . . L. 4 on. 6.

Una mitara azzurra fatta all'anticha, racamata di perle, con diciotto rose di perle, con le bande con quaranta crocette, pesa in tutto libre...

Uno smalto d'argento smaltato, con una colomba di perle in mezzo, pesa libre una oncie due . . . . L. 1 on. 2.

Uno bossolecto d'argento, col cuperchio, per tenere l'olio santo.

Uno corporale rosso con frangie verdi intorno, con patarnostri azurri et raccamato di perle, con un ucello di perle in mezzo, pesa oncie sette . . . . L. 0 on. 7.

Uno smalto d'argento da pivale smaltato con figure di nostra Donna in assumptione.

Due smalti d'argento smaltati con una Annutiata, et all'altra l'angelo.

Uno smalto d'attone dorato, da pivale, con figure d'Assumptione.

Uno smalto dorato d'attone con figura d'Assumptione di rilievo, con due Serafini dal lato et più vetri dintorno.

Quattro cassette di braccio l'una o circa, con graticole di ferro, dentrovi e' corpi di quattro Martiri, e'quali si pongano per la Sagra in su l'altare.

Una ymagine di legno di nostro Signore resucitato, con bandiera in mano, si mette in sull'altare maggiore per la Pasqua della resurrectione.

Uno Crocifixo di legno rilevato, grande, s'adopara il venardi Sancto.

Quattro figure di legno di quattro Avocati, con le cassette in mano, stanno a sedere.

Uno paro di lili con uno *agnusdeo* grande, da l'uno lato la nostra Donna, et dall'altro lato Sancto Giovanni, et una crocetta con undici perle, et uno ramo di corallo rotto in più pezzi con guiera d'argento inorata, con uno quadro di cristallo bucarato in croce, et una cordella d'argento.

Uno paro d'ambre gialle a numero centonove, e uno cordone con due bottoni, l'uno è di perle.

Item tre anella d'argento dorate, sode, con più vetri et perluzze, pesano oncie quattro e quarri uno, le tiene in mano el Vescovo quando canta la messa . . . . L. 0 on. 4 ¹/₄.

Item, quattro anella d'argento, tre con tre vetri, e l'altro con una fede, le tiene in dito la nostra Donna.

Item, quattro anella d'attone grosse con tre vetri rossi et uno con uno vetro bianco, tiene in dito la nostra Donna.

Una crocetta di diaspro, dentrovi de legno de la sancta Croce, la quale tiene al collo il Vescovo.

Una crocetta d'argento dorata e straforata, fu del Vescovo Carlo, pesa oncie una, quarri due . L. 0 on. 1 ³/₄.

Uno pasturale bianco d'avorio, in mezo col baptesimo di

Sancto Giovanni di musaico, lassò il cardinale di San Marcello.

Uno pasturale d'osso bianco, con uno *agnusdeo* di musaico, in una cassettina rossa, alla antica, di quattro pezzi ed evene uno di legno.

Uno pasturale tutto d'avorio a musaico, con una Annunta (sic) in mezzo, in sei pezzi coll'arme del Vescovo Carlo, tutto rotto in più pezzi.

Quattro candelieri d'ottone; due maggiori et due minori, co'nodi in mezzo d'attone, di misura d'uno braccio l'uno o cir a, per l'altare maggiore.

Due terribili da oncienso d'attone vechi et tristi.

Item, tre navicelle d'attone, da oncenso con uno cusdiere d'attone vecchio.

Uno paro di guanti rossi lavorati ad acho et rachamati di seta et d'oro, et nappe di seta et d'oro, lassò l'Arcivescovo Antonio (1).

Uno paro di guanti rossi rachamati ad acho, con seta, argento et oro, con due rosette d'oro nel mezzo, con nappe di seta et d'oro, coll'arme del cardinale di Siena (2).

Cinque para di guanti bianchi da vescovo facti ad acho, uno paro rachamati con certe perle, sono usi, con uno paro di sandali rossi, adopransi quando il Vescovo dice la messa.

Uno palio che rimase dello arcivescovo Antonio, ritratto a stola, con croci nere, con due pezzi di piombo da piei.

Una cassettina d'osso longa due terzi o circa, con figure d'intorno d'osso et una catenella d'attone, ne la quale vi sta la corona de la nostra Donna et la pace donò papa Pio.

Due goffanuccij d'osso, con più figure d'osso intorno, l'uno longo un terzo et l'altro uno quarro, con catenella da capo et chiavicella.

---

(1) Antonio Piccolomini primo Arcivescovo di Siena dal 1458 al 1460.
(2) Cioè, di Francesco Piccolomini Todeschini poi papa Pio III.

Quattro cassettine d'avorio et d'osso vechie, con più reliquie dentrovi, di più Santi, de le quali ve ne è due rotte.

Due bossoli d'avorio tondi et piccoli, collegati con speranghe d'attone, da tenere hostie.

Due bossoli d'avorio et mezzani, uno senza cuperchio, et l'altro da tenere il corpo di Christo.

Una figura di Sancto Giovanni nel diserto, di legno, di grandezza d'uno mezzo braccio.

Una pace d'osso con tre figure, l'una di nostro Signore legato alla colonna, et due dal lato che l' battano.

Uno paro di tavolelle d'osso, le quali s'àprano in due parti, da l'uno lato uno Crocifixo di rilievo con più altre figure, et dall'altro e'Magi con la nostra Donna, tutto di rilievo, in una cassettina di legno, quadro che s'uopre in due parti.

Una pace d'osso piccola col nostro Signore crocifixo et da lato la nostra Donna e Santo Giovanni.

Uno huovo di sturzo, cerchiato d'attone, attachato dinanti alle cappella di sagrestia dove stano li relliquj.

Uno fregio di rame dorato, facto a quadrati, con figure di rilievo di numero di vinti otto, sta nella arliquiera.

Una crocetta piccola, con uno Crocifixo di piombo con uno pitistallo di legno, rotto et tristo.

Due bambini, uno ritto e l'altro a sedere, el ritto hane uno *agnusdeo* d'attone con uno Volto sancto et la Vergine Maria, et l'altro bambino hane al collo uno paro di lili con una crocetta d'argento et uno corallo, et uno dente con guiera d'argento et uno cuore di cristallo, legato con argento, con cordellina et nappa.

Due veste addosso di decti bambini, una di cremisi con sei bottoni d'argento, quattro grossi et due piccoli, con trentadue rosette d'argento. Et l'altra vesta, si è di damaschino nero, con trefogli attaccati, con frangie dal lato verdi.

Due veste da bambini, una di velluto nero con vintidue bottoni tondi dinanzi, con trefogli et coppette d'argento, et l'altra veste è di baldachino azzurro, broccata, foderata di sciamitello bianco.

Una cassetta di cuoio quadra, con catenella di sopra, ne la quale vi stanno reliquie.

Una pace di legno con figura di nostra Donna, figura antica, con reliquie, la quali rimaseno di frate Meio stava a Sancto Sano.

Una pace di legno con figura della Pietà, da piei con lectere d'oro.

Una cassetta coll'arme de'Saracini con più bossoli dentro in detta cassetta.

Una cassetta di noce di longhezza di mezzo braccio, ne la quale vi si tiene gli argenti rotti.

Una cassetta piccola di legno, ne la quale vi sta dentro e' veli.

Uno panno di seta turchesco, in campo rosso, racamato di più colori, a la turchesca, fodorato di seta gialla, con una croce in mezzo, profilata d'oro, ne la quale venne involta la testa di Sancto Andrea.

Seguitano i veli, et prima:

Uno velo di bambagia bianco, grande, frangiato d'intorno di seta verde, rappezzato, e' stava dinanti all'arliquera.

Uno velo d'orticaccio di braccia tre, con tre verghe per testa, di seta rossa et oro, con una costura in mezzo.

Item diciotto veli d'orticaccio da calici racamati di seta et oro, fra quali ve n'è dodici frangiati di seta azzurra, sonno di più ragioni.

Uno velo di seta vechio di longhezza di braccia tre, racamato di seta e d'oro coll'arme dell'Opara, per la messa del Vescovo.

Una banda alla turchesca, campo rosso da capo et da piei è sciamito bianco.

Tre pannicelli racamati a seta et oro, de'quali ve n'è uno longo braccia cinque, rotto nel mezzo, et uno coll'arme del cardinale di Sancto Marcello et l'altro coll'arme di due ale, in campo azzurro.

Uno pezzo di panno lino longo braccia quattro incirca, racamato da ogni testa di seta et d'oro, et dal lato con nastaro di seta verde, coll'arme dell'Opara.

Cinque pezzi di panno lino di più lunghezze, racamati di seta di più colori, fra' quali ve n'è uno tutto di seta verde et rossa et oro, et uno piccolo, tutti coll'arme dell'Opera.

Tre pezzi di pannicelli di baldachino, con animali d'oro et d'argento, campo rosso, con rosette bianche et verdi, frangiati intorno di più ragioni, foderati di tela rossa.

Cinque pannicelli da leggio, cioè, due pezzi per lo leggio grande, et due per li leggij de' Salterii, et uno per lo leggio piccolo, sonno di damaschino bianco figurato ad brocchatello d'oro fino, con fregi d'intorno broccatello di seta azzurra e bianca, con fregi da capo d'oro di Cipri, campo rosso, frangiati intorno, fodorati di guarnello bianco.

Sei ferri da cappelli d'arcivescovi e da calonaci.

Seguita la libraria:

Una tavola di nostra Donna col bambino in collo, con due angioletti dal lato che sta in mezzo di decta cappella, di rilievo, con un paro di tenduccie di bambagia frangiate di seta verde.

Uno libro di leggende di Sancti, lettera antica, carta pecorina, comincia *passio Sancti Andree,* segna . . . 1

Uno libro di leggenda di Sancti, lettera antica, con tavole, coperto di cuoio bianco, comincia *temporibus,* segna . 2

Uno libro di leggenda di Sancti, lectera antica, con tavole, cuperto di cuoio rosso, comincia *beatorum igitur,* segna. 3

Uno libro di leggende di Sancti, cuperto di cuoio bianco comincia *beata Prisca cum romane,* segna 4

Uno libro chiamato *phirmorum de' Sancti,* lettara di forma, cuperto di bianco comincia, *Rome Natale Sancti Saturnini martiris,* segna 5

Uno libro chiamato domenicale, lettera di forma, cuperto di cuoio bianco con coppe, comincia *visio Isaie,* segnato sei. 6

Uno libro antico chiamato ordinario, di piccolo volume

18

cuperto di rosso, comincia *dilectis in Christo fratribus*, segnato 7

Uno libro chiamato constitutioni, con lettera conveniente, cuperto di rosso, comincia: *Infrascripte sunt,* segna . 8

Uno libro chiamato la somma di Gualfredo cuperto di rosso, mancavi il principio; segna nove. 9

Uno libro chiamato Digesto, cuperto di rosso, incomincia: *Vulpianus,* segna diece. 10

Uno antifanario del corpo di Christo et altri offitij, comincia: *Gaudeamus,* segna undici 11

Uno antifanario cuperto bianco, comincia *Magis videntes,* segna dodici. 12

Uno antifanario chiamato *phirmorum* cuperto di bianco, comincia: *Ansanus Rome,* segna tredici 13

Uno graduale da cantare la Messa per tutto l'anno, cuperto di rosso, comincia: *Dominus, secus mare Galilee,* segna quattordici 14

Uno graduale della domenica, da cantare la messa parte dell'anno, incomincia: *Domine, non secundum peccata nostra,* segna quindici 15

Uno antifanario di dì et di nocte, cuperto di bianco, incomincia· *Ecce nunc palam loqueris,* segna. . . . 16

Quattro antifanarij cuperti di nero, rosso et bianco, per lo dì et per la nocte; incomincia, l'uno: *Dixit autem,* et l'altro, *Orate celi,* el terzo *Asperges me Domine,* et l'altro, *Magister quid faciendo.* Segnano tutti dicessette . . . 17

Uno sequenziale cuperto di pavonazzo, incomincia: *Regie venturum,* segna diciotto , ... 18

Due Salterij vecchj; l'uno cuperto di rosso, l'altro di bianco, comincia: *Regie venturum,* segnano *xviiij* . 19

Uno manuale, el quale s'aduopara ogni dì, cuperto di giallo, comincia: *Fratres scientes,* segna *xx.* . . . 20

Uno altro manuale cuperto di nero, vechio, incomincia: *Fratres scientes,* segna *xxj* 21

Uno libro di sancto Hieronymo sopra Jsaia, cuperto di bianco, incomincia: *Expletis,* segna *xxij.* 22

Uno antifanario antiquo, cuperto di rosso, incomincia: *Rorate celi*, segna 23

Uno tractato sopra e' salmi, cuperto di bianco, comincia: *Ecce unus pauper*, segna *xxiiij*. 24

Uno libro de' morali di Sancto Gregorio, grande cuperto di bianco, incomincia: *Reverendo*, segna *xxv* . . . 25

Uno umelario cuperto di biancho, incomincia: *In illo tempore Maria Magdalene et Maria Iacobi*, comincia . 26

Una novella di Giovanni Andrea sopra el primo, incomincia: *Ieronimus oranti*, segna *xxvij*. 27

Uno sexto incomincia: *Bonifatius opus*, fu di misser Giovanni Mineri, segnato *xxviij*. 28

Una novella di Giovanni Andrea sopra el secondo, comincia: *Aspectis*, fu di misser Giovanni Mineri. . . 29

Una novella di Giovanni Andrea sopra il terzo, incomincia: *Finito*, fu di misser Giovanni Mineri, carta bambagina, segna trenta 30

Una novella di Giovanni Andrea sopra il quarto, incomincia: *Post quam satis*, lassò misser Giovanni Mineri, segna 31

Una novella di Giovanni Andrea sopra il quinto, incomincia: *Proxima*, in carta bambagina: tutti questi libri sono coll'arme de' Mineri (1), segna *xxxij* 32

Uno Plinio grande cuperto di rosso, lettera antica delle storie naturali, miniato in carta pecorina, con coppe ponteggiato et stampato, segna *xxxiij*. 33

Un libro chiamato i Comentarij di Giovanni da Imola sopra la Clementina, incomincia: *Abbetas*, con l'arme de' Mineri, segna *xxxiiij* 34

Uno libro chiamato Marcuriale di Giovanni Andrea sopra al tractato *De regulis Iuris in Sexto*, incomincia: *Cum eram parvulus*, segna *xxxv* 35

Uno Papia cuperto di bianco, incomincia: *Fili uterque*, segna *xxxvj*. 36

_____

(1) Lo stemma dei Mineri o Maneri era fusato d'argento e di nero.

---

(1) Riccardo Petroni senese, vice cancelliere di S. R. C. fu creato cardinale del titolo di S. Eustachio nel 1298. Morì nel 1314.

Uno paro di Decretali cuperti di seta verde stracciata, comincia: *Gregorius episcopus servus servorum Dei*, segna *lij* 52

Uno libro di Omelia domenicale et altri dì, cuperto di raso, comincia: *Militis vobis*, segna *liij* 53

Uno comento di sancto Augustino sopra a Giovannj, cuperto di giallo, comincia: *Intuendum est*, segna . . 54

Uno libro d'Omelia, cuperto di bianco, incomincia: *A che render*, segna *lv* 55

Uno Agustino, *De civitate Dei*, cuperto di rosso, incomincia: *Interea Roma*, segna 56

Una *Instituta*, cuperta di rosso, de la quale manca la metà incirca, incomincia: *Imperatoriam maiestatem*, segna 57

Uno paro di Decretali cuperti di rosso, incomincia: *Gregorius episcopus servus servorum Dei*, segna *lviij*. . 58

Uno breviario vechio et tristo, squadernato, incomincia: *Conditor alme siderum*, segna *lviiij* 59

Uno libro di laude per vulgare, cuperto di nero, incomincia: *Ave Donna Sanctissima*, segna *lx* 60

Uno Sequentiale, con tavole, bianco, incomincia; *Letabundus*, segna *lxj*. 61

Uno libro di Vangelij in rima, cuperto di rosso, incomincia: *O padre eterno*, segna *lxij*. 62

Tre libri de le benedictioni de' le fonti, due cuperti di rosso et uno cuperto di nero: l'uno comincia: *Qui ambulat*, et gli altri cominciano: *Si assiatur*, cominciano, sexanta tre 63

Uno innario con antifona et orationi, cuperto di rosso, piccolo, portasi a le processioni, comincia: *Salve Regina*, segna *lxiiij*. 64

Uno libretto per *letanie* con antifana et altre orationi, comincia: *Annuntio vobis;* portanlo i cherici ad processione, segna *lxv* 65

Uno messalecto antico votivo cuperto di rosso, incomincia: *Aperuit os eius*, segna *lxvj* 66

Un altro messaletto votivo, cuperto di bianco, incomincia: *Ad te levavi*, segna *lxvij* 67

Sette messali buoni coperti tutti di panno verde, segnati tutti *lxviij* 68

Uno vangelistario cuperto tutto di panno verde, segnato *lxviiij*. 69

Uno pistolario, cuperto di panno verde, segna *lxx*. 70

Un libro de l'epistole de Sancto Girolamo, lectara antica, coll'arme dell'Opara, incomincia: *Dormiente*. . . . 71

Uno martirologio buono, cuperto di rosso, incomincia: *Domino*, segna *lxxij*. 72

Uno *Origenes* sopra al Genesi, cuperto di rosso, incomincia: *Non mereamur separari ab illo*, segna . . 73

Uno Gualfredo cuperto di bianco, comincia: *Inter apostolicos*, segna settanta quattro 74

Uno Decreto bello foderato di velluto azurro, incomincia: *Humanum genus*, segna *lxxv*. 75

Uno salterio chiosato, cuperto di rosso, comincia: *Beatus vir*, segna *lxxvj* 76

Uno libro chiamato Alberto Magno, el quale donò miss. Lodovico Petroni (1), colla sua arme, comincia: *Post quam autem*, segna *lxxvij*. 77

Uno libro di leggende di sancti in rima et a stanze, in volgare, con le tavole senza coverta, comincia: *O creatore del mondo redemptore*, segna *lxxviij* 78

Uno sequentiale piccolo, vecchio, comincia: *Letabundus*, solfato, segna *lxxviiij* 79

Uno messale nuovo et bello cuperto di velluto azurro, miniato d'oro, con più armi del cardinale di San Marcello, con affibbiatoj d'argento et cordelle di seta rossa: segna *lxxx*. 80

---

(1) Il conte palatino Lodovico di Salimbene Petroni sostenne varie onorevoli ambascerie per la Repubblica e fu consigliere e familiare di Francesco Sforza Duca di Milano.

Uno breviario cuperto di rosso di mezzana forma, el quale s'ebbe da l'erede di misser Iacomo da Todi, canonico, segna *lxxxxj*. 81

Uno salterio coperto di rosso con chiavi d'ottone, hebbesi dall'erede di misser Jacomo da Todi, segna ottantadue. 82

Uno messale a la moderna, minià coll'arme del cardinale di San Marcello, con vesta di panno verde, tenevanlo e' capellani di sancto Bastiano, segna *lxxxriij*. 83

Uno *Catholiconne* in carta pecora, cuperto di rosso coll'arme de Ptholomei, comincia; *Pro quedam parce grammatice*, segna *lxxxxiiij* 84

Uno Boetio cuperto di bianco, incomincia: *Carmina, qui quondam*, coperto mezo di bianco, segna. 85

Uno Dante cuperto mezo di rosso, incomincia: *Nel mezo del camino di nostra vita,* lettera formata, segna ottanta sei 86

Uno Innocentio, cuperto di rosso, comincia. *Legitur in evangelijs,* segna *lxxxxvij* 87

Una somma di Damaso cuperta di giallo, tutta squadernata, de la quale manca più quaderni, comincia quello che v'è: *contrarium probo,* segna *lxxxxviij* 88

Una somma di *Hostiensis* cuperta di rosso, incomincia: *Assurgo,* segna *lxxxxviiij* 89

Uno paro di Decretali cuperti di rosso, coll'arme del vescovo Carlo (1), comincia: *Rex pacificus,* segna . . 90

Uno Sexto, cuperto di rosso, coll'arme di misser Carlo, comincia: *Bonifatius,* segna *lxxxxj* 91

Uno paio di Clementine, cuperto di rosso, coll'arme di misser Carlo, comincia: *Iohannes,* segna *lxxxxij* . . 92

Uno breviario cuperto di rosso, sta a'piei l'Agnolo, segna *lxxxxxiij* 93

Uno messalecto piccolo fornito lassò misser Carlo, cuperto di rosso, incomincia: *Ad te levavi,* segna 94

---

(1) Carlo d'Agnolino Bartoli vescovo di Siena dal 1427 al 1444.

Uno codico chiosato, cuperto di bianco, comincia: *Imperator*, segna *lxxxxv*. 95

Uno libro compose Beltramo Mignanelli, cuperto di rosso, comincia: *In nomine patris et filij et Spiritus Sancti, amen*, segna *lxxxxvj*. 96

Uno messale di Messe solenni, votiva, coperto di rosso con affibbiatoi d'argento, comincia: *Dominus dixit ad me*, segna novanta sette 97

Uno pontificale di lettera formata, con tavole, incomincia: *Incipit ordo et modus*, segna *lxxxxviij* 98

Uno libro cuperto di bianco, con quattro *Passi*, di lectara formata et altre benedictioni, incomincia: *In festo purificationis*, segna *lxxxxviiij*. 99

Uno libro di carta bambagina di canto figurato, segna cento. 100

Uno breviario piccolo fodorato di rosso, comincia: *Fratres scientes*, sta ne la libraria, segna centuno . . 101

Una Somma, cuperta di rosso, incomincia: *Filii hominum*, segna *cij* 102

Uno messale di cuoio bianco con affibbiatoi, comincia: *Ad te levavi;* sta a Sancto Sano, segna 103

Uno Messale vechio fodorato di bianco, con la vesta rossa, sta a la cappella del Campo, comincia: *Ad te levavi*, segna 104. 104

Uno dialogo di Sancto Gregorio, cuperto di bianco, con chiovi di ottone, incomincia: *De Honorato abbate,* segna. 105

Uno Ovidio cuperto di cuoio rosso, in carta pecora, lettera formata, comincia: *Innova fert animo mutatas dicere formas* 106

Uno Boetio coperto di rosso, in carta pecorina, lettera formata, comincia: *Carmina, qui quondam*. . . . 107

Una rectorica di Tullio, coperta di rosso, comincia: *Et si negotijs familiaribus*, segna cento otto 108

Uno innario chiosato, in carta bambagina, fodorato di rosso, comincia: *Primus dierum*, segna *cviiij*. . . 109

Una somma di penitentia, con fondello di bianco, in carta pecora, incomincia: *Quoniam peccatibus*, segna . . 110

Una paro di pìstole di Sancto Gregorio, comincia: *Dormiente*, segna *cxj* 111

Uno libro di vangeli in volgare per rima et altre cose in carta pecorina et bambagina, cuperto di bianco, comincia: *Nella eterna beatrice*, segna *cxij*. 112

Uno libro di canto figurato, in carta bambagina, con tavole, di carta, coll'arme dell'Opera, segna *cxiij* . . 113

Uno libro di storie Boemiche, cuperto di cuoio pavonazzo, el quale compose et donò papa Pio, segna. . . . 114

Uno libro, chiamato le virtù morali, con fondello bianco, in carta pecora: *illustri et excellenti domino*. . . 115

Uno messale grande, cuperto di cuoio pavonazzo, miniato con uno Crocifixo con la nostra Donna et sancto Giovanni nel mezzo di decto messale, comincia: *Ad te levavi*, segna *cxvj* 116

Uno libro coperto di rosso, comincia: *Pastor dormivit*, lassò misser Giovanni Cinughi (1), segna *cxvij* . . 117

Uno libro coperto di rosso, comincia: *Felicem fieri;* lassò misser Giovanni Cinughi, segna *cxviij* 118

Uno libro cuperto di rosso sopra ad Agustino *De civitate Dei,* comincia: *Constitutum mecum,* segna 119 . . 119

Uno libro chiamato el Sexto, coperto di giallo, comincia: *Quia preposterus est ordo,* lassò misser Viva canonico, segna *cxx*. 120

Uno libro chiamato l'Abate, sopra el quinto di Decretali, in carta bambagina, con fondello di cuoio rosso, incomincia: *Si legittimus*, lassò misser Viva, segna *cxxj* . . . 121

Uno salterio piccolo di lettera moderna, con la catena, coperto di bianco, incomincia: *Il calendario*, segna. 122

Uno *tractatu de fide et virtutibus*, incomincia: *Pretis*,

---

(1) Giovanni di Cecco Cinughi fu vescovo d'Ostia poi di Pienza e Montalcino. Morì nel 1470.

opus abeant acum, cuperto di bianco, in carta pecorina, segna *cxxiij* 123

Uno breviario grande cuperto di rosso, lettera moderna, comincia: *Frate Incientese*, segna *cxxiiij* 124

Uno Boetio coperto di bianco, incomincia: *Carmina, qui quondam*, el quale donò Ser Bartolomeo Bevarini . 125

Uno libro di canto figurato di nota grossa, per li Vespari, legato et cuvertato di cuoio pavonazzo, con coppe grandi et canti d'attone, incomincia: *Dixit Dominus, Domino meo*, segna *cxxvj* e fece fare messer Alberto (1). 126

Uno libro di canto figurato per le Messe, di nota grossa, per le Messe, legato et cuvertato di cuoio pavonazo, con coppe grandi et canti d'attone incomincia: *Asperges me Domine*, segna *cxxvij*, fece fare messer Alberto . . 127

Vinti volumi di libri grandi et begli miniati et storiati tutti a oro et colori fini, coperti di cuoio rosso, con coppe et fornimente d'ottone, per cantare Messe et altri offitij di dì et di nocte, fece fare misser Savino operaio (2).

Sette volumi di libri grandi et begli, miniati et storiati, coperti di rosso et fornimenti d'attone facti al tempo di misser Alberto di misser Francesco d'Arighieri.

Ne la cappella di mezzo, di Sacrestia.

Una tavola dipenta a figura di nostra Donna et altre figure, con la predella in su l'altare di mezzo.

Due figure di legno di rilievo dorate, l'una di nostra Donna et l'altro l'Agnolo, stanno attaccate a le mura di detta cappella.

Uno angiolecto dipento d'oro, di rilievo, sta dinanti a la nostra Donna, attaccato nel mezo d'essa sagrestia, còn uno candeliere in mano.

Una figura di legno ad imagine di sancto Giovanni Ba-

---

(1) Alberto Aringhieri, cavaliere di Rodi, fu operaio del Duomo dal 1481 al 1495.
(2) Savino di Matteo Savini fu operaio del Duomo dal 1472 al 1475.

ptista, dorato et dipento, longo un bracio et mezo, sta in sul cassone del braccio di sancto Giovanni Baptista.

Due agnoletti dorati et dipenti, con uno candeliere in mano per uno, di longhezza braccio uno et mezzo, a l'uno li manca l'ale, et stanno in sul cassone del braccio di sancto Giovanni·Baptista.

Seguita la Sagrestia.

Uno angiolecto di bronzo dorato, con una pilecta di marmo in capo, per l'acqua benedecta, a l'entrare de la Sacrestia, murato in un canto.

Uno bancaluccio di longhezza di braccia quattro, facto a quadrati, fodorato di panno lino rosso.

(A questo punto leggevasi, ma fu cassato:

Due pezzi di bancali stracciati et rotti fodorati di canavaccio bianco, l'uno ad arboli in campo verde et l'altro a gigli tutto rotto.

Uno panno turchesco di più colori tutto stracciato fodorato di panno lino bianco).

Quattro panni pilosi da banco, due di braccia cinque l'uno, et due di braccia quattro l'uno, tristi et vechi.

Uno panno turchesco grande, fu del vescovo Carlo, longo braccia 4 incirca, vechio et tristo.

Due pezzi di panno turchesco, pilosi, e' quali si congiongano in uno, longo braccia 5 incirca.

Una tenda di taffectà vermiglio di grania, in due pezzi coll'arme dell' Opara, la quale cuopre il Credo istoriato sopra al banco dove si parano i preti.

Una tenda di tela azzurra, dipenta cor una festa, co' serafini intorno, frangiata da capo et da piei di frange di refe di più colori, aduoparasi quando si mostrano li reliqui all'andare intorno al pergolo, fece messer Alberto.

Uno cielo tondo a sparbiere di tela azzurra, dipento a stelle gialle dentro et fuore, adoparasi per uno baldacchino al pergolo grande, fece misser Alberto Aringhieri operaio.

Quaranta para di staggiuoli tra buoni et vechi.

Due ferri da leggij per le lanterne del mattutino.

Uno candeliere di ferro da tenere in sul banco, ad due candeli.

Quattro lanterne di ferro, aduoperansi a matutino, due grandi et due piccole.

Sei tavolette di più grandezze dove stanno scripti gli ordini de la chiesa.

Uno calendario in una tavola, a' piei il *Credo*, disposto.

Uno focolare con pitistallo di ferro et teglia di rame, tondo, istà in sacrestia per la vernata.

Una isveglia di ferro stagnata con la campanella et telaro, con uno armario, sta in sacrestia di verno.

Cinque leggij maneschi in fra grandi et piccoli, con fornimenti di cuoio.

Due sechiarelle d'ottone per l'acqua benedecta, ène una rotta dallo attaccatoio del manico.

Due para di staggiuoli coll'arme di misser Cristofano di Filigi (1).

Uno battisterio di legno per lo venardì sancto.

Due martellini di ferro per uso degl'altari.

Seguano e' paramenti.

Uno paro di paramenti di velluto cremisi, alto et basso, broccato d'oro, cioè: campo d'oro et le figure vermeglie, composte d'oro et con più sancti racamati d'oro et frangie et nappe di seta verde, et bastoncegli d'oro et nappe di cremusi, segnano uno 1

Uno paro di paramenti di drappo bianco con frangie racamati et broccati d'oro, con compassi fodorati di panno lino bianco, con fregi rachamati a horo colla passione di nostro Signore con figure verdi, nappe et bottoni di seta rossa nuovi, segnano due. 2

---

(1) Cristofano Felici fu operaio del Duomo dal 1457 al 1463.

Uno paro di paramenti cremusi, figurati, con fregi raca-mati de la passione di nostro Signore con fregietti dal lato azurri messi a oro, con figure d'intorno di più colori et in su le spalle bottoni messi a oro, con frangie di seta verdi, nappe cremusi et nodi d'oro fodorati di valescio rosso, segna 3

Uno paro di paramenti forniti, campo verde, viticati di bianco, nero et rosso con figure, messo a oro, et la An-nuntiatione di nostra Donna et altre figure rachamate, con fregi d'intorno messi a oro, con frangie di seta di più ra-gioni et colori, in sulle ispalle nappe verdi messe a oro, fodorati di valescio azzurro, segnano quattro 4

Uno paro di paramenti forniti, di cremusi piano con fregi et santi d'oro, con frangie bianche et azzurre, con figure di nostro Signore, in su le spalle bottoni azzurri messi a oro, fodorati di panno lino rosso, segnano cinque. 5

Uno paio di paramenti di damaschino pavonazzo figurata la pianeta, con fregio d'oro fino, coll'arme del Cardinale di San Marcello, fodorati di panno lino rosso, segnano sei. 6

Una diamatica et una tonicella di taffectà cangiante col collare a uso di vescovo senza nappe, con fregi d'oro fodorati di boccaccino rosso, segnano sette 7

Uno paio di paramenti forniti di velluto azzurro piano con fregi et fioretti vermigli broccati a horo in campo vermiglio, frangia d'intorno verdi con nape di seta bianca e rossa, bottoni a cordoni d'oro, fodorati di pannolino azzurro, se-gnano otto. 8

Uno paio di paramenti di ciambellotto azzurro forniti con fregi messi a oro nel campo rosso con figure della Annun-tiata, con frangie rosse et nappe di seta rosse, bottoni a cor-donciegli d'oro fodorati di pannolino azzurro coll'arme d'uno pesce nel campo verde, segnano nove 9

Uno paio di paramenti forniti di zetani azzurro con fregi in campo vermiglio frangiati et broccati a oro, la pianeta ha el fregio messo a oro con angioletti et frangia d'atorno bianche et verdi, nappe di seta rossa, bottoni messi a oro fodorati di pannolino rosso con un arme vaiata dentrovi una serpe, segnano diece. . . . . ' . . 10

Uno paio di paramenti di velluto piano rosso con fregi d'oro in campo bianco, nappe verdi, bottoni d'oro fodorati di pannolino rosso, segnano undici. . . . . . . ' . 11

Uno paio di paramenti di velluto nero piano con fregi d'oro in campo vermiglio con frangie bianche et rosse et nere, nappe di seta rossa, bottoni a cordoncegli d'oro fodorati di rosso con arme d'uno bu rosso in campo d'oro coll'arme dell'Opara, segna dodici 12

Uno paio di paramenti di velluto bianco apicellato con fregi verdi et rossi messi a oro con istoria della Natività del Signore, con frangie di seta verdi et bottoni di seta azzurri fodorati di pannolino bianco coll'arme di Ser Galgano di Cerbone, segnano tredici 13

Uno paio di paramenti di damaschino bianco figurato con fregi d'oro et storiati de la Natività di Nostra Donna, coll'arme de'calzolari, fodarati di damaschino bianco, segnano *xiiij* 14

Uno paio di paramenti di velluto verde figurato con fregi vermigli messi a oro frangiati da lato con frangie verdi et nere et bianche fregi di fuore degli alotti, fodarati di pannolino verde, segnano. 15

Un paio di paramenti vechi di drappo d'oro campo vermiglio con fioretti et frangie verdi, con frangetti azzurri con una arme a quartieri dentrovi due stelle d'oro, fodorati di pannolino bianco, segnano sedici. 16

Un paio di paramenti di seta verdi fregi et frangiati, campo vermiglio messi a horo, frangie verdi, interno fodarati di pannolino rosso, segnano vinti 20

Un paio di paramenti di colore violato con stelle et gigli et lettare gialle con fregi, con una arme di tre quartieri azzurri et uno quartiere giallo con una grillanda verde et una bianca con tre palle gialle, foderate di pannolino rosso, segnano vintuno 21

Uno paio di paramenti fatti a schachi di taffectà, usi, con certe verguccie frangiate dal lato, di frangie rosse fodorate di rosso, segnano *xxij* 22

Uno paio di paramenti di zondadino rosso con fregi di seta azzurra, figurati di più colori, fodorati di pannolino rosso, segnano *xxiij*. 23

Una diamatica et una tonicella di seta pavonazza vecchia, con fregi bianchi et rossi all'antica, fodorati di pannolino giallo, segnano *xxiiij* 24

Uno paio di paramenti campo giallo co' rosai di più colori et ucegli con fregi et bottoni di christallo coll'arme dell'Opara, fodorati di pannolino rosso, segnano *xxv* . 25

Uno paio di paramenti di zetani giallo con fregi et frangiati broccati, campo rosso fodorati di pannolino giallo, segnano *xxvj*. 26

Uno paio di paramenti broccati, bianco ad oro con compassi con fregi rachamati a oro con la passione di Nostro Signore, nappe rosse et frangie verdi, segnano *xxvij*. 28

Uno paro di paramenti nuovi di velluto nero figurato a oro, con nappe verdi con rosette d'oro senza frangie, fodorati di valescio azzurro, manca una nappa. La pianeta ha el fregio d'oro rachamato con più figure di sancti, segnano *xxviiij* 29

Uno paio di paramenti nuovi di velluto verde figurato con fregi d'oro et campo rosso, con serafini d'oro et fiori azzurri et rosette verdi, fodorati di pannolino rosso, segna *xxx*. 30

Uno paio di paramenti gialli figurati con fregi d'oro, campo rosso con serafini et altre figure, con bordoni et frangie di seta azzurra et gialla coll'arme dell'Opara, fodorati di pannolino rosso, segnano. 31

Uno paio di paramenti nuovi di saia nera o vero di sceda fina con fregi in campo rosso messi a oro con serafini d'oro, con frangie et nappe azzurre coll'arme dell'Opara fodorati di valescio rosso, segnano. 32

Uno paio di paramenti di damaschino bianco con fregi et

fregetti di baldachino in campo rosso, con fogliame verdi et rosette bianche, con nappe d'oro frangie verdi et azzurre con l'arme dell'Opara, fodorati di pannolino bianco, segnano *xxxiij* 33

Seguitano le pianete

Tre pianete di velluto rosso figurato, all'antica con fregi et campo rosso figure et rose d'oro con rosette di seta verdi, fodorate di pannolino rosso, segnano uno 1

Una pianeta di velluto di cremisi piano con fregio azurro et rose d'oro, con rosette di seta rossa con l'arme de'Pecci nel mezzo, fodorata di pannolino rosso, segna due . . 2

Una pianeta di velluto di cremusi piano con fregio et campo rosso, con Annuntiatione d'oro con profili verdi di seta coll'arme dell'Opara, fodorata di pannolino rosso, segna tre. 3

Una pianeta di velluto cremusi piano con fregio d'oro campo rosso con rose d'oro et rosette verdi di seta, coll'arme dell'Opara, fodarata di pannolino rosso, segna quattro. 4

Una pianeta di cremusi piano con fregio et campo rosso con angioli d'oro con croci in collo, coll'arme di misser Christofano di Filigi, fodorata di rosso, segna cinque . 5

Una pianeta di cremusi con fregio d'oro, campo verde, con serafini d'oro, campo bianco di serafini, fodorata di pannolino azzurro, segna sei. 6

Una pianeta di cremusi piano con fregio d'oro, campo verde, con Annuntiatione d'oro, con rose rosse, frangiata in frangie bianche et azzurre, coll'arme de'Bigliotti, fodorata di rosso, segna sette 7

Una pianeta di velluto piano cremusi con fregio d'oro, campo rosso, con angioli d'oro croci in collo, coll'arme dell'Opara, fodorata di rosso, segna otto 8

Una pianeta di cremusi figurato, con fregio d'oro, campo rosso con angioli d'oro et croci in collo, con profili di seta verde, coll'arme de'Vieri, fodorata di rosso, segna nove. 9

Una pianeta di velluto nero figurata, con fregi d'oro rachamata con figure di più sancti, fodorata d'azurro, fece misser Savino, segna diece. 10

Tre pianete di velluto nero piano, le due con fregio vermiglio, rose d'oro, rosette et profili di seta verde, l'altra con fregio bianco con angioletti d'oro con croci, fodorate di rosso, segnano undici 11

Una pianeta mezza di velluto et mezza di pannolino con fiori d'oro, con fregio, campo rosso con rose d'oro, rosette profilate di seta verde, coll'arme dell'Opara, fodorata di azzurro, segna. 12

Una pianeta di zetani nero con fregio bianco misso a oro con rose d'oro, profili di seta rossa, coll'arme dell'Opara, fodorata d'azzurro, segna *xiij* 13

Una pianeta di velluto nero tutta spelata, con fregio campo bianco con angioli et croci d'oro, fodorata d'azurro, segna quattordici 14

Una pianeta di velluto verde piano, con fregio, campo rosso con angioli d'oro croci in mano, con la arme di misser Christofano di Filigi, fodorata di verde, segna quindici. 15

Una pianeta di velluto figurato verde, con fregio et campo rosso con rose d'oro, con fiori et profili verdi, con l'arme dell'Opara, fodorata d'azurro, segna *xvj* 16

Una pianeta di velluto verde piano, con fregio et campo rosso con angioli d'oro et croci in mano, con l'arme dell'Opara, fodorata di verde, segna *xvij*. 17

Una pianeta di damaschino verde, con fregio d'oro, campo rosso con serafini d'oro, fodorata d'azurro 18

Una pianeta di velluto azzurro piano con fregio, campo rosso con angioli d'oro et croci in collo, coll'arme di misser Giovanni Ghezzi (1) segna *xviiij* 19

Una pianeta di velluto azzurro piano con fregio d'oro,

---

(1) Giovanni di Pietro di Ghezzo Borghesi fu rettore dell'Opera dal 1439 al 1449.

19

campo rosso con rose d'oro et rosette profilate di seta verde, fodorata d'azzurro, segna *xx* 20

Una pianeta di damaschino azzurro figurata, con fregio d'oro con angioli d'oro con croci in mano, fodorata di bianco, fece miss. Savino, segna *xxj* 21

Una pianeta di damaschino azzurro figurato, con fregio d'oro con angioli con croci in mano, fodorata di bianco, coll'arme dell'Opara, segna *xxij* 22

Una pianeta di velluto pavonazzo figurato, con fregi d'oro, campo rosso con angioli con croci in collo, coll'arme dell'Opara, fodorata di rosso, segna *xxiij* 23

Una pianeta di velluto pavonazzo figurato, campo verde et fregio d'oro, campo rosso con angioli et croci in collo, coll'arme di misser Cristofano di Filigi, segna *xxiiij*. 24

Due pianete d'appiccellato bianco con fioretti rossi et verdi, e l'una con fregio di serafini d'oro, l'altra con agnoletti d'oro et croci d'oro in mano, fodorato di bianco, coll'arme dell'Opara, segna *xxv*. 25

Una pianeta di damaschino figurato bianco, con fregi d'oro con angioli con croci in mano d'oro, fece misser Savino, segna *xxvj* 26

(Fu cassata: *Una pianeta di damaschino bianco, figurata con fregio campo vermiglio con rose d'oro et rosette di seta verde, con l'arme dell'Opara, fodorata di bianco, segna xxviiij* . . . . 29)

Due pianete di ciambellotto bianche, l'una fregio et campo rosso con Annuntiatione d'oro e profilata di verde, et l'altra fregio campo verde con Annuntiatione profilata d'oro, fodorata di bianco, segna 30

Una pianeta di baldachino, campo rosso fiorita, vitigata di verde con spine d'oro et ciervi et cani d'oro et d'argento, fregio d'oro et Natività, campo rosso, fodorata di rosso, segna *xxxj*. 31

Una pianeta di baldachino, campo rosso, vitigata di verde, con fioroni verdi et bianchi, con liopardi d'oro, fregio, campo rosso, con angioli d'oro et croci in mano, coll'arme di misser Cristofano di Filigi, fodorata di rosso, segna . . 32

Una pianeta di baldachino, campo rosso vitigata di verde con fioroni d'oro et rosette bianche, con fregio d'oro, campo rosso con Annuntiata d'oro, coll'arme di misser Cristofano di Filigi, fodorata di verde, segna *xxxiij*. 33

Una pianeta di baldachino, campo rosso viticata di verde, con fioroni verdi et rosette bianche et azurre, con fregio campo rosso con angioli et croci in mano, coll'arme di misser Cristofano di Filigi, foderata di verde. 34

Una pianeta di damaschino bianco figurata, con fregio d'oro, campo rosso con angioletti con croci in mano, con rosette et profili di seta verde, coll'arme dell'Opara, fodorata di bianco, segna *xxxv*. 35

(Questa e l'altra pianeta descritta in corsivo, furono cancellate nel riscontro fatto all'inventario:

Una pianeta di damaschino bianco figurata con fregio et campo rosso e oro con rosette et profilato di seta verde, fodorata di bianco, segna xxxvj. . . . . '. 36)

Una pianeta di damaschino bianco figurata, con fregio et campo vermiglio, con rosette d'oro et fioretti di seta verde fodorata di bianco segna *xxxvij*. 37

(Una pianeta di pelo di leone figurato con fregio et campo rosso vitigata di giallo fodorata di pannolino azurro. 38)

Una pianeta di pelo di leone figurata con fregio et campo rosso, vitigata di giallo con certe alette di verde et gialle, fodorata di verde, segna *xxxviiij*. 39

Una pianeta di ciambellotto di colore garofanato, con fregio et campo rosso, messo a oro, con rose d'oro et rosette di seta azzurra, fodorata di pannolino rosso, segna quaranta. 40

Una pianeta di raccia nera, fodorata di valescio verde, con fregio bianco, con croci et rosette per lo mezzo del fregio, segna quarantuna. 41

Una pianeta di rascia nera, fodorata di rosso con fregio di sciamitello rosso vergato, con arme, segna *xlij*. . 42

Una pianeta di tabi nero, fregio bianco, figurata d'ucegli d'oro, con brevi in bocha, figurata di rosso, segna *xliij*.   43

Una pianeta di tabi nero vechia, con fregio di sciamitello vergato di più colori, fodarata di bianco, segna *xliiij*.   44

Una pianeta di tabi colore di pelo di leone, con fregio di sciamitello rosso, vergáto di più colori, con una arme gialla con uno rastrello in mezo, fodorata di rosso, segna *xlv.* . . . . **t.** . . 45

Una pianeta di baldachino verde et rosso, coll'arme del Cardinale di San Marcello, con fregio, campo rosso, con angioletti d'oro croci in mano, fodorata di rosso, segna *xlvi.* 46

Una pianeta di damaschino di grania coll'arme del Cardinale di San Marcello, con fregio et campo rosso, brocata d'oro, fodorata d'azzurro, segna quaranta sette. . . 47

Una pianeta di zetani di grania coll'arme del Cardinale di San Marcello, con fregio a campo azurro, fodorata di giallo, segna *xlviij.* 48

Una pianeta di ciambellotto azzurro con fregio, campo verde con Annuntiate, coll'arme dell'Opara, fodorata di bianco, segna *l.* 50

Una pianeta di ciambellotto pavonazzo con fregio d'oro, con Annuntiate, coll'arme dell'Opara, fodorata di bianco, segna cinquantuna. 51

Una pianeta di sciamitello rosso con fregio, campo verde con rose d'oro, fodorata di rosso, segna *lij.* . . . 52

Una pianeta di sciamitello bianco, vergata con fregio et campo azzurro con angioli d'oro et croci in mano, coll'arme di Carlo Francioso, fodorata di rosso, segna cinquanta quattro. 54

Una pianeta di colore di leone figurato, con fregio campo rosso, rose d'oro, coll'arme di Carlo Francioso, fodorata di rosso, segna *lv.* 55

Una pianeta di baldachino verde azurro et fioretti rossi et bianchi, con fregio di dietro a decta pianeta, giallo, et dinanti campo verde con rose d'oro di più pezzi, fodorata di rosso, segna *lvj*. 56

Una pianeta di baldachino, campo rosso vitigati di fiori verdi et ucellini, con fregio, campo rosso con angioli d'oro croci in mano, fodorata di rosso, segna. 57

Una pianeta di ciambellotto azzurro, con fregio rachamati ad *agnus dei,* arazzi, tutto isfilato, fodorata di rosso, segna *lviij*. 58

Una pianeta di zetani pavonazza, trista, con fregio d'oro, campo azurro con rosetto d'oro et rosette rosse, fodorate di rosso, segna *lviiij*. 59

(Fu cancellata la seguente pianeta:

Una pianeta di colore di tenè figurata d'oro et rose bianche et rosse con fregi verdi, con fregio racamato a figure coll'arme di messer Turino (1) *d'uno pesce, segna sessanta* . . . . 60)

Una pianeta di baldachino verde vitigata di fiori cangianti, con fregio campo rosso et rosette azzurre per mezzo, fodorata di rosso, segna *lxj*. 61

Seguitano i piviali in prima.

Uno piviale di cremusi alto et basso broccato d'oro, con fregio racamato d'oro con figure di più sancti a sedere et in tabernacoli d'argento e d'oro rachamati et rilevati, con capuccio dentrovi la figura di nostra donna con quattro martiri da lato, con una città sotto la decta figura, raccamata, con nappe, bottoni et nodi di seta verde, brocchato d'oro con frangie di seta verde, con due affibbiatoi d'argento, fodorato di taffectà verde, segna uno 1

Uno piviale di drappo rosso con fiori et rose d'oro, antiquo, con fregio tutto messo a oro e cappuccio d'oro et seta gialla, con figura di sancto Luca racamato, con la

---

(1) Turino di Matteo Turini fu rettore dell'Opera dal 1421 al 1422.

nostra Donna da capo, col fregio d'oro, con uno cordone et frangia di seta azzurra e bianca, coll'arme dell'Opara, fodorato di rosso, segna. 2

Uno piviale di drappo rosso all'antica, con fiori et fioretti d'oro, et fioricegli di seta bianca, con fregio d'oro et campo rosso con rose d'oro, et frangiato di verde per tutto, col cappuccio rachamato con figura di Christo risuscitato, coll'arme dell'Opara, fodorato di rosso, segna tre . . 3

Uno piviale di drappo rosso viticato di seta verde et bianca et fiori d'oro et fioretti d'oro et seta, con fregio rachamato con istoria di nostro Signore, frangiata di seta per tutto biancha et azzurra, con cappuccio rachamato d'oro et seta gialla, con la figura di sancto Matteo con l'agnolo da capo, coll'arme dell'Opara, fodorato di rosso, segna. . . . 4

Uno piviale, drappo rosso alla antica, tutto con fiori d'oro et fioretti di seta bianca, con fregio d'oro, campo rosso con rosette d'oro et rosette di seta verde frangiato per tutto di foglie verdi, con cappuccio d'oro rachamato con figura di sancto Victorio, coll'arme dell'Opara, fodorato di rosso, segna. 5

Due piviali di cremusi piano, con fregi d'oro et serafini in fra rosoni, col cappuccio di velluto con l'arme di misser Giovanni Borghesi, l'uno con frangie da piei bianche et nere, et l'altro con frangie bianche et verdi, fodorati di rosso [segna tutti] e due, sei. 6

Due piviali di cremusi piano con fregi rachamati con istorie di nostro Signore et di nostra Donna, col cappuccio di velluto rosso, frangiati di verde per tutto fodarati di rosso, segnano sette. 7

Uno piviale di cremusi piano con fregio rachamato a oro, tutto sfilato, con figure di più sancti, con la Pietà in mezzo, col capuccio rachamato dello Spirito Sancto, fodorato di bianco, segna. 8

Uno piviale di cremusi piano con fregio d'oro con Annuntiata, in capo l'angiolo con ucegli in mano, col cappuccio attaccato con uno quadretto dentrovi il Baptismo di nostro Signore rachamato, con frangie da piei bianche, verdi, nere et rosse, fodorato di bianco, segna nove. . . . 9

Quattro piviali comuni di damaschino rosso figurato, con fregio d'oro campo rosso con Annuntiate et agnoli et fregi, con rose frangiate di più colori fodorati di rosso, èssene guasto uno, per acconciar gli altri et fessene istole et manipoli, segna diece. 10

Uno piviale di damaschino bianco d'oro fino, con fiori d'oro et parte di seta pavonazza et verde, con fregio tutto rachamato d'oro ad tabernaculi, con figure di nostro Signore et altre figure, col cappuccio rachamato d'oro con la figura di sancto Girolamo, frangiato di rosso fodorato di bianco, segna undici. 11

Uno piviale di brochato bianco, chiamato brochato secondo antiquo, con fregio rachamato con istorie de la Passione di nostro Signore, et da piè l'arme dell'Opara, con cappuccio di cremusi con *Agnus deio* di perle nel mezo, con più fiori di perle, lavorato di seta azurra, tutta rotta la fodera. 12

Uno piviale di velluto bianco appicciollato con fiori verdi et rossi, con fregio et cappuccio rachamato coll'arme di Ser Galgano di Cerbono, frangiato da piei di frangie verdi, rosse, nere et azzurre, fodorato di bianco, segna tredici. 13

Uno piviale di damaschino bianco appicciollato con fiori di seta rossa et verde et melagranie, con fregio rachamato di più sancti, col capuccio rachamato con istoria della Incoronatione, coll'arme dell'Opara, frangiate di rosso, per tutto fodorato di bianco, segna quattordici. 14

Uno piviale di damaschino bianco con fregio rachamato con più istorie di nostra Donna, con cappuccio rachamato di storia di nostra Donna, coll'arme de'calzolari, frangiato di frangie rosse et verdi, fodorato di rosso, segna quindici. 15

Due piviali di damaschino bianco, figurato comuni, con fregi d'oro vecchi con Annuntiate d'oro, con cappuccio di damaschino frangiati di frangie rosse et verdi, fodorati di bianco, parte coll'arme dell'Opara e parte no, èssene guasto uno, segnano sedici, fece misser Alberto 16

Tre piviali di damaschino bianchi, figurati con fregi d'oro di divariati, coll'arme dell'Opara, fodorati di bianco, fece misser Alberto, segnano dicessette. 17

Uno piviale di velluto appicciollato, campo verde viticato di fiori bianchi, rossi et neri, con fregio rachamato con Passione di Nostro Signore, col cappuccio rachamato con figura di sancto Giovanni, con uno agnolo da capo, frangiato di verde da piei, fodorato d'azzurro, segna diciotto. . . 18

Uno piviale di velluto giallo figurato con fregio d'oro, campo rosso con Annuntiate, con frangie bianche et nere, coll'arme dell'Opara, fodorato di rosso, segna dicennove. 19.

Uno piviale di baldacchino piccolo, campo azzurro viticato di bianco con animali et fogliame, et fregio d'oro con rose per tutto, frangiato di verde, fodorato di rosso, segna vinti. 20

Uno piviale di seta baldachino campo rosso, vitigato di fogliame verde et uciegli d'oro con rosette azzure et bianche, con fregio d'oro campo rosso con angioli con la croce in mano, col cappuccio rachamato con la istoria della Assumptione, coll'arme dell'Opara, frangiato da piei di frangie azzurre et verdi, fodorato di verde, fece misser Savino, segna vintuno. 21

Uno piviale di seta azzurra, vechio con ruota d'oro et ucegli rapezzati di più ragioni, con fregio d'oro, campo bianco con rose d'oro, fodorato d'azzurro, segna vintidue. 22

Due piviali di damaschino azzurro figurato comunj, fregio d'oro, campo rosso con angioli fregiati di più colori, fodorati d'azzurro, segnano vintitre 23

Uno piviale di velluto nero figurato, con fregio rachamato vechio con figura et storie della Passione, frangiato per tutto di rosso, fodorato di rosso, segna vintiquattro. . 24

Due piviali di velluto nero antiquo figurato con fregi,

l'uno campo rosso con Annuntiate, et l'altro con fregio rachamato con più figure, frangiati di più colori; à 'l capuccio, coll'arme dell'Opara, fodorati, l'uno d'azurro et l'altro di nero, segnano vinticinque. 25

Due piviali, l'uno di zetani nero et l'altro di ciambellotto nero, antichi et vechi, con fregi l'uno rachamato con santi et rose gialle, et l'altro con fregio di due pezzi a ucegli allistrato d'oro, fodorato di rosso, segnano vintisei . . 26

Due piviali di damaschino azzurro nuovi con fregi d'oro campo rosso, e l'uno con angioletti con Yesu in mano, col cappuccio frangiato da piei con frangie bianche et azzurre con fregi d'oro, campo rosso con Annuntiate, col cappuccio frangiato di verde, et da piei bianche et azzurre, fodorati, l'uno di tela rossa et l'altro di tela nera, segnano vintisette, fece misser Alberto operaio 27

. Tre piviali di damaschino figurati bianchi con fregi d'oro, campo rosso con Annuntiate, con cappucci frangiati con frangie verdi et l'altro con frangie verdi et rosse et l'altro frangie bianche et rosse, fodorati due di tela rossa, et una di tela verde, segnano tutti et tre, vintiotto, fece misser Alberto operaio. 28

Due piviali di damaschino cremusi figurato con fregi d'oro campo rosso, l'uno con angioletti con calici in mano, et l'altro con croci in mano, frangiati con frangie bianche et azzurre, fodorati uno di tela verde, et l'altro di tela rossa, segnano amenduni dieci. 10

Seguita le veste della nostra Donna. Imprima.

Una veste di drappo cremusi alto et basso brochato d'oro, con panze di mandorle (sic) da piei; fodorata di pannolino rosso, segna 1

Una vesta di damaschino bianco brochato d'oro fino con fiori di seta pavonazza et verde, con piaza (sic) da piei di dossi di vai, fodorata di guarnello bianco, segna. . . 2

Una vesta di drappo bianco antiquo, de la ragione de' paramenti secondi, brochata d'oro con fioretti et frangette di seta di grania, segna tre. 3

Una vesta di velluto bianco appicciollato con fioretti verdi et rossi con otto coppe d'argento al collare, fodorata di bianco, con panze di vaio spelate, segna quattro. . . 4

Una veste di calisea bianca, con tira (sic) da piei et da capo fodarata parte di pannolino bianco, segna . . . 5

Una veste bianca vechia con uno razo nel petto, con uno vetro uguali, segna sei 6

Una veste di velluto di grania a trippa con panze d'intorno bianche, tutte ispelate, al collare con due pampani di perle et due profili, fodorata di rosso, segna 7

Una vesta di grania di drappo, tutta broccata d'oro et rose, con fioretti et fioricegli, con frangie di seta et d'oro dal collare et da lato, con panze di dossi di vaio tutti spelati, fodorata di rosso, segna otto. 8

Una vesta di velluto nero rachamata et profili d'oro tutta rotta, con panze di vaio da piei et da lato spelate, fodorata di nero, segna nove. 9

Due veste di velluto nero piano con più rachami d'oro di più animali con brevi a' piedi, con panze spelate, fodorate d'azurro, l'una a grifoni rachamati senza brevi, segna diece. 10

Una cioppa di velluto verde figurato, con una nastaro d'oro al collare, con panze da piei et da lato, fodorata di azzurro, segna undici. 11

Una vesta di velluto azzurro piano con rachami di cervi et d'ucelli d'oro con brevi in bocha, con panze da piei spelate, fodorata di bianco, segna dodici 12

Una vesta di baldachino azzurra brochata, con fioretti turchini, con panze da piei vecchie, fodorata d'azurro, segna tredici. 13

Una vesta di panno pavonanzo di grania, con uno collare rachamato con alcune perle, con una stella nel petto con certe perle, con panze da piei, fodorata di bianco, segna quattordici. 14

Una vesta nera in due pezzi, s'adopara il Venerdì sancto, segna quindici 15

Una vesta di baldachino bianco, con chani d'oro et rosette di seta nera et verde, con fregio d'oro al collarino et da piei, la quale s'adopara al carro dell'Assumpta per sancta Maria d'agosto, segna sedici. 16

Una vesta di cremusi alto et basso, figurato, con panze da piei et da capo et le maniche di damaschino verde figurato, fodorata di tela rossa, segna sedici, fece fare misser Alberto Aringhieri operaio. 16

Una vesta di bruno per l'angiolo, col cappuccio, per la Settimana sancta.

Due camisci per l'agnolo, l'uno di bambagia, l'altro di pannolino.

Due veste nere, con cappuccij per li angioli che tengono li quattro ceri dì et nocte, che si vestano il Venardì sancto.

Due pezzi di tenda biancha vechia, con frangie verdi, con ucellini, animali et fiori, nel mezzo con fregio d'Annunziata.

Quattro pezzi di tende di baldacchino, campo rosso vitichata di giallo con fregi d'oro et rose con frangie verdi, et dinanzi con fregi di Nuntiata, due per la Madonna et due per l'angiolo, con cordelle per attaccare, fodorate tutte di verde.

Due pezi di tenda di sciamitello vergato con frangie d'intorno di più colori, fodorato di pannolino bianco, per la Madonna.

Due pezzi di tenda d'orticaccio con fregio da capo di taffectà bianco, con frangie d'intorno tutte di seta bianca, verde et rossa, con cordelline di seta da capo.

Quattro pezzi di tenda di gualescio nero di due teli l'una, sonno di bracia tre, s'aoparano per la nostra Donna et per l'angiolo il Venardì sancto.

Una tenda di valescio azurro fodorata di tela biancha,

grossa, frangiata intorno da piei et da capo di frangie di
refe di più colori, con armi dentrovi, *leone, libertà, la bal-*
zana, l'Opara, l'arme di misser Alberto operaio, la lupa,
la quale sta intorno al pergolo grande.

Una vesta di cremusi figurato, per la sedia sta all'altare
maggiore per lo prete quando canta la Messa, fodorata di
valescio rosso, fece fare missere Alberto Aringhieri operaio.

(È stato cancellato: *Uno guanciale di baldachino bro-*
chato azzurro era a la risidentia dell'Opara).

Uno paro di calzaretti di damaschino bianco, figurato bianco
fodorati di tela bianca, per lo vescovo quando canta la messa,
fece fare misser Alberto Aringhieri operaio.

Seguita le bande: et prima per le croci.

Uno padiglione di taffectà cremusi con frangie rosse,
grande, portasi a processione, chiamasi il gonfalone.

Una banda di croce, di cremusi alto et basso, brochato
d'oro con frangie di cremusi et d'oro con figura di nostra
Donna col suo figliuolo in collo et da piè coll'arme dell-
l'Opara, fodorata di taffectà rosso con nappe et bottoni di
cremusi.

Una banda di croce bianca con bruste d'oro da piei, con
rose di seta verdi, frangiata di frangie bianche intorno, con
istoria di nostra Donna, fodorata di taffectà bianco et con
bottonj.

Una banda di baldachino incarnato et figure a ucelli d'oro
con fogliame di più colori, con frangie di cremusi, fodorata
di sciamito verde, con nappe, bottoni et cordelline di seta
rossa.

(Una banda di sciamitello azzurro vergata d'oro, fodorata
di giallo con frangie azzurro d'intorno, con nappe et
bottoni da capo, s'aduopara per li morti).

Una banda di seta nera fregiata d'oro, vecchia, con bottoni neri ungnoli, aoparasi a'morti.

Una banda di velo vergata di seta verde et oro, con frangie di seta rossa brustata da capo et da piei di brochatello d'oro con bottoni et nappe di seta cremusi et oro, fodorata di rosso.

Una banda di velluto nera figurato, frangiata d'intorno da piei et da capo, con due pezzi di fregio da capo et da piei d'oro di Cipri, fodorata di taffectà nero, longa braccia 3 ½ aduoparasi a' morti, fece misser Alberto.

Uno cordone di seta rosso, con bottoni rossi profilata d'oro, con nappe tonde di seta rossa, coll'arme del comune di Siena et dell'Opara d'argento, ismaltate con certe istelluze d'argento, aoparasi a la croce quando si fa la processione.

Uno cordone di seta nera, che si mette in su la croce, quando si va' a' morti, con nodi et nappe di seta nova.

Seguita e' veli.

Tre veli bianchi vergati d'oro et di seta di più colori, di braccia tre incirca, frangiati rossi, verdi et azzurri.

(Uno velo d'orticaccio vechio vergato d'oro et seta di più colori et spento, con frangie rosse, tenesi a la Madonna).

(Uno velo di seta bianco vergato d'oro fino un poco rotto, di braccia due in circa).

Due veli di seta bianchi, adoparansi al Crocifixo il sabbato sancto.

Uno velo di seta profilato d'oro intorno, di longhezza di braccia uno e mezzò, stava alla Pace.

Quattro veli di seta di più ragioni con verghe di bambagia nera di più longhezze, e ve n'è uno con uná verga di seta et d'oro.

Uno velo di seta bianco di longhezza di braccia due o circa, raccamato intorno d'oro, et nel mezzo rachami d'ucegli, rose, draghi, lettare et altri fiori, frangiato di frangie di seta et d'oro.

Uno velo d'orticaccio, di braccia due o circa, profilato intorno, con pedani da piei bianchi, con uno fregio d'oro rachamato da piei, largo uno dito et mezzo, con certe portarelle di seta verde et rossa.

Uno velo d'orticaccio di longhezza di braccia tre o circa, rachamato di seta rossa et oro, con uno filecto d'oro delle latora con scagliette d'argento con una rete da piei, con pedani di fila di refe.

Uno velo di bambagia vergato con sette verghe d'oro, di longhezza di braccia due o circa, con uno filecto d'oro con bisantini intorno.

Tre viletti di bambagia bianchi, di lunghezza di braccia tre in circa, adoparansi alla Madonna el venardì sancto, e ve n'è uno sottile et bello.

Più veli di più sorte di bambagia, di più sorte et longhezze, bianchi et vergati, fra'quali ve n'è tredici con verghe nere larghe et nove bianche.

Seguita e' davanzai. Imprima.

Uno davanzale di velluto cremusi, alto e basso brochato d'oro, senza fregio, fodorato di verde, segna uno. . . . 1

Uno davanzale di damaschino bianco brochato d'oro, con fiori di seta pavonazza et verdi, senza fregio, fodorato di bianco, segna due. 2

Uno davanzale di seta azurra rachamato con *agnus dei* et fiori et croci rosse, con fregio da piei et da lato rachamato a rose d'oro, con fregio da capo azzurro brochato, vechio, fodorato d'azzurro et di bianco, segna tre. 3

Uno davanzale di velluto verde figurato con un pezzo da uno de'lati, per l'altare maggiore, senza fregio, fodorato di verde, segna quattro. 4

Uno davanzale di velluto cremusi figurato, per l'altare maggiore, senza fregio, fodorato di azzurro, segna cinque. 5

Uno davanzale di velluto nero figurato con fregio nero, con un bastone d'oro per lo mezzo, con frangie azzurre, con due armi, l'una dell'Opara et l'altra di misser Christofano di Filigi, fodorato d'azzurro, segna sei. 6

Uno davanzale di seta rossa vitigato di giallo, con fregio di seta azzurra, coll'arme del cardinale di San Marcello, vechio et antico, fodorato di rosso, segna sette . . . 7

Uno davanzale di drappo vermiglio figurato, con cervi d'oro (1) et lune, con brevi in bocha, frangiato da capo di più colori et da piei di frangie verdi, fodorato di rosso, segna otto. 8

Uno davanzale bianco di brochato d'oro, della ragione de' paramenti secondi, con fregio campo rosso con fiori d'oro, frangiato di frangie rosse et verdi, fodarato di bianco, segna nove. 9

Uno davanzale di velluto nero figurato con figure all'antica, senza fregio, con due armi dell'Opara, fodorato d'azzurro, segna diece. 10

Uno davanzale di seta campo vermiglio o vero pavonazzo, fiorito con fioroni et fioretti bianchi a compassi, per l'altare maggiore, fodorato di verde, mezzo et da capo di canavaccio bianco, segna 11

Uno davanzale di damaschino azzurro figurato, per l'altare maggiore, con fregio campo rosso con Annuntiate, frangiato di frangie verdi, fodorato d'azzurro, segna dodici. 12

Due davanzali, uno di ciambellotto bianco per l'altare maggiore, fodorato di bianco, et l'altro di drappo bianco a ucegli verdi et azzurri, senza fregio, un poco da piei arso, fodorato di bianco, segnano tredici 13

Due davanzali di drappo vermiglio figurati con lune et cervi d'oro con brevi et lettere di seta, con fregi d'oro a rose, frangiati di più colori, l'uno con l'arme dell'Opara et l'altro no, fodorati di rosso, segna 14

Due davanzali di cremusi piano, l'uno per l'altare di sancto Sano, et l'altro per la Madonna che si mostra il sabbato, senza fregio, l'uno coll'arme de' Pecci et l'altro no, fodorati di bianco, segnano. 15

_____

(1) Nel ms. leggesi: cervdoro.

Uno davanzale di velluto cremusi piano senza fregio, fodorato d'azzurro, segna sedici. 16

Uno davanzale di baldachino vitigato di verde et fiori bianchi, coll'arme del cardinale di San Marcello, con fregio campo rosso con angioli d'oro et frangie verdi, fodorato di rosso, aduoparasi per lo altare di San Bastiano, segna dicessette. 17

Uno davanzale di velluto di cremusi figurato con fregio campo verde con serafini d'oro, con frangie bianche et nere, fodorato d'azzurro, segna diciotto. 18

Uno davanzale di damaschino figurato, appiccellato con fiori di seta vermiglia et verde, coll'arme de'marciari frangiata di più colori, col fregio fodorato di bianco, segna dicennove. 19

Uno davanzale di damaschino bianco figurato, con fregio campo rosso con figure di nostra Donna incoronata, con frangie di più colori, fodorato di bianco, segna vinti. 20

Uno davanzale di damaschino bianco appicciollato con l'arme de'calzolari, con fregio in campo rosso con Annuntiate, frangiato di più colori, fodorato di bianco, segna vintiuno 21

Uno davanzale di drappo azzurro, brochato d'oro vecchio con compassi, con fregio campo verde a rose d'oro et rosette rosse, frangiato di più colori, fodorato d'azzurro, segna vintidue 22

(Uno davanzale di velluto nero figurato coll'arme di quelli di Cersa, con fregio et campo nero, brocchato d'oro, fodorato di verde, segna vintitre 23

Vi si legge la nota seguente: Cassasi perchè affermaro essere robbato di Chiesa).

Uno davanzale di baldacchino rosso con fogliame verdi et bianchi et ciervi et uciegli d'oro coll'arme del Priore di misser Goro, con fregio campo verde con Annuntiate, fodorato d'azzurro, segna vintiquattro. 24

Uno davanzale di baldachino, campo rosso vitigato di

verde et bianco, con certi leopardi d'oro, coll'arme de'Saracini, senza fregio, fodorato d'azzurro, segna vinticinque. 25

Uno davanzale di raso nero, con fregio campo rosso con rose d'oro et rosette di seta verde et frangie di più colori, manca un pezzo da una testa, fodorato di raso, segna vintisei 26

Uno davanzale di seta azzurra con fiori di seta bianca a modo di brochato, con fregio d'oro campo rosso con Annuntiate, con arme de'muratori, fodorato di verde, segna vintisette. 27

(Uno davanzale vergato nero et rosso vechio et rapezato co l'arme di Ser Galgano di Cerbono, segna . . 28)

Dicessette davanzali di seta bianca vergati di più colori et ragioni, frangiati di verde, bianco et azzurro, fodorati tutti di bianco, segna vintinove 29

Uno davanzale di seta bianco antiquo et vechio, con certi uciegli d'oro, con fregio campo rosso brocato d'oro, fodòrato di pannolino bianco, adoparavasi a la cappella pe'confessori, segna trenta. 30

Uno davanzale di brocato d'oro, vechio, sta all'altare di sancto Tommaso, segna trentuno 31

Uno davanzale di pannolino bianco dipento a brochato d'oro, sta a la Madonna, con una frangia vermiglia, segna trentadue. 32

Quindici davanzali di più sorte, i quali stanno agli altari i dì feriali, vechi et tristi, segnano trentatre . . . 33

Uno davanzale di seta azura con fioroni di seta bianca a modo di brochatello, senza fregio, frangiato da capo et da lato, di più ragioni, sta al cassone del braccio di Sancto Giovanni Baptista, fodorato di rosso, dè Conte Capacci, segna trentaquattro 34

Uno davanzale di damaschino bianco, senza fregio, fodorato di pannolino di più pezzi, bianco, segna trentacinque . 35

Seguita e' fregi. In prima.

Uno fregio bello per lo altare maggiore, racamato di perle, con la istoria di nostra Donna, campo vermeglio, con cordoni et fregi intorno tutti di perle, con frangie et nappe di seta di più colori, fodorato di azzurro.

Uno fregio per l'altare maggiore tutto rachamato d'oro fino, con compassi di sopra, per tutto d'oro, con figure in mezzo di più sancti con la Assumptione et certi agnoli, con frangie di cremusi et fili d'oro, fodorato di verde.

Uno fregio, per lo altare maggiore, di cremusi broccato d'argento con tronchoni in mezzo, per tutto con frangie bianche et rosse, fodorate d'azzurro.

Due fregi di cremusi brocchati d'argento, con tronconi in mezo frangiati di frangie bianche et rosse, con le Balzane (1), l'uno di sancto Sano et l'altro di sancto Vectorio.

Uno fregio d'oro in campo rosso con Annuntiate, frangiato di frangie rosse da capo et da piei, adoparansi al tabernacolo del corpo di Christo.

Quattro pezzi insieme di drappo rosso, cioè damaschino figurato con fiori, con frangie verdi da lato, e da piei frangie bianche, rosse et azzurre, attacasi al tabernacolo del corpo di Christo, con fregio d'oro da capo con Annuntiate, fodorato di rosso.

Due pezzi di fregio piccolo rachamati, di più sancti, con l'arme dell'Opara, frangiati di più colori; fodorati l'uno di rosso et l'altro di bianco.

Uno fregio rachamato per l'altare maggiore con figure di più sancti con l'arme dell'Opara, fodorato d'azzurro, frangiato di più colori.

Una ghirlanda di scatarzo di più colori, aoparassi alla Madonna Annuntiata, attaccasi intorno a quello ferro che tiene le tende.

---

(1) Cioè con lo stemma del Comune partito di bianco e di nero, detto comunemente *balzana*.

Seguita i pannicegli. In prima:

Cinque pezzi di drappo bianco figurato brocchato d'oro antiquo, due per lo leggio grande et tre per li leggij piccoli, con fregi et frangie verdi, hanno l'arme dell'Opara, fodorati di bianco.

Cinque pezzi di taffectà di grania due per lo leggio grande et tre per li leggii piccoli, frangiati intorno di più colori, coll'arme del Populo et dell'Opara foderati di rosso.

Due pezzi di taffectà di grania per lo vangelio et pìstola frangiati di più colori fodorati di rosso.

Tre pezzi di pannicegli di damaschino bianco figurati, con frangie bianche et rosse, due per lo pergholo grande et uno per lo leggio, fodorati di bianco.

Uno pannicello per lo leggio piccolo, di taffectà bianco vergato di più colori, frangiato di più colori, fodorato di bianco.

Tre pannicelli di damaschino verde figurato, due per lo pergholo et uno per lo leggio piccolo, frangiati di più colori, fodorati di rosso.

Tre pannicelli di damaschino azzurro figurato, due per lo pergholo et uno per lo leggio piccolo, frangiati di più colori, fodorati di bianco.

Due pannicegli di taffectà nero per lo leggio piccolo, frangiati di bianco et nero, fodorati di rosso.

Uno pannicello di sciamitello nero vechio, per lo leggio piccolo, frangiato di scatarzo et fodorato di rosso.

Uno pannicello da leggio piccolo, pavonazzo, vechio, frangiato di scatarzo, fodorato di bianco.

Quattro pezzi di pannicegli di baldachino cangiante, vitighato di fogliame azzurro con animali d'oro, frangiati di più colori, fodorati di rosso, adoparansi a la sedia dell'arcivescovo.

Due pannicegli di baldachino, campo rosso vitigato di fogliami verdi, fodorati di rosso.

Due pezzi di tenda di baldachino, campo rosso vitigato di verde coll'arme del comune e del populo, frangiati di più colori, fodorati di rosso, aoparansi in coro quando entrano e' Signori, longhi braccia diece et mezzo.

Seguita e' camisci.

Tre camisci brustati di cremusi brocchato d'oro, frangiati di seta azzurra, adoparansi co'paranti (sic) brocchati.

Tre camisci brustati di seta bianca in campo verde a modo di broccato, frangiati di frangie azzurre, aoparansi co'paramenti brochati bianchi.

Uno camisce brustato di cremusi broccato d'oro con rosettine bianche, frangiato di frangie rosse con fila d'oro.

Uno camisce uso con bruste a serafini, d'oro vechio, con frangie rosse intorno.

Tre camisci, due brustati di zetani azzurri et uno brustato di velluto azzurro, spelato; stanno con quelli de' calonaci.

Quindici camisci per le Messe ordinate, cioè: tre brustati di velluto rosso, sei brustati di nero, tre di bianco, tre di verde, frangiati di più colori, fece misser Savino.

Due camisci nuovi brustati di velluto appicciellato, frangiati di frangie azzurre, per gl'Ognisanti.

Trentacinque camisci con bruste di più ragioni, infra buoni, usi et vecchi et stracciati.

Vintisei camisci fra buoni e vechi picholi.

Tre roccetti da vescovo, usi et piccoli.

Uno rocetto sottile per lo angiolo dello altare maggiore.

Uno camisce nuovo con bruste di cremusi di seta, di braccia 18 di pannolino.

Sei camisci nuovi brustati di cremusi figurato.

Seguita le stole.

Una stola d'oro et di seta, a modo di fregio, con croci azzurre, frangiate di seta bianca et rossa, longa braccia quattro et uno manipolo al medesimo modo.

Una stola di velluto cremusi alto et basso, broccato d'oro con croci verdi, frangiata di frange cremusi, con un manipolo del medesimo broccato.

Una stola di broccato cremusi alto et basso, con tre manipoli del medesimo broccato, frangie di cremusi et fodorata di taffectà, con croci verdi.

Una stola di taffectà bianca, rachamata a nuvile con razzi d'oro, con una croce d'oro in mezzo, fodorata di taffectà azzurra, frangiata di seta verde et rossa, con uno manipolo al medesimo modo.

Due manipoli di damaschino bianco brochato d'oro, con croci verdi profilata d'oro, frangiati di cremusi, fodorati di bianco, della ragione de' paramenti bianchi brochati, begli.

Uno pezo di brochato d'oro cuscito in due parti, di longheza di braccia due in circa, senza fodore, in tutto braccia quattro, hora è fodorato d'azzurro et frangiato.

Uno pezzo di brochato d'oro cremusi alto et basso, di braccia due di longhezza et è cuscito in due parti, tutte due le parti braccia quattro, fodorato di rosso et frangiato di più colori coll'arme di Naddo Colombini.

Uno pezzo di velluto verde piano, el quale fu la fodora del cremusi sopradecto.

Tre fodore di guanciale di seta rossa vergate d'oro, adoparansi in sulle casse de' martiri per la Sagra.

Uno pezzo di damaschino figurato et broccato d'oro di braccia uno incirca, con orici gialli, aoparansi per la Sagra alle cassette de' martiri.

Una stola col manipolo di broccato cremusi, fece misser Alberto.

Uno pagliotto parte di velluto et parte di taffectà pavonazzo, di longhezza di braccia cinque incirca et nel mezo uno quadro di velluto nero ad due peli, con otto armi intorno di misser Aluigi da Sanguino.

Cinquantotto sciugatoi in fra attacchati et staccati, nuovi et vechi et stremi, larghi, piccoli et grandi.

Quattro scigatoi bianchi apiccati insieme, con la croce in mezzo, coll'arme dell'Opara.

Uno tabernacolo di legno dorato con una purporella in mezzo, sta sotto l'altare maggiore.

Uno tabernacolo di legname dorato e straforato, sta in sull'altare maggiore, dentrovi il *Corpus Domini*.

Due campanelle di bronzo piccole con le cicogne forate et co'batachi.

(Uno pezzo di pannolino dipinto di braccia quattro, ad foglie rosse et azzurre, a modo di scigatoio sta a l'impeschiata).

Una tenduccia di taffectà nero con una croce in mezzo di seta bianca, con frangie di seta rossa, fodorata di nero.

Uno pezzo di tenda di valescio nero, longa braccia due et mezzo, con una croce bianca in su uno monte in mezzo.

(Due pezzi di tela di guarnello rosso fodorata di bianco, coll'arme dell'Opara parte frangiata et parte no).

Tre veste di cremusi piano, frangiate di seta di più colori, fodorate di rosso, l'una per lo messale, l'altra per lo vangelistario e l'altra per lo epistolario.

Tre veste di velluto nero piano frangiato di seta azzurra per lo messale vangelistario et epistolario, fodorato d'azzurro.

Una frangia di seta vermiglia con fila d'oro, con tre nappe, una nel mezzo et due a due teste, longa braccia tre.

Seguita le tovaglie, guardanappe e tovagliuole.

Una tovaglia facta a la lombarda, con una costura in mezzo et da una testa, donò la donna fu del Vaia sarto.

Una tovaglia di tela di lenza con tre verghe per testa, di reticella di refe usa, con una croce in mezzo, per lo altare maggiore.

Una tovaglia longa per lo altare maggiore, con tre verghe in breve per testa, a la perugina.

Una tovaglia longa per lo altare maggiore, tre verghe per testa in breve, facta a la lombarda, con lettare per testa che dicano: *Ave Maria*.

Una tovaglia biancha per lo altare maggiore, di lenza, senza verghe, facta a Siena, rappezzata perchè arse.

Una tovaglia di pannolino di braccia otto per lo altare maggiore, rotta, con verghe di seta azzurra rosse et gialle, ucellini, con l'arme dell'Opara, con fila di seta per testa rosse et azzurre.

Due tovaglie longhe per lo altare maggiore, con tre verghe per testa, facte ad bracchi et cavagli, col segno d'uno tondo et nel mezzo una croce di bambagia, coll'arme dell'Opara.

Tre tovaglie, due grandi et una piccina grossa, con una vergha per testa.

Trenta tovaglie, per li altari di chiesa di più longhezze, vechie et rotte.

Cinque pezzi di pannolino ritracti a tovagliuole di seta di più ragioni, alcuni coll'arme dell'Opara.

Tre tovaglie, due grandi et una piccina, con una vergha per testa.

Una guardanappa di lenzo, per l'altare maggiore, a draghi et leoni, di bambagia, a la perugina.

Due tovaglie ritracte a guardanappe di seta, l'una braccia cinque et l'altra braccia quattro, con verghe d'oro et di seta di più colori; con lettare d'oro et di seta bianca, adoparasi a li altari.

Due guardanappe con tre verghe per l'altare maggiore, a draghi et leoni, di bambagia, a la perugina.

Due tovagliuole a guardanappa d'accia, longhe braccia quattro l'una, l'altra braccia tre, con verga d'oro ispenta et di seta pavonazza, rossa et verde, con una croce in mezzo, et l'altra con vergha di seta azzurra, rossa et verde, con una croce di seta rossa in mezzo (fu robbata a sancto Sano).

Una guardanappa di braccia cinque o circa, con tre verghe per testa, di seta et d'oro, con Annuntiata, fanciulli et fontane, di seta rossa et azzurra, con una croce di seta in mezzo.

Una guardanappa di braccia quattro, facta a trippa, vergata di seta rossa.

Una guardanappa di bambagia, longa braccia otto, con tre verghe per testa, con più verguccje per lo mezzo, con quattro croci, coll'arme dell'Opara.

Due guardanappe di più longhezza et sorte fra· buone et gattive.

Una tovagliuola di renza grossetta, con una croce in mezzo.

Due tovagliuole di tela di renza bianche, con una croce in mezzo, con due verguccie di bambagia in mezzo per testa, di braccia due l'una.

Tre tovagliuole lunghe et corte in fra buone et triste, di più sorte.

Sei casse di corporali di baldachino, campo azzurro con fogliame bianco, tutti frangiati.

Otto casse di corporali belli et sei frangiati et due senza frangie, rachamati d'oro et seta.

Vintuna cassa di corporali in fra buoni et vechi, frangiati et non frangiati, rachamati et non rachamati.

Tre corporali, uno rosso con uno agnusdeo di baldachino, erano a la residentia.

Una cassa di corporale di brochato d'oro cremusi col corporale dentrovi, fece misser Alberto operaio.

Due cotte nuove di pannolino di Lodi, adoparansi per li cantori (guastossene una per uno Agnoletto).

Seguita i bandelloni.

Uno drappellone di seta bianca coll'arme di papa Pio, frangiato, sta attachato a capo l'altare maggiore.

Uno drappellone frangiato con la figura di sancta Caterina da Siena.

Sei drappelloni grandi s'apichano a le volte di chiesa, l'uno di papa Alexandro et l'altro con figura di sancto Bernardino, et l'altro coll'arme di papa Calisto, et l'altro coll'arme della chiesa, l'altro coll'arme dello imperatore, et l'altro con l'arme del Comune e Populo di Siena, tutti frangiati rossi.

Uno drappellone mezzano di seta bianca, messo a horo, con la Assumptione di nostra Donna, frangiato.

Una banda facta a Balzana, et coll'arme dello imperadore et populo di Siena, frangiata di rosso.

Vinticinque bandelloni piccoli di più colori, con figure del *Corpus Domini* et nostra Donna, et altri sancti et sancte, frangiato di più colori.

Dugento bandelloni frangiati piccoli et con diverse armi.

Vintinove bandelloni piccoli, senza frangie di più colori et di diverse arme.

Quattro bandelloni piccoli gialli, senza frangie, coll'arme di misser Carlo vescovo.

Quattro drappelloni piccoli di taffectà rosso, coll'arme de' calzolari.

Trenta bandelloni piccoli, di più et diverse armi senza frangie, rotti et vechi.

Uno cielo di baldachino cremusi piano con una croce di velluto bianco in mezzo, con fregio d'intorno, frangiato di seta bianca et rossa, fodorato di zondado rosso, grande di sei mazze.

Due cieli di baldachino, uno di sei mazze et uno di quattro, l'uno di drappo di più colori con una croce in mezzo biancha brocchata d'oro, frangiata di seta rossa et di più colori.

Uno san Giovanni di bronzo, figura bellissima.

Seguita le cose sonno nel corpo della Chiesa.

Uno altare di marmo, chiamato l'altare maggiore, con tavola dipinta da ogni lato, con la nostra Donna et altri sancti et da l'altro lato la vita et passione di nostro Signore, con una volta da capo con iiij bordoni di ferro, tre tabernacoli, tre agnoletti rilevati et quattro agnoli rilevati, che stanno due dinanzi et due di drieto a decto altare, [con] candelieri di ferro in mano, con due graticole di ferro da lato a decto altare, et due cassettine a ricorsoio da ricogliere le offerte, coll'arme dell'Opara et due uova di sturzo (sic) attacchate, quattro candelieri di ferro, col grado di legno, et due angioletti di drieto a decto altare, di legname dorati con candelieri di legno.

Tre tende, due di pannolino rosso, una vitighiata d'oro et d'ariento, una col tabernacolo del corpo di Christo, frangiata di seta et di scatarzo, et una nera con una croce biancha in mezzo, per lo decto altare maggiore.

Una figura di nostra Donna annuntiata coll'angiolo di legname tutto misso a oro, con tabernacoli rilevati.

Uno paro d'organi a lato al decto altare in alto verso l'Annuntiata, con tende azzurre messe a oro, con tutte massaritie apartenenti a decti organi.

Un altro paro d'organi a capo l'uscio de la sacrestia, con due cori da lato, bellissimi, tutti messi a oro, con tutte massaritie appartenenti a decti orghani, con una voltarella da capo il cielo azzurro et stelle d'oro, con quattro pezzi di tenda di pannolino azzurro, una con uno Yesu in mezzo d'oro et l'altre con fogliame d'oro.

Una sedia di legno relevata et tarsiata, di braccia quattro, con l'appoggiatoio, due si posa il prete quando canta la Messa.

(*Uno lampanaio di legno dorato con figura di Sancto Sano*).

La Cappella di Sancto Sano.

Uno altare, con la tavola dipinta con la Annuntiata, con la volta intarsiata et tenda di pannolino rosso frangiata, con figura di Sancto Sano in mezzo, con grado da piei con due candelieri per le candele, con due graticole da lato, con uno pezzo di sedio et con la lampana d'attone et uno uovo di sturzo.

La cappella di Sancto Vectorio.

Uno altare con tavola dipinta de la natività di Christo, con la voltarè (sic) da capo, una tenda di panno lino frangiata, con due pezzi di graticola di ferro da lato, col grado da piei, con due candelieri di ferro per le candele, con uno pezzo di coro con uno uovo di sturzo et lampana.

La cappella di Sancto Savino.

Uno altare con la natività di nostra Donna, con tenda di valescio azzurro, grado di marmo, con due candelieri di ferro et uno pezzo di coro.

La cappella di Sancto Bastiano.

Uno altare con tavola dipenta di sancto Bastiano, con tenda rossa, con due candelieri di ferro, con una nostra Donna di marmo da capo, et tre figure di marmo.

La cappella di Sancto Bernardino.

Uno altare con figura di sancto Bernardino rilevato et dipinto con uno *Yhs* in mano, con quattro serafini et dodici angioli, tutti di rilievo et dipenti, et da capo uno Dio padre con tre seraphini, con due candelieri di ferro, et col lampanaio et gradi di marmo.

La cappella di Sancta Catherina.

Uno altare con tavola piccola col Crocifixo et altri Sancti, con una graticola di ferro intorno, con due usci et uno pezzo di sedia al lato al decto altare, con due candelieri di ferro, et gradi di legno et sepoltura di marmo del cardinale Ricciardo (1).

---

(1) Cioè del Cardinale Riccardo Petroni.

La cappella di Sancto Tommaso d'Aquino
ogi de' Calzolari.

Uno altare con tavola con figura di sancto Tommasso di rilievo, una tenda rossa, con grado di legno da piei con due candelieri di ferro, con due sedie da lato, con tre tavole da lato dipincte, una col Crocifisso, l'altra con la nostra Donna, et l'altra con sancto Lonardo.

Segue la cappella della Natività della Vergine Maria
del Cardinale di Siena.

Uno altare con tavola dipincta, con la Assumptione di nostra Donna, con gradi, con tenda rossa, due pezzi di sedi da lato, due candelieri di ferro, uno lampano di legno a modo di una stella.

La cappella de' Magi.

Uno altare con tavola dipincta colla historia de' Magi, con tenda rossa et grado di legno a' piei, due pezzi di sedia di legno da lato, con due candelieri di ferro.

La cappella di Sancto Pietro.

Uno altare con tavola dipinta con la presentazione al tempio di nostra Donna et sancto Pietro et sancto Pavolo, con grado di legno, due candelieri di ferro, una figura di sancto Pietro rilevata in uno tabernacolo.

La cappella de' Quattro Incoronati.

Uno altare con tavola dipinta con figura di nostra Donna et quattro Martiri, da lato, gradi di legno con tenda rossa, uno candeliere di ferro.

La cappella di Sancto Crescentio.

Uno altare con tavola dipincta con la circuncisione di nostro Signore, et uno coro da lato, con gradi di legno, con tenda, con due candelieri di ferro.

La cappella del Crocifixo.

Uno altare senza tavola con uno Crocifixo rilevato in croce, da lato figure di nostra Donna et di sancto Giovanni, rilevati, in sullo altare una impieschiata con graticola di ferro, dentrovi la figura di nostro Signore in grembo a la nostra Donna, et sancto Giovanni et la Magdalena da lato, rilevati, con grado di legno, due candelieri di ferro, due pezzi di sedi da lato, una tenda rossa, uno lampanaio di ferro dinanzi a la decta cappella.

La cappella della Visitatione a lato al Crocifixo.

Uno altare con tavola dipincta con figura di nostra Donna et altre figure dipente, con due sedi da lato, una tenda rossa, due candelieri di ferro, con gradi di legno.

La cappella di Sancta Maria della nieve.

Uno altare con tavola dipinta con figura di nostra Donna et miracolo de la nieve, una tenda azzurra, con due candelieri di ferro, con uno banchetto et goffano covertato di tavole, dove si vendano le candele, et tre sedi d'intorno al campanile et più uno goffano dove si vendano i candeli.

La cappella di Sancto Iacomo interciso.

Uno altare suvi la figura di nostra Donna rilevata di marmo col suo Figliuolo in collo, con uno Crocifixo rilevato da capo a la decta cappella, con due tende rosse, et da piei i quattro Vangelisti missi a oro, di marmo, con grado di legno, con uno candeliere di ferro.

La cappella di sancto Antonio.

Il suo altare con tavola dipinta, piccola et antica, con tenda rossa, di legno, da piei con due candelieri di ferro, con due pezzi di sedi da lato et due figure di sancto Antonio in due tabernacoli di legno a lato a la decta cappella.

La cappella della nostra Donna delle gratie.

Uno altare con tavola dipincta alle antica, con figura di nostra Donna col suo figliuolo in collo, con una corona di rame dorata, con una istella d'argento et una corona in capo al bambino, et più una stelluzza d'argento in fronte alla nostra Donna, col collare ismaltato et così al bambino, con due razzetti d'argento in pecto et in su la ispalla de la nostra Donna, con più para d'occhi d'argento, et con una tenda, dipinta d'oro fino, di taffectà bianco con uno velo di seta biancha, cuopre la nostra [Donna], con due candelieri di ferro, con grado di legno, con due angeletti piccoli rilevati con candelieri in mano, messi a oro, con uno cero fiorito di cera grande attaccato dinanzi a la cappella, con una graticola di ferro a traverso, et uno uscio di ferro dove s'entra dentro, et uno cassoncello dove si mette la cera si cava di decta cappella, et più uno lampanaio con quattro lampane et una cassetta da offittij.

La cappella di sancto Nicolò.

Uno altare con tavola dipinta, con figure piccole, con grado di legno et candelieri di ferro.

La cappella di sancto Calisto.

Uno altare con figura di nostra Donna, con due candelieri di ferro.

Una cassetta nuova attaccata a una mora alla entrata della porta della incrociata, con una tavola dipinta con la historia del turcho.

Uno cassone dipento a balzana, dove si mettono e denari della conscientia (1), coll'arme del comune di Siena.

Uno leggìo di legno grande in mezo al coro, per cantare.

---

(1) Così era chiamato un cassone dove venivano restituiti i denari frodati al Comune.

Cinque ceri grandi fioriti, attaccati alla volta del duomo, di cinque Comunità.

Quattro ceri mezani fioriti, attaccati.

Bandiere, elmi et stocchi da cavalieri morti, attaccati per la chiesa.

Quattro banche di legno, regolate, stanno in coro.

Una campanella di bronzo, sta attaccata alla tribuna, di peso di libre quaranta in circa.

Nel campanile con sue appartenentie:.

Una campana di bronzo, chiamata la Vergine Maria.

Una campana di bronzo, chiamata Sovana, con figura de la nostra Donna et di Sancto Bernardino.

Una campana di bronzo, chiamata sancto Sano, suona a predicha.

Una campana di bronzo, chiamata Gramola.

Una campana di bronzo grossa chiamata di nona, con figura di sancto Victorio.

Una campana di bronzo chiamata isquilla, suona terza.

Una campana di bronzo nuova, grossa, rifella misser Savino.

Una campana di bronzo nuova, con figura di sancto Savino, con l'arme dell'Opara.

Una campana di bronzo a la prima finestra del campanile, suona quando il papa attinello (1) tutte le sonanti.
(Segue l'inventario degli oggetti esistenti nelle stanze dei cherici e dei servitori dell'Opera).

Appresso seguono tutte le cose che sonno ne la residentia dell'Opara. In prima cominciano i pali de le Comunità.

Uno palio dell'Arte della lana, fodorato di pance di vai, braccia undici . . . . br. 11

---

(1) Nell'inventario antecedente (1458) si legge: *Una chanpana di bronzo a prima finestra del chanpanile sonavasi quando ci era il papa, fu quella de la chapella di Sancto Pavolo.*

Uno palio di Pitigliano, di velluto azurro figurato a bianco con fregio d'oro in mezo, frangiato et fodorato di seta verde, longo braccia diece . . . . br. 10

Tre palij bianchi et neri con fregio d'oro in mezzo, per li tre terzi di Siena, fodorati due di taffetta verde et uno di tela rossa, longhi braccia sei et mezo. . . . br. 6 ¹/₂

Uno palio di Lucignano di Val di Chiana, di velluto grania figurato con fregio d'oro in mezo, fodorato a' pance di vaio, longo braccia sette. . . . . br. 7

Uno palio di Chiusci di velluto nero appicciollato, figurato di verde et di seta cremusi et bianca con fregio d'oro in mezo, con frangia di più colori fodorato di seta rossa, longo braccia 6 ³/₄ . . . . br. 6 ³/₄

Uno palio di Sarteano, di velluto vermeglio di grania piano, con fregio d'oro in mezo, fodorato a seta verde, longo braccia sette. . . . . br. 7

Uno palio de la città di Sovana, di velluto verde con fregio d'oro in mezo, fodorato di seta rossa, longo braccia 7. . . . . br. 7

Uno palio di Cetona, di velluto verde figurato, fodorato, longo braccia sette. . . . . br. 7 ¹/₄

Uno palio di Sciano di velluto cremusi figurato con fregio in mezo, con certi fiori verdi, fodorato di seta azzurra, longo braccia cinque et due terzi. . . . . br. 5 ²/₃

Uno palio di Piano Castagno, di velluto azzurro piano con fregio d'oro in mezo, fodorato di seta verde, longo braccia cinque et uno quarro. . . . . br. 5 ¹/₄

Uno palio di Magliano di velluto di graua piana con fregio d'oro in mezo, fodorato a seta verde, vitigato a più colori, longo braccia sette. . . . . br. 7

Un palio di Montelatrone, di velluto di grana figurato con fregio d'oro in mezo, fodorato a seta verde, longo. br. 8 ¹/₂

Uno palio di Montepescali, di velluto verde figurato con fregio d'argento in mezo, senza fodora, longo. . . br. 7

Uno palio di Chiusdino, di velluto verde figurato con fregio di argento, longo braccia sette . . . . br. 7

Uno palio di Torrita, di velluto vermiglio piano con fregio d'oro, senza fodora, longo braccia sette . . . br. 7

Uno palio di Radicondoli, di velluto vermiglio di grania con fregio, senza fodora, longo braccia. . . . . br. 7

Uno palio di Segiano, di velluto vermiglio di grania piano con fregio d'oro in mezo, fodorato a seta verde vergato di più colori, longo braccia sette. . . . . br. 7

Uno palio di Batignano, di velluto azurro piano con fregio d'argento in mezo, senza fodora, longo. . br. 5 ³/₄

Uno palio di Castelnuovo di Berardenga, di drappo azurro broccato a oro, longo braccia sei et uno quarro. br. 6 ¹/₄

Uno palio di Buonconvento, di velluto cremusi piano con fregio, cor angioli in mezo a decto fregio, fodorato, longo braccia sei . . . . br. 6

Uno palio di Castiglione di Val d'Orcia, di velluto cremusi piano con fregio d'oro, senza fodora, longo. br. 6 ³/₄

Uno palio di Monte Orsaio, di velluto azurro con fregio d'oro in mezzo, fodorato di seta verde, longo. . br. 6 ¹/₃

Uno palio di Cinigiano, di drappo verde broccato d'oro, longo braccia 4 ³/₄. . . . . br. 4 ³/₄

Uno palio di Caparbio, drappo bianco e d'oro con fregio verde et rosso, longo braccia 4 ³/₄ . . . . . br. 4 ³/₄

Uno palio di Manciano, drappo bianco brochato d'oro con frangette vermiglie, longo braccia sette ¹/₂. br. 7 ¹/₂

Uno palio di Sancasciano, drappo azurro brochato d'oro con frangette vermiglie, longo braccia 7 . . . . br. 7

Uno palio di Radicofani, di velluto verde figurato con fregio d'oro, fodorato a sciamitello rosso, longo br. 6 ¹/₂

Uno palio di Sancto Quirico, di velluto cremusi figurato con fregio di baldachino con fioretto, fodorato di taffectà azurro, longo braccia cinque. . . . . br. 5

Uno palio di Monticello (1), drappo azzurro brochato d'oro, longo braccia sette. . . . . br. 7

Uno palio di Lucignano di Valdichiana drappo azurro con fregi d'oro, longo braccia 6. . . . . br. 6

Uno palio di Stigliano, drappo rosso con rose d'oro, longo braccia cinque . . . . br. 5

Uno palio della Badia a San Salvadore, di velluto cremusi figurato con fregio giallo, fodorato a seta azzurra, longo braccia cinque et mezzo. . . . . br. 5 ½

Uno palio di Castiglioncello senese, drappo bianco brochato d'oro con fregietto rosso, longo braccia sette. . 7

Uno palio di Montemerano, drappo rosso brochato d'oro con fregietti verdi, longo braccia sette. . . . . br. 7

Uno palio di Monticello, drappo rosso vitigato a verde con ucelli d'oro, longo braccia sei, quari tre. . br. 6 ¾

Uno palio di Campagnatico, di velluto appicciolato figurato con frangette verdi, con fregio d'argento, fodorato di sciamitello azurro, longo braccia cinque tre quarri. br. 5 ¾

Uno palio di Rapolano, di damaschino bianco figurato con fregio di seta rossa e verde, fodorato a seta verde, longo braccia sei et mezzo. . . . . br. 6 ½

Uno palio di Montereggioni, drappo campo rosso brochato d'oro, longo braccia sette . . . . br. 7

Uno palio della Badia a Isola, drappo campo rosso broccato a oro, fregetti verdi, longo braccia cinque. . br. 5

Uno palio di Castellottieri, drappo rosso brochato d'oro, fregietti verdi et azzurri, longo braccia 4 ½. . br. 4 ½

Uno palio di Monteritondo, drappo rosso brochato d'oro, fregietti verdi et azurri, longo braccia 4 ½ . br. 4 ½

Uno palio di Montemerano, drappo rosso brochato a oro, fregietti azzurri, longo braccia cinque. . . . . . br. 5

Uno palio di Asinalonga, velluto alexandrino figurato a seta rossa, longo braccia sei. . . . . br. 6

_____

(1) Forse Montalcinello.

Uno palio de le Rochette di Fatio, velluto rosso di grania, longo braccia sette. . . . . br. 7

Uno palio di Talamone, drappo alexandrino figurato con fregio d'oro, fodorato di seta rossa, longo. . . . br. 6 ¼

Uno palio di Montemassi, di velluto baldachino, campo azurro vitighato a bianco con fioretti rossi, longo braccia cinque. . . . . : . . br. 5

Uno palio di Monticello, drappo azurro brochato d'oro, fregietti rossi, longo braccia cinque. . . . . . . br. 5

Uno palio di Petroio di Val di Chiana, drappo bianco brochato con fioretti turchini, verdi et rossi, longo. br. 5

Una palio di Marmoraia, drappo rosso brochato d'oro vitichato a bianco, longo braccia 4 ¾ . . . . . . 4 ¾

Uno palio delle Serre a Rapolano, drappo azurro brochato a oro con frangette indichi e bianchi . . . br. 5

Uno palio del Monte Sancte Marie, vitigato a giallo con fioretti bianchi et azurri, longo braccia sei. . . . br. 6

Uno palio di Rochastrada, drappo rosso figurato azurro et verde con fioretti bianchi, longo braccia 5 ¾. br. 5 ¾

Uno palio del Poggio di Sancta Cecilia, di baldachino rosso brochato d'oro con foglie verdi et fiori bianchi, fodorato a sciamito verde, longo braccia sette. . . br. 7

Uno palio di Sancta Innocentia, drappo rosso broccato d'oro, figurato d'azurro con fioretti bianchi, longo. br. 6

Uno palio di Travale, drappo rosso brochato a oro figurato con fioretti azzurri, longo braccia 4 ¾. . br. 4 ¾

Uno palio di Cerreto Ciampoli, drappo azurro brochato d'oro con seta bianca, longo braccia cinque. . . br. 5

Uno palio di Castel del Piano, drappo azzurro vitigato a turchino, verde et bianco, longo braccia 4 ½ . br. 4 ½

Uno palio di Sovicille, drappo verde brochato d'oro con fiori bianchi, longo braccia sette . . . . br. 7

Uno palio del Saxo di Maremma, drappo rosso broccato d'oro con frangie verdi et fioretti bianchi. . . . br. 7

Uno palio di Rochalbegna, drappo azzurro brochato d'oro a cervi, longo braccia sette e mezzo. . . . . br. 7 ½

Uno palio di Chiusure, drappo verde figurato di rosso, longo braccia cinque. . . . . br. 5

Uno palio di Monteghisi, drappo azurro et indico et bianco, longo braccia sei . . . . br. 6

Uno palio di Belforte, drappo rosso con fregi verdi et fiori bianchi brochato a oro, fodorato di seta verde, longo braccia sei. . . . . br. 6

Uno palio di Gerfalco, rosso brochato d'oro vitigato a azurro con fioretti bianchi, longo braccia cinque. . br. 5

Uno palio de la Rocha Tederighi, drappo appicciollato campo verde et nero, con fregio d'oro in mezo. br. 6 ¹/₂

Uno palio di Sancto Agnolo in Colle, rosso broccato a oro con fiori bianchi. . . . . br. 4 ¹/₂

Uno pallio di Montalto, drappo rosso et brochato a oro, con fiori azurri et bianchi, braccia 5 ¹/₂ . . . br. 5 ¹/₂

Uno palio di Orbetello, velluto cremusi figurato con fregio d'oro in mezo . . . . br. 6

Uno palio di Pientia, velluto azurro brochato verde con fregi d'oro, fodorato di seta rosso. . . . . . br. —

Uno palio di Armaiuolo, drappo azurro brochato d'oro vitigato a bianco con fregietti bianchi et rossi. br. 4 ¹/₂

Uno palio di Campriano, drappo azurro brochato d'oro vitigato a bianco con fregietti bianchi. . . . br. 4 ¹/₂

Uno palio di cremusi d'oro con fregio d'oro in mezo, fodorato di sciamitello verde, braccia 5 ¹/₂ . . . br. 5 ¹/₂

Uno palio di Colonna, drappo rosso brochato d'oro con rosette et fioretti azzurri . . . . br. —

Uno palio di Treguanda, drappo rosso brochato d'oro con fregietti turchini, braccia 4 ³/₄ . . . . . br. 4 ³/₄

Uno palio di Celle, drappo azurro brochato d'oro, fodorato d'indico, con rosette bianche et rosse . . . br. 7

Uno palio di Contignano, drappo azzurro broccato d'oro con rose bianche et rosse. . . . . br. 6

Uno palio di sancta Maria a Pilli, drappo verde vitigato a rosso et azzurro a fioretti bianchi. . . . . . br. 7

Uno palio di Sancto Giovanni ad Asso et di Vergelle, d'azurro brochato d'oro con fioretti rossi, longo. br. 4 ¹/₂

Uno palio di Civitella, drappo azurro broccato con fioretti rossi et bianchi . . . . br. 6

Uno palio di Pari et di Monteagutolo, drappo azurro brochato a oro con fioretti rossi et bianchi . . . . . br. 6

Uno palio di Montieri, drappo rosso brochato a oro, longo braccia sei . . . . br. 6

Uno palio di Paganico, drappo rosso brochato d'oro con rosette azurre, longo braccia sei . . . . br. 6

Uno palio di Bocheggiano, drappo rosso broccato d'oro con fogliame verde, frangiato in traverso d'oro, longo. br. —

Uno palio di Castelnuovo dell'Abate, drappo rosso brocato a oro con fioretti verdi et azzurri, longho . . br. 5

Uno palio di Camigliano, drappo verde vitigato di verde con ucelli d'oro et fiori bianchi, longo . . . . br. —

Uno palio di Presciano, drappo azurro brochato d'oro.

Uno palio del Montefollonico, drappo verde figurato di seta azurra con fregio d'argento, longo . . . br. 5 ³/₄

Uno palio di Farnetella, drappo bianco di broccato a oro con rose rosse, braccia sei . . . . br. 6

Uno palio di Tatti.

Uno palio di Prata et di Perolla, drappo rosso vitigato a giallo con fioretti azurri, verdi et bianchi, longo braccia cinque et uno quarro . . . . br. 5 ¹/₄

Uno palio d'Arcidosso, drappo rosso vitigato a giallo, longo braccia sei . . . . br. 6

Uno palio di Menzano, drappo rosso vitigato giallo con fiori verdi et azurri, braccia 6 ¹/₄ . . . . . . br. 6 ¹/₄

Uno palio di Gioncarico, drappo rosso vitigato giallo con fiori verdi et azzurri, longo braccia 5 ¹/₃ . . . br. 5 ¹/₃

Uno palio del Cotono, drappo azzurro vitigato a bianco con fioretti gialli, verdi et rossi, longo . . . . br. 6 ³/₄

Uno palio di Campiglia di Valdorcia, drappo rosso vitigato a verde con ucelli d'oro et rosette bianche et azurre, longo braccia sette . . . . br. 7

Uno palio di Montenero, drappo rosso con ucelli d'oro vitigato d'azurro con rosette bianche, longo . . . br. —

Uno palio de la Rocha a Tentennano, drappo bianco brochato d'oro con fioretti rossi, longo braccia 6 $\frac{1}{4}$. br. 6 $\frac{1}{4}$

Uno palio di Scrotiano, drappo rosso brochato a oro con fiori turchini, braccia 4 $\frac{3}{4}$ . . . . br. 4 $\frac{3}{4}$

Uno palio di Montechiello, drappo rosso vitigato a giallo, braccia sei. . . . . br. 6

Uno palio di Gavorrano, campo rosso brochato a oro con rosette verdi, fodorato di seta verde. . . . . . br. 6

Uno palio di Fighine, drappo rosso vitigato a giallo con fiori azurri et bianchi. . . . . br. 5 $\frac{1}{2}$

Uno palio di Saturnia, di velluto verde figurato, di seta rossa, braccia sei. . . . . br. 6

Uno palio del Monte Argentaro, di velluto azurro piano con fregio fodorato di taffetta rossa, longo. . . br. —

Uno palio di Chianciano, di cremusi piano con frangie bianche et nere, con fregio d'oro in mezzo, longo. br. —

Uno palio di Monte Orgiali, di baldachino, campo rosso vitigato con foglie verdi con ucelli et pavoni d'oro, fodorato di pannolino verde et frangiato d'intorno, longo braccia.

Uno palio di Samprugnano, di damaschino lionato con fregio d'oro in mezo, braccia 3 $\frac{1}{2}$ . . . . br. 3 $\frac{1}{2}$

Uno palio de la Castellina, di velluto verde figurato, fodorato di setani rosso.

Uno palio di Monte Domenici, di velluto verde con banda.

Quattordici sopraveste da cavalli, di panno scarlattino.

Quattordici giorneie frappate con frangie et senza frangie.

Tre sopraveste da cavalli, di scarlattino, con armi et senza.

Una sedia intarsiata con due goffani attaccati, con più scripte et una bolla et privilegij et altre carte dell'Opara.

Una testa di metallo d'imagine di Madonna.

Due pezzi di taffectà rosso, l'uno con l'arme de' Venitiani, l'altro coll'arme del Re di Ragona.

Uno panno di razzo a verzure, bianco lungo br. 7 et largo 5, in casa di M. Alberto.

Uno panno di razo con figure, longo br. 5 ½ in casa di M. Alberto.

Uno panno di razo con figure, quadro, longo br. 4 ½ alla Sagrestia.

Quattro spalliere a verzura, belle, fodorate di azurro, con l'arme dell'Opara, alla Sagrestia.

Tre spalliere a verznra, belle, fodorate a rosso con arme dell'Opara, alla Sagrestia.

Una spalliera di braccia nove a figure, bella, alla Sagrestia.

Una spalliera a verzura nuova di braccia 6 ½, in casa di M. Alberto.

Quattro pezzi di bancali di razzo a quadrati con più animali, di braccia 6 l'uno, alla Sagrestia.

Due usciaie di razzo con figure in mezo, alla Sagrestia.

Uno pannicello di meza lana cilestro con animali, alla Sagrestia.

La buttiga dove si lavorano e marmi

Uno carro antiquo, con ruota, chiamasi el carro de la sconficta di Monte Aperto.

Tre disegni di legno, furo facti al campo sancto.

Uno carro di legno, dipento, con tutti i suoi fornimenti di ferro.

Uno carro dipento, della Assumptione, con suoi fornimenti.

Due quadri per disegno de la porta del duomo, fe' Donatello con figure, di certa entrata.

Uno velo di bambagia con tre verghe di cremusi profilato d'oro, longo braccia 3.

Uno braccio di damaschino brochato a oro con due figure di nostra Donna assumpta.

Uno braccio di damaschino, vitigato verde.

Cinque braccia di zondado azurro.

Dieci drappelloni di zondado rosso, non forniti, con arme de' Pecci.

Uno velo di .seta bianca con verguccie bianche, longo braccia due.

Una libra et oncie sei di seta cruda.

Uno sciugatoio stremo con verguccie, con una croce in mezzo.

Octo pezzi di coltelli con guiera d'argento.

Una coltelliera con sei pezzi di coltelli, tiene in casa M. Alberto operaio.

Una veste d'alexandrino da huomo, in sei pezzi.

Quattro pezzi di zetani cremusi (et più pezzuoli di velluto nero) adoprato per bruste di camici.

Uno fregio racamato dell'Opara, da davanzali.

Due pezzi di fregi di davanzale.

Due pezze texute a la turchescha.

Seguitano e'libri della risedentia.

Uno messaletto votivo secondo la corte romana, in carta pecora, fodorato et tavolatto, segna . . . . s. 1

Una somma di Giovanni, sopra al dicreto, in carta pecora fodorata a rosso, segna. . . . . s. 2

Una lectura sopra. a la somma di notaria, in carta bambagina, fodorato a cuoio, segna. . . . . s. 3

Uno libro di Omelia di vangeli, in carta pecora, fodorato di cuoio rosso con tavole, segna . . . . s. 4

Uno libro sermoni domenicali, in carta pecora, fodorato di cuoio rosso con tavole, segna . . . . s. 5

Uno libro di sermoni di m.º Raimondo, de la somma de la penitentia, guasto, segna . . . . s. 6

Uno libricciuolo vechio stracciato, di certa somma canonica . . . . s. 7

Uno libro grande in carta pecora, comincia: *passio sancti*, tavolato. . . . . s. 8

Uno libro grande in carta pecora, tavolato, comincia: *passio sancti* . . . . s. 9

Uno legionario vechio, grande, in carta pecora squadernato, con tavole non legato, segna . . . . s. 10

Uno libro in carta pecorina, tavolato et fodorato di giallo, dove sonno scripte certe cose dell'Opara, comincia: *in nomine domini*, segna undici . . . . s. 11

Uno antifanario piccolo alla antica, in carta pecora, comincia: *aspicies*, segna 12

Uno messale in carta pecora, comincia; *dominica prima adventus*, segna. 13

Uno libro de la solfa, comincia: *anima mea* segna. 14

Uno libro che incomincia: *quanquam*, segna. . . 15

Uno libro che incomincia: *somma magistri ramundi*. 16

Uno libro fodorato et lavorato di fuore, incomincia: *deo suonanti*. 17

Due pezzi di ferro graticulati con aquila dentrovi.

Uno armario di legno con alcuna inpeschiatella.

Uno oriuolo grande, vechio, *quale hora è a' conciarsi*.

Una campanella di bronzo, senza corona.

Uno leone di marmo grande, sta all'uscio di fuore.

Uno pezzo di coro intarsiato con due sedi.

Una tavola dipenta, fu de la Madonna de le gratie.

Uno piviale di broccato d'oro, bianco, col cappuccio racamato d'oro con la figura de la incoronatione de la nostra Donna et con fregi racamati d'oro, con figura di più sancti, fodorato di boccaccino bianco, con frangie rosse d'intorno, coll'arme di miss. Tomme vescovo stato di Pientia, al tempo di miss. Alberto Aringhieri dato, segna xxvij. 27

Libri trovati di nuovo.

Uno messale grande, in carta pecorina, lettera formata, miniata ad oro, coll'arme di miss. Thomme, vescovo stato di Pientia, segnato centovintisette, comincia: *ad te levavi*. 127

Uno breviario grande, in carta pecora, la quale sta nel banco dell'arliquiera a uso de' canonici, fodorato di raso bigio, con più armi di miss. Tomme, vescovo stato di Pientia, segna centovintiotto, comincia: *fratres scientes*. . 128

Uno libro di maestro Piero de' Rossi sopra a dodici profeti, lo quale fece scrivare miss. Alberto operaio, è coperto di rosso, sta ne la libraria, segna centovintinove. . 129

Uno piviale di cremusi alto e basso, brochato d'oro et fregio colli apostoli e santi a sedere col chappucio, colla Anuziata coll'arme del kardinale di Milano, segna 29. s. 29

Uno calice, di rame el pedone, co la coppa d'argento dorato, con smalti nel bottone e n'sul piè, co la patena di rame dorata, el quale dissero donò Antonio Docci al tempo di Miss. Alberto.

Uno palio di Sassofortino, di damaschino verde con fregio et frangie di braccia 7, el quale si fecie di braccia 14, di damaschino.

Una pianeta di damaschino bianco, trista, segniata 49. 49
Due lambichi d'argento, picholi.

Uno libro chiamato Egidio, *de regimine principum,* covertato di rosso, donò Ser Galgano di Petroccio . . 129

Due lettere chiamate Domenicho da S. Gimignano sopra la prima parte del *sesto.* 130

Uno libretto *d'orazione lune,* lassò el poposto, segnia. 131

Uno comento sopra el salterio, lassò el poposto, segnia. 132

N.° 165.   1483 17 Novembre

I frati di San Domenico di Siena rilasciano nel banco di Agostino Chigi il prezzo di una tavola allogata a Ben-venuto di Giovanni pittore per la cappella dei Bellanti (Ar-chivio detto, San Domenico, Libro di Memorie. A. 18. c. 15).

Spectabilis vir Iohannes Bernardi Pizicaiuolus (BELLANTI) obiit anno Domini 1437 die 20 madii, qui fecit testamentum rogatum Ser Luca Nannis, ubi animam suam devote Deo recomendans. Iudicavit corpum suum seppelliri apud fratres Sancti Dominici, ordinis Praedicatorum, in sepulcro suorum, in claustro versus dormitorium: et in suo testamento, inter cetera, dimisit et jussit, voluit et mandavit fieri de bonis suis, per suos heredes, una cappella in ecclesia Sancti Dominici sub vocabulo et titulo Sancti Iohannis et Sancti Antonii, cum Virgine Maria cum puero Ihesu in bracchis suis, in medio dictorum Sanctorum Iohannis Baptiste et Antonii ; pro qua fienda computatis tabula, ornamentis et dote, voluit solverent (sic), heredes, trecentos quinquaginta florenos quatuor lib. pro quolibet floreno.

Pateat evidenter qualiter in dicto anno 1483 die 17 novembris, tempore venerabilis prioris fratris Arcangeli Bartolomei prioris conventus Senarum, in capitulo, omnibus fratribus vocem habentibus, contractavimus predictos denarios, scilicet flor. 370 cum spectabilibus civibus Mariano Augustini Chigi et Iohanne Iacobi Lotti, quibus assignavimus praedictos florenos 370, et ab eis emimus quatuor domos cum una apoteca..., Et floreni 45 qui superfuerant remanserunt in banco dicti Mariani, quos obligavit solvere *Benvenuto Iohannis* pictori pro parte solutionis tabulae pingendae pro dicta cappella.

N.° 166.   1483 16 Dicembre

Gli ufficiali della Balìa di Siena, ordinano a Guidoccio Cozzarelli *pittore, di consegnare ai frati di S. Francesco di Sinalunga, una tavola da lui pitturata per la famiglia Orlandini* (ARCHIVIO detto, Balìa Deliberazioni *ad annum*).

Spectatissimi domini Officiales Balìe excelse civitatis Senarum, congregati etc. decreverunt precipi *Guidoccio Cozarello* pictori, qui det et consignet fratribus Observantie sancti Francisci de Asinalonga quamdam tabulam altaris per eum pictam ad instantiam Niccolai et Cioni de Orlandinis, et hoc sine suo preiudicio aut damno, stante firmo credito, siquod habere debet a comuni Senarum, ex dicta causa, omni modo.

N.° 167   1484 11 Maggio

Istanza presentata al Concistoro da alcuni cittadini che avevano condotta l'arte della Stampa in Siena, per essere esonerati dalla Gabella per l'introduzione della carta in città (ARCHIVIO detto, Concistoro scritture *ad annum*).

Jhesus.

Dinanzi da voi M.^{ci} et Potenti Signori, S. Priori, Capitano di popolo, Gonfalonieri Maestri etc.

Dicesi per li vostri cittadini e minimi servidori di vostre M. S., Misser Lorenzo e Misser Jacomo del Germonia et misser Luca di Niccolò d'Antonio di Neri, come desiderando essi vostri servidori exercitarsi circa all'arte et mestiero loro, e considerato che allo Studio della città vostra era molto comodo avere copia di libri assai et anchora atenta la utilità publica et etiamdio la privata per rispecto delli denari che andavano fuore d'essa città vostra, e' quali mediante essa operatione rimarranno e non sarà bisogno più andare altrui per li libri, imperochè essi vostri servidori avendo ogni cosa ponderato et considerato, non con poca spesa ànno condotta in nella città vostra essa impressione et già ànno cominciato a lavorare con grande perfectione. Et etiamdio considerato le vostre M. S. essare solite non solamente alli vostri cittadini ma alli forestieri, che vengono di nuovo ad exercitare alcuna arte nella città vostra, dare provvisione et concedare privilegio; in elle vostre M. S. ricorghano a quelle lo piaccia per li loro opportuni consegli deliberare e reformare sì et in tal modo che a essi vostri servidori è loro compagno sia et essare s'intenda concesso privilegio et exentione di mettare carte per lo exercitio loro, non potendo mettare altra carta che per loro logro e torculi e charta per esso exercitio, messa senza alcuna solutione di cabella da farsi, et che a essi compagni sia lecito chavare libri impressi appartenenti al loro exercitio colla detta franchigia, e quelli portare dove sarà di bisogno: e questo facendo, benchè giusto lo' paia, se lo reputaranno a gratia singolarissima dalle vostre M. S. preghando Idio che ora et sempre vi feliciti et conservi come voi desiderate.

N.° 168. 1484

Denunzia dei beni fatta da Iacomo Piccolomini, nella quale si fa menzione del palazzo Piccolomini (ARCHIVIO DELLA CONSORTERIA PICCOLOMINI, Tomo XLIII).

Scripta de la Lira di M. Iacomo di M. Nanni Piccolomini, dell'anno 1484.

Dinanzi da voi spectabilissimi Cittadini eletti et deputati a fare la nuova Lira, exponsi per me Iacomo di M. Nanni Piccolomini Cavaliere, tutti li miei beni mobili et immobili, come qui di sotto partitamente saranno scripti e dichiarati. In prima:

Mi trovo il palazo nuovo principiato, cioè la metà del casamento nostro, posto nel popolo di Sancto Martino et Compagnia di Pantaneto da la piaza Piccolomini: el quale è in termine che non si può abitare come ciascheduno può vedere, ma per volerlo finire al disegno principiato, et come è mia intentione, seguitando li tempi in tal modo conditionati che il fabricare si possa fare, vi sarà spesa di migliaia di fiorini, et con difficultà ad provederli, in modo che mi do assai pensiero et nonostante che, continuo vi vo fabbricando. Tutto adunque considerato le Vostre Spectabilità spero che sì lo ragioneranno, ed anco me ne alleggeriranno.

NOTA

Da altre denunzie fatte dallo stesso Iacomo Piccolomini nel 1491 e 1498, si rileva che anche in quegli anni seguitava la costruzione del palazzo. E parimente vi si lavorava anche nel 1509, come ne fa fede la seguente denunzia di Silvio suo figliuolo:

Dinanzi a Voi magnifici alliratori della Città di Siena si dà notitia per me Silvio di M. Iacomo Piccolomini di tutti li beni che mi trovo nella città di Siena et suo contado, li quali sono l'infrascritti, et primo:

Un palazo, cioè la metà per indiviso con Enea mio fratello del palazo nuovo, il quale al presente si edifica con grave spesa come si vede: il quale è posto in la città di Siena nel Terzo di S. Martino fra' suoi confini per nostra habitatione: et senza alcun frutto, perchè le buttighe vi son sotto le haviamo consegnate a nostra Madre per la sua dote, cioè per parte.

N.° 169. 1485 Giugno

Ricordo della fondazione della Chiesa della Madonna del Calcinaio presso Cortona, secondo il disegno ed il modello di maestro Francesco (di Giorgio) *da Siena* (ARCHIVIO COMUNALE DI CORTONA. Deliberazioni Q. 3, c. 47).

Die lune dicti mensis Iunii.

Ad laudem omnipotentis Dei eiusque gloriose Matris Marie, semper Virginis et totius celestis curie Paradisi; et ad eternam rei memoriam fit mentio, qualiter existentes quadam figura Virginis Marie picta in angulo Calcinarii existentis extra muros civitatis Cortone, loco dicto Querciaguazza, que figura per plura tempora precedentia fecit miracula, et divinas fuit largita gratias eisdem recurrentibus cum pietate mentis et sinceritate cordis: que fuerunt in [non] parva fama. Successit deinde, concedente Domino, major devotio Populi ad dictam figuram que in die prima Pasce Resurrectionis Domini Nostri Yhesu Christi, in anno Domini millesimo quadringentesimo octuagesimo quarto, manifestissimas gratias, universo Populo concurrente exhibuit. Crevitque successive in tantum devotio populorum ad dictam figuram non solum civitatis et comitatus Cortone, sed etiam omnium circumstantium: adeoque multitudo popolorum diversorum oppidorum et villarum comitatus civitatis Perusii, Aretii, Civitatis Castelli et multorum aliorum locorum, collegialiter suplicantium cum oblationibus conflussit. Et cum talis locus esset consortii artis calzolariorum dicte civitatis Cortone, ipsi calzolarii ceperunt habere curam loci et oblationum: et se contulerunt sedi apostolicae, residente summo pontiffice Sixto iiij°, de civitate Savone ordinis Minorum Sancti Francisci, umiliter supplicante, ut sineret eius Sanctitas eisdem, ut patronis habere curam et administractionem devotionis loci et oblationum: et sic permisit eisdem, confectis desuper litteris apostolicis. Et his divulgata est forma devotionis predicte fere per omnem Italiam, et chotidie evenerunt miracula in vere penitentibus, qui gratias receperunt de diversis infirmitatibus et periculis.

Successit exinde, quod dicti calzolarii bonis respectibus moti, voluerunt Commune dicte civitatis Cortone habere preheminentiam et administrationem in dicto locho pro medietate cum ipso consortio, que conventio prout ad chartas c.⁵ in eodem. Et ipsa conventione conclusa et peracta, fuerunt electi per dictum commune tres cives cortonenses, videlicet unus pro quolibet terzerio, in suprastantes et gubernatores dicti Loci: quorum nomina habentur supra ad cartas ⁷. Et ipsis gubernatoribus cupientibus constructionem templi in dicto loco in honorem omnipotentis Dei et eius Matris, quidam *Franciscus* de Senis, singularis architector, residens ad servitia Ill.ᵐⁱ Domini Phederigi ducis Urbini, venit in eorum notitiam, qui ad eorum requisitionem se contulit ad dictam civitatem Cortone, et viso locho et situ edifitii fundandi, construxit formam templi scultam in ligno, secundum cujus formam, suprascripta die fuit fundatum dictum templum, modo et ordine infrascripto. Existentibus choadunatis in ecclesia Sancti Andree fratribus quator religionum videlicet, Sancti Dominici, Sancti Francisci, Sancti Augustini et Sancte Marie Servorum, et sotietatis Yhesu et Sancti Nicholai, et ipsis profesionaliter precedentibus cum universo populo, se contulerunt ad dictum locum. Cui solemnitati non interfuit clerus presbiterorum, inhibente eidem domino Christoporo Ugolini de Marchionibus de Pratella episcopo cortonense, residente castellano in arce civitatis Spoleti pro dominio Ecclesie, residente Innocentio octavo yhanuensi summo pontiffice. Et celebratis ceremoniis ecclesiasticis debitis et requisitis, et divino officio peracto, existente ministratore reverendo patre fratre Augustino magistri Egidii, Spice Alisei de Cortona in sacra theologia magistro ordinis Sancti Dominici.

Silvester Iuliani de Ciaffinis de Florentia, pro excelso dominio Florentino capitaneus dicte civitatis Cortone, habens in suis manibus quandam petram marmoris albam, spatii unius quarti brachii longitudinis, volens eam pro prima petra fundamenti templi pridie in terram mictere, ablata fuit ipsa petra de manibus suis a circumstantibus, quam obsculata fuit magnia pars multitudinis gentium in locho choadunatorum, et deinde sibi reddita in suis manibus, ipsam inmisit in dictis fundamentis in angulo sinistro, tendente versus planitiem.

N.° 170.   1486 27 Maggio

Allogazione della fabbrica del Palazzo del Comune di Iesi, secondo il modello fatto da maestro Francesco (di Giorgio) *da Siena* (ARCHIVIO COMUNALE DI IESI. Registri 1485-90 a. c. 26).

In Dei nomine amen, Anno Domini *Mcccclxxxvj*. Indictione quarta: tempore sanctissimi in Christo Patris et Domini Nostri Domini Innocentii divina providentia pape *viij*: pontificatus sui anno secundo, die vero *xxvij* Maii. Magistri Domini Confalonierus et Priores, videlicet Ser Bonfilius de Ripantibus, Antonius Iacobus Peri, Iohannes Nicolai, Antonius Ser Victorii et Pellegrinus Antonuctii de Musiano, priores civitatis Exii: Ser Nicolaus Coloctii, Iohannes Isilerius, Ser Ripantes de Ripantibus civitatis Exii, auctoritate ipsis a Consilio generali tradita, dictam fabricam (Palatii) accoptumarunt vice et nomine dicte Civitatis magistro Iohanni Dominico magistri Antonii de Vico, et magistro Petro Antonii de Castiliono habitatori Ancone, architectis presentibus, stipulantibus et recipientibus pro se et suis heredibus et successoribus in solidum, cum pactis, comitationibus (sic) et capitulis et obligationibus infrascriptis, videlicet.

Li sopradicti accoptumatori, in nome de la dicta comunità, accoptumano la dicta fabrica del palazzo a li prefati magistri. Io: Domenico et magistro Piero, li quali promectono in *solidum* buttare in terra il dicto palazo vechio, et murarlo et rifarlo da fundamento, secondo il modello facto da magistro *Francesco* da Sena, et promectono murare la canna del muro, a mesura de Esi, per bolognini sexantacinque ad uso de bon magistro et a maton et testa: grosso cioè de tre teste.

Item, che la Comunità glie daga in su la piazza aqua, calcina, rena et preta a sufficentia.

Item, che dicti magistri siano tenuti a rempire le volte, spianare et matonare con questo pacto, che una volta l'anno se debbia mesurare il lavoro, et mecter vuoto per pieno cioè porte, usci et fenestre, incomenzando al posto de le volte, et per quello pagarlo.

Item, che' dicti magistri siano obligati ad ismurare et por qui il palazo et tecto senza alcuno pagamento, et la Comunità faccia portare il calcinaccio, et loro siano tenuti a nectare la preta et remurarla, et la Comunità faccia portare via ogne altra cosa non sia bisogno a decto hedificio.

Item, che li decti magistri siano obligati cavare li fundamenti tucti novi, et trovare il fermo bono per fundare bene dicta fabrica, et questa Comunità sia obligata portar via tucto il terreno intorno.

Item, che la Comunità debia dare a' dicti magistri legname et ferri necessari a dicto palazo per armature in su la piaza cioè taule et cantoni et chiodi.

Item, che siano obligati dicti magistri fornir dicta fabrica secondo il disegno de magistro *Francesco* ad uso de bon magistro, a muro rustico.

Item, che la Comunità predicta daga in principio a li dicti magistri fiorini trecento de moneta per parte de loro provvisione, a bolognini quaranta l'uno: et como son fora li fondamenti sieno pagati secondo il lavoro facto, scomputando fiorini cinquanta: al primo solaro vogliono esser pagati pur secondo il lavoro, scomputando pur cinquanta fiorini de dicti trecento, et al secondo solaro scomputar fiorini cento, et

22

in resto al fine del lavoro ; et lavorando siano pur pagati secondo il lavoro, cioè i denari per loro spese.

Item, che la Comunità sia obligata darglie la casa comoda per loro habitation, sinche finiscano il lavoro, senza alcun nolo.

Item, che' dicti magistri et loro fameglia de' maleficii facessero siano puniti secondo la forma de li statuti de Esi, et de danni dati sieno tenuti ad arbitrio de' Signori, seranno per li tempi.

Item, che dacendoglie (sic : dandoglie?) la Comunità le cornice, quando murano, siano obligati a metterle senza alchuno pagamento, et non dacendogliele debbano lassàre le morse.

Item, che siano tenuti ad impastar et bagnar la calcina et smalto, dandoglie l'acqua ad sufficentia.

Item, che sappe, pale, barelle et altri istrumenti per dicto hedificio, siano obligati dicti magistri farseli e tròarseli a loro spese.

Item, che decti maestri possano tagliar legname per loro bisogno a dicta fabrica in ne le selve de la Comunità, excepto in Gangalia.

Item, che in tucte altre cose siano tractati da Cittadini.

Item, che de tucte cose glie se consegneranno per la Comunità et soprastanti, siano obligati rendergliene bono conto.

Item, che siano obligati dicti magistri dargliene a la Comunità una buona sigurtà per li dicti trecento fiorini.

Item, che *tempore pestis* non siano obligati a stare a lavorar.

Que omnia supradicta capitula, conventiones et pacta, dicte partes, videlicet superstantes predicti nomine Communis, et dicti magistri ex alio, promiserunt ad invicem observare et adimplere et non contrafacere vel venire in toto aut parte, aliquo modo: obligantes omnia et singula sua bona una pars alteri, et altera uni, et mihi notario infrascripto stipulanti et recipienti nomine et vice, cui interest vel interesse potest ecc. Amen ecc.

N.° 171. 1487 13 Febbraio

*Allogagione della facciata della Chiesa di S. Andrea in
Orvieto a* Vito *di* Marco *maestro di pietra da Siena.*
(ARCHIVIO NOTARILE D'ORVIETO. Prot. di Tommaso di Sil-
vestro 1485-1489 a c. 134).

In nomine Domini, anno Domini 1487, die vero *xiij* mensis
Februarii.

Acta fuerunt infrascripta in Urbevetere in quadam pla-
teola juxta portam ecclesie Sancti Andree, super scalis posita: coram etc.

Magister *Vitus* quondam *Marci* de Senis scarpellinus et
magister in arte quatratoria scarpellinorum, habitatorque in
praesentiarum in Urbeveteri, se conveniendo cum infrascriptis partibus priusque premissis nonnullis bannimentis et
factis multis maturis colloquiis: per se et suos heredes
sponte, libere et ex sua certa scientia, accipiendo opus et
fabricam seu magisterium operis et fabrice porte, parietis
et faciathe construende, et de novo fiende in dicta ecclesia
Sancte Andree, tamquam principalis magister, promisit et
sollenpniter convenit venerabili viro fratri Gregorio priori
dicte ecclesie, nec non spectabilibus civibus Pulidoro Nalli,
Lanzilocta Angeli Spere, Giulio quondam Nerini de Adve-
dutis et Angelo Antonini Sanctensibus dicte ecclesie, presentibus stipulantibus et recipientibus vice et nomine dicte ecclesie; cum consensu et voluntate Rev.^{mi} Domini episcopi
Urbisveteris: facere hedificare, murare, componere et ad
ornatum reducere portam, parietem et faciatam dicte ecclesie
Sancti Andree: et in altum relevare usque ad summitatem
porte: prius se conveniendo et promictendo ad petrariam
conferre, et ibi perfundere, incidere et actare omnes et singulos lapides marmorey, rubeyque coloris, et alios lapides
macinelli necessarios pro dicta facciata, porta et pariete, tam

pro archu quam pro cornicibus, pavimento et colunpnis, omnibus ipsius magistri *Viti* sumptibus et expensis etc.

Et ipsam portam, facciatam et parietem componere, ut supra, et hedificare et in altum relevare, secundum exemplar et formam datam per ipsum magistrum *Vitum* supradictis Sanctensibus, tamen ad revedimentum et judicium aliorum magistrorum in hac arte peritorum: cum infrascriptis pactis capitulis et conventionibus, et primo dictus magister *Vitus* promisit per se, et suos heredes dictam portam ipsius ecclesie facere de lapide rubeo, prout incepta fuit et apparet: cum capitellis tivertini et cornicibus eiusdem lapidis tivertini. Et archum superiorem facere de marmo rubeo. Et ponere unum architrave quod est factum, et manet in dicta ecclesia Sancti Andree, et casu quo non esset capax et sufficiens huic operi quod dictus magister *Vitus* teneatur unum aliud architrave de novo facere ad petrariam, et illud illic actare. Et dictam facciatam dictus magister *Vitus* facere promisit de lapide macinelli capiendo utrasque colunpnas videlicet tam amplam facciatam quantum continet spatii ab una colupna ad alteram, ipsasque colunpnas includendo, et in altum ipsam facciatam relevare et ducere usque ad summitatem porte dicte facciate concludendo, quod archus superior porte sit explanatus et equalis cum lineis parietis.

Item, et promisit dictus magister *Vitus* facere ex terra cotta tres ymagines, videlicet; unam ymaginem gloriose Virginis Marie, alteram figuram Sancti Andree, et aliam figuram Sancti Bartholomei, et ipsas figuras conponere et mictere super architrave dicte porte.

Item, et plus promisit dictus magister *Vitus* facere unum archum expolitum ab antea et extra, qui positus erit in principio porte in loco opportuno et necessario.

Et hoc ideo dictus magister *Vitus* predicta omnia et singula facere promisit, quod supradicti dominus prior et Sanctenses vice et nomine dicte ecclesie promiserunt et sollepniter convenerunt dicto magistro *Vito*, presenti, stipulanti et recipienti pro se et suis heredibus, omnes et singulos lapides perfusos incisos et actatos pro dicta fabricatione per ipsum magistrum *Vitum* ad petrariam transduci facere a dicta petraria usque ad dictam ecclesiam, sumptibus dicte ecclesie.

Item, et dare et preparare iuxta dictam ecclesiam omnes alios lapides tufi necessarios tali operi: nec non dare calcem, renam, ferrum, plumbum et aquam et omnes alias res necessarias et opportunas in platea, omnibus ipsius ecclesie sumptibus et expensis, nec non pro manifactura, fabricatione et laboribus omnibus ipsius magistri *Viti* eidem magistro *Vito* presenti ut supra omni exceptione, tam iuris quam facti remota, Prior et Sanctenses promiserunt solvere, dare et cum effectu numerare, ducentos florenos ad rationem quinquaginta baiocchorum pro quolibet floreno, videlicet, partem in principio, in medio et in fine, ad beneplacitum dicte magistri *Viti* prout opus habuerit.

Et dictus magister *Vitus* dictum opus et fabricam dictarum porte, parietis et faciate, promisit et sollenpniter convenit supradictis Sanctensibus presentibus ut supra, hinc et per terminum decem et octo mensium bene perfecisse et complevisse: excepto quod casu quo ipse infirmaretur vel pestis vigeret in Urbeveteri quod Deus avertat utrumque: aut quod dicti Sanctenses non supplerent eum rebus necessariis tali operi, adeo quod ipse non posset laborare, in dictis casibus noluit infra dictum terminum obligari.

Cum hoc etiam pacto quod dicta ymago gloriose Virginis Marie, ut supra fienda de terra cotta, intelligatur in laboritio et cottimo, alie vero due figure, videlicet figura Sancti Andree et Sancti Bartholomei non: sed promiserunt supradicti Sanctenses eidem magistro *Vito,* presenti, stipulanti et acceptanti, solvere omne id et totum pro manifactura dictarum duarum figurarum quod judicabit prefatus Reverendissimus Dominus Episcopus.

N.° 172.   1487 14 Luglio

La Signoria di Siena ordina di pagare a Francesco *di* Giorgio
e ai suoi compagni i lavori fatti al ponte di Macereto.
(ARCHIVIO DI STATO IN SIENA. Concistoro deliberazioni *ad
annum* c. 11).

Magnifici et excelsi domini Priores Gubernatores Comunis
et Capitaneus Populi..., cum spectatissimis Vexilliferis magistris, decreverunt *Francisco Georgii* et sociis, conductoribus
pontis Maciareti fieri apodixa prestantie libr. 523, directa Depositario prestarum de denariis residuorum prestarum, se-
cundam obligationem eis factam, de qua constat manu
ser Galgani ser Antonii notarii publici senensis.

N.° 173.   1487 16 Luglio

Altro pagamento fatto a Francesco *di* Giorgio *e ad* An-.
tonio Barili *per il ponte di Macereto.* (ARCHIVIO detto.
Concistoro deliberazioni, *ad annum* c. 14).

Magnifici et excellentissimi domini Priores Gubernatores Comunis etc. attento quod ex ordine Niccolai Ioannis ser Ghardi
olim depositarii prestarum, vigore cuiusdam decreti Consistorii, manu ser Ghalgani ser Antonii fuerunt per Exactores
prestarum consignate quedam *dette. Francisco Georgii* et
Antonio Barilis conductoribus pontis Maciareti in numero 68
debitorum pro libris 800 den., ut patet in stractu residui preste
6 flor. pro miliario, f° 181 et 182, et alie scripture ex dicta
causa facte non sunt; idcirco, servatis servandis decreverunt
quod depositarius presens prestarum ponat sibi ad introitum
a dicto libro, seu a dictis *dectis*, dictas libras 800 pro totidem pro eo solutis seu consignatis *Francisco* et *Antonio*
predictis ex causa pontis predicti et ex decreto presenti, scomputandos in pretio dicte locationis, faciendo eos de predictis

debitores, ut moris est. Et quia *decte* predicte transcendunt summam predictam, exactis ex eis libris 800 pro dictis *Francisco* et *Antonio,* residuum redeat ad Comune Senense et pro ea exigatur; ita quod ex eis dicti *Francischus* et *Antonius* non habeant nisi dictas libras 800. Et quod pro predictis exequendis Depositarius prestarum et alii, si qui essent, ad quos pertineret, faciant oportunas scripturas et predicta exequantur sine eorum preiudicio aut danno, vigore nostri presentis decreti, non obstantibus quibuscumque et omni modo etc.

N.° 174.   1487 14 Agosto

Tommaso *di* Giovanni *da Montepulciano prende a fare l'organo per la Chiesa di S. Agostino di Perugia.* (Archivio Notarile di Perugia. Prot. di Francesco di Iacomo 1487 c. 484).

Magister *Tomas Iohannis* de Montepolitiano orghanista per se etc. Obligando se etc. promisit et convenit venerabili viro, et in sacra pagina laureato magistro Antonio Angelutii de Macerato, priori fratrum et Conventus Sancti Augustini de Perusio, et venerabili viri in sacra pagina laureato Ambrosio... sindico et procuratori dicti capituli et conventus, facere et fabricare, componere, et perficere unum organum pro dicto conventu et fratribus et in dicto convento nostro [tempore] infra proxime declarando etc. videlicet.

Die *xiiij* Augusti, *mcccclxxxvij*

Io *Tommaso de Ioanni* da Montepolitiano orghanista me obligo a li frate, capitulo et convento de sancto Augustino da Perugia, de fare uno organo secondo el disegno dato a li patri del dicto convento, de grandezza de piè secte o vero secondo l'organo loro vecchio a piacemento a li frati uno de li dicti. El quale organo averà suoi Canne principali, cioè la maestra de fuore de stagno, et lo suo ripieno tucto de piombo, et dicto organo averà taste quarantasecte, contandone cinque contrabassi che avrà socto Cifaut. Et averà dicto organo tire cinque, et una mezza per tutto el repieno. Et el sopradicto organo farò tucto a miej spese secondo el disegno dicto, senza alcuna pentura et altri ornamenti. Et questo organo farò a usanza de bono maestro, sonante et fornito a tucti miey spese, et in uno anno cioè, incomenzando l'anno in kalende de genaro proximo da venire 1488. Et quisto farò per pregio de ducate d'oro octanta, pigliandomi in dicto pagamento doj gravicembali che à dicto convento, per ducati trenta d'oro fra amendoro. — Et hoc fecit pro eo quia prefati magister Antonius et magister Ambrosius prior, sindicus et procurator prefatus, obligando omnia et singula bona prefati conventus presentia et futura pro observatione infrascriptorum, promiserunt et convenerunt prefato magistro *Tome* presenti, stipulanti et recipienti pro se et suis heredibus, et cui jus suum concesserit seu concedere voluerit pro salario et mercede dicti magistri *Tome* pro dicto organo construendo et fabricando, dare et solvere ducatos octuoginta largos, et pro parte dicti pretii promiserunt eidem dare et consignare duos gravecembalos dicti conventus pro prectio, et soluctione triginta ducatorum auri largorum inter ambos, et etiam eidem magistro *Thome* consignare et dare plumbum et stagnum organi dicti conventus pro illo pretio quo stagnum et plumbum valebit in civitate Perusii tempore quo consignabitur eidem magistro *Thome,* et pretium et valor dicti organi veteris excomputari debeat de dicta quantitate ducator: octuaginta. Et idem magistr *Thomas* promisit dictum organum emere prodicto pretio. Et residuum pretii dicti organi construendi promiserunt dicto magistro *Tome* solvere in hiis terminis, videlicet tertiam partem dicti residui, videlicet ducatos decem in principio quando dictus magister *Tomas* incipiet dictum organum fabricare; tertiam partem, finitis sex mensibus, et residuum finito dicto organo modo predicto: ac etiam in dicto conventu dare et concedere mansionem durante tempore quo stabit ad faciendum et fabricandum dictum organum, ac etiam eidem dare ultra predicta salmas triginta lignorum ad mulum, de tempore in tempore pro suo usu, quator salmas grani et octo barilia vini, ac etiam *dare tucte le tavole che sonno nel dicto organo vecchio, cioè quelle fossero buone per lo dicto organo*. Renunptiantes etc.

N.º 175. 1487 24 Settembre

Lettera della Signoria di Siena alla Signoria di Lucca in raccomandazione di Giovanni *di* Francesco *detto delle Bombarde*. (ARCHIVIO DI STATO IN SIENA. Concistoro, copialettere *ad annum*).

Lucensibus his verbis scriptum est. Ex levibus quibusdam causis Urbe et Civitate vestra, *Ioannem Francisci* sculptoris senensis filium edicto propulsum intelleximus. Nos vero non adeo, ut referuntur leves arbitramur: qui vos severe et iuste vivere semper cognovimus: sed suam quisque causam meliorem facit. Verum ut res sese huiusmodi habeat hominem nostralem vobis commendamus: cui si impune piissimo vestro beneficio, et nostra commendatione Urbe vestra frui licuerit erit et id vestrorum in nos beneficiorum cumulo superadditum.

NOTA

Il 27 di Marzo 1487 (st. sen.) dal Concistoro fu scritto di nuovo ai Lucchesi intorno alla condanna di questo artista (Copialettere d.t *ad annum*). *Lucensibus ita scriptum est. Septembri ac Decembri mensibus elapsis Ioannem Francisci sculptoris senensis filium, Urbe vestra propulsum, nostris litteris dignitatibus vestris commendavimus et quidquid id conmeritum arbitremur erit tamen nobis gratissimum, si pietate vestra lucensi Urbe impune homini frui licuerit. Erit eius scelus et atrox et nos iustum fortassis non rogabimus si (quod numquam fecistis) id nobis in presentia denegabitis.*

A questo maestro si attribuisce il getto della pila di bronzo che è nella chiesa di Fontegiusta. Nel libro detto di un *Leone*, conservato nell'Archivio dell'Opera Metropolitana, a c. 316, si ha ricordo che egli rinettasse gli angeli di bronzo fusi da *Francesco di Giorgio Martini* per l'Opera stessa.

N.º 176.   1487 11 Novembre

Allogagione del coro della Chiesa di San Francesco in Chiusi a Polimante *di* Niccolò *dalla* Spina, *cittadino perugino.* (ARCHÍVIO MUNICIPALE DI CHIUSI. Libro dei debitori e creditori).

I priori della Città di Chiusci insieme alli iusti cittadini cioè, Antonio di Nardo, Damasio di Niccolò, meser Andrea d'Antonio, Bartolomeo di Sozzo, Michelagnolo di Gabbriello, Cristofano di ser Agnolo, absenti Barnaba di Niccolò et ser Pietro di ser Agnolo loro collega, per vigore dell'autorità a lor concessa dal consiglio generale del Chomuno di Chiusci allora pienamente concessa, hanno allocato ad fare di nuovo el coro di Santo Francesco al modo che stava anticamente o meglio, a maestro *Polimante* di *Niccolò* dalla *Spina* cittadino di Perugia, presente et acceptante et promettente, fare detto coro di sancto Francesco al mò che anticamente è stato et meglio. Con questi patti et modi cioè: che detto Comuno li debba dare per le sue fadige et magisterio ducati novanta, ad ragione di bolognini vecchi cinquantasei per ducato, et più detto Comuno è tenuto dare a detto maestro tutto e'legname et ferramenti bisognevoli al detto coro fare; et detto maestro *Polimante* promette per sè et sue rede di fare detto coro al detto modo, et bene et diligentemente mettere ad uso et stimatione d'ogni buono maestro. El quale coro detto maestro promette di fare per tutto Gienaio prosimo a uno anno ad venire, cioè per tutto l'anno 1488. Et le predette cose promettono detti Signori Priori et cittadini in vice et nome d'esso comune et detto maestro *Polimante* l'uno l'altro et l'altro e l'uno atendere et observare ecc. et tutto ad bona fè e senza frodo.

N.° 177.   1490 21 Agosto

Licenza data dalla Signoria di Siena a maestro Francesco
   di Giorgio *di andare a Urbino per quindici giorni.* (AR-
   CHIVIO DI STATO IN SIENA. Concistoro, Deliberazioni *ad
   annum* c. 12).

· Magnifici Domini et Capitaneus Populi... deliberaverunt concedere et concesserunt licentiam *Francisco Georgii* architectori eundi Urbinum per *xv* dies a die eius discessus computandos, omnimodo etc.

N.° 178.   1491 30 Aprile

Niccolò *di* Mariano *pittore da Siena promette di dare finita
   la tavola della Chiesa di S. Pietro di Vicopetroso in Comunità di Vinci.* (ARCHIVIO DI STATO IN FIRENZE. Prot. di
   Francesco di Domenico de' Taccoli da Pistoia, notaro,
   1486-1492).

Die *xxx* Aprilis 1491. Cum hoc sit, ut infrascripti contra-
hentes dixerunt quod presbiter Andreas Marci de Pistorio rector ecclesie sancti Petri Vichopetrosi de Comuni Vincii comitatus Pistorii ex una parte, et Magister *Nicholaus Moriani*
de Senis pictor et habitator ad presens in civitate Pistorii ex
parte alia, in simul fecerunt concordiam pro faciendo tabulam
altaris dicte ecclesie infrascripto modo, videlicet: quod in dicta
tabula esset fighura Virginis Marie sedentis cum eius filio
in gremio cum rundinino in manu tenente, et ad dexteram
eius figura Sancti Petri, et ad sinistram figura Sancti Ba-
stiani cum basa et capitellis deauratis cum aureo fino: et pro
predictis fiendis, supradictus presbiter Andreas solverit dicto
magistro *Nicholao* duchatum unum largum, et libras quinque
et sol. quatordecim denar. pro grano, et satis sibi magistro

Nicholao datis et traditis per ipsum praesbiterum Andream prout ipse magister *Nicholaus* confessus fuit. Hinc vero supradictus magister *Nicholaus* volens satisfacere ad quantum obligatus erat promisit et convenit, dicto presbitero Andree presenti stipulanti et recipienti vice et nomine dicte Ecclesie, dare et consignare dicto presbitero Andree recipienti pro dicta Ecclesia, tabulam actatam, pictam et deauratam, modo et forma pro ut supra continetur, et ex pacto et conventione fuerunt per totam diem *xxvij* mensis Iunii proxime futuri extimationis, et valoris flor. sex auri largos extimandam per magistros Artis eligendos per dictas partes: et facta dicta extimatione supradictus presbiter Andreas rector predictus teneatur solvere dicto magistro *Nicholao* pro residuo dicte tabule usque in quantitatem floren. quator auri, computata solutione predicta facta per ipsum presbiterum Andream dicto magistro *Nicholao* de dicto ducato et libris quinque et sol. quatordecim denar. ut superior continetur: et si minus extimaretur per magistros eligendos ut supra, illud minus solvatur. Que omnia et singula etc.

N.° 179.   1491 28 Agosto

Denunzia dei beni di Bernardino Cignoni *miniatore.* (Archivio di Stato in Siena. Denunzie, Terzo di Città, S. Salvadore).

Al nome sia di Dio et della sua ma' Madre (sic) sempre Vergine Maria. Amen. Adi 28 d'Agosto 1491.

Dinanzi da Voi spettabili et egregi citadini eletti e deputati per lo magnificho chomuno di Siena a fare la nuova lira: Come io *Bernardino* di *Michele Cingnioni* miniatore mi truovo avere l'infrascripti beni, cioè una chassa cho massaritie per mio abitare nella chontrada et popolo di sancto Salvadore etc. — Certi tereni chon certi peziioli di vingniacie nella chorte di Radichondoli, et una pocha di chasella cor una chasetta drento a la terra a chanto alle mura di Radichondoli per mio ábitare: le quali tere comprai da certi volterani, centocinquanta fiorini. Et più mi truovo quatro citole da maritare et due figliuoli masti.

Et truovomi debito fiorini cinquanta cho Nicholo Fantoni, et Antonio di Jachomo lanaiuoli: et il giudeio et la Pietà, et con altre persone, et l'arte mia non fa più niente per l'amore de'libri che si fano in forma che non si miniano più. Et più mi truovo fiorini sesanta de'chapitali del Monte.

Nota

Di Bernardino di Michele Cignoni si trovano queste notizie.

1473, 23 Settembre. — *Ser Bartolomeo di Nanni Pocci notaro denunzia: Michele di Nanni alias di Ciglione da Casale e Bernardino suo figliuolo abitatori in Siena confessano avere avuto flor: 434 da Donna Checca vedova di Messer Tommaso Docci per le doti di Antonia figliola di Bartolomeo di Lorenzo del Vecchio.* (ARCHIVIO DI STATO IN SIENA. Denunzie di Contratti *ad annum* a c. 45).

1480. — Bernardino *di Michele di Ciglione miniatore de' avere L. 114 sol: 4 per l'infrascripti minj.* (ARCHIVIO DELL'OPERA DI DUOMO, libro Giallo delle tre rose a c. 267).

1481. — *Maestro* Bernardino di Michele Ciglioni *miniatore, L. 25 furo contate a lui per parte di miniature.* (ARCHIVIO detto. Entrata e Escita *ad annum*).

1483. — Bernardino *di Michele miniatore, a dì xv di giugno, L. sei sol. 0 chontanti in sua mano e' qua' denari sono per sua fadiga e cholori e oro di mini à fatto in sur uno libricciuolo manuale de le vachationi degli ufficiali a le Riformagioni. E qua' den. ho pagato per deliberazione di Concistorio, roghatone Ser Michelagnolo di Giovanni di Ceccho notaio di Concistoro come n'ò polizia.* (ARCHIVIO DI STATO IN SIENA. Libro del Camarlingo di Concistoro a c. 70 t).

1483. — *A* Bernardino *miniatore e dipentore per miniature di deta charta (di Comandamenti di Dio) e dipentura der Chrocifisso e Santo Sano e Santo Bernardino, in tuto lire due.* (ARCHIVIO detto. Libro della Compagnia di S. Sano).

1484. — *Camerarius Concestorij solvat* Bernardino *miniatori lib. sex den. pro miniatura libri manualis vacationum officiorum apud Reformatores.* (ARCHIVIO detto. Concistoro Delib. ad annum).

1492. — *Uno libro s'è fatto per fare dire l'ufizio di Nostra Donna. — L. otto sonno per la scrittura di detto libro fatti buoni a frate Iacomo di Pavolo, frate di Sancto Domenicho, e L. 3 sol. 3 per miniatura e oro faciamo buoni a Bernardino miniatore.* (ARCHIVIO detto. Compagnia di S. Domenico. Reg. B. I., 1474-1573).

1494. (st. sen.) Gennaio. — Bernardino di Michele Ciglioni *miniatore. Ricordo come a dì . . . di gienaio fu rivedute e chalcholate le ragioni di Girolamo Cerini, Girolamo di Gabriele orafo sopra di uno libro compronno più tempo fa dal sopradetto Bernardino per la chompagnia per prezo di L. 40, del quale detto Bernardino dicie essarne quitto et pagato interamente di eo (sic) che ne potesse avere per la somma di dete L. 40 e chosì promette non poterne mai adimandarne nessuna chosa: per fede de la verità detto Bernardino si sottoscriverà di sua propria mano.*

E io Bernardino *di* Michele *o ricevuto il sopradetto paghamento di L. 40 per la monta di detto libro in più volte, che io ò venduto alli sopradetti Girolami per la chompagnia de la Trinità : e così io mi chiamo quitto e pagato da loro di cio ched io v' avessi fatto e a fede della verità mi so' soscripto qui di sotto di mia propria mano ogi questo dì 3 di feraio.* (Biblioteca Comunale di Siena. Compagnia della SS. Trinità, Bilancio a c. 68).

N.° 180.   1491 30 Agosto

Denunzia di maestro Benvenuto *di maestro* Giovanni *pittore*.
(Archivio detto. Denunzie, Terzo di Camollia).

Al nome di Dio 1491, addi 30 d'Agosto.

Dinanzi da Voi spettabili cittadini chiamati sopra fare la nuova lira dicesi per me *Benvenuto* di maestro *Giovanni* dipintore avere solo una chasa dove io abito, e assai famelglia: ò 3 figliuoli mascho (sic): che solo da un anno ò poco d'aiuto, e 3 fanciulle femmine, e ònne 2 da marito: chon pochi guadangni. Pregovi chognosciate il mio bisognio, e a Voi mi racchomando.

N.° 181.   1491

Denunzia di Francesco *di* Bartolomeo Alfei *pittore presentata agli Alliratori.* (Archivio detto. Denunzie, Terzo di S. Martino, Rialto e Cartagine).

Dinazi da voi spectabili Citadini Aliratori de'beni ect: Fassi noto per me *Francesco* di *Bartolomeo Alfei* già stato dipentore chome io, so io e la mia dona povari e senza alcuna cossa le qualli noi avevamo. Aviamo date a le due nostre figliolle e nostri nipoti perchè m'è stato forza per debitto el qualle noi ci troviamo co'nostri genneri e chon alcune altre persone e scrivargli in comune. Et per questo a me è forza ora essendo vechio anni setanta e cossì la mia donna e non avendo qua più nostro bisogno ò presso per partito di adarmene a stare a Roma in chassa di misser

Sinolffo da Chastello Otieri el qualle è ubrigato a ricevarmi
e farmi bene etc. Per questo io voglio sudisfare a' vostri
chomandamenti a ciò io non venga in alcuno pregiudizio e
per questa io avisso et dico quanto per me è forza dinuziare
le vostre spectabilità de' mi danni.

Sempre prego le vostre spectabilità io vi sia rachomandato. Duolmi asai avermi a partire de la mia patria ect.

FRANCESCO di BARTOLOMEO ALFEI ss.
vostro minimo servidore

N.° 182.   1491

Denunzia dei beni di Bastiano *di* Francesco *pittore*. (AR-
CHIVIO detto. Denunzie, Terzo di Città, Compagnia di Valle
Piatta).

Dinazi da voi spetabili Citadini a fare la nuova lira diciesi per me *Bastiano* di *Francesco* dipentore avere l'ifra-
scritti beni et prima:

Una chasella in Vallepiatta per la mia abitazione.

Una chasa posta in decta contrada, ne chavo L. 12 l'ano.

Una ne la chontrada di Santo Salvadore, schuperta.

Uno orto fuore de la porta di Santo Sano, paghane sol. 20
l'ano al chomuno di Siena.

Rachomandomi a voi.

N.° 183.   1493 22 Ottobre

Società contratta da tre Maestri per insegnare a suonare e
a ballare. (ARCHIVIO detto. Carte di particolari).

Al nome di Dio, a di xxij d'ottobre 1493.

Sia noto et manifesto qualunque persona vedà o legiarà
questa presente scritta chome ogi questo dì detto di sopra,
Maestro *Giovanni Cristofani* di messer *Iacomo* da Brescello
di parmigiamo (sic) et maestro *Domenicho* di *Marcho* pe-

rugino et maestro *Ieronimo* di *Gostanzo* perucino fano conpagnia insieme d'isegnare a balare et a sonare intedendosi
ciò che si guadagna partire per terzo et cosi paghare acciò
de loro la terza parte dele spese, intededosi la conpagnia
per anni dieci.

Ittem, sono d'acordo che se nisuno si volese partire sia
oblighatto a paghare denari dieci d'oro l'uno, ciè duchati 10
d'oro l'uno.

Ittem, sono d'acordo che quando fuseno d'achordo tuti e
tre insieme di partila, s'itedi anullare la pena detta di
sopra.

Ittem, sono d'acordo che se si trovase che nisuno ingha-
naseno nisuno de' conpagni, li posino fare paghare la pena
detta di sopra, et la conpagnia s'itedi rotta.

Ittem, sono d'achordo che se nisuno di loro amalase
s'intende che quello ghudicaseno e gl'altri, che lui n'abi
avere la sua terza partte; chosi quando n'amalase due,
quello che guadagnase l'uno solo, non abi avere si non
terzo, che Dio li guardi di male.

Ittem, sono d'achordo che se nisuno di loro voleseno andare a chasa sua per 15 o 20 dì, posi; e quello guada-
gnaseno li artri che rimanchano, lui n'abi avere la sua terza
parte; et chosì quando lui chuadagnase niente n'abi a dare
e due terzi agl'altri.

Anno domini 1493, Indictione xij, die vero 12 mensis novembris.

Supradicti magister Iohannes Cristoforus Iacobi de Advo-
gadris de Brescello comitatus Parme et Magister Dominicus
Marci de Perugio et Magister Ieronimus olim Gostanzi de
Perugio fecerunt supradictam Sotietatem cum omnibus et
singulis suprascriptis pactis, modis et conditionibus, prout
supra continetur. Quam sotietatem fecerunt pro tempore
decem annorum incohatorum die xxij mensis ottubris proximi decursi presentis anni 1493 et finiendorum ut sequitur.
Quam sotietatem promiserunt sibi ad invicem attendere et

observare sub dicta peña X ducatorum auri etc. et dicta pena etc. cum iuramento guarantisie etc.

Actum Senis, in domo Quirici Iacobi Betti Franci et fratruum sita in Salicotto, coram Matteo Michelangeli Nicholi de Cortona et Bartholomeo Nicholai Mauritii de Lutis de Senis, testibus etc.

NOTA

In una pergamena, pervenuta all'Archivio senese per legato del compianto senatore conte Scipione Bichi Borghesi, trovansi alcuni capitoli che dovevano essere osservati da chi voleva imparare a ballare. Questi capitoli non hanno data, e sebbene il carattere con cui sono scritti sia della stessa epoca del documento qui sopra riferito, non osiamo affermare che essi appartengano alla stessa società.

All nome Sia Dio e de la gloriosa Vergenne Maria di tuti li Santi de la Magnifica città.

Non sia nisunno tanto ardito che atravesi la schuola ifinno non à finita la sua dansa, sotto pena di soldi V.

La calata che sono gochi otto	*lib. vij*
Li floretti cho gochi otto	*lib. x*
La siconda, paga	*lib. vij*
La galiarda, paga	*lib. xxj*
La morescha, paga	*lib. xxj*
La martorela, paga	*lib. xxj*

E perchè le cose nove solianno molto diletare sichondo li animi de li scholari, perchè ce ne una dansa di floreti novi la quale chi la vorà imparare pagarà lib. xiiij.

Ancora se li detti scolari volesenno nisuna de le dette danse a la chotadina, coè sia obligato pagare lib. x de la calatta e de li fioretti lire xiiij.

E ancora se ci fuse nisuno volese de le dette danse sia obligato, coè s'itende la dansa di gocchi otto.

Ite, no sia nisuno che si mette a'parare se no da la [metà de'] deti denari innasi, coè li mesi che paga quela dansa che lui ipara prima.

Ite, no sia nisuno tanto ardito di bestemiare Dio e la nostra Dona sotto pena che ogni volta paghi soldi V.

Ite, si bastemierà di altri santi sia obligato pagare soldi ij e de li sopra detti denari si debi metare i nu bosolo se ne debi fare quelo che lo maestro vorà, coè se ne debi coprare ischarpe e altre cose chome achadrà.

Sia obligato ungni scholare il pagare la chornamusa si fa a mese, o vero ungni volta che bala sia obligato a pagare soldi ij.

Forse a questi medesimi suonatori e maestri di ballo si riferisce il seguente pagamento registrato nei Libri del Camarlingo di Concistoro (Lib. d.° *ad annum c.* 69 t)· 1497 *E a dì. L. sei e soldi quatordici pacati la mattina del Corpus Domine per ordine de' Magnifici Signori e Chonfalonieri Maestri e Chonselieri a certi sonatori e maestri di ballo* — L. 6. sol. 14.

N.º 184.   1493

Misura dei lavori di musaico fatti da David *del Ghirlandaio da Firenze, nella facciata del Duomo di Siena.*
(ARCHIVIO detto. Carte dell'Opera Metropolitana).

✠. Mixura del muxaicho fatto per M.º *Davitti* ne la faccia del Duomo.

El musaicho fatto per maestro *Davit* di *Tomaso* nella faccia del Duomo di Siena, della infrascriptta misura chome apresso.

El champo della Natività B.ª diciotto $\frac{4}{9}$ . . . . B.ª 18 $\frac{4}{9}$

Freco intorno detto chanpo B.ª sei $\frac{2}{3}$ . . . . . B.ª 6 $\frac{2}{3}$

Uno frego non finito a ma' dritta B.ª tre $\frac{3}{10}$ . . B.ª 3 $\frac{3}{10}$

Frego dallo lato de' pastori B.ª quattro $\frac{1}{11}$ . . . B.ª 4 $\frac{1}{11}$

El champo de' pastori B.ª due $\frac{7}{52}$ . . . . B.ª 2 $\frac{7}{52}$

       Somma in tutto B.ª 34 $\frac{5}{9}$ cioè 34 $\frac{5}{9}$.

Misurato per mano di me Lodovicho di m.º Pietro dell'abacho.

N.º 185.   1494 13 Settembre — 1496 Novembre

Pagamenti fatti dalla Compagnia di S. Bastiano di Siena a maestro Litti Corbizzi *da Firenze per alcune miniature.*
(BIBLIOTECA COMUNALE DI SIENA. Libro della Compagnia di S. Bastiano in Camollia. Carte 119 tergo e 147).

1494 Settembre 13.

Sol: 40 chontanti a M.º *Litti Corbizi* fiorentino miniatore per parte di miniature de' libro che si tiene nel legìo per lo ebdomodario.

1496 Novembre.

M° *Litti Corbizi* fiorentino miniatore diè avere per infino a dì 30 di Novembre, L. quatro sol: dicotto (sic), sono per un principi fato a un libro e miniatura, coè il principio, coè la prima faca (sic) co' Sa' Bastiano, Rocho e Gusmondo e la fighura di nostra Donna a cierti fiori mesi a oro e azzurro, li quali tutti dorò per L. 4 sol. 10:, e 500 lettare picchole azzurre e rosse sol. 4 cetto, e 270 lettare mise a oro e parte azzurro e per le rose per sol. 4 cento, e sedici lettare grandi mise a penelo per sol. sette l'una e l'alte mezane ogni cosa d'acordo co' deto maestro.

N.º 186.   1496 3 Aprile

Antonio Bichi, commissario della Repubblica di Siena in Montepulciano, richiede Maestro Giacomo Cozzarelli per dirigere le fortificazioni di quel Castello. (ARCHIVIO DI STATO IN SIENA. Balia. Lettere *ad annum*).

Magnifici et Excelsi Domini, Domini mei observandissimi; post comendationes. Cognosco che so' importuno ad scrivere tanto de una medesima cosa a le S. V., ma essendone richiesto da la comunità qui et sollicitato da li particolari, che hanno tale commissione, non posso fare non scriva ad quelle. Costoro vorrebbeno cominciare ad murare quello lavoro di che il *Cozarello* ha facto il modello: et per fare la cosa con maggiore perfectione vorrebbeno che il *Cozarello* venisse infino qui, solo per due dì.

Et hieri vennero ad me quelli che sono deputati sopra questa fabrica ad pregharmi che io scrivessi a le S. V. che fossero contente mandarlo. Questo lavoro che costoro vogliano fare è la salvezza et securtà di questa terra; perchè tucto il resto è munitissima dalla natura. Et al mio parere ne doveremmo sollicitare loro che lo facessero. Et però prego le S. V. che per due dì, lo voglino mandare et quando pure

o ad quelli non piacesse o lui non potesse o non volesse
venire, piaccia ad quelle comectare ad qualcuno che procuri
che almanco mandi le misure ad fine che si possinò resolvere
et cominciare ad murare, perchè lo tempo viene et non lo
vorrebbeno perdere.

Ceterum a la porta di Gracciano, come sanno quelli che
sono stati qui, ad capo la porta sonno certe armi, iij delli
fiorentini et due della loro comunità et due di due potestà.
Vogliano che si levino, avendo lo' io detto che non mi ci
piacevano.

Et habbiamo ordinato in quelle due di quelli due potestà
farvi due bombardiere et quelli della loro comunità lassare
stare, et dove sono quelli iij delli fiorentini in mezzo mectare
la *balzana* et da uno canto lo *leone* et dall'altro *libertas*.

Ma perchè è ogni cosa di macigno, vorrebbeno che le S. V.
lo mandassero una *balzana* di marmo bianco et nero, acciò
si exprimesse il colore, l'altra faremo intagliare nella medesima pietra: ma bisognarà mi mandiate uno scarpellino
che le sappi fare. Et però piacendo a le S. V. mandare come
ho detto una arme nel modo et grandeza, che in uno foglio
in questa vedranno le S. V., ne le prego; ma vorrebbe essere presto, perchè vogliano acconciare quello antiporto.

Et prego le S. V. me ne respondino, acciò che si possi
pigliare partito di quello che s'à ad fare, che in vero sonno
cose da desiderare che le faccino, et hanno *etiam* ordinato
di fare la *lupa* ad tucte le porti con una bandiera con le
armi loro, come usavano di dipignare il *marzocho*.

Fu già facto cavar qua al Monte ad Follonica, come è
informato Pandolpho (1) una colonna et bozata una *lupa* per
mecterla in su la piazza, dove stava il *marzocho*, et mai non
si è finita.

―――――

(1) Cioè il Magnifico Pandolfo Petrucci, che di già erasi messo a capo del governo
della Repubblica Senese.

Et in vero costoro ogni dì diventano di migliore disposizione, et desiderarebbero si facesse. Al mio parere sono cose che stanno per giovare.

Et però quando a le S. V. paresse di ordinare si finisse et si ponesse, credarei fusse bene. La colonna la cavò Pavolo Mannucci. Vorrebbesi, facendo la *lupa*, mandare uno maestro che la facesse bene. Èmmi paruto da scrivarne a le S. V. quello examinino quello vogliano si facci et respondermi. Et io dal canto mio farò quanto da quelle mi sarà comandato. A le quali mi raccomando.

Ex Montepolitiano, iij Aprelis 1496.

D. V. Servitor Antonius Bichus Eques.

Poi che ebbi scripto infino qui è venuto dal Montefollonica Paulo Nannucci che lavora là, e dice essere per starvi qualche dì, che se V. S. vogliano finire quella colonna et fare la *lupa ;* perchè dice havere con sè uno maestro apto ad farla: ma sarei de opinione le S. V. mandassero uno maestro bono quando voglino si facci, et ultre ad questo me ha decto che ne la bottigha di maestro Urbano ve è uno marmo da fare quella *balzana,* et che anco ve è del marmo nero et che indicarebbe fusse da mandare li marmi qua, et lui la farà fare da quello maestro che ha con sè. Hebbi le lettere de le S. V. delli xxx del passato con la copia delle lettere di Luca et de Milano et Roma, rengrazio quelle che me le habbino mandate. A le quali *iterum* mi raccomando.

N.° 187.   1497 17 Agosto

Conteggio fatto per pagare gli angeli di bronzo fusi da Francesco *di* Giorgio Martini, *per l'altare maggiore del Duomo.* (ARCHIVIO detto. Carte dell'Opera Metropolitana di Siena *ad annum*).

Xpo a dì 1497.

Conto de' denari e robbe date a M.° *Francesco* di *Giorgio* per conto delli due angioli à fatti di bronzo.

Denari contanti ricievuti in più volte per li detti angioli . . . . L. 425. sol. —

Bronzo ricevuto per noi da Piero di Frontino Lib. 2080, costò . . . . L. 425. sol. 19

Ciera per formare li detti angioli in due volte Lib. 370 per L. 55 cento . . . . L. 203. sol. 10

Ferro in piastre longe e in verge Lib. 68, costò . . . . L. 6. sol. 16

Per some sei e mezo di gesso e 200 mattoni costoro. . . . . L. 4. sol. 10

L. 1065. sol. 15
L. 640. sol. 15

Tracte tutte le sopradette spese da L. 425 in giù, de le dette L. 1065. sol. 15 che sommano le dette spese L. 640. sol. 15 . L. 425. sol. 0
                                                                                L. 289. sol. 0

Trattene più spese fatte da maestro *Francesco,* che sommano sicondo el suo libro L. 289. sol. — sottratte di dette L. 425. sol. — dette L. 289. sol. — restano come si vede L. 136. sol. 0

Volgliono che si gli dia per suo magistero L. 1500. sol. —

L. 136. sol. —

Sottratte le sopra dette L. 136. sol. — da L. 1500. sol. — che gli vogliono dare, resta avere come si vede . . . . L. 1364. sol. —

E tutte l'altre spese di ciera, di ferro, di mattoni e salario di garzoni e ogni altra spesa fatta per l'Opera vogliano che vadino a le spese dell'Opera, e questo pagamento lo vogliano fare per dicreto di Balìa e così ànno ordinato questo dì 17 d'agosto 1497.

N.° 188.   1498 (st. sen.) 19 Marzo

Lodo pronunziato da Antonio *di* Neri Barili *maestro di Legname, da* Domenico *di* Francesco *e da* Vincenti *di* Serafino *per i lavori fatti alle Monache di S. Petronilla.* (ARCHIVIO detto. Mercanzia, Lodi e Compromessi rog. da Ser Pietro dell'Oca notaro).

Anno 1498. A dì 19 di Marzo.

Noi *Antonio* di *Neri Barili* e *Domenico* di *Franciescho* di *Neri* e io *Vincenti* di *Serafino* albitri chiamati d'achordo da Michelangniolo e Sano di Domenicho Gholpini (sic) ne la Chorte degl'ufiziali de la Merchantia a decidere e terminare sopra e lavoro fatto a le Monache di Santa Pitornella e 'lauoro fatto a Cristofano di Biagio Tolomei, veduto e inteso ogni loro ragione, e bene esaminato, lodiamo ch'el detto Michelagniolo dia al detto Sano lire dieci di den: perchè tanti aviamo creduto, e giudichato che gli dia.

E io *Vincenti* sopradetto ò scritto.

E jo *Ant.°* di *Neri Barilli* M.° di legname so' estato terzo a la sopradetta diferenzia e d'achordo.

E io *Domenicho* di *Franciescho* di *Neri* chiamato per la parte di Michelangniolo siamo stati dachordo.

N.º 189. Sec. XV.

Denunzia de' beni di Cino *di* Bartolo *orafo.* (ARCHIVIO detto. Denunzie terzo di Città, Compagnia di S. Pellegrino. Filza IV).

✠ Christi Jhesu ✠

Dinanzi a voi singniori aliratori si dispone per me *Cino di Bartolo* di M.º *Lorenzo* orafo, dispone alle riuerenzie vostre tutti i miei beni mobili ed imobili come debitamente e con pura fe' quivi di sotto sarano iscritti: pregando Idio vi conceda grazia con pace e giustamente fare. Del terzo di Città e populo di santo Pelegrino.

In prima ò la chasa della mia abitazione male in ponto nella costa di Fontebranda colle mie masarizie. *Item,* ò una chasa nel chasato dove al presente istà Matio di ser Buccio lanaiulo (sic). *Item,* ò una botiga nella costa di Fontebranda dove sta Nanni di Cristofano chardatore. *Item,* ò in sul traficho degli orafi a conpangnia fior: 100 in arienti. *Item,* ò una vignia nel comuno di Munistero è stara 9 di vingnia, stara 9 di tera male inponto, costomi da lo Spedale fior: 200: è molto pegiorata.

NOTA

Questa denunzia con molta probabilità appartiene all'anno 1453. Della morte di *Cino* di *Bartolo* si legge il seguente ricordo nell'abituario di S. Domenico oggi conservato nella Biblioteca Comunale Senese: Cinus *aurificis* (sic) *qui multa fecit sacristie, in vita, obiit die 28 Martii. Sepultus est in claustro ex latere Capituli in Sepulcro suo.*

N.° 190.   Sec. XV.

*Lettera delle Monache di S. Marta alle Monache di S. Abun-
dio, con la quale chiedono il prezzo di alcuni libri da
esse scritti e miniati.* (ARCHIVIO detto. Carte del Monastero
di S. Abundio).

Reverende in X̅p̅o̅ salute, etc.

Mandiamvi questo exemplo del comuno, che ci avete mandato a chiedare, lo quale è fornito. Vorremo che ci diceste
quello aviamo a seguire doppo questo, et non ci fate stentare.
Et vorremo che mandaste el resto de'denari di questa
scriptura di questo psalterio piccolo, del quale havete già
dato lire xxiiij et restate a dare lire sei per resto de la
scriptura, cioè per questo comuno che abiamo scripto hora.
De la miniatura non ve ne parlo hora: faremo poi di per
se un'altra volta: et di questo vi preghiamo, che n'aviamo
bisogno per la festa nostra di sancta Martha: et dité a quella
di quello altro psalterio maggiore, che ci mandi e'denari per
conto di quinterni tredici. Non ci arricordiamo di patto, se
non che alla nostra stima verrebbe vincti soldi el quinterno
e non ne vorremo mancho, perchè ce ne pare andare di male,
perchè è maggiore volume et vacci più lectara, et hè più
grossa, che costa più, et avetecene facta frecta et hora non
non ci pagate, si che vi voliamo pregare che ci voliate
mandare lire xiij, et dateli qui a la nostra commessa, ch'è
persona fidata, se sete contente. Perdonateci de la nostra
richiesta, che non potiamo fare altro, perchè siamo in su la
festa et non potiamo fare di meno che non vi richiediamo.
Non altro. Vorremo in grande servitio ci serviste di qualche
penna buona da scrivare che c'è stato decto che tenete
dell'oche. Salutate suor Cornelia da parte della sua nipote
suor Orsola de'Sozzini: et dice ancor lei s'ella li potesse

mandare due o tre penne, che impara a scrivare, et dice che
se la a fare scrivare psalterio, ho nulla altra cosa, che 'l
mandi a posta al liei, che come 'l arà imparato che glielo
scrivarà, si che s'ella ci manda mai nulla facci richiedere
suor Orsola di Francesco Sozzini partitamente, et dare nelle
sue mani. Non altro. Pregate Dio per noi, et non vi scan-
dalizate de la troppa sicurtà.

N.° 191.   1501 22 Maggio

Dichiarazione di Michelangelo Buonarroti *circa ad alcuni*
    patti della scritta fatta col Cardinale Piccolomini per
    le Statue dela Cappella nel Duomo di Siena. (ARCHIVIO
    BUONARROTI IN FIRENZE).

Io *Michelagnolo di Lodovicho Buonaroti* sono còntento
o obrigomi a quanto in questa scritta si contiene, ecietto
che per spresso dichiarato, che nel capitolo dove dice che
si tolga maestri per dichiarare se le figure sono alla pre-
fetione (sic), quanto nella scritta si contiene voglio e dichiaro
che esso reverendissimo Monsignor debba chiamare uno
maestro dell'arte, qual piace a Sua Signoria, e io *Michelagnolo* ne debbo chiamare un altro dell'arte, qual piace a
me: e quando essi due così chiamati non fussin d'accordo,
allora e in tal caxo essi dua maestri chiamati debbino e
possino, tutti a dua d'acordo, chiamare uno maestro dell'arte.
E poi così chiamato possino e'dua di loro d'accordo dichiarare la prefezione delle sopradette figure, come nella scritta
si dicie.
E quanto al caso del sodamento che si dicie nella scritta,
che e' reverendissimo Monsignore mi debba dare quanto al
pagamento delle figure, e de'sodamento che si dicie che io
debba dare del fare le quindici statue; questa parte non
intendo nè voglio che essa Sua Signoria sia tenuta farlo,
nè io sia tenuto fare sodamento a Sua Signoria.

E quanto al tempo de' tre anni si dichiara cominci el tempo di detti 3 anni el dì che m'arà Sua Signoria pagati, o fatti pagare, e'ducati ciento d'oro in oro in Firenze per conto della presta come in quella si dicie.

Di tutte l'altre cose, eccietto queste due ecciettuate, sono contento e obrigomi come è detto di sopra, quando Sua Signoria arà soscritto e obrigatosi a quanto in questa scritta si contiene, e non altrimenti: e però mi sono soscritto di mia propria mano questo dì ventidue di Maggio 1501.

N.º 192.   1502 30 Marzo

Allogazione a maestro Mosè Gallo *di varj pezzi de artiglieria per uso del Comune di Siena.* (ARCHIVIO DI STATO IN SIENA. Carte di Ser Girolamo Vitelli).

In Dei nomine, amen. Anno Domini MD secundo, indictione quinta; die vero 30 mensis Martii.

Magnificus Pandolfus Petruccius, patritius Senensis, vice et nomine magnifici Comunis Senarum, pro quo ad cautelam de rato promisit, titulo et causa locationis locavit magistro *Moysim Gallo,* habitatori Urbini, dioecesis Rohani ad artigliarias infrascriptas faciendas, videlicet unum *cannonem,* unam *colubrinam* et quattor *sacra;* quas artigliarias debet fundere et perfecte perficere aptas ad ponendas in carros, ut moris est dictarum artiglieriarum, dictus Magister, ad omnes suas expensas. Et dictus Magnificus Pandolfus teneatur dare ei necessarium, et dictus Magister teneatur predictas artiglierias perfectas et idoneas ad omnem experientiam faciendam statim perfecto opere. Et casu quo aliqua ipsarum frangeretur, teneatur denuo reficere, semel aut pluries, dictas artigliarias omnibus sumptibus dicti magistri *Moysis.* Et factis dictis artigliariis perfectis et experimentatis, ad libitum dicti magnifici Pandolfi, dictus magnificus Pandolfus teneatur dare eidem Magistro ducatos duodeci auri

larghos pro quolibet miliario, et pro pactis prestandis dictus
Magnificus Pandolfus dedit eidem magistro *Moysi* ducatos
decem auri largos computandos in sortem, que omnia etc.,
sub pena dupli etc. quam penam etc. et dicta pena etc.
pro quibus obligavit etc. exceptione etc. juramenti etc. quibus
quidem etc. rogatus etc.

Actum Senis in domo magnifici Pandulfi, coram domino
Antonio de Venafro et Ser Mariano Barbetti testibus etc.

N.º 193.   1504 11 Ottobre

*Ratifica degli Eredi di Papa Pio III all'allogagione delle
Statue fatte da* Michelangelo Buonarroti *per la loro Cap-
pella nel Duomo di Siena.* (ARCHIVIO DI STATO in Firenze.
Rog. di Ser Lorenzo Violi notaro).

Actum Florentie, in populo S. Pauli et in domo habitationis mei Laurentii, presentibus honorabili viro domino
Riccardo Lodovici de Giandonatis, plebano plebis S. Iacobi
de Sovana, et Roberto Filippi Ioannis de Corbizis civibus
florentinis testibus.

Certum esse, dicitur, quod anno Domini MDI. et sub die
quinta mensis Iunii dicti anni, vel alio tempore veriori, fuit
facta et firmata quedam conventio per scriptam et cautionem
privatam inter Reverendissimum tunc dominum Cardinalem
de Senis ex parte una; qui Cardinalis postea successit in
pontificatu pape Alexandro Sexto, et vocatus fuit Pius Tertius: et *Michelangelum Ludovici de Bonarotis* scultorem
Florentinum ex parte alia: per quam scriptam in effectu,
dictus *Michelangelus* promisit et se obligavit dicto Domino Cardinali facere, et sua manu et opere sculpendo fabricare quindecim statuas et seu figuras marmoreas pro
pretio florenorum quingentorum auri in auro, et cum illis
tamen pactis, modis et capitulis prout in dicta scripta pri-

vata et subscripta manu dicti Reverendissimi Domini Cardinalis, et dicti *Michelangeli* latius dicitur apparere, ad
quam habeatur relatio.

Et cum prefatus Reverindissimus Cardinalis et Beatissi-
mus Papa Pius predictus, hodie sit vita functus, et cum Magnifici viri D. Iacobus et D. Andreas fratres, filii olim
D. Nannis de Senis sint heredes ex testamento felicissime
recordationis dicti Pape Pii, et velint quod per suam felicem
memoriam fuerat inceptum et ordinatum, sequatur et habeat
suam perfectionem:

Hinc est, quod hodie hac presenti suprascripta die, Venerabilis vir D. Philippus Nicolai Antonii presbyter senensis,
et plebanus plebis Sancti Blasii de Scrofiano, comitatus Senarum vice et nomine prefatorum D. Iacobi et D. Andree
fratrum et filiorum D. Nannis de Senis, et heredum ex testamento prefati Beatissimi Pape Pii, pro quibus et quolibet
eorum de ratho promisit etc. se facturum etc. quod prefati
D. Iacobus et D. Andreas infra unum mensem, ab hodie
proxime futurum, ratificabunt et quilibet eorum ratificabit
omnia et singula in presenti instrumento contenta, alias de
suo etc. attendere etc. promisit etc... et quilibet dictorum
modorum (?) et nominum ex parte una, et prefatus *Michelangelus* ex altera per se et suorum, et cuiuslibet eorum
dictis modis et nominibus heredes etc. et omnimodo etc... .
devenerunt ad infrascriptam novam conventionem, pacta et
concordiam, videlicet:

In primis, dicte partes sibi invicem et vicissim, in dictis
modis et nominibus, promiserunt de novo, salvis infrascriptis, observare omnia contenta in dicta scripta et cautione
privata, exceptis tamen infradicendis; et cum infrascriptis
limitationibus, correctionibus et additionibus, pactis et modis
videlicet quoniam virtute dicte scripte et cautionis private,
dictus *Michelangelus* tenetur facere quindecim figuras et
statuas marmoreas predictas, dicte partes ex tunc declaraverunt dictum *Michelangelum* usque in hunc diem de dictis

figuris fecisse et consignasse quatuor figuras et statuas
marmoreas dictis heredibus Beatissimi Pii Tertii praedicti,
et dictos heredes dictus quartas statuas habuisse et acceptasse a dicto *Michelangelo* pro figuris idoneis et illius qualitatis et bonitatis, cuius tenebatur facere dictus *Michelangelus* virtute dicte scripture private: et ita dictus D. Philippus,
dictis nominibus, confessus fuit sibi dictis nominibus fuisse
et esse consignatas et datas a dicto *Michelangelo*, et e
converso dictus *Michelangelus* confessus fuit sibi fuisse et
esse integre solutum et satisfactum de pretio dictarum quator
figurarum consignatarum a dictis heredibus D. Nostri Pape
Pii praedicti ultra etiam centum ducatos de quibus infra
proxime fiet mentio. Et ideo concorditer convenerunt dicte
partes, dictis modis et nominibus, quod dictus *Michelangelus*
solum teneatur facere undecim figuras pro residuo figurarum
promissarum in dicta scripta, eo tamen modo et forma et
pro illo pretio, pro qualibet figura, et solvendo singulum pretium pro singula figura ut et quemadmodum in dicta scripta
inter partes conventum fuit.

Item, cum in dicta scripta dicatur quod dictus *Michelangelus*
centum ducatos, quos habere debebat a dicto D. Cardinali
antequam operari inciperet, non teneretur computare, nisi
in ultimis tribus figuris per eum conficiendis, ut ibi latius
in dicta scripta continetur, et cum dictus *Michelangelus* post
dictam factam scriptam habuerit, et habuisse confiteatur dictos centum ducatos ultra pretium dictarum quator figurarum, de quibus supra fit mentio, convenerunt de novo, et
sic promisit dictus *Michelangelus,* illos centum ducatos computari in primis pagis trium primarum figurarum fiendarum
per eum ex numero dictarum undecim.

Item, cum tempus ad faciendas dictas figuras sit modo
elapsum super tenorem dicte scripte, ideo de nove dicte
partes, dictis modis et nominibus convenerunt, quod dictus
Michelangelus habeat adhuc tempus duorum annorum proxime futurorum ab hodie, et sic prorogaverunt dictum tempus

ad faciendas dictas undecim figuras adhuc per duos annos predictos ab hodie proxime futuros.

Item, cum dictus *Michelangelus* virtute dicte scripte, pro conficiendis figuris, teneatur facere conducere marmora de montibus Carrarie ad civitatem Florentie, et cum de novo pro obsidione Pisanorum, in comitatu Pisarum vigeat guerra, et Respublica Florentina conetur mutare cursum fluminis Arni, et sic facili posset impedire dicta conductio marmorum de montibus Carrarie ad civitatem Florentie, et cum etiam dictus *Michelangelus* posset infirmari, quod Deus avertat: idcirco dicte partes, dictis nominibus, convenerunt quod casu, modo aliquo, occasione, vel propter revolutionem aquarum dicti fluminis Arni, vel propter guerram, vel propter infirmitatem dicti *Michelangeli* fieret aliquod impedimentum, propter quod dicti marmora venire non possent vel dictus *Michelangelus* operari non possit propter dictam infirmitatem, quod tunc et in dictis omnibus et quolibet, vel altero eorum dictum tempus dictorum duorum annorum non currat durante, et donec duraret dictum impedimentum; sed cessante impedimento procedat et sequatur cursus dicti temporis.

Item, cum dicte partes de mense Septembris proxime preteriti fecerint aliud contractum et conventionem super predictis et seu circa predictas figuras, prout constat manu Ser Donati de Ciampellis notarii publici florentini, in quo contractu etiam dictus *Michelangelus* se obligavit in forma Camere: ex nunc dicte partes, dictis modis et nominibus, discesserunt a dicto contractu et obligatione facta per instrumentum manu dicti Ser Donati de Ciampellis rogatum de dicto mense Septembris, proxime preteriti, et voluerunt virtute dicti contractus et instrumenti dictum *Michelangelum* aliquo modo posse cogi vel inquietari in rebus aut persona, sed convenerunt quod dictum instrumentum et dicta obligatio habeatur, et sit penitus pro non facta.

Item, cum dictus *Michelangelus,* virtute dicte scripte, teneatur ire Senas ad videndum Capellam in qua debent stare 'dicte figure, et quia hoc observavit, declaraverunt dicte partes quod ipse *Michelangelus* amplius non teneatur ire ad videndum dictam Capellam pro videndis locis ubi stare debent dicte figure, quia, ut dictum est, ipse hoc observavit et illuc ivit antequam operari inciperet in dictis figuris.

Item, convenerunt dicte partes, dictis modis et nominibus, quod dicta scripta, salvis et firmis stantibus supracontentis, remaneat et sit firma in omnibus aliis suis partibus et capitulis sane omnia intelligendo. Que omnia etc... promiserunt etc. dicte partes, dictis modis et nominibus, sibi invicem observare etc. sub refectione damnorum et expensarum litis, et extra et cuiuslibet interesse earum etc. pro quibus etc. obligaverunt etc. se dictis nominibus et omnia eorum bona etc. Quibus per quarentigiam etc. rogantes etc.

N.° 194.   1505-1508

Conto dei lavori eseguiti da Giovanni Antonio Bazzi *detto il* Sodoma *pittore, per l'Archicenobio di Monte Oliveto Maggiore presso Chiusurri.* (Archivio di Stato in Siena. Libro d'amministrazione di detto Monastero segnato I P.).

1505

El R. P. Abbate generale de' dare, a dì 10 d'Agosto, carlini cinque, qualli hebe el depentore ditto *Matazo*, L. 2, s. 1, den. 0.

1505 settembre.

Item, dare, a dì 24 ditto, carlini vinti qualli hebe el depentore per fornito pagamento de la sua prima istoria.

1505 settembre 29.

Item, die dare, a dì dicto Ducati uno, hebe el depentore, apare in questo a c. 53.

1505 ottobre.

El R. P. Abbate infrascritto de'dare, a dì 18 de octobre, Ducati uno qualle hebe el p. priore luy lo haveva dacto al depentore, apare in questo a c. 53 in debito al depentore.

Item, a dì 19 dicto, hebe el garzone del dicto depentore di volontà sua Lire cinque, zoè carlini 10, presente f. Io. Baptista da Verona, in nel monasterio de Sena: in questo a c. 53.

1505.

Io. Antonio depentore de'el claustro di Monte Oliveto de'dare, a dì 29 de septembre, Ducati uno qualle hebe da me Cellerario, apare in questo a c. 49 in debito al padre Abbate . . . . Lire 7.

Item, a dì 18 d'octobre de'dà ducati uno qualle rese *Io.* al p. priore nostro per luy apare al debito al p. Abbate in questo a c. 49 . . . . L. 7.

Item, de'dare, a dì 19 dicto, Lire 5; zioè carlini dieci; hebe da me el suo garzone nel monasterio de Sena, apare in questo a c. 44 . . . . L. 5, den. 0.

Item, de'dare, a dì 2 di novembre, carlini tre, apare in questo a c. . . . a la partita del p. Abbate . . L. 1, s. 1.

Item, de'dare, a dì 12 di novembre, sol. tredece qualli spesi per luy a Sena in uno quinterno di carta reale et una oncia di senàpo . . . . s. 13.

Item, de'dare, a dì 26 di novembre, carlini undece qualli hebe per dare a *Melchion* suo garzone quando lo mando a casa sua, zioè . . . . L. 5, sol. 10.

Item, de'dare, a dì 6 di dicembre, carlini sey, qualli hebe da el Celleraio minore . . . . L. 3.

Item, a dì 18 dicto, de'dare uno ducato, quallo hebe el suo garzone a Sena de suo consentimento . . L. 7, sol. 1.

Item, de'dare, a dì 25 dicto, carlini tre quelli hebe presente el Celleraio minore . . . . L. 1.

24

Item, de' dare, a dì 2 di zenaro, s. vinti, qualli dete il Celleraio minore. . . . . L. 1

Item, de' dare, a dì 22 di zenaro, L. tredece, s. sedece, qualli spesi in folie 300 d'oro. . . . . L. 13, sol. 16, den. 0.

Item, a dì 28 dicto, de' dare L. quatro sol. quatro. L. 4, sol. 4.

Item, a dì 15 de febraro detto, carlini tre, qualli hebe presente el portinaro . . . . L. 1. sol. 10.

Item, a dì 20 dicto, de' dare carlini 4 de li qualli n' ebe duy luy et duy me ne feze dare al suo garzone . . . L. 2.

Io. Antonio depentore infrascritto de' dare, a dì 25 dicto, ducati mezo qualli feze boni al Priore di Sena, qualle li haveva datto al suo garzoe di suo consentimento. L. 3, sol. 10, den. 0.

Item, a dì 29 dicto, pagay a Sena per braza 10 di tella per fare camise Ducati uno et per uno paro di calze L. otto s. duy en tutto . . . . L. 15, s. 2, d. 0.

Item, de' dare carlini quatro, qualli ò facti boni al infrascritto nostro garzone per suo dicto, et carlini tre hebe contati. . . . . L. 3, sol. 10.

Item, a dì 15 di marzo, de' dare carlini novi qualli me fece dare a uno fratello del suo garzone di Santo Geminiano et al dicto garzone feze fare uno par di calzoni di tella che costorno s. 37 che sono in tutto L. sey sol. sette, zoè L. 6, sol. 7, den. 0.

Item, de' dare soldi tredece qualli hebe *Vincenti* suo garzone per compire uno ducato gli s' apresti . . L. 6, sol. 7.

Item, a dì 25 di marzo 1506. De' dare carlini tre ie li portò *Vincenti* per andare a Siena. . . . . . . L. 1, sol. 10.

Item, de' dare, a dì 5 de Aprile 1506, ducati dece qualli hebe presente el p. Priore da comprare colori a Foligno, zoè duc. 10 . . . . L. 70.

Item, de' dare, a dì 8 dicto, hebe *Vincenti* per suo conto sol. venti, presente f. Augustino converso . . . . L. 1.

Item, a dì dicto a *Melchion* sol. sedece per comprarsse uno par di scharpe . . . . sol. 16.

Item, de' dare, duc. deci quelli hebe dal p. Abbate per compito pagamento de la *prima istoria* . . . L. 70, sol. 0.

Item, hebe ducati duy d'oro quali spese el R. P. Abbate ad Milano per luy per tanta tela, cioè br. 20 di Milano, sonno circa L. 14.

Item, a dì cinque di magio *hebbe una cappa, uno giubone di velluto, uno burrico di velluto negro. Item, uno paio di calze di pavonazo chiaro, una birretta negra, un cappello con la benda di seta, uno feltro da cavalcare, cioè uno gabbano, uno paio di scarpe di velluto, una spada, due camise lavorate, quali erano di fra Giovanni Ambrogio nostro frate et eranno rimasti di accordo di prezzo di sapra dette cose et abia a pagare ducati d'oro trenta cinque, quali luy confessò havere havuti da me frate Evangelista da Viterbo celleraio.* Cioè Lire duecento quarantacinque . . Cioè L. 245

Sonno in tutto lire quattrocento novanta due soldi s. uno, portati ad questo innanzi a f. 92 dove è el credito suo. L. 492, s. 1.

1505.

Item, a dì 20 septembre, per libre 6 di carne comprò Andrea nostro garzone a Buonconvento per li infermi e per li dipentori . . . . s. 16.

1505 settembre 25.

Item, a dì dicto per libre 14 di carne per li garzoni et in fermi et depentori soldi 14 e soldi 7 spese Valentino. L. 1, s. 1.

1505 novembre.

Item, a dì 24 dicto per la pitanza pel convento lire 2 e soldi 18 den. 4 e soldi 20 di carne per infermi, depentori e famiglie, sono in tutto . . . . . . L. 3, sol. 18, den. 4.

1505 dicembre 7.

Item, a dì di dicto, per libre 4 di carne per li infermi al depentore . . . . soldi 8.

1505 dicembre 11.

Item, a di dicto, per tordi per li infermi et depentori. s. 12.

1506 Maggio 26.

Item, per colla e magliette al dipentore appare al conto del debito del R. P. Abbate a libro segnato R. 216, L. 0, sol. 4, den. 8.

1506.

Item, a dì 29 di maggio per carne per el dipentore L. 1, sol. 2.

1506 Maggio.

Giovanni Antonio dipentore del nostro claustro per uno saldo facto insieme de li danari quali ha havuti dal Cellelario passato, cioè fra Benedetto da Milano, come appare posta per posta ad questo a c. 52 | 2 | 53 deve dare Lire duecento trentatre soldi uno: el saldo fu facto a dì 17 di magio millesimo detto di sopra, cioè . . L. 233, sol. 1.

Item, deve dare a dì 10 di magio lire quattordici, quale hebbe per tanto panno di lino li comprò el R. P. Abbate ad Milano. . . . . L. 14, sol. 0, den. 0.

Item, deve dare per panni e vestiti di velluto et altre cose havute, come appare cosa per cosa in questo a c. 53, e rimasto d'accordo di tutte di lire ducento quaranta cinque, e lire ducento quaranta cinque. . cioè L. 245, sol. 0, den. 0.

Item, deve dare lire una, data contanti ad *Vincentio* suo garzone per sua commissione a dì *xxiiij* di magio presente fra Paulo converso da Faenza lire 1, sol. 0, den. 0, come appare ad uscita scritto ad questo a c. 67 . . L. 0, sol. 4.

Item, deve dare per colla e magliette da giubone, a dì 27 di magio . . . . L. 0, sol. 4.

Item, dare per panico per gli ucelli. . . .

Item, deve dare lire due, quali li dette contanti presente Baptista Ciacci e *Marchionne* in cella per pagare la factura del giubone . . . . L. 2. sol. 0.

Item, a dì 11 di giugno hebe *Marchionne* suo garzone per comprare un paio di scarpe quando menò un cavallo ad Sena . . . . L. 0, sol. 15, den. 0.

Item, a dì 29 di giugno, hebe lire due presente Guerrieri e Francesco Briti, disse li voliva per pagare le scarpe e lo sarto ad Buonconvento a l.° R. a c. 217. L. 2, sol. 0, den. 0.

Item, deve dare lira una quale detti ad *Vincentio* suo garzone per sua commissione a dì 23 di luglio, presente fra Olivieri . . . . L. 1, sol. 0.

Item, deve dare a dì 5 di agosto, soldi quindici presente Nicolò converso e fra Oliviero. . . L. 0, sol. 15, den. 0

Item, deve dare soldi 12 quali hebe *Marchionne* dal P. Priore per comprare uno paro di scarpe da Maso di Mariano del Vechia . . . . L. 0, sol. 12.

Item, a dì 17 d'agosto hebe dal P. Priore ad Sena contanti per pagare scarpe, presente me cellerario lire due sol. 10 L. 2, sol. 10, den. 0.

Item, a dì 3 di septembre hebe lire quatordici per dare ad *Vincentio* quando andò ad San Gimignano li de' el R. P. P. fra Constantino da Milano come apare a la scripta facta ad detto *Vincentio* al.° R. c. 225. . . . . . . L. 14, sol. 0.

Item, a dì, hebe soldi 6 quali li spendei per luy a dì 19 di septembre in libra una di verde terra e oncie 1 di gomma draganti dal nostro spetiale e da Giorgio Vieri. L. 0, sol. 6.

Item, deve dare lire una quali hebe a dì 27 di septembre in celleraria presente el Charavita e lo fiorentino. L. 1, sol. 0.

Item, a dì 27 sol. 12 quali mi fe' dare *Marchionne* per suo debito ad Mariano Del Vechia presente el Voltolina e fra Benedetto sta la badia Rofeno . . . . . . L, 0, sol. 12.

Item, a dì penultimo di septembre, hebe *Vincentio* suo dipentore per comprare pignatti el dì di mercato di Chiusure L. 1, sol. 0.

Item, a dì 27 di ottobre per comprar biada ad Antonio nostro per lui ad Asciano . . . . Lire 7, sol. 0.

E più fe' dare el P. Priore lire due per biada ad luj

contanti a dì 29 di ottobre lire 5, sonno in tutto lire septe in celleraria. L. 7. sol. 0. = L. 526, s. 16, den. 8. *Giovanni Antonio* contrascripto deve havere per una historia quale ha facta ne la faccia verso l'uscio del Refectorio, cioè la prima dove *sonno le donne che ballano,* ducati dece d'accordo così cioè lire settanta. . . . . *L.* 70, sol. 0.

Item, deve havere per septe altre historie ne la medesima facciata, ad rasone di ducati septe la historia, Lire 343.

Item, deve havere lire 21 dati ad me in deposito.

Posto in questo dinnanzi a c. 94.

L. 434

» 526 : 16 : 8

» 434 : 0 : 0

posto innanzi a c. 94 L. 092 : 16 : 8

1506.

Giovanni Antonio dipintore deve dare lire cinquecento ventisei, soldi sedici, den. otto, como appare in nel foglio indicto a c. 92. . . . . L. 526 : 16 : 8.

Item, deve dare lire una data ad *Marchionne* a dì 5 di ottobre per la biada ad Asciano. . . . . L. 1.

Item a dì 10 di novembre per pagare la portatura de la biada d'Asciano. . . . . L. 0. sol. 9.

Item, deve dare lire quindici, soldi diece, dei quali ho dati ad *Vincentio* per lui a dì 12 di novembre millesimo soprascripto e per el salario di detto *Vincentio* . . . L. 15, sol. 10.

E più a dì 13 di novembre soldi 7 ad *Marchionne* quando *Vincentio* si partì che andò a Sena appare a l° R. c. 235. L. 0, sol. 7.

Giovanni Antonio contrascripto deve havere come appare in questo indreto al foglio immediato a c. 92, lire quattrocento trenta quattro . . . . . . L. 434, sol. 0, den. 0.

1506 *Exitus Pictoris.*

Giovanni Antonio dipentore deve dare lire novanta due sol. sedici, den. 8, come appare in questo indreto a c. 92. L. 92, sol. 16, den. 8.

Item, deve dare lire una data ad *Marchionne* suo a dì 5 d'ottobre per biada che comprò ad Asciano . . L. 1: 0.

E più, a dì 10 di novembre, per pagar la portatura d'una soma di biada d'Asciano sol. 9 . . . . . . L. 0: sol. 9.

Et più deve dare lire quindici soldi dieci, quale detti per sua commissione ad *Vincentio* quando fece conto con lui a dì 12 di novembre, per salario di detto *Vincentio*. . L. 15: 10: 0.

A dì 13 novembre, et più soldi sette ad *Marchionne* per dare a dicto *Vincentio* quando partì, a dì dicto . . L. 0: 7.

Et più, a dì 27 di novembre, lira una hebe da me Cellerario contanti per dare ad uno d'uno tondò di legno. . L. 1: 0: 0.

Et più a dì 29 di novembre per una groppiera e testiera e pettorale pagai al Sellario nostro per el suo cavallo ad Sena presente Antonio nostro de la stalla, Lira sei, soldi quindici. L. 6: sol. 15.

Item, deve dare soldi 18 fatti boni ad Biasio Malandrini per lui d'una vittura de li tondi fece venire da Sena a dì 28 di novembre. . . . . L. 0: sol. 18.

Item, a dì 21 soldi 7 per pagare li panni inbiancati L. 0, sol. 7.

Item, a dì 22 di decembre soldi vinti ad *Marchionne* per lui presente fra Hieronimo cappellano nostro a la Abbadia disse voleva comprare scarpe . . . . . . L. 1, sol. 0.

Item, a dì 23 di decembre, hebe ditto *Giovanni Antonio* lire cinque contanti in cellereria quando andò ad Sena per li denari de li tondi . . . . L. 5: 0: 0.

Item, a dì 6 di Febbraio soldi 30 ad *Marchionne* per lui disse voleva comprare galline quando acconciava le reti de lo chiostro . . . . L. 1, sol. 10.

A dì 24 di febraio soldi 4 per oncie due di giallolino L. 0: sol: 4.

A dì 2 di marzo lire due quando andò per lo cunto del R. P. Priore nostro . . . . L. 2: sol: O.

A dì detto, per comprare uno quinterno di carta reale sol. 12 lo comprò lo padre priore di Sena . . L. O: sol: 12.

A dì 11 di marzo lire 7 ad *Marchionne* le hebe da fra Olivieri per comprare biada . . . . L. 7: sol: O.

E più per libre 12 di colla a dì 13 di marzo. . L. O: sol: 4.

E più a dì 30 di Marzo lira una ad *Marchionne* per lui per la via di Sena. . . . . L. 1: sol: O.

E più a dì... di... lire 7 dal R. P. Abbate per pagare uno paio di calze negre de Fiorenza. . . . . L. 7: sol: O.

L. 144. sol. 12, den. 8.

1507.

Et più deve dare lire due facti boni per lui a M.° Nicolo maniscalcho d'Asciano per medicatura del suo cavallo, appare a libro R. a c. 162. . . . . Lire 2: sol: O.

E più a dì 16 d'aprile lire due dati per comprare la biada ad fra Andrea Cossa per lui . . . . . . L. 2: sal: O.

Et più deve dare a dì ditto lire 21 per panni hebe da fra Ambrosio da Cremona *cioè uno giubone di damasco negro, uno pugnale indorato ed uno paio di cortellini d'argento,* d'accordo così dal R. P. Abbate . . . . L. 21: sol: O.

Et più deve dare lire due soldi quindici, de li quali ne ho dati soldi 30 al P. Abate di San Miniato, per tanti colori per sua commissione e soldi 25 ad Antonio de la stalla per sua commissione sono messi a libro R. a c. 229 . . L. 2: 15.

Et più deve dare lire septe date ad *Marchionne* per sua commissione, a dì 15 di magio, date di quelli del deposito. L. 7: sol:

Et più deve dare soldi 10 a dì 30 di magio per uno quinterno di charta reale per fare il disegno de la istoria dela porta . . . . L. O. sol. 10.

Et più a dì 15 di giugno deve dare lire quattordici contanti da me del deposito.. . . . . L. 14: sol: O.

Et più a dì 18 di detto deve dare lire quarantadue quali hebe contanti dal R. P. Abbate in ducati sei d'oro in cellereria presente el R. P. Priore . . . . . . L. 42: sol: 0.

Et più deve dare a dì 15 di luglio 1507 lire quattordici soldi nove dati per comprare stara 22 $\frac{1}{3}$ d'orzo ad ragione di soldi 13 lo staro ad Asciano . . . . L. 14, soldi 9.

Et più soldi 4 per la vittura d'una soma di detto orzo a quello di Piochi e più per ferrare el cavallo allo Spenna ad Asciano sol. due den. otto sono . . . . . L. 0: sol: 6: 8.

Et più deve dare a dì 6 d'agosto lire ventiuna soldi 7 quali detti presente Senzo Ciacci, disse volere comprare biada ad Asciano, in cellereria . . . . L. 21. sol. 7

Et più a dì 10 d'agosto deve dare lire 4 soldi 13 quali hebe dal R. P. Priore nostro per pagare uno contadino, li portò fra Giovanni Delfinale converso nel claustro dipinto. L. 4, sol. 13.

1507.

A dì 28 di agosto deve dare soldi dieci li dette el R. P. Priore per me per dare ad quello da Verzelli che andava ad Roma . . . . L. 0: sol: 10.

A dì 29 di septembre lira una soldi uno, per la fiera di Chiusure . . . . L. 1: sol. 1.

A dì detto soldi 7 hebe per uno rasoio comprò ad Chiusure da Giuliano nostro soldi sei et soldi uno per verde terra al Padre cellerario di S. Anna. . . . . . L. 0, sol. 7.

A dì 6 di ottobre lira una soldi dieci, presente el R. P. Priore, disse per comprare tondi . . . . L. 1, sol. 10.

A dì 11 di ottobre hebe dal R. P. Priore nostro ducati uno d'oro per andare ad S. Gemigniano, e ducati uno di camera ad Francesco per comprare smalto ad Agobio, per lire 13, sol. 16. . . . . L. 13: sol: 16.

A dì ultimo di ottobre deve dare lire due contanti presente el portinaio e Betto Ciacci, disse per dare ad Nicco Senzi per le scarpe et altre cose ad Buonconvento. . L. 2: sol: 0.

A dì 13 di novembre soldi due per meza libra di verde terra comprò Biasio ad Sena per lui . . . . L. 0, sol. 2.

A dì 14 di novembre lire una soldi 10 disse per dare parte a Ton Calapa et parte al baccaio. . . . . L. 1, sol. 10.

A dì 24 di novembre deve dare lire septe pagai per lui a M.º Lorenzo calzettaro in Sena scontro ad Antonio Piccolomini, presente fra Joanni Andrea Canobino.   L. 7: 0: 0.

A dì 13 dicembre per soldi 2 per libre meza di terra verde . . . . L. 0: sol: 2.

A dì 24 di dicembre lire dieci, sol. dieci, hebe presente el Pisano per pagare nove carlini la paglia de' Machetti e per dare la mancia al Pisano Lippi Topi . . L. 10: sol: 10.

A dì 6 di gennaio deve dare lire ventuna contanti presente frate Giovanni Andrea Canobino et fra Pietro da Ponte Tremoli converso . . . . L. 21, sol. 0.

A dì 28 di gennaio soldi undici ad Simone Ciacci per uno cappone comprò da lui. . . . . L. 0: sol: 11.

A dì 1º di Marzo lire due sol. 16 quali dette ad Jacomino d'Ariezo per carne havuta da lui in più volte per sua commissione, presente Pasquo di Goro e lo portinaio. L. 2: sol: 16.

A dì 6 di Aprile sol. sei oncie tre giallolino et soldi tre, den. 4 in pani dieci di gesso e soldi tre den. 4 in libre 10 di colla di carniccio, quali gli mandai per Bartholomeo famiglio . . . . L. 0, sol. 12, den. 8.

A dì 15 di Aprile lire due, soldi cinque pagai uno centolo a la bottica di M.º Giovanni Spagnuolo per lui presente M.º Lorenzo, compar suo, calzettaro . . . . . . L. 2, sol. 5.

A dì 28 di aprile lire cinquanta otto contanti per dare a Giulio Landucci, presente el R. P. Priore. . L. 58, sol. 0.

A dì 16 di magio 1508 lire ventiuna presente el R. P. Priore nostro et el P. Cellerario di S. Gemignano, per comprare oro ad Sena . . . . L. 21, sol. 0.

L. 81, sol. 17, den. 8.

Somma in tutto quello ha havuto da nuj come appare in

questo a c. 92 e c. 94, lire et qui di sopra lire ottocento trentaquattro soldi sei den. otto: cioè . . . . . . L. 834: 6: 4.

Posto in questo a c. 106.

1508.

Giovanni Antonio infrascritto deve dare, a dì 22 di magio, lire ottocento trenta quatro sol. 6 den. 8 per uno conto levato in queste a c. 95. . . . . L. 834: 6: 8.

E de dare a dì 11 di giugnio 1508, Lire sette contate a lui presente Benedetto e Francesco nostro comessi apare a la scripta . . . . L. 7.

E de'dare, a dì 25 decto, ducati quatro contati a lui funo tanti carlini, presente lo P. Visitatore e fra Thomaxo da Peruxa, apare a la scripta. . . . . L. 28: 0: 0.

A dì 8 di luio carlini sei contanti a lui ne la stalla, disse volere cambiare in carlini tuxi lui che aveva a Sciano L. 1: sol: 10.

A dì 19 detto carlini sette contanti a lui per mandare a tòre oro et altra sue cossette presente fra Bernardo da Siena.

A dì 20, carlini sette le quali gli detti contanti suxo lo murello de la stalla, disse voleva mandare a pagare Ciacca a Sciano, presente fra Christofuletto . . . L. 3, sol: 10.

A dì 24, carlini quatro e mezo a lui contanti per comprare oro, fanno tanti quatrini . . . . L. 2: sol: 5.

A dì 5 di agosto duchati venticinque d'oro in oro larghi li quali li detti presente lo P. Priore in cellereria presente fra Joanni di Lodi cellerario minore, sono in moneda. L. 175: sol: 0.

A dì dieci, dughati venti d'oro in oro larghi che sono per uno cavallo domandato el Draghetto di pello baio oschuro lo quale hebe dal Reverendo p. Abate fino a dì 6 di marzo proximo passato d'achordo insieme sono a monede. L. 140: sol: 0.

A dì di 13 detto dughati venti d'oro in oro larghi contanti a lui in cella, le quali gidette lo P. Priore presente me cellerario e lo cellerario minore, sono in monede. L. 140: sol: 0.

A dì, dughati dexe dotto d'oro in oro larghi contati a lui presente lo P. Priore e fra Agostino di Biscaria. . L. 126.

1508.

Giovanni Antonio dipentore deve havere lire quatrocento-trentaquattro come appare in questo a c. 92 in tre partite.
L. 434 sol. 0. den. 0.

Et più deve havere ducati septanta septe per undici historie quali ha facte nel claustro verso el dormitorio de'vechi, sonno. . . . . L. 539 sol. 0. den. 0.

Et più de havere ducati octanta quatro d'oro in oro per dodici storie che lui à fato nel claustro supra scripto e sono Lire 588: 0: 0.

Somma L. 1561: 0: 0.

1508.

M.° *Giovanni Antonio* infrascritto de' dare, a dì 22 di agosto 1508, dugati sei d'oro larghi li quali gli detti presente lo padre Priore in cella del R. p. Abbate presente Agostino da Mulazo sono . . . . L. 21: sol: 0.

Et de dare Lire settantotto sol. 18 den. 4, li quali sono per molte spexe extraordinarie et ordinarie, fatone raxone insieme d'accordo presente lo m.° Agostino nostro da Biscaria da Paviae Paulo de Giovanni goro fabro di Buoncovento in questo dì 13 di agosto . . . . . L. 78 sol. 18 den 4.

Nota che n'apare quietanza de mano del sopra detto M.° *Giovanni Antonio* posta ne la cassa del R. P. Abate.

Maestro *Giovanni Antonio da Verzelli* depentore de havere lire novanta nove sol. 18 den. 4 di monede senesi sono per resto de una sua ragione levade ed aprovate in questo a c. 106
L. 99. sol. 18 den. 4.

1506. Memoria.

Pacto facto con M.° *Giovanni Antonio* dipentore per causa del cavallo quale tene in casa a le spese nostre del fieno

solo: cioè che si deve vedere quanto fieno mangia fra il dì
e la notte e computare quanto vale, e così deve pagare cominciando a dì primo di ottobre 1506 per fino ad capitulo
proximo futuro, presente *Marchione* suo ragazo in cellereria.
Et più poi ha tenuto il cavallo passato capitolo del 1507
per fino ad questo dì che si partirà di quà e che mandarà via
detto cavallo.

1506 Memoria.

Memoria de li pacti havemo facti con M.° *Giovanni Antonio* pictore per causa de la spesa del suo cavallo che tene
in casa, circa al fieno che nuj li diamo, cominciando questo
dì 19 di ottobre, cioè che deva dare lire..... ogni mese per
el detto fieno che mangia el suo cavallo per fino ad tanto
che ce lo terrà, et così luj è contanto e nuj similmente; presente Antonio da Cremona, Marchione suo, in celleria nostra.

N.° 195.   1506 15 Ottobre

Frate Giovanni Battista *di* Niccolò *di S. Agostino è condotto per due anni a fare e a restaurare le finestre di vetro
del Palazzo della Repubblica di Siena.* (ARCHIVIO detto,
Balìa, Deliberazioni *ad annum* c. 105).

Die XV Octobris 1506.

Spectatissimi viri Pandolfus Petruccius et Paulus Vannoccii,
absente Nicolao domini Minoccii, tres de Collegio Balie electi
supra cameram, sub die XXIX mensis Augusti proxime preteriti, vigore eorum auctoritatis, conduxerunt et conducere
deliberaverunt fratrem *Ioannem Baptistam Nicolai* ordinis
S. Augustini ad reparandum et facendum fenestras vitreas
palatii Magnificorum Dominorum Senarum et sale magne
consilii et in beneficium Reipublice senensis continue in si-
millibus laborandum et reparandum, adeo quod nihil aliud
possit fabricare aut laborare nisi in servitium comunis Se-

narum sine expressa licentia collegii Balie aut dictorum conducentium; et hoc per duos annos firmos, et demum ad beneplacitum dictorum conducentium, cum salario flor: decem
et otto de lib: 4. pro quolibet floreno den: sen: quolibet anno,
quos solvere teneatur eidem operarius camere, et Camerarius
Murorum teneatur dictos denarios decurrendos demum solvere et restituere dicto operario super dicto membro, salvis
fidibus. Ac etiam dicto tempore ducente pro suo salario et
mercede, dictus frater *Ioannes Baptista,* habeat et habere
debeat expensas quotidie in tinellum et una cum familia
palatii Magnificorum Dominorum, videlicet cum sacrista et
domicellis, et teneatur etiam ad petitionem Magnificorum
Dominorum Priorum et Capitanei populi et officialium Balie
et civium ipsius celebrare missas cum ab eis erit modo re-
quisitus: et predicta omnia habeatur et sortiatur effectum
absque aliqua alia deliberatione, vigore tamen presentis deliberationis, non obstante etc.

N.° 196.   1508 14 Dicembre

Confessione di debito fatta da Maestro Domenico *da Piacenza muratore sui lavori eseguiti per ordine del Magnifico Pandolfo nella Chiesa dell'Osservanza e in quella
di S. Spirito e nel palazzo Petrucci.* (ARCHIVIO DEI CON-
TRATTI IN SIENA, Rogiti di Ser Mariano Barletti n.° 19).

Anno Domini MDVIII. Indictione XII, die vero XIIII Decembris.

Cum sit, quod magister *Dominicus Bartolomei* de *Pla-
centia* murator et habitator Civitatis Senarum, fecerit computum et saldaverit, die supradicto, omnia salda, tam de
denariis et aliis rebus per eum habitis, quam etiam de omnibus
muris et muraglis per eum factis Magnifico Pandulfo Pe-
truccio, tam in Ecclesia Observantie, quam in Ecclesia Sancti
Spiritus et domo dicti Pandulfi, et restaverit debitor dicti

Magnifici Pandulfi de lib: duobus millibus septingentis triginta unius, sol: xj: volens dictus Magister *Dominicus* cautelares dictum Magnificum Pandulfum: hinc est quod fuit confessus se esse debitorem dicti Magnifici Pandulfi de dictis libris duobus millibus.

Actum Senis, coram Magistro Ludovico de Albaco et *Iacobo Cozzarelli*.

N.° 197. 1509

Denunzia di Benvenuto *di* Giovanni *del* Guasta ·pittore.
(ARCHIVIO DI STATO IN SIENA, Denunzie, Lira di Rialto, *ad annum*).

✝. Al nome de Dio 1509.

Dinanzi a Voi spettabili cittadini chiamati affare la nuova lira dicesi per *Benvenuto* de *Giovanni* dipentore, di quello mi trovo al presente avere, una chasetta nella contrada di Realto per mio abitare, e una vingnia costò dugento fiorini, alla Badie Alfiano, rinvestita di dote della mia nuora: e trovome di gravezza di due filgliuole da marito; una al presente maritata, ed è in chasa: e l'altra è simile grande: chon pocha sostanzia e pochi guadangni, chome stimo le vostre Spectabilità sieno bene informate; e chon gravezza oggi si maritano per le dote se li danno: pregovi vi sia rachomandato: e altre gravezze spesso aviamo pel chomuno.

N.° 198. 1509

Denunzia di Antonio *di* Giacomo Ormanni *fonditore*. (ARCHIVIO detto, Denunzie, Lira del Casato, *ad annum*).

✝. 1509.

Dinanzi da Voi honorevoli cittadini eletti a fare la nuova lira per lo magnifico chomuno di Siena; dicesi per me *Antonio di Iachomo* chalderaio avere linfrascripti beni; in prima

una choratia d'una chasa a la fonte dell Chasato senza
nissuna abitatione, come si vede, cho lo 'ncaricho di lire 16
e l'ano di perpetua cho l'Opera, e chome è detto non potendo abitare tengo a pigione una stanza da l'erede di
Iachomo Tomassi chome si vede: truomi (sic) quatro figliuoli
fra masti e femine: el magore è di anni otto, e la donna
gravida, e senza alchuno guadangnio e nella età che jio mi
truovo nè poterla abitare o in parte a li dì miei.

Item, uno loguicuolo (sic: loghicciolo) a canto Pulinare
quasto a uno bu, di valuta di fiorini 300.

Item, una meza chasaca chol forno nella contrada di santo
Salvadore tanto male a ordine, che sta sempre serrata e mai
l'apigono, chome per tutti si vede, di valuta di fiorini 70.

Racomandomi sempre a le Vostre magnificenzie.

Nota

Antonio di *Iacomo* d'*Antonio Ormanni* detto *Toniolo* nacque in Siena il 27 dicembre 1457 come vedesi nel Registro dei battezzati in Siena. Ecco altre notizie dei
lavori eseguiti da questo abile fonditore.

1488 2 Settembre.

Maestro Antonio *di maestro* Iacomo *calderaio di tavere, a dì ij di settembre*
Lib. vintiquattro, e quali sonno per due chassini di bronzo di peso di Lib. qua-
rantacinque, à fatti per la champana nuova suona a predica. ARCH. DELL' OPERA
METROPOLITANA DI SIENA, Libro rosso di un Leoue c. 264).

1489.

Maestro Antonio di Iacomo calderaio da il bronzo per gettare due angeli del-
l'Altare Maggiore (Ivi, c. 303).

1490 20 Decembre.

E diè avere, a dì xx di diciembre 1490 Lib. cientocinque e quali sonno per
la monta d'una grata di bronzo à fatta in Duomo alle schalelle dell'altare ma-
giore per vedere Sancto Giovanni (Ivi c. 303).

1494 (st. sen.) 22 febbraio.

Pandolfo Petrucci, Paolo Salvetti e *Francesco di Giorgio* tre de' Provveditori
della Camera, assente Paolo di Vannoccio loro collega, decretano che maestro *Antonio* di maestro *Iacomo* calderaio abbia 58 ducati d'oro, per la sardatura di due
bombarde, riattamento di una lumaca e per altri lavori (ARCHIVIO DEI CONTRATTI,
filza de' rogiti di Ser Bartolomeo Griffoli).

1500.

Maestro Antonio *di maestro* Giacomo *padellaio anzi calderaio Lib. 270 sonno*
per resto di falconetti fe' per lo Comune di Siena per Montepulciano (ARCHIVIO DI
STATO IN SIENA. Biccherna Lib. 1499. 1500 c. 242°).

1516 10 Settembre.

Insuper, spectatissimi Provisores Camere locaverunt magistro Antonio Iacobi *calderario unum sacrum bronzii bonum et recipientem, ponderis lib. 2000, et teneatur facere hinc ad sex menses ; pro pretio ducat. sex auri pro quolibet centonario ponderis.* (ARCHIVIO NOTARILE DI SIENA. Filza di rogiti di Ser Alessandro di Ser Francesco da Lucignano).

Maestro *Antonio*, morì nei primi mesi dell'anno 1519, e il 18 Marzo (1518 st. senese) la vedova, donna Sobilia, prende la tutela dei figli Iacomo, Camillo, Salimbene e Giulio.

N.° 199.   1509.

Denunzia dei beni di Antonio *di* Neri Barili *intagliatore* (ARCHIVIO DI STATO IN SIENA. Lira, Denunzie del Terzo di Città e comp. di Porta Salaia, *ad annum*).

Dinanzi da voi spectatissimi citadini electi e deputatti a rifare la nuova lira, dicesi per me Maestro *Antonio* di *Neri* di *Barile*, maestro di legname, nel terzo di Città populo di Sancto Desiderio e conpagnia di Porta Salaia, avere li infrascritti beni, prima:

Una casa per la mia abitazione nella quale ci lavoro di legname, nel detto Terzo e Populo, la quale bisognia rifalla tutta dentro.

Item, una stanza inuda nel Chiasso delle Vache da tenere legname, con fior. sessanta di legname.

Item, una vignia nel Comuno di Fonte benedita, di sei staia in circha fra terra e vignia.

Item, due mulinucci da maltempo, ch'è più la spesa che la entrata, e non finiti, con sei stara circha fra vignia e terra, nel Comuno di S. Maria a Tressa.

Item, uno fitto ò da Nicoluccio a le Segolaie, che sono di fitto moggia due, staia dodici di grano e uno di biade.

Item, pagho a Cristofano Francesconi fior. quatto di pigione di uno butiguccio.

Item, mi trovo debito fior. quattrocento colla Magnificenza di Pandolfo . . . . L. 1400.

Item, mi trovo debito co l'Opara Sante Marie, fior. cento L. 400.

Item, mi trovo cinque fanciulle et uno mastio, de le quali ce n'è tre da maritto e l'altra apresso. Ho di molti affanni a governarle, so' vecchio. Rachomandomi alle vostre spectabilità.

Item, mi trovo debito con Girolamo Veturi, Lib. cientovinticinque. L. 125.

NOTA

Prendiamo qui occasione per riferire altre notizie artistiche di questo celebre intagliatore.

1489. Maestro Antonio di Neri Barili compra una certa quantità di legnami per fare il coro nella Cappella di S. Giov. Batta in Duomo. (ARCHIVIO DELL'OPERA METROPOLITANA DI SIENA. Libro rosso di un Leone c. 300).

1495. (st. sen.) 11 Marzo.

Antonio di Neri di Barile *maestro di legname diè avere, a dì xj di marzo, lib. centoquaranta, quali sonno per diciassette lettiere per l'anfermeria nuova.* (ARCHIVIO DELLO SPEDALE DI S. MARIA DELLA SCALA IN SIENA. Giornale CC. 1486-1497 c. 196).

1493 11 Settembre.

Maestro Antonio di Barile, *a dì 11 di settembre, Lib. quaranta sol. O, li paghamo per polizia di M. A. per parte di suo salario de' lavoro del choro della Cappella di San Giovanni in Duomo.* (ARCHIVIO DELL'OPERA detta. Lib. d'entrata e uscita *ad annum* c. 38ᵗ).

1498 30 Luglio.

Antonio Barili è mandato al ponte e al bastione di Valiana *ad examinandum eo modo fortificandi locum prope bastionem.* (ARCHIVIO DI STATO IN SIENA. Balìa deliberazione *ad annum* c. 201).

1502.

Capitulum et fratres Monasterii Sancte Marie Angelorum, extra Portam Novam civitatis Sen. et pro eis R. Pater frater Baxilius Prior et procurator ipsius Monasterij ex parte una, et Magister Antonius Barilis *carpentarius, nomine suo proprio, ex alia parte, de ipsarum partium comuni concordia et voluntate remiserunt et compromiserunt quamdam eorum differentiam vertentem occasione cuiusdam magisterii unius tabule ab altare, ut dicitur locate per dictum Capitulum eidem magistro* Antonio. (ARCHIVIO NOTARILE DI SIENA. Rog. di Ser Francesco Ducci, nei compromessi di Ser Alessandro Arrighetti 1501-2 c. 59ᵗ).

1503 Settembre.

Per parte della Balìa pagate voi Alexandro Bichi, operaio de le mura di Talamone, a maestro Antonio Barile *L. cento di den. de' quali sonno per dì trenta stè mandato ad Talamone, et per fare el modello et per dare el disegno per la riparatione de le dette mura.* (ARCHIVIO DI STATO IN SIENA. Concistoro, Polizze al Camarlingo. Vol. 2, c. 203ᵗ).

1504 (st. sen.) 12 Febbraio.

Maestro Antonio di Neri di Barile *all'incontro diè avere, fino questo dì xii di feraio. L. tremilanovecento novanta sol. O, quali sono per prezo e pagamento del Choro del legname fatto in prospettiva e intagli ne la Chapella di San Giovanni di Duomo, el quale prezo e credito si fa per uno lodo dato da fra* Giovanni da

Verona *frate de l'ordine di Monte Holiveto, come pienamente ne fu rogato Ser Michelagnolo di Giovanni di Vicho notaio a quel tempo dell'Opera.* (ARCHIVIO DELL'OPERA detta. Libro rosso di un Leone c. 634).

1506.

Maestro Antonio *di Neri di Barile diè dare L. 280, le quali se li danno sopra el Choro el quale s'è allogato a fare nell'aggiunta si fa dietro all'altar maggiore.*

E diè avere, a dì... di Luglio. L. novecento cinquanta sonno per la tersa parte de la manifattura del legname de l'adornime dell'organo a chapo la sagrestia di Duomo fatto per detto maestro Antonio, Giovanni di Giovanni e Giovanni *detto* Castelnuovo. (ARCHIVIO detto. Libro di un Angelo 1506-1512 c. 10).

N.° 200.   1509 1 Novembre

Testamento di Bernardino *di* Benedetto *da Perugia pittore, detto il* Pinturicchio. (ARCHIVIO DEI CONTRATTI IN SIENA. Rog. di Ser Mattia Selva, dal 1509 al 1520).

In Dei nomine, Amen. Anno Domini MDVIIII, die prima Novembris.

Pateat omnibus evidenter, quod magister *Bernardinus Benedicti Blaxii* de Perusia, alias *Pinturicchio,* pictor et habitator Senis, considerans morte nil certius, volens de bonis suis disponere, suum ultimum condidit testamentum, quod dicitur sine scriptis.

In primis, quia digniori incipiendum est, animam suam nunc et quando de corpore migrari contigerit, tamquam fidelis Christianus, omnipotenti Deo sueque Matri semper Virgini humiliter ac devotissime commendat: et eius cadaver mandavit tradi, ecclesiastice sepulture, in Ecclesia Sancti Dominici in Camporegio de Senis, ubi eligit eius sepulcrum, si Senis mori contigerit, si autem alibi mandavit eligi aliam ecclesiam sepulturam (sic) per eius heredes. — Item, reliquit Archiepiscopo Senarum, sol: quinque. — Item, reliquit Opere Cathedralis Ecclesiae, sol : quinque. — Item, amore Dei et pro remedio peccatorum suorum, reliquit flor: quinquaginta, duabus puellis innuptis. — Item, quia jam elegit in suam legiptimam uxorem D. Graniam indotatam, ne post eius testatoris mortem mendicare cogatur, in verecundiam dicti matrimonii et seu dicti sui viri, constituit et fecit sibi dotes in summam flor: trecentorum.

In omnibus suis bonis, suos heredes universales fecit filios masculos suos legiptimos et naturales, unum vel plures nascituros ex dicta sua uxore nunc pregnante, et sic ventrem ipsius si ex eo masculinum genus nasci contigerit. Et eo casu quo haberet heredem vel heredes masculos nascituros, dotavit suas filias tam natas, quam nascituras legiptimas et naturales, et cuilibet pro dotibus suis reliquit flor: trescentos. Et si tempore nubilis etatis, patrimonium sive hereditas dicti Testatoris inveniretur locupletior, tunc, nomine dotis ipsarum filiarum illud .plus reliquit quod videbitur infrascriptis suis fidelibus Commissariis. Si vero ex presenti partu et seu futuris, et tam ex presenti quam ex alia uxore sua contigerit non habere filios masculos, tunc et eo casu suas heredes universales fecit Cleliam et Adrianam. Et casu quo prefati nascituri filii masculi si nascantur, vel filie femine, si contigerit eas esse heredes per deficentiam masculorum, vel per mortem et caventiam filiorum masculorum, vel per mortem, et carentiam filiorum legiptimorum et naturalium, sive per substitiones, morerentur omnes sine filiis legiptimis et naturalibus, et sic succederet casus quod non superessent masculi nec femine aut eorum filii, tunc de bonis suis sic disposuit, et de eis mandavit fieri tres partes. Et in una parte tertia, suos heredes fecit proximiores dicti Testatoris venientes ab intestato. In alia tertia parte instituit prefatam D. Graniam, ultra prelegatas dotes. Tertiam vero partem, detractis ut supra dotibus D. Granie, voluit distribui in maritandis puellis, eisdem, dando nomine dotis, fior: XXV pro qualibet puella. — Item, disposuit et reliquit dictam D. Graniam tutricem filiorum suorum.

Suos fideicommissarios fecit et esse voluit in Civitate Senarum, Blaxium domini Guidantonii de Piccolominibus et dominum Ieronimum Antonii Cellerinum causidicum senensem, et in civitate Perusina Vinciolum domini Sagramontis et Ridolfum Cinelli cives perusinos.

Actum Senis in Monasterio S. Dominici in Camporegio, coram fratre Arcangelo Bartali, fratre Andrea Francisci Neri, Magistro Gabriello Iacobi de Ronciglione et dicto Ieronimo Cellerino testibus.

NOTA

Di questo insigne pittore aggiungiamo le seguenti notizie:

1504 23 Agosto.

Maestro Bernardino *perugino detto el* Penturicchio *dipentore de' avere, fino questo dì xxiij d'Agosto 1504, lire setteciento, sol. O contanti, i quali sonno per la dipentura di otto quadri e quali lui à dipenti ne la chappella di Sancto Giovanni, storiati con figure di più sorta e vari colori, misse a oro e cholori fini, le quali lui à fatto per ordine di missere Alberto Aringhieri nostro degnissimo operaio, d'achordo cho'lui per detto prezo.*

1504 (st. sen.) 16 Gennaio.

Maestro Bernardino *perugino detto il* Pinturicchio *de' dare Lib. dugiento diciassette si pagano contanti per polizia di Alberto nostro, per parte di dipentura della Cappella di San Giovanni.* (ARCHIVIO DELL'OPERA METROPOLITANA DI SIENA. Libro detto del Leone, c. 630).

1404 (st. sen.) 13 Marzo.

A maestro Bernardino Pentoricchio *dipentore per sua fadiga d'aver fatto uno cartone di disegnio per la storia de la Fortuna, la quale al presente si fa in Duomo questo dì 13 Marzo, Lib. dodici, sol. — contanti per detto messer Alberto nostro. Io ho fatto boni a messer Alberto per una soma di grano de' al detto maestro Bernardino.* (ARCHIVIO detto. Libro d'entrata e uscita 1504 a c. 47).

Anno Domini M. D. vj, indictione nona, die vero viij augusti, Magister Bernardinus Benedicti *de Perusio pictor, et ad presens civis et habitator Magnifice Civitatis Senarum, nomine suo proprio et pro suo interesse et omni meliori modo etc., fecit, constituit et ordinavit suum verum legiptimum procuratorem, actorem etc. Excellentissimum Virum Dominum Antonium de Cuccinis, procuratorem fischalem in Urbe Rome, licet absentem si tamquam praesentem etc. ad litem, causas etc. ad agendum et defendendum etc. Item ad appellandum et dicendum se gravatum. Item exigendum recuperandum et acquirendum omnes et singulos denariorum quantitates. In Siena. In domo Universitatis notariorum.* (ARCHIVIO NOTARILE DI SIENA. Rogiti di Ser Alberto di Guido not. n.° 131).

1506 15 Dicembre.

Magnifici Domini ecc. Et audita donatione facta per Comune et homines Montis Massi Comitatus Sen. Magistro Bernardino... *alias* Penturichio *de Perusio suisque heredibus et successoribus, de modiis viginti terre posite in dicta curia Montis Massi infra suos fines, ut de predictis constat publicum iustrumentum manu Ser.... Deliberaverunt, motu proprio, ipsam donationem approbare, confirmare et omologare, et eam approbaverunt, confirmaverunt et omologaverunt, et voluerunt sortiri effectum, ac si per Collegium Balie esset factam, interponentes eorum et magnifici Comunis Sen. auctoritatem pariter et decretum.*

Et quod de cetero, de dictis modiis viginti terre, possit disponere ad eius libitum, et omnia et singula facere prout de re sua propria, omni cavillatione et exceptione remota. Et absolverunt dictum Comune et homines Montis Massi ab omni et qualibet pena essent incursi, pro alienatione predicta. Et validaverunt dictum contractum et voluerunt quod habeatur et existimetur cum omnibus clausulis et cautelis necessariis et oportunis factis, suplentes omnes defectus. Et predicta decreverunt omni miliori modo et non obstantibus quibuscumque legibus, statutis seu reformationibus in contrarium quoquo modo disponentibus, quibus intelligatur et sit expresse et particulariter pro ista vice et causa, tantum derogatum et ita derogatum esse voluerunt, omni exceptione remota. (ARCHIVIO DI STATO IN SIENA. Balìa, deliberazioni *ad annum* c. 128).

1506 (st. sen.) 26 Marzo.

Magister Bernardinus Benedicti *alias* Pentoricchio *obligavit se daturum ducat. centum auri Eusebio de Sancto Giorgio pictori perusino cum quibusdam pactis.* (ARCHIVIO detto Denunzie *ad annum*). Intorno al lavoro ceduto dal *Pinturicchio* a m.º *Eusebio da S. Giorgio* riportiamo il seguente documento che in questi ultimi giorni abbiamo ritrovato nella filza dei rogiti di Ser Alberto di Guido notaro, conservata all'Archivio notarile di Siena.

1506 (st. sen.) 24 Marzo.

Io Benardino di Benedetto *da Perugia pintore, alias* Pintorichio, *voglio che* Usepio *da San Giorgio mio, serva di finire una tavola d'altare di Santo Andreia da Spelle, la quale ò tolta a fare io da li ditte sovrastante di santo Andreia, di preso di duchati cento sessanta, di li quali cento sessanta ni do a Usepio per suo salario duchati cento, e il dicto* Usepio *promette di finire la ditta tavola a tutte sue ispese; cioè d'oro, d'azuro tramarino e d'altre cholore fine che saranno di bisognio, e ch'abbia a siguire il disignio che io ò fatto picholo, il quale lo tiene Tomasso Chorbo da Spelle, in il quale ci è la nostra Donna chol figliolo chon la sedia e altre paise che ci vanno intorno, e da chanto ci va uno santo Ludivico e uno S. Andreia e da l'altro S. Francesco e santo Lorenso e da pieie uno Santo Giovanni, il quali c'è disigniato in ditta Tavola; e per suo salario a tutte sua ispesa, chome ò ditto di sopra, li do duchati cento d'oro per sua salario e è pagamento de'sopra ditta tavola. Chon questo che il sopra ditto* Usepio *mi proveda, quando io andarò a Spelle, ch'io possa finire li teste grande prencipale di la ditta tavola, perchè io so'ubiligato di farle io: e bisogniandoli certe disignie per fare in su la predella di prestargliele quando li Sopraistante di la tavola si ni chontentano; quando non si ni chontentassiro che il ditto* Usepio *faccia quille istoriette che parirà a li ditte Sopraistante. E il ditto* Usepio *promette di fare li sopra ditte figure in essa tavola chon ornamente d'oro e d'azuro tramarino e d'altre cholore e la predella istoriata e pagare il ligname a tutte sua ispese, cioè quello che restasse avere il faligname, issétto ch'io gli abbia a prestare la istantia per suo abbitare per sino che la ditta tavola si finisse. E il ditto* Usepio *s'ubiliga a chominciarla del mese d'aprile prosimo d'avenire 1507 e di non lassare per sino che non é finita la sopra ditta tavola cio(è) di non fare altre lavorie che abbiano a inchupare la sopra ditta tavola e che la lavora diligentemente e bene. Chon questo che sieno contente li Sopraistante di la sopra ditta tavola di santo Andreia di Spelle, e quando il dittò* Usepio *avesse chuminciata la ditta tavola e loro non piacesse, che si debia dare al ditto* Usepio *e pagarlo per quanto avesse dipinto. Con questo anchora che detto* Eusebio *volendo dipingere una sua tavoletta quale ha in Perugia in sua buttigha, li sia però lecito poterla dipingere e lavorarla in decto tempo dimodo che per questo non dia impedimento a lo sopra*

detto lavoro di Spelle, et che li detti Soprastanti non habbino a lamentarsi nè
querelarsi nè di detto Eusebio *in alcuno modo, nè detto M.° Bernardino però per*
questo habbi a patire danno o detremento alcuno per fare della tavoletta, detto
Eusebio. *Que omnia etc. item promiserunt attendere et observare etc. promiserunt*
ad invicem etc. sub juramento et guarantigia etc. et rogaverunt etc. Actum Senis
in domo Universitatis notariorum Senarum, coram infrascriptis viris Paolo
Francisci de Santo Cassiano et Ser Domenico Cristofori sen. not. testibus.

   Ego Albertus Guidonis notarius rogatus subscripsi.

   1508 (st. sen.) 17 Gennaio.

   Anno Domini 1508, Indictione XII, Die xvij Januarij. Omnibus et singulis
evidenter appareat qualiter Magister Bernardinus Benedicti *de Perusio pictor, alias*
el Pentoricchio *fecit suum procuratorem Cellerinum causidicum de Senis ad lites*
et causas, ad agendum in qualibet Curia etc. Actum in domo dicti magistri Bernardini, *presentibus Francisco Thome et Matheo Balducci de Ospitale Frontignani*
Comitatus perusini. (ARCHIVIO detto. Rog. di Ser Sano Pallagrossa).

   1509 8 Ottobre.

   Maestro Bernardino di Benedetto da Perugia pittore alias *el Pinturicchio* vende
a Pandolfo Petrucci e a Paolo di Vannoccio Birnigucci, provveditori della Camera del
Comune di Siena, una casa con stufa e orto chiamata la *Stufa secca* posta nel Terzo
di Città e contrada di S. Salvadore, per il prezzo di fior. 420 di Firenze. (ARCHIVIO
detto. Rog. di Ser Bastiano Bartalucci, Filza V n.° 884).

N.° 201.   150...

Allogagione del monumento sepolcrale di Papa Pio III in
Roma a Francesco *di* Giovanni *e a* Bastiano *di* Fran-
cesco scultori fiorentini. (ARCHIVIO PICCOLOMINEO).

   Scripta de la locazione de la sepoltura di Pio III.

   Noi messer Iacomo et messer Andrea de Piccolominibus
da Siena, per tenore de la presente scripta, allocamo et ac-
coptimamo ad maestro *Francesco* de *Ioanni* et *Bastianino*
de *Francesco,* statuarii fiorentini, una sepoltura de Papa
Pio III, da farsi in la Chiesa de sancto Pietro de Roma in
la Capella de S. Andrea et Gregorio al lato alla sepoltura di
Papa Pio II, *videlicet* dal lato di sopra, sotto la finestra invetriata: la quale ha da essere del disegno, altezza, larghezza
et grandezza, con figure, urna, fregi, basamento, armi, epitaphio, cornici et finimento secundo uno suo disegno datone
in charta, et qui di sotto per più chiarezza de le parti serrà
cosa per cosa particularmente espressa:

In primis et ante omnia promette (sic) fare tutta la sepoltura et figure de marmo carrarese novo biancho bello, et
non venoso, et tutte le figure, cornici, pilastri, pilastrelli finire
in tutta bontà et perfectione, siccomo è la sepoltura de papa
Pio II, et prima megliorare che da quella mancare, overo
peiorare in tutte parti.

Item, cominciando dal capo di sopra et venendo in giù
verso el basamento et fondamento, promette fare et seguire
sopra le cornici, et fare tre candelieri, et la festa ornata di
fogliami et fructi: come si richiede dall'uno all'altro et similmente esse cornici belle et non di pezi, con quello lavoro
ovato che in nel disegno s' è....

Item, infra la sopradetta cornice et architrave promette
fare uno fregio de serafini con lo spartimento fra l'uno et
l'altro di una luna, overo uno mazzetto di fiori et fructi,
come se conviene ad essere bello.

Item, in nello primo piano, sotto esso architrave, fare uno
celo riquadrato di lune, et in mezo una Nostra Donna col
Figliolo in braccio: et da mano dextra fare uno Santo Pietro
che a li piedi tenga Pio II inginochioni, et similmente alla
sinistra fare uno Santo Paulo che a li piè inginochioni
tenga Pio III.

Item, promette fare sopra l'archa overo urna, el corpo di
Pio III, di marmo carrarese, intero in habito pontificale con
la pianeta, regno, tonicella et dalmatica como se usa: et
lavorare essa urna còl fregio, spiritelli et festa et sopra
quelli doi tabelle piccole dove se habia da scrivere et intagliare PIUS TERTIUS, con tre Arpie che substentino essa urna.

Item, promette sotto essa sepoltura fare la incoronatione
di Papa Pio III con habito et figure, che ad tale atto si
convengono, et impire lo spatio in modo di figura che non
vi resti vano nè voto.

Item, sotto essa coronatione fare una tavola di marmo di
uno pezo, bella et netta, senza vena, et in quella intagliare
lo epitaphio et lettere in numero et quantità li verranno

date, et doi spiritelli tengano essa tavola: cioè uno da una banda et l'altro dall'altra.

Item, in sulle sei tribunette de li pilastri promette fare sei figure de marmo, intere et non di pezi, cioè ad mano dritta uno Santo Andrea, alla sinistra Santo Iacomo: sotto Santo Andrea, Santo Pio papa col piviale: sotto Santo Iacomo, Santo Gregorio papa con la pianeta, et sopra quella el pontificale. Sotto Santo Pio fare Santo Antonio in habito monacale, et sotto Santo Gregorio fare Santo Francesco.

Item, in nelli pilastri promette fare duo armi, una mia et una de misser Andrea, sostenute da doi agnelle belle et bene staccate da essi pilastri.

Item, promette et obligase fare tutte le figure vanno in essa sepoltura di sua mano, maxime nudo, testa finimento, et prima chonzatura.

Item, promette et obligase tutte le sopradette figure fare in panni, gesti et nudo de la bontà et perfectione sonno le figure de la sepoltura de Papa Pio II, et maxime la prudentia, promettendo più presto megliorare che peiorare: da iudicarse per doi maestri dell'arte, uno da mettere per esso maestro *Bastianino* l'altro per noi, et quando essi maestri in nel iudicare non fossero d'accordo per l'uno et l'altro, se habia ad elegere uno terzo statuario, che sia pratico dell'arte, et ad quello iudicaranno li doi se habia senza replicatione ad stare, et quando non siano iudicati di quella bontà pannamenti, gesti et nudo, che sono quelle della sepoltura de Pio II, habia da aconciarle et migliorarle insino sieno iudicate habino detta perfectione.

Delle quali figure, *in primis et ante omnia,* ne habia da fare doi, cioè li doi apostoli: sopra li quali, finiti siano, se habia da fare da iudicio et dare sententia.

Item, promette et obligase fare tutta la sopra detta sepoltura in tempo de uno anno et mezo, et durante detto lavoro non pigliarne altro di figure o quadro per la quale questo si ritardi overo impedisca, et quella finita sia componerla, pagando noi li maestri che la murano.

Per le quali cose adempire et observare, esso maestro *Bastianino,* obliga se et soi beni presenti et futuri, et per lui, che così farà et observerà, promette et obligase Stefano..... mercante in Roma.

Et io messer Iacomo sopradetto, tanto in nome mio presente, quanto di messer Andrea mio fratello absente, per lo quale de rate prometto per la sopradicta sepoltura, prometto pagare al prefato maestro *Bastianino* duc... in questo modo, *videlicet* ducati... per comprare et andare a Carrara per marmi...

Nota

Non siamo sicuri che lo scultore, *Bastiano* qui ricordato sia quello stesso *Bastiano di Francesco di Sano* pittore e scultore, che eseguì sul finire del sec. XV varî lavori di commesso e di pittura nel Duomo di Siena. Però il monumento sepolcrale di Pio III oggi nella chiesa di S. Andrea della Valle in Roma, per la molta rassomiglianza ci richiama alla memoria l'altare Piccolomineo del Duomo di Siena che si vuole scolpito dal *Fusina* milanese.

N.º 202.   1510 3 Maggio

I tre Officiali di Balìa eletti sopra la Camera del Comune di Siena confermano agli stipendi della Repubblica frate Giovan Battista di Niccolò per fare le finestre di vetro nella Sala del Consiglio generale. (ARCHIVIO DI STATO IN SIENA. Balìa Deliberazioni *ad annum* 15).

Sapientissimi Viri Pandolphus Petruccius et Paulus Vannoccius, absente Nicolao domini Minoccij, tres de Collegio Balie, electi a Collegio Balie supra Cameram, sub die xxviiij mensis Augusti 1506, vigore eorum auctoritatis, deliberaverunt refirmare et refirmaverunt conductam factam per eosdem, sub die xv mensis octubris anni 1506, in personam fratris *Iohannis Baptiste Nicholai,* ordinis Sancti Augustini, ad reparandum et facendum fenestras vitreas palatii Magnificorum Dominorum Senen. et sale magne Consilii; et hoc pro tempore et termino duorum annorum hodie incohandorum et ut sequitur finiendorum, et inde ad beneplacitum Balie; cum salario et expensis quottidie in Tinellum, una cum familia Palatij Magnificorum Dominorum sacrista et domicellis habendis, prout et sicut in suprascripta prima conductione continetur. Et predicta omnia et singula mittantur executioni, circa salarium, per operarium Camere; et circa expensas, per expensores palatii Magnificorum Dominorum tam presentem quam futuros, omni contradictione cessante, non obstantibus quibuscumque in contrarium quoquomodo disponentibus.

Nota

Oltre alla deliberazione di Balia pubblicata a pag. 381, se ne trova un'altra del 1506 28 Agosto.

Magnifici Domini Officiales Balie etc. Nec non deliberaverunt, quod tres electi supra Cameram, habeant plenam auctoritatem providendi et reparandi tecte palatii et sale magne et etiam fenestras vitreas, et possint conducere unum vel plures ad dictum effectum et eo modo et forma eis, et libere videbitur et placebit.

Intanto prendiamo occasione per dare alcune notizie di vetrai o senesi o che hanno esercitato l'arte in Siena.

Andrea di Mino.
1325 21 Settembre.

Magistro Andree Mini de Senis pro vj diebus prox. pret. quibus servivit dicto Operi ad facendum fenestras vetri de supradicta hedomoda pro v sol. et vj den. per diem. (Archivio dell'Opera d'Orvieto. Lib. del Camarlingo ad annum c. 266t).
1325 8 Ottobre.

Quatuor libras solvit magistro Andree Mini de Senis, quas asseruit se solvisse Beccutio da Senis, in pretio x lib. fili de ferro pro fenestris vetri. (Ivi, c. 211t).
1325 21 Dicembre.

Magistro Andree de Senis... ad facendum fenestras vetri colorati. (Ivi, c. 235t).
1325 30 Dicembre.

V sol. et vj den. solvit magistro Andree Mini de Senis pro j die quo servivit dicto Operi ad facendum fenestras vetri colorati dicte Ecclesie. (Ivi, c. 242t).
1338 (st. sen.) 29 Gennaio.

Anco a Bono Campuglie operaio del Comune, lib. C, le quali demo a lui per paghare una finestra di vetro, la quale farà ponare nel palazzo dei Signori Nove, la quale fane fare al maestro Andrea. (Archivio di Stato in Siena. Biccherna Lib. d'entrata e uscita ad annum c. 151).
1357 Dicembre.

A maestro Andreia del vetro tre lib. cinque sol. per v dì che stette a tragittare le gohole di piombo, per xij sol. el dì. (Archivio dell'Opera Metropolitana di Siena. Lib. d'entrata e uscita ad annum c. 58).
1360 Settembre.

A maestro Andrea del vetro per rete di rame e istagno per ponare a le finestre del vetro (Ivi).
1360 Ottobre.

A maestro Andrea del vetro, diciotto sol. per istagno e filo di rame per la finestra del vetro che fece di settembre in Duomo (Ivi).

ANTONIO DI...

1408.

A d'on'Antonio di... *maestro di vetro el quale aconció e'legio del marmo di Duomo fior. uno, lib. dodici, sol. due per aconciare eso legio chome dise l'Operaio.* (ARCHIVIO DELL'OPERA METROPOLITANA DI SIENA. Lib. d'entrata e uscita *ad annum* c. 61).

CRISTOFANO DI SIMONE.

In alcune memorie che si conservano nell'Archivio della famiglia Bichi di Siena si ha ricordo che il 24 Gennaio 1457 (st. sen.) Giovanni di Guccio Bichi allogò a maestro Cristofano di Mone di Pasquino da Siena una finestra di vetro da porsi in sua casa, a occhi e con fregio in mezzo come stava la finestra nel Palazzo pubblico nella sala del Papa, cioè in quella verso il Potestà, con fregi e rosette e con l'arme sua e di sua donna.

1459.

Cristofano di Mone *maestro di finestre di vetro diè avere per isino a dt xxviiij d'aprille lib. tre sol. dieci per fare rachonciare la finesttra del vetro che chascava e fare rimettere iiij ochi e fare lavarla e richometterla e fare rassettare la facca (sic) di Dio Padre da chapo.* (ARCHIVIO DI STATO IN SIENA. Compagnia di S. Bernardino in Siena. Reg. B. n.° XXXVIII, c. 416t).

1461.

Cristofano di Mone *che fa le finestre di vetro.* (ARCHIVIO DELL'OPERA METROPOLITANA DI SIENA. Libro d.° dell'Agnolo c. 103).

1475 27 Novembre.

A Cristofano *che fa le finestre del vetro sol. viij. per mettare un pezo di vetro a la finestra del Concistoro, ne la Madonna, sol. 8.* (ARCHIVIO DI STATO IN SIENA. Concistoro, Lib. del Camarlingo *ad annum* c. 75t).

1477.

A *maestro* Cristofano di Mone da Siena, *maestro di finestre di vetri, lib. loj le quali sono per uno ochio di vetro el quale al presente è a chapo a l'atare de l'Anuntiata di Sato Francescho.* (ARCHIVIO detto. Comp. di S. Pietro di Montalcino Reg. E. VIII).

1488 28 Gennaio.

A Cristofano di Simone *vetraio da Siena, lib. centoventisei, per sua fatica d'agugnare (sic) e a cresciare le finestre del Coro e più per rimettere molti pezzi a rassettarla.* (ARCHIVIO COMUNALE DI S. GIMIGNANO. Libro d'entrata e uscita della Collegiata *ad annum*, c. 147t).

1490 4 Novembre.

A Xpofano *vetraio per finestre di vetro per la sacrestia.* (Ivi, c. 151t).

1496 13 Maggio.

Cristofano di Simone *vetraio de'avere, a dt xiij di Maggio, lib. undici e sol. dieci, e qua'denari sonno per due finestre di vetro cristalino a ochi e fregi col nome di Yhu, le quali ha fatte a la nostra Compagnia.* (ARCHIVIO DI STATO IN SIENA. Compagnia di S. Bernardino in San Francesco di Siena. Reg. B. XL c. 346).

DOMENICO DI AGNOLO (frate).

1451.

Frate Domenico di Agnolo, *frate di Santo Agustino, diè avere, addì p.° d'Agosto. Lib. vintidue sol. dodici den. sei, per facitura ed acconciatura della finestra dell'Annuntiata sopra all'altare de la Trinità, per pregio di Lib. 45, sol. 5, den. 0, e quali sono partiti per metà con frate Girolamo di Contro compagno del detto frate* Domenico d'Agnolo *al detto lavoro della finestra — L. 22, sol. 12, den. 0.* (ARCHIVIO detto. Convento di S. Domenico di Siena Reg. C. IX. c. 3).

DOMENICO DI STEFANO.

1481.

Al nome di Dio Amen. A dì otto di Genaio.

Sia noto e manifesto a ogni persona come ogi questo dì detto di sopra. Come
Domenico di Stefano *stagnaio da Siena s'acconcia col convento di Sancto Domenico*
di Camporegi per lavorare finestre di vetro in chiesa, per pregio di Lib... si come
piacerà a frate, cioè Bartolomeo Fabiani priore, a stare in convento, a mese per
mese, e di stare a la vita di convento e habitare in convento mettendo el convento
ferro, piombo, stagno et ogni altra cosa, excepto massaritie pertinenti a sua arte
debbi lui mettargli di suo.

E io frate Gionta ò fatta questa per detto del Priore e di consentimento del
detto Domenico, *e lui si sottoscrivarà qui di sua propria mano.*

E io Domenicho *sopra detto so'contento quanto di sopra si contiene.* (ARCHIVIO
detto. Convento di S. Domenico di Siena. Reg. C. IX c. 102).

1489.

Magistro Dominico *qui habuit cottimum reactationis fenestre vitri magne dicte*
Ecclesie... lib. 77. (ARCHIVIO DELL'OPERA DEL DUOMO D'ORVIETO. Lib. del Camarlingo
ad annum).

Maestro Domenico, *magistro fenestrarum vitri, pro pretio oculorum vitri et*
alterius vitri colorati empti pro fenestris in pede Ecclesie — lib. 12. (Ivi).

Magistro Dominico *de Senis pro vj lib. vitri colorati pro fenestris Ecclesie —*
lib. 2. (Ivi).

Magistro Dominico, *magistro vitri, pro residuo sue mercedis actationis 48 fe-*
nestre (magne) — lib. 43. (Ivi).

1490 16 Agosto.

Magistro Dominico *senensi, magistro vetrorum, pro actatura duarum fenestra-*
rum Corporalis et actatura unius trianguli super fenestram magnam.

Dicto magistro Dominico *vetrario pro parte cuiusdam coptimi eidem dati per*
Antonium de Simoncellis, videlicet fenestram juxta fontes batismalis, et postea
recessit, et dicta fenestra non fuit per ipsum facta — lib. 10. 5. 19. (Ivi, lib. ad
annum).

1491 12 Aprile.

Ricordo a te Cam. come maestro Domenicho di Stefano *da Siena maestro di*
vetro tolse a chottimo di cottimo a fare la finestra che de'scontra al batismo, di
vetro da Antonio di Simoncello Cam. passato. Et principiò al tempo di me Barnabò
Cam. et non fece uno quadro fornito ch'el detto si partì et portossine dalla Frab-
bicha lib. 30 di ferro, el quale el tolse ad Antonio sopradetto et etiam certi denari
che da me Bernabò, et partì somma in tutto... lib. 40. 60.

Lassò el detto maestro Domenicho *uno tirante da tirare piombo, el quale è in*
nella Frabbicha. (Ivi).

DOMENICO (frate camaldolense).

1525.

A Domenicho *monacho della Rosa, a dì xxvij di Gienaio, Lib. quatordici sol. 5*
li dei contati a Girolamo del Sega per infino a dì vj di dicembre passato e lui
li dè al detto Domenico *e quali den. sonno per resto di tre finestre envetriate che*
lui àne fatte nella Compagnia nella stanza di sopra, che montano Lib. 16, e
resto li deve sopra detto Girolamo. (ARCHIVIO DI STATO IN SIENA. Compagnia di
S. Giov. Batta della Morte, Reg. F. III c. 82).

DONO.

1262.

Item xxviiij lib. et viij sol. et vj den. Dono *vetraio, quas habuit pro pretio cvij cappellorum corii, quos ab eo emerunt dicti Priores mandato dictorum Capitanei et Priorum.* (Archivio detto. Biccherna Lib. d'entrata e uscita, 1262 da luglio c. 19).

Francesco d'Asciano (frate).

1459 6 Agosto.

Fratte Francescho *maestro di finestre di vetro e maestro de le finestre del Papa, diè dare a dì 6 d'Aghosto, sol. vintiquatro per ciento matoni... L. j^a, sol. iiij, den.* (Archivio detto. Compagnia di S. Bernardino in Siena, Reg. B. XXXVIIII c. 26^t).

1460.

Maestro Francesco d'Asciano *fa la finestra del vetro nella chiesa di San Francesco di Montalcino.* (Archivio Notarile di Siena. Rog. di Ser Giovanni di Barna not. n.° 50).

1476 (st. sen.) 5 Gennaio.

A dì 5 ricevemo dal bancho d'Anbrogio Spannocchi per parte di finestre di vetro che frate Francescho *da Sciano, fecie in Camporeggi, dichati sette d'oro — lib. xxxviiij.* (Lib. d'entrata e uscita del Convento di S. Francesco di Siena dal 1458 al 1485 c. 149 già nella libreria del cav. Giuseppe Porri).

Francesco Formica (frate).

1379.

A frate Francesco Formicha, *de'frati minori, lib. tre, e quali disse Pietro che gli diè per achonciatura la finestra de l'ochio del Duomo.* (Archivio dell'Opera Metropolitana di Siena. Lib. d'entrata e uscita. *ad annum* c. 140^t):

1380.

A frate Formicha *de'frati Minori lib. cinque, sol. dodici, per achonciatura la finestra del vetro de l'ochio.* (Arch. detto. Memoriale *ad annum* c. 46^t).

Francesco di Giovanni.

1439.

Francesco di Giovanni, *maestro di finestre di vetro, el quale ha fatto due finestre di vetro, cioè una a lato a le Riformagioni e una ne la Sala del Papa, deve dare Lib. 57, sol. 13, den. 4. — Aute.* (Archivio di Stato in Siena. Camera del Comune, Lib. delle *due balestre* c. 464).

Francesco di Giovanni, *maestro di finestre di vetri de'dare Lib. otto, sol. 16 per lib. cento dieci di piombo in lama, per lavorio di una finestra* (Ivi, c. 466).

1449.

Madonna Andreoccia donna fu di maestro Francesco [di Giovanni], *faceva le finestre del vetro, de'avere, a dì xvij di novembre, per fattura d'una finestra per la sacrestia nuova a ochi e per l'armi dipente sotto la finestra Antonio di Mone di Pasquino fratello di donna Andreoccia.* (Archivio dello Spedale di Siena. Conti correnti P. a c. 317).

Fongai Pietro (frate).

1569 27 Ottobre.

Commessono farsi decreto a Scipione Savini camarlingo di Dogana che paghi a frate Piero Fongai *dell'ordine di Santo Spirito, lire vintotto, per prezzo e satisfatione del havere rassetto le due invetriate della residentia a sue spese, mettendo tutto a sua spesa.* (Archivio di Stato in Siena. Dogana, deliberazioni *ad annum*).

Gabriello (frate).

1442.

Item spendano a frate Ghabriello *frate di Sancto Francescho per resto de la finestra del vetro.* (Archivio di Stato in Siena. Compagnia di S. Pietro in Montalcino, Reg. F VI).

GESUATI (frati).

1605 20 Settembre.

L. quarantadue pagati al Reverendo padre Ioseffo Maria priore del Monistero di S. Girolamo a chontio della invetriata della finestra grande del Cappellone.

20 Ottobre.

L. 56 a chonto della invetriata grande a PP. di S. Girolamo, e per essi al P. Lutio da Pistoia.

Io f.ª Lutio sud.º affermo aver ricevuto li sopra detti denari.

23 Novembre.

L. vintidue a f.ª Lutio da Pistoia de' Gesuati per resto della invetriata o ramata della finestra grande del Capelone. — Io f.ª Lutio sopra detto ho ricevuto quanto sopra. (ARCHIVIO DI STATO IN SIENA. Compagnia di S. Antonio Ab., Reg. G. I. c. 148ᵗ e seg.).

1612 2 Dicembre.

Io frate Benedetto da Siena visitatore generale de' PP. Gesuati di S. Girolamo confesso haver ricevuto dalle Rev. Madri d'Ognissanti, a buon conto delle vetriate fatteli fare per la Chiessa, piastre ventitre. (ARCHIVIO DELLA CURIA ARCIVESCOVILE DI SIENA. Carte delle Monache d'Ognissanti).

GIOVANNI BATTISTA DI GIOVANNI DA BOLOGNA.

1492 (st. sen.) 9 Gennaio.

Giovanni Batista di Giovanni da Bolognia abitante in Siena, maestro di finestre di vetro, diè dare, a dì 9 di gienaio, Lib. cinque — ebe in butiga mia.

Et die dare, a dì detto, 2 finestre di vetro con circa 30 hochi di vetro erano in 2 finestre vechie, una era in casa che teneva Pacie Pacini et jᵃ era ne la sagrestia vechia in una finestra che v'era. Tutte 2 avevano pionbi et ferri, ebele per metare ne la finestra s'à affare di nuovo di vetro ne la sagrestia. (ARCHIVIO DI STATO IN SIENA. Compagnia di S. Onofrio. Reg. C. II c. 174).

GIROLAMO DI CONTRO (frate).

1451 1 Agosto.

Frate Girolamo di Contro frate di Santo Augustino diè avere, addì primo d'agosto, Lib. vintidue sol. dodici den. sei per facitura ed aconciatura della finestra dell'Annuntiata sopra all'altare della Trinità, per pregio di Lib. 45 sol. 5 den. 0, e quali si partiscano per metà con frate Domenico d'Agnolo frate del detto Ordine e compagno del detto frate Girolamo del lavoro della detta finestra, cioè per la metà della finestra — L. 22, sol. 12, den. 0. (ARCHIVIO DI STATO IN SIENA. Convento di S. Domenico di Siena Reg. C. IX c. 3).

1452.

Frate Girolamo di Contro frate di Santo Aghustino, diè avere Lib. venticinque, sono per sua fadigha e magisterio e vetro e piombo messo a rachonciare la finestra del vetro de la storia de' Magi in ne la sala del Consiglio — Lib. XXV, sol. den. — (ARCH. detto. Lib. della Camera del Comune ad annum c. 198).

1459.

Fra Girolamo, frate di Santo Aghostino, priore ne la chalonicha di Montalcino diè avere per facitura della finestra del vetro che ei fecie ne la Chompagnia — L. 8. (ARCH¹ detto. Compagnia di S. Pietro in Montalcino Reg. E. VIII c. 100).

1460 (st. sen.).

Al nome di Dio a dì 21 di Marzo.

Frate Girolamo da Siena priore de la Chalonica diè avere da la copagnia di Santo Pietro, lib. sedici, sol. 0, per racocatura (sic) *de l'ochio di vetro de l'Anuziata di Santo Francesco, e quale ochio gli alogamo.* (Ivi, Reg. F. I c. 30ᵗ).

GIUSTINIANO DA TODI (prete).

Alle notizie di Ser Giustiniano da Todi date in questa raccolta a p. 101 aggiungiamo la seguente che fa fede dei lavori da lui eseguiti nel Palazzo Pubblico.

1429 (st. sen.) 27 Marzo.

Magnifici Domini et Capitaneus populi etc. Et deliberaverunt supradicti Magnifici Domini simul cum Vexilliferis Magistris quod Camerarius Bicherne prestet Operario Camere libras centum den. de quibus ipse Operarius solvat donno Iustiniano de Tuderto, cappellano in Ecclesia Cathedrali, lib. lxxij den. pro fenestris vitreis factis et fiendis in Palatio; et residuum pro necessitate Camere. (ARCHIVIO detto. Concistoro deliberazioni *ad annum* c. 17).

IACOMO DI CASTELLO.

1383.

Maestro Iacomo del vetro, chiamato a fare una finestra per l'altare di S. Vittorio nel Duomo di Siena. (ARCHIVIO DELL'OPERA METROPOLITANA DI SIENA. Libro nero c. 72).

IACOMO DI PAOLO (frate).

1497 18 Dicembre.

Frate Iacomo di Pavolo, frate di Sancto Domenicho, de'avere, a dì xxij di dicembre, lib. diciotto, sonno per una finestra di vetro fecie i nella sala dove mangiano la Signoria di verno: fu braccia 4, quarri 2, per lib. 4 il braccio. E die avere per raconciatura della finestra di Concistoro e per tre ochi di vetro, in tutto lib. una sol. sette. (ARCHIVIO DI STATO IN SIENA. Lib. debitori e creditori del Comune dal 1489 al 1499 c. 277).

LEONARDO DI MATTEO DA VOLTERRA (fra).

1442.

A frate Leonardo di Matheio di Guerriero da Volterra, frate di San Francescho da Volterra maestro de le finestre del vetro, lib. trentadue, e quali ebe per parte del pagamento de l'alogagione gli facemo dell'aconciatura delle finestre del vetro. (ARCHIVIO COMUNALE DI RADICONDOLI. Lib. dell'Amministrazione dell'Opera dal 1437 al 1455 c. 82).

1443 10 Dicembre.

A frate Leonardo da Volterra demo, a dì x di dicembre, lib. quaranta, per acon ciatura di quattro finestre del vetro, (Ivi, c. 95).

MARIANO DI PIETRO.

1475.

Maestro Mariano di Pietro fa le finestre del vetro. (ARCHIVIO DELLO SPEDALE DI SIENA. Conti correnti V 1474-1484 c. 78¹).

1477.

A Mariano del maestro Pietro vetraio sol. 10 per sua manifattura d'una finestra di vetro facemo aconciare lib. 7 a Mariano vetraio sonno per una finestra di vetro. (ARCHIVIO DI STATO IN SIENA. Compagnia di S. Bernardino, Reg. B. 39).

1482.

Mariano di *maestro Pietro vetraio, cioè fa le finestre di vetro.* (ARCHIVIO DELL'OPERA METROPOLITANA DI SIENA. Libro d. di un Leone c. 1).

MAURO (frate Gesuato).

1583.

E più L. otto, sol. O, contanti a fra Mauro di Santo Girolamo per sua mercede di due invetriate per le finestre della sacrestia. (ARCHIVIO DI STATO IN SIENA. Compagnia della SS. Trinità, Reg. C. I c. 209¹).

PAOLO DI MARIANO.

1475 28 Marzo.

A dì 28 di Marzo sol. quaranta e quagli detti chontanti a Pavolo di Mariano *istagnataio furono per tagliare e aconciare la finestra del vetro per detto d'Andrea di Iachomo d'Andreuccio al presente nostro Priore. L. 2, sol. —. (ARCHIVIO detto. Comp. di S. Giov. Batta detta della Morte. Reg. F. II c. 26¹).

PASTORINI PASTORNIO.

1548 (st. sen.) 20 Gennaio.

Pastornio che fane le vetriate, a dì 20 detto Lib. quatordici sol. — chontanti a lui li quali denari sonno per B.cta 2 di vetriata fatta a la finestra della sagrestia, come n'ò fede — L. 14, sol. —. (ARCHIVIO detto. Compagnia di S. Giov. Batta detta della Morte. Reg. E. IV c. 90¹).

Si ha altresì ricordo, nel libro dei Quattro Commissari per la venuta di Carlo V in Siena, che il Pastorino nel 1537 fece le vetriate per il palazzo preparato dalla Repubblica per ricevere l'Imperatore.

PIERO D'ARDENGO DA VENEZIA.

1380.

A maestro Piero d'Ardengho da Venezia, maestro di vetri, lib. sei per sua fadigha che cominciò una finestra di vetro e aitò a chominciare l'ochio del vetro. (ARCHIVIO DELL'OPERA METROPOLITANA. Lib. d'entrata e uscita ad annum c. 52¹).

Maestro Piero da Venezia che lavora di vetro che àne lib. x per venti dì che servì del mese d'Aprile a l'Uopera Sancte Marie a la mete e a chelo che bisognò. Ane dati lib. sei per uopare per achoncime di fare una finestra di vetro e ancho aitò à chonciare l'ochio del retro. (ARCHIVIO detto. Memoriale di d.° anno c. 46).

PIETRO DI GIOVANNI (frate).

1428 (st. sen.) 19 Febbraio.

Frate Pietro di Giovanni dell'Ordine di San Domenico die dare, a dì 19 di ferraio, Lib. otto, e quali gli dei per detto degli Operai del Battesimo per parte di certi fregi di vetro messi a oro per lo detto Battesimo. (ARCHIVIO detto. Memoriale d'Urbano di Ser Michele a c. 36¹).

RANIERI DI MAESTRO IACOMO.

1400.

A maestro Ranieri di maestro Iacomo del vetro, trentuna lib., dodici sol., per xxxviij dì e meso ch'à lavorato a fare le finestre del vetro al Duomo (di Siena). (ARCHIVIO DELL'OPERA METROPOLITANA. Libro del Camarlingo ad annum c. 70¹).

ROCCO DA REGGIO.

1560 11 Dicembre.

Spese detto scudi 60 e 10 pagati contanti a maestro Roccho de la valle di Reggio per acconciatura delle invetriate de la sagrestia e di quelle sopra i cori, e per haver fatto di nuovo una invetriata al pupulino (cupolino) di S. Giovanni e racconciate le altre, et di poi aver fortificato l'ochio de la Cena, di ferramenti et vetri rimessi che cascavano; e tutto d'achordo con il Magnifico mis. Azzolino Cerretani nostro dignissimo Operaio e il detto Roccho. (ARCHIVIO detto. Lib. d'entrata e uscita c. 3¹).

SANTI (frate Gesuato).

1570 (st. sen.) 2 Marzo.

E addì 2 Marzo L. quarantuna sol. 5: li medesimi ha auti di contanti il Rev. fra Santi dell'ordine de' frati Ingesuati di Santo Girolamo in Siena, sonno per fattura de la invetriata figurata de la Santissima Trinità sopra l'altare grande, e per fede de la verità si sottoscriverà il padre Santi di sua propria mano.

Io frate Santi detto di sopra confermo d'avere ricevuto quanto di sopra. (BIBLIOTECA COMUNALE SENESE. Compagnia della SS. Trinità, D. XI 18 c. 23).

26

Sebastiano (frate).

1463.

Al detto frate Sebastiano per parte della finestra di vitro della sacrestia in ducati tre larghi per mano di frate Matheo L. 15, sol. 18.

Item fino a dì detto per finestra di vitro per la sacristia L. quattordici sol. quattordici e per stoppa quando venne per acconciarla sol. 4 e per mano di frate Sebastiano prima L. cinque e sol. j e per lo telaio sol. 37 in tutto L. 21, sol. 18.

Ad Antognio Turamini per occhi cento quattro di vetro e per L. venti di vetri bianchi in piastra in tutto L. sei, sol. 19, den. 4. (Archivio di Stato in Siena. Carte di Montoliveto Maggiore. Reg. DX. c. 187, 189).

Tura di Ciaffone detto frate Giusto.

1309 (st. sen.) xxvj Febraio.

Ancho xiiij lib., xvij sol. A Tura chiamato frate Giusto per lo suo salario di trenta e cinque dì che stette a fare le finestre del vetro del Palazo a ragione di sei sol., e per vinti e nove dì che vi stette el suo discepolo a ragione di tre sol. el dì e detti dì fuoro del mese di gienaio e di febraio. (Archivio detto. Biccherna Lib. d'entrata e uscita ad annum c. 23t).

1321.

Item, Ture Ciaffonis quos dedimus in iiij flor. de auro pro parte sui salarij et opere, causa faciendi fenestras vitreas in Palatio Dominiorum Novem. (Arch. detto. Lib. d.t).

N.° 203.   1512 26 Agosto

Condotta del Cav. Lodovico da Milano *a suonare gli organi del Duomo di Siena.* (Archivio dei Contratti in Siena. Rog. di Ser Alessandro di Ser Francesco *ad annum*).

Anno Domini M. D. xij, indictione xv die vero xxvi mensis Augusti.

Sp.mi Viri magnificus Burghesius Petruccius, Iohannes Baptista Francisci de Guidonis et Georgius Pretiani de Vieris, tres operarii et commissarii Operae Ecclesiae Cathedralis Civitatis Senarum, deputati a Mag.cis Offitialibus Baliae Civitatis Sen., vice et nomine dictae Operae, titulo et causa locationis et condutionis, locaverunt et conduxerunt nobilem virum dominum *Ludovicum de Mediolano* Equitum et organi pulsatorem peregregium, praesentem et acceptantem, ad pulsandum et sonandum organum Ecclesiae Cathedralis predictae pro tempore unius anni proximi, incipiendi die prima Septembris proximi M. D. xii et ut sequitur finiendi.

Et cum hac conditione et pacto apposito in principio medio et fine presentis contractus, quod ipse magister Dominus *Ludovicus,* et non alii, teneatur pulsare et sonare dictum organum in dicta Ecclesia omnes dominicas et dies solemnes, et alii dies festivi ipse dominus *Ludovicus* teneatur mittere et constituere ad pulsandum dictum organum aliquem idoncum et bonum pulsantem qui ipsum pulset. Et hoc pro pretio et mercede ducatorum centum auri in auro largorum, in omne annum. De quo pretio duc. 100 Opera Cathedralis Ecclesie predicte teneatur dare et solvere ducatos septuaginta auri in auro largos, et residuum, usque ad summam duc. 100, debeat habere ipse Dominus *Ludovicus,* prout ordinatum fuerit, per Mag.^cum Burghesium Petruccium sub fide eius ipse D. *Ludovicus* stat. Quod pretium ipsi conductores dicti D. *Ludovici* solvere teneantur in quattuor paghis, videlicet quolibet ter menses quartam partem, et ab inde in antea etc. Quam locationem et condutionem et omnia et singula suprascripta, dicta partes sibi ad invicem attendere et observare promittunt sub pena et ad penam dupli dicte quantitatis etc. Quam penam etc. pro quibus ad invicem obligaverunt omnia bona presentia et futura dicta. Opera et bona omnia dicti D. *Ludovici,* Renuntiantes etc. juraverunt etc. et cum garantigia etc. rogantes etc.

Actum Senis in Bancho heredum Bonaventurae de Pinis, coram domino Dominico Neri de Placitis Equite et Ser Paulo Augustini Notario, omnibus de Senis. Ego Alexander olim Ser Francisci Notarius rogatus subscripsi etc.

N.° 204. 1512

I governatori della Repubblica di Siena dispensano dal servizio Giovanni di M.° Antonio *piffero di Palazzo perchè possa apprendere l'arte di costruire organi da maestro* Domenico da Lucca. (ARCHIVIO DI STATO IN SIENA. Concistoro, Scritture *ad annum*).

Iohannes magistri *Antonii* tybicen palatii Magnificorum Dominorum incepit adiscere artem faciendi organa, et nunc est prestita occasio consumandi quod incepit, cum sit conductus in Civitate Senarum ab Operariis Ecclesie Cathedralis dicte Civitatis magister *Dominicus Luchensis* (sic) excellens et archimagister dicte artis, a quo potest omnia adiscere si continue et assidue adsistat apud dictum magistrum *Dominicum,* et hoc facere non potest, quia ab his singulis diebus est obligatus Magnificis Excelsis Dominis Civitatis predicte exhibere operas suas ad sonandum, propter quod distrahitur ab opere incepto, et assidue non potest adsistere apud dictum magistrum *Dominicum*, et non potest perficere quod incepit. Quod pulcrum et utile est Reipublice habere egregios magistros in Civitate, qui sciant conficere organa: idcirco decreverunt ad hoc ut prefatus *Iohannes* possit liberius dicte arti incumbere et assidue adsistere apud dictum magistrum *Dominicum*, tam in Civitate Senarum quam extra, habeat salarium sibi ordinatum, et Camerarius Picherne teneatur, eidem temporibus ordinatis solvere dictum salarium, et vigore presentis deliberationis mandaverunt presenti camerario et futuris, quod psedictum salarium solvere dicto *Iohanni* non obstante quod non prestiterit operas suas in sonando prefatis Magnificis Dominis prout est obligatus. Et predicta omnia et singula decreverunt non obstante consuetudinibus stilis ritibus et usibus dicti Palatii Magnificorum Dominorum.

N.° 205.   1513 22 Dicembre

*Lodo dato in una controversia tra i monaci dell' Abbadia
di Monistero presso Siena e Ser Paolo di maestro Pietro,
a causa di un organo fatto per il Convento.* (ARCHIVIO
DEI CONTRATTI IN SIENA. Rog. di Ser Raffaello Costanti,
Filza 1, n.° 293).

In Dei nomine, Amen, Die XXIJ Decembris M. D. XIIJ.

Noi frate Laurentio di Niccolò di Magno dell'ordine de'frati
minori di Santo Francesco da una parte et Ser Francesco di
Tommasso rectore di Santa Maria a Tressa dall'altra, electi
et chiamati da le infrascripte parti come di sotto etc.

Conciosiacosa che Ser *Paolo* di maestro *Pietro* prete senese habbi fatto uno organo in nella chiesa de'monaci convento di Santa Iustina, chiamato Monistero presso ad Siena,
et che infra detto convento et Ser *Paolo* al presente sia lite
et diferentia, sonno d'achordo venuti a farne compromesso
d'ogni loro discordia come n'è roghato Ser. . . . . notaro
a la Corte del Rev.ᵐᵒ Arciveschovo di Siena et per lo detto
Ser *Paolo* lo fu chiamato el sopradecto frate Lorenzo, et
per li sopradecti monaci et convento fu chiamato el sopradecto Ser Francesco; et però noi frate Lorenzo per la parte
di Ser *Paolo* e noi Ser Francesco per la parte de'monaci
et convento di Monistero, arbitri electi a decidere ogni loro
diferentia giudichiamo e sententiamo come di sotto è scripto.

In prima giudichiamo e sententiamo che senza alcuna
exceptione el Convento et monaci di Monistero debbino dare
et paghare al sopradetto Ser *Paolo* per la factura di decto
orghano, ducati quarantacinque di moneta senese, cioè Ducati 45 di L. 7 per D.ᵗᵒ ad ogni sua volontà.

Item, perchè vi sono li registri che sonno mal composti,
condaniamo Ser *Paolo* dovergli rifare ad presso a li tasti
et che li monaci et convento sieno obligati darli ducati due
e mezo, cioè L. 17 sol. 10 di moneta senese.

Item, condeniamo detto Ser *Paolo* a dovere mantenere decto organo, come al presente, mesi vintiquatro; et che per la sua fadigha in decto tempo decti monaci e convento gli abbino a paghare ducati quattro d'oro senza alcuna exceptione. Et se caso fusse che detto orghano si guastasse per difetto de' monaci vadi sopra di loro, cioè vadi a loro spese et detti ducati quattro decti monaci gli habbino a paghare forniti detti due anni, cioè ogni anno due ducati. Et per fede de le cose sopra decte io Ser Francesco di Tommasso uno di decti arbitri ho fatto la presente scripta el lodo con volentà di frate Lorenzo et in sua presentia et così per confermare quanto di sopra è decto, si sottoscrivarrà di mano propria adfermando e giudicando et lodando, come di sopra è detto, questo di 22 di dicembre 1513.

Et io frate Lorenzo sopra decto confermo, giudico, lodo e consentio quanto di sòpra è scripto, et in fede mi so sottoscripto di mia mano propria questo dì 22 di dicembre 1513.

Item, giudichiamo e lodiamo ch'el paghamento che hanno a fare li monaci a Ser *Paolo* sia in questo modo cioè, che al presente, cioè infra dieci dì, gle n'abbino ad dare la metà et l'altra metà per tempo di mesi quattro, cioè il pagamento de li 45 ducati, et ogni cosa voliamo s'intenda a buona fede e senza fraude: et così io Ser Francesco sopra decto ho aggionti questi versi e così decto frate Lorenzo si sottoscrivarà di così essere contento.

Et io frate Lorenzo confermo el sopra decto capitolo.

Item, voliamo che la promessa che Ser *Pavolo* haveva data de le robbe riceveva non riuscendo el lorghano sia liberate, ma solo voliamo sia oblighato decto Ser *Pavolo* e così noi Ser Francesco et frate Lorenzo habbiano aggionti questi versi.

N.º 206.   1514 1 Dicembre

Papa Leone X fissa in cinque ducati al mese, il salario di maestro Giovanni Barili *intagliatore senese per i lavori della fabbrica di S. Pietro in Roma.* (ARCHIVIO VATICANO. Vol. I *dei Diversorum di* Paolo II).

Dilecto filio magistro *Iohanni Barilla* (sic) senensi, modelli fabrice nostre Sancti Petri centinarum similiunque rerum que ad directionem eiusdem fabrice pertinent, operatori atque magistro, salutem in Domino. Confisi etc. cupientesque ut de arte tua ad fabricam nostram beati Petri Apostolorum principis necessaria sunt fideliter peragantur, presentium tenore illarum rerum operarium atque magistrum cum salario quinque ducatorum auri de Camera quolibet mense facimus etc. Datum Rome apud Sanctum Petrum.

Die primo decembris MDXIIII.

R. Cardinalis S. Marie in Porticu.

NOTA

Nello stesso Registro dell'Archivio Vaticano si trova anche questo mandato che lo riguarda :

Philippo de Stroziis et sociis, depositariis nostri generalibus, mandamus quatenus, visis presentibus, omni mora cessante, omnes et singulas pecuniarium summas in vestris manibus esistentes et ad Perissonem Mille Villes in Capella nostra Cantorem occasione salarii sui spectantes, apud nos depositatas cuidam Iohanni Barille *magistro lignario, pro construtione nonnullarum cathedrarum seu scannorum capelle nostre parve, distribuatis et consignetis.*

Nei libri dell'Opera Metropolitana di Siena, sotto la data 20 Agosto 1507, leggesi questo ricordo dei lavori fatti da *Giovanni Barili* nell'altare maggiore.

A Giovanni di Barile, *Lib. quattro, sol. dieci contanti sonno per B.ᶜⁱᵃ 25 di basa e cornicie a suo legname per detto ornamento.*

A Giovanni di Barile, *a dì detto, Lib. sei sonno per detto di Paolo di Vannoccio, disse erano per aver fatta l'entrata del choro detro a l'altare magiore del Duomo.* (ARCHIVIO detto. Lib. d'entrata e uscita c. 52, 53).

N.º 207.   1515 18 Giugno

*Lettera del Duca di Piombino a Lorenzo de'Medici in rac-
comandazione di* Giovanni Antonio Bazzi *detto il* Sodoma *che si recava a Firenze per far correre al palio
i suoi cavalli.* (ARCHIVIO DI STATO IN FIRENZE. Carteggio
Mediceo privato, Filza n. 114 c. 191).

Magnifice affinis hon. Lo presente exhibitore serà *Ioan
Antonio di Averzé* mio servitore, quale viene costì per far
correre sui cavalli, et per lo amore che io gli porto et desiderando suo honore, mi è parso accompagnarlo con le presenti mie a V. M. pregandolo strectamente voglia esser contenta ad mia complacentia prestargli quello favore et auxilio
li fusse opportuno, che certamente ogni piacere seria facto
al prefato *Ioanni Antonio* lo reputerò facto alla mia propria persona, et così ne resterò con particular obbligo a
V. M. alla quale, in simile et major cosa, mi offero sempre
paratissimo, e a quella mi raccomando. Plumbini *xviii* Iunii M. DXV.

                          Come fratello di V. M.
                          Lo Signore di Piombino.

(Direzione) Magnifico affini honor. Laurentio de Medicis,
Florentie.

N O T A

Per meglio illustrare questa lettera diamo alcune note dei cavalli che corsero palii
in Siena dal 1512 al 1514, ricavata dai Bastardelli degli ufficiali di Biccberna a cui
spettava di soprintendere alle corse. In queste note vi son pure ricordati i cavalli
del Sodoma.

1512. *Equi currentes per festum Sancti Ambrosii.*

Bartolomeus Salimbenis de Panciaticis de Pistorio — *Unus equs baius obscurus
cum media stella in fronte fregiatus ex retro, more turchescho* — *Ragazus,* Cha-
rolus Laurentii de Prato.

Magnificus Capitaneus Custodie — *Unus equs saurus cum pilis albis per dorsum
sfacciatus sfregiatus* — *Raghazius vocatus,* Spera in Dio, *alios* di porta a chassa.

Augustinus Bardi — *Unus equs morellus meletiutus cum quadam muschetta
alba in fronte* — *Ragazius,* Fallattuti di pizaglia.

Symonettus de Cortonio — *Unus equus baius clarus sfacciatus balzanus pedis sinistri ex latere retro* — *Ragazius*, Spera in Dio et nostra Donna.

Sodoma — *Unus equus leardus pomellatus sfregiotus* — *Ragazius*, Tempestinus de Modana.

Item, unus equs leardus sardus sfacciatus moschatus in testa — *Ragazius*, Bettus de Viterbio (ARCHIVIO NOTARILE DI SIENA, Bastardello dei Quattro Provveditori di Biccherna, nelle carte di Ser Alessandro Della Grammatica not.).

Corsa del 30 di Marzo 1513 (?) per la festa del B. Ambrogio Sansedoni.

Marchese di Mantua — *Unus equus armellinus iuvenis.*

Item, unus equus dictus Ciamarone baius sfacciatus.

Domini Camerini — *Unus equus armellinus vetus.*

Magnifici Capitanei — *Unus equus baius dictus Rubicone sfacciatus* — *Ragazius*, Battaglinus porta el palio a casa.

Reverendissimus Cardinalis de Pertucciis — *Equus leardus sfacciatus cum + in facie destera.*

Item, unus equus baius sfacciatus.

Del Marchese della Sassetta — *Unus equus signatus rubeus.*

Augustini de Bardis — *Unus equus morellus cum fregio* — *Ragazio*, Ha paura di essere l'ultimo.

1513. *Inferius describentur et notabuntur omnes et singuli* barbari *qui current bravium in festo sancte Marie Magdalene. In primis.*

Marchio Mantue — *Unus equus leardus sfregiatus borchardus de Marchese Mantuae* — *Luchas Calchagnius* — Che non può manchare, *Ragazius.*

Capitaneus Platee — *Unus equus pili bai sfacciatus sfregiatus cum signo -F in cossia* — Porta el palio a casa, *Ragazius.*

Reverendissimus Cardinalis de Petruccijs — *Unus equus leardus pomellatus sfacciatus cum -F in pede dextero et in facie dextera* — Scharamuccia, *Ragazius.*

Eiusdem — *Item unus equus saurus sfacciatus cum + in cossia dextera* — Vinceguerra, *Ragazius.*

Ducis Urbini (poi cassato) — *Unus equs pili bay sfacciatus sfregiatus et balzanus pedis sinistri* — Vulpinus *Ragazius.*

Ducis Urbini — *Unus equs leardus pomellatus in ribeo cum + in massella dextera cum graticula in spina* — Spera in Dio, *Ragazius.*

1513. *Inferius describuntur omnes et singuli* barbari *qui current bravium in festo sancte Marie Augusti.*

Armellino giòvano
Armellino vechio } Marchionis Mantue.

Baius Rubicone — Magnifici Capitanei platee.

Equs leardus sfacciatus cum
   signo + in face dextera } Reverendissimi Domini Cardinalis.
Alter equs baius sfacciatus

Equs sagginatus rubeus — Marchisio Sassette.

Equs morellus — Augustini Bardi.

Equs leardus — Sodome.

Die xxx Martii M. D. xxiij.

Inferius describentur et notabuntur omnes et singuli barbari currentes bravium Sancti Ambrosii.

Simonetti de Cortonio — *Unus equus baius... balzanus in pede retro et sfacciatus* — *Ragazzius*, Porta accasa.

Reverendissimi Cardinalis de Petrucciis — *Unus equus leardus pomellatus cum cruce ignea in fronte* — *Ragazzius*, Vulpinus.

Magnifici Capitanei Platee — *Unus equus leardus muscatus* — *Ragazzius*, Sprone
di gallo.

Francisci de Petrucciis — *Unus equus baius cum stella in fronte sfacciatus in
ore* — *Ragazzius*, Non volevo, cianciavo.

Raphaelis Tegrimi de Lucca — *Unus equus leardus pomellatus moscatus balzanus ante et retro. Ragazzius*, Gattivello.

Soddome — *Unus equus leardus moscatus* — *Ragazzius*, Batista.

Soddome — *Unus equus morellus* — *Ragazzius*, Betto.

Crediamo che la seguente condanna del 18 Agosto 1514, inflitta al Sodoma dai
Quattro Ufficiali di Biccherna, non sia estranea a queste corse.

Item decreverunt citari cum cedulis et sub pena lib. 25 den. Iohannes Antonius
alias Sodoma *quod per prima ora iuridica comparire debeat legitime coram eis.
et conmiserunt Io. Batte nunptio, qui retulit citasse die xxij augusti.*

Die xxiij augusti, dicti Domini Quatuor visa inobedientia dicti Iohannis Antonii *decreverunt condemnari et condemnaverunt etc.*

*Die vj octubris. Et decreverunt concedi capturam Bargelli realiter et perso-
naliter* Iohannis Antonii *alias* il Sodoma *pro libris xxv den. pro condemnatione
inobedentie jam facte.*

N.º 208.　　　　　　　　　　　　1515 31 Luglio

Atti nella vertenza agitatasi tra Lorenzo *di* Mariano, *detto
il* Marrina *e la Compagnia di Fontegiusta di Siena per
il pagamento dell'Altare maggiore di quella Chiesa.*
(Archivio di Stato in Siena. Giudice Ordinario. Atti civili *ad annum*).

Coram vobis.

Magister *Laurentius* olim *Mariani,* schultor senensis, nomine suo proprio et pro suo interesse, nec non vice et
nomine *Michaelis Cioli* de *Ciolis* de Settigniano comitatus
Florentie scharpellinarii, dicit et exponit, qualiter de anno
Domini 1509, die vero 3 decembris, vel alio veriori tempore,
prelibati magistri *Laurentius* et *Michael* in allocatione ac-
ceperunt et conduxerunt ad *(sic)* capitulo et fraternitate
eclesie sancte Marie in Portico civitatis Senarum, et eius operariis ad faciendum et construendum cappellam principalem
dicte eclesie de marmore, secundum desingnium factum per
eos et subscriptum a dittis magistris *Laurentio* et *Michaele,*
cum quibusdam pattis, modis et conditionibus et capitulis,
de quibus et pro ut constat per scriptam manu Georgii

Nicholai Georgii, unius ex dittis operariis, scriptam et ad dittis partibus subscriptam, ac etiam costat instrumentum manu per Iohannis olim Cristofori de Iohannellis notarii publici senensis vel alterius publici notarii.

Dicit etiam quod preditti fraternitas et operarii non observaverunt prefatis magistris *Laurentio* et *Michaelli* conventiones et pacta inter eos initas et inita, et maxime in satisfaciendo eisdem de pretio et salario conventis et eorum famulis et scarpellinariis pro perficendo dittam cappellam, licet pluries requisiti a prenominatis magistris *Laurentio* et *Michaelle*, adeo quod prefati magister *Laurentius* et *Michael* pro gubernando et alendo sese et eorum familiam fuerunt coatti conducere etiam alias operas in grave damnum devenire ad aliquam electionem alicuius hominis pro extimatione predicta, et hoc omni meliori modo ecc.

Presente domino. Francisco Vannino procuratore predictorum.

NOTA

L'altare della chiesa di S. Maria in Portico, altrimenti detta di Fonteguista, non era terminato nel 1519 come leggesi nella seguente deliberazione ricavata da alcuni bastardelli, riguardanti quella Compagnia, oggi conservati nell'Archivio Notarile senese tra gli atti di Ser Alessandro Della Grammatica.

1519. 28 ottobre. *Fu ottenuto* (dal Capitolo della Compagnia) *sopra del Bambino che ha andare alla Cappella, quale ha nelle mani Lorenzo scarpellino, che sia rimesso in messer Mariano di Paolo di Berto d'essere con Lorenzo scarpellino e vedere se il Bambino si può havere o no, et in che modo si può havere.*

Giorgio Giorgii consigliò et dixe sopra della proposta facta che tuttora che Lorenzo scarpellino (sic) *la casa habbi alogare ad finire della Cappella, che non si debbi et possi allogare ad altri; dummodo lui la habbi ad fare per quel pregio che la farebbe un altro, quale allogagione ecc. Che se mai per alcuno tempo la Cappella si habbi ad allogare ad fruire, per il pari preso che la facessi un altro, s'intenda allogata a maestro Lorenzo et non ad altri: et questo habbi effetto dando lui il Bambino del marmo alla casa, di fatto quale lui ha promesso e non altrimenti.*

Il Marrina lavorò alcune cose anche per la Compagnia di S. Girolamo in Siena e ne fa fede il pagamento che qui pubblichiamo.

1502/3. Lorenzo di Mariano *scharpellino de'avere: Ricordo come oggi questo dì xiiij di Gennaio gli abiamo alloghata la chornice de la seconda volta architrave et fregio a tutte sue spese, portandogli noi e legname per li ponti; bella et ripulita a similitudine di quella della prima, per L. xviij el braccio.*

A dì xj di Magio 1501 misuramo detto lavoro fu B.ª 34, monta L. trenta sol xij.
(ARCHIVIO DI STATO IN SIENA. Carte della Compagnia di S. Girolamo, Reg. B. II, c. 10).

Di uno dei suoi lavori in terra cotta, citati dal comm. Milanesi, diamo la quietanza conservata nel Reg. B. XXX, Carte del Monastero di S. Caterina e oggi conservate nell'Archivio sopradetto.

1517. 18 Luglio.

Fassi fede per me Lorenzo di Mariano *scarpellino chome ogi, questo dì, ò ricevutto L. quindici da Chonte Buonsignori, e' quali den. à dati a me Lorenzo e sonno per parte di arra di L. vintiquattro per due... che io ò avere d'una mesa Sancta Caterina di terra cotta la quale ò a fare per le Povare del Paradiso.* Lorenzo di Mariano *iscarpelino L. 15. sol. 0.*

Di altri lavori di terra cotta fatti per queste monache se ne darà a suo luogo il documento.

N.º 209. 1518 3 Maggio

Lettera di Gio. Antonio Bazzi *detto* il Sodoma *a Francesco Gonzaga Duca di Mantova, con la quale offre al Duca una sua pittura.* (ARCHIVIO DI STATO IN MANTOVA).

Illustrissime Domine Domine. mi Colendissime salute. Passando pochi giorni fa per Siena andando a Roma il Signore Aloisi, el fratello parente di V. Ill. S., degnandosi advenire alla mia stanza, andando per il giardino a spasso gli dissi che harei desiderio che quella havesse qualche memoria di servitù de l'opere mie. Lui mi disse che facendo un quadro con una Donna et col Puttino et San Francesco, vi sarebbe graditissimo. Harei caro meglio intendere se altro desiderio Quella havessi, et in questa state, Deo favente, verrò a visitare V. Ill. S. et porterò meco il decto quadro. Feci una Lucretia per V. Ill. S. et venendo a presentarla a quella fu veduta in Fiorenza dal Magnifico Giuliano, et fui sforzato a lassarla. Priegho V. Ill. S. si degni infallanter un minimo verso farmi intendere il desiderio di Quella, et io sempre sono prontissimo a piacere di Quella: la quale Dio lungho tempo feliciti.

E. D. V. S. Die *iii* Maii *mdxviii.*

Io. Antonius Sodona (sic) Eques, Senis.

(Direzione) Ill.ᵐᵒ D. D. Francesco de Gonzaga Marchioni Mantue Domino suo observantissimo. Mantue.

N.° 210.   1518 30 Luglio

Domenico *di* Iacomo Beccafumi *e* Salvadore *di* Filippo *pittori lodano intorno ai lavori fatti da* Iacomo Pacchiarotto, *pittore, nella chiesa di S. Maria a Tressa presso Siena.* (ARCHIVIO DEI CONTRATTI IN SIENA. Rog. di Ser Francesco Figliucci n.° 996).

Al nome di Dio, a dì treta di luglio 1518.

Io *Domenicho* di *Iachomo* dipentore et *Salvadore* di *Filippo* dipentore, omini chiamati, et cioè; el detto *Salvadore* chiamato da *Iacomo* di *Bartolomeo Pacharotto* da l'una del parti, et *Domenicho* chiamato da Bernardino detto el Quattordici dall'altra parte, a stimare una chapella in Santa Maria a Tressa chor una nostra Donna chol suo figliolo in chollo chon santo Rocho da uno chanto et santo Antonio dal altro, del boscho, la quale opara troviamo non n'esare difetto dei dipentore, la quale chapella giudicho, chol detto lavoro et in nome di prezo, lire trenta a ogni sue spesse dipentura, chom questo giudichiamo che dèssi rifare e el manto di nostra Donna azurro et rifare in modo che stia bene..

Io *Domenicho* sopra detto ò scritto questa di propia mano.

Et io *Salvadore* di *Filipo* dipentore sopra deto ora fermo quanto di sopra si chontiene.

Anno domini 1518 Iudictione 1ª die vero trigesima Iulij.

N.° 211.   1518 3 Ottobre 1526 21 Giugno

Spese fatte per la costruzione della chiesa di S. Maria di S. Biagio presso a Montepulciano, architettata da Maestro Antonio da Sangallo. (ARCHIVIO COMUNALE DI MONTEPULCIANO. Libro delle spese della detta Fabbrica, n° 1).

1518, ottobre 3.

A Maestro *Antonio* architectore, citadino fiorentino, per uno mese vene quando si edifichò la detta chiesa, sulla quale dacordo à ricevuto da noi operai della chasa delle limosine, in tucto Lire 56.

1519, febbraio 13.

A dì 13 di feraio 1519.

Sia noto e manifesto a qualunque persona legiarà la presente scripta, chome ogi in questo dì detto di sopra, io Benedetto di mess. Chone proposto e Pier Antonio di Giovanni e Papo di Domenicho di Papo, Micalangnilo di Lorenzo e Chola del Roso da Gratiano, et in nome di tuti i nostri e magiori chompagni alogaremo a Maestro *Pietro da Sitigniano* tucta quella quantità di pietre di banbasamenti (sic), pietre della porta, cholarini, pietre femine cho le rivolte e basamenti tondi delle pietre, delle cholone e altre pietre se ci bisogniasero, e tute intendendosi quante a noi sirà di bisongnio et quanto a lui potarà cavare, per prezo e nome di prezo, li basamenti, a soldi dieci el bracio a bracia andanti; per pietre della porta a soldi dieci el bracio, misurando pezo per pezo; per le pietre femine, colarini e reguli et pietre da colore, tucte a soldi otto el braccio a braccio quadro; intentendosi darci le sopra dette pietre buone ricipienti, abozate a uso di buono maestro d'arte alla cava di santo Alvino di Nicolò di Dumo, misurandole però alla Madona ongni sabato e sera. Et in caso che alcuna ne fusse che non fussi el bisongnio nè ricipienti, el detto Maestro *Pietro* è chontento di farci buono la vetura di quello montasero, et con questi pacti che ongni sabato e sera che sirà misurate le pietre per lui a noi date, c'obrighiamo pagarlo et farli el débito. Et se in chaso che alcuna cosa volesero delle nostre robe, sia obligato noi (sic) a dargliele; et volendogli dare grano o altre cose, che a lui avesse di bisongnio, sia obrigato a pigliarle per quello prezo siremo dacordo. Et in questa alocatione s'intenda *Gunta da Sitigniano* suo compagnio, intendendosi obrigato ongniuno per el tuto, e un pagamento bastando. E per questo fare reservare obrigammo l'uno a l'altro, l'altro a l'uno, nostri heredi e beni presenti e futuri, renunziando a ongni legge, statuto che per noi facesero: presenti e testimoni, prete Antonio de l'Arcipretura, e Maestro *Iuliano* scarpelini e quali qui di sopto si sottoscrivarano di loro propria mano, ano e mese, dì detto di sopra.

Io prete Antonio foi a la presente scritta.

Io *Guliano* sono testimone quanto di sopra si chotiene.

1519, febbraio 17.

(Gli operai di S. Biagio danno a fare una fornace di mattoni ad alcuni màestri del contado di Como).

1519, maggio 10.

Maestro *Antonio da Sangallo* nostro architectore deia avere per suo servito d'uno mese, a ducati tre e mese, monta L. 21.

1519, giugno 11.

Al nome di Dio, amen. A dì 11 di giugno 1519.

Sia noto e manifesto a qualunque persona leggierà questa presente scritta, come oggi questo di detto come Tomasso di Nicolò di Papo di Mino e Lonardo di Francesco d'Agostino e Mangiardino di Giovanni di Mariotto, e Bastiano di Paolo di Morello asente niente di mancho, di sua comissione al presente operari dell'Opera della gloriosa Virgine Maria di san Biagio da Montepulciano, in detto nome alluogano e danno a fare a Maestro *Michele di Meio da Fichine* al presente continovo abitatore della terra di Montepulciano scharpellino, e a Maestro *Piero* di *Giuliano* di *Pippo* di *Settignìano* scharpellino e a ciascheduno di loro in tutto e di per se a fare tutto el concio delle pietre andaranno in nella metà della detta chiesa, cioè dal canto in verso Montepulciano, cioè la metà della porta e la metà della tribuna, cioè per l'altezza per fino sotto a'capitegli delle colonne in giù; con questi patti e modi e conditioni, ch' e' detti maestri abino avere per loro mercè, fatiga e magisterio, in prima del braccio delli stipiti delle parte di dentro e di fuore, lire cinque e soldi dieci di denari per ciaschuno braccio andante, misurando da piei infino da capo per quello faranno detti maestri, tanto di dentro quanto che di fuore.

Item, abino ad avere delli imbasamenti soldi quaranta per braccio andante.

Item, abino ad avere del concio delle pietre femine, cioè misurando a braccio quadro, sol. dicennove per braccio.

Item, delle colonne debino avere sol. trenta per braccio, cioè colonne tonde, misurando a braccio quadro.

Item, di tutte l'altre pietre bisongniassero in detto lavoro, le quale non sonno chiarite in detta scritta, abino a essare pagati per quella estima serà facta per due maestri a chiamarsi per le due parte.

Item, ànno di patto che tutte le dette pietre di qualunque ragione bisongniasse in detto lavoro, detti maestri siano obrigati cavarle a una cava di Santo Alvino a ongni loro spesa e costo, e' detti siano obrigati condurle e farle condurle in su lavoro a le spese di detta Opera.

Item, siano obrigati detti maestri scarpellini fare tanto lavoro che fornischino due muratori acciò non abino a perdare tenpo, e tenere in detto lavoro almancho dieci scarpellini. E contrafacendo per ongniuno che mancasse cagino in pena di fior. quaranta per uno; la qual pena l'abia a ritenere del loro salario.

Item, detti maestri l'abino a cavare e da Bogona a la cava a tutte loro spese.

(Seguono le consuete obbligazioni reciproche, dove nulla è di notevole. La scritta fu fatta « in nella chiesa nuova della Vergine Maria di San Biagio » presenti i testimoni ser *Mariotto* d'*Antonio*, *Stefano* di *Giovanni* e *Beneforte Tarugi* che la sottoscrissero).

1521, gennaio 15.

« Maestro *Maso da Settigniano* chapo maestro di'avere, che faciemo conto e mesuramo el suo lavoro fatto e murato e pietre non fornite a la Madonna e a la chava e al piano di Chagniano, perfino al 9 di luglio 1520, chè fu vetato el murare da'nostri Signori Fiorentini. E prima dino (sic) avere per braccia mille trecento quattro di pietre serene, a ragione di soldi ventidue e braccio quadro, montano. L. 1439, sol. 8.

E più dino avere per braccia cento trenta di pietre serene lavorate non finite, d'achordo, lire cento trenta tre. L. 133.

E più dino avere per braccia ottantuno di pietre serene abozate, a sol. otto el braccio, montano. L. 32, sol. 8.

E più dino avere per braccia vinti cinque ¹/₃ di stipiti di le porte, a ragione di lire cinque, sol. 10 braccio, montano L. cento trenta nove, sol. 6. L. 139, sol. 6.

E più di'avere per braccia cento diciotto di cholonne tonde a ragione di L. una, sol. dieci, braccio quadro, montano L. 177, sol. —

E più di'avere per braccia trenta nove di basamenti drento e fuore, a sol. quaranta, montano lire settantotto. L. 78 sol. —

E più di'avere per braccia quaranta di chollarini a sol. vinticinque el braccio, che so' chari, montano lire cinquanta. L. 50, sol. —

E più di'avere per due chapelle fatte, cioè imbasamenti, pitaffii, zochuli, reguli, basette e meze cholonne e nichi, lire ottanta l'una, montano. L. 160.

E più dino avere per tre cholonette e menbretti e quattro nichi, in tutto lire ottanta, cioè L. 80, sol. —

E più di'avere per braccia cinquanta quattro di cholonne tonde abozate, a sol. dieci braccio, montano lire vintisette. L. 27, sol. —

E più di'avere per otto cholonne abozate da chapella, a ragione di lire quattro, soldi 3, den. 6 l'una, d'achordo lire trenta tre, sol. dieci. L. 33, s. 10.

E più di'avere per tre chapitegli sopra le cholonne di le chapelle, uno finito e dui non finiti, d'achordo, lire otto. L. 8, sol. —

E più di'.avere per braccia sette e due terzi di schaglioni vanno sotto le banche, d'achordo lire otto. L. 8, sol. —

E più di' avere per braccia nove di banche finite, a soldi trenta braccio, montano lire tredici, sol. dieci. L. 13, sol. 10.

(Riporto a capo di pagina).

Maestro *Maso*, el *Palaia* e *Nichola* chapi maestri e scharpelini dino avere per una ragione di rimpetto, cioè L. 2374, s. 2?

E più dino avere per braccia sei di cholarini di le banche, a sol. vinti cinque braccio, montano lire sette, sol. dieci. L. 7, sol. 10.

E più dino avere per braccia dieci di chollarini abozati, a sol. dieci braccio, montano lire cinque. L. 5.

E più dino avere per braccia quattro ¹/₄ di banche abozate, a sol. quindici, che montano d'achordo, lire tre. L. 3, sol. —

E più per la porta di macignio in de la sagrestia d'achordo, lire vinti nove, cioè L. 29, sol. —

E più per braccia cinquanta sei ²/₃ di chornice di macignio sotto le volte di la sagrestia, d'achordo lire sessanta.

E più dino avere per quaranta due schaloni di macignio di la chiocciula, d'achordo, lire cinquanta nove.

E più dino avere per diesette pezi di lastroni di macignio sopra la chiocciula, d'achordo, lire quattordici.

E più dino avere per braccia dieci e mezzo di stipiti d' una porta dietro sagrestia, d'achordo, lire nove.

E più dino avere per tre finestre di tevertino in di la sagrestia, d'achordo, lire cento vinti.

E più dino avere per una chornice abozata e una rotta, di braccia cinque, d'achordo, lire tredici.

E più dino avere per due chardinali abozati e molte altre pietre erano a la chava al piano di Chagniano, d'achordo, lire cento vinti, sol. cinque.

E più dino avere per acrescimento di le cholonne tonde, d'achordo. L. 29, sol. 10. »

1521, febbraio 12.

« Maestro *Maso* e *Nicola* suo fratello da Settengniano
e 'l *Palaia* di ditto luogo, chonpagni e chapi maestri..... dino
dare lire seicento trenta tre, sol. tre, e quali sonno pietre
che lo' rendemo quando ci fu proibito el murare da' nostri
Signori Fiorentini per qualche mala lingua, e per grazia de
la Madonna in chapo di tre mesi ci dero licenzia, e resti-
tuimogli dette pietre che ce le eravamo prese per detto
prezo, cioè pietre lavorate, finite e non murate, abozate e
non abozate, erano a la Madonna, a la chava e al piano
di Chagniano, d'achordo, lire 633, sol. 3.

Maestro *Maso* e compagni di rischontro dino avere, che
mesuramo e facemo conto a dì 9 dicenbre 1520, per braccia
ottocento 13 di pietre femine lavorate e murate, a ragione
di sol. 22 braccio, quale ci fu (sic) *Pieragnilo* di *Iacomo*,
lire 894, sol. 6.

E più dino avere detto per braccia cento sessanta sette di
cholonne tonde lavorate e murate, d'achordo, lire 285, sol. 10.

E più dino avere detto, mesuramo braccia trenta due e mezo
di stipiti di porte a ragione di lire cinque, sol. dieci braccio,
montano L. 178, sol. 15.

E più dino avere per cholonne quattordici di le chapelle
chol chapitello, a ragione di lire quattordici l'uno, montano
lire 156.

E più dino avere per due chapitegli andaro sopra le cholonne di le chapelle, d'achordo, lire 8.

E più dino avere per otto menbretti per riquadrare le
chapelle, d'achordo, lire 34.

E più dino avere per braccia quaranta due di menbretti
vanno a chanto a le cholonne grandi, d'achordo, lire 24.

E più dino avere per dodici tondi vanno sopra i nichi,
d'achordo, montano lire 36.

E più dino avere per quattro chapucci vanno sopra, e quali
fece per *Michele* scarpellino, d'achordo, lire 32.

E più dino avere per due chardinali di la prima porta, e quali ànno a finire alloro spese, d'achordo lire 112.

E più dino avere per due cardinali finiti, a ragione di lire cinquantasei l'uno, montano d'achordo lire 112, de'quali due architravi se ne roppe uno e non fu buono.

E più dino avere lire vintotto per lavoratura d'uno architrave, lo bozò el *Gagliardo*. »

1521.

« *Domenicho* di *Francesco* di le Ferriere di dare, che a dì 29 di marzo, per once dicciotto ³/₄ d'ariento rotto, fondato el quale, ditto Tommaso di Niccolò operaio, dissero volere fare una corona a la gloriosa Vergine Maria da San Biagio, e quello avanzarà dissero arecharcelo e rendarlo.

E più ànno auto, a'dì 17 di maggio, once 2 d'argiento per fornire ditta chorona, pesò Tommaso all'orafo; furo annella e bottoni: promesse maestro *Vangnilista* di *Giachopo* e *Betto* d'*Antonio* di *Mecho* di *Nardo,* a la state pagare, once 2.

. . . .

Ànno dato ditto dì, once una e mezo d'argiento rotto, e quale si è messo in ditta chorona. »

1526, giugno 21.

« Sia manifesto come sotto dì 13 di settembre 1525 facemo patto con *Baccio* d'*Aghirone* e *Palaia* e *Benvenuto* scharpelini, di due archi, cioè uno sopra la Madonna e uno in mezo a la chiesa, con quella mostra che s'è fatta, per prezzo di ducati cento trenta sei l'uno, a lire sette per ducato di moneta corente; e'abino a fare una menzula, a disegno di maestro *Antonio da Sangallo,* e dare dette pietre murate a spese dell'Opera, cioè la muratura: e non prima s'abino a pagare.

Item, siamo d'achordo per qualunque caso intervenisse, ci salviamo la metà di lavoro. »

N.º 212. 1518 3 Maggio

Lettera di Giovanni Antonio Bazzi *detto* il Sodoma *a Alfonso Duca di Ferrara.* (ARCHIVIO DI STATO IN MANTOVA).

Illustrissime Domine Domine, mi Colendissime, post humilem Comendationem. Salute. Questa per fare intendere come già tempo fa, essendo io con la Santità di Papa Leone a Fiorenza, il vostro Ambasciadore mi dette commessione per Vostra S. dovessi fare un San Giorgio a cavallo quando amazò la vipera, unde io l'ho fatto et tengholo ad instantia di quella. Pochi giorni fa, non longe da Siena, a caso trovai lo spetiale della Colonna ferrarese vostro famigliare et a lui dissi il tutto, come detto quadro sta a requisitione di quella. Et lui disse dirlo a V. Ill.ma Signoria.

Spero in questa estate conferirmi per infino al Marchese di Mantova perchè gli ò a fare certi quadri, et per adventura verrò per infino a visitare V. Ill.ma S. et porterò meco il decto quadro. Priegho quella se havessi intento d'altra cosa..... sandomene (?) un minimo verso mi sarà gratissimo per fare cosa che piaccia a V. Ill.ma S. alla quale humilmente mi raccomando, et Dio quello, lungo tempo feliciti.

E. D. S. V.

Die iij Maij M. D. xviij

   Ill.mo Domino Domino Alfosio de Este Duce
   Domino suo observandissimo

  Io. Antonius Sodona Eques Senis (?)

(A tergo) Ferrarie
  Ferrarie

N° 213. 1518-1532

Nota delle spese commesse per le pitture dell'oratorio della Compagnia di S. Bernardino in Siena. (ARCHIVIO DI STATO IN SIENA. Carte della detta Compagnia. Reg. C. III. 39).

X° M. Dxviij.

Le istorie di nostra chompagnia diem dare, addì ultimo di dicembre, duc. otto si fanno buoni per loro a *Girolamo* di maestro *Giovanni* dipentore per la istoria de l'Angiolo che annunzia la Vergine, a Lui in questo c. 41. d. 8. L. lvj, sol.

El dì, duc. dieci si fanno buoni per loro a *Girolamo* detto, che sonno per la sua manifattura de la istoria de l'Anunziata, a lui in questo c. 41. . . . . d. 10. L. lxx, sol.

El dì, duc. venticinque faci in buoni per loro a *Girolamo* detto, sonno per sua manifattura de la istoria de l'Annuntiata de la Vergine fatto è più dì fa, e sonno a lui in questo c. 41 . . . . d. 25. L. clxxv, sol.

El dì, duc. trenta fecian buoni per loro a *Domenicho* di *Iachomo* di *Pacie* dipentore che sonno per la sua manifattura de la istoria de lo sponsalitio de la Vergine Maria, in questo c. 41 . . . . d. 3. L. ccx, sol.

El dì, duc. trenta si fanno buoni a messer *Giov. Antonio* detto *Soddoma* per sua manifattura de la istoria de l'oferta del tempio de la Vergine Maria, fatta più dì fa, in questo c. 42 . . . . d. 30. L. ccx, sol.

El dì, duc. trentacinque si fanno buoni a messer *Giovannantonio* detto, che sonno per sua manifattura de la istoria de la 'ncoronazione de la Vergine Maria, fatta più dì fa, in questo c. 42 . . . . d. 35. L. ccxlv, sol.

El dì, duc. trenta si fanno buoni a *Domenicho* di *Iachomo* di *Pace* dipentore da Siena per sua manifattura de la istoria del Transito de la Vergine Maria, fatta più dì fa e xo a lui in questo c. 41. . . . . d. 30. L. ccx, sol.

El dì, duc. dieci si fanno buoni per loro a misser *Giovannantonio* detto *Soddoma* che sonno per sua manifattura de la istoria di Sancto Francesco a la finestra, fatti più dì fa, in questo c. 42 · . . . . d. 10. L. lxx. sol.

El dì, duc. quattordici si fanno buoni a misser *Giovannantonio* detto, per sua manifattura de la storia di Santo Lodovicho cho la finestra insieme, fatta più dì fa, in questo c. 42. . . . . d. 14. L. lxxxviij. sol.

El dì, duc. otto si fanno buoni a misser *Giovannantonio* detto, che sonno per sua manifattura de la istoria di Santo Antonio de Padova, fatta più dì fa, a lui in questo c. 4. . . . . d. 8. L. lvj. sol.

El dì, duc. otto si fanno buoni per loro a *Girolamo* di maestro *Giovanni* dipentore per sua manifattura de la istoria di Santo Bernardino, fatta più dì fa, d'achordo a lui, in questo c. 41 . . . . d. 8. L. lvj, sol.

1532. E a dì xvj di Giugno L. sedici, sol. paghati al *Soddoma* dipentore per resto di sua fadigha e manifatura de la storia de l'Asunta. El Kº achordò Girolamo del Monigi come si vede a uscita di Ser Girolamo d'Arigho in questo a fº. 242. . . . . d. 2. L. xvj. sol.

Nota

Di *Girolamo di Giovanni del Pacchia* o *Paciaroti* o *Pacchiarotti*, come da sè stesso si sottoscriveva, diamo questa notizia tolta dal Reg. A. I 56, c. 184, nelle carte del Convento di S. Spirito di Siena, oggi conservate nell'Archivio di Stato.

1517 22 Settembre.

Sepoltura decima nel Claustro et dal lato della Chiesa. Ricordo come questo dì xxij di settembre s'é data et consegnata a maestro Hieronimo dipentore et ai suoi heredi, et hanne addare pitture insino alla somma di Lire sette che costò al Convento a falla murare, a ogni requisitione che parrà al Priore che a quello tempo sarà, et ha a fare la lapida a sue spese. La sopradetta sepoltura, ch'era consegnata al sopradecto maestro Hieronimo pittore non la volse, e pertanto ne lo priviamo et darassi a un'altro.

1517 22 Settembre.

Maestro Hieronimo..... dipintore die dare a dì xxij di settembre Lire sette parte de'quali li ha a scontare a dipegnare quando parrà al padre Priore sono per una sepoltura se gli e consegnata nel Claustro come appare a ricordi c. 2.

La sopradetta partita si cancella perchè detto Maestro Hieronimo non la volse, pertanto se li da di penna, come appare ai ricordi in questo a c. 184.

N.° 214.   1521 11 Luglio, 1523 (st. sen.) 4 Marzo

Le Monache del Convento del Paradiso in Siena commettono a Lorenzo *di* Mariano *detto il* Marrina *scultore, un'Annunziata con l'Angelo, in terra cotta, per la loro chiesa* (ARCHIVIO detto, Carte di detto convento. Reg. B. XXXII c. 161, 178).

✛ X° a dì xj di luglio 1521.

Apàra e manifesto chome el cholegio delle Mantellate del Paradiso e per loro Chonte Bonsignorij aluogano a maestro *Lorenzo* di *Mariano* scharpelino a fare due fighure di tera chota; cioè, una nostra Dona e uno Angelo d'alteza di braccia due e due terzi e quel più vorà, non passando br. iij, le quali sieno bone co la loro debita proporzione da bono e diligente schultore sieno chondote e chote, per prezo di duc. viij tute e due e quel più parà al sopra deto Chonte del suo ben servito: con questo pato, che se deto maestro *Lorenzo* darà finite una per tuto setenbre e l'altra per tuto novenbre abi avere duc. x di tute e due, e chaso non le abi fate al tenpo deto sia chubrigato (sic) farle per duc. viij alongandoli el tenpo tre mesi più là. E per fede della verità io Nicholò di Chonte sopra deto per chomesione de le parti predete ho fata la presente di mia propria mano dovendoly dare al presente duc. iiij e resto finite che sarano dete fichure.

Io *Lorenzo* sopradetto afermo quanto di sopra contiene, ed ò riceuto li detti quattro ducati, cioè ducati due per la montà di some due di grano, per loro de'Giovani Aduini, e ducati due acchonto sopradetto.

Apara manifesto chome le Mantellate del Paradiso, e per loro Chonte Bonsignori, derno a fare più tenpo fa a maestro *Lorenzo* di *Mariano* scharpellino una Nunziata e uno Angello di tera, e avendola fata e non esendo sechondo se li

choncese, è chontento ripigliarsela chon questo che le dette
Mantelate la tenghano in pegnio per loro sichurtà di L. sesantatre, cioè L. 63, che deto maestro *Lorenzo* aveva riceuto
di fatura d'esa. Chon questo che tuto quelo si vendarano
di più che, dete L. sesantatre, sia di deto maestro *Lorenzo*.
E di nuovo lo dano a fare due teste cho le braccia e busto
uno otavo da la centura in giù o quel più che lui vorà cho
le bracia di stucho perfecto, cioè una Nunziata che aby la
facia chome quella che ci aveva fato di tera e la testa sia
tosa e l'altra testa sia un angello i nel modo che stà quello
che ci aveva fato; intendendosi che lui ci abia a fare le
bracia in tal modo che si posi facilmente vestire, tuto a sue
spese, per tempo di mesi due, per prezo di L. dodici, cioè
L. sey l'una. E chaso che lui ce le dia per tempo d'un
mese abi ad avere L. dicioto, cioè L. nove l'una, dovendo
fare dete teste, busti e bracia piene e non vote, e a una
mano de l'Anunziata farvi uno libreto mezo aperto et a uso
di perfettissimo e bono maestro. Et per fede de la verità
le parti predete si sottoscrivarano di loro propria mano. E
io Nicolò di Chonte Bonsignori ò fata la presente di mia
mano propia questo dì sopradeto. E per la monta di dete
due teste s'abi a schonputare e metare a chonto de le
L. sesantatre date di sopra.

E io *Lorenzo* afermo e so' contento d'oservare quanto
di sopra. Io Chonte Bonsignori in nome de le Mantelate
afermo di sopra.

E io Antonio Maria di Mattio di Meo di Nani fui testimone a quanto di sopra, questo dì sopradetto.

E io Lucha di Nicolò merciaio fui presente a chuanto di
sopra, questo dì sopradetto.

N.º 215.   1522 18 Novembre — 1533 25 Agosto

Allogagione dell' Organo fatta dai Frati di Sant' Agostino
di Siena, a Maestro Giovanni di Maestro Antonio orga-
nista. (ARCHIVIO detto. Carte del Convento di S. Agostino
ad annum).

Al nome di Dio: addì *xxv* d'Agosto *M d xxxiij.*

Sarà noto a qualunche vedrà la presente come già sotto
el dì *xxix* di marzo dell'anno *M d xxvj* fu fatta una scripta
infra li frati e convento di Sancto Austino di Siena et Maestro *Giovanni* di Maestro *Antonio* piffaro, sopra el fare et
redurre ad perfectione uno organo per la detta Chiesa, de
l'infrascripto tenore et continentia, cioè:

In nomine Domini, amen.

Sia noto et manifesto a chiunche vedrà la presente scripta,
sì come il Reverendo padre Maestro Francesco da Gambassi,
altre volte priore del convento di Santo Austino di Siena,
allogò a Maestro *Giovanni* di *Antonio* piffaro a lavorare et
redurre a perfectione uno organo per uso di detta chiesa;
et infra di loro fu fatta una scripta che qui sotto in me-
diate sarà inserta e compiata (sic): el tenore de la quale
de verbo ad verbum si è questo, cioè:

Al nome di Dio, amen. A dì 18 di Novembre 1522.

Noto et manifesto sia a qualunche la presente intenderà
o leggerà, come hoggi, questo dì soprascripto, frate Francesco da Gambassi priore del convento di Santo Austino
et frate Bartolomeo di Stephano da Siena, procuratore di
detto convento, dal quale hanno oportuna comissione in
le cose infrascripte, come appare al libro loro delle propo-
sitioni a f.º 5, con maturo consiglio, voluntà et deliberatione
delli spectabilissimi cittadini operarij del prefato convento
cioè: Maestro Pio Loli, Girolamo Venturi, Antonio di Guido
dell'Opera, Alexandro di Galgano Bichi, alluogano tanto
insieme quanto di per sè, a Maestro *Giovanni* di Maestro

Antonio organista, presente e acceptante, a fare et a condurre con perfectione uno organo per la chiesa sopradetta
di Santo Augustino et in epsa chiesa, con questi pacti, capituli et convenctioni, cioè:

In prima detto Maestro *Giovanni* sia tenuto, et così promette a'detti allogatori presenti et in detti nomi acceptanti,
di fare, componere, lavorare et condurre in perfectione l'organo già detto in detta chiesa, secondo el disegno dato et
lassato in mano di epsi allogatori, infra el tempo et termine
di anni due da cominciarsi questo giorno sopradecto et fornire addì 18 di novembre 1524 in questo modo, cioè:

In prima che le canne principali sieno di stagno, e la maggiore canna habbi a essare di lungheza di braccia sei o più,
secondo el ordine del disegno.

Item, el ripieno de l'organo tutto di piombo con quelle
compagne et registri che parrà al decto Maestro *Giovanni.*

Item, mantici, reduttioni, piè de l'organo, sieno lavorati in
quel modo che parrà al detto Maestro *Giovanni,* et così ogni
et qualunche cosa oportuna e necessaria a decto organo.

Item, sonno d'accordo che'l prezo di detto organo sia ducati quattrocento d'oro, cioé d. 400 d'oro.

Item, quando sarà fornito detto organo, doppo li due anni
passati, sonno d'accordo che in termine di uno mese habbi
a essare stimato la valuta sua da due homini periti ne l'arte,
da essare chiamati et deputati, uno dal Capitulo et frati che
in quel tempo nel prefato Capitulo si trovaranno stantiali,
et l'altro eletto dal decto Maestro *Giovanni:* e'quali homini
habbino tempo uno mese a giudicare decto organo, et se fusse
stimato più di quattrocento ducati d'oro, tutto detto Maestro
Giovanni è contento relassare al detto Convencto; et se fusse
stimato manco di ducati 400 d'oro, se habbi a detrarre de'
ducati quattrocento d'oro.

Item, sonno d'accordo che sopra el pagamento di detto
organo, che lo detto Capitulo et frati et convento di sancto Austino sieno obligati, et così promette esso padre Priore sopra

scripto, dare ogni anno per tutto el mese d'agosto moggia otto di grano buono et recipiente in casa di detto Maestro *Giovanni,* per quel prezo chè varrà per tutto gennaro; et ogni anno seguiti cominciando da hora et seguendo tanto di anno in anno come segue, tanto che il detto Maestro *Giovanni* sia pagato et sodisfatto integramente di detti 400 ducati d'oro, o quel meno sarà stimato; et in caso che detto Capitulo, convento et frati di sancto Austino non observasseno dare el sopradecto grano ogni anno al detto Maestro *Giovanni*, sia lecito al decto Maestro *Giovanni,* sotto quale si voglia tribunale ecclesiastico o seculare, potere gravare detto Convento, Capitulo et frati per tutta la quantità, senza alcuna exceptione et in oltre sotto pena del doppio: et se observassino, detto Maestro *Giovanni* non li possa gravare di maggiore quantità, sotto la medesima pena.

Item, sonno d'accordo che tutto lo stagnio che è ne l'organo vecchio consegnato a decto Maestro *Giovanni*, vi s'habbi a mettare a conto a l'ultimo pagamento.

Item, che di tutte le elemosine che fussero fatte per detta opera da qual si voglia, che detto Maestro *Giovanni* ne habbi a avere la metà, oltre alle otto moggia di grano.

Item, sonno d'accordo che se passati li due anni detto Maestro *Giovanni* non havesse fornito detto organo, passati due mesi di più, caschi in pena di ducati due per ogni et ciascheduno mese, excepto quando fusse per causa legiptima

Et per le dette cose observare io frate Francesco, priore del convento prefato, resto contento e d'accordo a quanto si contiene ne la prefata scripta, promettendo tanto observare, anno, mese et dì soprascripto.

Et ego fra Bartolomeo di Stephano da Siena, al presente procuratore, confermo quanto di sopra.

Io *Giovanni* di Maestro *Antonio* soprascripto so' contento quanto di sopra si contiene, e a fede della verità ho fatto li presenti versi di mia propria mano, anno, mese et dì detto di sopra.

Et perchè il detto Maestro *Giovanni* piffaro non ha potuto fornire l'organo prefato, come di sopra si contiene, sì per li tempi contrarii occorsi alla pestilentia et guerre, sì ancora per altre cause lecite et ragionevole (sic), però le parti sopradette et da sottoscrivarsi, si sonno convenute di novo et accordate insieme, alle infrascritte conditioni et capituli:

Et primamente il convencto et frate predetti, et in nome et in vice loro, el prefato Reverendo Maestro Francesco, al presente Vicario generale in detto luogo, libera et absolve il detto Maestro *Giovanni* de ogni et qualunche pena fusse incorso infino al presente giorno per non havere lui fornito l'organo al tempo debito, et similmente li rimette qualunche altra pena che fusse incorso per essare alterata in qualche parte o vero modificata la scripta prefata per causa di questa presente, cioè quanto alle conditioni che ora si raggiungano, che sopra di ciò non se ne possa ricercare per alcuno tempo, volendo però che tutto el resto della preinserta scripta resti valida et ne la sua fermeza; et non s'intenda rotta nè mutata se non in quanto alle conditioni che ne la presente scripta si contengano.

Secundario, el prefato Maestro *Giovanni* se obliga et così promette havere fornito con effetto el prefato organo di tutto quello che a lui se apartenesse, in spatio d'otto mesi proximi interi, da incominciarsi questo giorno infrascripto; et se spirato detto tempo non lo haverà integramente fornito, caschi in pena di ducati cento d'oro, li quali sia obligato inmediate pagare al detto Convento senza alcuna exceptione, se già non fusse per manifesto et per legiptimo impedimento. Et se forniti li prefati otto mesi, stessi otto altri mesi a fornire detto organo, è contento pagare altri cento ducati d'oro di pena, et così di mano in mano in fino non habbia fornito la detta opera.

Tertio, el prefato convento e frati promettano dare et pagare ogn'anno al prefato Maestro *Giovanni* le octo moggia di grano et observare quanto nella preinserta scripta et in questa si contiene, observando ancora detto Maestro *Giovanni* quel tanto che dal canto suo è obligato. Et di questo entra sicurtà e promessa loro, lo spectabile cittadino Antonio di Guido dall'Opera, obligando sè et suoi beni ad ogni interesso, pagamento o satisfactione, quando detti frati mancasseno dall'obligo loro prefato. Similmente promette sgravare detto Maestro *Giovanni,* se mai per alcuno tempo fussi da li predetti frati molestato sopra le prefate pene che fusse incorso per qualunche mutatione fatta della scritta prima et del tempo transcorso. E detto Maestro *Giovanni* sia obligato acceptare lo spettabile cittadino Galgano Fondi in luogo del prefato Antonio di Guido, ogni volta che detto Galgano vogli entrare lui in detta promessa, della quale in tal caso detto Antonio resti absoluto et disubligato. Et similmente detto Maestro *Giovanni* dà sicurtà et cautione a detto Convencto et frati el spectabile cittadino Giovambattista Rosso, al presente scriptore dell'Opera, el quale obliga se et suoi heredi et beni per la observatione delle cose prefate; volendo et promettendo e ubligandosi pagare a decto Convencto et frati le soprascripte pene de li cento ducati d'oro di termine in termine, quando el prefato Maestro *Giovanni* mancasse delle cose prefate, senza legiptima, ragionevole et manifesta causa.

Et più el Reverendo Maestro Francesco in nome del prefato Monasterio et frati, et Maestro *Giovanni* piffaro sopradecto, et li spectabili cittadini prefati, cioè Antonio di Guido et Giovan battista Rosso, li quali sonno entrati per sicurtà et promessa, sonno d'accordo e vogliano che questa scripta sia valida et habbi effecto apresso qualunche tribunale in forma di ragione, dalla quale nissuno si possa appellare et che la sottoscriptione delle parti et delle sicurtà prefate sieno di tanta efficacia et valore, quanto ne fusse fatto instrumento publico per mano di notario.

Item, sonno d'accordo che il detto Maestro *Giovanni* confessi el ricevuto per il tempo passato di mano sua nella presente scripta et per l'advenire si debbi sottoscrivare ogni pagamento, secondo che di mano in mano recevarà.

Fatta in Siena in detto Convencto, et in testimonio della verità sottoscripta da le dette parti, addì 29 di marzo 1526.

Et io frate Francesco prefato, moderno vicario del Convencto predetto, sono stato d'accordo et resto contento di quanto di sopra si contiene. Et acciò che il prefato Maestro *Giovanni* piffaro possi condurre l'organo prefato a perfectione, li diamo due mesi di più nelli prefati termini, cioè che dove dice mesi otto, sia al termine di dieci; promettendo quanto di sopra si contiene, affermando la sopra detta scripta. Et per fede ho fatto questa notula di mano propria, questo dì 29 di marzo 1526.

Et io Antonio di Guido di Matteo sopradetto prometto et affermo quanto di sopra si contiene, et per fede mi so'sottoscripto di mano propria, questo dì detto di sopra.

Et io *Giovanni* di Maestro *Antonio* sopradetto affermo quanto di sopra, e a fede della verità ho fatto questi due versi di mia propria mano, questo dì detto di sopra.

Et io Giovambattista di Tomè Rossi sopradetto prometto quanto di sopra, et per fede mi so'sottoscritto di mano propria, questo dì 29 di marzo 1526.

Del qual prezo o vero mercede o vero delli detti ducati quattrocento per il prezo del sopradetto organo, il detto Maestro *Giovanni* ricevesse in più volte dalli detti frati scudi dugento quattordici, et dipoi si morisse lassato imperfecto l'organo predetto per la morte del quale non si sia possuto più presto il detto organo finire, essendo differentia infra li heredi del detto Maestro *Giovanni* et il detto Giovambattista sua promessa da una parte, et li detti frati da l'altra parte, chi di loro obligato fusse farlo finire, et volendosi di ciò concordare, sieno alfine concordi rimasti, che tutto quello è fatto in detto organo si debbi stimare, et così d'accordo lo habbino stimato, et scomputati li Δ 214, ricevuti dal detto

Maestro *Giovanni* sieno convenuti che per ogni resto di
quello valesse o stimato fusse il detto organo, li detti frati
sieno ubligati pagare a le decte rede scudi sedici, et tutto
quel più che potessero adomandare, s'intendi rinuntiato, dato
et concesso alli detti Frati, et loro sieno ubligati farlo finire.
Et se perciò spendesseno più di scudi cento settanta, che
quello sia ubligato il detto Giovambattista per le dette rede
fare buono et restituirlo alli detti Frati. Et di tutto volendo
fare infra di loro scriptura;

Di qui è che il detto Giambattista in nome suo proprio,
et in vice et nome delli detti heredi di Maestro *Giovanni*,
per li quali promette de rato fare sì et in tal modo che rat-
tificarano et observeranno quanto di sopra et infra sarà
scritto, non volendo potersi scusare di haver fatto ogni sua
debita diligentia, ma sempre volse esser ubligato a l'observanza delle cose di sopra et infra scripte di sua propria pecunia et beni, et così in detti nomi et d'ognun di quelli et
in solidum, et tanto insieme quanto di per se et con ogni
miglior modo, da una parte; et il Reverendo Maestro Egidio
Vannini priore del Convento predetto et in vice et nome di
tutto il Capitulo da l'altra parte, di comune concordia dissero havere fatto stimare et vedere tutto quello è fatto di
detto organo; et admessi et scontati li detti Δ. 214, resta in
tutto ad havere il detto Giovambattista in detti nomi scudi
sedici; e tutto quel più che valesse o stimato fusse il detto
Giambattista per titulo e causa di donatione irrevocabile et
inter vivos dè et donò alla detta chiesa et per epsa al detto
Maestro Egidio in detti nomi, presente et acceptante. Et così
sia ubligato el detto Convencto far finire el detto organo;
et se spendesseno più di Δ. 170 per la sua perfectione, tutto
quello il detto Giovambattista si obligò pagare di suo; et li
detti Δ. 16 el detto Maestro Egidio in detti nomi si obligò
al detto Giovambattista pagare a sua posta.

N.° 216. 1526 6 Agosto

Istanza di Domenico *di* Pace *pittore presentata ai Signori Quattro di Biccherna e al Giudice del Comune di Siena, per chiedere il pagamento di certi denari a Lui dovuti da Francesco Petrucci.* (ARCHIVIO detto, Biccherna. Suppliche *ad annum*).

✠ X°. A dì 6 d'agosto 1526.

Si espone dinanzi da voi expettabilissimi ufitiali delli 4 di Bicherna et giudice del magnifico Chomune di Siena, per lo vostro servitore *Domenicho* di *Pacie* dipintore da Siena, chome essendo per lo magnifico Chomuno e vostro uffitio confischato tutti li beni di messer Francesco di Camillo Petrucci et a esso Chomuno apricati. Et avendo avere alchuna quantità di denari dal detto messer Francesco, ricercho dinanzi da quelle sieno contente operare per loro autorità sia satisfatto della faticha mia, chome cosa justa et ragionevole. Et quello dal detto messer Francesco resta avere è questo.

Avendoli già più anni fatto una letthèra con figure e colonne tonde, con cornicioni intorno a tutta la chamara, e cassabancha con quadri di pittura e cholori fini, e tutte le sopradette chose tutte messe a oro et azzurro fino, et una agionta alla lethiera con figure, et tutto a oro et azzurro; del qual lavoro, secondo el juditio di buono et justo maestro, dovevo avere meglio che centottanta duchati d'oro larghi a hongni mia expesa d'oro et colori, dal qual misser Francescho ebi circha ducati centoquindici infino 120, come per li mandati si può vedere, tale che li detti ducati 120 furno a faticha per l'oro e cholori d'esso lavoro, e della faticha e opera mia non ò possuto mai esser satisfatto e sempre dallui mi fu data parola tale che justamente resto avere ducati 60 d'oro larghi.

28

E acciocchè Vostre spettabilità sieno chaute, e da me non defraudate, possono el detto lavoro fare vedere, quale al presente si truova appresso di Scipione di Girolamo Petrucci, al quale el detto messer Francesco lo vendè per buon prezzo di denari, e dal detto Scipione si può intendere e vedere, sicchè mi rachomando a Vostre Spettabilità, che come justi Iudici operare sia satisfatto, chè d'altro non vivo che delle mie fatiche et arte: e così facendo come spero ne averò obrigo a quelle, le quali Dio feliciti sechondo el desiderio loro.

N.° 217. 1526 9 Novembre.

La Balìa di Siena concede un sussidio a Giovanni di Lorenzo Cini pittore perchè dipinga una tavola con l'immagine della Concezione, per la chiesa di S. Martino.
(ARCHIVIO detto, Balìa, Deliberazioni *ad annum*, c. 52 t.)

Spectatissimus Tommas de Piccolominibus, vigore commissionis in se facte, mandavit fieri decretum officio Grascie quod dent et mensurent *Iohanni Laurentii* pictori salmas 8 vini et starios 12 grani valute flor. xiiij, et camerario Montis Salis quod det dicto *Iohanni* st. 6 salis, que summe faciunt summam flor. xx ut supra deliberatum fuit donari, amore Dei et pro elimosina, pro tabula et altari quod fit in ecclesia sancti Martini sub titulo himaculate Conceptionis Virginis Marie.

NOTA

In altra deliberazione, sotto data 27 Novembre 1527, (ivi, c. 224) si legge: *Item mandaverunt fieri decretum directum Camerario Zeche, quod solvat Camerario Bicherne Δ x, et dicto Camerario eosdem solvat pro parte maioris summe Iohanni Laurentii pictori, qui pingit tabulam Conceptionis Virginis Marie, prout supra deliberatum fuit.*

1527. 1 Dicembre. Per parte ecc. (dei Signori di Balìa) *voi Francesco d'Antonio di Guido, Camarlingo di Biccherna in luogo ecc. pagate a Giovanni di Lorenzo dipentore, scudi dieci di sole, videlicet Δ x, se li danno per parte di maggior somma ha d'avere per pictura della tavola à da farsi della himaculata Conceptione per S.to Martino et così facciate etc. Die dicta.* (Balìa, *Liber apotissarum* c. 70t).

Il *Cini,* lavorò per la medesima chiesa di S. Martino una Natività di N. S. e la stima di questa pittura fu fatta il dì 11 febbraio 1529 (st. sen.) da *Bartolomeo* di *David* e da *Domenico Beccafumi* come se ne ha ricordo nell'Archivio della Curia Arcivescovile alle Memorie della Chiesa di S. Martino.

Giovanni di *Lorenzo* nel 1531 fu uno degli operai soprastanti alla costruzione dell'Oratorio di S. Iacopo in Salicotto, officiato dagli uomini della *Contrada della Torre,* e per quella medesima Contrada fece forse la prima bandiera. Così leggesi nella prima carta del libro della Compagnia di S. Iacopo, conservato nella Biblioteca Comunale senese. 1531 *a dì xxx d'agosto. Lire quaranta ò chontanti da maestro* Giovanni di Lorenzo *e da messer Alixandro in questo modo: L. vintiotto chontanti e L. dodici da e donano chontanti. aveca avere deto maestro* Giovani *da deta Chontrada, per dipentura di una bandiera del Liofante, fatta più tempo fa.*

E per quell'Oratorio pitturò, nel 1545, il quadro della Madonna con S. Giacomo e S. Cristofano. Nel libro sopra citato si legge: 1545. 14 settembre. *E più a dì detto di sopra, Lire quattro pagatte a* Giovani di Lorenzo *pitore, dise per chomprare ciento peze d'oro fino per metare i ne la tavola di nostra Chonpagnia.*

N.° 218.   1527 9 Ottobre - 1531 25 Ottobre

Mandati di pagamento su l'assegno fatto dalla Repubblica di Siena a Maestro Baldassarre Peruzzi. (ARCHIVIO detto, Concistoro e Balìa, Deliberazioni e Scritture Concistoriali *ad annum*).

Per parte del Consistorio, Paghate Voi Camarlengo di Bicherna a maestro *Baldassarre* di *Giovanni* di *Salvestro* architettore, per sua provisione obtenuta nel Consiglio di popolo et generale sotto di 10 di luglio proximo passato, di mano di Ser Marcello della gramatica notaro di Concistoro, a ragione di scudi cinque el mese, incominciando a dì 10 di luglio sopra detto, facendolo creditore al libro della Tavolella per sua condotta. Et che così faciate senza Vostro preiudicio et danno, è stato per loro solennemente deliberato. Datum in Consistorio, Die iiij octobris M. D. xxvij. Antonius Maria Bindus notarius Consistori scr.

Anno Domini *M. D. xxvij,* Indict. prima, die *viiij* mensis Octobris.

Magnifici Domini Officiales Balie et Conservatores libertatis Magnifice Civitatis Senarum, in numero sufficienti in loco consueto ad sonum campane convocati et congregati pro rebus publicis expediendis: Audito tenore supradicti decreti, ipsum approbaverunt, confirmaverunt et omologaverunt et mandaverunt Camerariis Bicherne, tam presentibus quam futuris, quod solvant et assegnent, singulo mense, predicto magistro *Baldassari* architectori ducatos Δ, quinque in omnibus et per omnia prout in supradicto decreto continetur. Et hoc sine eorum preiudicio aut damno, et describant dictum *Baldassarrem* in tabulla aliorum stipendiatorum omni meliori modo, et non obstantibus quibuscumque etc.

Hieronimus Octavianus not. Balie scripsi.

(Biccherna, Mandati di pagamento *ad annum*).

Die veneris vij decembris.

Magnifici Domini Balie et Conservatores Libertatis ecc.

Item, deliberaverunt mittere Romam Δ Centum auri magistro Hieronimo Massaino oratori, de quibus Δ 100, Δ 50 vadant ad computum eius et Δ 50 solvat pro magistro *Baldassarre* et hij Δ 50 vadant ad computum dicti *Baldassaris*, pro quibus habendis mandaverunt fieri decretum Camerario Zeche quod solvat Camerario Biccherne Δ 50 supra salario *Baldassaris* magistri, et dicto Camerario Bicherne fiet decretum quod solvat et mandet solvi ipsi magistro Hieronimo Massaino oratori Rome, de quibus ponat Δ 50 ad computum Magistri *Baldassaris,* scomputandos de eius stipendio ad rationem etc.

(Balìa, Deliberazioni *ad annum* c. 247).

Per parte de la Balìa ecc. Voi Francesco di Antonio di Guido, Camarlingo di Biccherna in luogo ecc. pagate a Giovan Francesco Salvi Δ Cento d'oro di sole, *videlicet* Δ 100, se li danno che tanti ne ha fatti paghare in Roma per le mani di Buonisegna Signorini et Venturi et compagni Banchieri di Roma, a nome del loro collegio a messer Hieronimo Massaini ricevente Δ 50 a suo contio di sua leatione (sic) et Δ 50 a nome di maestro *Baldassarre* Architectore condotto da la Repubblica di Siena da andare a contio suo. Et chosì paghiate senza vostro preiudicio et danno.

Datum Balie, die viiij xbris 1527.

(Balia, *Liber apotissarum ad annum,* c. 82).

Die iij Ianuarij 1528 (st. sten.).

Magnifici Domini officiales Balie et Conservatores libertatis Magnifice civitatis Senarum.

Item, deliberaverunt solemniter quod fiat decretum Camerario Bicherne quod solvat scudos decem Magistro *Baldassari* Architectori et eosdem ponat ad computum dicti Magistri *Baldasaris.*

(Balia, Deliberazioni *ad annum* c. 29).

1528 (st. sen.) Febbraio

Per parte delli M. S. della cipta di Siena voi cam.º di Bicherna pagherete a Maestro *Baldassarre Peruzi* architettore senese la sua provisione ordinatali per li opportuni consegli, cominciata a dì *x* di luglio *M. D. xxvij* di ducati sessanta l'anno, come di decta provisione ne appare di mano di Ser Marcello di Ser Alexandro della Grammaticha a quel tempo notaro di Consistorio. Et dipoi di altrettanti ducati sessanta duplicati che infra la prima detta et l'adictione facta, per quelli dicti opportuni consigli sono in tutto la somma di ducati ciento vinti, a dì *xxiii* novembre del presente anno *M. D. xxviii.*

1528 (st. sen.) Febbraio

Fu facta detta deliberatione di decta additione come n'appare di mano di Ser Francesco Figliucci notaro del Consistorio, e di Ser Augustino di Michelangelo notaro delle Riformazioni, ponendolo di detta sua provisione creditore al libro delli provisionarii, cioè da dì *x* luglio decto infino a dì 23 Novembre pro rata di tempo a decta ragione di ducati *lx.*

Ed a dì 23 di Novembre detto, a ragione di ducati centovinti in tucto l'anno. Et così faciate senza alcuno vostro preiudicio o danno, è stato per li MM. SS. Capitano di po-

polo e Gonfalonieri Maestri e Conseglieri del Magnifico
Capitano di popolo così è ordinato.

Datum Senis in eorum Consistorio; die *xxiiij* Februarii
M. D. xxviij.

Franciscus Antonius Casuccius
Not. Consistorii scripsi.

Die xviij Martij 1528 (st. sen.).

Magnifici Domini Officiales Balie et Conservatores libertatis Magnifice Civitatis Senarum.

Item, deliberaverunt solempniter quod franciscus Bernardini Salis solvat et satisfaciat magistro *Baldassari perutio*
archictori scudos decem de residuo sue condemnationis (sic)
sibi facte. Et prefato magistro *Baldassari* solvantur propter
eius accessum ad civitatem Clusij et alia loca.

(Balia, Deliberazioni *ad annum* c. 133 t.).

1528 (st. sen.) Die 20 Martij.

Et licentiatis Sp.^{mis} Vexilliferis Magistris, in eodem Consistorio etc. Et audito magistro *Baldassarre* architectore
supra libris quatraginta quattuor, sol. 6. den. 8. sibi debitis
ex causa sue provisionis, sibi per consilium populi date de
tempore decurso per unum mensem et dies otto, videlicet
a die vigesimo tertio novembris proxime preteriti exclusive
usque ad diem ultimum dicembris inclusive, servatis servandis etc. decreverunt sibi fieri decretum solutionis de dicta
summa Camerario Biccherne, qui absque eius preiudicio et
danno, de pecunia dicti comunis det et solvat de predictis,
omni modo etc.

(Concistoro, Deliberazioni *ad annum* c. 16).

Mercurij, die xxv (Octubris 1531).

Magnifici domini Officiales Balie etc.

Et habita notitia quod magister *Baldassar* architector est
creditor Reipublice, causa sue conducte deliberaverunt quod
duo eligendi videant eius creditum et faciunt computum et

de eo quod habere debet, usque modo fieri faciant decretum
supra affictu Marsiliane, salvis fidibus de primo anno et
fiant etc. et hec etc.

Augustinus Bardus et Hieronimus Spannocchius.
(Balìa, Deliberazioni *ad annum* c. 255ᵗ).

NOTA

L'assegno destinatogli dalla Repubblica, mancandogli in patria altri lavori di
qualche importanza non era sufficiente al Peruzzi per campare la vita. In questo
tempo egli fu probabilmente costretto ad assumere altri lavori in Roma. Delle sue
gite in Roma si hanno i seguenti ricordi nelle deliberazioni di Balìa. 1531. 15 Aprile:
Dederunt licentiam magistro Baldassari *architectori absentandi et Romam eundi
et dimorandi per mensem a die discessus, inpune.*
1531. 14 Decembre.
Et concesserunt licentiam magistro Baldassarri *architectori per xx dies in
circa discedendi e Civitate per Urbem, non obstantibus* etc.

N.º 219. 1528 (st. sen.) 22 Marzo

*Mandati di pagamento per la costruzione delle mura di
Torrita secondo il disegno di Maestro* Baldassarre Peruzzi.
(ARCHIVIO detto, Concistoro, Scritture *ad annum*).

Per parte della Balia e Conservatori de la libertà de la
Magnifica città di Siena, Voi Gio. Battista di Bernardo Bandinelli coltore dei Monti vecchi de' cittadini, date e pagate
a la comunità et huomini da la Terra di Torrita scudi cinquanta, cioè Δ 50 a lire 7 per Δ: quali se lo danno per spendarli in rifacimento e restauratione de le mura e torrazzi
de la detta Terra sicondo il disegno dato per Maestro *Baldassarre* architettore. Et per detta comunità e huomini gli
pagarete a Pietro di Iacomo Camarlingo e depositario detta
de li detti denari.

Et che così facciate ecc.

Per parte de la Balia etc. Voi spectabili Esattori de le
preste de la Comune pagate a la Comunità et huomini di
Torrita scudi cento cioè Δ 100 se li danno per spendare in
rifacimento e restauratione de le mura e torrazzi di detta

Terra sicondo il disegno di Maestro *Baldassarre* architettore, e per loro li pagherete a Pietro di Iacomo di decto
luogo camarlingo, e depositario eletto de li detti denari.
Et che così facciate senza danno o preiudicio vostro. Datum Balie, Die *xxij* Martii, *M. D. xxviij*.

    Alexander Boninsegnius notarius Balie.

N.° 220.   1529, 21 Aprile.

Testamento di Giacomo Pacchiarotti *pittore*. (Archivio dei
 Contratti in Siena. *Rog. di Ser* Mattia *di* Cristoforo
 Selva. *Filza dal 1521 al 1534*).

Anno Domini MDXXVIIIJ. Indictione II, die vero XXI mensis Aprilis.

Magister *Iacobus* olim *Bartolomei Pachiarotti* pictor de
Senis, sanus Dei gratia mente, corpore et intellectu; considerans quod nil certius morti et nil incertius hore mortis,
volens de bonis suis disponere per presentem nuncupativum
testamentum, quod dicitur sine scriptis, in hunc modum facere
procuravit, fecit, disposuit et sic voluit:

In primis, quidem Onnipotenti Deo eiusque gloriose Virgini
Marie animam suam recomendavit, et mandavit Corpus suum
sepelliri, quando de ipsa vita trasmigrare contigerit, in
ecclesia sancti Francisci ubi sui depositi sepulturam eligit.

Item, reliquit Archiepiscopo Sen. sol. 5, pro sua canonica
portione mandans.

Item, reliquit ecclesie sancte Marie, sol. 5, pro sua canonica portione mandans. *(Omissis)*. Item, lassa tutrice gover-
natrice et administratrice di Verginia sua figlia, madonna Gi-
rolama sua donna, quale, mentre vive e sta vedova, abi a
governare decta Verginia sua figlia. De la quale tutela et
administrazione non vuole sia tenuta rendare alcuno conto
ad alcuna persona o tribunale; et caso che le fusse rivisti
per alcuno tribunale o altra qualsivogli persona e che fusse

condennata ad rendare o restituire, tutto quello che lei fusse
condennata vuole li sia dato el donato per titolo et causa
di donatione inter vivos, nel caso che achadessi.

In omnibus autem suis bonis mobilibus et immobilibus,
iuribus et actionibus, suam heredem universalem instituit
Verginiam eius filiam; et casu quo moriretur sine filiis legiptimis et naturalibus, omnia eius bona redeant ad dictam
dominam Ieronimam eius uxorem, de quibus sit usufructuaria
dum visserit, et post eius mortem redeant et in eis succedant
Franciscum eius fratrem et filios masculos Santis Iohannis
et Filippi eius nepotes.

Actum in Terzerio Civitatis, in Via Magistorum in domo
nostre habitationis, coram et presentibus Mariano Ambrosii
de Thoriis carthario, Tonio Mariani Nannis fibbiario et
Alexandro Bernardini Nicolai orciolario de Senis, testibus etc.

Ego Mathias etc.

NOTA

Aggiungiamo altre notizie di questo bravo ma turbolento pittore.

1503. 21 Agosto, Iacomo *dipettore detto el Pacchi*, *de'dare fino al dì xxj d'Agosto,
Lib. trentuna li pagamo contanti per parte di messer Alberto* [Aringhieri Rettore],
*e quali li pagamo per suo intero pagamento di sua fatiga delle dipenture e fat-
ture de le due prime teste degl'imperadori misse nel primo archo a chapo l'aqua
benedetta in Duomo, nella navata di mezzo all'entrata della porta del Perdono.*

Iacomo *suddetto ha settantuna lib. sonno per sua fadiga d'aver dipento parte
delli archi de l'imperadori.*

*Lib. dugiento diciessette le quali sonno per la dipentura di vintinove drap-
pelloni nuovamente fatti per lo nuovo baldacchino, li quali ha dipenti con figure
di più santi e armi colle ore e balzana, le quali ha dipente per detto prezzo e
per commissione di Pandolfo Petrucci. Paolo di Vannoccio e Giov. Batta Gu-
glielmi, dignissimi operai.* (ARCHIVIO DELL'OPERA METROPOLITANA, Libro di un Leone
ad annum a c. 629).

1506. 10 Luglio. *L'Opara Sancte Marie diè dare per resto di una partita al
libro longo a c. 141, Lib. nove per dugiento peze d'oro, démo per detto del fattore
a Iachomo di Bartolomeo dipintore.*

1506. 13 Luglio. *E a dì 13 detto. sol. vinti, per peze cendo* (sic) *d'argento démo
a detto Iacopo, disse per due bandelloni per l'operaio.*

1506. (st. sen.) 9 Marzo. *E a dì 9 di Marzo per peze treciento d'oro fino. portò
Giovanni di Michele suo garzone disse per li detti drappelloni. E die dare per
peze cento d'oro fino ebe per me da Guidoccio Cozzarelli dipentore L. 4. 10.*

1507. 4 Agosto. *A dì 4 d'Agosto diè dare per cento peze d'argento grande ebe
Iacomo dipentore per fare certe cassette per l'Opera L. 1.5. Et die dare, a dì
5 d'Agosto, per peze 50 d'oro fino ebbe detto Iacopo disse per fare dette cassette*

overo la maza de la croce dell'Opara. Et diè dare a dì 13 detto per peze qua-
trocento d'oro fino, et peze dodici d'argento, demo per detto del fattore a Giovanni
di Tedaldo *dipentore, per li bandelloni a la venuta del Legato L. 18.3.* (ARCHIVIO
detto, fogli sciolti).

1507. 24 Settembre. *Item, spectabilissimi Operarij, audito* Iacopo Barthalomei
alias Pacchiarotto *pictore de Senis exponente qualiter ipse pinxit xxviij drappel-*
lones pro baldachino Corporis Xpi ac etiam unum alium drappellonem aliarum
figurarum et unam trabaccam dicti Baldacchini pro dicta Ecclesia Cathe-
dralis (sic) *et habitis iudiciis a pluribus pictoribus, medio juramento, delibera-*
verunt dare et dederunt, pro labore dicte picture dictorum drappellonum dicto
Iacobo *lib. quinque, sol. decem pro qualibet drappellone.* (ARCHIVIO detto, Lib. memorie E. 9. c. 8).

1510. 11 Luglio. Lodo pronunziato da *Giacomo di Bartolomeo* dipintore su i lavori eseguiti da Ventura di Ser Giuliano maestro di legname, nella Cappella dei
Vieri in S. Francesco. Il lodo aveva la firma autografa del Pacchiarotto e si conser-
vava NELL'ARCHIVIO NOTARILE PROVINCIALE DI SIENA tra le scritture di Pietro di
Francesco Lapini, F x. n. 2856, ma oggi non ci è stato possibile di ritrovare in quel-
l'Archivio le scritture di questo notaro.

1512. Tra le spese fatte nell'occasione dei funerali di Pandolfo Petrucci (Concistoro, Polizze al Camarlingo, vol. 2, 383t si legge: I.acomo *decto* Pacchiarotto *e compagni*
dipentori per la dipentura de li stendardi e bandiere piccole, a tutte loro spese
d'oro, argento e azzurro.

1513-1518. *Maestro* Giacomo di Bartolomeo *dipintore fa un gonfalone per la*
Compagnia del Beato Andrea Gallerani (ARCHIVIO DELL'OPERA METROPOLITANA,
Libro verde de'due Angioli a c. 453).

1513. Giacomo Pacchiarotti e *Andrea Tori operai della scala che si fa dietro*
la Compagnia (ARCHIVIO DI STATO IN SIENA, Compag. di S. Giov. Batta della Morte
Reg. C. I).

1518. 16 Dicembre. *Che al* Pacchiarotto *per avere dipento l'orivuolo si dia fior. 32*
per salaro et sua fadiga. Che al Bateloro si dia L. 15 per aver tirato l'oro et
sua fadiga.

1519. (st. sen.) 26 Gennaio. *Che l'Operaio paghi a maestro* Iacomo Pacchiarotto
el resto di quello deve aveve per avere dipento l'orivuolo de la Torre. (ARCHIVIO
NOTARILE PROVINCIALE, Libro dei Provveditori della Camera del Comune. Tra i rogiti
di Ser Magio Bargagli c. 27).

1520. Iacomo *alias* Pacchiarotto *dipentore de'havere L. 70 sonno perchè s'è al-*
logato fare una Madonna nel Palaso del Comune di Casole, che del prezo sarà
giudicato per Ghalgano di Nicolo o vero per uno dipentore, per decto de'Priori.
(ARCHIVIO COMUNALE DI RADICONDOLI, Libro di Casole spoglio dal 1516 al 1531).

1525. *Magistro* Iacobo Bartolomei *pachiarocti pictori pro certa pictura Aquile sub*
volta dicte Universitatis (Notariorum) *Lib. 40.*

Magistro Iacobo Bartolomei *pachiaroto pictori, Lib. j, sol. 5 pro parte picture*
licterarum.

Magistro Iacobo Bartolomei Pachiaroto *sol. viginti, quos dare dixit extimatoribus*
picture volte.

Magistro Iacobo Pachiarotto *pictori pro residuo eius picture et saldo, L. 19,*
sol. 19.

Magistro Iacobo Pacchiarotto *pictori pro pictura tende que stat ante imaginem*
sive picturam Virginis sub volta, Lib. 7, sol. 11. (ARCHIVIO NOTARILE PROVINCIALE,
Libro delle spese della Università dei Notari dal 1525-26).

1528. 30 Marzo. *Pagate* a Iacomo *alias* Pacchiarotto *Lib. quaranta di den. quali se li danno per premio delle sue fadighe durate fino al presente nel bastione di S. Marcho.* (ARCHIVIO DI STATO IN SIENA. Concistoro, Lib. di polizze al Camarlingo. Tomo 22, c. 42).

1529. 11 Aprile. *Magnifici D. Officiales Balie et Conservatores libertatis Magnifice Civitatis Sen. convocati etc. Supra notitia data per Franciscum Antonii Guidonis et Bartolomeum Tanum in et contra Pachiaroctum et alios socios, tentantes strepitum in Civitate facere, decreverunt dictum Pachiaroctum pictorem et magistrum Angelum sutorem citari et detineri venientes in palatio pro bono pacis et notificari Capitaneo Hispano dicto et Capitaneo Alphonso, stipendiariis eorum Republice, quod stent armati et provisi in omnem casum.*

Et supra eadem materia dictis comparentibus conmiserunt prefato, Pachiaroctum et magistrum Angelum detineri in palatio Potestatis per Bargellum, sub fida custodia, et hoc sero examinari supra causa sine tortura, per 3 a Priore eligendos: et citari, videlicet Bernardinus cerbolattarius, Bernardinus Sutor et Cencionus de le Tira non discedant de palatio nisi fideiussorem a quolibet, de se presentando Collegio totiens quotiens etc. sub pena ducatorum centum auri pro quolibet.

1529. Aprile 17. *Magnifici D. Balie etc. Et actentis verbis minus condecentibus quibus usi sunt Pachiaroctus Pictor et Magister Angelus sutor in comptentum status pro satisfactione justitie et ut aliis exemplum transeant, relegaverunt eos in Castro et curia Talamonis pro semestre ab hodie, volentes ipsos percipere stipendium a Capitaneo Bartalomeo [Peretti] vel alio ibi conmorante et ei tamquam ceteri stipendiarij servire, et prestent fideiussores de eundo ad confinum et id servandum per totum tempus, sub pena 50 Δ auri pro quolibet, onnimodo.*

1529. Aprile 17. *Ducati 6 di lib. sette per ducato, pagati a maestro Angelo Sarto e a Pacchiarotto dipentore per parte del loro stipendio come stipendiarj del Capitano Bartolomeo [Peretti].* (ARCHIVIO detto, Concistoro, Polizze, vol. 18, c. 4).

1529. Giugno 29. *Magnifici D. Officiales Balie etc. Per specta quod observantur relegatione per eos inuncta Pachiarocto pictori et magistro Angnolo sutori in Castro et curia Talamonis, et informati qualiter incommodum satis ibi morantur et in dampnum familie et rerum eorum, moti etc. precibus nobilis Achillis de Salvis, unius ex M. D., voluerunt eos demum in dicta revocari et permanere posse ac debere per tempus relegationis dicte et in completatione ipsius, in possessionibus eorum, videlicet dictum magistrum Angelum in Castro et curia Asciani et Pachiaroctum ad Viteccium, sublata eis provisione statuta omni modo.*

1529. 9 Agosto. *Magnifici D. Officiales Balie etc. Et attento quod Pachiaroctus et magister Angelus sutor, relegati a Collegio propter eorum demerita ab initio magistratus huiusque servaverunt relegationem et passi sunt penam dictam servaris etc. liberaverunt eos et quemlibet a relegatione et confinio eis a collegio iniuncto, omni modo etc.* (ARCHIVIO detto, Concistoro, Deliberazioni ad annum, c. 93, 151).

Questa fu la prima condanna subita dal Pacchiarotto. Se il fatto narrato da Pietro Fortini nelle sue novelle ha qualche fondamento di verità, cioè che il Pacchiarotto per téma di una condanna se ne stesse rinchiuso per tre giorni in una sepoltura in compagnia di un cadavere, ciò non dovette accadere nel 1529 ma con più probabilità dieci anni dopo, quando per nuova condanna fu fatto lecito a chiunque di ucciderlo impunemente. Però non sappiamo conciliare questo fatto con la Congrega dei *Bardotti*, la quale ebbe origine nel gennaio 1533 (st. sen.) e durò appena un anno e mezzo, essendo stata sciolta nel giugno 1535.

1529 (st. sen.) Febbraio. Iacomo di Bartolomeo Pacchiarotti *dipentore die avere*

*a dì... di febraio, Lib. setanta sonno per dipignitura d'uno drappellone grande
a l'arme dell' Imperio, a nostro azzurro.* (ARCHIVIO DELL'OPERA METROPOLITANA,
Libro giallo dell'Assunta, c. 35).

1531. 27 Marzo. Iacomo Pacchiarotti *dipentore messo a partito, a dì 27 di Marzo
venzesi per lupini bianchi e neri in contrario, quale già un'altra volta fu di
questa divota casa, e venzesi per 7 ottavi.* (BIBLIOTECA COMUNALE SENESE, Libro dei
fratelli della Compagnia di S. Giovanni detta della Morte).

1532. 12 Dicembre. *A dì deto. L. due sol. O. diei contanti a* Iacomo Peciaroti *per
parte della Capella ci fa, et per lui li feci boni a Iulio di Ser Nicholò delli esa-
ctori de le preste. L. 2. sol. O.*

1532. *E de dare per infino a dì 12 decembre Lire sei, sol. O contanti a* Iacomo
Paciaroti *dipentore sono per parte e pagamento de la Capella à fare ne la Compagnia, di rilievo.*

1532. *E a dì 23 di marzo L. quatordici sol. 5. a* Iachomo Pachiarotti *per cho-
messione di Bartolomeo d'Agniolo e Pietro Paolo Verj operai de la chapella.
L. 14. sol. 5.* (ARCHIVIO DI STATO IN SIENA. Compagnia di S. Giov. Batta della Morte.
E III c. 101ᵗ e 102ᵗ).

1535. *Magistro* Iacobo Pacchiarotto *et magistro* Bartalomeo *carpentario conductoribus Arcus triumphalis tirati (?) pro honorantia adventus Cesaree Maiestatis, scutos quatuor aurei; Lib. 6, sol. 5 pro quolibet scuto.* (ARCHIVIO DEI CON-
TRATTI DI SIENA, Lib. dell'Università dei Notari dal 1527 76 Uscita, c. 21ᵗ).

1536. In quest'anno presentò la seguente supplica alla Balia. *Dinanzi da Voi
Magnifici Signori officiali di Balia e Conservatori de la libertà della Magnifica
Città di Siena. Con quella reverentia si può maggiore suplica le S. V. il fidelissimo servitore* Iacomo Pachiarotti *dipentore, che di grazia si degnino per loro
opportune [deliberationi] absolverlo et liberarlo da quaranta o cinquanta lire
di denari, ne le quali è debitore a le preste, et a pagarle è gravato da li Exactori,
benchè quelle pagare non possa etc. Ciò faciendo se lo imputerà a gratia singulare da quelle, le quali l'altissimo feliciti.* (ARCHIVIO DI STATO IN SIENA. Balia
suppliche ad annum). La Balia con deliberazione del 12 giugno 1536 rimise la
decisione della causa ai Regolatori Statutari (ARCHIVIO detto. Delib. a c. 154).

1537. Iacomo di..... Pacchiarotti *diè avere L. dugiento, e quali den. sonno per
le sue manifatture che lui ane fatto una chapella, di giesso, in ne la nostra
compagnia, la quale fune stimata per* Giovanbatista Pelori.

1538. 27 Giugno. Iachomo di Bartolomeo Pacchiarotto *dipentore L. quaranta, e
per fede si sottoschrivrà di sua propria mano, paghati per comessione dell'Operaj
de la chapella di sotto.*

E io Iachomo *soprade* (sic) *ò ricieuto le sopradete L. quaranta.* (ARCHIVIO detto.
Compagnia di S. Giov. Batta della Morte. Reg. G. II, c. 124ᵗ).

1539. *Die xvij novembris. Sp.ᵐⁱ Domini Octoviri Custodie et Regiminis alme
Reipublice Senarum etc. Et actentis demeritis magistri* Iacobi *alias* Pachiarocto
pictoris et Benvenuti Rasini *et quod male se gesserunt retroactis temporibus in
eorum civitate, ipsos et quemlibet ipsorum posuerunt in perpetuum banum aeris
et persone a civitate, comitatu, dominio et iurisdictione Sen : et omnibus liceat
eosdem et quemlibet eorum occidere ; et quis eos et quemlibet eorum occideret
possit rebanniri facere unum exbannitum eorum comunis pro quolibet ipsorum
qui interfectus esset; dummodo non sit exbannitus ex causa status aut pro offen-
sione facta contra cives. Et quod nullus audeat prestare eisdem et cuilibet eorum
auxilium seu favorem sub penis in quibus sunt supra declarati ipsi, omnimodo etc.* (ARCHIVIO detto, Libro di condanne degli Ufficiali di custodia, c. 80).

1539 (stil. sen.) *die viij Ianurii. Spectatissimi Domini (Octo Viri Custodie) etc·*
Moti piis causis et aliis octimis considerationibus ex certa eorum scientia animo
consulto, et vice et nomine magnifici comunis Senarum et dicti eorum officii servatis
servandis; deliberaverunt dare, cedere et concedere et titulo et causa donationis
inrevocabilis inter vivos et omni meliori modo etc. dederunt, cesserunt et conces-
serunt honeste mulieri domine Hyeromine olim filie Ser Alexandri Ser Fran-
cisci et uxori Iacobi Pacchiarocti de Senis, omnia et singula iura et actiones que
et quas magnificum comune Senarum habet aut habere potest supra omnibus
bonis predicti Iacobi hodie magnifico comuni Senarum per eorum officium con-
fiscatis causa et occasione banni dati Iacobo Pacchiarocti a republica Senarum:
cum hac tamen condictione et declaractione et non aliter nec alio modo quod ipsa
vel dominia Virginia eius filia non dent aut prestent aliquod auxilium vel sub-
sidium dicto Iacobo quocumque modo: dummodo solvant Camerario Biccherne et
depositario eorum officii scutos tres auri cum omnibus et singulis ipsorum ju-
rium obligationibus, gravedinibus et oneribus etc. (ARCHIVIO detto, Delib. degli Ufficiali di Custodia *ad annum,* c. 7).

1440. Agosto 19. *Magnifici Domini Officiales Balie etc. Et audita honesta mulier*
domina Hieronima uxor magistri Iacobi Bartolomei Pacchiarocti pictoris, dicente
qualiter dictus magister Iacobus eius vir, per Dominos Octo Viros Custodie fuit
superioribus mensibus bannitus, factus ribellis aut quovis alio modo condennatus in
aere et persona ex causa de qua in deliberatione eorum, et per plures et plures menses
stetit absens a civitate et dominio exul et est familie presertim feminarum one-
ratus et pauperrimus petente ex gratia et pro elemosina eumdem liberari; et in-
formati de narratis et volentes providere quod dicta eius familia non pereat fame
sed ei compatientes, moti predictis et alii iustis considerationibus ex pietate pro ele-
mosina et amore Dei, decreverunt dictum magistrum Iacobum liberare et absolvere
et ita liberaverunt et absolverunt a relegatione, rebellatione, banno, confinio vel
quovis condennatione facta in eum per prefatos Dominos Octo Viros et eum ad
patriam restituerunt cum declaratione, quod non possit civitate Sen: ingredi
sine licentia Collegii Balie, et casu quo contrafaciat, presens gratia et deliberatio
nulla sit et predicta omnimodo etc, quibuscumque in contrarium etc. (ARCHIVIO
detto. Balia Delib. *ad annum,* c. 142¹).

N° 221.   1529 29 Luglio

Baldassarre Peruzzi *architetto nomina suo procuratore* Pietro d'Andrea *pittore senese, per riscuotere in Roma dal*
cardinale Guglielmo Encheuoirtz il resto del prezzo della
sepoltura di papa Adriano VI. (ARCHIVIO DEI CONTRATTI
DI SIENA. Rog. di Ser Marcello Della Grammatica *ad an-*
num n° 86).

Anno Domini 1529. Ind. 2. Die vero 29 Julii.

Magister *Baldassar Iohannis de Peruziis* architector et
civis senensis, omnibus melioribus modis etc. citra tamen

quorumcumque procuratorum etc. fecit, constituit, creavit, nominavit et solemniter ordinavit eius verum, certum legittimum et indubitatum procuratorem et. Ita tamen quod specialiter generaliter non deroget etc. providum virum *Petrum Andree* de Senis pictorem romanam curiam sequentem, eiusdem constituentis fratrem iuratum absentem etc. solum et insolidum scilicet specialiter exprexe ad ipsius domini constituentis nomin, et pro eo, petendum exigendum et accipiendum, et se habuisse et recepisse confitendum etc. a Reverendissimo Cardinali Tortose vocato Hincvort scutos novem auri de sole, sibi per dictum Reverendissimum Cardinalem debitos pro residuo sue mercedis et precii sepulture sanctissimi domini domini pape Adriani per eumdem magistrum *Baldassarem* in Urbe condite; et de receptis et exaptis per eum quietandum etc. Dans etc. promictens etc. cum relevatione etc.

Actum in Civitate Sen. in contrata artis lane, in apoteca Laurentii Bernardini Ciuccij cimatoris pannorum, coram et presentibus dicto Laurentio et Hieronimo Ser Iohannis de Paccinellis testibus.

Ego Marcellus olim Ser Alexandri Niccolai Gramatici, notarius publicus rogatus subscripsi.

N.° 222.   1529 12 Settembre

Pagamenti ordinati dal Concistoro a favore di Giovanni Antonio Bazzi *detto il* Sodoma *per la figura del S. Vittorio pitturata nel Palazzo Pubblico.* (ARCHIVIO DI STATO IN SIENA. Concistoro, Deliberazioni *ad annum*).

Die xij septembris.
Ill.^{mi} D. D. Priores, Capitaneus populi etc. convocati etc.
Simili modo mandaverunt solvi per Camerarium Consistorii Domino *Io. Antonio Sobdoma* lib. 42 den. pro parte eius salarii picture figure Sancti Victorii *in sala de le balestre*.

Die xxj septembris, Martis.

Et Audito Domino *Io. Antonio* alias *Sobdoma* pictore petente sibi satisfieri salarium pro pictura Sancti Victorii per eum facta, servatis etc. voluerunt eidem dari et solvi quicquid per 2 pictores, eligendos unum per Consistorium et alterum per eum, iudicatum fuerit; de quo detrahatur id quod huiusque sibi solutum est. Et statim eligit Consistorium per plures voces. Magistrum *Dominicum...* alias *Mecuccium.*

Die 26 septembris, Solis.

Et visa extimatione data per Magistrum *Mecuccium* et magistrum *Davit* pictores supra pictura Sancti Victorii ac suis ornamentis factis per *Sobdomam* quia nimis excedere iudicis eorum honestum pretium visa est eis servatis etc., voluerunt per Magnificum Priorem et Capitaneum populi intelligi et informationem haberi a magistro *Baldassarre* architectore et pictore de valore et extimatione eiusdem. Et casu quo in parva quantitate discrepet extimationem ipsius a predictis, solvatur dicto *Sobdome* iuxta extimationem prefatorum 2 pictorum, que est Δ 27 auri, si autem in magna, nova provisio fiat.

Die prima octubris, Veneris.

Ill.^{mi} ac Ex.^{si} domini domini Priores etc. et Capitaneus populi etc. convocati etc. mandaverunt solvi domino *Io. Antonio Sobdome* pictori lib. 50 den. pro parte eius salarij pro pictura sancti Victorii ad bonum computum et decretum fieri Camerario Consistorii.

Die viiij octubris.

Mandaverunt etiam solvi Domino *Io. Antonio* alias *Sobdome* pictori lib. septuaginta den. sen. pro parte eius salarij picture Sancti Victorij ad bonum computum et fiat decretum Camerario Consistorii, et actento quod non habet in presentiarum denarius Magnificus Lapus solvat et in cautionem suam detur ei collana argentea Capitanei Cuicii etc.

Die xxvij octubris, Mercurij.

Ill.^{mi} ac Ex.^{si} domini domini Priores et Capitaneus populi etc. convocati mandaverunt solvi domino *Io. Antonio Sobdome* lib. sexaginta octo den. pro omni residuo Δ 27 auri solis, eius salario picture Sancti Victorii *in sala de le balestre*, et decreverunt etc.

N.° 223.   1529 18 Settembre.

Baldassarre Peruzzi *architetto confessa di aver ricevuto in imprestito da Girolamo d'Angelo muratore di Siena, la somma di scudi 155 per pagare parte della taglia impostagli dalle Milizie del Borbone durante il sacco di Roma.* (ARCHIVIO DEI CONTRATTI IN SIENA. Rog. di Ser Marcello della Grammatica *ad annum* n.° 120).

In Dei nomine, amen. Anno ab ipsius salutifera incarnatione millesimo quingentesimo vigesimo nono, Indictione iij secundum stilum et consuetudinem notariorum Magnifice Civitatis Senarum; die vero xviii mensis septembris, tempore pontificatus sanctissimi in Christo patris et domini domini nostri Clementis divina providentia pape septimi, pontificatus eiusdem anno..., regnanteque sacratissimo principe domino domino Charolo quinto romanorum imperatore. In mei notari pubblici testiumque infrascriptorum presentia personaliter constitutus honorabilis vir magister *Baldassar* filius olim *Iohannis* de *Peruziis* architector et civis sen. principalis principaliter pro se ipso et eius heredibus et successoribus citra tamen quorumcumque procuratorum suorum constitutorum revocationem, non in dolo vel metu seu aliqua alia machinatione circumventus, sed eius certa scientia et spontanea voluntate confessus fuit et palam publice recognovit se habuisse et recepisse prout in veritate actualiter, manualiter ac in pronta et numerata pecunia ut asseruit, habuit et recepit et ad se traxit ex causa puri veri gratuiti et amicabilis mutui ab honorabili viro magistro Hyeronimo filio quondam Angeli de Senis magistro murorum, presente et ac- ceptante, summam et quantitatem scutorum centum quinqua- ginta quinque auri in auro largorum de sole, boni auri et iusti ponderis, causa et occasione solvendi assectum talliam seu residuum talliae eidem magistro *Baldassarri* in Urbe facte per quosdam ex militibus exercitus imperialis, tempore ad- ventus Borboni ad Urbem. Quos quidem scutos centum quin- quaginta quinque auri de sole, prefatus magister *Baldassar* debitor promisit et solemnibus stipulationibus convenit prefato magistro Hyeronimo, ut prefertur presertim et pro se et suis heredibus et successoribus vel cui et quibus iura sua conces- serit aut eius et eorum legitimo procuratore ad hoc sufficens mandatum habente, solvere et integraliter restituere infra tempus et terminum duorum annorum ab hodie prossime futurorum et ut sequitur finiendorum: et solutionem seu re- stitutionem predictam facere promisit Senis, Florentie, Ve- netiis, Rome, Bononie etc. ac etiam generaliter dummodo per generalitatem specialitatem non derogetur nec e contra in qualibet mundi parte, in qua dictus magister Hyeronimus vel eius heredes et successores dictum magistrum *Baldassarem* et eius heredes et bona invenerint vel convenerint seu con- venire voluerint, et solutionem recipere et in quolibet dicto- rum locorum insolutum unica tamen solutione sufficiente una cum omnibus expensis, damnis et interesse per prefatum ma- gistrum Hyeronimum creditorem ab retardationem dicti de- biti in requisitione in dicto termino duorum annorum modo soluti inveniendis et sustinendis: super quibus quidem dam- nis expensis et interesse prefatus magister *Baldassar* debi- tor credere et stare voluit soli simplici verbo et assertioni dicti creditoris aut negociorum suorum gestoris etiam sine sacramento aut aliqua alia testium productione et probatione iudicis taxatione aut arbitrio seu arbitramento alicuius boni viri. Pro quibus omnibus et singulis sic tenendis observandis et inviolabiliter adimplendis, prefatus debitor obligavit et

29

hipothecabit dicto magistro Hyeronimo creditori, ut prefertur recipienti et stipulanti, se ipsum et eius heredes et successores ac bona omnia presentia et futura et nominatim unam ipsius magistri *Baldassaris* domum sitam in Urbe in regione Campi Martii apud ecclesiam Sancti Rocchi et Sancti Iacobi in Augusta, infra suos fines: quae domus, ut ipse magister *Baldassar* asseruit, est censuaria rectori ecclesie predicte in carlinis quinquaginta monete veteris quolibet anno: et nominatim etiam obligavit eidem magistro Hyeronimo provisionem quam ipse magister *Baldassar* habet a magnifico Comuni Senarum super Koraziis et singula iura nomina et actiones presentia et futura, nec non iurisditioni compulsioni coertioni iuribus et censuribus ac mero examini curie Camere apostolice ipsiusque generalis auditoris, vice auditoris, locumtenentis et commissariis, nec non per pactum expressum et solemni stipulatione vallatum omnium aliarum curiarum, tam ecclesiasticarum quam secularium ubilibet constitutarum, in qua seu quibus hoc presens instrumentum exhibui contigerit. etc.

Actum in civitate Sen. in domo Universitatis artis lane, coram et presentibus magistro Bernardo olim Raphaelis et Mirapalco (?) cimatore pannorum et habitatore Sen. et Emanuele Ottobuoni famulo dicte universitatis, testibus etc.

Ego Marcellus olim Ser Alessandri Niccolai grammatici notarius rogatus etc.

N.° 224. 1529 18 Settembre

*Deliberazioni del Concistoro circa l'organo del Pubblico
Palazzo.* (ARCHIVIO DI STATO IN SIENA. Concistoro Bastardello delle deliberazioni *ad annum*).

Die xviij septembris, Saturni.

Ill.^mi ac Ex.^si domini Domini Priores et Capitaneus populi etc. convocati etc. dederunt plenam et amplam conmis-

sionem magnifico Capitaneo populi reaptari facere organum
palatii; et circa hoc erogantur quicquid opportunum fuerit
et ei videatur et convenerit cum illo qui reaptabit, omni
modo etc.

Die viiij octubris.

Ill.^{mi} ac Ex.^{si} domini Domini Priores et Capitaneus populi
etc. convocati etc. viso qualiter organum palatii fuit reapta-
tum per dominum *Benardum* organistam, et cognito qualiter
de inectudine exercitii ipsius devastatur, querentes ipsum in
ea que invenitur bonitate et perfectione manutenere, servatis etc. voluerunt et decreverunt quod prudens et expertus
juvenis Dominus *Raynerius* olim *Bartolomei*, lugdunensis
organista, exerceat aliquando in edomoda dictum organum
sonant, et pro pretio ac labore ipsius, consequatur expensas
in palatio eorum per totum presentem mensem etc.'
Cui etiam Magistro *Benardo* organiste voluerunt satisfieri
et dari id quod fuerit de mente; Magnifici Capitanei populi
et unius vel duorum de Collegio per eum eligerunt pro predictis, quibus plenam in hoc potestatem dederunt omni
modo etc.

Die xx octubris, Iovis.

Magnificus Capitaneus populi Alexander Ugurgerius, vigore eius actoritate, de quo supra manu mei notarii, mandavit
solvi magistro Gregorio Leonardi imo *Benardo Leonardi*,
presbitero organiste, lib. 42 den. pro eius salario et mercede aptaminis organi palatii, omni modo etc.

N.° 225.   **1529 9 Decembre**

Privilegio concesso dalla Balìa di Siena e Simeone di Niccolò stampatore. (ARCHIVIO detto. Balìa, deliberazioni *ad annum*, c. 285ᵗ).

Magnifici domini officiales Balìe et Conservatores libertatis etc.

Et habita notitia paupertatis, bonitatis et fidelitatis *Simeoni Niccolai* Cartularii impressoris seu stampatoris de Senis, et qualiter ad instantiam eorum Collegi elapsis diebus aliquas operas impressit vel stampavit: Moti predictis et aliis pluribus iustis et rationabilibus causis, cupientes dicto *Simeoni* suam gratiam facere: Servatis cunctis solemnitatibus observandis, deliberaverunt concedere et deliberando concesserunt privilegium, licentiam et auctoritatem dicto *Simeoni*, pro tempore decem annorum proxime futurorum, imprimendi vel stampandi in Civitate Senarum, quoscumque libros quos voluerit. Pro quo tempore deliberaverunt et expresse prohiberunt et mandaverunt quibuscumque impressionibus seu stampationibus (sic) sub pena eorum arbitrij non audeant vel presumant sub quocumque quesito, colore imprimere vel stampare in civitate Senarum quoscumque libros jam impressos vel stampatos per dictum *Simeonem*. Et quod dictus *Simeon* et dicti libri, sic impressi pro dicto tempore, gaudeant et habeant dictum privilegium etc. et predicta etc.

N.° 226.   **1529 24 Dicembre**

Lettera firmata in cifra di un esule senese a maestro Giovan Battista Peloro. (ARCHIVIO detto, Lettere ai particolari).

Peloro carissimo. Perchè sapete l'ordine preso tra noi avante che partessino dicqui et credo ad questa octa habiati fatta la opera con quessi nostri, come vi fu imposto, vi prego

vogliati stare inteuto ad quello vi fu detto, et d'ogni cosa
donarzi continuo aviso ad tal possiamo stare in ordine, et
al tempo far lo effecto: del che siamo certi voi ne sarete
sollicito per ogni verso in oprar il vostro cervello ad cotesta cosa, perchè ultra che noi repatriaremo voi sarete tra
tutti noi de li primi, et cotesto sarà con effecto: per il che
vi preghiamo siate sollecito, et non vi fidate altri che ad
que'due vi ragionai. Non altro. Dio di mal vi guardi et vi
dirize al comun nostro bisogno.

Di Bologna, ad 24 Dicembre 1529.

(A tergo). Al M.° *Iambattista Peloro* da Siena nostro, come
fratel carissimo. In Siena sue proprie mani.

Al vostro piacere
MITYNAOZANO

N.° 227. 1531 28 Ottobre

*Alcuni cittadini fanno istanza al Consiglio Generale di
Siena, perchè sia dato un maggiore assegno a* Baldassarre Peruzzi *architetto*. (ARCHIVIO detto, Concistoro, Scritture *ad annum*).

Dinanzi da Voi ecc.

Havendo molti ciptadini desiderosi del bene essere e am-
plitudine della Rep. di V. S. M., considerato li homini virtuosi
esser quegli che accrescano sempre honore et fama alle re-
publiche, e per questo non solamente esser debito mantenere quelli che in epse sonno, ma condurne ancora delli
altri: essendo informati che Maestro *Baldassarre* architectore escellentissimo è persona di molto rilievo, di modo che
in tempo di pace e di guerra questa republica potrebe de le
opare sue valersi, e per non havere esso modo di sostenere
la fameglia e casa sua è forzato cercare fuori della patria
altro inviamento, e perchè serìa dannoso perdare sì virtuosa
persona, con debita reverentia recordano alle S. V. M. che

per loro oportuni consegli sieno contente solennemente deliberare che al prefato Maestro *Baldassarre* sia constituita una provisione annua di quella quantità che ad esse parrà ragionevole, purchè esso e la casa sua onestamente possa sostentare. Et di questo se li dia assegnamento vivo, di modo che non li sia sì faticoso lo essare al debito tempo satisfacto; e tanto giudicano li predetti habbi da resultare in utile e benefitio de la Vostra Republica e cittadini di essa. Et alle S. V. M, si raccomandano quali Nostro S. Dio feliciti e conservi quanto desiderano.

Anno Domini MDxxxj, Indictione V., Die xxviij ottubris.

Lectum fuit supradictum recordium in Consistorio Magnificorum Dominorum et Capitanei populi et per eosdem, una cum Spect.^mis Vexilliferis Magistris, fuit confirmatum, approbatum et deliberatum quod ponatur ad Consilium populi pro ut stat.

Anno Domini MDxxxj Indictione V, Die xxviiij octubris.

Convocato et congregato Consilio populi etc. in sufficienti numero etc. in sala magna et ad sonum campane etc. Et facta in eo proposita supra dicto recordio, super quo dato consilio et misso partito, fuit obctentum et solemniter deliberatum quod dicto Magistro *Baldassarri* concedatur et detur duplum salarium quod habebat antea: videlicet, quod vigore presentis consilii et deliberationis intelligatur et sit conductus in duplo salario quod habuit usque modo. Pro quo duplo salario solvendo, sit et intelligatur assignato supra redditis membro et fructibus Marsiliani. Quod fuit obtenta prius derogatione per 146 albos, 65 nigris non obstantibus. Consilium vero, per lupinos 144 albos, 66 nigris non obstantibus.

NOTA

Il Peruzzi nacque in Siena il 7 di marzo 1480, secondo il computo senese: così nei libri dei battezzati è registrato il suo battesimo. Baldassarre Thomasso *figliuolo di Giovanni di Salvestro da Volterra si battezzò a dì vij di Marzo, fu compare Iachomo da Piamonti.*

Di lui abbiamo raccolto le seguenti notizie.

1501. 1 Agosto. Baldassarre *di* Giovanni *di* Silvestro *dipintore diè avere fino questo di xv d'agosto L. 42 contanti, e'quali sonno per la monta d'opere xlij le quali à fatte a dipegnare la Cappella di S. Giovanni* (Archivio dell'Opera Metropolitana di Siena. Libro di un Leone a c. 593).

1525. *Maestro* Baldassarre *diè avere L. 250, sol. 5, sonno per le sue fadighe di avere lui fatto più disegni delle porti s'ànno a fare di bronzo e per altri disegni.* (Archivio dell'Opera detta, Libro dei tre Angeli a c. 330).

1527. 24 Ottobre.

Magnifici Domini Officiales Balie etc. Et mandaverunt significari Magistro Baldassarri *Architectori quod cum civibus electis super custodiam Civitatis et cum aliis civibus de Collegio vadat et procuret* (sic) *muros nostre Civitatis Senensis et notent omnes defectus et referant.*

Et tres per Priorem eligendi, vadant cum ipso magistro Baldassarre.

Et fuerunt electi:

Iohannes Baptista Pannilinus.

Nicolaus Campana.

Nicolaus Franciscus.

(Archivio di Stato in Siena, Balia, Deliberazioni *ad annum*, c. 149¹).

1528. 16 Settembre.

Maestro Baldassarre di Giovanni Architetto compra una casa in faccia alla Chiesa della Magione (Archivio Notarile di Siena, Rog. di Ser Ventura Ciogni *ad annum*, n. 72).

1529. 10 Luglio. *Maestro* Baldassarre di Giovanni *architettore de' avere Lire quattrocentoventi sonno per la sua provisione di due anni a ragione di scudi 30 l'anno, cominciati a dì x luglio 1527 e finitti a dì x luglio 1529* (Archivio dell'Opera detta, Libro dei tre Angeli a c. 568).

1532. 16 Luglio. *Baldassarre Peruzzi* ordina a Niccolò Cecchini, depositario della Società della Marsiliana, di pagare scudi 150 a Galgano Fondi procuratore dei frati di S. Domenico i quali avanzavano detta somma a titolo prezzo di una casa vendutagli presso la Chiesa di S. Pietro alla Magione (Archivio Notarile detto, Rog. di Ser Giulio Nerini).

1534. 17 Maggio. *Maestro* Baldassarre di Giovanni *Architettore de' avere fino questo dì 17 di Maggio 1534 L. otocento otantadue, sonno per pietre mistie di più ragioni che ci à mandate da Roma infino questo dì e per ispese d'esse pietre* (Archivio dell'Opera detta, Libro dell'Assunta, c. 115).

Per qualche tempo il Peruzzi godette una provvisione annua di 240 scudi. Trascriviamo qui l'ordine di pagamento, quale si legge nel vol. n. 1006 delle deliberazioni di Concistoro a c. 22¹.

1534. *Die Saturnis, vj Iunij.*

Ill.mi Domini D. Priores Gubernatores Comunis et Capitaneus populi Civitatis Senarum, convocati etc.

Et similiter servatis servandis, audito Magistro Baldassarre *architectore supera conducta facta a Magnifico Senatu et supera salario sibi debito pro anno preterito, incepto die prima Iunij 1533 et finito die ultima mensis Maij proximi preteriti 1534, ad rationem scutorum 240 pro quolibet anno, servatis servandis deliberaverunt quod Appaltatores et conductores Marsiliane presentes, sine eorum preiudicio aut danno, dent et solvant dictum eius salarium iuxta formam et conductam factam a dicto Magnifico Senatu et ita decretum eiusdem fiat in forma solita et omni meliori modo.*

N.° 228. 1531

Denunzia di Giovanni Antonio Bazzi *detto il* Sodoma, *pittore.*

Dinanzi a voi cittadini sopra a fare la Lira vi si dice per me maestro *Giov. Antonio Sodoma* di Bucaturo.

E prima [ho] un orto a Fontenuova, ch'io lo lavoro e gli altri ricogliono.

Una casa in litigio con Niccolò de' Libri per mio abitare, in Vallerozzi.

Trovomi al presente otto cavalli; per sopranome son chiamati caprette et io sono un castrone a governarli.

Trovomi un scimmia e un corvo che favella e lo tengo chè insegni a parlare a un asino teologo in gabbia.

Uno gufo per far paura a matti e un barbagianni. Del Locco non vi dico niente per la scimmia di sopra.

Trovomi due pavoni, due cani, due gatti un terzuolo, uno sparviero, sei galline con diciotto pollastrine.

E due galline moresche e molti uccelli che per lo scrivare saria confusione.

Trovomi tre bestiacce cattive, che sono tre donne.

Trovomi poi da trenta figliuoli grandi, e per traino ain, V. E. permetteranno bene che hone havere di grosso, oltre che, secondo li statuti, chi ha dodici figliuoli non è tenuto a gravezza di Comune. Per tanto a voi mi raccomando.

Bene valete

Sodoma, Sodoma derivatum mihi Sodoma.

NOTA

Questa denunzia, che oggi non si trova più nel volume originale della Lira, fu pubblicata per la prima volta dal P. Isidoro Ugurgeri nelle POMPE SANESI. (Pistoia 1649, vol. II, p. 356). Nel Registro delle imposizioni dello stesso anno è così ricordato il Sodoma tra gli abitanti della Lira di S. Donato a'Montanini,: Messer Giovan Antonio *dipentore alias el Sodoma, lire cento* (ARCHIVIO DI STATO IN SIENA. Lib. della Lira, n. 125, c. 64).

N.° 229. 1531

Supplica di alcuni cittadini alla Signoria di Siena, perchè sia affidato l'incarico di suonare l'organo di Palazzo a Pietro *di* Bernardino *da Novara.* (ARCHIVIO detto, Concistoro, Scritture *ad annum*).

Ill.ᵐⁱ Magnifici et Excelsi Signori etc.

Se narra alla S. V. Magnifiche et excelse qualmente se trova esser venuto in Siena un giovene senese domandato *Pietro* figliolo già de un certo *Bernardino* da Novara habitante in Siena più de 30 anni, et la sua moglie era sorella carnale de la moglie di Pier basso cavallaio de questa Signoria Magnifica et Excelsa: et essendo dicto *Pietro* remasto solo come ha voluto la sorte, senza matre et patre et senza facultà nissuna se messe ad andare per il mondo acquistando delle virtù (benchè parecchi anni havesse cantato in Duomo) et havendo acquistato con gran fatigha l'arte del sonare l'organo et musica da poter star fra li homini da bene de essa arte, parse ad alcun ciptadino che lo cognoscevano tanto in Siena come in Roma existenti, provedere el Duomo de più assai idoneo sonatore che non ce era, et mandatogle lettere che venisse fino a Siena essendo in Roma, venne a servir la patria de esse virtù onde se trova da Septembre in qua, et perchè il salario che ha dal Duomo non gli supplisce al vestire, quasi li fu necessario ricorrire alla Magnifica Signoria passata con pregarla li facessino dare la sua vita più presto allui che a un fiorentino et maxime non essendo da più de lui a servir le Signorie loro di quello è tenuto, et perchè el organo del Palazzo delle V. S. Magnifiche se appartiene al sonator del Duomo per questo fu dato a Ser Bernardo dal Monte San Savino, giudicando poi le lor Signorie che essendo stato casso del duomo essendo fiorentino et non da più de lui, comandorno

fusse dato la sua vita a dicto *Pietro;* si che così humilmente
supplica al presente le Signorie V. Magnifiche et excelse che
siano contente raffirmarli dicta sua vita come han fatto li
altri passati et venendo allui dicto loco et dicto Ser Bernardo
non haver bisogno come quelle parranno intendere, alle quali
sempre si rachomanda.

Nota

Crediamo che si debba riferire a questo organista la notizia che qui si trascrive
dalla notula lasciata dalla Signoria che risiedette nel governo della Repubblica nel
bimestre Marzo e Aprile 1539-40, alla Signoria che gli suhentrò nell'ufficio. *Messer
Pietro organista, Eccellente musico, ha fatto presente al Concistoro d'un canto
nuovo et honorato della Messa solita celebrarsi solennemente ne la Cappella del
Palazzo; il che veramente è stata dimostratione de la rara virtù et opera sua e
de l'amore che ha inverso el Palazzo. Et perché è venuto a domandare ricom-
pensa de la lodevole opera sua, non habbiamo potuto satisfarli per non havere
il modo, pero esortiamo le S. V. Ill.me a dover ricognoscere le fadighe, opere et
buona servitù del detto messer Pietro. Et li libri del canto detto si sono consegnati al Sagrestano del Palazzo.*

N.º 230.   1532 18 Luglio

Lettera di Gio. Battista Borghesi a maestro Eccellente
*bombardiere, con la quale gli commette a nome di Ales-
sandro Vitelli di costruire duegento Archibusi.* (Archivio
detto, lettere particolari *ad annum*).

Maestro *Excellente,* quanto padre honorando.

La presente per dirvi che il Signor Alixandro Vitelli, per
servitio di questa guardia, chiederebbe provedersi di un
200 Archibusi che fussino ciascuno di 4 palmi et belli in
sur una foggia medesima. Et mi à comesso vi scriva se voi
vi incorazate se non di più, al mancho farliene ciento: però
vi pregho come prima mi advisiate di vostra volontà che
me ne farete piacere, et così risolvendovi a farli a che prezo
li dareste. Sarete contento non manchare darme adviso per
il primo. Et a voi mi racomando, et se di qua posso niente
per voi, sapete so tutto vostro.

Di Firenze, alli xviiij de luglio nel xxxii.

A piaceri vostri

Iohan Battista Borghesi

Avrei caro, havendogli a fare, me mandaste uno, affine che in su quella scieda avessino a essare li altri.

Al suo carissimo maestro *Excellente* . . .
alla flatta di Perugia.

N.° 231. 1532

Maestro Eccellente *bombardiere chiede di prestare i suoi servigi al Comune di Siena.* (Archivio detto, Concistoro, Lettere *ad annum*).

Mag.ᶜⁱ Padri e Signori carissimi.

Exponsi con quella debita riverentia per lo vostro bon figlio e fedele servitore maestro *Excellente*, maestro di Archibusi, qualmente desiderare (sic) ottenere in gratia deliberata dal vostro iustissimo Collegio de havere uno loco de bonbardiere per servitio di questo libero e pacifico stato, quale a Vostre Signorie Magnifiche piacesse con li soliti e pubblici salarii, obligandomi per loro servitio in tutto essere sempre fidelissimo et diligente a quanto in tal caso da fare havesse; con quest'obligho, per ricordanza de tale beneficio, de donarle ogn'anno a loro piacere una moschetta di ferro di peso di lire cinquanta. Sono certissimo che per essare le Signorie Vostre Magnifiche assai capaci de la experientia et diligentia nostra non mancaranno per loro benignità a farcene gratia che di tanto humilmente le supplico. Il che ottenere da quelle come spero per cognoscerla clementissima, io porrò a piedi le altre infinitissime gratie da la medesima riceute, et a quelle mi raccomando sempre, che lo Altissimo e sua Genitrice advocata le feliciti in secula seculorum.

Di V. Signorie Magnifiche

Humilissimo figlio e servitore
M.° *Excellente*

N.° 232. 1533 (st. sen.) 12 Marzo

Deliberazione della Consorteria delle famiglie Piccolomini riguardante le riparazioni da farsi alla Loggia detta del Papa. (ARCHIVIO DELLA CONSORTERIA PICCOLOMINI. *Tomo II, n. 53*).

Convocata et congregata magnifica Domo et familia de Piccolominibus de Senis in numero sufficienti, in qua interfuerunt infrascripti in Palatio R.^{mi} D. Domini Ioannis Piccolominei Cardinalis Senensis, in eius camera, omnes una voce et nemine discrepante, approbaverunt et posuerunt infrascriptam tassam et impositam, positam inter homines dicte Domus solvendam pro reparatione Lodie Piccolomineorum, vulgariter vocate *Del Papa*, et tassa predicta fuit scripta manu Hieronimi Niccolai de Piccolominibus inclusa in presenti folio.

Item, deliberaverunt constituere et constituerunt Camerarium ad faciendum facere dictam reparationem, Guidonem Antonium Buonsignoris de Piccolominibus, et dederunt sibi in coadjutorem Ioannem Baptistam Bandini similiter de Piccolominibus, ut exigat dictam impositam, faciat venire res necessarias ad dictam reparationem et sequatur in omnibus ordinem et commissionem dabit ei supra dictus Guido Antonius: et dictus Ioannes Baptista habeat pro suo salario libras 40 den.

N.° 233. 1534 13 Maggio

La Compagnia del Corpus Domini di Sorano fa dipingere a Giorgio di Niccolò veneto le pareti della Chiesa. (ARCHIVIO DEI CONTRATTI DI SIENA. Rog. di Ser Polidoro di Giovanni. Filza dal 1534 al 1541).

In Dei nomine Amen. Anno Domini 1534. Tempore Pontificatus Domini Nostri Clementis, divina Providentia Pape VII. Indictione..., die vero 13 Mai; Pateat omnibus evidenter inspecturis, visuris, audituris, qualiter in presentia me (sic)

Notarii et testium infrascriptorum: providus vir Cherubinus Pauli Petri, una cum suo camarlengo, prior Societatis Corporis Xpi cum voluntate et consensu totius Societatis, dederunt et consignaverunt magistro *Georgio Nicolai* veneto ad pingendum ambas facies sitas in dicta capella, secundum ordinem et titulum, sicut apparet voluntatis Societatis : cum • hoc pacto quod dictus magister *Georgius* teneatur omnibus suis expensis et actionibus laborare, pingere ita et taliter ordinare perficere et finire totam faciem super altare eo sicuti principium ostendit, toti Soċietati, cum coloribus quibus opus fuerit lustrantibus et bene rilucentibus et plenis stellis aurei (sic) in supra a summitatibus cornicibus, ita et taliter quod dicta facies bene permaneat, ad omnes suas expenses (sic) ita et coloribus et de auro et quantum opus fuerit per dictam faciem etc. absque aliquo premio. De duobus aliis faciebus, quarum una est illa, cum oculo vitreato, et altera e converso a dicta facie, dictus magister *Georgius* teneatur bene pingere et laborare ad voluntatem dicte Soċietatis quibus (sic) melius placuerit: et postquam perfecte fuerint dicte facies, ita et concorditer restarunt una parte et altera (sic) ad iudicium duorum hominum artium electos (sic) unum pro qualibet parte : et quod dicti homines electi iudicaverint de suis magistratibus et laboribus sint taciti, contenti et quieti, quicquid pro eis sententiaverint: ita et taliter sint firmi et quieti per dictos homines electos. Et ita conduserunt versa vice attendere et observare sub pena dupli, et ita iuraverunt ad sancta Dei Evangelia tactis scripturis, attendere et observare, presentibus Marzodio Pincello et Stefano Abundantii, hominibus electis de Sorano etc.

Actum in Terra Sorani in domo Comunitatis, ubi tenetur scola.

Et ego presbiter Polidorus etc.

Et ita dixerunt me (sic) presbitero Polidoro quotiescumque opus fuerit, dederunt plenam auctoritatem et licentiam ut possit extrahere et exigere contractus de his supradictis etc.

Insuper, quod si dicta Societas auxiliaretur de pecuniis quibus opus fuerit magistro *Georgio* pro dies operibus Angelus Veronensis promisit pro se, suis heredibus et successoribus sponte pro dicto magistro *Georgio* bene attendere et obser-vare quantum superius dictum est pro dicto magistro *Georgio,* etc.

Et ad cautelam et fideiussionem per dictum Angelum pre-dicto *Georgio* Domina Auresta uxor dicti magistri *Georgii* filia Agabiti Aquapendentis, sponte et presente promisit pro se, suis heredibus et successoribus, extrahere de omnibus damnis et expensis dictum Angelum. Item dicto die recepit dictus ma-gister *Georgius* pro parte solutionis scutos decem pro dicta opera, presentibus Stefano Abundantii et Cristoforo carpen-tario de Sorano.

N.° 234.   1534 Maggio-Settembre

Pagamenti fatti per alcune pitture eseguite nella Chiesa Collegiata d'Asciano. (ARCHIVIO di detta Chiesa, gior-nale C, c. 52).

Maestro *Bartolomeo* detto il *Riccio* e *Bartolomeo* suo compagno dipintori da Siena, dieno avere scudi cinque per dipegnitura della Madonna del Rosario in la Pieve d'Asciano finita in fine questo dì 25 di Maggio, li quali denari aviamo a pagare a ogni loro posta et volontà . . . L. xxxv

E più promettiamo per Ser Salvadore L. 29, sol. dieci, pa-gare per parte della dipentura della sua Cappella dalli detti dipentori, questo dì decto . . . . . . L. xxix sol. x

Ànno auto, questo dì 25 di Maggio, scudi tre d'oro per conto della nostra cappella, pagati a loro contanti in Pieve . . . . L. xxj sol. xv

E più, a dì 25 di Septembre, ànno hauti li detti maestri staia 24 di grano a L. 30 il moggio, monta. L. xxxij sol. x

Questo dì 25 di Septembre siamo quitti e pagati e così li detti dipentò (sic) infino questo [dì] sopradicto.

N.° 235. 1535 21 Aprile — 2 Agosto

Deliberazioni della Signoria di Siena per far continuare le pitture della Sala del Concistoro a Maestro Domenico Beccafumi *pittore.* (ARCHIVIO DI STATO IN SIENA. Concistoro Deliberazioni, Vol. 904 c. 25 e 906 c. 9, 18, 19).

Magnifici et excelsi Domini D. Priores ec. una cum Spectatissimi Vexilliferis Magistris et Consiliariis Magnifici Capitanei Populi convocati e c. servatis servandis deliberaverunt ad hoc ut pictura aule palatii prosequatur, deputarunt et deputaverunt Δ centum, de Lib. 7 pro quolibet scuto, deponendorum per Camerarium Consistorii penes bancum Ugurgeriorum et sociorum campsorum de Senis, expendendorum ordine operariorum dicte picture et per apodixam Concistorij et non aliter nec alio modo. Et quod antequam detur dicti den. dicto magistro *Dominico* pictori, teneatur ipse magister *Dominicus* prestare idoneum fideiuxorem aprobandum per Consistorium de perficendo dictam picturam aule et perfectam habendo per totum mensem Iulii proximi futuri, alias de restituendo denarios quos recepisset ex dicta causa.

Die 22 Aprilis.

Magnifici et excelsi Domini D. Priores Gubernatores Comunis et Capitaneus populi Magnifice Civitatis sen. una cum Spectatissimis Vexilliferis Magistris et Consiliariis Magnifici Capitanei populi, servatis servandis deliberaverunt aprobare et aprobaverunt Antonium Laurentii Bechafumum in fideiuxorem et pro fideiuxore magistri *Dominici* pictoris, qui se obliget sicut deliberatum fuit die externa, circha denarios datis magistri *Dominici*, quos habebit pro dicta pictura, omni meliori modo.

Et concesserunt licentiam mihi notario infrascripto faciendi apodixam dicto magistro *Dominico* directam Ugurgeriis campsoribus de Senis ut sibi solveat Δ quinquaginta de Δ centum quos receperunt in depositum.

Die sabbati, x Julij.

Et mandaverunt fieri decretum Johanni de Ugurgeriis et sociis Campsoribus depositariis eorum Consistorii, quod sine eorum preiudicio aut damno dent et solvant de residuo 100 Δ, *Dominico* pictori, Δ xxv ad bonum computum pro eius mercede et salario picturarum volte.

Die xxx veneris, Julii.

Et servatis servandis deliberaverunt quod Magnifici Domini et Capitaneus populi auctoritatem habeant videndi obligationem magistri *Dominici* pictoris circa conductam aule inferioris versus plateam, et si viderint ipsum adimplevisse eo ad que tenetur, quod tunc fieri facient eidem decretum quod solvatur Δ xxv de residuo 100 Δ depositatorum in manibus Ugurgeriorum. Et quo ad promissionem factam per Antonium Bechafumum ad istantiam dicti *Dominici* de complendo opus dicte volte, tunc pro nunc ipsum, a tali promissione, liberaverunt.

Die lune, ɪɪ Augusti.

Ill.mi Domini et Capitaneus populi antedicti, ex commissione in eis facta ab integro Consistorio, de qua supra, mandaverunt fieri decretum pro *Dominico Iacobi* pictore, pro residuo Δ 100 depositatorum in manibus Ugurgeriorum pro xxv, attento quod adimplevit eo ad que tenebatur vigore deliberationis precessorum; et declaraverunt Antonium Bechafumum eius fideiussorem, fuisse et esse liberum a dicta fideiussionem, omni meliori modo.

N.º 236.   1535 26 Gennaio

*Deliberazioni degli Officiali sopra l' Ornato eletti per la
venuta in Siena dell'Imperatore Carlo V.* (ARCHIVIO DEI
CONTRATTI IN SIENA. Deliberazioni degli Officiali dell' ornato per la venuta di Carlo V. Nei rog. di Ser Alessandro
Arrighetti).

Deliberaverunt quod ferantur omnes forme seu designi
Collegio Balie, cui exponantur causa faciendi ornamentum
arcus in platea, et quatenus eidem Collegio non placeat, re-
mittatur eius arbitrio.

1536, VI Aprilis.

Deliberaverunt quod infrascripti habeant auctoritatem con-
ferendi de ornamentis cum magistro *Dominico* et *Antonio
Marie* pictoribus, nec non cum magistro *Laurentio de Donatis;* et intellectis eorum architetturis et voluntate, referantur
Antonio de Glanderonibus et Hieronimo Nicolai de Piccolominibus.

— 7 Aprilis.

Deliberaverunt quod pro ornamentis in adventu Cesaree
Majestatis solum ornetur Porta Nova et domus que deputa-
bitur pro habitatione eius Maiestatis, et quod perficiatur equs
(sic) jam inceptus: et quod ornamentum Porte Nove locetur
Antonio Marie pittori, et domus habitationis eius Maiestatis
magistro *Laurentio de Donatis,* et equs magistro *Dominico*
alias *Mecuccio* pittori.

— 8 detto.

Deliberorno che l'ornamento da farsi a la Porta Nuova
si alluoghi a *Anton Maria* dipintore, e quel de la casa dove
habitarci Sua Maestà a maestro *Lorenzo Donati,* e il cavallo
a maestro *Domenico* per quelli prezzi che saranno stimati
detti lavori, finita l'opera.

E deliberorno che a li infrascritti, per li lavori che si faranno, se lo' dia l'infrascritte somme di denari:

Anton Maria dipentore, ∇ quindici d'oro.

Bartolomeo de la Massa suo compagnio, scudi dieci d'oro.

Maestro *Domenico dipintore,* scudi dieci d'oro.

Maestro *Lorenzo Donati,* et
Bartolommeo detto il *Riccio* } Scudi quindici d'oro.

1536, 15 Aprile.

Et deliberorno si facci decreto a' Chigi che paghino a Maestro *Lorenzo Donati* per il lavoro che fa per l'ornamento de la habitatione di Sua Maestà, a. buon conto, scudi sei d'oro. (La casa era quella di Mario Bandini).

— 12 Detto.

Deliberorno farsi decreto alli medesimi Chigi che paghino de li detti scudi trecento, l'infrascritte somme:

Anton Maria dipentore, scudi venticinque.

Bartolomeo de la Massa, scudi quindici.

Maestro *Domenico* dipintore, scudi quaranta.

Maestro *Lorenzo Donati,* scudi dodici.

— 15 Detto.

Et deliberorno farsi decreto alli medesimi Chigi che paghino

A *Bartolomeo de la Massa,* scudi quindici.

Maestro *Lorenzo Donati,* scudi dieci.

Anton Maria dipentore, scudi dieci.

— —

A *Bartolomeo di Davit,* per la pittura a capo a la porta del palazo, a buon conto, scudi dieci.

— 17 Detto.

Deliberarono notificarsi e comandarsi alli Offitiali di Mercantia che in la venuta di Sua Maesta habbino brunite le figure della **Loggia** di decta casa.

— —

E farsi precetto all'arte delli Scarpellini che sotto pena
di ∇ 25 d'oro, in la venuta di Sua Maestà habbino brunite
le colonne del Prato, la lupa del Ponte, Postierla e piazza
Ptholomei a spese di detta Arte — e farsi precetto all'Arte
della Lana che a spese della detta Arte nettino la Lupa e
colonna di detta Arte — che l'Arte de li Spetiali sia sgra-
vata de la spesa de la Porta Vecchia, e sola facci assettare l'Aquila grande da porla dove deputarà lor collegio.

1536, 18 Aprile.

I Chigi paghino a Maestro *Domenico*, a conto dell'ornamento del cavallo, scudi dieci d'oro, cioè di L. 7 per ∇. —
Che l'infrascritti del lor Collegio habbino autorità di allogare
la Porta Vecchia a chi lo'parrà a dipegnare a spese dell'Arte
de la Lana, Seta e Merciari.

Precetto a...... alias *Scalabrino* e *Gismondo del Crogio*
dipentori, che domattina vadino a lavorare a l'ornamento de
la Porta Nuova.

— 19 Detto.

Che e'Merciari habbino a contribuire all'ornamento del-
l'Aquila insieme con gli Spetiali.

Che e'Lanaiuoli faccino un festone con arme a la Porta
Nuova.

Decreto a'Chigi che paghino al *Riccio* dipentore scudi
dieci di L. 7 per ∇, per le pitture de la casa di Sua Maestà.

Et deliberorno citarsi *Pietro Campagnini* sotto pena di
∇ 25: et comparso se gli facci precetto sotto pena di ∇ 50,
che finisca e' seggi della Mercantia.

I Chigi paghino a Maestro *Lorenzo*, a conto dell'ornamento de la casa di Sua Maestà, scudi dieci.

Et deliberorno l'Aquila doversi porre alla Postierla: e così
si facci intendare alli Spetiali.

Mecarino ebbe del cavallo restaurato scudi 70.

N.° 237.   1536, 25 Aprile

Convenzioni fissate tra Bartolomeo di David *pittore e la*
Compagnia di S. Onofrio di Siena, per il pagamento
della pittura di un cataletto della Compagnia (ARCHIVIO
DI STATO IN SIENA. Carte di S. Onofrio. Reg. C. III, c. 216).

Anno Domini 1436, a dì xxv d'Aprile.

Bartolomeo di *David* da fronte de' dare per infino questo
dì ditto, lire centosettantotto, cioè L. 178 sol. le quali à ricevuto da più chamarlenghi in più partite, chome al L.° del-
l'entrate e uscite apare, quali li sonno stati dati per parte de
la pittura del cataletto del quale qui a rincontro apare creditore. Però per essermi stato dato comissione che lo accordi
di quello avesse avere dalla compagnia, acciò il ditto *Bar-*
tolomeo restituisca la casa la quale à in tenuta o vero per
tenuta à compro da li offitiali de la Mercantia, per essere satisfatto di quello restava a avere per infino a la somma di
lire duegentotrentotto con le sue spese fatte di più, quali
ascendono a la somma di lire vintuna e soldi sedici, del che
ne aparisce al libro delle Deliberazioni in f.° 121; così con el
ditto *Bartolomeo* io *Giovanni di Lorenzo* dipentore e Hamarlengo avendo fatto conto e saldo, trovo quello restare a
avere lire ottantuna e soldi sedici amettendoli le sopradette
spese in detto conto, per le quali li ò consegnato le infrascritte *dette* o vero debitori della compagnia, cioè: Rede di
Agnolo Valachi nostri perpetuarii per lire quindici e sol.....
chome aparischano in questo debitori in fol.° 171, per la perpetua de l'anno presente.

Item, li consegnò per lire trentotto Matteo di Giovanni
del Valachio, chome di tanto ne apparisce debitore in questo
a f.° 201. *Item*, li consegnò per lire ventidue e soldi sedici
Giulio di Battista Giusi nostro perpetuario, che di tanto è debitore de la perpetua de l'anno 1535, chome in questo in

f.° 202. *Item*, per lire sei sol. 0, li ò consegnato Agnolo di Giovanni Giannelli e fratelli, li quali tengano da noi la buttiga a la bocha del chasato, chome apare in questo in f.° 190; le quali *dette* obligho la compagnia che gliele farà vere e buone; et accadendo che bisognasse riscotarle con spesa, ditto *Bartolomeo* sia tenuto spendere di suo: et in caso che alchuno de dette somme diminuisseno, in quel caso li sia consegnate altri debitori, talmentechè faccino detta somma di lire ottantuna e soldi sedici: et chosì el ditto *Bartolomeo* si accetta quelle nel sopradetto modo in solido pagamento de le lire ottantuna soldi 16 per restò della dippentura del ditto cataletto et per le spese fatte in ditta causa in fino questo dì detto: et così renuntia et restituisce la detta chasa alla nostra compagnia di S. Honofrio; et per le ditte lire 81 sol. 16 in ditto modo dateli da et dona alla compagnia predetta ogni ragione che avesse in ditta chasa per questa o qualsivoglia causa, e promette che quela più non molestarà nè farà molestare nè sarà molestata per suoi heredi presenti e da venire, e per questo obligha sè e suoi beni et heredi a ogni pena che di ragione e fusse, e chosi si sottoscrivarà di sua mano propria, presente me *Giovanni* di *Lorenzo* dipentore al presente Hamarlengo di detta compagnia affirmando quanto di sopra si contiene L. CCLVIIII sol. XVI. E io *Bartolomeo* di *Davitti* sopradetto afermo e so' chontento a quanto di sopra si chontiene, però ò fato questi versi di mia mano propria questo dì deto e anno deto di sopra.

A dì xxv d'Aprile 1536.

Bartolomeo di *Davit* dipentore de' avere lire dugento trentotto, cioè L. 238 sol. 0, li quali sonno per la dipentura del cataletto quale dipense lo anno 1532 a dì 24 di maggio, chosi stimato per homini chomun dell'arte de' dipentori cioè *Domenico* di *Pace* e *Giovanni* di *Lorenzo* dipentori chome ne mostrò scritto di mano di ditti stimatori, però di tanto n'è fato al presente creditore per me *Giovanni* di *Lorenzo* dipentore per comissione datomi per el capitolo di nostra compagnia, come al libro delle deliberazioni in foglio 121 L. ccxxxjjj, sol.

E più deve avere lire vintuna e soldi sedici quali sonno per spese fatte alla Mercantia per domandare parte di ditta partita, quali per me *Giovanni* ditto et ben viste et ricerche, ametto doverseli restituire; però fatto quel di falcho che mi è parso ragionevole lo porto chreditore questo dì et anno ditto di sopra, per virtù della comissione datami, come di sopra. L. XXI sol. XVI.

Nota

A queste medesime convenzioni forse si riferisce la seguente obbligazione conservata tra le carte della Compagnia di S. Onofrio. *Xpo. A dì 16 di giugno 1535. Manifesto appaia a qualunque persona leggiarà la presente, chome oggi questo dì detto di sopra, Giovan Battista di Iacomo torniatore, che sta in sul Mercato Vechio, si fa principale debitore et pagatore a li quattro cittadini deputati da Mag.*^{ci} *S. di Balìa sopra li povari congreghati in S. Nofrio, di L. vinti di denari sanesi, da oggi a uno anno senza excettione alcuna; sonno che tanti ce ne promette paghare per Iacomo Pachiarotti dipentore per conto di pigione di una buttigha a la Bocha del Casato, quale detto Iacomo teneva da la Compagnia di S. Nofrio, et concesso in dette da la detta Compagnia a li detti deputati, come per deliberatione del Capitolo appare; et in fede de la verità detto Giovan Battista si sottoscrivarà di sua mano propria. L. 20 — Et io Giovan Battista Benvoglienti K.*^e *de li 4 deputati ò fatta la presente.*

E io Giovani Batista so' contento quanto di sopra si contiene.

E io Giovan Batista di Iacomo torniatore mi chiamo avere avuto le sopra dette lire vinti e le spese del sopradetto Iacomo Pacarotti, e quali ne fa promessa Alisandro di Benardino Orcolaio (sic) *come apare a u' suo* bastardello: *ebegli a dì 22 di guno* (sic) *1537.*

N.º 238.   1538 (st. sen.) 21 Febbraio—18 Marzo

Deliberazioni del Concistoro della Repubblica di Siena circa alla stima delle pitture eseguite da Giovanni Antonio Bazzi *detto il* Sodoma *nella Cappella della Piazza del Campo* (ARCHIVIO detto, Concistoro, Deliberazioni *ad annum*, c. 43^t e 6^t).

Veneris die, xxj februarii. Priore Domino Silvio.

Ill.mi Domini etc. et Capitaneus populi etc. Alias, audito Domino *Ioanneantonio* equite, pictore, alias el *Soddomo*, diciente qualiter pictura per eum facta in Cappella Campi fori, secundum conventionem sue locationis, debet extimari per duos homines comuniter eligendos: et offerente se paratum hominem pro parte sua eligere, et ex tunc elegit ad dictam extimationem faciendam, pro parte sua, Magistrum *Bartolomeum Davit* pictorem. Ideo servatis etc. pro parte Consistori eligerunt ad dictam extimationem, cum dicto magistro *Bartolomeo*, Magistrum *Ioannem Laurentii* pictorem in Salicotto: et predicta omnimodo etc.

Die dicta, dictus Magister *Bartolomeus* acceptavit.

Die xxiiij februari, acceptavit dictus magister *Ioannes*.

Die xviiij Martii.

Magnifici Domini et Capitaneus populi antedicti etc. servatis servandis, deputaverunt per plures voces in tertium, ad extimationem faciendam Opere Cappelle seu picture ipsius, una cum arbitris iam electis

Magistrum *Dominicum* alias *Mecuccium* pictorem.

NOTA

Fino dal 25 novembre 1527 la Balìa aveva proposto di fare restaurare la pittura della Cappella di Piazza. Così leggesi nel libro delle Deliberazioni *ad annum* a c. 205ᵗ.

Magnifici Domini Officiales Balie etc.

Item, ad honorem et gloriam intemerate et gloriosissime Virginis Marie unanimiter deliberaverunt reactare, et quod reactetur figure ipsius Virginis Marie della Cappella di Piazza.

Et ut supradicta exequatur, deliberaverunt dare summam potestatem tribus per Priorem eligendis, actare faciendi dictam figuram et immaginem Marie Virginis cum auctoritate expendendi usque ad ▽ triginta auri de sole, et pro predictis fieri faciendi decretum officio Bladi, quod solvatur dictos ▽ XXX super modiis 300 grani recepti a Collegio per manus Antonii de Belantibus et Domini Alexandri Paccinelli.

Et fuerunt electi:

Iohannes Baptista Piccolomineus

Contes de Buonsignoribus

Nicolaus Campana.

Il Sodoma, come fu suo costume, dopo avere incominciato questa pittura l'abbandonò, e si recò presso Giàcomo ▽ Appiano Signore di Piombino. Il comm. Milanesi (Doc. dell'Arte Senese, Vol. III, pag. 130 e seg.) pubblicò le lettere scritte dai Governatori per richiamarlo in Siena a terminare il lavoro. Qui per completare la notizia trascriviamo il ricordo lasciato dai Governatori della Repubblica che risiedettero nel bimestre Marzo e Aprile 1537-38 ai loro successori. Esso dice: *Già più mesi sono*

che per li precessori fu allogato a dipegnare la Cappella di Piaza al Sodoma
dipentore, et di già ha ricevuti ϝ 30. Alli giorni passati se li è scritto per ordine
delli operari, per essere in Piombino, che venghi ad finire la opera sua secondo
che sta lo obbligo quale è apresso de li medesimi ; non per ancho si tiene risposta,
non mancheranno V. S. per honore publico farci dare fine. Li operarij sonno
questi: Camillo Ascharelli, Bellisario Bandinelli, Fabio di Girolamo Garghi et
Alfonso Acharigi. (Archivio detto. Concistoro, Scritture *ad annum*).

La pittura della Cappella di Piazza, dopo eseguita, venne coperta con una tenda
acciò non venisse danneggiata dalle intemperie. Così leggesi nella seguente deliberazione dello stesso Concistoro, presa il 26 gennaio 1538 (st. sen.).

Et deliberaverunt, una cum dictis Vexilliferis, quod Sacrista Palatii fieri fa-
ciat unam tendam cum Armis Comunis Senarum ante picturam noviter factam
in Cappella Campifori, ad hoc ut dicta pictura conservetur; et fiat decretum et
ponat ad eius exitum denariis palatii et bullectine.

N.° 239. 1538 (?)

Capitoli fissati con Vannoccio Biringucci *Maestro della*
fonderia della Camera Apostolica al servizio di Papa
Paolo III. (Biblioteca Comunale di Siena, Cod. seg. A
III. 4, a c. 124).

Capituli da confirmare a *Vannuccio Beringucci* da Siena
capitano dell'artigliaria et maestro de la Fondiera della Camera Apostolica, concedutali da la Santità di N. S. Paulo
Papa III, per suo motuproprio.

Et prima che il detto Cap.° *Vannuccio* habbi d'avere per
sua ordinaria provisione ducati duocento d'oro di Camera
l'anno, da pagarsegli ogni mese o vero ogni trimestre per
rata, tal che infine d'ogn'anno habbia il complimento di
detti ducati 200.

Et in caso che lui andasse a Camino con le artigliarie o
stesse in campo a fare battarie et in servitio di tale artigliarie, per tutto quel tempo il detto salario di duc. 200 se
lo intenda duplicato, cioè se li deva pagare a ragione di
duc. quattrocento l'anno, per quello tempo servisse.

Item, che quando li occorresse di havere lavorare artigliarie, oltra il sopradecto salario, habbi d'havere per manifactura d'ogni migliaro di peso di artigliaria grossa Δ xiiij
con x per cento di calo, essendo bronzi alegati; et tutto quello

che pesarà il lavoro fatto: et caso che fussero ramigni o altri rami fini o poco stagnosi, vecchi, come potrebbe occorrere, gli sia concesso il difalco di quel più che evidentemente calassero.

Et di ogni altro pezzo piccolo che facesse di mancho di lib. cinquecento in giù di peso finito, iusto et ben rinetto, da campane in fuori, se li habbi a pagare △ venticinque per migliaro. Et per concludere da bronzo et stagno in fuori, et il calo sopradecto di legna carbone et ogn'altra spesa sia a carico del predetto *Vannuccio*.

Item, che li sia concesso la stanza da lavorare de la fondaria consueta dove che hanno lavorato tutti li altri maestri.

Et di più sia accomodato, per suo habitare, del Palazzetto ch'è lì presso alla Fonderia, et ancho di forno, di ferramenti, di legnami grossi da far forme che li occorron di bisogno; le quali cose il detto *Vannuccio* sia tenuto a rendere in fine del suo offitio a numero o a peso, secondo che lì si troveranno et secondo l'inventario.

Item, che li sia fatto patente che possi andare a tutte le fortezze di Sna Santità a vederle et curare che ce sieno adìti (sic) habili a tirare le artigliarie et atendere che habbino le lor monitioni.

Item, che tutti li Bombardieri, posti al servitio delle artigliarie de Sua Santità, habbino in tutto et per tutto a stare alla obedientia del prefato Cap.º *Vannuccio*, et così li mastri di carri et mastri de legname.

N.º 240.   1539 17 Giugno—1 Luglio

*Memorie della edificazione del Convento di S. Maria Mad-
dalena* (ARCHIVIO DI STATO IN SIENA. Carte del Conservatorio di S. Maria Maddalena, Libro segnato M B, dal 1524
al 1625 c. 12).

Fassi memoria, come oggi questo dì 17 Giugno 1539,
furon chiamati gl' infrascritti cittadini et nobili a consultare
e vedere qual luogo fusse più atto e commodo dove si potesse edificare el Monasterio; dove doppo molte dispute fu
concluso che el Monastero si dovesse edificare in quel luogo
che confina con li frati detti de l'Abbadia. E a questo con-
corse il volere e assenso di tutte le Monache o vero della
maggior parte. E furon contente si annullasse e cassasse la
determinatione nel 1534 al tempo della b. m. Suor Cecilia
Bambi allora Badessa e della b. m. di Suor Helisabet in tal
tempo Kamarlinga, e della b. m. del Rmo. Generale di S. Guglielmo e confessore di dette Monache in tal tempo. Questi
furon li Cittadini quali furon presenti a detto Consiglio, si
dovesse fare in tal luogo, cioè:

    Messer Agnolo Bardi Canonico dignissimo
    Messer Ambrogio Nuti medico peritissimo
    Messer Carlo Pini cavaliere e medico excellentissimo
    Giulio Pannilini
    Augustino Bardi
    Benedetto del Vescovo.

Dalli infrascritti fu eletto per Architectore Maestro *Antonio
Maria Lari* senese, quale fu presente et produsse uno bellissimo et ingegnoso disegno, quale molto bene considerato,
fu accettato da tutti che secondo quello si dovesse procedere.
Et io fra Gio. Augustino, in fra li Teologi minimo, fui presente
e a perpetua memoria ho fatto questa di mia mano. Giugno 19.

Memoria come a dì 19 di Giugno 1539, considerando le
Ven. Religiose di S. Maria Maddalena che nissuna cosa è
più stabile e ferma che quelle che col divin aiuto son fatte;
però attento che di già havevano determinato el luogo dove
si doveva hedificare el Monasterio, feceno celebrare una
Messa dello Spirito Santo con molte collette di Santi e
Sante, e finita tal Messa tutte processionalmente e con molta
devotione andorono al luogo detto di sopra, cioè dove si
debbe edificare la prima ala del Monasterio, e seguitando
fin dove si debbe edificare la seconda ala, e quivi tutte ferme
io Frate Gio. Augustino indegno teologo e lor confessore,
benchè immerito, avendo celebrata detta Messa in quel luogo,
dissi molte orationi e collette a invocare el divino auxilio'
che volessi esser el principio mezzo e fine, acciò si possi
condurre tal edifitio a buon porto: e doppo molte incensa-
tioni e aspersioni di acqua benedetta a *quator partibus
Mundi* detti le tre zappate prime, *ut moris est.* Doppo se-
guitò la Ven. Abbadessa Suor Domitilla e la Ven. Priora
Suor Maddalena Pacinelli, e molte altre delle più antiche.
El Signore ne conceda gratia potiamo vedere el fine di tale
edifitio, tutto a salute delle anime nostre.

Luglio 1°.

El dì primo di luglio fu allogata la muraglia del Monastero detta di sopra, a Maestro Cristophano da Como, e a
Maestro Cristophano da Piacenza; e questi tali maestri hanno
l'actione di tutta la muraglia con patti e conditioni come
appare per pubblico istrumento che n'è rogato Ser Giulio
coaiutore di Messer Matteo procuratore del Monastero: e
tale allogatione fu fatta presenti l'infrascritti nobili Cittadini
e parte Operai, con consenso di tutto el Monasterio e Capitolo, e spetialmente di sette o vero otto Moniche delle più
antiche a questo particularmente elette a far e disfare quanto
occorrerà per li bisogni di detta muraglia, e di questo ancora
ne appare istrumento rogato Ser Giulio detto di sopra. Li

nomi di dette Moniche saranno qui di sotto scritti *ad per-petuam rei memoriam.*

Suor Domitilla Bambi Abbadessa

Suor Maddalena Bambi priora	Messer Gio. Batta Piccolomini operaio
Suor Giulia Gabbriella Kamarlinga	Messer Carlo Pini
Suor Antonia Squarcialupi	Giulio Pannilini operaio
Suor Rebecha Bambi	Augustino Bardi operaio
Suor Marcella de' Marzi	Carlo Gripholi
Suor Felice Berti	

Tutte le sopradette Moniche furono presenti, e furono tutte contente *nemine discrepante.* Tutti li soprascritti si trovorono alla soprascritta allogagione, presente Maestro *Anton Maria* architetto e Bartolomeo fattore del Monastero, quali furono testimoni chiamati.

N.° 241. 1540 5 Aprile

Maestro Nofrio *di* Paolo *da Castel Fiorentino prende a fare l'organo della Chiesa di S. Stefano di Montepescali.* (Archivio dei Contratti in Siena, Rog. di Ser Giovanni Cecchini).

Alli 5 Aprile 1540.

Sia noto e manifesto a qualunche persona legerà la presente scritta, come ogi a questo dì et anno detto sopra, Ser Marcello prete senese, al presente rectore de la chiesa di Santo Stefano di Montepescali et operaio di detta chiesa, alloga a maestro *Nofrio* di *Paulo* da Castelfiorentino, abitante di presente in Siena, maestro d'organi, uno organo di grandezza di bracia due con tutte le sue apartenente (sic) cioè: tastatura de' tasti trenta otto, reductione di ferro, mantrici (sic) con cinque registri principali, octava, quintadecima, decimanona e flauti; intendendosi perhò la principale tutta di stagnio e ripieno di pionbo; per prezo e numero di prezo scudi trenta di moneta, da pagarsi al presente scudi sei, acciò possi principiare: del restante scudi dieci, el detto Ser Marcello gli promette dargli per tutto il mese di magio proximo et havenire: et el restante di Scudi trenta non sia obligato pagarli per infino tanto che el detto maestro *Nofrio* non habbia messo su l'organo. Et che detto organo abbi essere buono, resonante et recipiente al iudicio di homini che se ne intendono, el quale organo el detto maestro *Nofrio* se obliga darlo fornito per tutto el mese di settembre proximo et havenire, intendendosi perhò che Lui habbi da condurlo a sua vetura e questo . . . . . el detto ser Marcello. Item el detto maestro *Nofrio* se obliga pigliarsi un organettó per pretio di Scudi otto, quale ha detto Ser Marcello: quale organetto di pretio di Scudi otto se intenda per parte di pagamento de li trenta Scudi. Item, se obliga el detto maestro *Nofrio* di fargli fare l'hornamento al detto suo organo per pretio di Scudi cinque lavorato el detto hornamento di lavoro piano, intendendosi che li cinque Scudi siano da per loro, e che non vadino nella somma de li trenta scudi, et questo a buona fede et senza fraude de l'una parte et de l'altra: et per osservare quanto di sopra el detto maestro *Nofrio* obliga se et li soi beni et herede presente et future, et per il detto maestro *Nofrio* impromette, come promesse Ser Giovanni de Nicholao canonicho grossethano. Et in fede de la verità io frate Hypolito di Matheio de la Penna de' Billi ho fatta la presente di mia propria mano con preghiera de l'una parte e de l'altra: quali se sottoscrivaranno di sua propria mano.

Et io Ser Marcello detto di sopra afermo quanto di sopra si contiene.

E io *Nofrio* sopradetto afermo quanto di sopra.

Et io prete Giovanni canonico afermo quanto di sopra si contiene.

N.° 242. 1540 29 Ottobre.

Lettera di Frate Donato Girolami *a Ser Lattanzio Girolami
suo fratello, con la quale annunzia di essere stato chiamato a Tivoli a suonare l'organo* (ARCHIVIO DI STATO IN
SIENA. Lettere particolari famiglia *Girolami*).

Carissime frater etc. O riceuto una vostra i ne la quale
mi avisate avere inteso qualmente io mi porto bene, del che
l'ò auto a piacere, perchè *Virtus laudata, crescit.* Apreso per
fare el debito come si de'fare in fra li parenti, so'stato pregato talmente che io vo a stare di socto a Roma quindici
migla (sic) a una cità ciamata Tribuli, lì a sonare el organo,
et danomi el mese cinque carlini. Ora spero stare qualche
anno che io non verrò in Siena; in questo tenpo darete oni
anno li miei denari a frate Cornelio sotoscrivendosi di sua
propria mano e sarano bene dati, perchè lui à la mia scrita.
Etiam vi aviso come ò riceuto due scudi d'oro e soldi quatro
da frate Cornelio, di che ne è stato di grande aito perchè ò
fato una tonica et ne avevo bisogno. Criveteci (sic) qualche
volta per mezo di frate Cornelio; non altro, se io poso niente
avisate come fo io a voi.

Cortone, die vigesima nona ottubris.

Vester frater, frater *Donatus.*

(A tergo) Data in mano a sere Latatio di
Ieronimo di Sere Francesco
suo fratello carissimo in Siena.

N.° 243.   1540 10 Decembre

*La Signoria di Siena ordina al Potestà di Grosseto di
fare riattare il Duomo di quella Città secondo il disegno
di* Anton Maria Lari. (ARCHIVIO detto, Balìa Copialettere
n° 198).

Volendo Noi che la fabbrica del Duomo di cotesta Città
si tiri a fine con buono ordine di disegno de l'architettore
nostro excellente maestro *Anton Maria Lari,* come fu cominciato, e si tiri in tutta perfettione, e che il disegno e
modo del fabbricare non habbi d'andare per diverse archi-
tetture, per non confondere il buon principio dato; habbiamo
deliberato et così per la presente t'imponiamo, che a la
ricevuta di questa, faccia comandamento a nome nostro a
tutti li Commissari overo Operarii o altri proposti al governo e cura di cotesta opera et fabrica, che per alcun modo
non ardischino di far seguire la muraglia et fabrica per
altro modo et disegno che per quello dato dal prefato maestro *Anton Maria,* non manco condurre o mettervi maestri
a lavorare d'alcuna maniera, tanto a murare quanto a scar-
pellinare o altro esercizio senza la volontà o contento del
medesimo, per haver egli perfetta notitia de li maestri buoni
et acciò che l'opera si faccia in tutto a perfetione, sotto
gravissima pena del nostro arbitrio e indignatione. E de le
comandamenta fatteti darai avviso subito, per quanto stimi
la nostra gratia.

N.° 244. 1541 28 Gennaio

Ordinanza di Girolamo Bellarmati *architetto del Re di Francia, riguardante i lavori della Città e porto di Havre de Grace* (ARCHIVIO detto, Diplomatico, prov. Conservatorio di S. Raimondo altrimenti detto del Refugio, *ad annum*).

Jheronyme Bellarmato Gentilhomme Tuscan et Noble Senoys Commissaire ordonne et depute par le Roy notre seigneur tant sur le faict des fortifications de la ville francoise et Havre de Grace que sur les bastimens et edifices qui se feront en la dicte ville pour y faire garder lornement et decoration dicelle. Et de disposer du territoire qui se trouvera dedans lenclosture de la dicte ville. A tous ceulx qui ces presentes lectres verront, salut. Comme pour executer le faict de notre povoir et commission et faire diligence de fortifier la dicte ville francoise suivant le vouloir et commandement du Roy notre dicte seigneur Nous eussions par plusieurs fois fait faire commandement a plusieurs maistres de basteaulx heuzr et alleges de charger et porter en la dicte ville francoise la quantite de pierre bitte par nous cy davant achaptee es carrieres du Vau des Leux et Barmal pour la fortification dicelle ville dont ils ont este et sont refusans et dilayans au contraire font et entreprenent ordinairement autres voyages en contrevenant aux commandemens a eulx faicts qui est au retardement de la dicte fortification. A ceste cause seroit besoing et necessaire et pour porter la dicte quantite de pierre bitte par nous cydavant achaptee comme dicte est avoir et recouvrer grande nombre de basteaulx et alleges. Et pour ce faire commettre quelque personne songneux et diligent a nous seur et feal. A ces causes et nous confians de la loyaulte suffisance et diligence de la personne de Jehan le prevost dict tendez a nous Icelle

le prevost commis ordonne et depute, commectons ordonnons
et deputons par ces presentes pour prendre avoir et recouvrer le long des quays de la Ville de Rouen et de la Ri-
viere de Seyne tous et tels basteaulx heuz et alleges quil
trouverra propres pour porter la dicte pierre de bitte des
dictes carrieres du Vau·des Leux et Barmal en la dicte ville
fràncoise. Et donne povoir au dicte prevost de contraindre
par toutes voyes deues et raisonnables les maistres et com-
paignons mariniers des dictes basteauls heuz et alleges daller
incontinant et sans delay charger et porter la dicte pierre
de bitte pour la fortification de la dicte ville. Les asseurant
quilz seront payes, pour leur voicture, a dix solz tournois
pour chacun thonneau. Et oultre si aucuns maistres et com-
paignons sont refusans ou dilayans de ce se luy avons donne
charge nous en advertir promptement pour la faire entendre
au Roy notre dicte seigneur pour par apres y pourveoir
comme de raison. Priant et requerant tous officiers du Roy
et de monseigneur l'admiral, quilz facent et souffrent au
dict prevost executer le contenu en la presente commission
et luy donnent conseil confort aide et prisons, si mestier est.
En tesmoing de ce, Nous avons signe ces presentes et scellees
de notre scel; en la dicte ville francoise, Le xxviij^{me} jour
de Januier mil cinqcens quarant ung.

Hieronimo Bellarmato.

N.º 245. 1541 18 Marzo

Altra ordinanza di Girolamo Bellarmati *riguardante i medesimi lavori.* (ARCHIVIO detto, Diplomatico e prov. detti).

Jheronimo Bellarmato gentilhomme Tusquan et noble Senoys, Commissaire ordonne et deppute par le Roy notre
seigneur, tant sur le faict des fortifications de la ville francoise et Havre de Grace, que sur les bastimens et edifices
qui se feront en la dicte ville, pour y faire garder laorne-

ment et decoration et de disposer du territoire qui se trouvera dedans lenclosture de celle Ville et sur icelluy territoire faire lalignement tel que besoing sera pour le dict
aornement et decoration, a tous ceulx qui. ces presentes
lectres verront, salut. Savoir faisons, que suivant le povoir
et commission a nous dônne par le Roy a Chastellerault le
dix huictiesme jour de Juing mil cinqcens quarante et ung,
et apres avoir faict clorre de fossez larges et profonds de
deux piedz et demy le circuyct et enceynt de la dicte ville
francoise desseigne et marche le lieu ou les portes de la dicte
ville seront faictes a aussi marche les boulleuertz et flancques
chacun en son lieu et de la figure dont ilz seront comparty
ordonne et ligne tout le territoire estant dedans lenceynt
des dictz fossez en observant le dissaing approuve par le
Roy notre dict seigneur; et voulant comme a bon et fidele
serviteur appartient faire et acomplir le commandement du
dict seigneur. Et considerant aussi que Johan Aude, demourant en la parroisse de Hermeville Viconte de Monstrevillier,
desire construire et edifier dedans le circuyct de la dicte
ville une maison de la valeur de mil cinq cens livres tournois,
pour y habiter et demeurer ainsi quil nous a requis et
quil est contenu en la requeste par luy a nous presentee
en la dicte ville le huictiesme jour de Mars an present mil
cinq cens quarante et ung qui est pour la edification habitacion aornement et decoration de la dicte ville. Nous a ces
causes a nous suivant le pouoir de notre dict commission
a la coppie de la quelle et de la dicte requeste ces presentes sont atachees et loriginal demeure en nous mains
Baille et ordonne audict Aude lieu et place sur la quelle
il a promis et promect edifier une maison de la dicte valeur
de mil cinqcens livres. En la quatriesme ysle de la rue
Royalle du coste senestre venant de la porte del Hevre, le
quel lieu et place contient de large trente sept piedz a
toise pardeuant la dicte rue. Et cent dix neuf piedz en
arriere jusques a la petite rue estante entre la rue d'Or-

leans et la dicte rue Royalle et par derriere semblable largeur de trente sept piedz neuf poulces. Les quelz commen-
cent a cent cinquante sept piez du commincement du dicte
ysle venant de la dicte porte de Hevre, et finissent a cent
quatre vingtz treize piedz du dicte ysle, selon la mesure
qui en a este faicte par Pierre Sangrin maistre masson ou
pays de Normandye, par nous ordonne et deppute pour mesurer les places de la dicte ville et prendre garde que aucun
nentrepreigne en plus avant que la mesure qui sera par
luy faicte pour par le dict Aude habiter et demourer en la
dicte maison, et icelle par luy et ses successeurs posseder
aux charges condicions et submissions en apres declairees
esquelles le dicte Aude sest submis et oblige par ces presentes ainsi quil ensuit. Cest assavoir de payer au Roy notre
dict seigneur ou a celluy qui sera par luy ordonne pour
saulver et retenir le dommaine et la seigneurie de la dicte
ville, la somme de cinq solz tournois de rente seulement
pour la dicte place cy dessus declairee ayant esgard aus
dicte charge et submissions. Item, de faire la dicte maison
de trente sept piedz de long sur la dicte rue Royalle, selon
le portrait qui luy en a este par nous monstre pour laornement et decoration de la dicte ville. Et icelle rendre preste
et habitable pour par luy ou autre habiter et demourer dedans ung an a compter du jour et datte de la dicte requeste.
Et faire et parfaire, dedans deux ans apres ensuivans et con-
secbtifs, jusques a la dicte somme de mil cinq cens livres
tournois: et ou cas que le dicte Aude ne face bastir et edifier
la dicte maison dedans le temps et ainsi quil est cy dessus
contenu le dicte lieu et place par nous a luy baille suivant
le povoir de notre dicte commission retournera es mains du
Roy notre dict seigneur pour par apres la bailler a autre
personne qui la fera bastir et edifier et davantaige tous les
materiaulx, que le dict Aude auroit faict mectre et porter sur
la dicte place, seront pris et aplicquez au proufict du Roy
ensembre ledifice que le dicte Aude fait encommencer sans

pour ce luy en payer ne rembourser aucune chose pour
raison de ce quil auroit occuppe la dicte place sans cause
et quil nauroit entretenu ne acomply les charges et condicions susdictes. Item, le dict Aude sest submis payer sa part
et portion de la despence qui sera faite pour faire une
cisterne quant il plaira au Roy le commander et de la despence et entretenement de la dicte cisterne la quelle sera
commune aux habitans du dicte ysle. Item, de faire ung conduict soulz terre qui portera les immundices de sa maison
iusques au conduict public du dicte ysle, le quel conduict public
sera faict en la dicte petite rue soubz terre aux despens des
habitans du dicte ysle quant et ainsi quil sera ordonne, duquel
conduict le dict Aude en sera tenu faire dix huict piez et demy
de longueur qui est la moictie dautant que porte la largeur
de sa dicte place. Et aussi sera subgect de haulser et paver
au davant de sa maison jusques a la moictie de la dicte
rue royalle quant il sera ordonne et commande par le Roy
et pour haulser sa dicte place et moictie de la dicte rue
en son endroict il prendra le perroy terre et autres choses
commodes a lentree du chenail et cours de leauc du dicte
havre pour dresser le dict chenail et autres lieux et endroictz qui seront par nous ordonnez. Et davantaige le dict
Aude sera subgect de faire lembassement et muraille des
deux pignons de sa maison de celle espesseur quelle puisse
servir a celluy ou ceulx qui viendront en apres bastir et
edifier pres sa dicte maison en payant par eulx la moictie
du dict embassement et muraille et faire les dictes pignons
et plomb a fin que les pignons des autres maisons puissent
joindre ensamble de sorte que laornement et decoration
de la dicte ville y soit garde. Des quelles choses le dict
Aude nous a requis que luy voulsissions bailler lectre en
forme la quelle nous avons faict faire signer et aprouver
par Sebastien de Champeaulx ad ce par nous commis et
deppute et icelle faict enregistrer par Raoul de Rogy contrerolleur ordonne par le Roy sur le faict des fortifications

et edifices de la dicte ville ou registre que pour ce nous avons ordonne estre faict ouquelle registre a este appose le portraict du front et deuanture de la maison que le dict Aude sest submisse et oblige faire en tesmoing de ce nous avons scelle ces presentes du scel des armoires du Roy soubz les quelles les nostres sont empraínctes en ung petit escusson en signe de notre main, en la dicte ville francoise de Grace. Le dix huit.ᵉᵐᵉ jour de mars, lan mil cinq cens quarant et ung.

Hieronimo Bellarmato commissaro
S. De Champeaulx.

N.° 246.   1541 12 Maggio

Lettera dell'Architetto Gio: Battista Pelori *al Card. Farnese, riguardante le fortificazioni di Ancona.* (ARCHIVIO DI STATO IN PARMA).

Al Reveren.ᵐᵒ et Illustriss.ᵐᵉ Sig.ʳᵉ, il Sig.ʳᵉ Cardinale Farnese, mio Signore. Rev.ᵐᵒ et Illustriss.ᵐᵒ Sig.ʳᵉ etc. A quel medesimo fine, che questo Luglio passato io venni costà in Roma, di presente mi converrebbe venire per far cognoscere a S. B.ⁿᵉ queste faccende di qua in che termine le si trovino. Et perch'io so come quotidianamente il Sig.ʳ Luogotenente n'ha ragguagliata V.ᵃ Rev.ᵐᵃ S.ʳⁱᵃ per satisfarne al medesimo tempo S. S.ᵗᵃ, non mi extenderò in lungo: solo dirò, che per carestia di calce siamo forzati stare a dire dell'avemmarie e de' paternostri a commodo nostro, quasi tutto il presente mese. Et questo c'interviene solo, perchè costoro non hanno mai voluto credere nè stimare le exortazioni, prece et protesti miei: chè quando se ne sono risi; quando con bastemiare, alteratamente m'han resposto ch'io voglio troppe cose, et quando col pianger m'han depinto non poter più di quello si vedeva. Le quai cose, non lasciate dà me inadvertite, hanno havuto quella resposta quale s'aparteneva all'onore del Principe et a la mia féde: et per di più ho notificatole sempre al Sig.ʳ Lionello, acciochè le fussero con debiti modi riprese. E tal mia diligentia ha causatomi un odio maraviglioso portatomi da costoro; per il che più volte si sono messi ad offendermi con dire a S. B.ⁿᵉ ch'io havevo cominciata la muraglia tanto ingorda, che per quèllo era fatta insino a quel dì, sarìa stata bastante a finire un conveniente baluardo; promettendo far cognoscere il mio procedere esser fuore di proposito, il che ha potuto alterare l'opinione che S. S.ᵗᵃ ha tenuto a l'esser mio. Et io allora me ne sono certificato, quando mi sono trovato adosso la censura del Capitano Alexandro da Terni, cosa invero, al parer mio, da far venire in furore ogni ben composto animo di patiente homo: nè perciò ho voluto storcere dal bon cammino con andarmi a continuare di servire il Marchese del Vasto, o in altro luogo S. M.ᵗᵃ C.ʳᵉᵃ o (dove la invernata passata fui chiamato per due lettere) a fare eseguire la fortezza di Gantes. Per il che a tempo conveniente io ne dissi con il Rev.ᵐᵒ di Rimini, acciò mi consigliassi come in tal caso mi dovessi governare: sopr'il che mi strinse dovessi levare il pensiero d'ogn'altra cosa, e ch'io lo stabilissi in questi servigi di S. B.ⁿᵉ il che complitamente il meglio ch'ho possuto, mi sono studiato fare: et ogni giorno mi s'accende il desiderio di meglio continuare, et in ciò spendere ancora l'anima oltr'al corpo, per servigio del minimo de la vostra Nobilissima Casa. Io nel vero stimai che per la metà del tempo corso haver possuto mostrare un ragionevole saggio del nostro modo di lavorare, con che vantaggi et buon proposito ci governassimo, acciochè a differentia di quelli ch'oggi sono in qualche pregio, io similmente potessi pigliare animo in domandare ragionevol mercede, et quella che mai sino a quest'ora ho chiesta: perchè solamente ho presa quella che m'è stata messa innanzi, aspettando con la sicurtà del paragone a poter domandare i trenta scudi d'oro in oro, che sei anni passati mi sono stati dati da li Officiali di Sua M.ᵗᵃ Sòmmi dato a creder più volte potere ordinare le cose mie nel venire di sua Santità in questa Terra: ma dacchè veggo l'impedimento esser grande, sto in fermo proposito venire costà et per varie cagioni: prima per le sopradette, di poi per non volere havere a travagliare con Anconitani in alcun modo, se non tanto, quanto io conognoscesse esser servitio di S. B.ne Ma il Sig.r Luogotenente mi niega ciò fare, con dirmi che potrìa occorrer cosa che, non essendoci qua mia persona, sarebbe disservitio di S. S.tà: nè vuole mi vaglia dire che col disegno in mano farei sì costà, che si pigliarìa risolutione sopra la cosa de la piazza di San Premiano da fronte al rivellino del Porto: de la quale sono più settimane corse ch'io ne mandai un poco di pianta. Similmente mostrarèvi quanto e' conviene provvedere a la torre della Lanterna per essere da la vecchiezza condotta al portare le croccie per dovere mantenersi in piede. E s'ha da sapere che solo al rompimento dell'aere che fa il tirarsi de l'artiglieria d'ogni et ciascuna sorte, ella si sconquassa tanto, che presto finirà. Et se questi repugnano col dire che alcuni marinari pratichi in questo luogo affermano essere nocivo a levare quello obstaculo al vento di tramuntana et al maestrale, così come se l'è risposto qua, se li potria responder costà, che le son tutte lungarìe per uscire d'hoggi, et vedere se il doman li arrecassi meglio fortuna di quello non li pare havere. Et in questa faccenda il ridursi in sul fatto e mettersi ad ordine, come dicon loro, se li risponde che gli è un abbracciare la confusione: et quanto anchora a levarsi il fanale, si dice si farà nel medesimo modo che sta a li castelli di Venetia in su uno arboro alto assai più che hoggi non è, e commodo a governare il lume. Sforzaròmi far cognoscere quanto e' convenga provedere al monte di fuore de la Rocca, dove già furono i bastioni fatti per M.° *Antonio Sangallo,* o di fortificarne parte, et il restante spianarlo con bon proposito, o vero accomodarlo tutto che non fusse sì disutile et dannoso et a la Rocca e a tutta la Terra con le sue fortificazioni fatte e da farsi. Non mancarei far capace S. B.^{ne} sopra la cosa del cavaliere, chè di continuo si fa dietro a la Chiesa di Santo Augustino in mare, così de la spesa come de la forma et d'ogni altra sua contenenza, ad ciò che, sèndoci da dire per l'opinioni d'altri, se ne pigliassi ferma conclusione. Et s'io manco al presente mandarne disegno, è solo per cagione ch'io vorrei esser presente per potere me' rispondere a certi che vogliono strasapere, et senza esser capaci del luogo, mettere innanzi la ruina de la metà d'una Terra; tanto è la vanità de' loro prosumptuosi giudicii. In su li medesimi disegni che s'è mandato costà per il Rev.^{do} Vescovo d'Ancona, et dipoi per Mr Iacomo Hermolao barbarissimo, farci vedere come qua siamo arrivati in altezza fuore de la terra, et quanto sotto, et come camminiamo. Potrassi ben dire che la spesa, fino ad quest'ora nel baluàrdo di S. Pavolo al cassaro s'è fatta, ascende a tremila secento scudi, et infra due mesi da venire sarà (forse) in difesa. Et se questi havessero fatto un partito questa vernata, et non hora, quasi dall'ultimo d'Aprile haveremmo le materie in ordine, et non staremmo aspettarle hoggi da la bona fortuna, et si lavorarebbe col buon tempo commodamente. Et quando ci dovessimo servire di tai cose sopravvenendoci el bisogno, ci trovaremmo acconci. Et se S. B.^{ne} havessi mandato ad effetto quello che il Luglio passato mostrò piacerle, cioè un depositario forestiero mercante et non interessato ne la fabrica, et che ogni et ciaschedun mese questi Anconitani havessero sborsati li ottocento settanta scudi, che lor tocca fino alla somma de li venti mesi, noi qua vedevamo in sul fatto, e saremmoci provisti, et io sarei andato a Ferrara, o dove fosse convenuto, a tale che saremmo innanzi, dove siamo troppo a dietro. Io ho cognosciuto d'essere per un più, dacch'io non sono atteso non che compiaciuto in queste faccende, di modo che mi viene spesso una rabbia minuta da far colpi più là che da pazzo. Nondimeno io voglio solamente mi basti il corrucciarmi senza peccare. Et perciò quando a la Rev.^{ma} et Illma S. V. piaccia

farmi sapere se e' sia bene dare una passata in fino costà,
per quello ho mostrato da fare, a me sarà molta gratia. Et
quando non, io la supplico humilmente mi faccia mercede
con sua lettera, che questi mi dieno casa conveniente a' par
miei, così come sempre sono stati soliti con ogn'altra persona servitore di S. S.ta, con darmisi legna e strami per mie
cavalcature: altrimenti io vedo male poterci stare, et ci metto
troppo più d'onore ch'io non vorrei. Et sopra ogn'altra
cosa desidero che a questi Anconitani sia fatto intendere
che la provisione mia mi sia cominciata a correre il dì medesimo de la data del Brieve, et non il dì de la presentazione ch'io gliene faccio, perchè tal provvisione la ricognosco
dal Papa, et non da loro: perchè, com' ho detto loro, io non
starei con essi per cento scudi il mese, nè consentirìa che
un de' miei famigli pigliassi da questa Communità quello
che mi dà la S. B.ne, che m'è molto caro. Tutto questo ho
voluto dire acciocchè in poco di scritto io faccia sapere che
più a pompa che per necessità servo S. B.ne et la Ecc.za del
S.r Duca et V. Rev.ma et Ill.ma Sig.ria, a la quale con tutto il
core m'offero et raccomando, baciando le mani sue con
ogni humiltà. Che Dio altissimo la exalti, così come quella
merita et io vorrei.

D'Ancona, il dì dodici di Maggio MDXLI.

Di V.ra Rev.ma et Ill.ma S.ria.

Servitore fidelissimo
Giovambattista Pelori

Dipoi d'haver molto scritto, dirò questo ancora, che se il
Castellano non fussi più Anconitano che ragionevole, le provisioni sarian state fatte in tempo. Et nel vero sono pratiche, le quali non so intendere. Perchè guardandosi da me,
si ricuopre con altri, con dire io haverlo offeso con haverlo
accusato, che non teneva più che quindici o vero sedici
fanti (et col fante di coppe, et gli altri suoi compagni insieme) a la guardia de la Rocca, già son sei mesi passati:

et tutto quello gli fe' l'Hermolao, dice haverlo da me. Et
ha il torto così come sa S. S.ᵗᵃ chè io non fui mai nominato in tal faccenda d'haverlo detto allora: et la causa fu
perchè io non ne fui mai domandato. Ma se hoggi io ne
fussi ricerco, fedelmente il direi dadovero, che non erano
più che quindici, infra i quali ve n'erano ancora de li dipinti
et da beffe. Io non saprei dire già niente de' conti suoi, come
si vadino, perchè li tien segreti: nè etiam li Anconitani non
l'arrivano, con tutto che sieno pane et cacio insieme nel-
l'altre cose. E può ben essere che sia fedele: *sed unum
scio, quia, cum cecus essem, modo video.* Et perciò quando
e' gli sia stato fatto intendere, che lassi travagliare a me
nell'ordinare la fabbrica ne la rocca, io n'harò piacere,
perch'io fuggirò que' disordini che non sa schifar lui; nè
mi ruineranno le muraglie inanzi al fine di esse: così come
interviene al presente in quella che fa lavorare: benchè lui si
scusa con dire che messer Pierfrancesco da Viterbo già ne
lassò disegno di tal fianco: et questo havendolo saputo
l'Ecc.ᵃ del Duca volse che tal fantasia si mandassi ad effetto, et però fino a questo giorno ha fatto. Ho visto che
i disegnucci semplici non fanno, perchè gli è difficultà go-
vernarsi con disegni boni et belli, fatti ancora da chi li
eseguisce, et non da uno che non cognosce qual sia più il
dritto ch'il rivercio: et perciò se le muraglie hoggi cre-
pano de le risa, con i suoi contraforti scavezzi, mandisi a
provvedere che ne lassi il carico a me, come vuol ragione,
et non interverrà questo. Io so che il Rev.ᵈᵒ Vescovo d'Ancona gli disse che mi faceva torto, quando egli fu qua questo autunno; nondimeno ha voluto fare a suo modo. Gli è
ben vero che per mio honore gli sono andato moltissime
volte; et quello ch'io v'habbia fatto voglio solamente lo
dichino tutti e' suoi maestri che gli lavorano.

N.° 247. · 1541 Agosto e Settembre

*Spese fatte dai Quattro sopra l'onoranza, per la venuta in
Siena, di papa Paolo III.* (ARCHIVIO DI STATO IN SIENA.
Concistoro, Scritture *ad annum*).

Spese fatte per li quattro sopra l'onoranza per la venuta
di Sua Santità, cominciate a dì 20 Agosto 1541, et fermo (?)
sin questo dì primo Settembre, anno detto.

Gio. Battista Tori, maestro di legname, per l'agionta al-
l'Arco trionfale, a tutto suo legname e spese, ▽ 60. L. 420.

Gio. Battista detto, per frontespizio et basamento di legname alla porta dell'Arcivescovado . . . . . L. 100.

Bartolomeo della Massa per uno scudo et uno tondo di
legname, fatti per l'arme di Sua Santità . . . L. 20.

Scalabrino dipentore, per dipentura di cinque armi grandi
di Sua Santità et del pubblico, et due piccole et 40 meze
et per tela et cerchi che ha messi di suo per dette armi,
et le due piccole se li so' rese per manco spesa . L. 64.

M.° *Giorgio* et M.° *Riccio* dipintori, scudi trentacinque, secondo un conto che detti dipentori hanno dato di loro mano,
per le dipenture dell'Arco trionfale et figure alla porta del-
l'Arcivescovado . . . . L. 245.

N.° 248. 1542 (st. sen. 1541) 9 Gennaio

Maestro Anton Maria Lari *Architetto, vien confermato agli
stipendi della Repubblica di Siena.* (ARCHIVIO detto. Balìa,
deliberazioni *ad annum* c. 13ᵗ).

Magnifici Domini Officiales Balie et Conservatores libertatis inclite civitatis Senarum ecc.

Et audito prudenti iuvene *Antonio Maria de Laribus*
cive sen: architectore super eius conducta ad serviendum

Reipub. finita et spirata. Habito inter se maturo colloquio, actenta 'suffitientia et experientia in architectura eiusdem *Antonij Marie*, et quia se bene gessit in conducta sua anni preteriti, servatis servandis, deliberaverunt conducere et conduxerunt dictum *Antonium Mariam* pro architectore ad serviendum dicte eorum Reipub. pro uno anno incepto die qua spiravit ultima sua conducta, cum solito salario scutorum trium quolibet mense, supra membro prestantiarum, eodem modo quo habebat in alia sua conducta. Mandantes ecc.

Nota

Anton Maria Lari detto *il Tozzo*, pittore e architetto senese, entrò ai servigi della Repubblica fino dal 20 Decembre 1537. Nelle deliberazioni della Balla (Vol. 94 c. 184¹) sotto a quella data, leggesi: *Attentibus virtutibus spectabilis viri* Antoni Marie de Laris *Architectoris ad hoc ut possit commodius permanere in civitate pro utilitate publica et privatorum, servatis ecc. decreverunt prefato* Antonio Marie *dari et solvi per tempus et terminum unius anni, ad rationem scudorum trium singulo mense solvendorum ei per Exactores prestantiarum de pecuniis prestantiarum pro eius provisione; Mandantes decretum fieri in forma ecc.*

Un anno dopo la condotta fu così rinnovata;

1538 23 Dicembre.

Attentis bonis operibus in publicum servitium et privatorum civium magistri Antoni Marie de Laris *architectoris et eius benemerentiis, servatis ecc. deliberaverunt concedere et concesserunt ei eamdem provisionem scudorum trium pro quolibet mense iam sibi concessam et ordinatam per precessores per annos duos ultra incipiendos seu inceptos statim finita dicta prima concessione supra eodem membro et absignamento.*

Ecco altre notizie dei lavori eseguiti in Siena dal nostro Architetto.

1539 2 Aprile.

Magnifici Signori Patroni osservandissimi.

M.° Antonio Marie Lari *Architectore mandato da V. S. M. si è presentato da Noi, e vista la commissione impostagli della Roccha, non haviamo fatto cosa alcuna per la impossibilità nostra. Ne ha dato il disegno di un torrazzo qual più ha giudicato per hora convenirsi per salvezza nostra in ogni caso. Ha anchora preso il disegno di tutta la muraglia e diligentemente procurato quello si havria da fare. E perchè esso è informatissimo della spesa fa bisogno et ancho della possibilità nostra, della quale lo haviamo appieno ragguagliato, altro non diremo a quelle perchè molto confidiamo in sua Eccellentia, quale per essersi portato egregiamente e con molta demostrazione d'affetto verso di noi farà fede del buono animo nostro alle medesime, ecc. Di Chiuci, il dì ij di Aprile xxxix. Di V. S. Servidori. I Priori del Popolo e* ⎱ *Chiuci.*
Comune della Città di ⎰

(Archivio di Stato in Siena, Balla, Lettere ad annum).

1539 5 Aprile.

Ill.mi Signori e padri osservandissimi.

È venuto et è qua M.ᵉ Antonmaria Architectore mandato da V. S. Ill.ᵐᵉ per acconciare la Rocca di questa vostra obbediente Terra, et ha visto quanto fa di bisogno e tutto notato. E perchè in le patenti che ne mostra il detto Architettore le S. V. Ill.ᵐᵉ recomandano che doviamo spendere tutto quello che nostra Comunità è obligata cominciando in fatto; li quali comandamenti molto volentieri voliamo mandare ad essecuzione. Imperò non sappiamo nè che quantità nè che denari sieno, ci pensiamo che altri non ne habbiamo e questi sono in mano di Simone di Giovanni di Vanni e de' compagni, li quali non vogliono sborsare senza decreto di V. S. Ill.ᵐˢ. Adunque le supplichiamo che in fatto ne voglino mandare il detto decreto et noi in questo mezzo scupriremo il tetto e faremo tutte quelle provisioni che senza denaro si potranno fare. Et le supplichiamo lo mandino il detto decreto in fatto acciò si faccino presto li comandamenti di V. S. Ill.ᵐᵉ et a noi si tolga quanto più presto la spesa del M.ᵉ Architettore.

D'Asinalonga, il dì v d'Aprile M. D. xxxviiij.

Di V. S. Ill.ᵐᵉ figli et servidori Camarlingo et Priori } *d'Asinalonga.*

(ARCHIVIO detto, Lettere come sopra).

1533 13 Luglio.

Mag.ᶜⁱ D. Officiales Baliae ecc. Actento ecc. decreverunt destinari Antonium Mariam del Tozo architectorem et secum vadat Magnificus Caterinus Marescottus viarius ad portam Ovilis et alia loca civitatis, ubi menia ruunt: et videantur quo sumptu opus sit pro reparatione, et referant Collegio ed effectum quod possit provideri pro actamine.

(ARCHIVIO detto. Balia, deliberazioni *ad annum*).

1539 6 Dicembre.

Pagherete a M.ᵉ Antonmaria Lari architettore, Lire quaranta, se li danno per l'andata sua a Orbetello a vedere la Torre delle Saline e quello fusse da fare per restaurazione di essa.

(ARCHIVIO detto. Balia, Registri di polizze *ad annum*).

N.º 249.   1542 16 Aprile

Lettera di Anton Maria Lari *architetto, diretta agli Officiali di Balia in Siena, con la quale promette di visitare le fortezze della Maremma.* (ARCHIVIO detto. Balia, Lettere *ad annum).*

Illmi. Signori et Patroni miei osservandissimi.

Io non posso negare che le S. V. M.ᵉ inanti alla partita mia non mi ricercassero che io dovessi andare a Portercole e a Orbetello e per tutti quei luoghi vicini al mare, per dover vedere e disegnare quanto per la restauratione di quelli fusse bisogno. E se quelle si ricordan bene, io sempre per debito. mio le risposi esser paratissimo a ongni lor comando, *dummodo* però che quelle mi desser commodità di potervi andare, perchè per me medesimo non la havevo. Il perchè doppo molte parole mi fu promessa però mai avenuta. È ben vero che io promessi, essendo qua in servitio dello Illmo S.^{re} Conte, che quando io mi havesse da partire, di fare quella via e vedere quanto a quei luoghi bisognasse. Il che trovandomi sopraffatto dalle faccende con novecento e forse mille persone fra uomini e donne ongni giorno, con mio onore non mi so' potuto partire, nè manco m'è parso a proposito e per l'onore del Palazo et anco mio domandar licentia e commodità per tal negotio al S. Conte. Ora veduta la presente non posso se non con tutto el cuore dispormi a dovere ubidire a quanto quelle mi comettano. E già quando io havesse avuto la Patente mi sarìa mosso, sì che se le Ill.^{me} e M.^{ce} S. V. pur son disposte che io vadi, per loro benignità si degnaranno mandarla acciò che mediante quella possi essar ricevuto e che liberamente mi sia mostro el tutto acciò che io possi diligentemente ogni cosa considerare. Et io come ubidientissimo buon figliuolo e servitore non mancarò di far quanto è debito mio; raccomandando però a quelle el onor mio, alle quali di continuo inchinevolmente bacio le mani. Di Sorano, el dì xvj d'aprile del 42.

D. V. Ill.^{me} S.^r

obligatissimo servitore
Anton Maria Lari

N.° 250. 1542 25 Maggio

Girolamo Bellarmati *architetto della Città e Porto di Grace, concede a Luigi Le Do e a Guglielmo suo figlio, una parte del terreno della detta nuova città, per costruirvi un palazzo.* (ARCHIVIO detto. Diplomatico *ad annum.* Prov. Refugio).

Jheronymo Bellarmato gentilhomme Tuscan et Noble Senoys, Commissaire ordonne et deppute par le Roy notre seigneur, tant sur le faict des fortifications de la ville francoise de Havre de Grace, que sur les bastimens et edifices qui se feront en la dicte Ville pour y faire garder laornement et decoration et de disposer du territoire qui se trouvera de dans lenclosture di celle ville et sur icelluy territoire, faire lalignement tel que besoing sera pour le dict aornement et decoration, a tous ceulx qui ces presentes lectres verront, salut. Savoir faisons, que suivant le povoir et commission a nous donnee par le Roy a Chastellerault, le dixhuictiesme jour de juing mil cinqcens quarante et ung; et apres avoir faict clorre de fosses larges et profondz de deux piedz et demy le circuyct enceynt de la dicte ville francoise desseigne et marche le lieu ou les portes de la dicte ville seront faictes a aussi marche les boulleuertz et flancques chacun enson lieu et de la figure dont ils seront comparty ordonne et ligne tout le territoire estant dedans lenceynt des dictes fossez en observant le dessaing approve par le Roy notre dicte seigneur et voulant comme a bon et fidele serviteur appartient faire et acomplir le commandement de dict seigneur. Et considerat aussi que Loys le Do et Guillaume son filz, demourant en la parroisse de Bermonville Viconte de Caudebec, desiderent construire et edifier dedans le circuyte de la dicte ville une maison de la valeur de quinze cens livres tournois pour y habiter et demeurer ainsi quil nous ont requis et quil est

contenu en la requeste par eulx a nous presentes en la dicte
ville le seconde jour de May mil cinq cens quarante deux,
qui est pour ledification habitacion aornement et decoration
de la dicte ville. Nous a ces causes avons suivant le pouvoir
de notre dicte commission a la coppie de la quelle et de la
dicte requeste ces presentes sont atachees a loriginal demeure en nos mains. Baille et ordonne, ausdicts Loys le Do
et Guillaume son fils, lieu et place sur la quelle ils ont promis
et promectent hedifier une maison de la dicte valeur de
quinze cens livres tournois, en la premiere ysle de la rue
royalle du coste senestre venant de la porte del hevre, le
quel lieu et place qui est la fin et coing du dicte ysle contient de large quarante deux piez atoise par deuant la dicte
rue et cent dix neuf piedz de longue en arriere jusques a la
petite rue estant entre la rue d'Orleans et la dicte rue royalle
et par derriere semblable largeur de quarantes deux piedz
selon la mesure qui en a este faicte par Piere Sangrin
maistre masson ou pays de Normandie, par nous ordonne et
deppute pour mesurer les placies de la dicte ville, et prendre
garde que aucun nentrepreigne en plus avant que la mesure
qui sera par luy faicte pour par les dict Loys le Do et Guillaume son fils habiter et demeurer en dicte maison et icelle
par eulx et leurs successeurs posseder aux charges condicions
et submissions cy apres declaires es quelles les dicts Loys
le Do et Guillaume son fils se sont submisse et obligez par
ces presentes ainsi quil ensuit. Cest assavoir de payer, au
roy notre dicte Seigneur ou a celui qui sera par luy ordonne
pour saulner et retenir le dommaine et la seigneurie de la
dicte ville, la somme de cinq sols tournois de centz et droict
seigneurialx direct etc. ayant esgardes aux dictes charges et
submissions. Item, de faire la dicte maison de quarante deux
piedz de longe sur la dicte rue royalle selon le portraicte qui
luy en a est par nous monstre pour laornement et decoration
de la dicte ville. Et icelle maison rendre preste et habitable
pour par eulx ou autre habiter et demourer dedans ung an

a compter du jour et datte de la dicte requeste. Et faire et parfaire, dedans deux ans apres ensuivans et consecutifz jusques a la dicte somme de quinze cens livres tournois en toutes fois decorantes la dicte place et aornantes tant sur la dicte rue royalle que sur la rue transversaire tendante a la dicte rue d'Orleans. Et ou cas que le dicte Lois le Do et Guillaume son fils ne facent bastir et hedifier la dicte maison dedans le temps et ainsi quil est cy dessous contenu le dict lieu et place par nous a ceulx baille suivant le povoir de notre dicte commission, retournera es mains du roy notre dict seigneur pour par apres la bailler a autre personne qui la fera bastir et hedifier. Et davantaige, tous les materiaulx que les dicts Loys le Do et Guillaume son fils auroient faict mectre et porter sur la dicte place seront pris et apliquez au proufict du roy ensemble ledifice que les dicts Loys le Do et Guillaume son fils auroient faict en commencer sans pour ce leur en payer ne rembourser aucune chose pour raison de ce quilz auroient occuppe la dicte place sans cause et quilz nauroient entretenus ne acomply les charges et condicions susdictes. Item, les dicts Loys le Do et Guillaume son fils se sont submisses payer leur part et portion de la despence qui sera faicte pour faire une cisterne quand il plaira au roy le commander et de la despence et entretenement de la dicte cisterne, la quelle sera commune aux habitans du dicte ysle. Item, de faire ung conduyct soubz terre qui portera les immundices de sa maison jusques au conduyct public du dict ysle, le quel conduyct public sera faict en la dicte petite rue soubz terre aux despense des habitans du dicte ysle quant et ainsi quil sera ordonne. Du quel conduyct les dicts Loys le Do et Guillaume son fils en seront tenuz faire vingt et ung piedz de longueur qui est la moictie dautant que porte la largeur de leur dicte place. Et aussi seront subgetz de haulser et paver au dauant de leur maison jusques a la moictie de la dicte rue royalle quant il sera ordonne et commande par le roy. Et pour haulser leur dicte place et moictie de la dicte rue en leur endroit ils prendront le perroi terres et autres choses commodes a lentree du chenail et cours de leauc du dicte Havre pour dresser le dict chenail et autres lieux et endroictz qui seront par nous ordonnez. Et davantage les dicts Loys le Do et Guillaume son fils seront subgectz de faire lembassement et muraille des deux pignons de sa maison de telle espesseur quil puisse servir a cellui ou ceulx qui viendront en apres bastir et hedifier pres leur dicte maison. En payant par eulx la moictie du dicte embassement et muraille et faire les dictes pignons a plomb a fin que les pignons des autres maisons puissent joindre ensemble de sorte que laornement et decoration de la dicte ville y soit garde. Des quelles choses, les dicts Loys le Do et Guillaume son fils, nous ont requis que leur voulsissions bailler letre en forme la quelle nous avons faict faire signer et approuver par Sebastien de Champeaulx ad ce par nous commis et deppute et icelle faict en registrer par Raoul de Rogy contrerolleur ordonne par le Roy sur le faict des fortifications et hedifices de la dicte ville ou registre que pour ce nous avons ordonne estre faict; ouquel registre a este appose le portrait du front et devanture de la maison que les dicts Loys le Do et Guillaume son fils se sont submis et obligez faire. En testimoing de ce nous avons celle ces presentes du cel des armoyries du roy soubz les quelles les nostres sont empraintes en ung petit escusson et signe de notre main, en la dicte ville francoise de Grace. Le xxv⁰ jur de may lan mil cinq cens quarante deux.

Hieronimo Bellarmato comm.ʳᵒ.

S. De Champeaulx.

Signe par ce commandement et ordonnance dudict seigneur commissaire.

N.° 251. 1542 8 Giugno

*Lettera del Governatore di Fano al Cardinale Farnese,
nella quale dà conto della andata di* Gio: Batta Pelori *in
detta Città.* (ARCHIVIO DI STATO IN PARMA).

Messer *Giambattista Peloro* è stato qui tre giorni, mandato dal Cardinale di Carpi per dare l'ordine al fortificar di
questa Città, come V. S. Illma et Rev.^{ma} commette, et hoggi se
ne torna in Ancona, havendola livellata et misurata tutta, et
la Rocca ancora. Ha promisso mandare un disegno di essa
con tutto quello che si ha da fare. Lauda molto il sito; et
che così sta male et con periculo. Ma perchè il Cardinale di
Carpi, et esso sopra questa parte satisfaranno, a me non
resta da dire se non che exequirò et farò exequire quanto
da Lei mi verrà commisso. Ma perchè circa lo spendere
sono meglio informato che altri, dico che qui, non venendo
altr'ordine, non c'è modo alcuno, mostrando costoro la Comunità esser fallita, et non ci essere un carlino etc.

Da Fano, alli VIII di Giugno 1542.
Di V. S. Illma et Rev.^{ma}

humil.^{mo} serv.^{tor}
Cherubino

N.° 252. 1542 9 Ottobre

Società contratta tra maestro Lorenzo di Fuccio *scarpellino e* Niccolò di Girolamo *da Vico pizzicaiuolo per insegnare a ballare ed a suonare.* (ARCHIVIO DEI CONTRATTI
IN SIENA, Scritture di Ser Carlo Forti).

Al nome di Dio M. D. XLij il dì viiij di ottobre.

Sarà noto et manifesto a qualsia persona, come hoggi
questo dì et anno sopradetto, M°. *Lorenzo di Fuccio* scar-

pellino et *Niccolò di Girolamo* di Vico pizicaiuolo fanno,
contraggano et comincíano buona et sincera compagnia fra
di loro a l'arte et esercitio d'insegnare a ballare in la Città
di Siena, con l'infrascritti patti, conventioni, Capitoli et modi,
et non altrimenti, cioè:

In prima, che la detta Compagnia duri et durar devi tre
anni da hoggi prossimi avvenire, et se nel fine non sarà
disdetta tre mesi nanzi, duri tre altri anni, et così di tempo
in tempo per fino che da loro non sarà disdetta, come di
sopra.

Item, che tutti salari, denari di mancie, robbe di qualsivoglia sorte, che a qualsia di loro perverrà a le mani, tanto
in scuola quanto di fuore, dependenti per qual sia colore
dal detto insegnare et compagnia, habbi et s'intenda esser
et sia comune, et qualsia di loro habbi da renderne et darne
buono et leal conto a l'altro.

Item, che mentre che in scuola si insegna, nissuno di loro
senza licentia de l'altro si possa partire, et che l'un l'altro
habbi a durare distributiva fadiga, nè nissuno se ne habbi
da discostare nè fuggirla.

Item, che se alcun di loro occorrisse che per legittima
cagione non potessi insegnare, come se per malatie, che
Dio cessi, o altra giusta cagione, che l'altro devi seguire
et darne, di quello che li pervenisse a le mani, a l'impedito,
buono et leal contio.

Item, convennero che di denari comuni che si toccharanno
in detta compagnia, se ne habbi da dare fiorini dieci o quel
più che per fino a 14 l'anno sarà giudicato per Spinello di
Niccolò Piccolomini et Giovan Battista de la Vacca e Pompeo
figlio di detto M.º *Lorenzo;* il quale Pompeo sia oblegato a
stare in detta scuola et aiutare in quello che egli può, tanto
fuore quanto dentro di scuola, et questo sia per uno anno solo.

Item, che in detta Compagnia ci si intenda compreso spose
et altri scolari, che alcun di loro insegnasse fuor di scuola,
intendendosi ogni cosa comune.

Item, si obligorno stare contenti a tutto quello che per detto Spinello et Giovan Battista sarà per salario di detto Pompeo giudicato, et il medesimo pagarlo senza alcuna eccettione ciascuno anno.

Item, che la presente compagnia s'intendi essere et sia fatta con li. presenti suddetti capitoli sinceramente et senza fraude alcuna. Per le qual cose osservare, l'un l'altro et l'altro a l'uno, obbligorno loro stesse et loro heredi et beni presenti et avenire, et renunciorno a ogni benefitio, favore et statuto che per loro in alcuno modo facesse. Giurando a le sancte di Dio vangeli con mano toccando ambi loro le scritture, il tutto attendere et osservare. Et in fede io Carlo Forti notaio, come privata persona, ho fatta la presente di mano propria a preghiera dell'uno et l'altro, quali si soscriveranno di lor propria mano affermando il tutto.

Di più sono in compositione che qualsia di loro che venisse a guastare la compagnia detta senza ne'modi come di sopra, hora per al hora, s'intendi cascato in pena di scudi trenta d'oro da pagarsi a chi osservasse; et così volseno et si obligarono come di sopra.

Item, che s'intendino comuni tutti i denari et altre robbe che venissero a qualsia di loro in le mani per detto insegnare tanto di scolari vecchi quanto de nuovi, da hoggi innanzi, et così mancie che si dessero per insegniare a sonare.

Item, convennero che detto M.º *Lorenzo* si obligò che detto Pompeo durante la detta Compagnia non terrà scolare in Siena senza lor licentia sotto le pene sopradette, et ne anco insegnarà per premio.

E io *Lorenzo* sopra adetto affermo quanto di sopra si chontiene.

E io *Nicolò* sopra adeto afermo quanto di sopra.

N.° 253.   1543 (st. sen.) 4 Marzo

I Governatori della Repubblica di Siena scrivono ad Anton Maria Lari architetto, d'essere rimasti soddisfatti del suo servizio, e lo trattengono ai loro stipendi. (ARCHIVIO DI STATO IN SIENA. Concistoro, Copialettere *ad annum*).

A Maestro *Anton Maria* Architettore così fu scritto: Haviamo per due vostre, l'una de li 26, l'altra de li 28 del passato, conosciuto il vostro buono animo, la fede e la diligentia che avete ne le cose commessevi, de le quali vi commendiamo sì come le opere vostre meritano e vi esortiamo a non mancare per l'avvenire.

In quanto al partir vostro vi diciamo che per modo alcuno vi doviate partire di coteste nostre bande, perchè giudichiamo haverci a valere di voi e dell'opera vostra in più luoghi; e però senza nostra lettera e commissione del Commissario non andarete altrove che fino a Saturnia, come già per altre ve scrivemo; e di lì tornarete con prestezza, e colla medesima prestezza, non essendo voi andato a Portercole con Paolo Gherardi ivi nuovo Commissario, vi conferirete a Portercole a mostrargli il disegno già stabilito di fortificare quella terra dentro e intorno a la Rocca, che così a lui ne scriviamo, acciocchè con prestezza possi seguitare la muraglia secondo l'ordine datoli co l'intelligentia vostra.

Haviamo di nuovo deliberato il salario vostro per un mese più, e però nè prima nè poi vi partirete senza nostro avviso, et non mancaremo di havervi ogni consideratione. Altro non occorre dirvi. Dio vi conservi.

N.° 254. 1543 16 Marzo

Lettera patente di Francesco I Re di Francia al Parlamento di Rouen circa la edificazione della Città e porto di Havre de Grace, affidata a Girolamo Bellarmati *architetto senese.* (ARCHIVIO detto. Diplomatico Prov. Refugio *ad annum*).

Francois par la grace de Dieu Roy de France. A noz amez et feaulx les Genstenans notre Court de Parlement a Rouen et a tous noz autres Justiciers et Officiers, quil appartiendra, saliut et dilection. Comme Nous ayons cidevant par noz lettres patentes du dix huitiesme jour de juing mil cinq cens quarante et ung commis et depute notre cher et bien ame *Iherosme Belarmato* pour avoir lœil superintendance et regard tant a la fortification de notre Ville francoyse de Grace, port et Hâvre dicelle, que aussi a lediffication de la dicte Ville et en lediffiant a lorner et decorer de beaulx ediffices, maisons et grandes rues basties et conduictes selon le desseing qui en a este par Nous ordonne, et pour ce faire donne pouvoir puissance et auctorite au dit *Belarmato* de contraindre, et faire contraindre tous ceulx qui vouldroient bastir et lever quelque ediffice en la dict ville de lasseoir et faire asseoir bastir, et dresser aux lieux, et ainsi que il seroit advise par le dict *Belarmato* et selon laleignement qui leur en bailleroit, et notre dict desseing, et pour ce que lors aurions este advertiz que aucuns particulliers, seigneurs et autres pretendans quelque territoire, leur appartenir audedans la closture de la dict Ville, ayant plus de regard a leur prouffit particullier, que au bien commun et decoration dicelle Ville, avoient faict et faisoient plusieurs baulx du dict territoire, ou le vendoient aux particulliers de la dicte Ville, qui faisoient bastir a leur appetit, et en divers lieux qui nestoient a propos, et suivant

le dict desseing, chose qui empeschoit grandement a la decoration de notre dicte Ville: Nous aurions prohibe et defendu
par nos dictes lettres a tous les dictes Seigneurs, et autres
pretendans droit au dict territoire situe dedans la dicte enclosture daucunement aliener, vendre, bailler a rente, ou a
ferme, ne autrement disposer dicelluy territoire, le quel avec
tout ce qui en pouvoit avoir este lors aliene, Nous prismes,
saisismes et mismes en notre main comme souveraine pour
estre departy, basty, ediffie, ou autrement employe ainsi quil
seroit par Nous ordonne et advise, et pour cest effect don-
nasmes par nos dictes lettres pouvoir au dict *Belarmato* den
disposer, et sur icelluy faire alleignements telz quil verroit
estre affaire pour le bien decoration, et ornement de la
dicte Ville, tout ainsi que sur celluy qui Nous appartient,
reservant a Nous a faire deus recompense a ceulx aux quelz
le dict territoire se trouvoit appartenir: le tout ainsi quil
est plus a plain contenu, et declare es dictes lettres que
avons cy fait attacher soubz le contrescelle de notre chan-
cellerye, suivant les quelles le dict *Belarmato* auroit eu lœil
et regard a la fortification, construction et ediffication de la
dicte Ville, et faict les baulx du dict territoire estant au dedans l'enclosture dicelle pour y bastir maisons et ediffices, et
dresser les rues, selon notre dict desseing et alignement, quil
en auroit baille, et ce a telles charges, que le dict *Belarmato*
auroit advise, et arreste tant pour notre prouffit, que pour
l'ornement, decoration et commodite d'icelle Ville, et gene-
rallement fait et dispose du dict territoire tout ainsi que sil
eust a Nous appartenu et que luy estoit enjoint, et ordonne
par nos dictes lettres de pouvoir et commission, et combien que
par icelle Nous nous soyons reserve a en faire recompense,
et que la, ou les dicts seigneurs particulliers vouldroient
aucune chose demander, et quereller pour raisons des en-
treprises, occupations, et baulx a ferme faictz de leur dict
territoire ilz ne deussent agir, ne tirer en cause le dit *Belarmato* ne ceulx aus quelz. Il a faict les dicts baulx, mais

Nous, ou notre procureur, d'autant que Nous nous sommes
faictz approprier leur dict territoire, et que ce que le dict
Belarmato a faict en cest endroit a este en obeissant a noz
voulloir, ordonnement et commendement. Ce neantmoins ainsi
que le dict *Belarmato* Nous a faict entendre plusieurs des
dicts Seigneurs, particulliers, sefforcent de le troubler et
molester par proces ensemble ceulx a qui il a faict les baulx
susdicts pour raison de ce, et plus pourroient encores a lad-
venir sil ne Nous plaist avoir agreable, ce que le dict *Belarmato* a faict en cest endroit, et sur ce faire declarons de noz
voulloir, et intencion, que Nous voullons subvenir au dict
Belarmato en ce que dessus bien records aussi et memo-
ratifz des bonnes grandes, et raisonables causes qui Nous
ont meu de Nous servir, et approprier le dict territoire au
commun bien, ornement decoration et commodite de notre
dict Ville avons dit, et declare disons et declarons que Nous
avons eu, et avons pour agreable tous, et chacuns les dict
baulx a ferme faictz par le dict *Belarmato* du dict territoire
appartenant aux dicts Seigneurs particulliers au dedans lenclosture et murailles de la dict Ville, ensemble les occupations, quil a faictes sur icelluy pour dresser les rues, ruelles,
canaulx, marchéz aisances, et autres commoditez dicelle
Ville, et ce depuis le jour de l'expedition de nos dicts lettres
de pouvoir, et commission, et en ce faisant avons revocque,
casse, et adnulle, revocquons, cassons, et annullons tous les
baulx, et alienations faites du dict territoire durant le dict
temps par les dicts Seigneurs particulliers autres que celles
que a faict le dict *Belarmato*, voullans que icelluy *Belarmato*
suivant nos dicts lettres, et le contenu en ces dicts presentes,
paracheve les baulx de ce qui reste a bailler dicelluy territoire,
et sen serve et accomode pour la fortification, construction,
ediffication, decoration et commodite de la dict Ville tout ainsi
quil a faict cy devant, et verra estre a faire pour l'effet que
dessus: sans que pour raison de ce, il ne ceulx aus quelz il a
faicts les dicts baulx, et fera cj apres soient ou puissent estre

aucunement poursuiviz, inquietez, ne travaillez par proces,
ne autrement. Et ou aucuns proces auroient este pour ce
meuz, et intentez a lencontre de luy, et de ceulx qui possedent le dict territoire par bail de luy mandons, et enjoi-
gnons a notre dict procureur prendre la cause pour, et en
lieu du dit *Belarmato*, et possesseurs du dict territoire par
bail de luy, les quelz Nous voullons estre mis hors de cause,
et de proces sans aucuns depens, dommaiges ne interestz
a lencontre deulx, mectant au neant toutes procedures,
sentences, apponitemens, jugemens, et arrestz qui pourroient
pour raison de ce avoir este ou estre cy apres donnez a
lencontre deulx, et inhibant et defendant à tous les dicts
Seigneurs proprietaires, et autres quil appartiendra, quilz
naient a faire poursuicte pour raison de ce a lencontre
deulx et ou aucune en auroit este, ou seroit cy apres faicte
Nous en avons des a presens, comme pour lors interdict,
et defendu, interdisons, et defendons toute curt jurisdiction,
et cognoissance a noz Courts de parlement, et à tous noz
advocats juges par ces presentes, reservant toutes fois au
dits Seigneurs proprietaires, et autres quil appartiendra
leurs actions contre Nous, si bon leur semble, et à Nous
a leur en faire celle recompense qui se devra raisonnable-
ment faire, et quil est contenu par nos dicts lettres. Si voullons, et vous mandons, que de noz presents declaration ap-
probation, voulloir, intencion, et de tout le contenu cy
dessus vous faites, souffrez et laissez le dict *Belarmato*,
et ceulx qui possedent ce dit territoire par bail de luy, ainsi
que dict est, joir et user plainement et paisiblement ces-
sans, et faisans cesser tous troubles, et empeschemens au
contraire, en contraignant a ce faire, et souffrir les dicts
Seigneurs proprietaires, et tous autres quil appartiendra,
et qui pour ce seront a contraindre par toutes voyes, et
manieres deues, et accostumees de faire en tel cas: non
obstant opposition, ou appellations quelzconques toutes, les
quelles voullons estre differe car tel est nostre plaisir, non

obstant quelzconques ordonances reformations a ce contraires.

Donne a S. Germain en Laye le seizieme jours de Mars lan de grace mil cinq-cent quarante trois et de notre regne le trenteiesme.

Par le Roi, le Seigneur Dannebault admiral de France et aultres presens.

« Bochetel. »

N.° 255.   1544 6 Gennaio

Lettera del Cardinale Farnese al Legato di Perugia con la quale dà avviso del passaggio di Gio: Batta Pelori *da detta Città, all'oggetto di visitare la fortezza.* (ARCHIVIO DI STATO IN PARMA).

Rev.^{mo} ecc. — Mandando N. S.^{re} il *Peloro* in Ancona per dare qualche buon ordine alla fabbrica di quella Città, gli ha commesso che passi per costà a fin che vegga in che termine si trovi la Fortezza etc. V. S. Rev.^{ma} sarà contenta vederlo volentieri, et dargli tutte quelle istruttioni che la giudicherà necessarie, acciò possa fare quella piena relatione, che N. S.^{re} desidera, delle cose costì. Et a V. S. Rev.^{ma} bacio humilmente la mano.

Di Roma, vi gennaro 1544.

N.° 256.   1544 6 Gennaio

Lettera del Cardinale Farnese al Governatore di Ancona con la quale lo avverte del ritorno di Gio: Batta Pelori *in detta Città, per seguitare i lavori delle fortificazioni.* (ARCHIVIO detto).

Rev.^{do} Monsignore. Sarà portatore di questa mia il *Peloro*, che ritorna costà d'ordine di N. S. per seguitare la fabrica,

giudicando S. S.^{ia} esser molto necessario che si lavori gagliardamente, così per rispetto del tempo che si approssima
di poterlo fare, come per li suspetti che tuttavia crescono
dell'armata Turchesca. Et ancorchè non bisogni raccoman-
darlo a V. S. sapendo che per la bontà et cortesia sua li
harà ogni rispetto: nondimeno, più tosto per mia satisfatione
che per altro, ho voluto accompagnarlo, siccome fo, con
questa mia, et pregarla a darli ogni aiuto et favore dove
li farà bisogno: chè oltre che sarà grata a S. S.^{ia} intendere
ch'egli sia ben trattato et visto da Lei, io particolarmente
ne riceverò molto piacere. Et a V. S. mi offero sempre.

Di Roma, alli vi di gennaro del 1544.

N.º 257.   1544 13 Giugno

*Brano di lettera del Vescovo d'Ivrea, Governatore d'An-
cona, al Cardinale Farnese, relativo alle fortificazioni di
detta Città, commesse a* Gio: Batta Pelori. (ARCHIVIO detto).

. . . . . Del modello io sollecito il *Peloro* più che posso,
ma per quello m'è stato referto da diversi, et *precipue* dal
Signor Castellano di Rocca, questa mattina, mi dubito n'habbia poco voglia, allegando che maestro *Antonio da San Gallo*
gli ha ricordato molte volte che non si lasci intendere. Nè
per questo lassa di domandar sempre qualche cosa: come
fa ora, che vole che si anticipi la sua provisione per tre mesi,
asserendo esser in debiti: il che si farà quando così piaccia
a V. S. Rev.^{ma}

Gli ho anco facto dar la casa, della quale se ne paga quaranta scudi l'anno, et oltre di questo ha voluto lenzoli, ma-
terassi et legne et paglia: et domanda tante cose, che confesso ingenuamente, che non potrò durar alla lunga seco,
se non lo vorrò far con danno della Camera. Nè anco per
tutte queste cose mostra di contentarsi.

. . . . . Alla fabbrica si fa il debito, ma mi convien tol-

lerare tante cose al *Peloro* in tirar a filo certe muraglie
che vanno coperte, et far alcune manefacture et prospective,
che mi fa desperare per il tempo che ci se perde. Pur non
manco d'intertenerlo per vedere se gli posso far fare il
modello.

D'Ancona, alli 13 di giugno del 44.

Il Vescovo d'Yvrea

N.º 258.   1544 20 Settembre

*Lettera del Castellano d'Ancona al Cardinale Farnese re-
lativa al* Pelori *e alle fortificazioni di detta Città*. (Archivio detto).

Questa sarà solo per advisare V. S. Ill.ma et Rev.ma quanto
alle cose della fabrica di questa Rocca. Come alli giorni
passati ne scripsi, qui, ancorche ci restino molte cosette da
finirse, per non esser de molta importanza, le havemo so-
spese: et con el consiglio del *Piloro,* prima partisse per
Romagna, si disegnò la nuova muraglia sopra la Porta di
Capo di Monte, quale in vero ch'è molto necessaria, perchè
la vecchia ruina da sè. Oggi, che semo alli 20 del presente,
con el nome de Dio havemo incominciato a fondar sino ad
un fianco che ci vene, spero fra dui mesi al più, ch'habbia da esser ne la sua perfectione: et dipoi se attenderà
al residuo che sarà poca cosa, de muraglia, et non passeranno 12 canne de longhezza a questa misura, per arrivare
al baluardotto sopra ditta porta. Et sarà la Rocca tutta cinta
di muraglia nova.

Da Ancona, alli 20 di settembre 1544.

humile servitor
Pier Ventura Zephiri

N.° 259.   1544 19 Novembre

Girolamo Bellarmati *raccomanda un tal Lucantonio a Cosimo I Duca di Firenze.* (ARCHIVIO DI STATO IN FIRENZE.
Carteggio del Duca Cosimo. Filza 369, c. 688).

Eccellentissimo Signore et padron mio. Sapendo Lucan-
tonio nostro la devotione et servitù ch'io ho con la Illma casa
sua, et il desiderio ch'io ho di fare servitio a V. Ecc.^{tia}, me
ha pregato che con questa mia il voglia raccomandare a
quella; il che io fo tanto più volentieri quanto io so ch'ella
conosce la fede e valor suo per essersi esso nutrito cotanto
tempo nella Illma Sua Casa; al quale, s'ella conoscie poterli
fare piacere, io lo conumererò con li altri oblighi ch'io ten-
gho con essa. Supplicandola che si vogli degnare di valersi
di me ove ch'io sia come di qual si vogli più suo humil servidore: et senza altre cerimonie, di nuovo quanto più posso,
humilmente me le recomando. Di Parigi, il dì XIX di Novembre nel XLiiij.

Di V. Eccellen.^{ma} Signoria

humil servidore
Hieronimo Bellarmato

N.° 260.   1544. . . . .

*Istanza presentata alla Balìa di Siena dall' Università e
arte de' vetrai, per ottenere alcuni privilegi circa la loro
arte.* (ARCHIVIO DI STATO IN SIENA. Concistoro, scritture
ad annum).

Molto Mag.^{ci} S. Off.^{li} di Balìa.

La università et arte de' bicchierari di vostra excelsa
Rep.^{ca} et suoi artefici, con debita reverentia expongano qualmente per li signori Executori di Cabella li è stato fatto

precepto che sotto pena di loro arbitrio non possino nè devino vendere certa poca quantità di vetri smaltati et dorati, quali hanno fatto fare nel vostro dominio et son conducti in questa vostra magnifica città, quali in tutto non passano la valuta di scudi quaranta: et di più hanno fatto li pregi a modo loro a tutti li vetri quali vendano in la vostra Città et dominio, et dicano essere per forma de' vostri statuti provisto che possino venire a vendersi vetri, nella città vostra, forestieri, da miglia sexanta in qua. Sig.^{ri} Mag.^{ci} desiderano che sia fatta gratia di potere finire li detti pochi vetri dorati et smaltati, ne' quali hanno fatto la spesa, et per l'advenire desisteranno di non farne più. Item acceptano li pregi posti alli vetri loro, et si offerano parati tenere finita la città et contado di vetri buoni et recipienti, et venderli per detti pregi. Però supplicano alle medesime S. V. lo' sia di piacere provedere che, almeno per tempo di due anni, non si possi vendere nè venire vetri forestieri nella città o contado vostro. Il che ottenendo, come sperano, saranno causa che molti denari non usciranno del dominio vostro, et li loro povari artefici attendaranno con maggiore sollecitudine tenere finita la città et dominio vostro. Alle quali infinitamente si raccomandano.

N.° 261. 1545 19 Maggio

Lettera di Gio: Batta Pelori *al Duca di Castro nella quale dà conto della sua andata e dei suoi lavori a Bologna.*
(ARCHIVIO DI STATO IN PARMA).

All'Ecc.^{mo} et Illmo Signore, el Sig.^{re} Duca di Castro mio Signore.

Ecc.^{mo} Sig.^{re} Signor mio sing.^{mo} etc. In tutto quello m'ordinò questa mattina messer Apollonio [Filareto] del disegno di questa Città, per portarlo insieme con li altri a N. S.^{re} del medesimo modo che a me disse V. Eccellenza, vedo esserne

disturbato, et credo haverà effetto con qualche malagevo-
lezza: perchè il Cavalier Casale prima, et poi quest'altri
Sig.^{ri}, mi si fanno incontro tutti adombrati, et di modo che
m'hanno resoluto non volerlo dare, se prima di Roma non
viene ordine di S. S.^{tà} o da V. Ecc.^{za} Et perciò oltre che io sia
andato dal Rev.^{mo} Legato, et mostratogli quanto sia occorso,
m'è parso ancora scriverne queste poche righe a V. Ecc.^{za} per
farle sapere la causa del mio soprastare: benchè quello harei
da fare altrove facciolo quì, di ridurre tutti questi disegni
in picciola forma. Et similmente di volontà del Legato vado
ricognoscendo tutto questo sito et dentro et fore, con ogni
circustantie: di modo che meglio ne possa parlare con la
S.^{tà} di N. S.^{re} Vero è che meglio si faceva col disegno in
mano: tuttavia a costoro pare havere satisfatto con haverne
dato un poco di copia di loro modello a V. Ecc.^{za} ma sopra
questo le dico liberamente che a volere risolvere siffatta cosa,
fa bisogno di una perfetta vista, et in più giorni bene exami-
narla, non lassando cosa inadvertita per dare ogni relatione
debitamente giustificata, ad ciò ch'el confidare in disegnucci,
forse non fedelmente dati, non causi riceversi manco vergogna che danno.

Aspetto quella risposta che più si contenterà darne
V. Ecc.^{za} al Rev.^{mo} Cardinale. Continuo perciò con molto desiderio di servire V. Ecc.^{za} a la quale fedelmente m'offero
et raccomando, baciandole le mani con ogni riverentia debita.
Che Dio Altissimo le dia pienamente ogni suo contento.

Di Bologna, el dì diciannove di Maggio MDXLV.

    Di V. Eccellenza

                      Servitore fidelissimo
                      Giovambattista Pelori

N.º 262.   1545 25 Settembre

Lettera di Messer Tarugio Governatore di Fano al Cardinale Farnese sulla necessità di richiamare in quella Città Gio: Batta Pelori. (ARCHIVIO DI STATO IN PARMA).

Hoggi, che sono alli xxv di septembre, sono arrivato con lo aiuto di Dio in Fano, et ben visto da tutta la Cipta, et subito ho visto la muraglia del baloardo, quale la Sta di N. S.^{re} molto mi ricomandò. Trovo che tutti li cementi et materia riducta, maxime la calcina, va in perditione per non esser murata, et le acque tutte la portan via; et così l'arena. Imperò mi pare che sia necessario mandar quà el *Peloro*, acciò si expedischi, e si muri quello tutto che è adunato in loco, et si proveda de novo ad quanto fa di bisogno per lo advenire.

Li baso le mani, *et feliciter valeat.*

In Fano, 25 Settembre 1545.

                                    Tharugio Gover.^r di Fano

N.º 263.   1545 11 Novembre

Il Cardinale Farnese scrive a Gio: Batta Pelori, *lagnandosi della di lui breve permanenza a Fano e gli ordina di presto tornarvi.* (ARCHIVIO detto).

Mag.^{co} Me.^r *Giov: Battista.* N. S.^{re} ha inteso con dispiacere che essendo voi a' giorni passati andato a Fano per dar complimento a quella fabrica principiata non vi siate firmato in quella Città più che doi o tre giorni et poi vi siate partito senza lasciarli recapito alcuno, di modo che ogni cosa resta suspesa come prima. Laonde per ordine di S. Sta, la quale desidera che quella opera vada innanzi quanto più sia possibile, vi dico, che al ricevere di questa non manchiate di ritornare subito in quella Città, et sollecitare quella fabrica più che si possi; acciò che le cose necessarie in essa preparate già da quella Communità non vadano a male et la

                                    83

Città non habbi a patire del mancamento d'essa fortificatione. Et Dio vi riguardi.

Da Roma, alli xi di novembre 1545.

N.° 264.　　　　　　　　　　　　1545 13 Novembre

Lettera del Cap. Gio. Batta Borghesi *al Cardinale Farnese, in biasimo de' lavori e della condotta di* Gio: Batta Pelori *in Ancona.* (ARCHIVIO detto).

Per altra mia si disse alla S. V. Rev.ᵐᵃ e Ill.ᵐᵃ quanto mi occorreva per conto di questa fabrica. Donde continuando il *Peloro* in la sua opinione, quale portava di spesa meglio di scudi 1500 et recava con essa debilezza et bruttezza, come per altra si disse, non possendolo divertire, ho facto levar mano. Del che ha preso collera, la quale mi è parso stimar poco per preporre innanzi a tutte le altre cose il servizio di S. S.ᵗᵃ Et quando S. Beatitudine et V. S. Ill.ᵐᵃ e Rev.ᵐᵃ sapesseno quello costa fino a questo dì il Cassaro, li dispiacerìa: oltre che si porta dietro a voler ridurre le cose alla perfecta fortificatione (dico solo in quella parte) meglio di scudi 8 mila. S. S.ᵗᵃ ha più volte detto voler che il Signor Alexandro li dia una vista, et a me piacerìa molto, perchè con il juditio di S. S.ᵣⁱᵃ cognoscerìano tutto quello. Il *Peloro* contradice et exclama prima per sua pazzia, et secondamente perchè non vorrìa qua ci fusse chi contradicesse a' sua errori: et disegnia di far tante cose che intra nello infinito. Essi fatto tutto noto al Signor Governatore, et se le lettere lo troveranno costì innanzi parta, doverà portarne la resolutione: perchè di bocca potrà dir molte cose che a scriverle sarieno fastidiose. Et senz'altro dir farò fine, baciandole humilmente le mani.

Di Anchona, alli xiii di novembre 1545.

　　　　　　　　　　　　　　Humil servitore
　　　　　　　　　　　　　　Iohan Bat.ᵃ Borghesi

N.° 265. 1546 4 Marzo

Lettera del Castellano d'Ancona al Cardinale Farnese con la quale dà conto dei lavori della forticazione di detta Città, continuati dal Capitano Gio. Battista Borghesi *dopo la partenza di* Giov. Batta Pelori. (ARCHIVIO dètto).

De la fabrica de la Rocca, ancorchè io non ne dia notitia spesso, lo fo per non fastidir V. S. Rev.^ma et Illma per ogni minima cosa: ma quella stia secura non se ne spende un sol quattrino non sia bene speso et con consenso del Sig.^r Governatore, come S. Sig.^a R.^ma sa. Al presente se cava l'entrata di dentro la Porta del succurso, quale va palmi 40 sotterra e se cava anche el fosso denanti la cortina di detta Porta: che l'una e l'altra cosa, piacendo a Dio, sarà finita per tutto el presente mese. Et così di mano in mano se andaranno finendo alcune cosette che ci restano: nè si ponno finir più presto per essere necessario aspettar che l'intrate de la Città venghino, quali poi compartitamente se spendono tra qui e molti altri lochi de la Città. Per lo assignamento che tocca alla rocca, non se perde una hora di tempo, et si fa con più avvantaggio sia possibile. Appresso, per non mancar del debito mio, li si fa intendere come ad Sancto Agostino già fu disegnato per la bona memoria di messer *Pier Francesco da Viterbo*, et poi per il *Piloro* un certo baluardotto ovver torrone, quale fa fianco ad tutta la muraglia della Città vicino al Porto. Dove con grandissimo dispendio et fatige, al primo piano da basso, furo facte tre cannoniere che radono l'acqua per nocere più abilmente ad ogni legno che nemico venisse in Porto. Al presente el capitan Io. Battista Borghese le fa riempir tutte di terra per voler far lo appresso un cavaliere di terra murato attorno; quale, ancorchè venisse a proposito, secondo el mio poco giuditio, non è bene guastar le cose facte, maxime che più

effecti faranno tre fianchi bassi, come questi, che 20 alti :-
pur io me ne rimetto al voler di V. S. R.^{ma} et Illma

Humil servitor
Pier Ventura Zephiri

Di Ancona, a dì 4 mazo 1546.

N.° 266.   1547 6 Luglio

Donna Bartolomea Luti commette al pittore Bartolomeo
di Francesco Almi, *un altare dedicato a S. Orsola nel
monastero della Concezione in Siena.* (ARCHIVIO DI STATO
IN SIENA. Carte del Refugio Reg. B. XI c. 112).

Noto a qualsivoglia persona e manifesto sia qualmente
hoggi, questo dì sei di lulglio (sic) anno 1547, *cum sit,* che
desiderando la honesta donna Madonna Bartolomea Luti et
al presente donna di Giovan Baptista Ugurgieri cittadino
senese, fa ad honore di Dio et della Beata Vergine S.^a Orsola, nel convento e Monasterio de la inmacolata Conceptione
ad piazza Paparoni, nel terzo di Camollia, una Cappella con
altare da farsi in decto monasterio, come altri entra a man
mancha verso la strada di sotto all'uscio picholo di decta
Chiesa, in fra le due colonne; et così desidera decta Madonna
Bartolomea mandare tale cappella ad executione, *huic est,*
che la prefata madonna Bartolomea alluocha decto altare
et cappella, questo di decto di sopra, a maestro *Bartolomeo
di Francesco* pittore senese, nel modo e conventioni infrascripte, *videlicet:*
 In prima che el prefato maestro *Bartolomeo* sia obligato
mettervi mano hora in fatto e del continuo seguire fino alla
perfettione di decta cappella; et quella si obliga haver finita
a tutte sue spese et fattura, obligandosi farla nel modo del
disegno che lui à fatto, qual disegno è apresso di me Ser Hie-
remia prete; et così decta Cappella à da essere di rilievo

come quella della Morte (1) con le due colonne spiccate; e così come quella lavorate, e tutto sia di stucco: et quella si obliga detto maestro *Bartolomeo* haverla finita per tutto settembre proximo futuro. E in mezzo del frontehospitio farvi di rilievo il nome di Jhu et due armi dove a decta madonna Bartolomea piacerà, excepto la Santa, decto maestro *Bartolomeo* non è obbligato farla, ma solo la Cappella et altare puro, senza colori e senza oro. Et la prefata madonna Bartolomea si obliga dare per suo premio scudi vinti di moneta di lire sette per scudo, da pagarsi hora al presente, scudi sei; e scudi sette al mezzo del lavoro, e lo restante al fine di detta Cappella: cioè in tre page (sic) una terza parte al principio di decta Cappella, e l'altra terza parte al mezo, et l'altra terza et ultima paga al fine di decta Cappella: et così sonno d'accordo tutte e due le parti insieme, e per cautela obligano l'uno e l'altro loro et loro heredi presenti et futuri in forma di ragione valida, renuntiando a ogni carta, legge, statuto che per loro facesse. Et io Ser Hyeremia di Rocho Accursino prete da Campagnatico ò fatta la presente scripta di mia mano propria di volontà et consenso di tutte e due le parti, quali si sottoscrivaranno di loro propria mano affermando promettendo quanto di sopra si contiene.

E io *Bartolomeo* detto affermo quanto di sopra, oggi questo dì otto di luglio ò ricevuto L. trentadue in quatro ∇ d'oro da detta madonna Bartolomea.

E ò auto L. sedici in due ∇ d'oro el dì 19 d'aghosto auti contanti da madonna, de la concetione.

E anne dato ∇ duc: d'oro uno, el dì 30 d'aghosto e áme come si vede per una fede di mia mano più fa.

E áme dato L. otto in uno ∇ d'oro el dì 5 di settembre.

E áme dato L. otto in uno duchato d'oro el dì 14 di settembre.

---

(1) Intendasi della Compagnia di S. Giov. Batta decollato, detta della Morte, perchè i fratelli di essa eransi assunti il compito di confortare i condannati all'ultimo supplizio.

E àme dato L. otto in uno schudo d'oro da madonna.

E àme L. cinque in due volte, dètte madonna.

E àme dato L. sedici per me a Pulidoro dipentore in due ▽ d'oro da madonna.

E àme dato L. tre i due volte da madonna per infino questo dì e L. due in una altra mano.

E àme dato L. otto el dì 4 di novembre da Svo (?) monaca priora.

E àme dato L. otto in uno ▽ d'oro el dì 21 di novembre.

E àme dato L. sei oggi 21 di marzo 1551.

N.º 267.   **1548**

Istanza di maestro Domenico Beccafumi *pittore diretta ai Governatori della Repubblica di Siena, per obbligare messer Gabriello d'Antonio da Sarteano, a pagargli il residuo del prezzo di un Quadro per il medesimo pitturato* (ARCHIVIO detto. Concistoro, scritture *ad annum*).

Ill.mi et Eccell.ᵐⁱ Signori,

Maestro *Domenico* dipentore fidelissimo servitore de le VV. SS. ricorre a la bontà et iustizia di quelle et le dice come già son 3 anni e più che messer Antonio di Gabriello da Sarteano li allogò a dipegnare una tavola da altare con più figure et suoi ornamenti, per pregio di scudi 70 d'oro, con patto che fatta che la fusse si dovesse stimare per Scipion Gabrielli et Giovan Borghesi, e se fusse stimata meno, maestro *Domenico* havesse haver quel manco de li 70 Δ, et sé fusse stimata più in ogni modo non havesse havere se non li ▽ 70. Et infra uno anno più la detta Tavola, et non ha riceuti si non ▽ 52, et più volte ha ricerco il detto misser Antonio che la facci stimare et li dia el resto overo li desse il detto resto senz'altra stima, et già per 2 anni passati di poi che la fu finita, non s'e mai potuto valere.

Però essendo citato dinanti alle medesime VV. SS. le

suplica humilmente che si degnino assegnare un termine,
quale a loro parrà conveniente al detto messer Antonio, a
fare stimare la detta Tavola se vole, secondo la scritta
fatta fra loro, la qual restò apresso di lui et a pagarli il
suo restante. Altrimenti hora per all'hora s'intendi comesso
el gravamento contra di lui per il detto restante et doversi
far politia in forma, et così a quelle senza fine si raccomanda che Dio le conservi.

N.º 268. 1548

Denunzia di Giulio di Carlo *(Galletti) campanaio* (ARCHIVIO
detto. Lìra denunzie *ad annum*).

Dinanzi da Voi onorevoli cittadini eletti sopra la lira: io
Giulio di Carlo campanaio trovomi una posisione nel comune di Poggnia conprà questo anno co'le dote et una
poca di redità de la mia donna, per fior: ottocento; et trovomi non havere pagati se no'650, e trovomi due figlie:
una di anni 6, l'altra di 3: e più trovomi debito col Bar-
letto calderajo Lire 266: e con più particolari da Δ cinquanta incirca, et a Voi mi raccomando.

N.º 269. 1549 22 Dicembre.

Cammillo Giordani raccomanda Gio. Battista Pelori *al Duca
di Firenze dichiarando che il medesimo era pronto a
prestare l'opera sua in ogni maniera di servigi.* (ARCHIVIO
DI STATO IN FIRENZE. Carteggio Mediceo, filza 394 c. 277).

Ill.mo et Eccell.mo Sig.e mio Sig.e et P.rone Colendiss.mo

Messer *Giovambattista Pelori* servitore di V. E. desidera
con la presente occasione, andando insino a Genova per
suoi servitii, baciargli le mani et farsegli conoscere presen-
tialmente; et ha voluto ch'io le facci fede come si sia por-

tato nell'interesse di S. E. che invero apertamente ha detto
senza rispetto quanto li è occorso sempre, et anco se quella
vorrà sapere qualche particolare più o della città o d'altro,
ne ragguaglierà quella a bocca, et la supplico ad accettarlo
per suo servitore con buone parole come è suo solito, che
gli prometto che questo homo gli è affetionatissimo servitore e senza rispetto di persona, et farà piacere rilevato a
esso *Peloro*.

Di Siena, li 22 di Dicembre 1549.

N.° 270.   1550 26 Aprile

Altra lettera di Camillo Giordani in favore di Gio. Battista
Pelori, *il quale si riputava in più modi maltrattato da' suoi
concittadini* (ARCHIVIO detto, Carteggio del Duca Cosimo,
Filza 397 c. 402).

Giovanni Pelori mi ha conferito li suoi guai et scoperto
l'animo suo a pieno. Il pover homo è perseguitato qui fuor
di modo, rispetto a certe parole usate da esso a un villano
che vendendogli certe robbe lo burlava: onde egli gli disse
s' io t' havessi a fare portare la barella un dì, sapresti ch'io
non son homo da esser burlato: e forsi lo potria fare. Queste parole sentite da un cittadino le riferì alla Balìa, di
sorte che è stato qualche poco tribulato, et io l' ho aiutato
assai. Hanno perciò voluto rivedergli certi conti di xxij anni
sonno che fu dal publico mandato in Spagna, et fattogli
molte stranezze, voluto ne l'honore di sua moglie vituperare
et ritenere esso. Però egli mi ha detto che quando V. E.
lo volessi per servitore et valersi de l'opera sua, speraria
portarsi di sorte che ne saria contenta, et faria vedergli
che desidera solo servire quella et stare sotto l'ombra sua,
et quel poco che si trova al mondo metterlo nel stato di
quella per fare che un dì non ruini senza colpa sotto questi
cervelli; et tanto più chè Don Diego gli fa intendere per Avila

che non pensa poterlo operare altramente, secondo la promessa fattagli. Dicemi che sa che a V. E. non mancano homini del suo mestiere, ma che se l'opera una sol volta spenda si trovarà soddisfattissima della servitù sua: in somma io credo che faria ogni mal contratto di sè, tanto si trova perseguitato, et mi ha pregato ch'io ne vogli scrivere due parole a V. E. che havendo luogo et animo di volerlo per servitore, non potria esso havere cosa più cara al mondo.

Da Siena ecc.

N.° 271.

1550 7 Settembre

La Balìa di Siena richiama in patria Gio. Batta Pelori *per prestare i suoi servigi alla Repubblica.* (ARCHIVIO DI STATO IN SIENA, Balìa, copialettere *ad annum*).

Maestro *Gio. Battista Peloro* excellente architetto. Havendo noi sempre conosciuta la molta sufficientia e sapere vostro, et insieme l'affetione verso la citta nostra, haviamo pensato in queste nostre occorrentie valerci dell'opera vostra: onde desideriamo quanto più presto potrete ve ne torniate; e ci persuadiamo che conoscendo d'haver occasione di giovare alla patria vostra, a la quale si ha più obbligo che ad ogni honore o nostro comodo, non mancherete di sodisfare al nostro desiderio, posponendo ogni altra cosa. E facendolo, come speriamo, ne farete piacere, e maxime venendo subito, perchè haviamo mandato lettere anco in altri luoghi a cercarvi: nè v'hanno potuto trovare. E pensando che il richiamarvi con più parole sarebbe un farvi torto e dubitare dell'amor vostro verso di Noi, facciamo fine.

NOTA

Sotto a questo documento, che non è l'ultimo che pubblichiamo del *Pelori*, verremo raccogliendo altre notizie o sfuggite alle diligenti ricerche del Milanesi o invero poco conosciute. Incominceremo da quelle di già stampate, anzi dalla notizia che ce ne dà un suo contemporaneo, cioè il noto autore della *Pirotecnia*, Vannoccio Berin-

gucci. « Non voglio lassare indietro, — egli scrive al Lib. VIII, Cap. 5 — di non dirvi
« un'altra materia di formare, quale viddi escrutare (sic) in Roma da un giovane
« senese ingegnosissimo, chiamato Giovanni Battista Pelori, in figure grandi et tutte
« tonde, infra l'altre l'Ercole di bronzo di Campitolio, il Bacco della piazza Branchi,
« il corpo di marmo di Santa Croce. Questo prese carta pesta, et come si fanno le
« mascare, il coperse tutto a parte a parte et con il fuoco l'asciugò et dopo gli
« diede sopra di colla fatta con farina et con carnicci, et gli fece una coperta d'uno
« lenzuolo et altri stracci di panno di lino, et alfine essendo bene asciutto, quando
« gli parve, con un coltello tagliò tutti li pezzi che potevano uscire, et così ne fece
« la forma, in la quale dappoi con uno pennello a pezzo a pezzo dentro dette per
« tutto cera et pece greca, et gli fece una pelletta dura da poter resistere a ogni
« humidità, et così ricongiunte insieme vi gittò più volte dentro gesso et fece che
« tutte quelle cose parevano proprio quelle che aveva formate: et eran tal forme
« fatte con poca spesa, forti, sicuri dal romperle, leggieri et portabili a quei luoghi
« dove meglio gli veniva, che certo, secondo me, ebbe inventione bella. »

Lancillotto, nella Istoria Olivetana (Tomo I, c. 63) narra che il Pelori fu l'architetto della cisterna di Monteoliveto Maggiore presso il paese di Chiusurri e che un
m.° Girolamo senese la murò.

La sua nascita accadde nel 1483, e così ne rimane ricordo nei registri dei battezzati = 1483 Giovannibaptista *figliuolo di Mariano di Pasquino si battezzò a
di vij di luglio, fu compare frate Niccola d'Antonio frate de' Servi.*

La prima memoria dei suoi lavori e la seguente, registrata nel libro del Camarlingo
di Biccherna.

1525 decembre 19

*A Giovanni Baptista di Mariano di Pietro Paulo, architectore, a dì 19 detto, ↘ cento
di sole. se li pagano per fortificare la rocca di Asinalonga.*

Nei 1526 fu spedito oratore della Repubblica a Genova. Si conosce una sua lettera riferita in latino da Sigismondo Tizio nella storia ms. di Siena, lettera che venne
pubblicata dal Gaye nel Tomo II p. 159. Carteggio degli Artisti ecc. La Repubblica
dovette scrivergli la lettera seguente :

1527 30 Agosto.

Jon. Baptiste Peloro *sic scriptum. Habbiamo ricevuto la vostra de li viij del
instante, et inteso con sommo piacere li molti advisi ne date ; le cose nostre di
qua se retrovano ne le solite angustie et gravi molestie che di continuo ne fanno
li iniqui adversari nostri, quali mai hanno cessato de infestare hora una terra
hora un altra, maxime in la nostra maremma dove tengono anchora le tre terre
de le quali per altre ne advisamo, cioè: Talamone, Porthercole et Orbetello, et
haviamo per varij advisi prepararsi nova impresa contra di nostra republica,
ma per le bone provisioni, che per noi si fanno, mediante lo divino auxilio ci
confidiamo che non sortiranno effecto le tante pravità et machinationi contra
uno si laudabile et optimo governo. Hieri per lettere del R.mo di Siena et del
proposto, oratore nostro, havemo essersi conclusi accordi fra el Papa et li Agenti
Cesarei, et con questa vi mandiamo la copia di una lettera delo Ill.mo S.or Don Ugo
di quanto ne recerca di qua. A li giorni passati vi si scripse più a pieno de le
occurrentie nostre, et vi mandamo una lettera di Cambio per cento ▽, pensiamo
li harete havuti. Altro non occorre, raccomandareteci a la Ex.tia del S.or Duce
offerendone sempre a li soi bene placiti et il simil farete con la Ex:tia de l'oratore
Cesareo.*

5 Ottobre.

Ioanne Baptiste Peloro *Ianue scriptum est in eodem tenore (cioè, del sacco di
Roma e degli accordi che il Papa intendeva di prendere coll'Imperatore) mutatis*

mutandis. Con lettere di cambio per cento scudi et che vegha se di lì si potesse havere qualche soma di Salnitro, a baratto di grani.

25 Ottobre.

Iohanni Baptiste Pelorio *sic scriptum — A li dì proximi ci pervennero le vostre de li 14 et 23 del passato, et quanto a li denari già per quattro nostre vi haviamo mandato lectare di cambio per scudi cento, pensiamo tandem l'harete havute. Noi qua dubbitiamo avanti che vengha il sochorso di Spagna non incorriamo grande pericolo, per havere notitia come il Papa non attende ad altro se no fare gente quanto può a piei et a cavallo, nè sapiamo il fine, pure speriamo ne la clementia di Dio et sua gloriosissima Matre nostra Patròna non saremo al tutto derelicti non manchando delle opportune provisioni che sieno possibili, benchè difficilmente la potiamo durare per essure questa republica molto exausta per le continue gravissime spese occorse et che continuamente ochorghano. Voi nòn pretermettarete la solita diligentia del tenerci avisati delli successi intendete, et bene vale etc.*

. Il 7 Agosto 1529 fu così premiato, come appare dalle deliberazioni di Balìa c. 148. *Eodem modo, optimi principes, vicegerentes cupientes in premiando eosque benemerentur de Reipublice, mandaverunt solvi Io. Baptiste Mariani Peloro, qui privilegia Cesaris ex Hispania civitati eorum attulit, ∆ 30 de lib. 7.*

Da una lettera di Giovanni Palmieri scritta da Asti si rileva che il 17 Giugno 1536, Giovanni Battista Pelori *nostro cittadino per ordine dell'Ill.mo Sig. Marchese del Vasto è a' servigi di S. M. con buona provisione et essendo andato a Fossano per vedere el sito et portare el disegno della Terra et di poi con S. M. con questo disegno el quale mando insieme a questa alle S. V. Mag.che*

Il prof. Ronchini, negli Atti della R. Deputazione di Storia Patria in Modena, pubblicò insieme ad altre lettere, che abbiamo in questa raccolta riportate, anche questi frammenti di lettere dell'Archivio di Parma, che lo riguardano.

Al Card. Farnese. — Io trovai che si lavorava in fondare un bastione al Porto che chiamano il Mandraccio... I soprastanti non sono intendenti dell'edificare, del modo di temperar le calcine, della sorte delle arene ecc. Il Peloro sta sopra i disegni, nè può attendere a questo, nè se potesse, può in tanti luoghi. Li pilastri del Mandraccio... hanno bisogno di riposo, perché essendo fondati instabilmente sopra pali, bisogna stare a veder quel che fanno, parecchi mesi avanti che si carichino più. L'opera è grande e di grande spesa, et non dico, benchè mi paia che si possa far senza, che non sia necessario per finirla, un dì; perché credo veramente che Monsignor di Carpi che la cominciò e il Coronello Gio. Batta et il Peloro, che la giudicano necessaria, l'intendono molto meglio di me, dico bene che hora non vi spenderei un quattrino...

Ancona, alli xiiij d'aprile 1543.

Humilissimo Servitore
M. Card.le di Viseo

Al Card. Farnese — L'altro giorno scripsi ad V. S. Rev.ma come già haveto finita la prima Cortina nova sopra la porta di Capo di Monte, e como haviva dato principio a li fondamenti de l'altra Cortina gli vanno poco discosti dalla vecchia. Ier sera, dopo el sono de l'Ave Maria, rovinò tutta la muraglia vecchia, non obstante ch'io l'avessi fatta tagliar più che mezza ecc. (Pierventura Zephiri).

Di Ancona, 7 Marzo 1545.

Al Card. Farnese — Si el Peloro venirà presto, si smaltirà la robba avanti arrivi el verno; sin autem, se ne perderà assai, et non si potrà murare insino al tempo novo alla primavera (Tarugio Governatore di Fano).

Fani, XV octobris MDXXXXV.

Al Card. Farnese — ..... Ancora, come li ho scripto, la fabrica (se lo **Peloro** *verrà, come ne scrive, presto) si finirà, perchè è in ordine tutta la materia di calce, mattoni, rena e pietra, e tutta sopra il lavoro. Et li denari (quali vi sono, come vedrà in li conti) si mandino presto. Si expenderanno in li fabricanti, per non essere molto gran somma. Sopra li quali il Signor Thesauriero di Roma ci dà molestia, per valersene in certi pagamenti di soldati. Et veramente, quando tali denari si impedissero, la fabrica del baluardo et materia accolta andaria a male, nè più si porria murare; et saria tutto el opposito di quello la Santità di N. S. ne ha ordinato. Impero La supplico a favorire questa fabrica, et lassar correre questi denari secondo l'ordine suo, che farà cosa grata a questa Ciptà, et sarà causa si farà questa bona opera del baluordo, molto necessaria et honorata impresa di Papa Paulo, et honor di Casa Farnese, quale Dio feliciti ad vota.*

In Fano, XVII octobre MDXXXXV (Lo stesso).

N.º 272.   1551 20 luglio

Scritta dell' allogagione di un leggio per la chiesa della Certosa di Maggiano fatta a Maestro Salvestro d' Orso legnaiolo fiorentino. (ARCHIVIO detto, carte della Certosa di Maggiano Reg. C. I, c. 196).

Al nome di Dio, a di xx di luglio 1551.

Sia noto et manifesto a qualunche persona vedrà la presente scritta, qualmente el Rev.^{do} Padre Don Gregorio da Milano, hon.^{do} priore delli monaci di Santa Maria di Maggiano da Siena, alluogha a *Salvestro di Orso di Leone* fiorentino legnaiuolo, habitante in Siena a fare uno leggio, quale ha à servire in nella chiesa della detta Certosa: e così detto *Salvestro* lo piglia a fare et finire in tutta perfettione a uso di buono lavoro, secondo il disegnio, ultimo fatto, quale sarà in la presente scritta, detraendone le colonne tonde et la prospettiva. Et questo secondo il disegnio come è detto fatto da *M.º Riccio*, per prezzo però di Δ xxv di oro; da farsi il pagamento di detti Δ 25 di mano in mano. Quale leggio devi essere finito fino alla festa di ogni santi proxima del 1551. Con questo però, finito il detto leggio si habbi a fare stimare e se sarà stimato manco di Δ xxv, detto *Salvestro* habbi a havere quel manco e rimettare se li havesse hauti, e si sarà stimato più, quel più non si habbi a paghare et vadi in beneficio del monisterio. Con questo però che il di fuore del decto leggio sia di noce stagionato, e così il dentro sia di altri legnami bianchi stagionati e buoni. Et la larghezza et longhezza sia a uso che si costuma per li leggii in altezza e larghezza, secondo che il detto padre Rev.^{do} Priore li mostrarà, et tutto a legnami stucchi e ferramenti appartenenti al leggio come bisogno sarà, di detto *Salvestro,* excepto però li ferri che tenghano li libri e la correggia et il ferro sopra al detto leggio, da tenervisi la lanterna, quali si habbino a fare per il detto padre Priore. Intendendosi sempre che vi vadino le cornici e li altri fornimenti secondo il disegnio sopra detto. Et così le dette parti sonno rimaste di accordo a uso di leali contraenti. Et detto *Salvestro,* per cautela di detti monaci, offerisce promessa di osservare quanto sopra si contiene, et come principale debitore, et a sua prece e mandato Maestro Bartolomeo di Francesco legnaiolo da Siena come principale si obbliga. Et così detto *Salvestro* et detto Rev.^{do} Don Gregorio et l'uno et lo altro respettivamente si obblighano osservare quanto di sopra si contiene et spetialmente detto maestro Bartholomeo obligandose e l'uno et lo altro come di sopra si contiene et loro beni e redi, et in tutta fede di ciò si sottoscrivaranno le dette parti, affermando quanto di sopra si contiene.

E io Frediano Bocciardi not. pubblico senese, come prevata persona, ho fatta la presente scritta di volontà di dette parti, alle quali si soscrivaranno affermando quanto di sopra si contiene.

E io Don Gregorio Priore di Certhosa, affermo quanto di sopra.

E io Bartallomeo sopra deto, chome precipale, afermo quanto sopra si chontiene.

E io *Salvestro* sopra deto afermo quanto di sopra.

Lettera di P. Trappolini ad Alessandro Corvino (?) con la quale dà conto di alcuni oggetti d'arte posseduti dal Riccio pittore per eredità del *Sodoma* e di un ritratto in piombo lavorato dal *Pastorino.* (Pubblicata nel 1601 in Venezia, da Francesco Turchi, nelle lettere facete di diversi huomini grandi).

Ho scritto un'altra volta a Roma, e non ho scritto a V. S. Questo procede chè non avevo ancor fatto niente e ancor perchè l'agente del Papa mi diede troppa prescia. — Sono stato da Mastro *Riccio* il quale è ammalato, e mostra di esser un gentil par suo. — Ho visto le tegole che in vero sono belle: ma più quella del Milone, che mi par sia un Ercole, perchè nello spoglio del Leone è fessa da sommo ad imo, ed ha guasto un capo del toro. Ho vista la testa di San Giovanni, la quale è bellissima, ma tarlata assai. Ho parlato del prezzo: mi disse che il *Sodoma* suo suocero comprò la testa di S. Giovanni, per dieci scudi: credo che si avrebbe per la metà. Delle tegole mi ha detto che sono della dote, e però sta alto. Son bene informato che è persona da benissimo, e che si può sperar da Lui ogni cortesia e ogni discreto partito.

Mastro Pierantonio Barbiero è vivo: ma non gli ho parlato; conferirò ogni cosa con Lui. Il detto mastro *Riccio* non ha ha il Satiro, che non si trovò alla morte del *Sodoma.* Ne ho parlato a mastro Giuliano orefice, il quale al presente si trova in Siena. Non mancherò di far ciò che mi ha comandato in ogni cosa ecc. Essendo andato a vedere le cose del *Pastorino* mi sono tanto innamorato di un ritratto di piombo, d'una Tullia Tolomei che è troppo gran cosa in fé di galantuomo. Or pensate come starò quando vedo le vive, se quelle che son senza spirito mi fanno questo? Vi dico

ben che non ho visto il più bel profilo nè altro ritratto di
donna di Siena, nè quel della Valle, nè di una Perugina
che era innamorata del..... la quale invero è bellissima ecc.
ma questa però avanza tutti gli altri. Oh! vedete se io son
dolce di cuore. State sani ecc.

Di Siena, il dì...... del 51.

*N°. 274. ⟩ 1552 7 maggio.

Benvenuto Cellini *ratifica un contratto fatto in Roma da
Libradoro de' Libradori suo procuratore,* con Bindo Al-
toviti. (ARCHIVIO DEI CONTRATTI IN SIENA. Rogiti di Ser Sigismondo Manni).

In Dei nomine, Amen. Anno Domini M. D. lij, Indictione Xª,
Die vero Saturni, vij mensis Maij. Iulio Tertio Pontifice et
Carulo quinto Imperatore.

Dominus *Benvenutus Cellinus* scultor civis florentinus et
filius q. Magistri Ioannis de Cellinis, asserens et affirmans
se habuisse et habere plenam notitiam et claram informationem de obligatione facta per Dominum *Bindum de Alto-
vitis* civem florentinum et de contractu et instrumento de
supra celebrato inter prefatum *D. Bindum* ex una et dictum
Benvenutum, et pro eo Dominum Libradorum de Libradoris
civem florentinum procuratorem, et eo nomine dicti Domini
Benvenuti, sub die ix Mensis Aprelis proxime preteriti, rogato
Domino Ludovico Reydetto notario publico et curie causarum Camere Apostolice, subscribente pro eo impedito et
publicante Domino Adamo de Innidia (?) Baronense notario
publico et Curie Causarum Camere Apostolice in Urbe Rome,
et de omnibus et singulis et quibuscumque contentis in instrumento predicto, quod habebat in manibus in carta pecu-
dina in publicam formam cum litteris legalibus emanantis a
Consulibus et Consiliariis Nationis florentine in Urbe Rome,
cum sigillo lilii Universitatis dicte Nationis, sub die xxxª

mensis Aprelis proxime preteriti manu Domini Barthalomei Capelli cancellarij, pro se etc. ex certa eius scentia etc. non vi, sed sponte et omini meliori modo etc. ratificavit, approbavit et emologavit omne totum id et quod et quicquid in premissis et circa premissa gestum contra non etc. et stipulatum extitit per dictum D. Libradorum, procuratorio nomine, dicti Domini *Benvenuti,* pro ut in prealligatio instrumento: et omnia et singula in eo contenta, rata et grata habuit et solemniter acceptavit et promisit me notario stipulante, pro omnibus et singulis quorum interest etc. attendere, observare, adimplere ac exequi in omnibus et per omnia, prout in perallegato Instrumento. Pro quibus omnibus obligavit, renuntiavit, iuravit cum guarentisia, Rogans etc. Actum Senis in Terzerio et populo Sancti Martini et studio excellentissimi legum doctoris Domini Aurelii Mannii, presentibus ibidem Ser Benedicto quondam Hieronymi de Bartholinis et Ser Panphilo Ser Camilli de Bocciardis notariis senensibus testibus.

Ego Sigismundus Maria notarius rogatus subscripsi.

N.° 275.   1553 13 Novembre

Il Duca Ercole II d'Este manda al Cardinale Ippolito suo fratello, mastro Annibale Borgognoni *fonditore, per fondere le artiglierie necessarie per la difesa di città di Siena* (ARCHIVIO DI STATO IN MODENA, Carteggio di Principi, Filza del Card. Ippolito D'Este n. 33).

Illustriss.^{mo} et Ser.^{mo} Signore et fratello honorandissimo.

Havendomi detto l'altro dì il Prevosto de'Trotti il bisogno che V. S Illustriss.^{ma} havea a coteste bande d'un fonditore di artigliarie, et come desiderava che io mi contentassi d'accomodarla del mio, per potere farle fare qualche pezzo, gli dissi che molto volentieri lo mandarei ad essa V. S. Illustriss.^{ma} ma perchè esso alhora si trovava in procinto di funderne qui certi pezzi grossi, et considerando che non es-

sendo li artificij per tal mestieri in ordine in Siena più di
quel che si serano (?) il far venire prefato mastro costì
x giorni prima over doppoi, non importava a Lei, me re-
solvei farlo fondere li prefati pezzi, sicome ha fatto la settimana passata: hora lo mando a V. S. Illustriss.ma acciò
ch'ella puossa intendere da Lui quel che bisognarà pre-
parar per far della artigliaria, a ciò che quando esso ritornarà a Siena, il che serà quanto prima, haverà gittati alcuni
altri pezzi, le forme de' quali son que in esser possa comin-
tiar a far delle facende senza perdere tempo, in quel che
si potrà far ben in sua absentia. Sì come io desidero com-
piacerla et servirla in tutto ciò che mi sia possibile, così
spero che della opera di prefato mastro ella rimarrà intieramente satisfatta, parendomi che si sia tale rafinato in
questa arte, per la molta esperientia che vi ha fatta, poi
che mi serve in questo mestiere, che forsi habbia pochi pari:
in che me ne riporto al testimonio delle opere istesse. Nè
mi occorrendo altro per hora, veda V. S. Illustriss.ma se in
altro posso servirla alle bande di qua, perchè mi le offero
con tutto l'animo; et qui facendo fine li bascio le mani
pregando Dio che le sia sempre propitio in tutti li soi de-
siderj.

N.° 276.   1553 16 Novembre

Articoli di Michelangelo d'Antonio *pittore nella causa che
aveva contro Deifebo Borghesi per pitture fatte in sua
casa.* (ARCHIVIO DI STATO IN SIENA. Processi civili del giudice ordinario *ad annum*).

Coram vobis — *Michaelangelus* quondam *Antonii* pictor
in causa quam coram vobis habet in et super bonis Deiphebi
de Burgensibus, hodie Mag.ci Comunis Senensis, ad probationem iurium suorum, dat et facit infrascriptos articulos, quos
probare intendit per testes; iurans contenta in eis esse vera,
facere ad causam et credere se posse probari.

In primis ponit, qualiter de anno 1551 et 1552 in pluribus et diversis temporibus fecit ad istantiam dicti Deiphebi et in domo eiusdem plures et diversas picturas et maxime infrascriptas: ita fuit et est verum.

Item, ponit quod dicte et infrascripte pitture adscenderunt ad valorem et comunem enstimationem (sic) librarum . . . . . denariorum; et ita quîlibet diligens et bonus pictor et qui de eis notitiam haberet, ita iudicasset, arbitratus fuisset et arbitraretur, et ita fuit.

Item, ponit quod pro residuo ipsarum picturarum est verus et legiptimus creditor librarum 75 den., et ita quilibet vir bonus, praticus et exerpertus (sic), qui de predictis haberet aliquam informationem et noticiam, ita arbitratus esset et arbitraretur et ita fuit.

Item, ponit qualiter de predictis est publica vox et fama et ita fuit.

Et ad probandum predicta, nominat infrascriptos testes, quos petiit citari, pro omnibus et singulis, pro quibus ec.

Nomina autem dictorum testium sunt infrascripta, videlicet:

Guidoccius q. Altibelli aromatarius — Salamon f..... faber lignarius — Magister Georgius imbianchatore — Domina Casandra mater dicti Deiphebi — Blasius domicellus. —

Picture autem de quibus supra, sunt infrascripte.

13 portiere dipente e macignio in casa sua.

6 finestre dipente a macignio.

6 cimineie dipente a macignio.

Una fascia gialla dipenta nella sala di sopra, con una fascia di macignio di sotto.

Uno pomo da trabacha.

4 armi della moglie, dipente in camara sua.

30 braccia di cornicioni dipenti nella sala di sopra, dipenti a noce con fregio d'oro.

Una cassa bancha vernicata (sic) con il fregio d'oro et lettere d'oro in nel fregio.

Uno paro di casse vernicate.

Una cuccia vernicata, nella quale dormiva detto Deiphebo.
Uno celo di una cuccia.
Uno celuzo nella sua anticamera.
(Seguono i deposti dei testimoni).

N.° 277. 1553 1 Dicembre

Patti tra Benedetto di Gio: di Pierantonio *da Montepulciano, maestro di legname, e il Celleraio di S. Pietro di Perugia sopra il lavoro del soffitto da farsi nella Chiesa di detto Monastero.* (ARCHIVIO NOTARILE DI PERUGIA, CORTE DI S. PIETRO, Reg. di Ser Giuliano di Salvstro dal 1561 al 1564 c. 77).

In prima sonno d'accordo et vogliono le parti, che detto Maestro *Benedetto* sia tenuto et obligato mettere l'opera sua in fare, tra uno anno prossimo da venire, hoggi che siamo il primo di dicembre, et come seguita da fornire tutto il soffitto a ditta chiesa di San Pietro, nel modo ordine et apparenza, siccome apare modello di ligname per esso mastro *Benedetto*, cioè la terza parte di una passina, le quali passine hanno da essere undici; la qual terza parte come de sopra fatta in modello di duj extremi suoi servono anche et sonno comuni co l'altre passine, che li seranno attaccate: il quale modello, come di sopra fatto, volsero le dette parti et forno d'acordo, che restasse in mano del padre Abbate.

Item, che li reverendi Padri di San Pietro siano tenuti et obligati dare al detto mastro *Benedetto* tutto il ligname che farà bisogno per detto soffitto segato et tornito, cioè tutto quello che sirà bisogno segare con la segha grossa et tutto quello che sirà bisogno che sia tornito.

Item, che detti reverendi Patri siano obligati dare et contare al detto mastro *Benedetto,* per la fattura di detto soffitto, scudi dugento venti a ragione di venti grossi per scudo, et a ragione di venti scudi per passina, da pagarsi proportionabilmente secondo l'opera fatta per detto mastro *Benedetto*.

Item, che detti reverendi Patri sieno tenuti dare al detto mastro *Benedetto* aguti, colla, per il bisogno di esso soffitto et ogn'altra spesa che vi andasse per fare il ponte al servitio di esso soffitto da ponersi, dichiarando che alla fattura di esso ponte debba operarsi detto mastro *Benedetto*.

Item, che detto mastro *Benedetto* sia tenuto intagliare tutte le cose tornite da ponersi in detto soffitto, se bene nel modello non appare che sieno intagliate, et nel mezzo dell'opera di detto soffitto sia obligato detto mastro *Benedetto* farvi un festone overo ovato, overo tondo come meglio parerà alli Patri predetti; e che tutto il detto soffitto detto mastro *Benedetto* sia tenuto et obligato farlo ad uso di buono et leale maestro.

N.° 278.   1553 5 Decembre

Il Cardinale Ippolito D'Este annunzia al Duca Ercole suo fratello il ritorno del Borgognoni *a Ferrara.* (ARCHIVIO PALATINO DI MODENA. Lettere del Cardinale Ippolito D'Este n.° 33).

Ritornandosene a lei maestro *Annibale* fonditore, non ho voluto lasciare di basciarle la mano, come fo, de la comodità ch'ella mi ha fatto in mandarmelo. Et perchè V. E. possa intender pienamente da Lei tutto quello che è passato, così circa a particolari del funder l'artiglierie, come circa l'accordo in che è restato con questi Signori, io non le dirò altro, se non che come dalle bande di qua non si mancherà di provedere di tutte quelle cose che sono necessarie a questo effetto, a ciò che al tempo del suo ritorno, che ha da essere nel principio del mese futuro, possa attendere a lavorare senza impedimento alcuno, così prego V. E. che voglia poi esser contenta di lasciarlo venire a quel termine come sono ben sicuro ch'ella non mancherà di fare per ogni rispetto.

N.° 279.   **1554 (st. sen.) 4 Gennaio**

Lodo di Gio: Battista Pelori *circa le spese commesse da Giuliano Traiano ministro delle maestranze delle Fortificazioni di Siena.* (ARCHIVIO DI STATO IN SIENA. Carte dell'Auditore del R. Esercito. Processi *ad annum*).

In nomine Domini.

Noi *Giambattista Pelori,* accettata con quella reverentia che si può maggiore et desiderio di satisfare al giusto la commissione dataci dall'Illustriss. Signore Monsignore di Moluch etc. di rivedere, contare et declarare le spese, et il conto di quelle, le quali dice haver fatto Iuliano Traiano maestro, del pagare l'opere et maestranze de le fortificationi di Siena, proposta dalli Agenti dell'Invitissimo et Christianissimo Re, la qual cura li comincia fino el dì venticinque di luglio proximo passato, et segue infino al dì de la sua cattura, che fu il dì nove di Novempre preterito:

Onde visto alcuni roli di particolari che l'han servito, contenenti parte delle dette spese fatte, examinato con diligentia (quanto per me s'è possuto) più persone ch'àn lavorato et tractato in queste faccende, visto i luoghi et le fortificationi fatte tanto a Santa Margherita fore di porta Tufi, quanto a la batteria dentro de la porta de Camollea, et fore a la Castellaccia, in varj acconciamenti et così a la porta Romana fore di verso Santa Clara, et in el guasto del monasterio de li Ognisanti, et ivi all'intorno variatamente più cose, nelle quali lui afferma havere speso; fatta diligente misura nelle parti et luoghi dove c'è parso di bisogno: visto tutto quello habbiamo possuto et con diligentia, et preso informatione dei donativi che dice haver fatte a' Tedeschi della Cittadella: considerato tutto quello habbiamo possuto ritrovare.

Dichiariamo, giudichiamo et referiamo a Sua Signoria Il-
lustrissima detto Iuliano havere speso in tutto (computato ogni
cosa) la somma di mille trecentoventi franchi, che qua'sonno
cinquecento cinquanta scudi d'oro e a tanta somma et non
più ascendere le dette spese et donativi. Et così giudichiamo,
arbitriamo et dichiariamo con ogni miglior modo, havuta
vera consideratione et respetto al giuramento datoci da
l'Auditore dell'Illustriss. et Eccellentiss. Monsignore Mare-
scial el Sig. Pietro Strozi, et di Monsignor de Monluch
suo luogotenente, el quale di nuovo rattifichiamo questo
appresso di noi esser la verità, et non altrimenti.

Et in fede habbiamo scritto come di sopra, questo dì
quattro di Gennaro MDLIIII, en Siena.

Io el medesimo *Giovambattista Pelori* scrissi et sotto-
scrissi di mia propria mano.

N.º 280.   1555 8 Luglio

L'operaio della Compagnia di S. Michele in Siena e m.º Lo-
renzo di Cristofano Rustici *pittore si nominano gli arbitri*
per decidere alcune controversie sorte a causa dei lavori
eseguiti dal Rustici *nella predetta Compagnia.* (ARCHIVIO
DEI CONTRATTI DI SIENA. Compromessi del Tribunale di
Mercanzia 1553-1555 tra i Rog. di Ser Alessandro Arrighetti c. 24ᵗ).

L'anno 1555 Indizione 13 il dì 8 di luglio.

La compagnia et confraternita di san Michelagnolo di
drieto di Siena, et per essa Pietro di Iacomo pizzicaiolo
operaio et deputato dalle medesime, et per le quale a cautela
de rato promise etc. et fare et curare etc. non volendo esser
scusato etc. M. *Lorenzo* di maestro *Cristofano* piacentino
pittore a nome suo e de'compagni et per li quali de rato
promise etc. et fare et curare etc. non volendo essere scusato etc. da l'altra, di comune concordia etc. ha intromesso

et compromesso la lite et differentia infra dette parti in detti nomi verse et vertenti per causa della allocatione fatta a detto maestro *Lorenzo* di certi lavori da farsi in detta compagnia et della quale al libro primo di ser Alessandro Arrighetti foglio 542 con tutte le dependentie etc. di ragione et di fatto in Girolamo di Iacomo scarpellino della Opera eletto dal detto Pietro in detti nomi ed in *Bartolommeo di Francesco* dipentore eletto dal detto maestro *Lorenzo* come in loro arbitri etc. et volseno il presente compromesso durare dì 8 da hoggi et caso che non si lodi dandoli licentia etc. promettendo etc. sotto pena etc. qual pena etc. et detta pena etc. in ogni etc. et per osservanza etc. giurorno etc. con guarantigia etc. rogando etc.

Fatto nella corte della Mercantia, presente Ser Anton Maria Bindi et Ser Adriano Marci testimoni.

A dì detto comparse detto Bernardino et accettò.

N°. 281.   1555 3 Agosto

Giovan Battista di Cristoforo *pittore reclama dal Fisco il pagamento di certi lavori eseguiti per conto di messer Marcello Palmieri.* (ARCHIVIO DI STATO IN SIENA, Concistoro, scritture *ad annum*).

Coram vobis — *Iohannes Baptista Cristofori* pictoris pictor Senensis nomine suo proprio, et dicit qualiter ipse est verus et legittimus creditor Domini Marcelli olim excel.ml i. u. doctoris Domini Iohannis de Palmeriis in summa et quantitate librarum 218 den. sen. ex causa ex picturis et laboreris eius artis picture pluribus vicibus receptis a dicto *Iohanne Baptista* per Dominum Marcellum, ascendentibus ad dictam summam librarum 218, videlicet: in invernicaturis chassabanche, cornicionum et in aliis picturis et laboreris, ut supra, de quibus solutionem fecit in aliqua particula relicum vero nomine satisfecit prout constat ex libro dicti *Iohannis Ba-*

ptiste; et quia dictus Dominus Marcellus effectus est re-
bellis et bona ipsius fuerunt confiscata a Mag.ᶜᵒ Comune Sen.
adeo quod dicto Comune Sen. subcessit in locum ipsius et
tenetur satisfacere eius debita super bonis dicti Marcelli et
ita ab eodem intendit se satisfieri de predictis.

Quare cum predicta omnia et singula vera fuerint et sint,
petiit per vos et offitium vestrum que implorat et per vestram definitivam sententiam quatenus opus sit dici sen-
tentiari et declarari dictum *Iohannem Baptistam* fuisse et
esse verum et legittimum creditorem dicti Domini Marcelli,
et per consequens dicti Comunis Sen. in dicta summa librarum 218 et dicto Comune Sen. et eius fiscum teneri et
obligatum esse ad dandum solvendum et satisfaciendum, ut
successorem dicti Marcelli, dictas summas et quantitates videlicet libras 218 dicto *Iohanni Baptiste* ex causis predictis,
saltim super bonis dicti Marcelli et super eis habere meliora
iura quam fiscus habeat. Qua declaratione sic facta dictum
Comune Sen. in predictis et ad predicta solvendum et satisfaciendum dicto *Iohanni Baptiste* condennari et condennatum
cogi et compelli apparendum iudicatis cunctis remediis iuris
et statutorum opportunis et pro exequtione praedictorum
sibi fieri decretum in forma, directum Camerario Bicherne,
quod sibi satisfaceat dictas libras 218 una cum expensis quas
petiit vel cuicumque alio cui fuerit ordinatum per vos fieri
solutionem predictam. Offerens se paratum amittere et ex-
compensare de dicta summa id quod probaret legittime
fuisse solutum etc.

Coram vobis, *Iohannes Baptista Cristofori* pictor senensis
nomine suo proprio in causa coram vobis vertente inter
ipsum et fiscum et Comune Sen. ut successorem Domini
Marcelli de Palmeris ad probationem iurium suorum et veritatis liquidationem cum illo, dat et facit infrascriptos articulos, capitula et positiones quas et que probare intendit
per testes et alia remedia et adminicula iuris opportuna non
se abstringens ect. iurans ec.

In primis articulat et ponit quod D. M. *Iohannes Baptista,* ex commissione supradicti Marcelli et ad eius instantiam et pro eo, fecit infrascripta laboreria picturas et invernicaturas et doraturas per infrascriptis pretiis et mercedibus pro opere dicti *Iohannis Baptiste* et ita remanserunt concordes, et dictus Dominus Marcellus promisit satisfacere dicto magistro *Iohanni Baptiste,* prout constat in eius libro, et est notum personis fide dignis.

Item ponit quod infrascripta laboreria, picture et dorature et invernicature, de quibus in precedenti articulo, comuniter valent et existimarentur scilicet infrascripta pretia et mercedem et non pro minori pretio fierent, et ita quilibet vir praticus et expertus pictor iudicaret et existimaret dicta infrascripta laboreria, picturas, doraturas et invernicaturas mereri pro pretio, mercede et opere, scilicet infrascriptas mercedes et pretia et ita comuniter iudicari et existimari a quolibet vir pratico et experto in arte picture, et in pluri et minori quantitate prout probabit, et ita de pluri et minori quantitate articulat et ponit et querat.

Laboreria de quibus supra sunt infrascrita, videlicet:

In prima la vernicatura et indoratura con fregio azurro al cornicione, con fogliame d'oro campeggiato di azurro in una cassabancha quale è in casa di detto Marcello, per prezzo et opera di L. quaranta quatro di denari sen. L. 44

La doratura et pictura a pietre mestiche di braccia quatordici di corniccioni con fregi azurri et fogliami d'oro, per L. sedici . » 16

La invernicatura di dùe casse di noce intagliate. per L. . . . . » 10

La pictura di due armi di detto Marcello et della moglie in numero, per tre lire et mezzo. . . . . » 3 sol. 10

La pictura di sette telari con le cornici di sette tele, 4 col fregio azurro et fogliame giallo et 3 sensa fregio; quelle col fregio soldi

quaranta illuna, et quelle senza fregio soldi
   trenta illuna, che sono di pietre mestiche. » 12 sol. 10

La pictura et vernicatura di quatro tele grandi,
   due dato il colore di noci col fregio azurro
   et fogliame giallo et una di pietre mestiche
   et una grande fattolo il fregio azurro et fogliame giallo . . . . » 10

La pictura di tre impannate con arme sua et
   di sua moglie, con fregio d'oro . . . » 8

La pictura di uno sopracelo di una sua cuccia
   facto di grottesche con figure et storiette,
   ucelli et con oro fino, con arme in mezzo
   di rilievo . . . . » 56

La vernicatura di una cuccia di noce intagliata con fregio azurro et fogliame d'oro,
   con arme in mezzo et rosette di rilievo. » 28

La disegnatura di sei braccia di velluto negro
   per fare finire uno cortinaggio per la sua
   cuccia grande . . . . » 9

La factura et copritura della cassa che si fece
   per messer Giovanni suo padre, quale é in
   San Francesco. . . . . » 24

Nota

Di questo pittore troviamo anche la seguente notizia nei libri della Compagnia
del B. Ambrogio Sansedoni, presso il Convento di S. Domenico (Archivio detto,
Carte di detta Compagnia, Reg. G III c. 80).

1562.

Giov. Batta di Cristofano *die' avere lire sessantacinque sonno che tanti gli si
fanno buoni per havere messo a oro l'ornamento della tavola dell'altare della
nostra compagnia.*

Morì il 31 Marzo 1597.

N.° 282.   **1555 25 Ottobre**

Maestro Benedetto *da Montepulciano prende a fare all'Abate di S. Pietro di Perugia due Seggi di legname di Noce.* (ARCHIVIO NOTARILE DI PERUGIA, carte di S. Pietro, Rog. di Ser Giulio di Salustio c. 112).

Maestro *Benedetto* da Montepulciano promette all'Abate di S. Pietro di fare due seggi di legname di noce secondo il modello l'ordine e misura e qualità, che contengano in uno modello de comune concordia tra le parti fatto, il quale sarà nella mia infilza, affinchè si conservi; aggionto però che oltre quello che è nella pianta, over modello, detto maestro *Benedetto* sia obbligato fare due o tre scalini a' piede della sedia, a beneplacito del soddetto reverendo patre Abbate, o a chi fosse in suo luogo, et un cimatio sopra il cornicione che hora fornisce nella cornice di sopra, et di più fare li bracciali di drento et di fuora, intagliati secondo l'ordine dei fregetti da basso, et farci hancora sopra quei bracciali dui Animali di quella sorte che parerà al soddetto Padre Abbate, o suo vece gerente, ponere; de li quali seggi l'uno debba ponere dove hoggi sta il vecchio, et l'altro all'incontro appresso l'altar grande della chiesa di S. Pietro; e che li sei quadri che andranno nelle dette due segge debbano esser fatte a paragone di qualsivoglia quadro ch'hoggi sia nel coro di quella chiesa ad eletta et scelta del soddetto reverendo Padre Abbate o suo vecegerente; e che li fregetti li quali saranno sotto e sopra li detti quadri, debbano essere similmente a paragone di qualsivoglia fregetto di sedia che sia in detto choro, a scelta di detto reverendo Padre Abbate o suo sostituto; e che la larghezza di ciascheduna di quelle seggie debba essere di otto piedi, o quel manco che vorrà il Padre Abbate o suo sostituto; et che l'altezza debba essere proportionata, et oltre le segge predette fare i bancali con le sue spalliere nel medesimo luogho dove si trovano hoggi, secondo il modo di uno modello che sarà nella mia infilza appresso quell'altro, e di quella altezza che parerà al Padre Abbate: et tutta questa opera promette farla et ultimarla fra tempo e termine di otto mesi prossimi hoggi da comenzare, et come seguita da fornire; et all'incontro il detto reverendo Padre Abbate promette et conviene al detto mastro *Benedetto* darli tutto il legname, che sarà di bisogno per detta opera, segato co la sega grossa, e li chiodi et colla che andaranno in quell'opera, e di più ogni cosa che andasse tornita: et per prezzo e mercede di essa opera dare et contare al detto mastro *Benedetto* scudi centonovanta: mezzi in questo modo di mano in mano proportionatamente secondo l'opera fatta che sarà.

N.º 283.   1556 8 Aprile

Inventario delle masserizie e robe della Zecca di Siena al tempo di Angelo Fraschini *già zecchiere in detta Zecca.* (ARCHIVIO DI STATO IN SIENA. Concistoro Scritture *ad annum*).

Copia delle masseritie et robbe della Zecca publica, cavate dal suo originale esistente in Balia, apresso Ser Lactantio Girolami lor notaro, et prima:

Al nome di Dio, addi otto Aprile 1556.

Inventario delle massaritie della Zecca publica consegnate a Marchantonio di Girolamo del medico orefice per Giovambattista di Leonardo Guasti, et Girolamo d'Antonio Berti per *Agnolo Fraschini*, et prima:

Un tondo di nostra Donna con suo candelierotto di bronzo.

Due banche con una cassetta e spalliera di legname et con chiave a la detta cassetta et banchi, et suoi posamenti.

Due cassoni grandi, de'quali uno ha due buchi per mettervi la moneta, con lor toppe, serrature et chiavi.

Vintuna cassa da tirare et stampare.

Undici caprette d'agiustare, delle quali ve ne sonno due senza piedi, anzi sonno in numero quattordici, cioè 14.

Otto banchette con le loro tavole per tenere le pietre per gittar l'oro e argento in piastre, con le loro chiavarde.

Cinque pieducci da trabochetti per aggiustare, con tre paia di bilancette, o vero saggioli.

Sette marrotte da rincalcare, di legname, anzi otto.

Una cassabancha di legname bianco, usa et a l'antica.

Una cassetta per trarre le giornate de' lavoranti, con chiave.

Una tavola confitta al muro con i suoi cavichi, anzi 2.

Un banchetto quadro con quattro piedi.

Un bancho suvi un paio di cisoie grosse, et sua pertica et altri finimenti per tagliare i quadretti.

Un ceppo con un tasso suvi con martello, tagliuolo, et un tassino piccolo per cavar saggi.

Una stadera grossa con suo romano.

Un paio di bilancette piccole.

Due para di bilancie grandi, et lo stile d'un altro paio di bliancie medesimamente grandi.

Due paia di cisoie grandi, sconnesse.

Sessantadue tassi da stiacciare de' quali ve ne rotti tre o quattro.

Quattro para di piastre et mezo di ferro da tragittare.

Vintotto paia di cisoie da listrare, et aggiustare........igi,

Un campione pieno, di peso Lib. 24 in circa.

Cinque pezzi di pesi: di peso in tutti di Lib. 5 in circa.

Un vaso d'ottone da servire per peso.

Una verga di ferro di peso di Lib. sei in circa.

Un ramaiolo rotto et tristo, di ferro.

Tre crogioli di ferro con sue copertoie, usi, da fondare.

Una Toppa grande da cassone bella, senza chiave.

Due chapelli di verga di ferro da affinare.

Un crivello da cernare il carbone, vechio.

Un pistone di ferro.

Tre cerchi di ferro a' ceppi.

Una tauola a capo gli aggiustatoi.

Sette para di tanaglie da tondire o vero rincalcare la moneta.

Un paio di mollette vechie per... (sic).

Due crivelli di rame grandi con manichi per scaldare, e bianchire o vero asciugare le monete.

Due mazze di ferro grandi da ribuiar la moneta.

Quattro mazzuole da stozzare.

Tre paia di mantaci con suoi fornimenti, cioè due para grandi et un paio piccoli da oro, de' quali un paio non se operano.

Un paio di sete da ceruare cennere et altre cose.

Quattro cazze (sic), anzi cinque di verga di ferro, con manichi da fondare.

Un formulo di verga di ferro con due manichetti.

Una concha da bocata grande.

Una schala mannaiola d'otto schaloni.

Tre cavalli di ferro.

Un paio di molle picchole et un paio di tanaglie per la fucina del oro.

Libre quindici in circha di rottami di ferro in un palchetto della Tonditoia.

Due fucine murate da fondare oro et argento.

Un catino di terra grande.

Due altre fucine, una da affinare, e l'altra in manica murata con i suoi camini.

Un banchone da battar terra.

Un cancelletto di correnti, alla porta della Zecha.

Serrature a tutti gli usci di detta Zecha et chiavi.

Sei paia et mezo di più stampe false, in uno sachuccio di quoio.

Io Marchantonio sopradetto ho riceputo le sopradette massaritie il dì sopradetto, et mi obbligo restituirle a beneplacito delli Signori di Balìa.

Al nome di Dio, a dì ix d'aprile 1556.

Inventario delle masseritie et robbe che sonno nella Zecha, et sono come dice Giovambatista Guasti soprascritto d'*Agnolo Fraschini* già zechiere, et prima:

Un cassone grande di noce con serratura et chiave, con più scritture et libri dentrovi.

Una cassettina da sigillar lettare et da spago.

Una cassetta con suo armario e serratura e chiave a detta cassetta.

Una riga et dodici carratelli da tele altj (sic) d'abeto che ve n'è uno in fascio.

Una spalliera di stiancia.

Uno appoggiatoio di libri, di legno.

Due tavole di noce da contar moneta.

Una banchetta da sedere, al banco.

Una bandinella di tela verde dinanzi al bancho, et una padella con manico di ferro da ricevere et una senza manico.

Uno stanzino di legno, dove si saggia, con una finestra inpannata di tela.

Un descho tristo et uno armarino con sua serratura.

Una schala mannaiuola con dodici schaloni per salire in un palchetto, dove vi è un matarazzo di pelo, un capezzale et una stiaccina.

Due candelierotti di ferro a due candeli l'uno, con quattro piei.

Una lucerna.

Due formelli (sic) da assaggiare.

Quattro boccie di vetro per tenere acqua forte, et due ombutelli di vetro.

Un mortaio di bronzo grande con due manichi.

Tre paia di cisoie d'agiustare, con loro manichi di legno.

Tre capistei di ferro, anzi di legno.

Un palo di ferro.

Un vergone di ferro di braccia due in circha.

Quattro pezzi di ferro per la fucina.

Un ramaiolo grande con manicho, per la fucina.

Una paletta rotta et una intera.

Libre centosettantacinque di Torselli di ferro, vecchi, con il carratello.

Libre seicentosessantasei di rami pelosi navarrati et non fonduti, in pezzi et in polvare, con tre carratelli ne' quali vi son dentro.

Lire centosettantacinque di rame in grana et altri rottami, con un manicho di ferro a una padella grande, pesato insieme con carratello.

Quattro pile da battar giuli et cimquine, et quindici Torselli di ferro.

Lire centoquarantatre di piombo, con il carratello.

Quattro chappelli o vero lambichi di vetro da fare acqua forte, et due ombutelli pur di vetro grandi.

Cento crogioli di terra, parte mezani et parte piccholi.

Due conche di terra da far' acqua da partire.

Vinticinque granate da spazzare.

Due pezi di canape, anzi tre, che sono in tutto.

Vintotto paia di pietre di tufo da gittar piastre.

24 traversine di ferro per le piastre soprascritte pichole, et undici grandi.

Una stangha di quattro braccia in circha.

Un corrente con suo bisbigliolo da alzare e mantaci.

Quattro some di carbone di castagno, a somaro, in circha.

Lire quattrociento di groma di botte, pesata in 2 carratelli.

Un focone di ferro a quattro piedi.

Otto Lib. in circa di rami tratti di spezzature et ferrami in un pignatto.

Due goffani l'un grande a l'antica et l'altro piccolo et intarsiato.

Una botte et un tinello, una concha piccola di terra.

Et un tagliere da lavare spezzature: una soma di legna grosse, fastella di viti numero ... fieno Lib.

Io Marcantonio soprascritto ho ricevuto ancora le sopra dette massaritie che, come si dice, aspettano a *Angelo Fraschini*.

N.° 284.   1556 23 Luglio-30 Ottobre

Pagamenti ordinati dai Governatori della Repubblica di Siena ritirata in Montalcino a favore di Giovanni Casini, *pittore bolognese, per lavori eseguiti in quella Città.* (ARCHIVIO detto. Atti della Repubblica di Siena in Montalcino, Registri di lettere e mandati, vol. n. 15 *ad annum*).

Il dì xxiij di luglio.
Per parte dell'Ill.^{mi} SS.^{ri} il Capitano di popolo et Deputati a la difesa della libertà di Siena, voi Girolamo Bettini, depositario de li denari publici, pagarete a maestro *Giovanni* depentore scudi due d'oro, che tanti se li donano a buon conto per depegnare lo stendardo per il conte Giulio da Tiene, e li mettarete a uscita pubblica per ben pagati senza vostro preiuditio o danno . . . . sc. 2 d'oro.

Il ultimo d'Agosto.
Per parte etc. voi Giovanni Bettini pagarete a maestro *Giovanni* bolognose pittore △ 3 d'oro, tanti se li danno a buon conto de le pitture da farsi ne la cappella di piazza, ponendoli a uscita senza vostro preiuditio. . . . . L. 24.

Il dì xiij di Settembre.
Per parte etc. Girolamo Bettini depositario pubblico pagarete senza vostro pregiuditio a maestro *Giovanni* pittore bolognese, △ due d'oro, in conto della pittura de la cappella di piazza . . . . △ 2 d'oro.

Il dì detto (24 Settembre).
Per parte etc. Voi Girolamo Bettini depositario pagarete a maestro *Giovanni Casini* pittore bolognese, per la Madonna di Piazza, scudi due d'oro, ponendoli a uscita. △ 2 d'oro.

Il dì 30 di Settembre.

Per parte etc. Voi Girolamo Bettini depositario pubblico de li publici denari, pagarete a maestro *Giovanni* bolognese uno scudo d'oro, per ogni resto de la pittura ha fatto ad istanzia del Magistrato . . . . Δ l. d'oro.

Il dì ultimo d'Ottobre.

Per parte etc. voi spectabile Francesco di Giovan Pietro barbiere, salaiuolo publico, de li den. publici de' sali dareşe e pagarete e maestro *Giovanni* pittore bolognese, cinque scudi d'oro, che tanti se li danno per ogni resto de lo stendardo publico donato al conte Giulio da Tiene, et havendoglieli pagati ne li ripigliarete de li denari de' sali; e tutto farete senza vostro pregiudizio o danno, perchè così è stato deliberato . . . . Δ 5 d'oro.

NOTA

Sono forse da attribuirsi a questo stesso pittore Casini, i lavori ricordati nei documenti che seguono: 1543 (st. sen.) 13 Febbraio. *Signori Savi de' Pupilli. Piacciavi far paghare a maestro* Giovanni *dipentore* Lire cinquanta *che sonno per la factura de l'Arme del Papa ne lo Stendardo che va a Talamone, da due bande la Lupa; et per tre armicelle per la pianeta et il davanzale et per tre armi grandi in raso, per il panno di velluto facto per la Beata Maria: e Nostro Signore vi guardi di male. A dì 13 Febbraio 1543.*

    Di V. S.

        Orlando Marescotti } *in Talamone.*
        Ieronimo Peretti }

1553 20 Ottobre.

A maestro Giovanni *dipintore per acconciare il gonfalone di Nostra Donna, lire tre.* (ARCHIVIO detto, Concistoro, Deliberazioni *ad annum*).

N.° 285.   1556

Testimonianze nella lite sorta tra Lorenzo di Cristofano *pittore e m.° Bartolomeo Giri cerusico e barbiere, per alcune pitture fatte in una bottega in Piazza Tolomei.* (ARCHIVIO DEI CONTRATTI DI SIENA, Rog. di Ser Sallustio Guidotti).

Dinanzi da voi etc.

M.° *Lorenzo di maestro Cristofano* pictore, in la causa quale ha con m.ro. Bartolomeo piemontese cerusico et barbiere

in Siena, in piaza Ptholomei, a prova delle sue ragioni fa
l'infrascripti articoli.

In prima articula et pone come, ad petitione et istantia
di dicto maestro Bartolomeo, ha dipento dentro la buttega
in piaza Ptholomei, et dove decto maestro Bartolomeo vi
exercita, facendo tutte le figure, gessi, grotteschi et historie
et impannate et armi sono in dicta buttiga et stanza sopra
a decta buttiga, et così fu et è vero.

Item, pone come decto maestro *Lorenzo* ha meritato et
merita per causa di dito suo lavoro et colori et altre spese
factevi, scudi quaranta d'oro, et tanto ciaschuno homo da
bene, pratico et experto, che di decte picture et lavoro havesse hauto et havesse notitia, giudicarebbe et arbitrarebbe;
et di più et meno, articula, dispone et domanda li testimoni
interrogarsi.

Item, pone che delle predecte cose sue è pubblica voce
et fama.

Li testimoni

Messer Taddeo Monterchio	Bernardino della Selva
M°. Prospero sarto	*Girolamo del Sodoma pittore*
Adriano Cataneo	*Sinolpho pittore*
Tiberio legnaiuolo	*M.° Georgio pictore*
Gio: Baptista Rosi	*Gio: Baptista Sozini*
Bolgarino Bolgarini	

In Dei nomine amen.

Anno Domini 1556, Ind: 15, Die vero xi Decembris.

Girolamo di Francesco dipentore da Siena primo testimonio examinato con iuramento ad istantia di m.° *Lorenzo*
di m.° *Cristophano* nella causa con m.°. Bartolomeo; et prima
sopra il secondo articolo, obmisso il primo di volontà di esso
m.° *Lorenzo*, volendo disse tanto sapere, cioè che esso è stato
da giorni 15 in qua, in la infrascripta buttiga a vedere li lavori
fatti per dicto m.° *Lorenzo*.

Et così aveva molto bene visto et considerato quanto importino li lavori et dipinture che sono in la dicta buttiga, expone et dice a judicio suo essere come di sotto e prima

Dui armi in tela et 3 impannate, che son nella stanza di sopra, lire quatordici.

Et più la volta sola di decta buttiga, Δ dieci di moneta.

E più la facciata a riscontro a l'uscio che s'entra, che v'è l'arme con i due puttini, Δ cinque di moneta.

E più la facciata a man dritta, è la storia che v'è la rotta di Piero Strozzi, scudi otto di moneta.

E più la facciata a man manca, che v'è Portercole, Δ cinque di moneta.

E più uno arco con le spallette sopra la porta che s'entra di buttiga, Δ dui di moneta; che fanno in tutto Δ trenta due di moneta.

Interrogatus, disse tutto sapere perchè è dipentore et perito in decta arte, et ha benissimo visto et conteggiato tucto il decto lavoro, et così a juditio suo tanto se li merita, et tanto dirà ongni persona perita in decta arte: dico bene non sapere chi l'abbi depento, ma che il decto lavoro vale come di sopra ho deposto.

Da'loco dintro nella buctiga della barbaria di m.° Bartolomeo a piazza Ptholomei, sotto casa di uno de' Ptholomei.

Die dicto.

Sinolfo di Andrea dipentore da Siena, altro testimonio con iuramento examinato sopra la sudecta causa, ad istantia di decto m.° *Lorenzo*. Et prima, sopra il secondo articolo disse che sonno circa otto giorni che esso fu menato dal suditto m.° *Lorenzo* nella buctiga di m.° Bartolomeo barbiere, et così decto maestro *Lorenzo* li mostrò dentro e fuore tucto che vi era depento, diceva averlo dipento lui. Et così avendo ben visto et considerato quanto dicto m.° *Lorenzo* li mostrò, e stéro di poi con m.° *Girolamo* detto del *Sodoma*, di sopra et insieme avendo molto discusso la causa et considerato tucto il sudecto depento insieme, son stati conformi et insieme dicano, tutto il depento ascendere alla somma di △ 32 di moneta, et tanto dirìa ongni persona pratica et experta, che di ciò avesse notitia.

Interrogatus in causa, disse saperlo perchè esso è depentore, et a juditio, considerato l'opera et colori, tanto vale tucto quello che si trova depento dentro et fuori di decta bottiga, cioè △ trentadue di moneta, et tanto dirà ongni persona pratica et experta in tal exarcitio.

In Dei nomine, amen.

Anno Domini 1556, Ind. 15, Die vero 12 Ianuarii.

Teseo di Bartolino da Pientia m.° di legniame habitante in Siena, testimonio con iuramento examinato ad istantia di m.° Bartolomeo cerusico nella causa che ha dinanzi al S.ʳ Auditore con m.° *Lorenzo* dipentore, et prima sopra il primo articolo disse tanto sapere, cioè, che m.° *Bartolomeo* depentore ha depento la faccia di fuore e cornicioni di dentro le due impanate di fuore, et l'arme che sta nella volta di buctiga, et altro sapere di questo primo articolo.

In causa etc. tutto che ha detto sapere, perchè vidde decto m.° *Bartolomeo* depentore, dipingere le opere che ha decto di sopra, perchè in quel medesimo tempo che esso m.° *Bartolomeo* dipingeva esso ancora in decta buctiga lavorava di legname, facendo cornicioni, sedie et altre cose.

De loco nella decta buctiga, de tempore, disse: credo essere l'anno 1555 et del mese d'octobre o novembre incirca, che bene non si ricorda.

Supra il secondo, disse, come ha visto che m.° *Bartolomeo* e m.° *Lorenzo* insieme lavorare et dipegnare in decta buctiga ma non sa tra essi conventione nessuna et ha udito m.° Bartolomeo cerusico più volte sollecitare li detti maestri e pittori che finissero presto detta opera, nè altro sapere del contenuto in decto secondo articolo etc.

Die 14 Ianuarii.

M.° *Giorgio di Giovanni* pittore di Siena testimonio etc:

Et prima, sopra il quinto articolo, obmissis li altri di volontà etc: disse come esso ha visto più volte tutto il depento in dicta articolata buctiga, et fuore et dentro, et sicondo il suo juditio, dice che tutto il depento nella volta dentro in buctiga insieme con quelle parole a suo juditio vaglano da 22 fino 23 scudi d'oro, et così tucto il depento et dentro et fuori a suo juditio ascendano al valore di Δ trenta d'oro, contando in questo conto l'empannate, l'aquile, le armi et ciò che v'è depento et dentro et fuore, et tanto judicarà ongni persona che di tal exercitio harà notitia et informatione etc.

Die 16 Ianuarii.

Giov. Baptista di Cristofano dipentore da Siena testimonio etc. Et prima sopra il quinto articolo, obmissi li altri etc. disse delle cose in decto articolo contenute tanto sapere, cioè:

Dico io *Gio. Baptista di Cristofano* pittore come i lavori che io ho visto facti in la buctiga di m.º Bartolomeo barbiere alla piazza Tolomei.

In prima una volta con armi di sua maestà, in dicta buctiga, la iudico che vale Δ nove di moneta . . Δ 9

La facciata dell'arme del Card.ᴵᵉ Monsig.ʳ di Burgos,
a fronte alla porta di buctiga, Δ quatro e mezzo
di moneta.. . . . . Δ 4 ¹/₂

La facciata a man dritta a l'intrar de la buctiga,
che vi è la rotta di Piero Strozzi, dico Δ sette
e mezzo . . . . Δ 7 ¹/₂

La facciata a man manca a l'intrar de la buctiga,
dove è dipento Portercole et Orbetello, Δ cinque. Δ 5

E più uno arco sopra alla porta con la porta di
buctiga, dico che vale Δ due di moneta.. . . Δ 2

E più dui armi et tre impannate lire dodici . Δ 12

Dico questo, che intendo la stima dai cornicioni di legname in su, etc.

NOTA

Per maggiore schiarimento riportiamo le eccezioni fatte da « *Magister Bartholomeus quondam Iacobi Giri de Asti cirusicus hyspanorum militum.* » Egli dice: *Che la verità fu et è, che fin del mese di novembre de l'anno 1555 il detto*

M.° *Bartolomeo cerusico, diede a dipegnere la decta sua buctiga a* M.° Bartholomeo del Barna *dipentore, il quale promesse et si obligo haverla finita havanti le feste di natale prossime susseguenti, et così fu et è vero. Item, qualmente il decto* M.° Bartolomeo *dipentore accolse seco in detta opera* M.° Lorenzo, *et così tanto il decto* M.° Bartolomeo *quanto* M.° Lorenzo *dipentori, sollecitati da decto* M.° *Bartolomeo cerusico, più volte disserò et promessero che finirebbero decta opera et pictura avanti le feste di Natale di detto anno 1555, et così fu et è vero.*

Item, qualmente la verità è che decta pictura per decti M.° Bartolomeo *et* M.° Lorenzo *non fu finita mai prima che per la Pasqua di la resurrettione di Nostro Signore dell'anno 1556 prossima passata, et così il decto tempo sempre la decta buctiga fu impedita con palchi et altri ammannimi per bisogno di decta pictura, di maniera che detto* M.° *Bartolomeo cerusico non poté decta sua buctiga usare commodamente per decto tempo, essendosi obbligato a quattro Compagnie di Spagnuoli con grandissimo suo danno et prejuditio, et così fu et è vero.*

Item, qualmente il danno, prejuditio et interesse di decto M.° *Bartolomeo cerusico di non avere potuto usare la decta buctiga per l'impedimenti predetti da la Pasqua di Natale fino alla Pasqua di resurrettione, fu et è in somma di scudi cinquanta d'oro, e tanto verisimilmente detto* M.°*,Bartolomeo cerusico ha patito per il decto impedimento a juditio comune di qualsivoglia persona pratica et esperta, et così fu et è vero.*

Item, qualmente l'opera e pitture fatte in decta buctiga per decto M.° Bartolomeo *et* Lorenzo *pictori, atteso la qualità de le picture e de'colori, la verità è che non meritano per premio et mercede più di scudi vinti d'oro, e per tanto e non maggiore premio, attesa massimamente la qualità dei tempi si sariero facte e potute farsi da qualsivogli pictore, et così ongni homo da bene pratico et esperto et di bono giuditio, che di dette cose havesse havuto et havesse piena notitia et chiara informatione, comunemente haveria giudicato et giudicarà, et così fu et è vero.*

N.° 286. 1557

Maestro Teseo di Bartolino *da Pienza scultore in legno fa istanza ai Priori della Città di Siena, perchè gli venga computato nel pagamento delle* Preste *il prezzo dei lavori da lui eseguiti per il Governatore Federico da Montauto.* (ARCHIVIO DI STATO IN SIENA. Concistoro, scritture *ad annum*).

Ill.mi Signori, Essendo io gravato a pagare la presta dell'anno 1557 del Conte Antonio, e avendo io d'avere scudi due d'oro di Vostre Signorìe, quali sono di resto di lavori che io ò fato al sig. Federigo *(Montauto)* de'quali denari restai d'avere da messer Latantio che faceva fare detti lavori per ordine di quelle, e così a li giorni passati fui dinanzi a Vostre Signorie che quelle mi doveseno ritegrare (sic) de li due Δ d'oro, quale comesero a Ser Latantio vostro notaro che s'informase de la verità da messer Latantio Doci; ora trovando essere la verità, supplico quelle che mi voglino voltare li due Δ d'oro a dete *preste,* per li quali denari so' gravato. Vostro servitore

Maestro *Teseo* falegname.

N.° 287. 1559 (?) 6 Maggio-26 Maggio

Agnolo Niccolini governatore di Siena, propone al Granduca di Firenze alcune riparazioni da farsi dall'Ammanato al ponte sull'Arbia, alla Chiesa Cattedrale ed alla Torre di Piazza. (ARCHIVIO DI STATO IN FIRENZE. Carteggio Mediceo, Filza XX a c. 58, 83, 91).

Viene il tempo di racconciare il Ponte di Arbia, et mi è ricordato et raccomandato per l'importantia sua, da questi Cittadini. Però quando Le piaccia che ci si ponga mano, sarebbe a proposito che l'ordinassi che venisse qui o *Davit* (Fortini), che altra volta per questo ci venne, o l'*Ammanato* che insieme cho'gl'ingegnieri di qui risolvessino il disegno, se altrimenti per qualunque cagione le paressi, la si degnerà di farmelo asapere. Di Siena, 6 Maggio.

Illustriss.ᵐᵒ et Eccellentiss.ᵐᵒ Sig.ᵉ et Patrone mio Osservantiss.ᵐᵒ

L'*Ammannato* è stato qui meco cinque giorni, delli quali ne ha consumati tre attorno al Ponte dell'Arbia insieme con duoi cittadini di Balìa et altri maestri senesi, et considerato diligentemente il tutto, ha fatto un disegno che è piaciuto assai, ancorchè diverso dagli altri fatti per il passato et da quello che di presente sentiva qualche Ingegnieri di qui. È giudicato il modo suo di manco spesa, di più facilità a conducerlo, et sopratutto più a proposito per la conservatione del Ponte. Però, partendo Lui domattina, se li è ordinato che ne dia conto a V. E. Illustriss.^{ma} et faccia ancora un disegno o modello con le sue lunghezze et larghezze a punto come deve stare, acciocchè chi sarà preposto de' qua, lo seguiti e non possa errare. Non se li darà principio fino alla risposta di V. E. Illustriss.^{ma} sebbene in tanto s'andrà pensando et provedendo alli ministri, legnami et instrumenti necessari, et Lei si degnerà, quando così sia suo servitio, farmene rispondere. Hanno voluto ancora questi cittadini che vi vegga il Duomo, temendo che a ogni nuovo, benchè minore tremuoto, nelle parti debilitate non ruini, chè veramente è il più bello hedifitio di questa Città. Hanno ancora fattoli vedere la Torre del Palazzo principale, che ha bisogno di restauratione pur di poca spesa, come di un cento di scudi circa, sì come più largamente la sia da esso raguagliata, alla quale non mi occorrendo altro sopra ciò, con ogni reverentia bacio le mani. Iddio la feliciti.

Di Siena, il dì 26 di Maggio 1559.

Di V. Ecc. Illustriss.^{ma}

Humiliss. Ser. Agnolo Niccolini

(A tergo) Al Sig. Duca di Firenze.

Quanto alla restauratione del Ponte d'Arbia, della Torre del Palazzo e del Duomo, s'è fatto a sapere a quelli cittadini la sua voluntà che ce provvegghino secondo li disegni dell'*Ammanato*, onde hanno cominciato a fare le provisioni necessarie, et se altro accadrà sopra questo gle ne darò avviso. Da Siena, alli 8 di Giugno 1559.

N.º 288.   1560 Settembre

I Provveditori eletti sopra le onoranze per la venuta del
Duca Cosimo I in Siena, alluogano un arco trionfale
a maestro Benedetto di Giovanni *da Montepulciano*. (AR-
CHIVIO DEL COMUNE DI SIENA. Busta intitolata *Venuta di*
Principi in Siena, n.º 378 c. 1).

Anno Domini.

Li Mag.ᶜˡ S.ⁿ quattro Proveditori sopra tutte le occurrentie de l'ornato per la prossima et felicissima venuta in
questa sua Città di Siena de l'Ill.ᵐᵒ et Ecc.ᵐᵒ S. Duca di
Fiorenza et Siena, nostro Padrone, eletti, - havendo hauto
longo ragionamento con m.ʳᵒ *Benedetto di Giovanni* da Montepulciano, legnaiolo in Siena, sopra il negotio di un arco
trionfale da farsi fuore della porta di Camullia o dove più
parrà a proposito alle SS. loro, hanno finalmente determinato, convenuto et resoluto seco in questa maniera, cioè:

Il detto m.ʳᵒ *Benedetto* promette et solennemente si obliga
a tutte sue spese in legname, ferramenti et in qualsivogli
altra cosa necessaria, escetto però quello che fusse di bisogno di muraglie o tagliate, fare, fabbricare et piantare in
detto luogo, come di sopra, uno arco trionfale della grandezza,
qualità e in tutto e per tutto come nella forma precedente
è disegno dato da m.ᵒ *Domenico Giannelli,* et quello havere
di legnami buoni et recipienti et in ogni perfettione havere
finito, per quanto spetta ad exercitio suo, ritto et piantato
infra uno mese da hoggi, rimossa ogni escettione.

Et tutto questo per prezzo e mercè di detto m.ʳᵒ *Bene-*
detto, di scudi dugento di lire sette per ciascuno scudo di
denari senesi, da pagarsi giornalmente et di mano in mano
a detto m.ʳᵒ *Benedetto,* secondo che ricercaranno i bisogni
suoi et il servitio dell'opera istessa, ad arbitrio di bono homo
et secondo che ricerca il costume de l'arte. Con questo però
che detto m.ʳᵒ *Benedetto* sia tenuto et obligato tutt'hora che

il detto arco trionfale harà servito a quel che è destinato,
et così doppo quindici giorni da poi che S. E. Illma sarà
felicissimamente venuta in Siena e partitasi, ripigliarsi i legnami dovendosi condurre alla buttiga sua a spese pubbliche
per prezzo di scudi cinquanta simili da sodisfarsi per lui in
fatto che da'detti Sig.^{ri} Proveditori si li concedarà licentia
che pigli i detti legnami nelle mani del Depositario publico
con decreto di loro Sig.^{rie}; et per tale effetto sia tenuto et
obligato il detto m.^{ro} *Benedetto* dare idonea promessa a'detti
Sig.^{ri} Proveditori, avanti riceva li ultimi cinquanta scudi delli
dugento promessoli come di sopra, satisfare li detti scudi
cinquanta nel tempo e modo come di sopra. Et così sia lecito alli detti Signori Proveditori delli detti scudi dugento
ritenere fino al numero di. scudi cinquanta sino tanto che
per detto m.^o *Benedetto* si dia detta promessa: et tutto
questo s'intenda a mero arbitrio di detti Signori Proveditori o di relassare al detto m.^o *Benedetto* li detti legnami
per detto prezzo o di ritenerselo per servitio publico et così
come di sopra hanno convenuto, obligando l'una parte al
altra per l'intera et inviolabile osservantia di quanto di
sopra, loro et loro heredi et beni presenti et futuri, cioè
beni del publico in quanto alle detti Signori Proveditori; et
renuntiorno ad ogni beneficio di statuto o legge che per
alcuno di loro in modo alcuno fare potesse; et giurò il detto
m.^o *Benedetto* alli santi di Dio evangeli con mano toccando
le scritture, tutte le predette cose essare vere e quelle in-
violabilmente attendare et osservare, Actum est.

N.° 289. 1560 8 Dicembre.

La Compagnia di S. Giovan Battista, detta della Morte, alluoga alcuni lavori per la sua chiesa a maestro Do- menico di Giovanni Giovannelli pittore e architetto. (AR- CHIVIO DI STATO IN SIENA. Carte della detta Compagnia, Reg. G. XXIX c. 56).

Al nome di Dio. Il dì 8 di Dicembre 1560, dì de la San- tissima Conceptione de la Gloriosa Vergine Maria.

Apparrà [scrit]to a tutti li riguardanti qualmente [questo dì] et anno detto, la Compagnia di S.to Giovanni, intitulata de la Morte, et per la medesima messer Austino di Agniolo Ubertini, Pietro di Guido Telani et m.° Giuliano di Nicolò Marselli, operari deputati dal Capitolo di detta compagnia con piena et ampla autorità quanta ha tutto il capitolo, come di detta autorità ne apare di mano del Rev. Ser Giovanni di Matteo dal Pontē K.° di detta compagnia sopra il fare le nuove capelle e rinnovare et rassettare, colorire, brunire e inbrustare la statua di S.to Giovanni et di fare di nuovo la statua di Santo Bernardino con suo nome di Gesù a sole, e con tutti li altri ornamenti lo parrà convenienti, e saranno a detta opera, de' detti santi e due cappelle insieme con le lunette de le volte e lor tondi da farsi con stucchi, oro et altri ornamenti convenienti, di comune concordia aluogano le dette opere di capelle, santi, lunette delle volte, stucchi e horo al diligente maestro *Domenico* di *Giovanni Gian- nelli* senese, architettore et dipentore, con obligo di farli et finirli per tutto il mese di giugno proximo che segue che saremo 1561, le quali capelle, sancti et lunette et tondi hab- bino da essere fatti et finiti di sorte che sieno benefatti e bene ordinati di stucco o stucci con ferramenti dentro e maxime alle mani di detta statua di Santo Bernardino, con obligo similmente di lavorare assiduamente in detta opera di maniera che stando una settimana senza lavorare [debbino] li detti operari [provedere] di modo che il detto maestro *Domenico* caschi [in mo]ra et stia allo [arbitrio] di detti operari di poter mettare altri maestri a tal lavoro a sue spese; et egli sia obbligato rendare tutti li denari che per ciò havesse riceuti a tal conto et per prezo e nome di vero et giusto prezo di dette cappelle, santi, lunette e tondi da farsi, come di sopra sonno convenuti: che finita perfettamente detta opera et impostavi l'ultima mano di modo che sieno in perfectione et a piacimento di maestri architettori et dipentori et secondo il modello si debbi in fatto, senza dilatione di tempo, elegiare uno homo per parte, intelligente, in li quali si facci compromesso et loro sieno stimatori fra dieci dì. Il quale homo per parte si possi chiamare tanto di Siena quanto fuore, et non essende concordi si elegga il terzo per listre secondo l'ordine de li Sig.ri Offitiali di Mercantia: et tutto quello che stimaranno s'intenda il prezzo di detta opera. A qual prezzo debbi in fatto essere pagato a detto maestro *Domenico* senza dilatione alcuna. Et sonno d'accordo che subito che comincierà a lavorare se li debbi dare scudi quindici d'oro o loro valuta contanti da mettarsi in piede di questa scripta o altrui, di modo che legitimamente aparischa: et subito che sarà finiti li stucci e santi e che si harà da mettere il oro per ornamento di dette figure, la detta compagnia sia obbligata in fatto senza alcuna dilatione dare al detto maestro *Domenico* altri quindici scudi d'oro, di modo che in due page sieno trenta o loro valuta; i quali dati, non possino essere astrecti in modo alcuno a dare alcuna quantità di denari o robba fino che non saranno finiti interamente, et [simile] come di sopra, possino non dimeno li detti oporari dare al detto maestro *Domenico,* et lui sia tenuto a mettarlo in conto quanto riceverà. Et finita detta opera et stimata, come di sopra, il detto maestro *Domenico* si contenta vuole e dona alla detta compagnia, e per questa alli dette operai presenti e hora per allora acceptanti

in nome di detta compagnia, scudi dieci d'oro della stima
da farsi, di modo che fatta la detta stima si metterà in conto
tutto quello che haverà riceuto e i dieci scudi d'oro più
donati; et se più sarà stimata, la detta compagnia in fatti
pagi al detto maestro *Domenico* il restante senza dilatione;
e se meno, in fatto il detto maestro *Demenico* restituischa
a detta compagnia quel più che avessi riceuto, intendendosi
per riceuti li detti dieci scudi d'oro per lui donati. Et per
observantia di tutte le cose sopra dette, tanto insieme quanto
di per se, il detto maestro *Domenico* in tutti i capi e casi
sopradetti obligò se et li suoi beni et eredi presenti et avenire
in ogni miglior modo, et li detti operari, secondo il tenore
della loro autorità, obligorno la detta compagnia e suoi beni
presenti et avenire similmente in ogni migliore modo, declarando che tutte le cose sopradette si intendino a buona
fede et senza fraude et a buono senso et per fede del vero.

Io Austino d'Agnolo Ubertini antedetto, uno di detti operai,
ho fatta la presente di mano propria, di volontà di tutti li
sopranominati, la quale serà sotto scripta da detti Pietro di
Guido Telani et maestro Giuliano di Niccolò Marselli operari
et da detto maestro *Domenico* di *Giovanni* architettore: fatta
questo dì 8 di dicembre, anno detto 1560.

Si declara che se il Principe nostro lo mandasse fuore
de la città, in tal caso sia absoluto da tale obligatione, ren-
dendo però prima quanto hora ha ricevuto e non altrimenti,
et in fede io Austino ho scripto questa agionta.

Io Pietro di Guido Telani afermo come di sopra. Io Giuliano soprascripto, come operaio, afermo come di sopra.

Io *Domenico* sopraschritto afermo quanto su s'impone.

NOTA

Dalla medesima Compagnia, il 2 marzo 1560 (st. com. 1561), ricevette una somma
di denaro come anticipazione per i lavori. Così trovasene ricordo nel Reg. F, a
c. 176 t. *El dì detto scudi dieci d'oro ducali, pagati contanti per ordine di m. Austino Ubertini, di Pietro Telani e di Giuliano orafo operari delle Cappelle, a
M.º Domenico di Giovanni Giannelli architettore e schultore per parte della mercede di dette cappelle L. 76.*

1561.

El dì 8 di giugnio lire settantasei sol. O., in scudi dieci d'oro ducali, pagati contanti a M.º Domenicho Gianelli a buon conto dell'opara della compagnia, et tutto per commissione e voluntà delli operari antedetti... L. 76 (Ivi c. 138). Ma egli non dovette condurre a termine il lavoro, poichè il 14 decembre 1561 fu presa dalla Compagnia la seguente deliberazione. *El dì 14 di detto si ragionò di protestare a m.ª Domenicho Gianelli nella causa delle figure, atteso che non lavorava, nè ci era speranza della sua tornata. Et che se li desse il curatore, essendo absente. Fu consegliato per Niccolò Bandinelli, che per li operari si dovesse fare il detto protesto, et per ciò il Kamarlingo a conto della Compagnia spendesse quanto li sarà ordinato da' detti operari.*

1562 agosto 15.

Chongregato il capitolo magiore ecc. delibero che si intenda per termine di uno anno proximo da oggi, sospesa l'opera et spesa già a li anni passati stato deliberato de l'ornamento et dipenture di sotto a le chapelle de' nostri Avohati Santi, nè però per detto tenpo non si possa spendare nè paghare cosa alchuna, et s'intenda sospesa l'autorità già stata deliberata a li nostri fratelli eletti et deputati operari et exeghutori di detti ornamenti per detto tenpo, quali non devino nè posino in alchuno modo fare dipegnare nè cosa sopra ciò, nè paghare nè fare paghare a qualsivogli maestro ecc. (Reg. G. xxxii c. 257,266 t, e seg).

1564.

A maestro Domenicho Gianeli e per lui e sua comesione a Claudio figlio de l'Amanato pitore L. dodici sol. sedici datoli in più volte a buon conto per lavori de' nichi fino questo dì 30 d'ottobre (Reg. E. V, 17 t).

Il Giannelli o Giovannelli dovette stare assente da Siena per lavori commessigli dal Granduca, come resulta da una lettera d'Angelo Niccolini scritta da Siena il 18 dicembre 1560, conservata nel R. Archivio di Stato in Firenze nel Carteggio Mediceo, Filza 487, c. 400.

Per conto della torre (da farsi a Cala di Forno) si è conferito tutto col Provveditore di qui: per apprestare tanto più la speditione, mandasi là domattina maestro Domenico Giannelli che è il migliore strumento per tale servitio che sia qui, acciochè pigli resolutione et dia ordine a quello che si può fare per conto della calcina, pietra e rena, per mandare di qua li maestri, non essendo in quelli lochi nè fornaciari nè muratori. La torre, secondo la relatione di Flaminio Nelli, è quadra, alzata fino a due braccia: la grossezza del muro è di due braccia, il vano di dentro è di sei braccia. È posta sopra la sommità d'un fosso difficile a battersi, ed ha l'acqua lontana da bene più d'un mezzo miglio. Alcuni che ne hanno notitia dicono che è posta in luogo che non fa molta scoperta e non batte in modo alcuno la Calla.

Il Giannelli nel 1566 servì in qualità di ingegnere S. M. Cattolica nei presidi di Toscana (Archivio dei Contratti in Siena, Rogiti di Ser Camillo Labicesi di Viterbo). Negli atti di Ser Giovanni Billo (Inventari n. 12) conservati nel medesimo Archivio, trovasi anche un inventario dei beni del Giannelli. Tra gli oggetti più notevoli descritti in quell'inventario sono da ricordarsi. — *Più groppi di rame, quali dissero essere di Giulio Pacchiarotti — Una Madonna grande — Un S. Giovanni piccolo — E più robbe delle due casse, le quali erano in Roma appresso di Filippo Pacchiarotti, al presente ritornato — Parecchi mazzi di disegni — Libri di architettura — Uno di geometria — Uno libretto di disegni — Una statua — Vintuna medaglie di bronzo — Una statua da girare per tutti i versi.*

N.º 290. 1561 20 Settembre

Michelangelo Buonarroti *scrive al nipote* Leonardo, *intorno all'allogagione delle quindici statue per la Cappella del Cardinale Piccolomini, nel Duomo di Siena* (ARCHIVIO BUONARROTI IN FIRENZE).

Lionardo. Io vorrei che tu cercassi tra le scritture di Lodovico nostro padre se vi fussi la copia di un contratto in forma Camera fatta per conto di certe figure ch'i promessi seguitare per Papa Pio secondo (sic) dopo de la morte sua: e perchè detta opera per cierte differenze restò sospessa circa cinquant'anni sono, e perch'io son vechio, vorrei aconciar detta cosa a ciò che dopo me ingustamente non fussi dato noia a voi. Parmi ricordare che 'l notaio che fece in Vescovado detto contratto si chiamassi Donato Ciampelli. Emi detto che tutte le sue scritture restassino a Ser Lorenzo Violi: però non trovando in casa detta copia si potrebbe intendere dal figliolo di detto Ser Lorenzo, e se l'à, e che vi si trovassi detto Contratto in forma Camera, non guardare in spesa nessuna averne una copia.

A dì 20 di Settembre 1561.

Io *Michelagniolo Buonarroti*.

Lionardo. I'ò avuto dua delle tue Lettere e una d'Antonio Maria Picoluomini, e un contratto. Io non ti posso dir altro, perchè l'Arcivescovo di Siena, sua grazia, s'è messo a volere aconciare questa cosa, e perche è uomo da bene e valente credo ch'arà buon fine, e quello che seguirà t'aviserò. Non altro.

Di Roma, a dì ultimo di Novembre.

Io *Michelagniolo Buonarroti*.

N.° 291.   1562 16 Novembre

Lodo dato da Pietro Cataneo *architetto e da maestro Giorgio muratore intorno ai lavori della costruzione del Palazzo Francesconi.* (ARCHIVIO DEI CONTRATTI IN SIENA, Scritture di Ser Alessandro Arrighetti, Filza V di lodi).

✠ Xpo. Addì 16 di Novembre 1562.

Noi *Pietro di Iacomo Cataneo* e m.° Giorgio Muratore } Arbitri et Extimatori

Eletti e deputati ne la Corte de la Mercantia dal Mag.^{co} Giovanni Francesconi da una banda, et dall'altra m.° Tommaso muratore a misurare et valutare el lavoro che ha fatto il detto m.° Tommaso in casa del Mag.^{co} Giovanni suddetto, giudichiamo che il lavoro che à fatto il detto m.° Tommaso proprio, ascenda a la somma et valuta di lire quattrocento cinquantatre et soldi 10, secondo le conventioni de la scritta in tra di loro:

Et prima per canne 23 ¹/₃ di volte, a ragione di
    L. 7 sol. 10 la canna . . . . L. 175
Et per canne 31 ³/₄ di colonnati et muri arotati,
    a ragione di L. 9 la canna . . . . . » 285
Et per canne 5 ¹/₄ che son li 8 archi, a ragione
    di volte e non si mettano se non per canne 5. » 37.10
Et per canne 11 tra palchi e tetti, a ragione di
    sol. 30 la canna . . . . » 16.10
Et per canne 13 di muro rozzo, a ragione di L. 4
    la canna . . . . » 52
                                              _____
        Somma in tutto questo lavoro L. 565.20

Del quale vogliamo che se ne detria L. sette per non essar il muro rozzo, in tutto grosso d'un braccio, et di più se detrà lire due per essar il parapetto de le logge alquanto meno grosso del dovere, et più per le opere 45, che ci ha lavorato il muratore di Messer Giovanni, tra le quali opere 33 ne ha lavorate con il manovale et 12 senza manovale; che in tutto per le dette opere 45 si fa buono al Messer Giovanni L. 103 sol. 10, che con le L. 7 et L. 2 suddette fanno L. 112 sol. 10 et queste si hanno da detrarre de le L. 566 che monta tutto il lavoro, che restano L. 453 sol. 10 et di tanti resta creditore il detto Maestro Tommaso per lavoro che ha fatto lui proprio, da detrarsene quel che Messer Giovanni gl'havesse dati in denari, et non vogliamo che delle incatenature de le volte il detto Messer Giovanni gl'habbia da far buonamento, ma che solo per il detto suo proprio lavoro resti creditore de le suddette L. 453 sol. 10.

Et così concordevolmente havendo considerati et bene esaminati in tra di noi giudichiamo, et per il detto m.º Giorgio si sofermerà Antonio di Girolamo merciaio, perchè disse non sapere fermare.

Et io *Pietro Cataneo*, uno de li detti due arbitri, ho scritto il presente lodo.

Io Antonio di Girolamo sopraditto mi so soto e scritto per el sopraditto m.º Giorgio, perchè disse non sapere escrivere.

NOTA

Questo documento, scritto di propria mano dal *Cataneo*, ci fa supporre che il Palazzo Francesconi (oggi Mocenni) mai portato a termine e dalle antiche Guide di Siena attribuito senza ragione a Baldassarre Peruzzi, sia opera architettonica del nostro *Cataneo*, il quale fu uno dei migliori scolari del Peruzzi e molto tenne della sua maniera.

Del *Cataneo* abbiamo trovato queste nuove notizie.

1546 (st. sen.) febbraio 12.

I Governatori della Repubblica scrivono a Lodovico Piccolomini commissario a Orbetello:... *Il restante del suplimento de la paga si manda per il presente aportatore che sarà m.º Pietro Cataneo Architettore e ingegnere mandato da noi per vedere codesti luoghi. Vi piacerà di farli vedere le cose costì di Portercole, circa la fortificatione del Pontone de la Rocca e quello che manca de la traversa de la Terra dentro, e procurarete sia mostrata fedelmente la muraglia di Orbetello e quello che bisogna per il suo fornimento.*

Orbetello a la Comunità. Desiderando noi tirare innansi perfettamente cotesta muraglia mandiamo M.ª Pietro Cataneo nostro Architettore e higegnero, al quale sarete contenti, non solo far mostrare questa fabrica, ma ancora allui far caresse e ogni buono intertenimento per esser lui persona virtuosa e a noi molto accetta. E perchè siamo vicini al tempo di dover seguire cotesta muraglia, vi esortiamo

*che non manchiate d'ogni debito e conveniente officio, e vedere che li ammanni-
menti de le calcine et altre cose necessarie sieno in ordine, acciò che li maestri
venendo non habbino a perder tenpo, e ancor che quello habbi ad essere ad honore
della nostra Repub. sarà ancora a sicurezza vostra. E non occorrendoci altro
facciamo fine. E Dio vostro Signore vi contenti.*

Lettere patenti furono fatte del tenore infrascritto:

Mandiamo el nostro diletto cittadino Messer Pietro Cataneo *Architettore eccellente con autorità e commissione di vedere le fortificationi principiate e da
farsi ne le terre nostre d'Orbetello, Talamone, Portercole, Montauto et altri luoghi
da noi impostoli, et in quelle considerare quanto fusse bene di fare per maggiore sicurezza de' luoghi. Pertanto commettiamo e comandiamo a li offitiali,
Comunità e particulari persone di dette terre e luoghi nostri, che al prefato nostro Messer* Pietro *Commissario prestino in ciò fede, obbedientia et opportuno
favore, non mancando per quanto stimano la gratia del nostro Magistrato. Dal
Palazzo pubblico etc.*

1546. *Il dì xxiij d'Aprile.*

*Desiderando noi tirare a fine le fortificationi e muraglie principiate in Or-
betello, Porthercole, Talamone et in altre terre e luoghi de la nostra Maremma,
mandiamo al presente nostro Commissario l'Ecc.**le Architettore M.* Pietro Cataneo
*nostro dilettissimo cittadino, con piena et ampla commissione et auctorità d'or-
dinare e procurare che le dette muraglie e fortificationi si seguino e si condu-
chino alla lor perfettione; e per tanto comandiamo a tutti gl'ufficiali, comunità
e particolari persone delle sopra specificate terre, e d'altre terre e luoghi di decta
nostra Maremma, a cui le presenti perverranno, ch'al detto nostro Commissario
prestino indubia fede e subbita obhedientia in tutto lo che da lui saranno ri-
cerchi, non altrimenti che a noi stessi farebbeno, sotto pena gravissima all'arbitrio e nostra indegnatione.*

A dì 5 di dicembre 1547 fu rinnovata la suddetta patente.

*Messer Lodovico Piccolomini — Ancorchè in ogni opera nostra ci sia cara
quanto a benefizio della Rep. nostra voi sate (sic) tantò maggiormente ci sono
grate quelle operationi, che da per voi e senza nostra commissione voi venite ad
operare, come è stato el pigliare e conti de' lavori di legnami fatti per quelli
Maestri erano a Talamone, e perchè noi intendiamo che de' detti legnami n'è
stati tagliati assai in danno di questi nostri Maestri e poca nostra satisfattione,
noi ci maravigliamo che, da poi che voi havete preso a fare questa opera, non
ce n' haviate dato di simil caso alcuna notitia, che pur non è honesto che il publico patisca e riceveva questo danno e li delinquenti passino impuniti. Però
vedrete che si truovino quelli che hanno dannificato e conmesso questi errori e
sieno puniti, e li Maestri satisfatti de' lor lavori da coloro che hanno fatto tali
errori e non che gl'havesse conmessi e noi haviamo ordinato Marcantonio Puliti
nostro Commissario in Talamone, el quale vedrà li legnami e lavori tutti e ne
pigliarà il conto; e noi di quello faremo li pagamenti a li Maestri, secondo ci
avvisarà havendo voi ricevuto stima e consegnatione d'altre robbe, masseritie
e ferramenti fussero costì, appartenenti a la muraglia, consegnateli per inventario a Messer* Pietro Cataneo *architettore e nostro Commissario costì sopra codeste
muraglie, e dove ne occorrerà poterli far alcun favore e servitio ci sarà piacere
lo faciate, e non occorrendoci altro faremo fine. Dio N. S. la contenti.*

*Orbetello a la Comunità. El desiderio, qual noi teniamo continuamente di ti-
rare innanzi coteste muraglie, non meno per sicurtà e util vostro, che per honor
della nostra Rep., ci costregne che al presente mandiamo giù Messer* Pietro Ca-

*taneo architettore e Commissario per finir le muraglie già incominciate. Per
tanto vi diciamo che al prefato Messer Pietro faciate accomodare e fare ogni buon
trattamento in quelle cose che li facesse di bisogno, perché farete a noi piacere
e a voi ancora utile, essendo ben satisfatto e contento. El simile ancora vedrete
di fare accommodare di stanze M.* Salvestro e li altri suoi Maestri muratori ha
con se e garsoni, e tutto l'aiuto e favore che potrete fare in questa muraglia, vi
diciamo non manchiate fare, perché così è l'obbligo e debito vostro, e a noi farete
cosa grata e molto accetta. Ci è assai dispiaciuto l'intendare che a quelli Lombardi
li quali hanno fatto quelli legnami, de li quali dicano assai esserglene stati tagliati, non ce ne sia stata data notitia. Però vedrete s'intendi chi sono stati li
delinquenti e che quegli poveri homini sieno satisfatti delle lor fadighe sicome
è giusto e questi tali delinquenti sieno castigati per l'officiale nostro, acciocché
noi non haviamo a procedare più severamente contra di loro. Altro non diremo
per hora.*

*Bernardino di Raffe. Viene costì Messer Pietro Cataneo architettore e nostro
Commissario per tirare innanzi coteste muraglie; è necessario che voi vediate
farli carezze e favore, acciocché lui stando commodamente e volentieri maggiormente possi giovare a cotesti edifitii, e così procurarete che la Comunità e cotesti
huomini lo vegghino volentieri e lo accommodi delle cose li fa di bisogno e per
giusti e boni prezzi. Et ancora non manchi la Comunità con l'opere sue, si come
già si obligò aiutare e far aiutare a suoi huomini a la muraglia e suoi ripieni,
perché a noi sarà assai piacere e a voi altri sarà a sicurezza e molto contento
sempre che questa muraglia si tiri a la sua perfettione, e così voi procurarete
con ogni vostra diligentia al bene e utile della decta muraglia che la si conduca
a quella perfettione che conviene e sì come è il nostro desiderio e bisogno di cotesto luogo: ne altro. Dio vi contenti.*

*Giulio de' Paccinelli a Campagnatico. Mandiamo l'Ecc.to Messer Pietro Cataneo
architettore nostro diletto a Orbetello, per ordinare che le fortificationi e muraglie, principiate in detta terra e altri luoghi nostri di Maremma, si seguino e si
riduchino alla lor perfettione. Però vi diciamo che in fatto consegniate o conse-
gniar facciate al detto Messer Pietro tutte le masseritie di corbelli e ferramenti
et altre robbe appartenenti a dette muraglie, che sono in vostro potere, riceven-
done fede di tal consegnatione; e non mancate, ché così è di mente nostra. E Dio
vi contenti.*

1548 Maggio 12.

*A Messer Pietro Cataneo Commissario in Orbetello fu scritto. Alt 9 del pre-
sente vi scrivemo come non si mancarebbe con ogni sollecitudine provedere denari per cotesta muraglia, e mandarli; hora per la presente inviatavi per cavallaro
nostro a posta vi mandiamo Scudi Cento di L. 7 per Δ et haviamo ordinato che
il cavallaro detto li riceva in Grosseto da quei Mag.ci de' Paschi che si truovano
li a la sbulletatura, e ve li porti costì, e questo si è fatto per due consideratione,
prima perché non si corga tanto pericolo nel portarli e l'altra perché tal' hora
potrebbe ricevare li detti Δ 100 in argenti e monete che sarà a voi più commodo.
et il pubblico non verrà a scapitare. Farete d'haverli, e date avviso e attendete
con diligentia e con più risparmio pubblico che si puo. A la ricevuta di questa
dovranno essere comparsi costì li sessanta corbelli inviatovi per servitio medesimamente di cotesta muraglia, e si disse come si era ricevuto il corbello de' carciofi
e baccelli et che sono stati grati al Magistrato.*

*Si derno al detto Cavallaro patenti di potere pigliare in Grosseto scudi per
Orbetello in forma etc.* (ARCHIVIO DI STATO IN SIENA. Concistoro, Copialettere
ad annum).

1547 Aprile 19.

Per parte deli Mag.^{ci} S.^{ri} X Conservatori etc. Voi Sp.^{mo} Giovanni Landucci Camarlingo del Monte pagherete a lo Sp.^{le} Pietro Catanei architettore e Commissario di lor Collegio, sopra la muraglia d'Orbetello et altre terre e luoghi Lire Trecento di den. cioè L. 300, se li danno per spendarli in detta muraglia a maestri muratori, manovali et a se stesso a ben conto di lor salario, il che farete senza vostro danno.

Aprile 22. Altro mandato di pagamento per L. 116. 13. 4.

Giugno 11.

Per parte etc. Voi Sp.^{mo} Mario Cacciaguerri mettarete a vostra entrata etc., all'incontro mettarete a vostra uscita ∆ 60, che tanti avete pagati al publico et per esso al detto Messer Pietro Cataneo Commissario, per spenderli ne la muraglia d'Orbetello et se li sono mandati per lettera di Tommaso Palmieri, quale ne è stato da voi rimborsato, e tutto farete senza vostro danno.

Novembre 28.

Per parte etc: Voi Sp.^{mo} Tommaso d'Alberto Venturini Camarlingo di Biccherna, valendovi da li Sp.^{mi} Compratori de le Cabelle de le porti e dogana, di L. 333.6.8 di den: li medesimi pagarete a M.º Pietro Cataneo Commissario di lor Collegio, sopra la restauratione de le mura della terra d'Orbetello, che se li danno per spendarli in detta restauratione, come li è stato commesso, e tanto farete etc. (Archivio detto, Conservatori di Liberta, Reg. di polizze ad annum).

1547 Aprile 22.

Per parte etc. Voi Sp.^{mo} Giovanni Landucci camarlingo del Monte pagarete sopra la dogana di Orbetello debitore al publico per causa di sale, a lo Sp.^{le} m.º Pietro Cataneo architettore, commissario del Collegio sopra le muraglie d'Orbetello detto e altre terre e luoghi lib. 130 di den. dico lire 130, quali se li danno per spendarli in detta muraglia a maestri muratori, manuali e a se stesso, a bon conto di lor salario. Anzi lire 116. 13. 4.

Per parte etc. Voi Sp.^{mo} Tommaso d'Alberto Venturini camarlingo di Biccherna, de li denari de li condannati del Capitano di Iustitia, che vi son venuti et vengano a le mani, a m.º Pietro Cataneo Commissario del collegio in Orbetello sopra le mura di quella e d'altri luoghi di maremma lib. 200 di den. che se li danno per spendarli in dette muraglie a bon conto, come se li è ordinato.

Per parte de' Mag.^{ci} Sig.^{ri} x Cons.^{ri} Voi Sp.^{mi} offitiali de Paschi e vostro depositario pagarete al Mag.^{co} Comune di Siena, e per esso a m.º Pietro Cataneo architettore e commissario di lor Collegio, sopra la muraglia d'Orbetello e d'altre terre de la Maremma Scudi sessanta dico ∆ 60 di lib. 7 per scudo, sono per il frutto de le quattro portioni già di Claudio di Messer Pietro Pecci sopra cotesto membro, hoggi del pubblico, ricadutoli per la confiscatione de beni d'esso per l'homicidio da lui commesso.

Giugno 11.

Voi Sp.^{le} Mario Cacciaguerri banchiere mettarete a vostra entrata etc. all'incontro mettarete a nostra uscita al publico li detti denari in due partite sopradicti che sono in tutto ∆ 60 d'oro, che tanti havete pagati al publico et per esso al dicto messer Pietro Cataneo commissario per spenderli ne le muraglie di Orbetello e se li son mandati per lettera di Tommaso Palmieri, il quale ne è stato da noi rimborsato, e tutto farete senza vostro danno e senza altra soscrittione di decto Tommaso o altra persona ect.

Novembre 28.

Per parte de li Mag.^{ci} S.^{ri} X Cons.^{ri} etc.: Voi Sp.^{mo} Tommaso d'Alberto Venturini Camarlingo di Biccherna valendovi da li Sp.^{mi} Compratori de le cabelle *de le porti e dogana di L. 333. 6. 8 di den. li medesimi pagarete a M.° Pietro Cataneo commissario di lor Collegio sopra la restauratione delle mura della terra d'Orbetello, che se li danno per spendarli in dicta restauratione come li è stato commesso, e tanto farete.* (ARCHIVIO detto. Dieci Conservatori della libertà — Reg. di Polizze c. 62. 100. 196.).

1552 à li XIX d'ottobre.

Girolamo Spannocchi parli a Mons. di Termes di mandare M.° Pietro Cataneo architettore a Caparbio con instruttione di detto S. intorno a la fortificatione per la quale deliberonno scudi cento d'oro e al detto M.° Pietro scudi dieci d'oro a conto di suo servire e mercè. (ARCHIVIO detto. Reggimento, deliberazioni *ad annum* c. 82).

N.º 292. 1563 9 Luglio

Gli operai della fabbrica della Madonna di Montepulciano chiedono al Granduca un pezzo d'Artiglieria per fondere una campana da collocarsi nella torre che si costruiva in detta chiesa. (ARCHIVIO DELLA FAMIGLIA TARUGI DI MONTEPULCIANO, Documento di n.º 53).

Illmo et Ecc.^{mo} sig. Duca, signore et padrone aff.^{mo} M. Accursio Tarugi, Horazio Bellarmini, Bastiano Venturi et Salvadore del Cadia, tutti da Monte Pulciano, vassalli et servitori fidelissimi di V. Ecc.^a Illma, et al presente operarii della Fabrica della Madonna di Monte Pulciano, espongano qualmente l'Opera hoggi ha quasi che tratto a fine un campanile conveniente a quella honorata Chiesa, et è stata sì fatta la spesa, et in così forti temporali, che l'Opera si trova exausta, et non si può, così come si richiede, dare perfezione su decto campanile per il culto divino a laude di Dio; però supplicano humilissimamente V. Ecc.^a li piaccia farli elemosina d'un codaccio d'artiglieria, stato già molti anni nel prato avanti la fortezza, che sarà espressa causa di poter fare una Campana con l'aggiunta che i si sforzaranno trovare di qualità che la chiesa ne sarà servita et honorata. Et tutto a laude et gloria di N. S. Dio et di Maria Vergine, pregati sempre da noi che custodisca sempre V. Ecc.^a et la mantenga in bona grazia sua.

Quando il campanile sarà fatto del tutto, Sua Ecc. si risolverà. Lelio T. 9 iul. 63.

N.º 293. 1564 21 Aprile

La Compagnia di S. Caterina in Fontebranda delibera di allogare alcune pitture dell'oratorio a Giovan Battista Sozzini. (ARCHIVIO DI STATO IN SIENA, Carte di detta Compagnia, Reg. XVII c. 175).

Consigliò Giovantonio Buonvisi: che si dovesse in ogni modo allogare a fare le pitture a maestro *Giovan Battista Sozzini* per essere lui persona caritativa e sopra ciò esperta et ancho per essere di nostra Compagnia, sperando et tenendo per certo che esso la vogli fare volentieri e con amore, e tal consiglio fu approvato per lupini 32 bianchi nonostante 4 negri in contrario.

NOTA

Giovan Battista Sozzini è ricordato con onore da Claudio Bargagli nel Trattato delle IMPRESE, stampato in Venezia nel 1594. Egli così ne scrive a p. 391. Il Sozzini *più tempo invaghito di così fatto studio* (del disegno) *s' è in esso molto nobilmente andato esercitando; valendosi egli tuttavia come di fidata e necessaria scorta del fino disegno ad effigiar con grazia e a ritrarre con vivezza le persone dal naturale et al metter su opere di prospettiva, come s'è veduto in più accomodamenti di scene in patria da lui dirizzate. Si vedono ancora, per chi vuole, alcune mandorle per lui disegnate nel nobilissimo pavimento di marmi del nostro Duomo, presso alle opere grandi del gran* Mecarino *allogate.*

Forse presso di lui rimasero un buon numero di disegni del Beccafuni, e da una deliberazione registrata nei libri dell'Opera Metropolitana (Reg. E. X. 32), par che egli ne facesse commercio. La deliberazione del 16 ottobre 1565 dice: *Ancor inteso come* Giovan Battista Sozzini *ha tramandati certi disegni et venduti, per quanto s' intende, a* Tibutio Spannocchi, *e intendendosi che sono disegni de lo spazzo del Duomo e apartenere a la detta Opera, deliberarono che li due de' Savi, che nominerà el Magnifico Rettore, che con il Magnifico Rettore si faccino chiamare li detti* Giovan Battista *et* Triburtio *a la loro presentia, e si domandino di tali disegni et quanto ne trovino riferischino al Capitolo.*

I disegni dello Spazzo del Duomo, dalla famiglia Spannocchi sono passati nella Pinacoteca pubblica senese, ma altri piccoli disegni dello stesso Beccafumi si conservano sempre da quella famiglia, nell'antico castello di Modanella presso Rapolano.

N.º 294.   1565 14 Maggio

Lettera di Bernardo Canigiani, Residente per la Toscana
a Ferrara, nella quale si parla di alcune opere del Pa-
storino, e del suo desiderio di entrare a servigi del Duca
di Toscana. (ARCHIVIO DI STATO IN FIRENZE, Mediceo, Lettere del Residente toscano in Ferrara, Filza dal 1564
al 1565).

Illustrissimo ed Eccellentissimo Sig. Principe.

Alla lettera de' x del presente di V. E. I. risposi in parte
per lo estraordinario, et dipoi si partì il Cont' Hyppolito
Turco, giovedì notte, per alla Corte Cesarea, e che a questa
ora debbi essere in Haspruch. Hoggi se li manda dietro il
ritratto del S.ᵒʳ Duca, di stucco colorito dal mezzo in su, di
mano di *Pasturino* sanese, assai ben fatto, in uno scato-
lino di noce adorno con poca spesa d'un poco d'oro, d'argento e d'ambra. Il qual *Pasturino*, come vasallo et affetionato alle cose di V. E. I. in venendomi a visitare et mostrarmi
quello che va via hoggi, m'ha donato l'inclusa medaglia,
con la quale io bacio reverentemente la mano di V. E. I.
facendogliene indegno ed humil dono. L'artefice si sta quà,
come si dice in proverbio, del prete che ha poca offerta; et
secondo me per l'influenza del paese che si va disabitando,
et per l'affectione ch'egli ha ai suoi Signori natii, et mala
soddisfatione di questi, con bonissima del Duca mio Signore,
che gli dovette fare di buona mano sopra una medaglia del
Duca di Ferrara già 7 anni sono in circa, gagliardamente
cangerebbe volentieri il Po con l'Arno, essendo resolutis-
simo che questo pane sia troppo duro al suo stomaco: et
in vero non è forse malo intagliatore, oltre a qualche altro
segreto et virtù ch'egl'ha. Del che ho voluto toccar questo
motto a V. E. I. per ogni rispetto. Egli fa un ritratto simile
a quello del Duca, che va al Conte Hyppolito hoggi, di Madama Lucretia a requisitione della Sig.ᵃ Ginevra Malatesta,

credo per portarlo a Torino; e altro non so, com'io non so ancora, se quel del Duca è d'ordine di S. E. I. o per capriccio stietto del Conte Hyppolito per donar da sè a Madama Barbera. Di Ferrara, il dì 14 Maggio 1565.

Di V. E. I.

Devot. Servo Bernardo Canigiani

N.° 295.   1565 16 maggio.

Domenico *detto* il Bolso *scultore e* Michelangelo d'Antonio *detto lo* Scalabrino *stimano le pitture fatte da* Lorenzo di Cristofano Rustici *nelle Logge di Mercanziu*. (ARCHIVIO DEI CONTRATTI IN SIENA. Rog. di Ser Alessandro Arrighetti *ad annum*).

Anno domini 1565 a dì 16 di maggio.

Con ciò sia cosa che alli anni passati, li signori Ufitiali della Mercantia di Siena avessero fantasia di dipegnere l'ultima volta de la loro logia, e cosi ditta volta allogorno a dipegnere a maestro *Lorentio* di maestro *Cristofano* detto *Rustico,* la quale à lavorata a stuchi di rilievo dipenta e inorata colle storie e grottesche; la quale volta è quella che viene allato al chiasso di Santo Pavolo; e com ciò sia cosa che per li detti Ufitiali furo fatti operari il nobile miser Girolamo Ugurgieri el nobile Enea de' Savini cittadini sanesi, li quali allogorno come di sopra al detto *Rustico,* e detta allogagione fecero con scritta di stimarsi per uomini comuni e periti a tutte spese di detto *Lorentio* di ponti e calcine e stuchi, colore e oro, e volendo eseguire quanto che furono d'acordo stimare detta opera de' sopra detti operari: E di qui è, che noi maestro *Domenicho* detto il *Bolso* e io *Michelangniolo d'Antonio* pittore chiamati a stimare la sopra detta opera, cioè per parte delli operari sopra detti maestro *Domenico* sopra detto, e per la parte di detto *Rustico* io *Michelangniolo* sopra detto, cioè a stimare la pittura e oro solamente, della quale da noi più volte da noi veduta e considerata com diligentia, e secondo la nostra coscientia; diciamo d'acordo deta opera, in fra di noi, valere la pittura e oro e mettitura, scudi ottanta d'oro; e tanto giudichiamo e stimiamo valere detta opera per le sue fadiche e spese e mezi e ponti da lui fatti come di sopra sè detto, scudi 8 e per fede del vero.

Io *Michelangniolo* sopra ditto ò fatta la sopradetta e presente scritta, la quale sarà soscritta dal sopra detto *Domenico*.

Et io *Domenico Bolsi* sopradetto a firmo quanto di sopra et in fede scrissi di mia mano.

Io *Baldassarre Lanci*, afermo la soprascrita storia.

Adì 12 di magio 1565.

Stima fata per la logia de li ufitiali circa a li stuci:

Prima, in ponti per la deta opera, cioè per metà, lire trenta cinque.

Calcina, giaia, rena, polvere, lire trenta, feri, ciodi, filo di fero, lire venti.

Fature et opere per li quatro arci, che circondono dete volta, quali sono quatro: fanno la somma di lire novanta sei.

Festoni quatro, con due cartele per festone, montano l'uno lire cinquanta cinque, et fanno la soma di lire dugento venti.

Dua ovati picoli, di manco ornamenti, lire quaranta l'uno, fanno la somma di lire ottanta.

Altri dua ovati di picc'ornamento, lire, l'uno, quaranta sette, e fano la somma di lire novanta quatro.

Fondo di mezzo con *targe* et una una testa, lire venti cinque.

Questo è quanto mi pare e montino deti stuci, fato per me *Domenico* scultore et justa diligentemente per quanto montano deti stuci.

E in fede del vero ò fati questi versi, io *Domenico* sopra deto, a pregiera di deti ufitiali, ogi questo dì sopra deto in Siena.

N.° 296. 1565 31 Maggio

Lodo pronunziato da Agostino Bardi, in una controversia
tra il P. Gregorio Primaticci e Alessandro Lucarini, a
causa di un'opera stampata in Venezia. (ARCHIVIO detto.
Rog. suddetti).

Noi Aghustino di Francesco Bardi albitro e terzo di comune concordia eletto e deputato da le infrascritte parti:
Il molto Rev.^{do} Maestro Gregorio Primaticci dottore di sacre
lettere de l'ordine di S.^{to} Domenico da una, e messer Alexandro Lucharini da l'altra, come del compromesso appare
a la Corte degli ufficiali de la Mercanzia, rogato Ser Alexandro Arrigetti sotto il di..... di maggio 1565, per decydere
e terminare la lite e differenzia in fra le dette parti vertente
a la detta Corte, come al libro xv d'esso Ser Alixandro
Arrighetti; per chausa e chagione d'una compagnia in fra
dette parti fatta, di fare stampare in Vinezia d' un' opera
sopra la sagra Scrittura, come per una scritta in fra le
dette parti appariscye. Di qui è, che desiderando porre fine
e quiete in fra esse parti, avendo veduto la pitizione el protesto fatto per lo detto Rev.^{do} M.° Gregorio contra esso
messer Alexandro, e veduto la scritta de la Compagnia in
fra di loro, e udito più e più volte a bocha le dette parti,
invochando il nome di Dio, in questo modo lodiamo e de-
chiaramo: Il prefato messere Alixandro Lucharini particy-
pare ne la detta lor compagnia d'essi libri stampati per la
quarta parte e non più, e detto Rev.^{do} M.° Gregorio e sua
promessa condeniamo a dar conto al predetto messer Alixandro d'essa 4ª parte di tutto quello che d'essi libri avesse
disposto e condotti in Siena o altri luoghi, facyendoli buoni
la 4ª parte de le vetture che ragionevolmente si fusse fatto
nel condurli o altre giuste spese. E il restante d'essi fino
a la detta 4.ª parte, esso Rev.^{do} M.° Gregorio debbi farli
consegniare in Venezia al detto messere Alexandro o suo

mandato, e tutto per ogni miglior modo. Data per me Austino Bardi sopradetto, questo di ultimo ·di Maggio anno detto 1565.

Anno Domini 1565 lud. 3 die 31 Maij Latum etc. suprascriptum laudum etc.

N.° 297.   1569 24 Giugno

Lettera di Giraldo Giraldi al Duca di Parma e Piacenza che dà avviso di aver mandato a chiamare in Siena Lorenzo Pomarelli *architetto.* (ARCHIVIO DI STATO IN PARMA).

Illmo et Ecc.^{mo} Sig.^{re} Principe mio osser.^{mo} Io ho mandato in Siena a *Lorenzo Pomarelli* architetto scudi x d'oro in oro, perchè venga a Parma, secondo l'ordine dell'Ecc.^{tia} Vostra Illma et gliel'ha portati Alexandro, che viene a servire per bargello. Io non glie ne ho mandati prima, perchè sono solo tre dì che ricevei la sua ecc.

Di Capo di Monte, a dì 24 di Giugno 1569.
   Di V. Ecc.^{za} Illma

Obligatissimo et perpetuo servitore
Giraldo Giraldi

N.° 298.   1569 19 Agosto

Lettera di Gio. Alfonso Castaldo al Duca di Parma e Piacenza relativa all'andata e partenza di Lorenzo Pomarelli *da Vienna.* (ARCHIVIO detto).

Illmo et Ecc.^{mo} Signor mio. Io non ho mancato alla venuta di *Lorenzo Pomarelli* di fare quanto V. Ecc.^{tia} Illma si ha degnato comandarmi, il quale per haver trovato la M.^{ta} Ces.^a assai occupata, et per aver lui anchora hauto pressa al presente se ne ritorna con patto però di ritornare subito con più comodità, sicome V. E. Ill.ᵐᵃ da Lui meglio intenderà.

Di Vienna, addì 19 Agosto 1569.

Di V. S. Ill.ᵐᵃ et Ecc.ᵐᵃ

Obligato servitore
Gio. Alessandro Castaldo

N.° 299.   1570 22 Aprile

Lettera di Lorenzo Pomarelli *al Duca di Parma e Piacenza, colla quale prega il Duca ad interporsi per sistemare i suoi interessi con gli Eredi di Marcello Agostini a proposito de' lavori fatti a Caldana.* (ARCHIVIO detto).

Molto Ill.ᵐᵒ et Ecc.ᵐᵒ Signor mio. Da M. Battista da Rigoso di costà, ho auto comodità di scrivere all'Ill.ᵐᵃ Ecc.ᵗⁱᵃ V. Dico che io sono in gran travaglio, perchè è morto il Sig. Marcello Austini padrone de la fabrica che io gli ho facta qui della Fortezza di Caldana: e dubito che io arò a combattere le mie fatiche di otto anni per vedere con l'erede i miei crediti. Io non ho altro capitale e favore che la Ill.ᵐᵃ Ecc.ᶻᵃ V. perchè l'ho per mio padrone: e La prego, quando io le mandassi a domandare uno Ingegniero che stimasse la mia fabrica, non voglia mancare; e forse La verrò io a trovare questa state. Non altro, se non che inchinandomele, con reverenzia le bacio le mani e alla Ill.ᵐᵃ Vostra Moglie e al Sig. Principe miei padroni, che Iddio tutti feliciti con tutti li loro.

Di Caldana, alli 22 dì Aprile 1570.

Di V. Ill.ᵐᵃ Eccellenza

Devoto servitore *Lorenzo Pomarelli* Senese

N.° 300. 1570 25 Maggio

Lorenzo Pomarelli *avvisa il Duca di Parma e Piacenza di esser disposto a prestargli i suoi servigi.* (ARCHIVIO detto).

Illmo et Ecc.^{mo} Signor mio osser.^{mo} Alli giorni passati ricevei una di Vostra Ecc.^{za} Illma la quale mi fu sommamente cara, poichè intesi quanto quella mi avvisava del servizio che io dovevo farle nella mia venuta costà; del che presi assai piacere, essendomi comandato da un tanto mio Sig.^{re} et Patrone che io lo dovessi servire: la qual cosa io ho desiderato et desidero sopra ogni altra cosa. Subito che io ebbi la lettera di V. Ecc.^{za} Illma accomodai con l'erede del Sig. Marcello Austini le mie faccende in quel miglior modo che io potei fare per adesso. Rispetto alle quali faccende convenimmo che a mezzo settembre prossimo avvenire dovessi ritornare a dar fine a un poço di resto di fabrica che ho da loro, et dipoi venire alle misure et stime: et havendo fermo con detto erede in questo modo, mi risolvei montare a cavallo per venire alla volta di costà, e in questo tempo mi venne una letera del Segretario di Vostra Ecc.^{za} Illma, messer Giovan Battista Pico, delli 17 del presente, ed in quella intesi quanto per sua commissione mi scriveva. Ora sto aspettando nuovo avviso di V. Ecc.^{za} se devo venire: e subito auto nuovo avviso da quella, farò quanto mi commetterà ch'io faccia. Non mi occorrendo per adesso altro fo fine, et con l'offerirmi paratissimo a ogni suo servizio, humilmente le bacio le mani, e di core infinite volte me Le raccomando: che nostro Signor Iddio la feliciti et esalti quanto desidera.

Di Siena, alli 25 di Maggio 1570.
Di Vostra Ecc.^{za} Illma

Devoto e umil servitore *Lorenzo Pomarelli*

N.° 301.   1570 (st. sen.) 20 Marzo

Lettera di maestro Bartolomeo Neroni, *detto il* Riccio, *pittore, a messer* Tiburzio Spannocchi *architetto, nella quale trattasi di certo segreto per fare l'oltremare.* (ARCHIVIO PRIVATO DEI CONTI RAFFA SPANNOCCHI).

Magnifico M. Tiburtio

Ò riceuta una vostra lettera delli 10 di marzo, la quali mi è stata moto gratissima e tanto più, quando ò saputo del vostro bene stare: et per rispondare a la vostra non ò voluto mancare per più rispetti, et in prima per quella amicitia nostra, et voi, per essare quello che voi sete, è dovere che io faccia el debito mio; et se io non ò fatto per il passato datene causa a la mia gattiva sorte delli miei malli che di chontinovo dì e notte mi tribolano et oltre del continuo sempre di più..... perchè io abia a dare ma il chomprendare el mio di, e n'averà per Dio gratia che ne ò definite due lite, una in nel mio podere comprò Anton Maria Martinozi e la siconda di... Δ d'oro delli eredi di m. Patritio Venturi, et ora so 'a la Ruota co' Misser de l'Opera, il pagamento de le mie fatiche, le quali so' state giudicate dieci Δ el mese, et ora non mi li vuole dare, et mi ha fatto piatire già a Agosto in qua, et questo ne [ha] avuto lui stesso per non voler più servirsi di me e avendo cavato di Lucha chon mio danno; et che mala pensata fu la mia il venire a Siena, imperochè troppo danno me n'è tornato e poi a non mi volere tractare come mi aveva promesso. Ora lasciaremo stare queste cose e verremo al particolare di quello che domandate in quanto all'amico vostro, et come mi scrivete e dite che l'amico vostro sa fare lo azurro e oltramare di diciotto Δ l'oncia di che se lui ha la fissatione, chome dite, che è meglio che fare lo azurro et però che più bene si potrebe fare più oniversale, et io vi dico, non avendo la tentura che lo so sechura e certa, et quando il suo argento lo tigneremo senza dubio altrimenti la mia tintura non lo tignarebbe, e si che potete promettare sicuramente che lo tignarò essendo fisso. Et se volete conosciare che sia fisso parragonatelo a parragone e di poi ci mettete su il verdetto, et non sapendo andarete a uno orefici vostro amico e ne fate prova; se resta in sul parragone e che non sia accompagnato con oro il verdetto non lo tocherà rimarà al parragone dell'oro e cimento reale e perché è oro bianco et non stando sarà segnio che non sarà fisso. E quando sia fisso vedette se el vostro amicho ve ne vole dare tanto che noi lo possiamo tingnare chè pocho basterà affarne la prova et io mi prometto di mandarvelo una parte tinto segnando il pezo in lamine e rimandare il suo pezo tinto in quel modo che a me lo darà, lasciando l'altro pezo per scotro al medesimo, si che voglio che sia sechuro; et poi sapete quello che io so che non ve direi una [cosa] per un'altra imperochè a me non importa più che tanto et ancora se io non sapessi che fatica che fusse e che tempo e quanto se ne cava per libra io non lo farei et inperochè per fa-ticha e tempo io ò ancora la fissatione e ma egli è di tanto fastidio e tempo che non merita el conto el farla, si che questa è una di quelle cause che mi fa cosciendare al cer-care meglio, et vi dicho che la tentura non la barattarei per denari inperò che io ne ò trovato chi mi à voluto dare mille Δ^{di}, et io non l'ò voluta dare, perchè sapete che non so' avaro di denari chom'era quello da Luca e la mia ri-solutione è di baratare a segreto, e quando l'amicho vostro voglia barattare a segreto io lo farò voluntieri e accioche ogni uno abia del bene et si che quando vi risolverete il mandare del fisso, farò a vostra posta el tegnerlo. Et a questi giorni ci venne il figliuolo di m. Nicolò Beltrammini, quello dottore che si domanda m. Mario, et sèndo entrato in questi pensieri di dilettarsi di robe d'arte mi dette cierto argento che li fu dato per argento fino et ie li feci la prova in quel modo che v'ò detto, e non era fino. Bisogna andare con questa, altrimenti il S. Iddio leva tutte le buone vie, perchè questo è dono di Dio più che tutti li altri; et adonque essendo suo segreto e conoscendo e cuori delli uomini sa bene a chi lo dare. E altro non vi dirò si no che vivete col timore di Iesu Cristo et sotto il suo trionfante evangelio, et altro non mi occorre el dirvi si no' vedendo li amici li salutate da mia parte; così Gironimo si voi lo vedete, in però che è parecchi mesi che non ò nuove: forse è diventato grande Maestro. Et così voi attendete alli studi chè altro non se ne cava in questo mondo che far bene. Il S. Iddio vi dia felicità. Di Siena alli 20 Marzo 1570.

Vostro affettionatissimo
Bartolomeo Neroni detto *Riccio*

N.° 302.   1571 4 Aprile

Lettera di Marcantonio Piccolomini *(il Sodo Intronato) alla famiglia Piccolomini, relativa alla riparazione della Loggia detta* del Papa. *(Da un Ms. già esistente presso il senatore Scipione Bichi-Borghesi).*

La resolutione che le SS. VV. hanno fatta per la reparatione del Portico loro è stata non meno prudente che necessaria: et io ne sento tanta soddisfatione nell'animo mio della memoria che hanno tenuto di me nel farmela sapere per le lettere loro et l'aiuto che me ne chieggono, quanto sia il dispiacer ch'io ricevo, per non haver forze proportionate all'animo et debito mio, che più di questo non saprei dire: poichè la fortuna in questa Corte ha voluto in trent'anni d'amara servitù ch'io gli ho fatta, haver più risguardo al mio merito che al mio bisogno. Messer Lutio Piccolomini mio Nipote ha commissione e ordine di proveder per l'effetto di questa reparatione, fino alla somma di xx Scudi: il che dico non senza rossor di vergogna, venendo alle SS. VV. aiuto così debile da animo così gagliardo, et soccorso così lento da desiderio così pronto. Mi ricordo, nei tempi ch'io ero costà, haver qualche volta considerato molti bisogni per provedere a quella conservatione: tra i quali il ristorar una delle colonne di mezzo, fortificare il fondamento verso la strada, il liberarsi dall'appoggio della Casa che soprastà al portico; et con i cancelli di ferro, ben serrati, levarne l'uso ai poveri et alle bestie, quali hormai se ne son fatti padroni, sono de'principali remedii che fino all'hora io vi conoscessi: et a far queste provisioni non è dubio che conviene allargar la mano et alleggerir la borsa notabilmente. L'obbligo nostro di gratitudine inverso della persona che per honorarci lassò così pia et amorevol memoria, ricerca che ci si metta infino al sangue per conservarla: intorno a che, quando vedrò che si faccia dadovero, saprò quel che dal canto mio haverò da fare: gli dirò bene ch'io non loderei l'accettar aiuto da qualsivoglia fuor di questa nostra famiglia. Le prego intanto a perdonarmi l'ardire s'io sono andato troppo innanzi volendo col consiglio non domandatomi, supplire al poco aiuto ch'io gli porgo ricercato da loro: perchè anch'io veramente posso dire che il zelo della Casa mia, mi contamina e consuma l'animo. Alle VV. SS. fo reverentia con l'animo, et con il raccomandarmi in gratia et memoria loro, gli offero ogni poter mio, et gli desidero prosperità pubblica et privata.

N.° 303.   1571 23 Maggio

M.° Teseo di Bartalino *da Pienza con altri maestri di legname stima un banco di noce fatto da m.°* Benedetto di Giovanni *da Montepulciano, per la Corte di Mercanzia.* (ARCHIVIO DEI CONTRATTI IN SIENA, Rog. di Ser Alessandro Arrighetti *ad annum*).

1571 a dì 23 di magio.

Noi m.° Tomaso di Antonio e m.° *Teseo* e m.° Lorenzo di Giovanni, terzo ciamato da le parti, maestri di legniame ciamati a stimare il bancho del camarlengo in ne la Corte de li S.ri ofitiali, e deti omi ciamati, da loro Signorìe una parte, e l'altra da il deto m.° *Benedetto* a giudicare e stimare il deto bancho fato da il deto m.° *Benedeto*, tuto di noce; e così avendo visto e calculato il deto lavoro giudiciamo e stimiamo valere dugento una lira, e così giudiciamo, e per esare la verità io *Teseo* sopradeto ò fata la presente, la quale sarà sotoscritta da li deti m.° Lorenzo e m.° Tommaso.

E io m.° Lorenzo sopradeto afermo e so' chontento chome di sopra si chontiene.

E io m.° Tomaso sopradito afermo.

E di più che il dito m.° *Benedeto* abi a pagare le otto armi che so' in deto lavoro a m.° *Domenico* deto *Capo* iscultore.

E io m.° Lorenzo afermo.

N.° 304.   1571 29 Agosto

Lodo pronunziato da Girolamo del Turco *scultore e da altri arbitri, nelle questioni sorte tra maestro* Teseo di Bartalino *intagliatore e maestro* Giovanni della Villa *muratore, intorno ai lavori eseguiti nel Duomo di Pienza.* (ARCHIVIO *detto*. Rog. suddetti).

A dì 29 di Agosto 1571.

Per virtù del presente scritto: noi homini chiamati a una diferentia e lite fra Maestro Giovanni della Villa muratore e Maestro *Teseo* m.° di legniame, in n'una loro causa d'un lavoro fatto al Duomo di Pientia di più sorte; e che è rimessa nelli omini chiamati come di sotto saranno notati, come se ne vede compromesso in fra di loro a la Corte delli S.ri Offitiali de la Mercantia, come è stato chiarito da li S.ri Offitiali, come si vede per sententia.

Maestro Antonio di Andreia muratore, omo chiamato da m.º *Teseo* sopradetto.

Maestro Giovanmaria da Gravisano, omo chiamato da m.º Giovanni della Villa sopradetto.

E *Girolamo del Turcho* scarpellino, di comune concordia de le parti, come si vede a la Corte de li S.ri Offitiali de la Mercantia, chiamato e eletto per terzo a la sopra detta diferentia.

Et avendo noi omini sopra detti veduto et inteso le loro diferentie, et avendole bene et con ogni diligentia vedutole e bene considerate senza interesso nisuno de le parti sopradette, giudichiamo e lodiamo ch'el detto Maestro Giovanni de la Villa, condenniamo che debbia pagare al sopradetto m.º *Teseo* schudi dieci d'oro, cioè lire settanta cinque di denari correnti, quali deti denari se li danno per ogni resto de la sua parte de la compagnia sopra detta; e di più non si intenda li cinque schudi, quali el sopra detto m.º Giovanni à fatto buoni al sopradetto maestro *Teseo* in nel lavoro fatto, che mettendoli insieme fanno el numero di schudi quindici d'oro. E di tanto siamo stati d'accordo insieme, e per fede del vero io *Girolamo* sopradetto ò fatto el presente scritto con voluntà de li omini sopra detti chiamati, quali si sottoscrivaranno di lor propria mano afermando quanto di sopra si contiene.

E di più dichiaramo e diciamo che de le spese che avesseno fatte fino al presente, ciaschuna de le parti sieno assolviano (sic) che chi à speso abbi speso, e non sieno obligati l'uno all' altro.

Io Aschanio, a nome di m.º Antonio mio padre, afermo quanto si contiene qui da lato.

E io Giovan Maria hafermo quanto di sopra.

E io *Girolamo* sopra detto affermo quanto di sopra è scritto.

Anno Domini 1571, Ind.ne 14, Die vero 29 Augustij.

Latum, datum fuit suprascriptum laudum per suprascriptos

arbitros et tertium, qui dixerunt laudaverunt, declaraverunt et condemnaverunt in omnibus et per omnia ut supra.

Actum Senis ad banchum iuris in Curia Dominorum Officialium Mercantie, coram et presentibus Sancte quondam Marii de Sanctis et Iacobo quondam Dominici alias Nibbio, testibus.

N.° 305.   1571 (st. sen.) 7 Febbraio

Compromesso fatto tra la Compagnia di S. Caterina in Fontebranda e l'erede di Bartolomeo Neroni *detto il* Riccio, *per la stima delle pitture eseguite dal* Neroni *nell' Oratorio di essa Compagnia.* (ARCHIVIO detto. Rog. suddetti).

La piissima compagnia delli disciplinati di santa Caterina da Siena in Fonte branda, et per essa Camillo di Enea Piccolomini et Deifebo di Girolamo Marinelli, due di detta compagnia, et come disseno da essa deputati et aventi autorità sopra le cose infrascritte, come disseno apparirne al libro delle deliberationi di detta compagnia, et per la quale de rato promisseno et fare et curare etc: non volendo scusarsi etc: ma esser tenuti etc: etiam fatta o non fatta la rattificatione et in detto nome da una et Maria Persenia figlia et herede di maestro *Bartolomeo Neroni*, volgarmente detto maestro *Riccio* pittore, et per essa Scipione di Antonio sellaio di essa marito et come marito et legittimo administratore, et Girolamo di Antonio Censini legrittiere fidecommissario et procuratore di essa, per la quale Maria Persenia li detti Scipione et Girolamo et ciascheduno di essi per il tutto de rato promesseno et curare etc: non volendo scusarsi etc: et fatta o non fatta la rattificazione, volseno et ciascheduno di loro per il tutto esser tenuti et anchora il detto Scipione per ogni suo interesse in detto nome di esse parti, comune concordia, rimessero et compromissero in *Michelagnolo* di *Antonio* alias *Schalabrino* pittore, eletto dalli detti Camillo et Deifebo in detto nome, et in Maestro *Renzo* di maestro *Cristofano* alias *Rusticho*, similmente pittore, eletto dalli detti Scipione et Girolamo in detti nomi, come in loro arbitri arbitratori etc: di ragione et di fatto etc: le liti, cause, questioni, controversie et dispareri infra esse parti verse et vertente et divertire et essere possano infra dette parti per causa et occasione della locatione fatta da detta compagnia a detto maestro *Bartolomeo* alias *Riccio* delle pitture da farsi nelli quadri et altri luoghi di detta compagnia, et delle pitture et cose delle sopradette già fatte fino hoggi con tutte le loro dependentie connessi et emergenti; qual compromisso volseno durare per tutto il dì dieci di marzo prossimo, et caso che fra giorni vinti, da hoggi, detti arbitri et arbitratori non lodino, li Signiori Uffiziali della Mercanzia, a requisitione di qualsia delle parti, eleghino il terzo; et caso che non si lodi etc. dando etc. promettendo etc. sotto la pena delli statuti etc. qual pena etc. et la detta pena etc. item si fare etc. per le qualcose da observarsi li sopra nominati compromittenti, obligorno li loro principali et loro medesimi respettive, et per il tutto come di sopra etc. renuntiorno etc. giurorno etc., escetto di Scipione etc. a'quali tutti etc. con la guarantigia etc. rogando etc. alla presentia di ser Giovan Battista Massoni et ser Giovannandrea Broschi notaro, testimoni etc.

Addì sette di detto, comparì detto *Michelagnilo* et accettò.

Addì detto comparì detto maestro *Lorenzo* et accettò.

Nota

Riferiremo alcune brevi notizie su altri lavori eseguiti dal Riccio.
1534 maggio-settembre.

M.° Bartolomeo detto il Riccio et Bartolomeo suo compagno dipintori da Siena dieno avere scudi cinque per dipegnitura della Madonna del Rosario in la pieve d'Asciano, finito in fino questo dì 25 di maggio: li quali denari ariamo appagare ad ogni loro posta et volontà..... L. xxxv.

E più promettiamo per ser Salvadore, Lib. 29 sol. dieci per pagare parte della dipentura della sua Cappella dalli detti dipentori, questo dì decto, L. xxix sol. x.

Anno auto questo dì 25 di maggio scudi tre d'oro per conto della nostra Cappella pagati a loro contanti in Pieve..... L. xxi sol. xv.

E più a dì 25 di septembre ànno hauti li detti maestri staia 24 di grano a
L. 30 il moggio, monta..... L. xxxij sol. 10.

Questo dì 25 di september siamo quitti e pagati e così li detto dipentò (sic)
infino questo dì sopradicto. (ARCHIVIO DELLA COLLEGIATA D'ASCIANO, Libro Gior-
nale c. 12).

1534.

Exitus per manus Rev. P. Prioris Montis Oliveti. Uscirno per mane di sua
P. Rev. lire trentuna, soldi otto, come oppare per una lista in filsa ec. seg. Q. per
bisogno del Monastero, in la quale uscitta vi è lire quindici per braccia cinque
panno per calzetti dati a li novitii e lire dici (sic) pagate al Ricio dipentore per
la dipentura facta nel Paradiso, con due S.te Ktherine.

1536.

A dì 23 detto (febbraio) soldi otto dati al Ritio pictore.

A dì (3 maggio) ditto Achile et Bastiano pessaiuoli, insieme, scudi tredici d'oro
per altrettanti che loro haviano prestati al Celleraio di Siena, de li quali io n'era
debitore al detto Celleraio per haverli promiso per lo Ritio pictore de ogni suo
resto dovìa havere dal Monastero per conto de le picture facte ne la giesa di
Chiusure.

A dì ditto per 4 lucerne sol. 15 den. 4., et soldi 40 dati al Ritio pictore per
comprar colori.

1538.

A dì 8 decto (aprile) lire quatro e sol. quatro a Riccio dipintore per suo resto
d'arme di più sorte fatte per casa alla venuta del Pontefice Papa Paulo, e per
una sorma di gesso comprato in Siena sol. ventiquatro..... L. 5. sol. 8.

1540 marzo.

Per contanti a Santino fameglio per compagnare a Rimino Iohanni pittore
L. 3. sol. — den. —

Per contanti a m.° Bartolomeo pictore per parte de la dipentura fatta a bon
conto come apare da uno suo scripto fatto. L. 70. sol. — den. — (ARCHIVIO DI
STATO IN SIENA. Carte dell'Abadia di Monte Oliveto Maggiore. Reg. EC. c. 15. 47.
69.t 98.t)

1537.

Bartolomeo detto Riccio dipintore diè avere L. novantotto, i quali den. sonno
per la depentura de l'altare di sotto, dipente in muro più figure.

1541.

Bartolomeo di Bastiano da fronte diè avere L. 320, e quali den. sonno per la
fatura d'una Nuntiata coll'angelo, che lui ci àne fatto i nella Conpagnia i nella
chiesa di sotto a chapo a le due porti, l'una viene di sopra e l'altra in sagrestia
(ARCHIVIO detto. Carte della Compagnia di S. Giov. Batta, detta della Morte. Reg.
G. 2 c.22t e 31).

1547 (st. sen.) 7 gennaio.

El Priore fecie proposta in sagrestia sopra di maestro Riccio che à fata la
Nuntiata, sopra del pagamento suo; e si vense di poi la materia dita; dito Priore
fecie proposta in chapitolo a tutti li fratelli chome il lodo infra m.° Ricio e la
Chompagnia era dato da li Ufitiali de la Mercantia di duc. 40 d'oro per sua
fatigha d'avere fata dita Nuntiata. (ARCHIVIO detto. Carte della suddetta Compagnia
Reg. G. xxxii).

1547.

M.° Riccio dipentore diè havere L. sedici per suoi disegni di architettura dati
a le nostre muraglie e sua opera a ingessare i capitelli dell'organo, come all'uscita

della fabrica della Chiesa. L. 16. (BIBLIOTECA COMUNALE DI SIENA. Convento dei Servi, Libro di debitori e creditori dal 1547 al 1560 seg. B. VIII, 6, c. 15).

1552 agosto 3.

Lettere patenti si ferno a m. Riccio *dipentore dandoli commissione di poter comandare a'muratori, maestri di legname, guastatori e altri artefici di contado per la fabrica de' forti disegnati farsi a la Magione e alla Madonna di Fontegiusta.* (ARCHIVIO DI STATO IN SIENA, Balia, Copialettere ad annum).

1552 22 novembre.

Martedì a li xxij di novembre. Li Mag.ci S. Otto del Reggimento commesseno pagarsi de' denari publici per il notaro di lor Collegio il restante de' denari che si deve per la vettura del cavallo che ha oparato M. Riccio *architettore ne l'andata sua a Asinalonga per conto delle fortificationi da farvisi, de le quali ne ha portato il disegno.* (ARCHIVIO detto, Reggimento, Deliberazioni vol. 2. a c. 176).

1552 (st. sen.) 7 febbraio.

Martedì a li vij di ferraio. Li Mag.ci S. Otto del Reggimento deputati sopra la guerra commesseno a M. Riccio *architettore che vadi a Monterotondo a spese della Comunità per procurare le fortificationi da farsi per salvezza di quella terra conferendone col conte Piermaria d'Elci ivi commissario, e si dia uno scudo a detto M.* Riccio. *E se li de' detto scudo come a uscita si vede.* (Deliberazioni dette. Vol. 3 c. 122).

1553 aprile 14.

Monterotondo a la Comunità; si mandi M. Riccio *architettore a ordinare le fortificationi da farvisi, se li dieno due scudi d'oro dal notaro e due da la Comunità detta e se li paghi la vettura del cavallo e se ne scriva la decta Comunità e al commissario.* (Delib. detto. Vol. 4 c. 35t).

1567 aprile.

Memoria come il dì xxiv d'aprile mdlxvii Venne ne la Compagnia nostra di S. Caterina Bartolomeu Neroni altrimenti maestro Riccio *pittore e architetto eccellentissimo per distribuire i quadri de le pitture da farsi per l'ornamento de l'oratorio* (ARCHIVIO detto. Carte della Compagnia di S. Caterina in Fontebranda. Reg. CXVII c. 197t).

1567 26 febbraio.

M.° Bartolomeo di Bastiano *detto il* Riccio *pittore, L. quaranta mandatoli contanti per comessione di messere Nostro a conto del disegnio del coro: li porto Giovan Batta Mattiuoli nostro fattore* (ARCHIVIO DELL'OPERA METROPOLITANA DI SIENA. Libro d'entrata e uscita ad annum c. 114t).

1568 maggio 14.

M.° Bartolomeo di Bastiano *detto il* Riccio *pittore L. quaranta sol. — mandatili per Giovan Battista Mattiuoli nostro fattore a conto de' disegni del choro fatto e da farsi, tutto per comissione di messere Nostro* (Ivi a c. 115).

1568 luglio 17.

M.° Bartolomeo di Bastiano *detto il* Riccio *pittore* ᵗⁱ *dieci d'oro mandatili contanti questo dì per commissione di messere Nostro a buon conto del disegnio del coro et altri disegni fatti e da farsi per lui per servisio dell'Opera, porto Giovan Battista nostro fattore* (Ivi c. 115t).

1568 novembre 5.

M.° Bartolomeo di Bastiano *detto il* Riccio *pittore* ᵗⁱ *vinti d'oro di L. 7.10 per ducato Allui per comissione di missere Nostro a buon conto de' disegni fatti e da farsi per lui per il coro cassabancha e leggio et altre fatighe; li porto Giovan Battista Mattivoli nostro fattore* (Ivi c. 116t).

1469 aprile 9.

M.° Bartolomeo di Bastiano *detto il Riccio pittore L. Cinquanta sol. — se li mandorno a conto per ordine di messer Nostro, a conto dei disegni fatti per il Coro del Duomo, portò Giovan Battista Mattiuoli fattore.* . . . . L. 50

1569 maggio 28.

M.° Bartolomeo di Bastiano *detto il Riccio pittore L. Cinquanta, soldi — contanti allui a conto di disegni fatti e da farsi all'Opera, porto Giovan Battista Mattiuoli fattore per ordine di messer Nostro.* . . . . L. 50

1569 agosto 25.

M.° Bartolomeo di Bastiano *detto il Riccio pittore L. Cinquanta soldi — mandatoli a conto per commissione di messere Nostro porto Giovan Battista Mattiuoli fattore dell'Opera a conto di disegni fatti e da farsi* . . . . L. 50

1569 ottobre 31.

M.° Bartolomeo di Bastiano *detto il Riccio pittore L. quaranta, soldi — consegnati allui per commissione di messere Nostro, porto Giovan Battista Mattiuoli nostro fattore, a buon conto di disegni fatti e da farsi per lui in servizio dell'Opera.* . . . . L. 40

1569 febbraio 4.

M.° Bartolomeo di Bastiano *detto il Riccio pittore L. quaranta soldi — consegnati allui per commissione di messer Nostro a buon conto di disegni fatti e da farsi per lui in servizio dell'Opera, portò Giovan Battista Mattiuoli nostro fattore* . . . . L. 40

1570 25 aprile.

M.° Bartolomeo di Bastiano Neroni *detto il Riccio pittore ▽ 100 d'oro di L. 7, 10 per ducato paghatoli contanti per ordine del signor Rettore dell'Opera, a buon conto di quello à d'avere per i disegni fatti del choro fatto in Duomo nella nichia dietro l'altar maggiore. Io* Bartolomeo detto Riccio *afermo quanto di sopra o ricevuto quanto detto,* (Ivi c. 154ᵗ).

1571 8 agosto.

A m.° Bartolomeo di Bastiano *detto il Riccio pittore, et oggi Parsenia e Beatrice sue figlie et heredi, scudi centoventi di L. 7, 10 per* ▽ᵗᵒ *paghatoli contanti in lor mani proprie a buon conto di maggior somma li deve l'Opera per i disegni fatti più fa per l'Opera e tutto per commesione del S. rettore nostro e de' medesimi n'ànno fatto riceuta, roghatosi Ser Lorenzo Bennardi notaro, sotto questo dì e per maggior chautela dell'Opara, Girolamo d'Antonio Lenzini à promisso per le dette Parsenia e Beatrice di conservar l'Opera senza danno e che a esse sonno ben paghati li detti denari, rogatosene il detto notaro....* L. 900 sol. — (Ivi c. 156ᵗ).

1572 (st. sen.) 18 marzo.

M.° Bartolomeo di Bastiano Neroni *detto il Riccio pittore, scudi trentatre e un terzo d'oro di L. 7, 10 △ pagati contanti per la commessione di Messere nostro a Parsenia sua figlia et erede et a Scipione sellaro marito di essa. Sonno per resto di △ 360 li doveva l'Opera per le sue fadighe e disegni fatti per il choro dietro l'altare grande, si chome ne fu data sentenza per i signori Judici di Rota delegata in loro dallo Ill.mo signor Governatore, rogato Ser Francesco Cristiani e per tal conto ne ànno fatto quittanza all'Opera, roghato Ser Fabio d'Asinalungha notaro* L. 250 (Ivi c. 158ᵗ).

N.° 306.   1571 (st. sen.) 11 Febbraio

Lorenzo Pomarelli *prega il Duca di Parma e Piacenza,*
di interporsi per fargli ottenere il posto di architetto
delle fortezze di Port'Ercole e Piombino, rimasto vacante
per la morte di Domenico Giannelli. (ARCHIVIO DI STATO
IN PARMA).

Illmo et Ecc.^{mo} Signor et Patrone mio sing.^{mo} Essendo io
stato quell'umile et affetionato servitor dell'Ecc.^{za} V. Illma che
ognun sa, et Ella sendosi sempre mostrata amorevole verso
di me più che i meriti miei non ricercano, mi parrebbe far
non poca ingiuria alla sua bontà, se in caso ove ho bisogno
grandissimo del suo favore, non prendessi quella sicurtà
della sua cortese natura, che Ella, per la benignità sua, molte
volte mi ha dato ardir ch' io prendo. Sicuro dunque di non
dispiacere all'Ecc.^{za} V. Illma anzi sicuro che ad animo generoso qual'è quello di Lei tanto si aggrada, quanto se gli
porge materia di giovare altrui, animosamente Le dico:

Che per la morte di *Domenico Giannella* architetto di
Sua M.^{ta} Cattolica alle Fortezze di Port' Hercole et di Piombino è vacato quel luogo: nè è determinato chi deve seguir
le fabriche incominciate da Lui. Hor io, che sono senza appoggio et bisognoso assai, nè posso senza mio grande sco-
modo tòrmi da queste parti di Toscana, et che pur vorrei
meglio ch'io potessi guadagnarmi da vivere, havrei desiderio
grandissimo seguir l'incominciati disegni del detto *Giannella*,
et intrar in suo luogo con la medesima provisione et sti-
pendio. Et perchè V. Ecc.^{za} Illma per le sue rare virtù è tenuta in proposito dall' Illmo Don Giovanni d'Austria, e il
Sig. Principe suo figlio è dal medesimo, come ognun sa,
cordialmente amato, et detto Illmo Don Giovanni ha piena
potestà sopra le cose di S. M.^{ta} Cattolica: La prego, con quei più
caldi et vivi preghi ch'io posso, che non le spiaccia spender
una semplice parola in favor mio, quale so' sicuro mi sarà

di giovamento grandissimo: et in un tempo medesimo non mi allontanando di qui havrei occasione di poter servire V. Ecc.ᵃ Ill.ᵐᵃ Se com' io spero otterrò tanto favore da Lei, accrescerò questo agli obblighi infiniti ch' io tengo seco, et poichè l'humil conditione mia fa ch' io non possa rendergliene il cambio, gliene sarò almeno sempre ricordevole, et grato. Le bacio con ogni devotione la mano, et co' più vivi preghi ch' io posso, me Le offero et raccomando, pregando Dio che l'esalti.

Di Siena, il dì 11 di Febraro 1571.

Di V. Ecc.ᵗⁱᵃ Ill.ᵐᵃ

Servitor Umiliss.
Lorenzo Pomarelli

N. 307.   1571 (st. sen.) 24 Febbraio

Lorenzo Pomarelli *prega il segretario Giov. Batta Pico di interessarsi per fargli ottenere il posto d'Ingegnere di S. M. Cattolica nelle fortezze del littorale Toscano.* (Ar-chivio detto).

Al Molto Mag.ᶜᵒ Sig.ʳᵉ il Sig.ʳᵉ Gio. Battista Pico, Segretario di Sua Ecc.ᵃ Ill.ᵐᵃ Patrone mio oss.ᵐᵒ in Parma.

Molto Mag.ᶜᵒ Signor mio. Alli giorni passati si è scritto una litera a Sua Ill.ᵐᵃ Ecc.ᶻⁱᵃ la quale penso sia venuta in mano di V. S. la quale credo abbia saputo il negotio che la conteneva. Imperò che non avendo appresso a Sua Ecc.ᵗⁱᵃ Ill.ᵐᵃ più intimo amico e patrone che la S. V. è pregata voler sollecitare tale negozio con Sua Ill.ᵐᵃ Ecc.ᵗⁱᵃ perchè è assai che cercano di avere il luogo. Il qual luogo replicherò di nuovo è quello vacante per la morte dello Ingegnero di Portercole e di Orbetello e Talamone e di Piombino, e in somma di tutti i luoghi di Toscana di Sua Maestà Cattolica. Il quale Ingegnero si domandava messer *Domenico Giannella* senese servitore della Ill.ᵐᵃ Casa Farnese, molto mio amico. Io sono ricerco assai di aver dicto luogo, e perchè non vi ho altro

mezzo, e poichè la Illma Casa Farnese, e massimamente Sua
Illma Ecc.^{tia} so che tuttora cerca, come per davanti ha facto,
di farmi bene e utile presentandosi l'occasione: ora essen-
dosi presentata questa io la sollecito. E avendo il detto
luogo potrò ancora fare servizio allo Stato di Sua Ecc.^{tia}
Illma di qua come sono sempre desiderosissimo. E perchè se
li scrisse che tal luogo si potrebbe avere per il favore dello
Illmo Don Giovanni d'Austria, dico che ho presentito, che
questi luoghi li dà lo Illmo Vicerè di Napoli, il quale è
molto intimo amico di sua Ecc.^{tia} Illma e già si è scritto per
via di amici miei a certi gentiluomini Spagnuoli in Napoli
che tal negozio sarà proposto da Sua Ecc.^{tia} Illma al detto
Vicerè. Sicchè riprego V. S. che non manchi di pregare
S. Ecc.^{tia} di farmi questo bene e si solleciti, e V. S. non perderà. E V. S. ne darà avviso a Mr Girolamo Germani, o a
Mr Francesco Sigomi suo cognato non essendo qua il detto
Mr Girolamo. Non dirò altro, se non che mi perdoni. Se io
li do tale fastidio è perchè fo capitale di Lei. E intanto
le bacio le mani, e similmente a Sua Ecc.^{tia} Illma alla quale
ancora direte e della qualità mia e delle mie azioni. Sua
Illma Ecc.^{tia} le sa, delle quali la darà ragguaglio al Vicerè. Non
dirò altro, se non che Iddio feliciti Sua Ecc.^{tia} Illma et la sua
Illma moglie, et similmente V. S. alla quale mi raccomando.

   Di Siena, alli 24 di Febbraio 1571.

    Di V. S.

Lorenzo Pomarelli

N.° 308.   1572 4 Aprile

Lettera dell'Architetto Lorenzo Pomarelli *al Duca di Parma.*
  (Archivio detto).

   Allo Ecc.^{mo} et mio Padrone, l'Ecc.^{mo} Ottavio Farnese Duca
di Parma e Piacenza.

   Ecc.^{mo} Sig.^{re} et Padron mio. Ringratierei V. Ecc.^{tia}, s'io
mi conoscessi sofficiente ad agguagliar con parole il benefitio

ricevuto, o s'io non sapessi che Ella, contenta solo di giovar altrui, è schiva di queste così fatte cerimonie. Le dico solo, che nessun desiderio è in me maggiore che di far che ella possa conoscer un giorno la devotion dell'animo mio, et se averrà ch'io impetri quanto chieggio, conoscerà che in un tempo medesimo sarò buono a servirla, et perciò più facilmente ottenere, vorrei, s'io non sono importuno, ch'ella ne scrivesse un verso al Viceré di Napoli, facendomi avvisato di quanto occorre per il Germani, perchè inviando le lettere per lui, saranno sicure, nè tarderanno tanto a venire, quanto queste d'ora riceute questo di 2 d'aprile. Le bascio con ogni reverentia la mano, et da Dio Le prego ogni felicità.

Di Siena, il 4 d'Aprile 1572.

Suo devot.^{mo} servitore
Lorenzo Pomarelli.

N.° 309.   1572 13 Maggio

Stima fatta da Benedetto Amaroni *e* Benedetto di Giovanni *da Montepulciano intagliatori intorno ai lavori di intaglio eseguiti da Maestro* Teseo di Bartolino *da Pienza per l'Università dei Notari.* (ARCHIVIO DEI CONTRATTI IN SIENA. Lodi di Ser Alessandro Arrighetti).

La honorata Università de' notarj, et per loro Ser Baldassarre Corti da Pientia et Ser Adriano Meocci, si son compiaciuti per vertù d'un compromesso fatto in fra detta Università e mastro *Tiseo di Bartolino da Pientia,* d'una risedentia con sua spaliera et un banco tutto di nocie et una sufitta di lengniame bianco, e detti laori si sono fatti tutti a spese di detto m.° *Tiseo* cose apartenente a tali laori, e quali laori à fatto e posti innopara in nella stantia dove si raguna detta Università, in luogo sopra a'Banchetti; e detta Università, e per loro Ser Baldassarre et Ser Adriano come di sopra, si sonno compiaciuti di nominarmi per la parte di detta Università per giudicare e stimare detti laori, e per la parte del detto m.º *Tiseo* si contentò di nominare per suo homo e giudichare detti laori m.º *Benedetto di Christofano Amaroni* l'uno e l'altro mastri di lengniame e non si è mancato l'uno e l'altro insieme aver molto ben visto a capo per capo e menbro per menbro e braccio per braccio, e con buona diligientia giudicamo e stimiamo che tutti e sopra nominati laori devino esar pagati al sudetto m.ª *Tiseo* scudi dugiento quatordici d'oro, a ragione di lire sette e soldi dieci per scudo; che di tanto siamo stati d'accordo col sopra nominato m.º *Benedetto* di *Christofano* come di sopra, el quale si sotto scrivarà di mano propria afermando quanto di sopra. E Io *Benedetto di Giovanni* da Montepulciano nominato per detta università, ho fatta questa di mia mano propria.

Et io *Benedetto Amaroni* sopradetto afermo quanto di sopra.

Anno Domini 1572 Ind. XV die vero 14 Maij.

Latum, datum etc. suprascriptum laudum per suprascriptos arbitros etc. qui dixerunt, laudaverunt, declaraverunt et examinaverunt in omnibus etc. Actum Senis in Curia Mercantie, presentibus ibidem Ser Arigheto Laurenti et Ser Enea Dantino testibus — Ego Alexander Arighetus not. rog.

N.º 310.   1572 7 Giugno

Benedetto di Giovanni *da Montepulciano intagliatore, con altro maestro di legname, stimano un cataletto fatto per la Compagnia di S. Giovanni in Pantaneto dall' intagliatore* Benedetto di Cristofano Amaroni. (ARCHIVIO detto. Rog. suddetti).

A dì 7 di giugnio 1572.

Per virtù d'un compromesso che ànno fatto la Compagnia di San Giovanni in Pantaneto e per la ditta Compagnia

ser Camillo Rochi e m.° Anibale di Girolamo e Antonio di
Giovanni detto Luchesino, hoperai di detta compagnia da
una parte, e da l'altra parte m.° *Benedetto di Christofano
Amaroni,* el quale à fatto un cataletto a detta Compagnia
a tutte sue spese, salvo le gambe, le quali erano di detta
Compagnia, si sono compiaguti (sic) l'una e l'altra parte
voler fare stimare detto cataletto e d'acordo ànno nominato,
per la parte di detta Compagnia *Benedetto di Giovanni* da
Montepulciano, e da la parte di m.° *Benedetto di Cristofano* sopradetto, m.° Tomaso di Antonio maestro di legname
in Pantaneto li quali si rendero insieme siamo stati in nel loco
dove è ditto cataletto et aviamo visto con buona diligentia
e giudichamo che li sia dato a ditto m.° *Benedetto,* per la
sua fadiga di detto cataletto, lire dugientovintisei e sol. — che
di tanti siamo stati d'acordo, e per fede del vero io *Benedetto di Giovanni* sopradetto ò fatto el presente lodo a la
presentia di m.° Tomaso sopradetto, el quale si soscrivarà
et afermarà quanto di sopra.

Io Tomaso sopradito afermo.

Anno Domini 1572. Ind. XV die vero 7ª mensis Iunii.

Latum, datum supradictum laudum etc.

N.° 311.   1572 13 Decembre

*Gli arbitri nominati dalla Compagnia di S. Giov. Battista,
detta della Morte, stimano i cori fatti nell' oratorio della
suddetta Compagnia da maestro* Ansano di Francesco *intagliatore.* (ARCHIVIO detto. Rog. suddetti).

Al Nome d'Iddio, a di 13 di Xbre 1572.

M.° Anibale di Girolamo legnaiuolo,
Noi Scipio di messer Marcantonio Zondadari,
M.° *Girolamo del Turco* scarpellino,
Arbitri e terzo chiamati a stimare li cori fatti da m.° *An-
sano di Francesco* legnaiuolo ne la prima stanza de la Com-

pagnia de la Morte, il detto m.º Anibale homo eletto per il detto m.º *Ansano* e il detto Scipio homo eletto da l'Ecc.ᵐᵒ messer Austino Ubertini, messer Alfonso Capacci e messer Aquilante operarii oggi de la detta Compagnia e il 3.º eletto di comune concordia, come ne appare compromesso ne la Corte de li Mag.ᶜⁱ S.ʳⁱ Uffitiali de la Mercantia di mano di Ser Alissandro Arrighetti loro notaro. Vista l'autorità dataci, poi diligentemente misurato tutto il legname e fatto conto d'ogn'altra materia messoci, e ben considerato tutti l'intagli e ogni altro lavoro opera e fatigha, presone ancora maturo parere da' più periti e fattone per ragione a altre stime e lavori

Repetito il nome d'Iddio, sententiamo, lodiamo, giudichiamo e stimiamo la detta opera de' Cori, come oggi stanno ne la stanza detta, senza li quattro braccioli, valere Δ.ᵘ dugentosedici di L. 7 sol. 10 per Δ.ᵗᵒ, e per fede del vero io Scipio detto ho scritto il presente lodo in casa mia in Siena di mano propria, quale sarà sottoscritto da m.º Anibale detto e da m.º Girolamo.

E io Anibale di Girolamo sudìto afermo quanto di sopra.

E io Girolamo sopra detto afermo quanto di sopra.

Die 13.ᵃ Xbris 1572.

Latum, datum supradictum laudum etc.

N.º 312. 1573 30 Luglio

Lorenzo Pomarelli enumera al Cardinale Farnese i servigi da esso prestati a diversi Principi e Sovrani, e chiede di servirlo in qualità di architetto in luogo del defunto Gia-como Vignola. (ARCHIVIO DI STATO IN PARMA).

Al molto Ill.ᵐᵒ e Rev.ᵐᵒ Cardinale Farnese, Signore et Patrone mio oss.ᵐᵒ

Molto Ill.ᵐᵒ et Rev.ᵐᵒ Signor mio. La causa che mi ha mosso a scriverle questi rozzi versi, è stata questa. Io sono circa da 30 anni exercitato praticamente nello exercitio della

Architettura. Fui al servizio della felice memoria dello Illmo et Ecc.^{mo} Duca Orazio Farnese nelle Fortificazioni di Castro: dipoi al servizio dello Illmo et Ecc.^{mo} Duca Ottavio Farnese alcuni mesi a Parma, e dipoi per ordine di Sua Ecc.^a andai al servizio del Re di Francia dove stei più mesi: dipoi per ordine di detto Re andai per Ingegniero nel regno di Scozia, dove stei 6 anni: dipoi tornato di lì a poco tempo, Sua Illma Ecc.^{zia} mi mandò per stare al servizio di Sua M.^{tà} Cesarea dova stei alcune semane, e per non mi piacere il luogo e quel servizio, mi ritornai da Sua Ecc.^a Illma la quale mi da un poco di trattenimento, tanto che venga maggiore occasione di farmi travagliare.

Ora intendendo che qua è morto il peritissimo Architetto messer *Iacomo Vigniuola,* che stava ai servitii di V.^a Illma et R.^{ma} Sig.^{ria}, omo certo la cui morte è di gran danno, per esser io stato tanti anni servitore della Illma Casa vostra, mi son mosso a domandarle con questa occasione di servirla nel luogo di detto messer *Iacomo,* offrendomele servirla praticalmente con quell'ingegnio e fedeltà che Dio m'ha dato: non promettendomele imperò sopra le dispute delle matematiche scientie, ma vulgarmente e praticalmente come ho detto. E penso che la Illma Ecc.^{ma} del Duca Ottavio suo fratello in breve darà informatione alla Illma et Rev.^{ma} Sig.^{ria} V. della qualità mia. E per non esser più longo farò fine, e con reverentia inchinandomele le bacio la mano, pregando Iddio che la feliciti.

Di Roma, alli 30 di Luglio 1573.
Di V. Illma e Rev.^{ma} Sig.^{ria},

Divoto, e umile Servitore
Lorenzo Pomarelli

N.° 313.   1573 31 Luglio

Pietro Ceuli raccomanda al Cardinale Farnese Lorenzo
Pomarelli, *perchè gli sia conferito il posto di architetto
rimasto vacante per morte di* Giacomo Vignola. (ARCHIVIO
detto).

Illmo e Rev.^{mo} Sig. e padrone mio osser.^{mo} Sono molti anni
che messer *Lorenzo Pomarelli* senese servì lo Illmo et Ecc.^{mo}
Sig. Duca fratello di V. S. Illma per Architetto in Lombardia.
Poi S. E. lo mandò a lo Imperatore dove fece l'opera da
persona intendente, e se ne partì e andò in Francia, e
anche fece in quei paesi e di fortificatione e d'altro, cose
da esserne tenuto conto. Stanco poi del travaglio della Corte
Reale, se n'è ritornato in queste parti, ed è ricorso a S. E.
la quale li ha ordinata un poca di provvisione. Ora essendo
mancato Messer *Iacomo Vigniuola,* esso Messer *Lorenzo* si
offerisce a V. S. Rev.^{ma}, se l'ha bisognio de l'opera sua, che
la servirà, e spera farle vedere che è persona da riuscire a
sua sodisfazione. Lui vi scrive una lettera che mando con
questa. Signore, questo omo è da servitio, non che di ripu-
tatione, e se Lei ne haverà bisognio se ne serva; se non (io
non le scrivo di darle servitori, nè spesa: chè credo n'abbi
abbastanza) a Lei starà a deliberarsene.

    Di Roma, a l'ultimo di Luglio 1573.
        Di V. S. Illma e Rev.^{ma}

                                umil Servitore
                                Pietro Ceuli

N.° 314.   1573

Maestro Muzio *e maestro* Silvestro Tori, *maestri di legname,
prendono a trasportare il Coro della Chiesa di San Francesco in Siena.* (BIBLIOTECA COMUNALE DI SIENA. Carte
Porri. S. Francesco).

            Xpo. Anno Domini 1573.

Sia noto a chi leggerà la presente come il Convento e
Frati di S. Francesco di Siena, et per loro il Rev. Padre

Guardiano maestro Francesco Mazzei di Siena alluogha et
conviene con maestro *Muzio* et maestro *Salvestro di Giovan Baptista Tori* fratelli, a levare el choro di mezzò della
Chiesa di detto Convento et portarlo e comporne quella
parte si può adattare e comodare nel Cappellone dietro
l'Altare grande, abbracciando il deposito dei Piccolomini,
che in essa cappella si trova, et ridur detto choro a più
comodo e ornato di detto sito et cappella, per esercitarsi
il culto divino come si fa in detto luogo dove si trova : et
detti Maestri si obbligano usare in ciò ogni diligentia a lor
possibile a ciò che le comisiure et chonficature di detto
lavoro non si guasti (sic) e così con la medesima diligentia
comettarli et conficcharli in detta cappella con mancho ap-
parentia et demonstratione che si può, et tutto quello che
si guastasse a muoverlo, così delli seggi e spalliere come
de l'armadura di detto choro, detti Maestri siano obligati a
risarcirlo et readatarli con più puliteza che sia possibile,
et detti Frati sieno obligati darli el legname e ogni chosa
che vi va, et di più per la loro opera et faticha e spesa
che ci avessino in far portar, detti Frati si obligano darli
Scudi vinticinque d'oro. Et Messer Adriano Saracini, acciò
detta opera si abbi meglio a fare, si obbliga darli due Scudi
d'oro, che in tutto fanno la somma di Scudi vintisette. Ancora detti Maestri si obligano, con la medesima diligentia
et fideltà, scomettare et sconficare et separare da detto choro
la spaliera et seggi di fuore et intorno ad esso, con suo
cornicione come al presente sta, et posarla in terra; e se
dipoi detti Frati vorrà (sic) che la portino et mettino in
altro luogo di detto (sic), si abbi da fare nuovo prezzo et
convenzione, et detto lavoro ci abbino a dar princio (sic)
il dì 23 di Novembre che siamo al Lunedì, et così seguitar
ogni dì con lor persone et garzoni et che al più longho sia
finita in carnevale prossimo avenire; et per tanto observare
ciascuna delle [parti] per observanza prometto (sic) ciascuno
l'un per l'altro in ogni miglior modo, et in fede si sotto-

scrivaranno, et perchè detti Maestri dissero non sapere scrivare, si sottoscrivarà per loro Andrea Coli speziale et per il Convento il R. P. Guardiano et Messer Adriano Saracini, obligando ogni lor beni in quel modo che si può; et detto prezzo si abbi da pagare una parte adesso, cioè scudi nove, et scudi nove quando sarà fatto mezzo lavoro nella Cappella, e li altri scudi nove finito il lavoro.

Fra Francesco Sen.° (Senese?) Guardiano, in nome del detto Convento, si obbliga a quanto sopra.

Io Adriano Saracini detto fui presente a detta conventione, offersi li due Scudi detti, e mi obbligo pagarli alla seconda paga.

E io Andrea Coli sopra anominato, a pregiera de' sopradetti, mi so' sottoscritto, perchè dissero non sapere scrivere, et afermoro a quanto di sopra.

N.° 315. 1575

Stima di una stampa in legno eseguita da Benedetto Amaroni *intagliatore.* (ARCHIVIO DEI CONTRATTI IN SIENA. Rog. di Ser Alessandro Arrighetti *ad annum*).

Lodo e stima di me *Tiberio* di *Ansano* di *Billo* pittore, homo chiamato dalli Magnifici Signori Uffitiali della Mercantia a decidere e terminare la stima infra maestro *Benedetto Amaroni* intagliatore e il Merliano orpellaio, d'una stampa fattali dal detto maestro *Benedetto,* dico, visto e considerato detto lavoro e di più preso informatione da diversi maestri, e come terzo dico: in prima la pulitura di detta tavola la adirizatura traversaltura di una altra, giudico cinque carlini: il comporre il disegno, fare lo spolvaro e disegnarlo in la tavola, giudico lire quattro, lo intaglio di detta tavola giudico lire nove, carlini 5 dinari; in tutto lire quindici e soldi dieci, dico lire 15 soldi 10.

Io *Tiberio* sopra detto scrissi.

Io *Domenico* scultore ciamato da maestro *Benedetto Ama-roni* per albitro el suso afermo quanto dice mastro.

Io Andrea Sellari achiamato da *Tiberio* mastro Giovan-batista per arbitro afermo quanto di sopra.

N.° 316.   1576 22 Gennaio

Stima fatta da Bernardino di Teseo Bartalini *e da altri intagliatori, del coro eseguito da* Ansano di Francesco *fa-legname per la Compagnia di S. Domenico.* (ARCHIVIO detto. Rog. suddetti).

Al nome di Dio addì 22 di genaro 1576 in Siena.

Noi *Benardino di Texeo Bartalini* falegnami e amici comuni et Salustio di Giovambatista Tori, omini eletti della Compagnia di S.° Domenico in Camporeggio, et per essa da lo spetabile Vergilio Roxsi Cerbolattaio con autorità di detta Compagnia da una, et da l'altra m.° *Ansano di Fran-cesco* falegname, li quali Vergilio et m.° *Ansano* ànno eletto li sopranominati arbitri et stimatori et amici comuni a ve-dere, misurare e prezzare certi lavori fatti per le mani di m.° *Ansano* su dito in detta Compagnia a tutte spese del su-detto *Ansano:* di qui è, che volendo detta Compagnia soti-sfare la merccià delli sottoscritti lavori, ànno amorevolmente fatto compromesso alli S.ri Ofitiali della Mercantia e mer-canti della Mag.ca Città di Siena per S. S. A., come ne cho-sta di mano di Ser Alixandro Arrighetti notario, avendo li detti arbitri visto ogni uno di per sè e tutti e due insieme cor ugni diligentia ànno misurato, considerato, estimato.

Et per le spalliere de' primi cori, troviamo essare braccia vintitre $\frac{3}{4}$ le qualli non aviamo fatto prezzo per esare d'acordo et per atto in fra la detta Compagnia et detto m.° *Ansano,* solo aviamo dichiarato la misura secondo la comissione datacci.

Li cornicioni da capo con sue spalliere et casse et ingi-nochiatoio di legname bianco, a tutta spesa di m.° *Ansano,* troviamo essare braccia dicesette $\frac{1}{3}$ per L. dieci sol. dieci il braccio, che montano in tutto L. cento otantadue et dicho. . . . . L. 182 sol.

La predella dello altare et la tavola dello altare L.

La porta di fuore et l'archo con suoi pilastri allo altare maggiore, in tutto li quatro capi, lodiamo e stimiamo L. otanta otto sol. quattordici den. 4 dicho. L. 88, sol. 14

Et perchè li detti m.° Benardino et m.° Salustio arbitri et stimatori dissero non sapere scrivare, si sotto scrivarà per loro 3ª persona affermando quanto di sopra.

Io Ser Bennardino di Antonio Bartolini in nome del detto Bennardino legnaiolo affermo quanto di sopra.

Io Giovanni legnaiolo in nome di maestro Salustio legnolo (sic) afermmo (sic) quanto di sopra.

Anno Domini 1576 Ind. 5 die vero 23 Ian.

Latum, datum et presentatum fuit per suprascriptos arbitros suprascrittum laudum, qui dixerunt, laudaverunt, extimaverunt et arbitrati fuerunt in omnibus et per omnia pro ut supra continetur et est scriptum etc.

N.° 317.   1576 (?)

Lettera di Pastorino Pastorini *al G. Duca Francesco I de' Medici.* (Archivio di Stato in Firenze, Carteggio Universale del Granduca Francesco I. Filza n.° 772 verde, c. 526).

Serenissimo Patrone.

Perchè dove egli è ell'onore ell'utile di V. Al.ª non posso tacere, perdonate. Donche jarsera partito che fui dal Casino andai allo Spetial del Moro comprare certe mie chose, dove vi era un che diceva che avea fatto un po' di servitio a que' Francexi di quel ambasciatore che passò jeri; attalchè lo fecero mangiare attavola con loro. E disse che egli aveano pato (sic. pagato) 4 gulii per il su scotto, ettanto fece pagare ell'oste a li altri. E chosì e' ciscun tanti (sic) ma-

ravigliati di tanto che egli facen pagare per lo scoto. Ellui
rispose che non si maravigliassero che ell'oste di Pietramala gli avea fatto pagare sei gulii per un, de lo scotto.
E perchè e mi par chosa di veder sell'è chosì, perchè il
V.° Stato acquistarebbe mala fama, chè e' si darìa occha-
sione che e' farebbero altra strada per la Marcha dov' e' àn
fatto buone strade e buon albergi, e perchè intendo che è
ancho de la sua famiglia adrieto, si potrebbe fare stare uno
alla porta, che l'interrogasseno per chiarir la partita, e
darci el rimedio che pare a V. Al.ª. E più disse che non
c'era pur che mangar (sic) e niente di buono. Mi è parso
de dar questo aviso. Se non pare chosa al prosito, quella
mi perdoni. Pigliate el buon animo, e Dio la feliciti, essalvi.

Ell'umil Servo di V.ª Al.ª
El Pasturino

N.° 318.   1577 4 Ottobre

Pastorino Pastorini *pittore scrive al Granduca Francesco
de' Medici circa alcune difficoltà che gli si apponevano
per il pagamento di alcuni ritratti.* (ARCHIVIO DI STATO
IN FIRENZE, Mediceo, carteggio universale. Filza n" 903,
c. 333).

Son certo che gli sarà conto del negotio che è stato fra
la Ecc.ª de Don Antonio meza (Mendoza?) e me. Questa
mattina io li portai li due ritratti che li avevo fatti: quello
in profilo, ell'altro in faccia, el qual mi pregò sua Ecc.ª che
io li facesse. E così li pigliò e mi mandò a dir per don
Carlo buffone, quanto io volevo d'essi. Io non li volsi chie-
der nè dir prezo alcuno. Così quando egli era per andare
a tavola mi chiamò e mi dette 4 ducati, che gli era pocho,
e mi disse chotanto li aveva detto il Buffone, che io aveva
chiesto. Pensi come può esser vero. Allora li dissi che non
aveva detto tal cosa, e li missi li danari in tavola, che io
li donavo e denari e ritratti. E sua Signoria mi di(sse) che

io pigliasse e danari, e che mi farebbe rendare i ritratti.
E persuaso da molti che io pigliasse e denari che me li
donava, io in quel furore [non] li presi, e bacai (sic) le mani
a Sua Ecc.ᵃ e me ne partì: e quando io fui apresso la porta
trovai uno che me li dette, e io li presi e ritornai indrieto,
elli messi nella tavola e denari: e li bacia[i] le mani, et
me ne venni. Et Grate (Gratino) che era actavola mi fe'
un richiacco e disse che lo saprebbe Vostra Altezza. Penso
che dal detto Sig.ʳ Gratino o da altri li sarà conto la cosa,
e se diran come ò detto qui, diran la verità, e non ò mancato d'una parola. Selli avesseno sudato quanto me, piglia-
rebbeno la mia protetione. E mi pareva che vi andasse
troppo del mio, e del mio ho nove, e non penso che ci sia
ito niente di quel di Vostra Altezza. E son guarito di ri-
trar più forestieri. E quello sia pregato di perdonarmi se
io avesse errato in questo. Al meglio che potrò vedrò di
dar fine a de le chose che ò dato principio per Vostra Altezza, di poi che ad altri non sono in consideratione le
mie cose. Non la voglio più dar tedio, solo pregarla che
mi scólti come li altri soi servidori. E Dio la feliciti.

Di Fiorenza, el dì 4 d'octobre 1577.
    Di Vostra Altezza

                                    Minimo Servo
                                    El Pasturino.

Nota

Altre memorie su questo artista e di suo fratello Guido sono le seguenti :
1536 11 maggio.

E a dì detto L. sette dati a Pastorino *pictore per resto della pictura fatta nel claustro de la p. a. Frate Cipriano. del resto ha hauto staia 6 di grano che vale L. sei.* (ARCHIVIO DI STATO IN SIENA. Carte dell'Abadia di Monteoliveto maggiore. Reg. EC. c. 48.

1551 Settembre 13.

Intimazione fatta fare da M. Azzolino Cerretani rettore dell'Opera del Duomo contro *Pastorino di Gio: Michele* pittore e scultore senese, perchè entro il mese di Novembre desse fine ai lavori di riattamento e rifacimento dell'occhio sulla porta di mezzo in Duomo verso lo Spedale, a forma della convenzione del 9 Febbraio 1548. (ARCHIVIO DE' CONTRATTI. Filza di Ser Persio Mariotti, mandati n.° 861).

1553 Ottobre 5.

M.° Guido Pastorini *pittore in 'Siena dèe dare· L. 16, che tante gli numerò in due volte il Priore.*

E più dỉè dare, a dì detto, L. otto che tante li nomero il detto in buon conto d'una vetriata alla cella del Priore. E io Guido Pastorini *confesso avere ricevuto lire trentadue e sol. quattordici sonno per resto d'una vetriata fatta per la cella del P. Priore* (ARCHIVIO DI STATO IN SIENA. Carte della Certosa di Pontignano. Reg. DII c. 32).

1572 Ottobre 13.

Omissis etc. — E a questo proposito Pastorino Pastorini *sanese mi è stato a trovare (che si sta trattendo in Bologna) ricordandomi che per una medaglia del principe di Ferrara il dev.*mo S. Duca gli dono 200 scudi, et che è nato sud-dito dell'A. V. et molto devoto loro: onde vorrebbe anch'egli un poco del lor pane, et ha certa sua invenzione di lumi stravaganti con poca spesa, e senza fumo (di che gl' ho veduto già il privilegio della Signoria di Venesia) da pia-cere maxime in stanze apparate et dipinte: di più certo segreto di finger perle, e altre gioie molto bene, oltre allo stucco et medaglie per monete et vorrebbe annidiarsi per guadagnarsi con l' honorate fatiche sue il pane per quella poco di vita che gli può avanzare* (ARCHIVIO DI STATO IN FIRENZE. Carteg. di Bernardo Canigiani Residente pel Duca Cosimo in Ferrara, Filza n. 2893).

1572 Novembre 14.

A Pastorino *come a suddito, detti comiato ordinario con buona licenza di an-dare a servire chi gli piaceva che il suo bene sarebbe sempre grato all'A. V.* (Ivi Carteggio detto).

1576 Ottobre 29.

*Don Francesco Medici G. Duca di Toscana ecc. — Mag.*co *Depositario nostro cha-rissimo. — Pagherete scudi cento a* Pastorino *per alcuni lavori che ci ha fatto: ce li metterete a conto nostro per acconciarne le scritture a dovere al saldare de'vostri conti, e state sano. Dal Poggio il 29 Ottobre 1576. El gran Duca di T.*na

Io Pasturino Pasturini *senese o receuto questo dì 30 d'octobre 1576 dal mag.*co *M. Napoleone Cambi depositario generale di sua Altezza Seren.*ma *scudi cento di moneta di Lire sette per scudi contanti in depositaria e quali sonno per alcuni lavori fatti per sua Alteza. — Ed in fede de la verità io offatto la presente di man propia, questo anno e dì sopradetti in Fiorenza, ⏇ 100* (ARCHIVIO detto, De-positaria generale. Recapiti di cassa, Filze del 1576 n.° 980).

1588-89.

Il *Pastorino* è tra provisionati del Duca Ferdinando a duc: 10. In margine della sua partita si legge: *Casso a dì ultimo d'Agosto 1589, ma resta solo per goder li privilegi ridotto a mezza provisione dall'ultimo di Ottobre 1589* (ARCHIVIO detto).

1592 Luglio 27.

Maestro Guido di Gianmichele *pittore senese, sepolto in S. Maria Maggiore* (ARCHIVIO detto, Libro de' Morti 1592-1607 *ad annum*).

1592 6 Dicembre.

Pastorino di Giovanni Pastorini *riposto in Santa Maria Maggiore* (Ivi).

N.° 319.   1584 15 Gennaio

Alessandro Casolani *pittore prende a dipingere da Suora Onesta Longhi, un quadro rappresentante la Natività della Madonna, per la cappella detta delle volte in S. Domenico di Siena.* (ARCHIVIO DI STATO IN SIENA. Carte di S. Domenico. Reg. A. II, c. 47).

Per il presente scritto apparirà manifesto come la Rev.^{ca} Madre Suor Honesta d'Antonio Longhi, suora del terzo ordine di San Domenico, da et alluoga a dipingere una tavola a messer *Alessandro d'Augustino Casolani* pittore per prezzo di scudi settanta di lire sette per scudo, con questi patti e conditioni che qui di sotto si contengono.

La prima, che il detto messer *Alessandro* sia obbligato a dipingere di colorito a olio una historia de la Natività de la V. Maria in tela di braccia 6 d'altezza e di larghezza tre e mezzo, e di poi l'habi da mettere sopra a tavole de la grandezza de la detta tela dipinta con una cornice a torno dorata a bolo colorita et intagliata, come quella che è d'intorno all'altare di San Pietro Martire ne la chiesa di San Domenico di casa Ascharelli: sia tenuto ancora il detto messer *Alessandro* fare una predella la quale stia sotto la sopra detta tavola, di altezza di mezzo braccio con sue cornici attorno dorate e dentro a detta predella sia tenuto in quadretti di dipingere a olio i seguenti misteri e armi. Nel mezzo un Crocefisso, in un altro quadro Santa Caterina da Siena è sposata da Cristo, Santa Elisabetta vedova, Santa Barbera, Santa Orsola e da una parte l'arme di casa Longhi e dall'altra quella di casa Fungari; e la divisione di una historia e l'altra habbia a essere nel modo che parerà stia bene al detto messer *Alessandro* e che il tutto, come la tela, come la tavola, predella, colori et oro tutto sia tenuto a far fare a sue spese il detto messer *Alessandro. Item*, che sia tenuto a dipingere sotto il medesimo prezzo a torno nel muro, a fresco, dove sarà posta la detta historia quella cornice o quello ornamento che al detto messer *Alessandro* parrà più convenirsi e che sia per star meglio. *Item,* che la detta Rev.^{da} Suor Honesta, volendo, possi fare stimare da persone chiamate comunemente la sopra detta opera così la pittura come la tavola, e se la sarà stimata meno di settanta piastre, il detto messer *Alessandro* sia obligato rendere indietro quello che sarà stimata di meno, e se la sarà stimata di più vuole che quello sarà stimato di più sia donato a la detta Suor Honesta.

Item, che il detto messer *Alessandro* sia obligato havere finita tutta la sopra detta opera e posta a sue spese ne la chiesa di San Domenico nel luogo detto le Volte, per tutto il dì 25 di marzo a un anno, cioè nel 1585 secondo la Chiesa, e non l'havendo finita e posta in opera come di sopra, vuole in tal caso perdere dieci scudi. *Item,* che se la detta Suora non l'haverà finito di pagare quando sarà fatta la sopradetta stima finita l'opera, in tal caso la sopra detta Suor Honesta vuole havergli a dare dieci piastre più, oltre a le settanta. *Item,* che la detta Suora sia tenuta dargli hora per tutto il presente mese di gennaio scudi quindici, cioè dieci di denari e cinque di robbe e quel più che saranno d'accordo. *Item,* che il resto de li pagamenti fino al numero de le settanta piastre s'habbino a fare ne li sottoscripti tempi da la detta Suora al detto messer *Alessandro,* cioè venti piastre per tutto il dì tre di giugno e quindici per tutto il tre d'ottobre prossimo e li venti che vi restano, per tutto il giorno 31 di marzo sopra detto quando sarà però tutta la stima, e giudicato che vagli tanto la sopra detta opera, et in ogni loro differenza voglion rimettersi a me fra Girolamo di San Domenico, il quale a preghiera de le parti ho fatta la presente di propria mano, la quale da loro sarà sottoscritta di lor propria mano, obligando loro beni et heredi presenti et avvenire per osservare quanto in questa si contiene. L'anno e giorno sopra scritto.

Io *Alessandro* sopra detto afermo e prometto mantenere quanto sopra.

Io Suora Onesta sopra detta prometo osservare quanto sopra.

Et io *Alesandro* sopra detto ho riceuto lire settanta da f.ᵃ Girolamo di Santo Domenico per commessione di Suor Honesta a conto della sopra detta opera L. 70.

Io *Alesandro* sopra detto ho ricevuto L. trentanove in dodici stara di grano a L. tre e sol. cinque lo staro da la sopra detta Suora a conto de la sopra detta pittura, hoggi questo dì 24 di gienaio.

Io *Alesandro* sopra detto ho riceuto il dì 22 di ferraio Lire sei in tanta tela grossa da far sacca, da la sopra detta suora, a conto sopra detto.

Io *Alesandro* sopra detto ho riceuto Lire novantanove, messovi in conto le tre some di vino che mi dette a ragione di nove lire la soma, questo dì nove di luglio 1584. L. 99.

Io *Alesandro* sopra detto o riceuto lire quarantacinque al sopra detto conto. L. 45.

Io *Alesandro* sopra detto ho riceuto a buon conto lire otantotto, cioè lire diciotto in stara sei di grano e settanta in denari contanti, oggi questo dì 12 di novembre L. 88.

Io *Alesandro* ho riceuto Lire 40 per mano d'Achile, dateli da la detta S.ʳ Honesta.

Io *Alesandro* sopra detto ho riceuto per finito pagamento da la sopra detta S.ʳ Honesta lire 113, Hoggi questo dì 9 di maggio 1585.

Io fra Girolamo fui presente a quanto di sopra.

N.° 320. 1589-1591.

Deliberazioni della Compagnia del Beato Ambrogio Sanse-
doni in Siena, relative alle pitture della tavola dell'Altar
maggiore e del cataletto, eseguite dal Cav. Francesco
Vanni. (ARCHIVIO detto. Carte della Compagnia predetta.
Reg. A, III, c. 92, 93, t. 95 t.).

Addì 26 di dicembre 1589 in martedì.

Convocato e congregato il Capitolo di nostra Compagnia
in numero sufficiente, essendo priore e governatore in detto
tempo Filippo di Mattio Buoninsegni, Vicario M. Bartolomeo
Salvi, Consiglieri Lattantio Minocci e Bartolomeo sarto da
Volterra, e fu fatto proposta da' detti governatori sopra il
neghotio del fare la tavola per l'altare della nostra Compagnia, et esendo andato all'Altare M. Mauritio Viva uno
delli nostri fratelli conseglò, che il priore avesse autorità
di eleggiare due delli nostri fratelli, e quelli avesseno amplia
autorità di pigliar cura di fare detta tavola e così consultare del disegnio e pattuire con il pittore, il quale li parrà
più a proposito e tutto quello che faranno s'intenda per ben
fatto et aprovato; et avendo tutti li fratelli sentito detto
conseglio li fu dato i lupini e mandato il partito fu vento
per più dei dua terzi, e così il detto nostro priore elesse al
detto uffitio il Mag.° M. Iacomo Tondi e M. Rutilio Sansedoni, i quali come sopra avesseno amplia autorità di trattare e fermare quanto sopra e mostrare più disegni fatti
da più pittori nella Compagnia alli fratelli, e quello 'che da
detti fratelli sarà vento in Capitolo, quello si habbia a seguire e fare in detta tavola e sopra quello abbino a fermare
e negotiare.

In questo tempo era Kamarlingo Guerrino Ducci.

Fu vento per pittore *Francesco Vanni* et ebbe per sue
fatighe per la pittura in tutto L. 532: anzi L. 350: e L. 182
costò la cornice senza oro et altro, e la detta cornice la

dorò M° Gio. Batista pittore nostro fratello e per sue fatighe
ebbe L...... e fu finita detta tavola e cornice il 28 di marzo 1591
come se ne vede anco un ricordo i questo c. 931.

1591.

Ricordo come questo dì 28 di marzo 91 si portò la tavola
della nostra Compagnia e si messe nell'Altare senza stabilire
per non essare la predellina dorata, nè dipinta con quattro
figure; cioè: il nostro Signore, la nostra Donna, il nostro
Padre S.^to Ambrosio e S.^to Bartolomeo con il ritratto della
Città di Siena e altri ornamenti, al tempo del Honorando
priore M. Rutilio Sansedoni e Ugo del Cav.^re Ilario Benzi
Kamarlingo.

El Cataletto donato da M. Iacomo Tondi, cioè el legniame
senza la pittura l'anno del 84, come se ne vede ricordo in
questo a c. 87 è fatto dipigniare e dorare dalla nostra Compagnia e ci si spese in tutto L. 332. 4: cioè, L. 165. 4 a
M.° *Francesco Vanni* pittore per la pittura, e L. 167 a
M.° *Gio. Battista* pittore per la doratura; in tutto come è
detto L. 332. 4 a escita di Romulo Bracconi e Claudio Giusi
Camarlinghi; e fu finito di tutto ponto il detto anno del 84.

N.° 321.   1591 21 Novembre

Deposto di Ventura Salimbeni *nella causa iniziata a que-*
rela di Domenico Angelini *pittore perugino in Roma contro*
Orlando Landi per furto di quadri. (ARCHIVIO DI STATO
IN ROMA).

Ventura quondam *Arcangeli Salimbeni* senensis pictor
in Parione testis qui etc. interrogatus dixit.

« Io dirò la verità liberamente di quel che mi doman-
« date. Io essere circa un mese che *Giovanni Domenico*
« *Angelini* pittore a Navona, essendo venuto spesse volte
« alla mia bottega in Parione si è doluto meco che gli
« erano stati rubbati certi quadri, et una volta mi disse che
« gli era stato tolto da la sua casa dove lavorava a Navona

« una Madonna del disegno di *Raphaello*, et un Ecce homo
« dal *Correggio,* et un altra volta me disse che gli man-
« cavano certe altre teste in tela, quale diceva che gli erano
« state tolte da detta casa, ma non sapeva chi, et questo è
« stato da un mese in qua circa che detto maestro *Gio Do-*
« *menico* si è lamentato così con me di dette pitture di es-
« serli state rubbate, che può essere stato due o tre notte che
« è venuto a lamentarsi, ragionando con me nella mia bot-
« tega in Parione et questo lo confessava con me perchè
« suo amico. Et mi diceva che non sapeva chi gli rubbasse
« dette pitture. Et ultimamente me disse, che hanno ritro-
« vato il ladro, e che era uno suo procuratore. Questo la-
« dro haveva fatto mettere in prigione.

Subdens interrogatus.

« Io ho lavorato più di un anno fa di diverse pitture col
« detto maestro *Gio. Domenico* per lavorante che in questo
« tempo ci posso haver lavorato, lavorai a S. Agostino dove
« lui stava all'hora da sette o otto mesi in più volte, che
« mi sono partito e tornai più volte, et mentre ho lavorato
« così con lui tra le altre pitture che gli ho fatto gli ho
« lavorato un quadro della Maddalena, et ho in prattica la
« man sua, et le sue pitture che io vedendone le ricono-
« ceria perchè noi pittori siamo come voi altri notarii che
« conoscete le lettere l'un da l'altro, et così riconosciamo
« noi le pitture et opere di noi pittori a un altro. »

Presentategli le pitture presso Orlando Landi, le riconobbe
dicendo:

« Questi quadri in tela, cioè questo quadro della Madonna
« di *Rafaele* et questo ritratto del Papa, che è hoggi, quando
« era cardinale, un Sant'Atanasio, un Ladislao re di Napoli, un
« Gallicula imperatore, Vitello Imperatore, S. Agata vergine,
« il Dante poeta, Paolo III, Nerone imperatore, li riconosco
« benissimo sono di detto maestro *Gio. Domenico* pittore,
« perchè io in quel tempo che praticavo et lavoravo lì con
« lui, glieli ho visti in casa sua vicino a S. Agostino, cioè

« parte di essi all'hora et parte di poi, che mi sono par-
« tito nell'andare et pratticare che ho fatto in casa sua, et
« anco qua in piazza Navona dove sta adesso, et questa
« madonna di *Rafaele* è opera et mano di detto maestro
« *Gio. Domenico*, come anco questo quadro del Papa, quando
« era Cardinale SS. Quattro, chè li riconosco alla maniera,
« et per la prattica che io ho della sua mano e pittura sua,
« avendola in prattica dal tempo del Papa Gregorio iij in
« qua, che da l'hora lo cominciai a conoscere et ho prat-
« ticato et lavorato con lui, come ho detto di sopra; et quelli
« altri quadri che ho visti non tengo che sia opera sua, ma
« sì bene sono fatteli lavorare da suoi lavoranti, perchè glieli
« ho visti lì in casa sua, e però tengo che siano suoi tutti
« quanti, et questo è la verità.

Subdens ad interrogationem.

« Il detto maestro *Giovanni Domenico* è solito tenere
« quando tre quando quattro garzoni et lavoranti a dipin-
« gere in casa sua, et lavorano secondo le facende che ce
« sono. »

Tunc etc.

Io *Ventura Salimbeni* pittore ho
deposto come sopra per la verità.

N.° 322.   1591 21 Novembre

Deposto di Agostino Marcucci *pittore da Siena nella causa
che sopra.* (ARCHIVIO DI STATO IN ROMA).

Extitit in officio mei etc. *Augustinus* quondam *Alexandri
Marcucci* Senensis, alter testis qui etc. dixit et deposuit,
videlicet:

« L'esercitio mio è di attendere alla pittura et da tre mesi
« in qua circa io lavoro nella bottega di Maestro *Ventura
« Salimbene* in Parione de riscontro S. Tomasso, et in questo
« tempo di questi tre mesi ho visto venire in detta bottega
« tre o quattro volte maestro *Gio. Domenico Angelini* pit-
« tore, quale io conoscevo per prima esser lui dell'arte mia,

« et si lamentava che gli erano rubbati certi quadri, et che
« ne li mancavano tuttavia, e tra gli altri diceva essergli
« stato tolto una testa del Cardinale S.ti Quattro, che è questo
« Papa di adesso in anzi che fusse Papa, ma non diceva
« che ce le rubbasse detti quadri, o chi ce li havesse rub-
« bati. Et io sono andato più volte in casa di detto maestro
« *Gio. Domenico* a Navona dove lavora et habita adesso,
« dove tiene una quantità di diversi quadri et pitture, et
« tra le quali ci ho visto una S.ta Agata che se la vedessi
« la riconoscerei tra mille, perchè l'ho vista più volte in casa
« sua, et è opera di un pittore chiamato l'*Antiveduto* che
« l'ho visto lavorare con detto *Gio. Domenico* là a Navona.

Presentategli le suddette pitture subito riconobbe la testa
dicendo :

« Signor sì che questo quadro di S.ta Agata è opera di
« detto *Antiveduto* pittore, et è quello stesso che ò visto
« più volte in casa di detto maestro *Gio. Domenico* a Na-
« vona; et io non l'ho visto quando detto *Antiveduto* l'ha
« lavorato, ma basta che l'ho visto lavorare in detta casa
« di maestro *Gio. Domenico* quando stava a S. Agostino,
« che pò essere un anno et in circa, et conosco la sua pit-
« tura perchè l'ho in pratica, et ho visto lavorare più volte
« altre sorte di pitture et sono suo amico, et quest'è la verità. »
Tunc etc.

Agostino di Alessandro Marcucci
afermo come di sopra per la verità.

N.° 323.   1593 13 Giugno
Bernardo Rantvic *e* Francesco Vanni *pittori, stimano le
pitture fatte da* Cristoforo Rustici *nel Convento di S. Abundio.* (ARCHIVIO DI STATO IN SIENA, Carte di S. Abundio,
Lib. Memorie A. c. 267).

A dì 13 di Giugno 1593.

Noi *Bernardo Rantvic* fiammingo pittore et messer *Francesco Vanni* pittore, huomini chiamati a vedere et stimare

l'opera di Mess. *Cristoforo Rustici,* fatta per le reverende Suore di S. Abondio, cioè una Cena con dodici Apostoli nel refettorio, et la Madonna co li suoi Santi, sopra la prima porta nel Convento: visto et bene considerato detta spesa, giudichiamo et stimiamo valere Scudi, cioè piastre cento, et per fede della verità habbiamo sottoscritto di mano propria.

Io *Bernardo Rantvic* fiamingo
Io *Francesco Vanni* detto, affermo.

N.° 324.   1594 22 Gennaio — 11 Febbraio

Deliberazioni della Compagnia di S. Domenico in Siena intorno alla pittura di una tavola da altare allogata a maestro Vincenzo Rustici *pittore.* (ARCHIVIO detto. Patrimonio dei Resti Ecclesiastici, Carte della predetta Compagnia, Reg. Deliberazioni *ad annum* 102).

In questa mattina medesima, essendo raunato il capitolo de la Compagnia sotto la devotione di Santo Domenico in Siena, in numero di diciassette fratelli come sopra, i numero suficente per espedire et trattare le cose appartenenti alla nostra Compagnia, nel nostro solito oratorio et luogo dove simil cose sogliamo fare: avendo la nostra Compagnia allogato a *Vincentio Rustici* pittore senese a dipegniare la tavola del nostro altare et fare sopra la nostra residentia il giudizio dipento in fresco, secondo la forma del testamento della buona maniera di Ser Lattantio Boscoli, uno de' nostri fratelli, et perciò bisogniando denari per fare dette spese e comprare colori et anco dare a buon conto al detto Maestro et aver denari per efettuare tal scritture et executione, sapendo che in mano delli Eredi di Virgilio Rosi ci sonno fiorini cinquanta di resto, et che anco contra di essi vi è la cattura, con obbligo però che si faccia quittanza a detti Eredi e si spendino come sopra, il Reverendo Padre Priore Maestro Bernardino Baldacci ne fece proposta afinchè sopra ciò se ne pigliassi quella speditione che conveniva, e tal proposta udita da' detti fratelli di n.° 17 come sopra.

Maestro Francesco Boschi calzolaro conseglia che il Padre Priore elegga due della Compagnia, e quelli habbino autorità di poter fare detta quittanza con potere obligare i beni di detta Compagnia: et a fare sopra ciò scritture publiche et private con tutte quelle clausule che bisogniano, etiam conlla clausula del giuramento o con ricevere e far pagare detti denari al detto pittore, in executione del detto legato; e così habbino intorno acciò quella autorità suprema che averebbe l'intero Capitolo di detta Compagnia. Non essendo altri che consegliassi andò a partito il detto Conseglio, e gli fu vènto per lupini bianchi diciassette; non ostanti nissuno lupini neri, e vènto il detto partito, il Reverendo Padre Priore nominò per questi due:

Lutatio Bonorelli.

Quintilio di Giovan Battista Canaccini.

1594 febbraio 11.

Al Nome di Dio: Essendo che la Compagnia nostra di Santo Domenico à riscosso L. duegento di denari che avevano di resto, nelle mani delli Eredi di Virgilio Rosi, lassati dalla buona memoria di Ser Lattantio Boscoli, uno de' nostri fratelli, di qui è che la nostra Compagnia et fratelli, et particolarmente M.° Bernardino Baldacci al presente nostro padre Priore et Maestro Cristofano Cavichi cappellaro, uno delli operai al presente di nostra Compagnia, ànno allogato et patuito a Maestro *Vincentio Rustici* pittore, la tavola dello altare di nostra Compagnia, per accompagniare il Crocefisso che vi è al presente et ancora il giuditio universale che v'è sopra la residentia, ma però al presente non v'è fatto patto se non della tavola, et quando arà finito detta tavola si faccia patti e conventioni di quanto vuole della fattura del detto giuditio, ma ora al presente si è solo fatto pretio et conventione della tavola sola, cogli infrascritti patti che qui seguiranno: Che in prima abbia a far fare a

sue spese il telaio colle sue tavole dreto alla pittura inca-
strate in detto telajo, et ancora il treliccio per dipigniarvi
sopra, et ancora a sue spese et fattura abbia a indorare la
cornice che va a torno a detta tavola, dichiarando che la
cornice detta l'abbia a fare a sue spese la Compagnia, cioè
il legniame et lavoratura di essa che farà el legnaiuolo et
ancora l'oro che .vi anderà l'abbia a pagare la Compagnia,
et in questa tavola vi à da essere una Nostra Donna in
piedi et un Santo Giovanni Evangelista pure in piedi, et un
Santo Domenico nostro Protettore, et una Santa Caterina
da Siena a' piedi de la Croce, et attorno et sopra al Crocefisso, angeli in diverse atitudini, mostrando mestitia della
passione del loro Creatore; qual tavola sola a tutte sue spese
delle così dette, si è convenuto et così è patuito di farla
per prezzo di L. dugento di moneta, quali al presente li si sono
pagati tutti per le mani del nostro Camarlengo Quintilio
Canaccini cappellaro, alla presentia di m.° Bernardino Baldacci e di Luttatio Bonarelli per intero et ultimo pagamento
di detta tavola sola, et alla fine di detta tavola siamo restati d'accordo che si faccia stimare da omeni de l'arte, et
se per sorte detta tavola fussi stimata meno di dette L. 200
vuole detto m.° *Vincentio*, et così si obbliga di rifare fino
alla somma detta, e se è stimata più di dette L. 200 le lassa
et dona liberamente per amor di Dio alla Compagnia: et
detta tavola si obbliga di averla finita per questa festa di
Santo Domenico prossima avenire de l'anno 1595, et così
dal sopradetto m.° *Vincentio* sarà fatto scritta de la allogatione et detta ricevuta di dette L. dugento, et per più cautione de la Compagnia, vuolse et obligò suo beni et eredi
presenti et futuri, et in ogni migliore cautione che far si
possa per favore della Compagnia.

Io *Vincentio* sopraddetto ò ricevuto le sopraddette lire
dugento e mi obbligo come sopra.

N.° 325.   1595 28 Novembre

Francesco Vanni *pittore prega Lorenzo Usimbardi a fa-*
vorire la pubblicazione di un suo disegno della Città di
Siena. (ARCHIVIO DI STATO IN FIRENZE, Mediceo, Carteggio
di Siena, Filza L, c. 265).

Molto Ill.ʳᵉ Sig.ᵉ Lorenzo S. nel S. (sic).

Da Messer Teo nostro intendo quanto desidera intorno a
disegnio di Siena, e insieme 'l desiderio che gli à per sua
charità e amorevolezza in ciò di aiutarmi, sì come sempre
ad altre hohhasioni (sic) à fatto: perciò ho preso sicurtà con
queste quattro rige (sic) avvisarli el mio desiderio di dare
in luce questa mia fatiga di molti mesi, sperando che avendola fatta con bona gratia e voluntà di S. A. S. abbi ancho
da essere grandezza che si veda in fra tante che vanno alla
stampa, questa sua, che oltra l'esser fatta con ogni diligenza
di misure e siti, con ridurre in prospettiva la dificultà di
queste strane colline, e insieme ritratto ogni cosa dal vero,
fadiga non più fatta da altri, salvo che qualche loco principale: et avendo fin qui il tutto fatto come ho detto con
bona gratia loro, desidero dar fine per possermi in parte
rinfrancare di tante fadige e ciò non posso senza aiuto.
Il modo che si tenne a fare la Fiorenza, la buona memoria
del Gran Duca Francesco, dè allo intagliatore scudi dieci
el mese, al frate che la disegnò, el vitto, e insieme gli pagò
le lastre di rame con altre amorevolezze, e per quanto ho
saputo arrivò a la spesa di 200 scudi che si fece di sei
fogli reali, e la nostra è di quattro; e se ciò mi riescisse,
bene avrei voluntà ancho far Pisa, però sperando sempre
questo mio poco di talento spenderlo col suo favore e aiuto,
pregando nostro Sig.ʳᵉ Dio per ogni lor contento e felicità.

Di Siena, questo dì 26 di Novembre 1595.
Di S. Sig.ʳᵉ Molto Ill.ʳᵉ

Aff.ᵐᵒ Servitore
Francesco Vanni, pittore

N.° 326. 1600 24 Novembre

Deliberazione della Compagnia di S. Antonio abate in Siena, circa al modo di pagare a m.° Rutilio Manetti le pitture eseguite negli stendardi della Compagnia. (Archivio detto. Patrimonio dei Resti Ecclesiastici. Carte di detta compagnia Reg. A, XX, c. 41).

A dì 24 di novembre 1600.

Fu di nuovo fatta proposta da'nostro Priore Ipolito Fanelli chome avendo la Chompagnia nostra alchuni debiti, i quali era necessario pagarli et in partichulare quelli che potesse essare restato avere *Rutilio* pittore per la pittura che aveva fatto sì del gonfalone come de lo stendardo portato a Roma, et ancho altri debiti a più persone che per li detti stendardi et altri bisogni in questa gita si son fatti, e desiderando sodisfare poichè non s'era determinato il prezzo de li detti stendardi, fu da Armenio Lupori chonsegliato che la Sedia elegga due dei nostri fratelli, i quali abino autorità di saldare il prezzo con il detto *Rutilio,* e dopo far polizia al nostro Sindacho che paghi di quello de la nostra Chompagnia tutto quello che in detta polizia sarà ordenato, pigliandone soscrizione.

Fu rafermo detto chonseglio da messer Fabio Gori; andò el partito e fu vènto per lupini 23 bianchi e uno nero. Furno eletti da la Sedia messer Fabio Ghori e Pietro de'Vechi.

NOTA

Questo Pittore si obbligò di dipingere per la medesima Compagnia anche una lunetta dell'Oratorio. Della obbligazione trovasene ricordo nel Reg. G. I. c. 120t, sotto l'anno 1601. *A dì 28 detto* (ottobre) *L. sei pagati chontanti per ordine di Guaspare Catani nostro Colega a* Rutilio Manetti *pitore per pagare a l'amaiatore e altro che tochava a pagare a M. Rutilio per essare stato de' signori per la nostra festa di S. Antonio, de' quali dise non voler pagare di suo, chè in chambio, dise, faceva una delle lunette, cioè la pittura, si chome ne apare obligo in scritto.... L. 6.*

N.° 327. Sec. XVI seconda metà

Allogagione a maestro Girolamo del Turco, *ed a maestro*
Bernardino di Girolamo *dell'Altare Maggiore della Chiesa
di S. Francesco, e nota delle spese di detto lavoro.* (AR-
CHIVIO DI STATO IN SIENA, Carte di S. Francesco di Siena).

Sia noto e manifesto a chi leggerà la presente scritta
qualmente il Rev. Padre Maestro Pietro da Saronne Inquisitore della città e stato di Siena promette di dare et pagare lire settecentotrentacinque e soldi dodici di moneta
corrente, dico, L. 735. 12, a Maestro *Girolamo del Turcho,*
et a Maestro *Bernardino di Girolamo* scarpellini per la
fabrica de l'altare maggiore della Chiesa di S. Francesco, et
li detti denari promette pagarli in questo modo: che essi
maestri li faccino ricevuta a piè di questa scritta di Lire quatrocento che sino dal principio d'Agosto in più volte et
partite sino al giorno d'hoggi hanno riceuto, et il restante
pagarli ogni sabbato secondo li lavori che detti maestri faranno. Et loro maestri *Girolamo* et *Bernardino*, promettano
di dare finiti li mischii, pietre, marmi, base, cimase, fascie,
et altri lavori secondo il disegno di detto altare dipincto,
et secondo la lista di dette pietre e marmi qual sarà no-
tata nella presente scritta. Et si obbligano li detti maestri
dare finiti, compiti, arenati, pomiciati et lustrati li detti marmi
et mischii, et ponerli in opera secondo l'ordine che à da
stare nel sopradetto altare, pagando però il Rev. Padre Inquisitore li muratori, pionbi, ferri et altre materie che con-
vengano a simile opera, et essi maestri assettino le dette
pietre ne l'altare come hanno da stare. Con questo patto
però che li detti maestri dieno finiti tutti li marmi et mischii notati nella dicta lista alla Pasqua proxima che viene,
che saremo alli 9 d'aprile, altrimenti perdino lire cinquanta
delli sopradetti denari, et nondimeno seguire et finire senza
intermissione il detto lavoro quale promettano farlo et finirlo

perfectamente a uso di buoni maestri con tutte le sue qualità secondo il disegno facto et sottoscritto da loro. — Et
essi scarpellini si obbligano tutti e due, cioè l'uno per l'altro,
et l'altro per l'uno in solidum et li suoi beni, et promettano di finire il detto lavoriero (sic) nel modo sopradetto.

E la presente scritta sarà sottoscritta da tutti tre, cioè dal
P. Inquisitore, da maestro *Girolamo* et *Bernardino* scarpellini.

Et la seguente lista è quella con la quale tutti tre sopradetti si sono accordati sì del prezo sì delle altre cose.

In prima la fascia alta $1/4$ che fa basamento et
cimasa fino al piano dell'altare, arenata et pomiciata
a ragion di due giulii il braccio, et ne bisogna
braccia 30, che sono in tucto lire quaranta . . L. 40 —

L'altra fascia alta $1/8$ che va sotto la cinta del
marmo rosso al piè del altare, ad dui carlini al braccio; et ce ne va diciotto braccia, che sono lire diciotto . . . . » 18 —

La cinta che va sopra detta fascia che fa goletta
riverscia e cinge il marmo rosso, a ragione di soldi
quaranta il braccio, et ce ne va braccia trentaotto che
sono lire settantasei. . . . . » 76 —

Il fregio rosso che va commesso alla sopradetta
fascia, a ragione di soldi 40 il braccio, et ce ne va
braccia diciotto che sono lire trentasei. . . . » 36 —

La prima basa che va sopra a ditta fascia che fa
li primi pilastri et fa....... della finestra di mezzo, a
ragione di soldi cinquanta il braccio; et ve ne bisogna braccia diciotto, che montano lire quarantacinque. . . . . » 45 —

La cimasa che va sopra li detti pilastri, a ragione
di soldi cinquantaquattro al braccio, et sono braccia
diciotto che in tutto sono lire quarantaotto et soldi
dodici. . . . . » 48. 12

La seconda basa che fa l'architrave alla finestra

et fa basa alli secondi pilastri, a ragione di lire tre
el braccio et ce ne va braccia dodici che montano
lire trentasei . . . . » 36 —

La cimasa che va sopra a li secondi pilastrelli, a
ragione di lire tre il braccio et sono braccia dodici
che montano lira trentasei. . . . . » 36 —

Il terzo ordine cioè le due fascie, cioè il marmo
rosso comisso come nel disegno, a lire tre il braccio,
e ce ne va braccia dodici che sono lire trentasei. » 36 —

Le ricinte che vanno tanto intorno a'mischii, quanto
alli rossi delli pilastri, a ragione di soldi quaranta
il braccio, et ce ne va braccia novantaquattro nella
facciata davanti, et nelli fianchi di dietro ce nè an-
darà trenta braccia che montano in tutto lire dugento
quaranta otto . . . . » 248 —

Li rossi, che vanno comessi nelli membretti d'un
terzo, ce ne va quatordici braccia, a ragione di tre
carlini el braccio, in tutto lire vintiuna. . . . » 21 —

Il sfondato con l'arme della Religione, con il festone a torno, finito, vale lire quarantacinque. . » 45 —

Il piede del Tabernaculo di mezzo con il festone
tanto drieto quanto dinanzi, secondo il disegno, lire
cinquanta. . . . . » 50 —

Io fra Pietro di Saronne Inquisitore confermo quanto di
sopra.

E io *Girolamo* sopradetto afermo.

Io *Bernardino* sopradetto afermo quanto di sopra.

Li scarpellini sopradetti cioè maestro *Girolamo del
Turco* et maestro *Bernardino* hanno riceuto dal
principio d'Agosto fino a questo giorno, che siamo
alli 17 di Febbraio, lire quattrocento di moneta conta:
dico. . . . . L. 400 —

Item hanno hauto lire trentacinque e soldi due. » 35. 2

E io *Girolamo* afermo.

Io *Bernardino*. afermo come di sopra.

Data il 15 di Febbraio : hanno hauto in tanti contanti lire trentasei : dico. . . . . L. 36 —

Io *Bernardino* afermo come di sopra.

E io *Girolamo* afermo.

Mentre che io sono stato a Grosseto, la quadragesima, hanno riceuto lire novantanove e soldi nove, quali me li ha pagati : dico. . . . . L. 99. 9

El di 23 di Giugno dato a *Bernardino* in sua partita lire quarantadue. . . . . » 42 —

Io *Bernardino* sopradetto afermo come di sopra.

Alli 30. Dato a *Bernardino* lire tredici dico. » 13 —

E io *Girolamo* afermo quanto di sopra.

Pagati da me fra Silvio.

A dì 15 di Settembre pagai a maestro *Bernardino* scarpellino lire quatro, come da lui sarà sottoscritto . . . . » 4 —

Io *Bernardino* ò ricevuto quanto di sopra.

A dì 22 di detto : pagai al sopradetto *Bernardino* lire quattro . . . . » 4 —

Io *Bernardino* ò ricevuto quanto di sopra.

It. ho pagato al sopradetto, in più volte lire, trentacinque. . . . . » 35 —

Io *Bernardino* afermo quanto di sopra.

A dì 16 di Novembre ho pagato al sopradetto lire quattro et soldi dieci, a buon conto dico. . » 4. 10

Io *Bernardino* afermo quanto di sopra.

A dì 19 di ferraio. Ho pagato al sopradetto lire vinti, a buon conto dico. . . . . L. 20 —

Io *Bernardino* afermo quanto di sopra.

N. 328. 1603 (st. sen.) 2 Febbraio

La Compagnia di S. Gherardo in Siena commette la pittura della tavola per l'altare della compagnia medesima ad Alessandro Casolani. (ARCHIVIO detto. Patrimonio dei Resti. Carte della Compagnia predetta Reg. G, IX, c. 21).

El dì 2 di ferraio, anno 1603.

Finito il divino Uficio, Resedenti a luogo solito honorando Priore co li suoi Consiglieri, ciovè vice consiglieri fecino proposta sopra di fare la tavola per la nostra Cappella, andò a luogo solito Girolamo Partini, invochato il nome di Dio, prese licentia di parlare, consegliò che la sedia devi nominare sei de li nostri fratelli e quelli mandarli a partito a uno per uno, e di quelli ne devi rimanere due per più lupini bianchi e quelli due insieme chol Kamarlingo di nostra Compagnia abbino autorità di potere far fare più sorte di disegni et inventioni da più dipentori per farne poi la tavola per la nostra Cappella, e chome averano li disegni in mano, quelli che a loro parrà che sieno abastanza, li devino proporre e portare in nostra Compagnia, e quello disegnio che sarà aprovato in Capitolo si devi far fare la nostra tavola da quello pittore che pasato per esare di più del Conseglio sarà aprovato e passato per lupino dal nostro perfetto Capitolo, non intendendo mai in altro modo che loro faciesseno: et il detto Conseglio fu rafermo da Fortunato di Agniolo sarto e da Desiderio Bernardi, invochato il nome di Dio, andò il partito e si vense per lupini n.º 59 B., n.º 3 N. inunostante: li homini nominati come da basso.

Girolamo di Giovanni Partini ebbe lupini n.º 51 B. n.º 11 N. Restò per più Guerrino di Giovambattista Ciocciolini, ebbe lupini n.º 45 B., n.º 17 N. Restò per più lupini.

Desiderio di Giovambattista Bernardi al presente Kamarlingo.

Al dì 23 di Maggio 1604, in Domenicha.

Finito il divino Uficio, honorando Priore cho li suoi Consiglieri, Resedenti a luogo solito, invochato il nome di Dio, fecie proposta sopra l'ochasione della tavola dell'altare di nostra Compagnia, domandò informasione di tale fatto quello che n'era seguito fino a questo dì per essare di già fatto gli omini già fino a sotto dì 2 di ferraio 1603, come in questo a f.º 21. Di novo dopo molto dischorso da più fratelli, fece proposta e ciascheduno sopra ciò consegliase; andò a luogo solito Desiderio Bernardi, ateso che non si è fino adesso possuto risolvare tale fatto, consegliò che si devi aterrare la deliberatione di già fatta come sopra nominata del dì 2 di ferraio 1603 in f.º 21 in tutto e per tutto s'intendi anullatta come si non se ne fusse mai parllato. Di novo dato licentia si altri sopra a ciò vole dire altro, andò a luogo solito Simone Bernardi raffermò detto Conseglio e disse che in qualsivoglia modo e di tutto quello che contenesse la sudetta deliberatione di già fatta non abia avere più luogo per qualsivoglia causa di novo si altri vole dire sopra a ciò, visto il silenzio andò il partito e si vense per lupini n.º 40 B., n.º 8 N. niunostante, laus Deo.

Di nuovo propose honorando Vicie Priore che sopra la tavola della nostra Capella, che a ciascheduno fuse lecito il consegliare in che modo si devi ordenare di far fare la detta tavola, andò a luogo solito Girolamo Bianchi, invochato il nome di Dio, consegliò che Girolamo Partini e Guerrino Ciociolini e la sedia nominassero uno pittore per ciascheduno di loro, non essendo altro, ciovè che sieno tre nominati e quelli mandarli a partito per lupino, e quello che terrà più lupini bianchi quello abi da fare la tavola per nostra Cappella. Visto il silenzio andò il partito e furono n.º 32 bianchi e n.º 16 neri. Diseno esare vento.

Girolamo Partini nominò per il suo pittore *Alisandro Chasolani* pittore . . . . n.º 37 B.

La sedia nominorno gli due, perchè Guerino non volse

nominare il suo, che furono: *Ventura Salimbeni*
pittore. . . . . n.° 10 B.
Giovan Pavolo Pisano . . . . n.° 10 B.

Restò per lupini n° 37 bianchi per più lupini *Alisandro*.
Dipoi si dette licentia, ognuno andò in pace.

N.° 329. 1604 12 Ottobre

Parere di Andrea Sandrini *Architetto sulle riparazioni da
farsi alla Chiesa Cattedrale di Pienza.* (BIBLIOTECA CO-
MUNALE DI SIENA).

Illustriss.mo Signore et padrone mio Osservandissimo,
Sig. Scipione Picolomini.

Conforme all'ordine dato da V. S. Illustriss. a me *Andrea
Sandrini* che mi trasferissi a Pientia a vedere e referire
in che termini si trovi la Chiesa del Duomo di quella Città,
e dirne il parere e il rimedio e la spesa, acciò se ne possi
pigliare resolutione, e tutto con l'informati e vecchi del
luogo. S'è visto e considerato con la presentia loro, e sentito il Comentario di Papa Pio 2° in stampa, che dice la
difficultà ch'ebbeno quando fondarono detta Chiesa, e del
tutto se ne dice quanto a piè.

Ho visto e revisto se si poteva riparare una così bella
opera, e considerato se si gli poteva far barbacani ovvero
sproni che tenessino la muraglia, s'è visto e considerato che
i barbacani e isproni non possono operare, chè dove an-
derebbono fatti sarebbero sopra al terreno che cammina, e
camminarebbero insieme il terreno e la parte della Chiesa
che cammina.

Ancora s'è considerato se si poteva incatenare la muraglia con cingerla intorno con catene di ferro, dove il coro
camina col monte, e fermarle nel sicuro, e per esser il detto
coro mezzo ottangolo non possono operare. Inoltre che
harebbono tanta lunghezza e collo che piegherebbero e si

spezzarebbeno, chè va la pianta da'fondamenti insieme col terreno tutto unitamente; manco queste possono rimediare.

Da Mons. Vescovo di questa Città e altri mi hanno messo in consideratione che alli fondamenti della detta Chiesa, dove camina, vi sia una polla d'acqua, che venga a fare andare il terreno e fondamenti della muraglia. Insieme si dice a V. S. Illustriss. che il monte e il terreno non camina solo dove è piantata la Chiesa: camina di sopra alla Chiesa in verso levante un pezzetto e dalla Chiesa inverso ponente circa br. 500 e passa per le cucine del palazzo di V. S. Illustriss. e segue inverso ponente per il Convento dei Frati di S. Francesco, e va alle mura della Città inverso ponente, e alle mura non si vede fuori un trar d'archibuso. Segue innanzi e a luogo a luogo si vede il crepaccio largo molto più che non in verso la Chiesa e della strada pubblica Sanese, che come apre e frange il terreno, ci sono cavalli in pericolo di andare in precipizio; però si crede, e son di parere, che tutto quel monte camini la parte già crepata, come s'è detto, insieme con la Chiesa e cucine di V. S. Illustriss. e Convento di S. Francesco e horti e altre case, e fino fuori della Città, e tutto unitamente; e se acque vi sono sotto il monte al piano del fondamento della Chiesa, sono per tutto questo viaggio suddetto, e si crede sia irreparabile, massime che se acqua è in quel luogo dove è piantata la Chiesa. Andando unitamente il terreno e il monte, si crede che sia la medesima miniera di pietra, terra e acqua, e il voler riparare un piccolo luogo non servirebbe: chè l'altra parte del Monte caminando tirerebbe ancor quella che si rimediassi all'acqua, quantunque il rimedio si potesse darli, che son di parere di no. Inoltre che si sente il Commentario di Papa Pio 2.° che quando fondarono trovarono massi e pietre grossissime, e fra l'una e l'altra pietra scaturiva l'acqua in gran quantità et erano sotto il piano del terreno cento otto piedi che si giudicano br. 55 in 60, e per detto Cumentario stampato si sentono le difficultà che hebbono quando fondarno, non poterno vedere quello che facevano, nè donde l'acqua scaturisse che per tutto era acqua e pietre, nè manco possettono riparare all'hora che non gl'impedisse il fabricare, chè trovorno fra l'uno et l'altro masso gran buse che non potevano riparare a buttar giù grossissime pietre e gran legnami. Però si dice che a voler levar l'acqua da' fondamenti si tratti dell'impossibile. A fare un fossone ovvero minia non può tenere, se non si mura di mano in mano per esser terra greta che come piove inzuppa e creperebbe e franerebbe massime haver andar sotto braccia 55 in 60, cosa molto difficile il trovar il fondamento e l'acqua dove scaturisce: facendo una tanta spesa si dubita non incontrare la piaga, e poi incontrata non facciamo doppio errore, e si venga a liquefare il terreno li intorno dove l'acqua camina per li meati vadia per l'uno e l'altro luogo e faccia intenerire il terreno e non camini per la minia che si facesse, e venga a dare maggior tormento alla Chiesa. Inoltre trovando l'esito l'acqua che si trova rinchiusa sotto i fondamenti, trovando poi di potere uscire e di poter correre e cavare materia grave come terra e tufo si voterebbe sotto inoltre i legnami che furon messi quando fondarono fra l'una, e l'altra pietra: però si crede infallibilmente che incorreremo in maggior pericolo di rovina, e questo è quanto in risposta di più pareri e pensieri di altri: e via di rimedio non l'ebbono quelli che cominciarono a fondare: son di parere che meno possiamo rimediare adesso, essendo così sotto, e in pericolo fra sassi e legnami e acqua in fresco, e la spesa sarebbe delle migliara delli Scudi, e fallibile: però son di parere che si attenda al rimedio come si dice in questo in piè, e prima.

Circa alli rimedj non dirò altro alla S. V. Illustriss. che si avverta alle travi del tetto a visitarle spesso, e vedere se allargano acciò non si senta strepito, che spaurisse il popolo in caso che facesse motivi più che il solito: non già che la Chiesa possi rovinare a' tempi nostri, chè molto più sotto terra che sopra terra, secondo il Commentario di Pio secondo, è tanto larga in pianta, non può dar la volta, ma sì bene quel poco che il monte cala se la mena seco insieme unitamente: poco può allargare di più da capo che da piedi.

Si mette in consideratione che subbito che hebbono fondato la muraglia, subbito incominciò a caminare e a far pelo la muraglia, sì sotto terra come quando furono sopra terra, e sono già anni . . . e non ha mai fatto gran cosa, se non alli anni passati da certo poco tempo in quà per le gran pioggie; havendo resarcito i peli circa cinque anni sono può haver fatto qualcosa nel calare: ma tutto non viene dal calare. Si peli apparenti sono gran parte le calcine nuove, che non si possino unire con le vecchie; stringono e mostrano i peli e crepacci: quello che più ci mostra il vero sono le suddette travi del tetto in cinque anni non hanno fatto dua corde: poi fu resarcito; che questa più sicura et evidente che le travi in loro stesse scostano nel torcersi e piegarsi, qui si vede, che appresso si torcono dove si congiungono insieme: queste ci assicurano che il monte cala, e insieme la Chiesa, ma non da volta, cioè poco allargano peli di più da capo, che da piedi. Queste travi saranno sempre il nostro principal segno.

Ancora so' di parere si resarcischa l'arco delle dua cappelle della Croce di coro, dove sono certi mattoni che stanno in pericolo di cadere, però è bene far due cèntine da poterne mettere una di dentro e una di fuori all'archo, e resarcito uno andare all'altro, e queste due cèntine di legname bisogna tenerle sempre pronte in luogo asciutto per fare detti risarcimenti.

Ancora bisogna resarcire i pilastri e archi che vi posano sopra le travi del tetto, che non furono resarciti cinque anni fa, acciocchè in qualche luogo che sono scommessi non cadessi una volta i calcinacci, i mattoni, e dessino terrore al popolo, e lo spaurissero a andare in Chiesa.

Ancora bisogna resarcire il pavimento della Compagnia sotto la Chiesa, quale ha il crepaccio largo, chè quando vi è franata la terra, che in quel punto che vole andare a basso non venisse a pericolare qualcuno, bisogna tôrre panconi grossi ¹/₈ di braccio, e traversarli sopra al crepaccio e mattonarvi sopra detti tavoloni grossi.

Ancora bisogna resarcire il canniccio e volte sopra il coro, e questa spesa da farsi, in cèntine di legname, calcine, mattoni e tavoloni, in tutto la spesa sarà circa Schudi quaranta. E questo è quanto mi occorre dire a V. S. Illustriss. per servitio della Chiesa del Duomo di Pientia, et li bacio le mani, e Dio nostro Signore lo conservi felice. Data di Siena, il dì 12 di Ottobre 1604.

Alli Comandi di V. S. Illustriss.ᵃ

Aff.mo Servitore
Andrea Sandrini

N.° 330.   1606 11 Ottobre

Lodo pronunziato dagli arbitri intorno ai lavori d'intaylio fatti da maestro Giovanni Battista Panichi *per l'organo de' Frati dell' Osservanza della Capriola presso Siena.* (ARCHIVIO DEI CONTRATTI DI SIENA. Rog. di Ser Giuseppe Scheggi V. 13 c. 80 t.).

Al nome di Dio. Amen.

Noi maestro Francesco di Niccolò Franzese, assiduo habitatore e legnaiolo in Siena, e maestro Gio. Batta di Lorenzo Domenico di Arezzo, assiduo habitatore e legnaiolo in Siena, Arbitri et arbitratori eletti e deputati dalli R.ᵈⁱ Padri Zoccolanti e loro guardiano da una, e maestro *Gio. Batta di Cesare Panichi* dall'altra, a stimare l'ornamento fatto da detto m.ᵒʳ *Gio. Batta* nella Chiesa detta della Capriola de l'Osservanza, per l'organi da farsi in detta Chiesa, come dall'elettione di noi fatta appare per il compromesso fatto fra le dette parti alla Corte della Mercantia, rogato da Giu-

seppe Scheggi o altro notaro in detta Corte, et in caso di
discordia m.^{ro} *Cristofano del Rustico* Pittore; sendoci conferiti
alla detta Chiesa dell'Osservanza detta della Capriola sopradetta a vedere il detto ornamento fatto per li detti organi, e quello visto e diligentemente considerato et misurato,
e sentito il detto maestro *Gio. Batta Panichi* et ancora li
predetti Padri e per loro il molto R.^{do} Padre Guardiano del
detto luogo; fatte le cose da farsi, sentite le cose da sen-
tirsi, vedute le cose da vedersi, et considerate le cose da
considerarsi: repetito il nome di Dio. Diciamo, lodiamo, arbitriamo, dichiariamo et stimiamo, e lodando e dichiarando
e arbitrando diciamo il lavoro del detto organo fatto da
detto m.^{ro} *Giovambatta Panichi*, non essere in quella perfettione nella quale egli è tenuto et obligato farlo per la
scritta fatta sotto il dì primo di maggio 1605 di mano del
R.^{do} m. Iacomo Panichi fratello carnale di detto m.^{ro} *Giovambatta* e sottoscritta dalle parti; e però condenniamo il
medesimo m.^{ro} *Giovambatta Panichi* a ridurlo a perfettione
e finirlo in tutto e per tutto conforme al tenore della detta
scritta. Et all'incontro diciamo, lodiamo e condenniamo li
detti M. R.^{di} Padri, e per loro il detto Molto R.^{do} Padre Guardiano, a dare e pagare come da detto m.^{ro} *Giovambatta* sia
stato finito et assetto il detto ornamento, in conformità
della sopradetta scritta, e come secondo quella è tenuto et
obligato, e come da noi nel modo sopradetto è stato condennato, a dare e pagare al medesimo *Panichi*, per la fattura
del medesimo ornamento, la somma e quantità di scudi sessanta cinque di lire sette per scudo, perchè a tanta somma
giudichiamo ascendere quello che si devi al medesimo per
le sue fatiche e maestranza e per la sua fattura, come da
lui sia ridutto il detto ornamento a quella perfettione che
è obligato ridurlo, secondo il tenore et obligo fatto da lui
nella sopra detta scritta; e così diciamo, lodiamo, arbitriamo,
et arbitramentiamo e condenniamo respettivamente e non

solo come sopra, ma in ogni miglior modo condennando per rata e per la metà le parti nelle sportule, et in fede.

Io Ennio Ghini d'ordine de' medesimi m.^{ro} Francesco e m.^{ro} Giovambatta: arbitri come sopra, ho scritto e per fede del vero sarà sottoscritto da loro in propria mano.

Io Francèsco sopradetto affermo.

Io Gio. Batta: affermo quanto sopra.

N.° 331. 1608 2 Giugno

Lettera del cav. Ventura Salimbeni *pittore a Lorenzo Usimbardi ministro Granducale, con la quale si lamenta di alcuni soprusi fattigli.* (ARCHIVIO DI STATO IN FIRENZE. Mediceo, Carteggio di Siena).

Molto Ill.^{re} Sig.^{re} e Padro.^{ne}

Avendoli scritto alli giorni passati in materia e per sapere il successo della lettera del Sig. Bevilacqua, fattali presentar per mia indisposizione col il memoriale dal Meschino mastro della posta, diretta a S. A. S. in materia delle armi che desideravo per difendermi dalle brutte insolenze con parole e fatti fattemi da un certo Aliprando Celzi, con minacciarmi continuamente peggio, si come à eseguito, non giovandomi il farli sì da religiosi come gentiluomini parlare; credo a quest'ora lei ne abbia piena informazione per li emisfatti continui fatti dopo aver il detto con lettere e diversi modi tentato l'onor di mia consorte, con avvisarli in dette lettere che non consentendoli d'accordo, lui saria forzato con sinistri modi fare alla peggio, siccome sabato a notte mi è stato, ultimo giorno di maggio, mi ritrovai affrontato nell'uscir della mia porta con un paio di forche di legno quali arrivavano quasi fino alle mie finestre, appoggiate al muro in mezzo alla mia porta, quali vi stettero quasi fino a 13 ore, dove era radunato molto popolo, rispetto che quella mattina era la festa vicino alla mia casa: ora per indizio delle sue continue cose fattemi e per quanto dice nelle sue lettere, al presente in mano alla Giustizia, e lui ancora, concludo essere stato lui; io come persona onorata con le lacrime agl'occhi e con le ginocchia in terra ricorro a lei come principal ministro di S. A. S. con domandargli Giustizia, pregando Iddio che le mie prece siano da lei ricevute, poichè con la presenza non sono potuto venire essendomi minacciato la perdita della vita, questa carta anzi non carta ma la mia mala fortuna in essa impresa: dè Signore, sò che giustizia in lei si ritrova, provveda a simil delitti che ormai non possiamo più vivere con tanti insulti in una città come questa, facendo alla tonda, non guardano in faccia a nessuno, che tutto il popolo esclama, come credo sia informata di bruciamenti di porte, sverginamenti di fanciulle, scalamenti, fattesi aprir le porte sotto specie di corte e gustamenti di giardini e cose simili. Non mi essendo rimasto altra consolazione dopo tanto dolore che il considerare nella giustissima Giustizia sua, desiderandole da Iddio ogni felicità.

Di Siena, il dì 2 di Giugno 1608.

Umiliss.mo e Dev.mo

Servitore
Cav. *Ventura Bevilacqua Salimbeni.*

Nota

A questo medesimo fatto forse si riferisce la seguente lettera conservata nello stesso Carteggio Mediceo e pubblicata dal comm. Milanesi nel 3 vol. della Scrittura degli artisti italiani.

Ill.mo et Ecc.mo Sig. e Padrone Colendissimo.

Ricevei la lettera di V. S. Ill.ma con la licenzia segniata, di spada e pugnale; e sebene desideravo sopra ogni altra cosa la difensira, che perciò avevo afadigato il mezo del mio S.º Cardinale, tuttavia son soddisfattissimo, contentomi di quanto si compiace il nostro Principe, resaudo (sic) con molto obligo a lei che con tanta proteza (sic) ne à favorito e di recapito, alla quale mi li dedico ubligatissimo et paratissime aserirla di core, degnandosi farne gratia de' soi Comandi. E per fine li farò umilissima reverentia, il S.º Idio la contenti. Di V. S. Ill.ma et Ecc.ma

Servitore Umilissimo e devotissimo
Ventura Bevilaqua Salimbeni

N.° 332. 1608 25 Ottobre

Allogazione a Ventura Salimbeni *di quattro storie nel Coro della Cattedrale di Siena.* (ARCHIVIO DELL'OPERA METROPOLITANA DI SIENA. Giornale dal 1594-1624, c. 245).

Xpo. Il dì 25 di Ottobre 1608. Per il presente scritto si dichiara, come il Molto Illustre Sig. Muzio Placidi, al presente dignissimo Sig. Rettore della Chiesa Cattedrale di Siena, alluoga a dipingere le quattro facciate del Duomo che mettono in mezzo la Tribuna dell'Altar Maggiore, al Cavaliere *Ventura d'Arcangelo Salimbeni* pittor sanese, da doversi dipingere, nelle due in faccia, la storia della Manna, in una, e nell'altra la storia della Regina Ester, secondo che son convenuti, e nelle altre due altre dal lato contigue all'organo e cappella della musica, diversi Santi della nostra Città, secondo il disegno che detto artefice farà, obbligandosi detto Sig. Rettore darli i ponti fatti con sue tende e tavolato, e stucchi e dorature e calce e altro che ci andasse, fuor de' colori e artificio che si deve a detto Artefice: se però il Sig. Rettore li volesse oltramarini, il che si aspetti al detto Sig. Rettore, come si costuma. E il detto Cavaliere *Ventura* si obbliga col divino ajuto porre in detta opera tutto quello studio e diligenza possibile alle sue forze, obbligandosi cominciar subito che sien fatti gli stucchi e doratura, e risarcimento della volta, darla fornita per due anni da questo dì ed anno detto; e circa il prezzo si contentano, fornita l'opera, non essendo d'accordo fra di loro, chiamare un uomo per uno, perito dell'arte; e se ancora questi due fossero discordi si contentano e pregano l'Illustrissimo ed Eccellentissimo Sig. Lorenzo Usimbardi Segretario maggiore di S. A. S. che quel tanto diciderà sia ben fatto, e per così osservare l'uno e l'altro si obbligano in ogni miglior modo, e per fede del vero si sottoscriveranno, obbligandosi ed affermando quanto sopra questo dì ed anno detti.

Io Muzio Placidi Rettore detto, affermo e mi obbligo come sopra.

Io *Ventura Salimbeni* pittore suddetto, affermo.

N.° 333. 1608 10 Dicembre

Lettera di Ventura Salimbeni *al cav.* Francesco Vanni. (BIBLIOTECA COMUNALE DI SIENA. Raccolta di autografi Porri).

Carissimo et honorando Fratello, stimatissimo. Apena finito di leger le vostre due lettere che così riscaldato et alterato me ne andai a trovare il Sig. Lorenzo, dove con gratissima audientia, presente il fratello del Sig. Capitano Carlo Carli, mi rispose le formate parole, dicendo, che il *Sorri* si era doluto co' il Testa con dire che dal Sig. Operaio li era stato promesso codesto lavoro, e che il Sig. Lorenzo, con il portare avanti me, glielo aveva levato, e per gli stimoli del T... il Sig. Lorenzo dise alla presentia del medesimo che si dichiarava non voler far dispiacere al *Sorri* esendo anteriore di parola: e così soridendo co' me sogunse (sic) dicendomi: atendete a la sanità e a lavorare alegramente chè io non uso mai revocare quello che una volta ò fatto: e salutarete il Sig. Mutio Placidi dicendoli da mia parte che si queti e che non guardi e lasci pasare qualcosa: però sapete adesso come vi dovete governare. Salutando in mio nome il Sig. Rettore, dicendoli che il Sig. Lorenzo l'ama e sente molto volentieri ragionar di Lui: e che vorìa poserlo rimpastare: circha poi a noi sapete che io sono risentito e mi dolgo molto quando io sono punto. La Principessa nostra è fuor di pericolo e senza febre. Il Granduca non esce niente: ed èsi fatto un altro rotòro sulla cicolota, che ne à tre: però è senza febre: e dà pochissima audientia. A me l'esercitio mi è molto favorevole e sto, Idio laudato, come una spada.

Fate bella festa alla nostra S. Lucia, pregando per li Fratelli asenti: che Nostro Signore Idio vi felicititi (sic).

Di Fiorenza, li 10 di Dicembre 1608.

Il vostro Fratello.

Ventura Salimbeni

N.º 334.   1608 14 Decembre

Deliberazione della Compagnia di S. Antonio Abate intorno ai lavori eseguiti dal pittore Stefano Volpi *nelle volte della chiesa di essa Compagnia.* (ARCHIVIO DI STATO IN SIENA. Carte della detta Compagnia Reg. A. XX c. 90.¹).

Addì 14 di decembre, in Domenica.

Ragunati i nostri fratelli in numero di 32 doppo celebrato il Divino Uffizio della B.ᵐᵃ V. M. et udita la Santa Messa e fatte le solite cose da farsi, il Molto Honorando Sig.ʳ Priore fece generale proposta alli fratelli chi volesse dire cosa alcuna, a ogniuno fusse lecito.

Andò al luogo solito messer *Stefano Volpi* et invocato il nome di Dio et havuta la debita licentia disse e domandò essare sodisfatto delle sue fadighe dalla Compagnia, delle pitture fatte nella volta del cappellone de la Compagnia, poichè dai Signori della lavanda, non gli era stata data sodisfazione, come gli fu promesso: et il Sig. Priore de' licenzia a chi sopra ciò volesse dire cosa alcuna.

Andò a l'Altare messer Canziano Saracini, e sopra ciò consigliò che quelli due fratelli che furono eletti sopra a tal carica nell'aloghazione di dette pitture, che furono il molto ecc.ᵐᵒ Sig. Ipolito Carli e il magnifico Sig. Petro de' Vecchi, che li medesimi vedino e faccino vedere quello che detto *Volpi* merita per dette sue fadighe, e quello che manca al pagamento di dette sue fadighe si cavi più che si può dai detti ubbligati, e quello che mancha per suplimento si cavi dai fratelli della Compagnìa, come meglio si poterà.

N.° 335.   1608 (st. sen.) 1 Gennaio

Altra deliberazione della suddetta Compagnia di S. Antonio,
per sollecitare la pittura della Tavola dell'altare com-
messa al pittore cav. Francesco Vanni (ARCHIVIO detto,
Patrimonio e carte detti, Reg. A. XX c. 91).

Addì primo Gennaio.
Congreghata la nostra Compagnia etc.

Nella medesima mattina andò al luogo solito Ipolito Fanelli, invocato il nome di Dio et auta la debita licentia di parlare, disse che essendoli stato dato il carico insieme co'Benardino Calisei che dovessino sollecitare il Cavalier *Vanni,*
che dovesse spedire la Tavola del nostro Cappellone per la
festività del N. P. S. Antonio et avendoli parlato disse no,
chè aveva dificultà di mettarla su per non vi essere fatto
l'Altare nè mancho fattoci adornime nisuno, non l'averebbe
voluta mettere su; e per tal causa fu consegliato da messer Antonio Lorenzoni Vicario che si dovesse fare l'hornamento di
cornici messe a oro per al presente, e perchè non ci essendo
il nostro Sindaco in Siena, per fare la spesa, che qualche
fratello presti alla Compagnia i denari che per tale servitio
fa di bisognio, e così facendo ne sia rimborsato al più longho
de'denari che si faranno al baccino del Kamarlingo per la
festa del N. P. S. Antonio, e a tal prestanza si offerse lui in
nome de la Sedia di farla. Et andato il partito si vense per
lupini 25 bianchi et uno nero.

N.° 336.   1611 9 Novembre

Pagamenti fatti al Cav. Ventura Salimbeni *per le pitture*
nel Coro della Cattedrale di Siena. (ARCHIVIO DELL'OPERA
METROPOLITANA DI SIENA. Libro d'entrata e uscita dal
1609 al 1618, c. 111).

Xpo. Mercoldì 9 Novembre 1611. — Spese dell'Opera del
Duomo L. 3500 pagate al Sig. Cavaliere *Ventura di Ar-*

cangelo Salimbeni pittore, per il resto o prezzo delle pitture
ha fatte in Duomo nelle facce della Chiesa accanto l'Altar
grande sopra i cori, tutte di ordine dell'Illustrissimo Sig. Cavaliere Muzio. Placidi al presente degnissimo Rettore del-
l'Opera, per la sua fadiga data nel dipingere dette pitture,
cioè della Storia della Manna e del Re Assuero, quali sono
tra l'organo e la cappella della musica, e delle due facce
dove sono i Santi e Beati senesi, restati così d'accordo seco
il Sig. Rettore, sì bene fu detto tra di loro che il tutto si
dovesse fare per stima, et in caso di discordia per terzo,
dovere essere l'Eccellente et Molto Illustre Sig. Lorenzo
Usimbardi, come appieno si vede al G. K. c. 245.

Io *Ventura Salimbeni* sopraddetto ho ricevuto il suddetto
giorno li sopraddetti denari per il costo delle pitture fatte
nel Duomo sopraddetto, chè così restai d'accordo insieme
con il Magnifico Sig. Rettore: mi pagò contanti il Sig. Persio
Pecci Camarlingo dell'Opera.

NOTA

Nello stesso Libro a c. 116, si legge altro pagamento per dette pitture, simile
all'antecedente per L. 3500.

N.° 337. 1612 30 Decembre

*La compagnia laicale di S. Gherardo delibera di far di-
pingere il reliquiario di S. Celso al pittore* Rutilio Manetti. (ARCHIVIO DI STATO IN SIENA. Delib. di detta Compagnia
Reg. G. IX c. 35).

Addì 30 Xmbre 1612.

Raunato il Capitolo di numero sufficiente. Fortunato Vici
a nome e per commessione delli Priori della festa, poichè
essendone mancato uno, il detto Fortunato è entrato in suo
luogo, andò all'altare e invocato il nome di Dio, auto licentia di parlare disse e chiese in grazia di dipingere insieme con li Priori la faccia della reliquia, piacendo alla

Compagnia. Mandato il partito fu vento e conciessoli quanto domandò; in quanto a luogo e disse volerci dipingiere miracoli di S. Gelardo e farci un cordone indorato, e di più disse volerci pigliare per pittore M. *Rutilio Manetti* tuttora che fusse in piaciere alla Compagnia. Data licentia di parlare sopra ciò, niuno disse niente. Mandato il partito del detto pittore fu vento in numero sufficiente, e caso che non fussevi d'achordo del prezzo, li detti Signori ne proporranno uno loro a sodisfatione della Compagnia. Iacomo Rosai Pizzicarolo, Sabbatino di Gismondo Biondi, Cosimo Lusini e Fortunato Vici.

N.° 338. 1613 24 Giugno

Frate Francesco della Certosa di Maggiano, presso Siena, scrive al pittore Bartolomeo Cesi, *pregandolo di mandare una pittura già commessagli, con indicazione del prezzo, perchè possa servire di norma per fissare il prezzo di un altra simile eseguita da* Ventura Salimbeni.

Sono molti giorni che io voleva scrivere a V. S. e ragguagliarla come è già un anno finito che demmo a fare una pittura o tavola della grandezza di quella che fa oggi V. S. per questa nostra Certosa, al Signore Cav. *Ventura Salimbeni,* uomo certo raro in questa professione. Ci ha serviti, e finita è la tavola, e al giudizio di tutti quelli che hanno veduta l'opera ha mostrato il suo valore. Ma ora non siamo d'accordo del prezzo parendoci molto caro. Quando noi gli demmo a fare la detta tavola facemmo uno scritto insieme, e dicemmo nello scritto che in occasione di discordia in tutto e per tutto ci rimettevamo al prezzo che farà V. S. avendo riguardo al numero e alla proporzione delle figure e alla bontà de'colori. Ora non vuol dare la tavola sino a tanto che V. S. non manda la sua. Ora prego V. S. a sollecitarla quanto Ella può, ma non in modo tale che non abbia da esser lodata e apprezzata da tutti quelli che la vedranno. Non guardi V. S. alla fatica, perchè oltre al prezzo convenuto, se si diporterà bene, come spero, il nostro Padre Priore le donerà tal cortesia che Ella rimarrà soddisfatta. A buono intenditore poche parole bastano: e perchè spero che queste poche righe abbiano da operare molto, finisco ecc. Dalla Certosa di Maggiano, 24 Giugno 1613.

N.º 339.   1613 26 Giugno

Ventura Salimbeni *prega* Bartolomeo Cesi *a mandare alla Certosa di Maggiano la sua tavola, il prezzo della quale doveva dar norma al pagamento di altra tavola di ugual grandezza dipinta da esso* Salimbeni.

Parrà maraviglia a V. S. vedere così inaspettatamente mie lettere. Ho preso occasione con questa di salutarla e insieme darle conto della mia tavola finita per li Priori Certosini nostri qui di Siena, laddove anco V. S. fa la compagna. E perchè avendola io di già più giorni sono, finita e mostratala loro, siamo in tanta differenza del prezzo che io resto fra me confuso, se facciano defferenza alcuna dalle carte stampate che dalla pittura. Tant'è; il negozio batte qui; che io ho per prezzo ultimo chiesto piastre 130, e che io mi contento poi di quello che danno a V. S. Mi hanno risposto che con lei non passeranno 50 o 60 scudi. Io non lo posso credere. Però prego V. S. che o a me o alli padri, Ella dasse, piacendole, cenno di quello che voglia della sua, perchè non mi pare possibile che Ella possa farla a così vil prezzo come dicono: e si assicuri che me ne farà grazia particolare, poichè intendo che per indisposizione sua starà qualche tempo a finirla: ed io vorrei valermi del danaro. E con questo le bacio le mani. Siena, 26 di Giugno 1613.

N.º 340. 1615 15 Giugno

Michelangiolo Vanni *manda alla Granduchessa di Toscana il disegno del Sepolcro di S. Carlo ed il ritratto di Suor Passitea Crogi.* (ARCHIVIO DI STATO IN FIRENZE, Mediceo, Carteggio della Granduchessa Cristina, Filza nº 6006).

Mando per il procaccio a V. A. S. Ill. il disegnio e le misure del sepolcro di S.ᵗᵒ Carlo, quali mi impose, et anco il ritratto della Madre Passitea, qual'è venuto di Roma: e se il disegnio del sepolcro non fusse inteso, ad ogni suo minimo cenno verrò in Fiorenza a ordinarlo: con tal fine faendoli (sic) humilmente reverentia li prego dal Sig. ogni sua magior felicità e grandeza. Di Siena. Il 15 di Giugno 1615.
D. A. V. S.

Humilissimo Vassallo e Ser.ʳᵉ
Michelagelo (sic) Vanni.

N.º 341. 1626 24 Maggio

La Compagnia laicale di S. Rocco (oggi oratorio della Contrada della Lupa) *delibera di allogare la Tavola del Crocifisso al pittore* Ilario Casolani. (ARCHIVIO DI STATO IN SIENA, Delib. di Detta Compagnia, Reg. R. I, c. 14).

M.º Luca tessitore di drapi, fato le cose da fare, prese licentia di dire due parolle; che nell'ocasione della Tavola del Crocefiso, rimeteva tuto nella Copagnia (sic) ma che si doveva ellogiare persona idonia a fare talle Tavola e in caso che dopo l'ellesione di deta persona non fusero d'acordo il corpo della Copagnia o vero [gli] eletti sopra a talle caricha con il pitore, quale con più lupini sarà vento, si nominino con quello che averà più lupini di mano in mano, e quelli saranno elletti come sopra con numero di sessanta fratelli.

E questi sono i pitori che sono iti a partito.

Ilario Casolani proposto da m.° Giusto Cappelli n.° 42, B.

Bernardino Capitelli proposto da messer Lodovicho n.° 31, B.

Nichollo Tornioli proposto da messer Alissandro Ciachelli n.° 4, B.

Giovanpaolo Pisano proposto da messer Aschanio Bia:ⁿⁱ n.° 5, B.

Simondio Salibelli (sic) (Salimbeni) proposto da messer Vincentio Simoneti n.° 8, B.

Il deto partito è ratificato da messer Allissandro Cruschelli proposto da m. Luca Tesitore che la sedia elecha quatro uomini qualli piacerà a loro. E talle partito si vense con lupini cinquantatre bianchi e sete neri... n° 60.

N.° 342.   1626 (st. sen.) 7 Marzo

Giovan Battista Giustammani raccomanda al Cav. Cassiano Del Pozzo, Bernardino Capitelli *pittore e intagliatore.*

Ancorchè sia molto tempo che io non mi sia presentato a V. S. Illustriss.ᵐᵃ nè personalmente, nè con lettere, non è però che in me non sia preservata e si preservi l'osservanza e la divozione dovuta al molto suo merito con la memoria degli obblighi che Le tengo. Onde la prego a perdonare il mio lungo silenzio, causato dal dubbio di non fastidire V. S. Illustriss.ᵐᵃ Avendo ora presentito ch' ella ha ricevuto alla sua servitù maestro *Bernardino Capitelli* senese, amico mio, mi è parso a proposito con questa occasione di ricordarmi servitore di molta divozione a V. S. pregandola a degnarsi di preservarmi quel luogo che per sua benignità si degnò darmi nella sua grazia, e nel medesimo tempo farle qualche attestazione delle buone qualità di esso *Capitelli*, il quale fu scolare di Messer *Alessandro Casolani* finchè visse, e dipoi di M. *Rutilio Manetti.* Avendo fatto qualche profitto nella pittura si è poi anche applicato all'intaglio d'acqua forte, e vi ha fatto qualche riuscita, come dimostrano le sue carte, e sì nell'una come nell'altra professione si può sperare, essendo egli di spirito, qualche passata con lo studio e con la protezione di padrone di qualità. È giovane d'ingegno e di azione e di maniera et ha, oltre alla professione, qualche ornamento come di suono ed altro, e lo riputo tale da fare onorata riuscita sotto l'ombra e protezione di V. S. Illustriss.ᵐᵃ e con sua sodisfazione. E per fine facendole umilissima reverenza con speranza di vederla in breve personalmente. Le desidero ogni bramata e meritata esaltazione.

Di Siena, li 7 marzo 1626.

N.° 343.   1635 22 Aprile

La Compagnia laicale di S. Gherardo di Siena dà a dipingere la navata dell'Oratorio, al pittore Astolfo Petrazzi. (ARCHIVIO DI STATO IN SIENA detto, Delib. di detta Compagnia Reg. G. IX, c. 78.)

Raunato il Capitolo di n.° 24 fratelli; l'onorando Priore Girolamo Zocoli resedente al luogo solito fece proposta, invocando il nome di Dio: Come il detto M. Girolamo e M. Ottavio di Giovambatista Brandi e M. Michelagniolo Solari sarto, come spirato da Dio di volere fare dipegiare la navata sopra la residentia di nostra Compagnia, in tela, da M. *Astolfo Petrazi,* il tutto a spese delli sudetti M. Girolamo e M. Ottavio e M. Micalagniolo, a ciascheduno fratello fusse lecito il conseghiare sopracciò e dire il suo parere.

Andò a luogo solito M. Simone di Giovambatista Bernardi e invocato il nome di Dio, preso licentia sopracciò, e conseghiò che sentito la buona voluta, che gli si concedesse quanto è stato proposto come sopra, et così conseghiò et il detto conseghio fu confermato da M. Boldrino di Giovanni Tosoni. Mandorno il partito e si vense per lupini n.° 24 tuti bianchi.

N.° 344. 1640 25 Febbraio

*La Congregazione dei S. Apostoli Pietro e Paolo del Duomo
di Siena domanda licenza di estrarre gli alabastri dalle
Cave di Castelnuovo dell'Abate, per costruire due Altari
nella Chiesa suddetta.* (ARCHIVIO detto, Carte dell'Opera
Metropolitana).

Serenissimo Principe

La Congregatione delli gloriosi Apostoli Pietro e Paolo
della Metropolitana di Siena espone devotissimamente a V. A.
come oltre al suffragare continuamente l'anime dei defunti,
dotare buon numero di fanciulle ogn'anno e sovvenire largamente di elemosine li poveri infermi, ha procurato ancora
con li suoi avanzi di abbellire et adornare la detta Metropolitana. Per il che circa quarant'anni sono vi fabbricò una cappella di marmi con spesa assai notabile, e poco appresso
acrebbe due lumi continui di cera al S.ᵐᵒ Sacramento, consegnando all'Opera per mantenerli le rendite in tanti censi.
Cresciuta sempre più nel desiderio di adornare l'istessa
Chiesa (senza però punto pretermettere le sopradette opere
di pietà) alcuni anni sono deliberò di fabbricarvi due altre
cappelle et altari più honorevoli e di più fini marmi, onde fin
di settembre 1638 supplicò al Ser.ᵐᵒ Granduca di poter cavare quella quantità di alabastri per colonne e per altro che
li fusse bisognato, dalla famosa Cava di Castelnuovo dell'Abbate. Al che fu benignamente rescritto e fu ordinato al
Sig.° Marchese Coppoli che ne desse gl'ordini opportuni si
come diede e se ne godè l'effetto conforme al bisogno. Hor
havendo tirato avanti il lavoro per le dette Cappelle et
Altari e una buona parte di esso sèndo in ordine da potersi metter in opera, la medesima Congregatione ricorre
all'A. V. S.ᵐᵃ
Supplicandola che si come il Ser.ᵐᵒ Gran Duca con la
gratia diede vita a questo pio pensiero e con approvarlo e

commendarlo accrebbe gl'animi per darle esecutione, così
V. A. si compiaccia restar servita di contentarsi che se ne
dia il desiderato principio a honore delli medesimi gloriosi
Apostoli; mentre le pregarà sempre propitia presso Iddio la
potettione loro, e se l'inchina.

Aless. Venturi Auditore
Sozi F'anti A. fiscale   *Concedesi come si domanda*
Francesco de' Medici   25 feb. 640.

N.º 345.   1644 17 Luglio

*La compagnia laicale di S. Gherardo di Siena, delibera di
far dipingere una lunetta dell' Oratorio al pittore Girolamo Corsetti.* (ARCHIVIO detto, Delib. di detta Compagnia, Reg. G. IX c. 92¹).

A dì 17 di Luglio 1644, in domenicha.

Adunato il Capitolo in numero sufficiente, essendo a logo
solito lo honorando priore M. Ottavio Brandi con suoi Con-
selieri, fatte le cose da farsi, dètte licentia a tutti li fratelli che volesse parlare a utile di questo santo logho, a
tutti fusse lecito. Andò all'altare M. Gabriello Austini, fatte
le debite cose, domandò grazia lui con tre altri fratelli di
fare dipingiere una nichiata de la nostra volta, cioè quella
che confina a l'archo della banda della Residentia, il che
sentito dal Honorando Priore dette licentia che ognuno di-
ciese il suo parere. Andò all'altare M. Domenicho Pin-
chiurli, fatto le cose da farsi, consegliò che stante li detti
fratelli essare spirati da Dio nel fare dipingere la detta
volta di nostra Compagnia, senza spesa de la detta Compagnia, li si dovesse conciedare la detta grazia; e fu rafermo
il detto conseglio M. Mattia Carini e fu nominato il pittore
quale è M. *Girolamo Corsetti*. Fu racholto il numero dei
fratelli n.º 20; mandato il partito fu vento per lupini bianchi n.º 19 et uno nero.

De' fratelli che fanno dipingiere come sopra, sono questi infraschritti, cioè: M. Gabriello Austini, M. Micalagniolo Solari, M. Federigho Carini, M. Donato Gori.

N.° 346.   1646 11 Aprile

Giuliano Periccioli *(maiore) scrive al Cardinale Leopoldo de' Medici di avere partecipato a* Luca Holstenio *quanto avevagli commesso di dire* (ARCHIVIO DI STATO IN FIRENZE, Cod. III, n° 25, Lettera 145, pervenuta dalle R. Gallerie).

Giunto in Roma non ho mancato di rappresentare al Signor *Luca Holstenio* l'ottima volontà che V. A. S. tiene verso di Lui, il che pare che gli habbia dato gran sollevamento di animo, poichè lasciato ogni altro suo impiego, si è di già accinto all'opera; ed io, per quello toccarà a me, procurarò che le gratie che di continuo ho ricevute da V. A. S. mi siano stimolo ad usare ogni esattissima diligenza.

Supplico pertanto la Sua benignità a non isdegnare di gradire questa mia pronta volontà, mentre devotamente me inclino.

Di Roma, li 11 Aprile 1646.
    Di V. A. Sereniss.ᵐᵃ

Humiliss. Servo
Giuliano Periccioli

N.° 347.   1658

Istanza del Rettore e Savi dell' Opera Metropolitana di Siena diretta al Papa, per ottenere il permesso di demolire l'antico palazzo Archiepiscopale. (ARCHIVIO DI STATO IN SIENA, Carte dell'Opera Metropolitana).

Beatissimo Padre.
Il Rettore e Savij dell'Opera della Chiesa Metropolitana di Siena, devotissimi figli e servi humilissimi di V. S.ᵗᵃ l'espon-

gono reverentemente, come crederebbero che si potesse accrescere notabilmente il dovuto ornamento alla Chiesa et al
Publico, se la somma Clemenza di V. Beatitudine si compia-
cesse di concedere la demolitione della Casa Archiepiscopale
di questa Città, ridotta hormai inabitabile et in istato d'ine-
vitabile rovina. Dal disfacimento di quella che ricopre e
s'appoggia alla facciata di fianco della detta Chiesa, ne re-
sulterebbe che restando quella parte isolata si potrebbe
incrostare di marmi come è il restante del Tempio esteriore
et inoltre adornare e ricignere con l'ordine istesso delle
scalinate che sono dalla parte d'avanti.

Per l'habitatione degl'Arcivescovi, che succederanno al
presente, il quale habita in casa sua propria e consente a
quanto si espone, si offerisce la Casa dell'Opera, fino a tanto
che da noi se le proveda d'altro più adequato recapito.

Supplichiamo pertanto reverentemente la S.ᵗᵃ V. a dispen-
sare anco in quest'occorrenza le somme Sue gratie a questa
Città, et humilmente le baciamo i Santissimi Piedi.

N.º 348.   1668 29 Agosto

Lettera dello scultore Ercole Ferrata *al Rettore dell'Opera*
del Duomo di Siena, riguardante la statua di Papa Ales-
sandro III eseguita per la chiesa predetta. (ARCHIVIO detto,
Carte varie dell'Opera del Duomo).

Ill.mo mio Signore,

Della di V. S. Ill.ᵐᵃ sento quanto mi dice per conto della
statua, la quale è finita, e resta di lustrarla. Sopra la qual
cosa rispondo a V. S. Ill.ᵐᵃ che di quante cose ho fatto e sto
facendo non ò avuto mai di fare lustrare; però quando V.
S. Ill.ᵐᵃ mi farà vedere l'acordo che specifichi che la b. m.
del Signor Melchior, fusse tenuto di farla lustrare, io non
ne potrò uscire; che per detto lustratore vi vole L. 10. Ho
fatto fare il conto per la cassa, et l'invio a V. S. Ill.ᵐᵃ, il

quale importarà da 30 — scudi in circha con altre spese di condurla a Ripa, e se V. S. Ill.ᵐᵃ avese persona che potesse assistere tanto alla Cassa quanto al tutto; invio il conto del falegname che si potrà far vedere. Non altro. Umilmente reverisco V. S. Ill.ᵐᵃ e me le inchino e con baciare reverentemente le mani, questo dì 29 Agosto 1668.

Di V. S. Ill.ᵐᵃ e mio Signore.

Umilissimo e devotissimo Servitore
Ercole Ferrata

NOTA

Tra le medesime carte conservasi la seguente quietanza rilasciata dal Ferrata per questo lavoro.

Io infrascritto confesso aver ricevuto dal Sig.ʳᵉ Francesco Mazoli scudi cento moneta, li quali sono per saldo et intero pagamento di quanto andaro creditore per aver fatto la statova di marmo di Papa Alisandro terzo, che così d'acordo con la felice memori (sic) di Monsignor De Vechi, li quali denari li à mandati il Ill.ᵐᵒ signor Cavaliere fra Lorenzo de' Vechi Rettore de l'Opera del Duomo di Siena, et in fede, questo il dì 20 marzo 1674.

Di mano propria, in Roma
Ercole Ferrata.

N.° 349.   1679 18 Novembre

Deliberazione del Consiglio dell'Opera della Cattedrale di Siena per fare eseguire le statue degli Apostoli per le colonne di detta Cattedrale. (ARCHIVIO DELL'OPERA METROPOLITANA DI SIENA, Deliberazioni, Libro E, 18, c. 163ᵗ).

Il detto Sig. Rettore diede parte a lor Signori come vi sono più persone che vorriano fare con più maestria e finezza di marmi le Statue degli Apostoli nella nostra Chiesa, in luogo di quelle che vi sono d'antica rozzezza, e perciò essendone di ciò stato scritto alli Signori Priore De'Vecchi e Ciai lodavano tal fabbrica e si esibivano per invigilarla in Roma appresso l'artefice Scultore; e l'Eminentiss. Sig. Cardinale Chigi ai giorni passati applaudì molto a tali pensieri secondo il già fattone disegno. E tal fatto, già divulgato, haveva dato motivo ad alcune pie persone di applicare

qualche elemosina per questa nuova scultura con lo sborso
di parte del danaro per detto effetto. Onde per gradire le
benignissime espressioni de' primi e corroborare la buona
volontà de' secondi, gli pareva bene che l'Opera desse principio a tale ornamento della Chiesa con far fare a proprie
spese la prima Statua, per eccitare i pensieri di chi ha
quasi dato intenzione di secondare tale fabbrica. Sopra di
che consigliò il Sig. Girolamo Cavalcanti che i motivi adotti
dal Sig. Rettore erano giustissimi, e che doveva molto farsi
capitale delle benignissime espressioni del Sig. Cardinale
Chigi, che ha tanta benemerenza con questo Tempio, con
la speranza della continuazione di sua generosità, e però
essere bene che l'Opera dia principio a far fare la prima
Statua e vincendosi il Consiglio per i due terzi s'intendesse
ciò deliberato, e data ogni opportuna facultà al Sig. Rettore
per la spesa.

Andò il partito e fu vinto per lupini bianchi cinque, neri
uno nonostante.

N.º 350.   Sec. XVII

*Niccolò Tornioli scrive a Carlo Ferrante di un suo segreto per
colorire i marmi e dei lavori fatti per il Duca di Savoia.*

Dopo le molte vennero da me quei due ministri (1), il
Vicario e Controlor, ch'era quasi un'ora di notte. Pri-
mieramente cominciarono ad interrogarmi se avevo lettere
del Sig. Conte Muriano, dove gli risposi che avevo lettere
di S. A. e del Sig. Abate Soldati, il quale d'ordine del
Sig. Conte mi aveva scritto. Le lettere di S. A. S. e del-
l'Abate non gliele volsi mostrare allora, per aspettare in
quel che volesser dare questi ragionamenti, dove cominciarono in questa maniera, volendo veder le pietre, ma prima

_____

(1) Del Duca di Savoia.

avevo esagerato che il mio male era cagionato dalle fatighe fatte per S. A. e per aver compito dopo tre malattie pericolose l'opera di che S. A. per sue lettere mi faceva istanza: dove le veddero e mostrorno averne gusto. Subito il Controlor mi disse: veniamo un poco ai nostri conti. Gli risposi che i conti eran così fatti, che da Maggio passato in qua, io delle mie provvisioni non avevo mai avuto niente, avendo io sempre operato per S. A. e per suo comandamento. Adesso di nuovo avevo avuta questa malattia per ultimar queste pietre. Mi soggiunse il Controlor che mi avrebber dato centoventicinque scudi: che era per tutto Ottobre che così avevano pagati gli altri, e che de' denari non ce n' era. Li dissi come dovevo fare, chè di questi che mi davano ne dovevo render centoventi al Sig. Luca, e che io dovevo darli di merito per i frutti scudi dieci: e che non sapevo come farmi a vivere, avendo speso tutto quello che avevo per dar gusto a S. A. et avendo sempre operato et speso del mio, non solo nelle tele e colori, ma nelle pietre. Mi rispose il medesimo che non occorreva che avessi fatte tante spese, che dovevo finir pezzo per pezzo, come la Nunziata; dove li risposi che se la Nunziata non era finita che n' era stata cagione il non avere avuto l'azzurro oltramare da tante volte che ne avevo fatto istanza, e che avevo operato in far questi altri quadri, acciò S. A. vedesse come ancora i suoi ministri, che non andavo a spasso. Non seppero che si rispondere, se non alle pietre; che quando li dissi che avevo fatto le medesime per S. A. e per ordine suo mi risposero che le avevo fatte per mio gusto, et io li dissi moltissime volte che le avevo fatte per S. A. e per ordine suo. Non credo che non sarebbe se non bene che si mostrasse al Sig. Vicario la lettera di S. A. e del Sig. Abate in confidenza oggi, quando io abbia avuto i danari, chè si rimase che questa mattina dovessi mandarli a pigliare. Desidero che V. S. dica sopra questo il suo parere, e se devo esagerare fingendo confidenza grande con il Vicario e dirli i

molti disgusti che avevo ricevuto, e delle stanze cattive:
come ancora che tenevo quella stanza fuori del Palazzo, e
che ne pagavo la pigione: che per non aver mai voluto darmi
stanza a proposito mi conveniva per servizio di S. A. e delle
sue opere pagar quella pigione, ed esagerare che bene ai
forestieri son state date comodità, eccetto che a me, avendo
S. A. così benignamente dato l'ordine, ad avendo loro avuto
ordine dal Sig. Conte Muriano di satisfarmi, ed i medesimi
ordini non solo li aveva dati a Lui, ma al Controlor ancora
dove non ne vedo cosa alcuna. Esagerai ancora che il fogliame
solo valeva molto più di quel che non mi dava S. A. in un
anno oltre all'altre (sic) che mandavo di qua. Rimanemmo
che io dovessi aver pazienza, che come fussero venuti altri
denari che mi avrebbero sodisfatto. Li dissi che sapevo che
ci era ancora tre mila scudi, non volendo dir altro, ch'ero
informato d'ogni cosa. Ei mi risposero ch'ero male informato. Dissi che averei scritto a S. A. come dovevo fare a
vivere, frattanto non potendo operare per altri ed avere
speso così crudelmente, pensando esser almeno pagato per
tutto l'anno. Eglino mi dissero che scrivessi e che avrebbero
essi ancora scritto e significato a S. A. le spese che avevo
fatte, e conforme all'ordine di S. A. avrebbero subito soccorso.
Frattanto bisogna aver pazienza. Ora Sig. Ferrante mio,
credo che questi due furfantoni siano d'accordo. Desidero
che V. S. consideri se sarà bene che esageri delle cose loro,
cioè del traffico che fanno del denaro, del vivere, dello stra-
pazzo che mi fanno, della casa fuori, e se devo dirli che ne
debba avvisare S. A. e farli sapere della mia scomodità
delle stanze, che nè anco posso aver cantina per la osteria
che si è fatta: come ancora nel tempo che questa state
ero ammalato mi messero con altro ammalato forestiero.
Vanno alla mia camera quasi per dispetto, e gridando il ra-
gazzo e la serva che andava a pigliar l'acqua, e minaccia-
toli di darli ancora, perchè li guastava il sonno. Però prego
V. S. per vita sua, senza che si scomodi di scrivere o altro,

di dar di penna così — a quel che non devo ragionar col Vicario, e quello che devo ragionare lasciarlo nella lettera come sta, che subito intenderò; poichè oggi dopo il pranzo voglio parlargli, fingendo sempre in confidenza, mentre, per fine, facendole umilissima reverenza scusandomi se sono stato così lungo, e ne incolpi la mia mala disgrazia, chè se io avessi fortuna di poter venir io, non le avrei scritto: e le bacio le mani. Mentre le scrivevo mandai dal Sig. Controlor acciò desse i denari al Sig. Francesco, e che si facesse dare i danari dell'azzurro: mi disse che avrebbe dato i centoventicinque scudi, e dell'azzurro non voleva ingolfarsi, che non voleva darli. È tornato il Sig. Francesco con i danari, sicchè V. S. sente; e le bacio le mani. Ho reso i cento venti scudi al Sig. Luca. Adesso respiro un poco, non vedendo più quella pittima cordiale.

Nota

Intorno a questo Artista, il P. Isidoro Ugurgieri nelle Pompe Sanesi (Pistoia, Fortunati 1649. Parte II. Tit. 33 p. 385) ha lasciato il seguente ricordo « Niccolò « Tornioli cittadino sanese, mostrando in Siena segni di dover fare grande passaggio « nella pittura, fu condotto a Roma dal conte Federigo Borromeo, hoggi prelato di « grande stima nella Corte di Roma, e sotto la sua ombra hebbe occasione di stu- « diare assai e molto operare con suo utile ed honore. E venuto questo in credito « fu adocchiato dal Prencipe Maurizio all'hora Cardinal di Savoia, per il quale lavorò « bellissimi quadri d'historie, di bizzarie e d'invenzioni : anzi habbiamo inteso ch'egli « facesse ancora una tavola grande che da S. A. fu mandata a Torino. Segue di « stare in Roma favorito ed impiegato nella sua Arte da grandissimi personaggi, « e nella chiesa di S. Filippo Neri ha dipinto una gran Camera et è da tutti am- « mirato. »

Mons. Bottari che pubblicò il documento qui sopra riferito scrive che il Tornioli pretendeva di far penetrare il colore dentro tutta la sostanza di una lastra di marmo non più alta della grossezza di un dito. E fece così un ritratto del Salvatore nel Sudario e riuscì. La Biblioteca pubblica senese conserva alcuni suoi disegni originali nel vol. segnato 5. III. 9.

TAVOLA DEI DOCUMENTI

DATA	INDICAZIONE	PAG.

43

INDICE DEGLI ARTISTI

NOMINATI NEI DOCUMENTI E NELLE NOTE

H

I

Iacomo di Chisure, maestro di pietra, riforma il breve dell'arte. 3.

Iacomo da Poggibonsi, maestro di pietra, riforma il breve dell'arte. ivi.

Iacomo da Poggibonsi (fratello del precedente) maestro di pietra, riforma il breve dell'arte. ivi.

Iacomo Priore di S. Spirito, miniatore. Sue notizie. 209 nota.

Iacomo d'Andreuccio del Mosca, orafo, prende a fare due trombe d'argento per la Signoria. 72.

— Altre notizie. 73 nota.

Iacomo di Castello (frate) vetraio. Sue notizie. 400 nota.

Iacomo di Paolo (frate) vetraio. Sue notizie. ivi.

Iacomo Pacchiarotto, pittore, lavora nella Chiesa di S. Maria a Tressa. 413.

— Suo testamento. 440.

— Altre notizie. 441 nota, 470 note.

Iacopo di Filippo, citarista di palazzo, vien confermato nel suo officio dai Priori e camarlinghi del Comune di Perugia. 65.

Ieronimo di Costanzo perugino, musico, fa una società con due altri maestri per insegnare il ballo e la musica. 352.

Ildibrandino da Chisure, maestro di pietra, riforma il breve dell'arte. 3.

Ildibrandino da Rigomagno, maestro di pietra, riforma il breve dell'arte. ivi.

L

Landi Neroccio. V. Neroccio di Bartolomeo.

Lando, pittore lucchese, fa società con altri pittori. 14.

Lando di Piero, ingegnere e orafo, bilica la campana grossa del Comune di Firenze. 11.

Landuccio, pittore lucchese, fa società con altri artisti. 14.

Lari Anton Maria, architetto. Lavora negli addobbi per la venuta di Carlo V in Siena. 465.

— È nominato architetto della fabbrica del convento di S. Maria Maddalena. 474.

— Notizia di un suo progetto per restaurare il Duomo di Grosseto. 479.

— Viene confermato agli stipendi della Repubblica di Siena. 491. 502.

— Promette alla Balìa di visitare le fortezze della Maremma. 493.

— Altre notizie. 492 nota.

Lazzaro di Leonardo, pittore, chiede alla Signoria di esser pagato della pittura fatta per una coperta di cuoio da cavallo. 82.

Leonardo di Matteo da Volterra (frate) vetraio. Sue notizie. 400 nota.

Liberale di Iacomo da Verona, miniatore. Sue notizie. 209 nota.

Litti Corbizzi, miniatore fiorentino. Riceve un pagamento per lavori fatti alla Compagnia di S. Bastiano di Siena. 354.

Lodovico di Luca, pittore, riceve il pagamento delle pitture fatte nella porta del Palazzo pubblico. 138.

— Altre notizie. 138 nota.

— Ricordo di vari altri suoi lavori. 165. 166 nota.

Lodovico da Milano, organista. È chiamato a suonare l'organo nel Duomo di Siena. 402.

P

Q

R

S

U

Ubaldini Gasparre. V. Gasparre degli Ubaldini.

Ugucci Bifolchi dei Branca, maestro di pietra, riforma il breve dell'arte. 3.

Urbano di Pietro da Cortona, scultore. Inviato nella Valdorcia a ricercare gli alabastri per gli ornati di Palazzo. 198.

V

Vanni Cav. Francesco, pittore. Dipinge la tavola dell'Altar maggiore e il cataletto per la Compagnia del Beato Ambrogio Sansedoni. 605.

— Stima le pitture fatte da Cristoforo Rustici nel Convento di S. Abundio. 609.

— Prega Lorenzo Usimbardi a favorire la pubblicazione di un disegno della Città di Siena. 613.

— Riceve una lettera di Ventura Salimbeni. 630.

— Dipinge la tavola dell'Altar della Compagnia di S. Antonio abate. 632.

Vanni Michelangiolo, pittore, manda alla Granduchessa di Toscana un disegno del Sepolcro di S. Carlo e un ritratto. 636.

Vanni di Mino detto Pilozio, pittore, fa società con altri artisti. 14.

Vecchietta. V. Lorenzo di Pietro.

Ventura, maestro di pietra, riforma il breve dell'arte. 3.

Venturino d'Andrea Mercati da Milano, miniatore. Sue notizie. 211 nota.

Vestro di Cinzio, maestro di pietra, rifà gli archi di un acquedotto a Perugia. 28.

Vignola Giacomo, architetto. Lorenzo Pomarelli chiede al Cardinale Farnese di prendere il posto rimasto vacante dopo la morte del Vignola. 592. 594.

Vincenti di Serafino, maestro di legname. Loda alcuni lavori fatti per le Monache di S. Petronilla. 359.

Vitale di Matano, scultore. Sua elezione a capo maestro della fabbrica del Duomo d'Orvieto. 13.

Vito di Marco, maestro di pietra, prende a fare la facciata della Chiesa di S. Andrea in Orvieto. 339.

Volpi Stefano, pittore. Dipinge le volte della chiesa della Compagnia di S. Antonio abate. 631.

TAVOLA

DEI LUOGHI E DELLE COSE PIÙ NOTABILI

NOMINATI NEI DOCUMENTI E NELLE NOTE

A

S

riaccomodato da *Bernardo* organista. 450. Pitture del *Sodoma* nella Cappella esterna di Palazzo. 470, 471. Pitture fatte da *Taddeo* di *Bartolo* nella saletta avanti la Cappella. 70. Pitture fatte da *Martino* di *Bartolomeo*, da *Taddeo* di *Francesco* e da *Giusa*. 112. Pitture sulla porta del Palazzo fatte da *Lodovico* di *Luca*. 138. *Niccolò* d'*Ulisse* dipinge l'assunzione della Vergine nella sala degli Esecutori di Gabella. 170. Figura di S. Caterina pitturata da *Francesco* di *Lorenzo Migliori*. 227. *Giovanni* di *Cristofano* e *Francesco* d'*Andrea* dipingono la battaglia di Poggio Imperiale nella sala del Mappamondo. 227. *Giov. Antonio Bazzi* dipinge la figura di S. Vittorio nella sala del Mappamondo. 446. *Domenico Beccafumi* pittura la volta della sala del Concistoro. 463. Fabbrica. Restauri fatti in una sala e nella parte di mezzo del Palazzo detta la *Montagna nera*. 197. Progetto per edificare una nuova torre. 217. Finestre. *Giovanni Batista* di *Niccolò* restaura le finestre di vetro. 381, 394. Vetri istoriati fatti per le finestre da *Francesco* di *Giovanni*. 414. Residenze nella sala di Balìa. 66, 67. Lavori d'oreficeria fatti da *Turino* di *Sano*. 67. Oreficerie fatte da *Iacomo* d'*Andreuccio del Mosca*. 72. Altri lavorri fatti da *Mariano* d'*Ambrogio* e *Goro* di *Ser Neroccio* 77. Doratura della lupa di bronzo posta presso il Palazzo. 94. Statue d'argento di S. Pietro di S. Paolo e della Madonna allogate a *Giovanni* di *Turino* e *Lorenzo* suo fratello. 127, 139, 185. *Francesco* di *Pietro* di *Bartolomeo* fa una statua d'argento. 190, 194. Lavori fatti da *Francesco* d'*Antonio* e da *Giovanni Turini* orafi. 181, 241, 242. Torre e Orologio. *Agostino* di *Giovanni* operaio. 48. Riparazioni alla torre. 214, 219. *Guasparre* degli *Ubaldini* temperatore dell'orologio. 62. *Andrea* di *Sano* temperatore. 63. *Bartolomeo Fortuna* temperatore. 64. *Iacomo Pacchiarotto* dipinge nalla mostra. 442.

PORTE.

Porta CAMOLLIA. Restaurazione della pittura sopra la porta. 76. Pittura è data a fare a *Benedetto* di *Bindo*. 78.

Porta NUOVA (Romana). Pitture fatte da *Stefano* di *Giovanni Sassetta*. 166. Continuazione delle suddette pitture. 221.

Porta OVILE. *Anton Maria Lari* va a rivedere i danni avvenuti per rovina. 493.

SPEDALE DI S. MARIA DELLA SCALA. Cristoforo di *Francesco* scolpisce i fregi nella sepoltura del Rettore. 118. Pitture nel palco dell'infermeria fatte da *Adamo* di *Colino*. 137. Coro della chiesa eseguito da M.º *Giovanni* e da *Antonio del Minella*. 163. Tabernacolo di bronzo eseguito da *Lorenzo* di *Pietro* (*Vecchietta*). 224.

ZECCA. Inventario degli attrezzi. 540.

SINALUNGA. *Guidoccio Cozzarelli* pittura una tavola ordinatagli dalla famiglia Orlandini per la Chiesa di S. Francesco. 331. *Anton Maria Lari* disegna le fortificazioni della Terra. 493. *Giovan Battista Pelori* fortifica la rocca. 522. Nuove fortificazioni progettate da *Bartolomeo Neroni*. 584.

S. MARIA A TRESSA. *Iacomo Pacchiarotto* dipinge la tavola per l'altare. 413.

SORANO. *Giorgio* di *Niccolò Veneto* dipinge nella Chiesa della Compagnia del *Corpus Domini*. 460.

Lightning Source UK Ltd.
Milton Keynes UK
UKHW030613251119
354195UK00010B/1124/P

9 781274 138521